Bernd Hackl

Systemisch denken – pädagogisch handeln?

Reichweite, Paradoxien und Selbstmissverständnisse eines populären Idioms

„Man ist verloren, wenn man nur Individuen sieht,
man ist verloren, wenn man nur Systeme sieht ..."
(Hirsch 1990/89)

Ich widme dieses Buch meinen Eltern, die ich anlässlich einer ‚systemischen' Familientherapie von Grund auf neu sehen gelernt habe.

Für kritische Einwände und weiterführende Hinweise bedanke ich mich bei Herbert Altrichter, Ines Breinbauer, Andreas Gruschka, Maria Spindler und Alois Stifter.

Bernd Hackl

Systemisch denken – pädagogisch handeln?

Reichweite, Paradoxien und Selbstmissverständnisse
eines populären Idioms

STUDIENVerlag
Innsbruck-Wien-München

Gedruckt mit Unterstützung durch das Bundesministerium für Bildung, Wissenschaft und Kultur in Wien.

Die Deutsche Bibliothek - CIP-Einheitsaufnahme

Hackl, Bernd:
Systemisch denken - pädagogisch handeln : Reichweiten, Paradoxien und Selbstmissverständnisse eines populären Idioms / Bernd Hackl. -
Innsbruck ; Wien ; München : Studien-Verl., 2000
ISBN 3-7065-1590-3

A-6010 Innsbruck • e-mail: order@studienverlag.at
Internet: http://www.studienverlag.at

Umschlagbild: Bernd Hackl und Karin Moser unter Verwendung eines Kupferstiches nach einem Gemälde von Albert Anker „Pestalozzi als Lehrer“

Umschlag: STUDIENVerlag/Bernhard Klammer

Gedruckt auf umweltfreundlichem, chlor- und säurefrei gebleichtem Papier.

Inhalt

Vorbemerkung

Der Ausgangspunkt der vorliegenden Arbeit war der Versuch, Fragen zu beantworten, die sich im Kontext schulischer Begleitforschung als unzureichend gelöst und durch ihre prominente Stellung im Verlauf dieser Forschung als unabweisbar herausgestellt haben (vgl. dazu auch Hackl 1994c, insbes. 128ff). Die Bearbeitung dieser Fragen, i.b. der im Vordergrund meiner Überlegungen stehenden Interventionsproblematik hat sich jedoch bald von diesem ursprünglichen Kontext entfernt. Das Thema der *zielgerichteten Einflussnahme auf eigenständige Handlungssubjekte*, das meine Aufmerksamkeit zuerst unter dem Gesichtspunkt forschungsbezogener Beratungsprozesse beanspruchte, wurde rasch in seinen allgemeineren Bezügen auf die Fragestellung *pädagogischer Interaktionen* deutlich und begann, als solches ins Zentrum meines Interesses zu rücken. Es bildet nun den Hauptbezugspunkt der in diesem Buch vorgetragenen Argumente.

Mein Anliegen nimmt - wie darin bereits angedeutet - seinen Ausgang beim Motiv einer verbesserten Orientierung professionellen praktischen Handelns. Gleichwohl versuche ich definitiv, die angesprochenen Fragen theoretisch zu klären. Eine solche Einleitung mag den Verdacht nahe legen, sie könnte eine unstatthaft enge Liaison zwischen Theorie und Praxis ankündigen wollen. Zur Erleichterung eines einschlägigen Urteils (mag es positiv oder negativ ausfallen) will ich gleich an dieser Stelle mit der Beziehungsklärung beginnen: Paradigmatische Theoriekonstruktionen können - so eine grundlegende Ausgangsannahme dieser Arbeit - in zweifacher Weise zur Orientierung praktischen Handelns beitragen. Zum einen stellen sie dem praktisch Handelnden Gegenstandsauffassungen ('Kategorien') bereit, die die handlungsbegleitenden Wahrnehmungs-, Denk- und damit Steuerungsvorgänge auf eine je spezifische Weise strukturieren und ordnen. Zum anderen bilden sie die Basis einer systematischen Gewinnung empirischer Erkenntnisse über Bedingungen, Formen und Effekte des Handelns, deren Auswertung in erfolgversprechende zielbezogene Handlungsentwürfe münden kann.

Das Verhältnis von Theorie und Praxis ist in meiner Lesart also durch heftige Zuwendung und intime Abhängigkeiten gekennzeichnet. Und doch ist es dazu verurteilt, in gewisser Weise platonisch zu bleiben, bei Strafe seiner Lähmung und Entzauberung: Jede Zurücknahme jener reflexiven Distanz, die die Theorie zur Praxis einnimmt und die sie zugleich unfähig macht, in einem *unmittelbaren* Sinne handlungsanleitend zu wirken, hätte eine Verringerung ihres Eigensinns, ihrer Innovationskraft, ihrer Langatmigkeit, ihrer Vielfalt, ihrer Unbestechlichkeit und damit ihrer Fähigkeit, zur Orientierung des praktischen Handelns - in einem *mittelbaren* Sinne - beizutragen, zur unausweichlichen Folge.

Meine Sichtweise wird nicht nur genährt durch erkenntnistheoretische Überlegungen, sondern v.a. auch durch die Erfahrung, dass alle Versuche, anstehende Fragen grundsätzlicher Art pragmatisch, unter Handlungsdruck und 'im Vorbeigehen' zu beantworten, zu zweifelhaften Ergebnissen führen. Diese Erfahrung habe ich im skizzierten Zusammenhang angesichts drängender Handlungsnotwendigkeiten, die sofortige Entscheidungen erfordert haben, immer wieder gemacht: Bereitstehende Versatzstücke aus unterschiedlichen konkurrierenden Theorien erwiesen sich als inkompatibel, angepriesene Handlungsstrategien als grobschlächtige Verschnitte aus Alltagsevidenzen und zum Teil theoretisch falschen Bezugnahmen auf bevorzugte aber halbverstandene Referenztheorien, deren Leitbegriffe bloß kurzatmig ausgeschlachtet worden waren. Derlei reduzierte Orientierungen wurden in letzter Konsequenz dann immer wieder auch als Grenzen des praktischen Handelns wirksam, das, gefangen in seinen konzeptuellen Inkonsistenzen, sich selbst im Wege stand.

Gleichwohl hat die Beschäftigung mit den von mir als einschlägig vermuteten Theorien mich weit fortgeführt von praktischen Notwendigkeiten und ihre eigenen Faszinationen und Wegweisungen zur Wirkung gebracht. Aus diesem Grunde kehrt mein Text erst gegen sein Ende hin wieder zu seiner ursprünglichen Fragestellung zurück, ohne sie allerdings - wie ich denke - zwischenzeitlich durch für sie irrelevante Manöver vollständig vernachlässigt zu haben. Dennoch könnte der Text mit Fug und Recht zu dem oder anstatt des Titels, den er trägt, auch noch einen anderen haben. Er könnte lauten: Systemtheoretisch oder handlungstheoretisch argumentieren? Zur Kritik und Präzisierung zweier populärer Positionen.

Die Probleme, um deren Klärung ich mich nun in der vorliegenden Arbeit bemühen möchte, betreffen die theoretischen Grundlagen der Beantwortung der Frauge: Wie lassen sich Interventionen in ein soziales Feld denken, planen und setzen, damit ihre Wirkungen die ihnen zugrundeliegenden Absichten möglichst wenig konterkarieren? Zu dieser Frage bieten u.a. auch systemtheoretisch inspirierte Autoren Antworten an und versprechen eine kontrolliertere und erfolgreichere Interventionspraxis, als sie von den von diesen Autoren kritisierten 'herkömmlichen' (also nicht-system/theoret/ischen) Auffassungen aus konzipierbar scheinen. Solche Antworten haben in den letzten Jahren eine bemerkenswerte Konjunktur erlebt und damit zumindest ein einschlägiges Fachpublikum aus Therapeuten, Pädagoginnen, Psychologen und Wirtschaftsberaterinnen[1] von ihrer Triftigkeit überzeugen können. Publikationen, Tagungen und Fort- und Weiterbildungsangebote verweisen auf eine intensive Rezeption in unterschiedlichen Fachbezügen.

Bei genauer Betrachtung lässt dieser Aufschwung jedoch einige ungelöste Probleme erkennen. So wird im Kontext des 'systemischen' Orientierungsangebots zumeist unterschlagen, dass sich das Denken einer (sei es in pädagogischer, therapeutischer, strategischer o.a. Absicht) *praktisch handelnden* Interventin jedenfalls und notwendig in einer handlungsbezogenen Perspektive bewegt und diese (aus Gründen, die ich im weiteren ausführlich diskutieren werde) nicht von vornherein mit der (vorgängigen? gleichzeitigen? nachfolgenden?) Einnahme einer systembezogenen Perspektive vereinbar ist. Mit der Ignorierung dieses Problems wird gleichzeitig verabsäumt, ein insgesamt konsistentes Gedankengebäude zu entwickeln, in welchem der logische Standpunkt subjektiver Betroffenheit (im Kontext des je eigenen Handelns) mit dem logischen Standpunkt distanzierter Beobachtung (im Kontext der Systemanalyse) ausreichend angemessen verknüpft ist.

Der mögliche Beitrag, den Systemtheorien zur Bewältigung praktisch-pädagogischen Handelns leisten können, scheint mir demgegenüber nur sinnvoll bestimmbar, indem ein Weg gefunden wird, der sie zunächst in allgemeiner Weise auf eine handlungslogische Position beziehbar macht. Theoretisch verallgemeinert wird eine solche in den mit den Systemtheorien konkurrierenden Handlungstheorien, die den logischen Standpunkt subjektiver Betroffenheit von vornherein zum Ausgangspunkt ihrer Abstraktionsleistung nehmen und damit versuchen, das Handlungsgeschehen aus seiner inneren Logik heraus erfassbar zu machen. Die solcherart eingenommene Teilnehmerperspektive bietet zugleich die Möglichkeit, theoretische Einsichten auf Überlegungen zur praktischen Handlungsplanung rückzubeziehen, ohne dabei die eingenommene 'Blickrichtung' zu wechseln, ein Vorzug, über den Systemtheorien nicht verfügen.

Um diesen unterschiedlichen theoretischen Orientierungsmöglichkeiten und ihren Implikationen nachzugehen, werde ich mich in der Folge zuerst mit der Frage nach dem Verhältnis zwischen Handlungs- und Systemtheorien beschäftigen und erst anschließend auf systemtheoretisch konzipierte Beiträge zur Orientierung praktischen Handelns zurückkommen. Die ausführliche Erörterung handlungs- und systemtheoretischer Diskussionsbeiträge geschieht allerdings nicht in der Absicht, den bestehenden Versuchen, einen Ansatz aus der Sicht des jeweils anderen zu widerlegen, eine neue Facette hinzuzufügen. Mein Ziel ist es vielmehr, zu untersuchen, ob sich aus dieser Gegenüberstellung Hinweise darauf gewinnen lassen, in welcher Weise welche kategorialen Argumente systemtheoretischer Ansätze der Bearbeitung methodischer Fragestellungen in handlungsbezogener Perspektive dienlich gemacht werden können bzw. welche methodischen Modellvorstellungen und Konzeptbausteine, die bereits in Anschluss an system-funktionalistische Ausgangsannahmen entwickelt wurden, im Kontext praktischen pädagogischen Handelns in angemessener Weise eingesetzt werden können.

Möglicherweise ziehe ich damit den Verdacht auf mich, einen allzu pragmatischen oder opportunistischen (vielleicht auch für manche zu wenig 'linientreuen') Umgang mit Theoriekontroversen zu pflegen. Wer dies umgekehrt als Erwartung hegt, wird jedoch gleichermaßen enttäuscht sein, denn ich habe nicht vor, auf Eklektizismus und postmoderne Beliebigkeit zu plädieren. Anything goes, but not anything goes well. Oder wie Jürgen Habermas noch wesentlich pointierter angemerkt hat: "Das Lob des Vielen, der Differenz und des Anderen mag heute auf Akzeptanz rechnen können; aber eine Stimmungslage ersetzt noch keine Argumente." (1988/172) Der Gedanke, der mich leitet, besteht aber auch nicht darin, Ideen mechanisch auf von vornherein bestehende Kompatibilitäten abzufragen oder ihnen diese zu unterstellen, sondern darin, ihren möglichen Beitrag zu einer insgesamt neu gewichteten gewinnträchtigen Sichtweise auszuloten. Ich hoffe, dass ich im Verlauf meiner Argumentation deutlich machen kann, dass meine Absicht legitim ist und wodurch sich der Verlauf meiner Gedankenführung rechtfertigen lässt.

Dazu werde ich im ersten Teil der Arbeit zunächst drei handlungstheoretische und drei systemtheoretische Positionen darstellen, von denen ich mir wichtige Hinweise auf eine Beantwortung meiner Fragestellung verspreche. Dann werde ich in Zurückweisung 'überschießender' Geltungsambitionen und nicht ausreichend plausibler Alleinvertretungsansprüche system- *und* handlungstheoretischer

Herkunft versuchen, eine Sichtweise zu entwickeln, die substanzielle Erkenntnisse beider Ansätze in eine angemessene Auffassung vom menschlichen Handeln integrierbar macht. Im zweiten Teil werde ich untersuchen, welche theoretischen Rückschlüsse aus dieser Darstellung auf die Problematik pädagogischen Handelns gezogen werden können und welche Hinweise sich aus den angestellten Überlegungen auf die Konzeptualisierung und Organisation praktisch-pädagogischer Interventionen gewinnen lassen.

Jürgen Oelkers und Heinz-Elmar Tenorth haben der "Mehrheit der Pädagogen" vorgehalten, sie würden, anstatt die Systemtheorie als *Theorie* zu rezipieren und ihre daraus resultierende Distanz zum Handlungskontext zu respektieren, sie "primär nach ihrer Orientierungsleistung im Handeln - und dann skeptisch - bewerten." (1987/26) Ich habe die Absicht, im vorliegenden Text - quasi quer zu dieser Vorhaltung - den systemtheoretischen Anspruch, "eine Theorie für die Theorie *und* eine Theorie für die Praxis zu sein" (Willke 1995/1), ernst zu nehmen und die Systemtheorie u.a. auch *als Theorie* nach ihrer Orientierungsleistung im (pädagogischen) Handeln zu befragen. Dabei hoffe ich tatsächlich, ihr ausreichend skeptisch zu begegnen, gleichzeitig aber auch die durch sie eröffneten Möglichkeiten angemessen zu würdigen.

Überblick über die Arbeit

Der vorliegende Text gliedert sich in zwei Teile. Im ersten Teil versuche ich, jene allgemeinen handlungs- und systemtheoretischen Überlegungen darzulegen, die ich benötige, um einen Standpunkt zu gewinnen, von dem aus ich beide Ansätze zunächst ganz abstrakt-allgemein zueinander in Beziehung setzen kann. Im zweiten Teil konfrontiere ich die dabei gewonnen theoretischen Positionen mit traditionellen Gegenstandsbereichen und Fragestellungen der Pädagogik und versuche das Verhältnis zwischen den beiden Ansätzen problemzentriert zu konkretisieren.

Ich beginne damit, die argumentativen Kernbestände dreier unterschiedlicher handlungstheoretischer Konzeptionen vorzustellen. Damit verfolge ich eine doppelte Absicht: Einerseits will ich so zunächst meinen eigenen konzeptionellen Ausgangspunkt fixieren, andererseits versuche ich, aus dem breiten Feld handlungstheoretischer Positionen und Aussagen solche herauszuarbeiten, von denen ich der Meinung bin, dass sie den Reflexionsstandard moderner Systemtheorien nicht unterbieten und daher geeignet sind, mit solchen 'gegengelesen' zu werden. Anschließend fasse ich drei systemtheoretische Konzepte zusammen, deren spezifische Unterschiedlichkeit meiner Absicht entgegenkommt, Argumente für eine konzeptionelle Gegenüberstellung zwischen Handlungs- und Systemstandpunkt zu entwickeln.

Das Ergebnis dieses ersten Teils wird sein: Handlungs- und Systemtheorien verallgemeinern zwei Diskursformen, die jeweils unterschiedliche Aspekte der handlungsrelevanten Welt des Subjekts erfassbar machen: Handlungstheorien rekonstruieren diese in einer *subjektiv,* Systemtheorien in einer *objektiv* strukturierten Logik. Dabei kommen sie zu unterschiedlichen Auffassungen, die einander jedoch nicht ausschließen. Sie schaffen vielmehr zwei theoretische 'Bilder', die nicht ineinander überführbar sind und sich gerade dadurch in einem Akt 'binokularer Betrachtung' zu einem qualitativ erweiterten - quasi 'plastischen' - Realitätskonzept integrieren lassen. Insofern sind beide Ansätze für eine nicht von vornherein reduktionistische wissenschaftliche Orientierung unverzichtbar.

Im zweiten Teil präsentiere ich die Pädagogik als implizite Handlungstheorie. Damit verfolge ich wieder zwei Ziele: Zum einen möchte ich auf diese Weise die - vor dem Hintergrund der von mir gewählten Problemstellung - logische Priorität des handlungstheoretischen Zugangs aufweisen, zum anderen gibt es mir Gelegenheit, an einigen konkreten Problemstellungen zu zeigen, dass einige der von systemtheoretischer Seite vorgebrachten Argumente gegenüber einer umsichtig konzipierten Handlungstheorie ins Leere laufen, dass deren Positionen - richtig gefügt - vielmehr sogar höchst 'komplementäre' Paßstücke zum systemtheoretischen Argumentationsbestand abgeben. Dann zeichne ich die Ausgangspunkte einer funktionalistischen Auffassung von Erziehung nach, zeige ihre Plausibilität, ihre notwendige Beschränktheit und ihren habituellen Fauxpas, sich für die *umfassende Erkärung* ihrer Beobachtungen zu halten. Auf diesem Weg gelange ich bis zu den jüngsten systemtheoretischen Versuchen über pädagogische Fragestellungen, die die skizzierte Tradition in neuen eleganten aber nichtsdestoweniger weiterhin von den alten Beschränktheiten gezeichneten Figuren fortführen.

Um schließlich die möglichen Orientierungsgewinne in den Blick zu nehmen, die durch systemtheoretisches Denken für pädagogisches Handeln zu gewinnen sind, konzentriere ich mich dann vor dem bis dahin entwickelten Argumentationshintergrund auf einen Themenbereich, dem von systemtheoretischer Seite intensive Zuwendung widerfahren und der für pädagogisches Handeln von zentraler Bedeutung ist: auf den Gegenstandsbereich 'Intervention'. Da die systemtheoretische Theorieproduktion zum *Erziehungs*thema - vor allem in den mich hier vorrangig beschäftigenden handlungsrelevanten Problembezügen - noch keine sehr elaborierten Ergebnisse hervorgebracht hat, beziehe ich mich in diesem Zusammenhang in erster Linie auf die außerpädagogischen aber pädagogiknahen Argumentationskontexte der Therapie und Beratung. Dabei möchte ich meine Hauptthese von der notwendig 'zweidimensionalen' Bezugnahme auf Handlungsprobleme in zweierlei Hinsicht weiterverfolgen: Einmal will ich zeigen, dass sich 'systemische Praxis tatsächlich durchgängig (weil offensichtlich notwendigerweise) der von mir präferierten doppelperspektivischen Orientierung bedient (auch wenn sie dies zuweilen heftig 'theoretisch' bestreitet). Ferner werde ich nachzuweisen suchen, dass der Versuch, diese Praxis 'puristisch' in systemtheoretischen Erklärungskonzepten zu fundieren, in argumentative Widersprüche und positionelle Paradoxien führt.

In den beiden 'Resümees' versuche ich, die Argumentationsstränge der jeweils davorliegenden Kapitel zusammenzufassen und auf einige allgemeinere Aussagen hin zuzuspitzen. Sie sind so angelegt, dass sie auch vorab als 'Einstieg' in meine Darstellung gelesen und auf diese Weise als 'Wegweiser' durch die komplexe Materie verwendet werden können.

(1) Subjekt und System - Zwei standpunktabhängige Ausgangsabstraktionen

I.

Die Erörterung sozialwissenschaftlicher Fragestellungen kennt als eines ihrer traditionellen Leitmotive die Auseinandersetzung zwischen 'objektiv' und 'subjektiv' argumentierenden Auffassungen vom menschlichen Tun. Idealtypisch untersuchen erstere dieses als beobachtbaren Vorgang, der das Resultat äußerer Einwirkungen auf einen Aktor bildet, letztere als Realisierung von Intentionen, deren Ausbildung und Modifizierung nur dem Aktor selbst zugänglich sind.

Die beiden Leitkategorien dieser Kontroverse rekonstruiert Carl F. Graumann als "Opposition von Verhalten und Handeln" (1979/18), in welcher sich diese Auseinandersetzung wissenschaftsgeschichtlich zunächst manifestiert, quasi als Spatenstich der modernen sozialwissenschaftlichen Diskussion und führt sie auf eine relativ voluntaristische Entscheidung zurück, derzufolge im Jahre 1913 "ein Psychologe namens John B. Watson" respektive "ein Soziologe namens Max Weber" beschließen, für den Bereich ihrer jeweiligen Disziplin ein in der Folge prohibitiv gehegtes Terrain abzustecken:

"Psychologie, wie sie der Behaviourist sieht, ist ein vollkommen objektiver, experimenteller Zweig der Naturwissenschaft. Ihr theoretisches Ziel ist die Vorhersage und Kontrolle von Verhalten." (Watson 1913, zit. bei Graumann 1979/19) "Der Behaviourist fragt: Warum machen wir nicht das, was wir beobachten können, zum eigentlichen Gebiet der Psychologie? Wir wollen uns auf Dinge beschränken, die beobachtbar sind, und Gesetze formulieren, die sich nur auf solche Dinge beziehen. Was aber können wir beobachten? Wir können Verhalten beobachten - das, was der Organismus tut oder sagt." (Watson 1930, zit. ebd.)

"Soziologie ... soll heißen: eine Wissenschaft, welche soziales Handeln deutend verstehen und dadurch in seinem Ablauf und seinen Wirkungen ursächlich erklären will. 'Handeln' soll dabei ein menschliches Verhalten ... heißen, wenn und insofern als der oder die Handelnden mit ihm einen subjektiven *Sinn* verbinden. 'Soziales Handeln' aber soll ein solches Handeln heißen, welches seinem von dem oder den Handelnden gemeinten Sinn nach auf das Verhalten *anderer* bezogen wird und daran in seinem Ablauf orientiert ist." (Weber 1920, zit. ebd.)

Das Verhältnis zwischen Interaktion und personaler Entwicklung ist von dieser Abgrenzung zentral betroffen: Für die 'subjektlosen' Auffassungen werden entwicklungsbezogene Interventionen als *gezieltes Variieren von Bedingungen* der 'Verhaltensumwelt' der Interventionsobjekte aufgefasst, die als kausale Folge zu verändertem Verhalten bzw. 'Lernen' (als Inbegriff der 'Fixierung' veränderten Verhaltens) führen soll. Dabei wird als unerheblich (bzw. unerhebbar) angesehen, welche inneren psychischen Vorgänge mit den beobachteten Veränderungen in Zusammenhang stehen. Untersucht wird, nach welchen objektivierbaren Regelmäßigkeiten Entwicklung als Resultat äußerer Gegebenheiten und Einwirkungen auftritt. Für die Gegenposition bedeutet entwicklungsbezogene Einwirkung auf menschliche Individuen hingegen intersubjektive Kommunikation, im Kern also das *Erheben und Verhandeln von Geltungsansprüchen*. Dieses soll dem Interventionsadressaten ermöglichen, angesichts vorgetragener Argumente sein Verhältnis zur Welt zu prüfen und ggf. neu festzulegen. Damit ist er definitiv als Subjekt, als 'Täter seiner Taten' angesprochen und nur als solcher soll er sich verändern.

Aus keiner dieser beiden Blickrichtungen werden die beiden Konzepte (resp. aus ihnen ableitbare Interventionsstrategien) als kompatibel angesehen. So ist zwar etwa die Möglichkeit *empirischer* Aktivitäten des gezielten (strategischen) Variierens von Handlungsbedingungen wie des (argumentativen) Stellens von Geltungsansprüchen von keiner Seite aus plausibel bestreitbar. Jedoch werden beide Handlungsweisen jeweils dem eigenen Interpretationskonzept assimiliert. Das (empirische) Stellen von Geltungsansprüchen erscheint so dem ersten Ansatz als *eine* mögliche Form der Variation der 'objektiven' Handlungsbedingungen der Interventionsadressatin. Umgekehrt wird das (empirische) Verändern äußerer Situationsbestandteile aus der Sicht des zweiten Ansatzes als inhaltliche Bezugsgröße der Reflexion des von der Intervention betroffenen Subjekts interpretiert.

Mit der zweiten Sichtweise einher geht zumeist die kritische Verdächtigung, dass eine bloß als Variation von Handlungsbedingungen vorgenommene (bzw. theoretisch verallgemeinerte) Intervention dem repressiv-manipulativen Zweck diene, gerade den anzustrebenden Prozess einer rationalen Urteilsbildung zu unterminieren. Die (eingestandene) empirische Möglichkeit *strategischer* Bedingungsvariation wird als manipulativ qualifiziert und abgelehnt. Die Gegenseite kontert mit dem Vorwurf, das Ignorieren 'objektiver' Zusammenhänge zwischen je bestimmten Bedingungen und Verhaltensweisen eines Aktors sei naiv-idealistisch und wissenschaftlich unangemessen.

Fallweise wurden Fragen der jeweils den einzelnen Positionen (faktisch oder vermeintlich) zugrundeliegenden gesellschaftlichen Wunschvorstellungen und politischen Auffassungen zum Ausgangspunkt wechselseitiger Kritik genommen. Häufiger wurde der Kern der Kontroverse jedoch in einem wissenschaftstheoretischen Thema verortet: Aus der Sicht eines quasi-naturwissenschaftlichen Anspruchs, Theorie hätte auch über sozio-kulturelle Phänomene eindeutige und ggf. technisch reproduzierbare Ursache-Wirkungs-Zusammenhänge zu evaluieren, ist es schlüssig, das Handeln von Menschen von 'außen' zu vermessen und Aussagen zu treffen, in denen diese als beobachtete 'Objekte' fungieren und in denen *regelmäßige Reaktionen auf Außeneinflüsse* beschrieben sind. Damit fällt allerdings das subjektive Innenleben der Handelnden durch den Rost einer auf 'Messbares' fixierten Metatheorie. Ein solches Vorgehen musste eine Auffassung zu grundsätzlicher Kritik herausfordern, die gerade in den *subjektiven Phänomenen* das Wesentliche des menschlichen Handelns verortet. Da solche Phänomene aus einer methodischen 'Außenposition' nicht erschließbar sind, ist es dann plausibel, über kommunikative Prozesse einen Zugang zu den subjektiven Hintergründen des Handelns zu gewinnen. Jürgen Habermas hat dies so zusammengefasst:

"Die Verhaltenswissenschaften definieren ihren Gegenstandsbereich in der Weise, dass allein Beschreibungen von beobachtbaren empirischen Regelmäßigkeiten und nomologische Annahmen für die Erklärung dieser Zusammenhänge zugelassen sind, während die Handlungswissenschaften vor der Aufgabe stehen, Bedeutungsobjektivationen zu beschreiben und die Regeln, nach denen diese hervorgebracht werden, nach internen Merkmalen zu analysieren." (Habermas 1975/273f)

Es ist nicht meine Absicht, den Streit um diesen Aspekt der Kontroverse hier im einzelnen weiter zu verfolgen.[2] Auch werde ich nicht einer der beiden Auffassungen eine generell gegenstandsunangemessene Problemsicht attestieren. Ich möchte in der vorliegenden Arbeit vielmehr zu zeigen versuchen, dass der an generalisierten Wahrheitsansprüchen eröffnete Konflikt in Wahrheit über eine *vereinseitigende Herauslösung bestimmter Gegenstandsaspekte* ausgetragen wird.

Die skizzierte Auseinandersetzung zwischen dem ‚social definition approach' und dem 'social facts approach' hat wissenschaftsgeschichtlich betrachtet eine bemerkenswerte Langlebigkeit bewiesen. Die widerstreitenden Positionen wurden in unterschiedlichen Kontexten und mit variierenden Schwerpunktsetzungen ausgearbeitet, so etwa paradigmatisch in den zitierten Ansätzen von Weber und Watson, im Disput von Theodor W. Adorno und Jürgen Habermas vs. Karl Popper und Hans Albert oder unter verschobenen Akzenten von Jürgen Habermas vs. Niklas Luhmann.[3] In der Pädagogik wurde die Auseinandersetzung vielfach aufgegriffen und wirkt für viele Proponenten der Disziplin bis heute identitätsbildend.

In diesem Theorienstreit ist vielfach (mehr oder minder explizit) die (für meine weitere Argumentation bedeutsame) Frage mit verhandelt worden, wie weitgehend reale Handlungen *in einem empirischen Sinne* durch subjektive Entscheidungen 'festgelegt' werden können bzw. wie weitgehend sie als das Resultat objektiver Gegebenheiten anzusehen seien. In diesem Zusammenhang haben umsichtige subjektbezogene Positionen stets auf die Wirkung von Faktoren hingewiesen, die die subjektive Bestimmung des Handelns empfindlich einschränken oder einschränken können. Wilhelm Dilthey etwa, der den Stellenwert subjektiver Bestimmungsmomente des menschlichen Handelns erstmals umfassend begrifflich begründete, erinnerte bereits daran, dass es ein Irrtum wäre, "wollte man Geschichte auf das Zusammenwirken von Menschen zu gemeinsamen Zwecken einschränken. Der einzelne Mensch in seinem auf sich selber ruhenden individuellen Dasein ist ein geschichtliches Wesen. Er ist bestimmt durch seine Stelle in der Linie der Zeit, seinen Ort im Raum, seine Stellung im Zusammenwirken der Kultursysteme und der Gemeinschaften." (1910/163) An die Seite dieser historisch-gesellschaftlichen Einschränkung von *rein* subjektiver Bestimmung stellte Sigmund Freud (wiederum in Ausarbeitung einer dezitiert subjektbezogenen Theorie) ungefähr zeitgleich eine weitere: Das 'Unbewusste' beschränke die subjektive Bestimmung des 'Ich' und mache den Menschen (zumindest fallweise und in Aspekten seines Handelns) zum Objekt unabwendbarer innerer Zwänge. (vgl. etwa 1915) Spätestens mit diesen Aussagen waren gewisse äußere und innere Grenzen reiner subjektiver Verfügung markiert und partielle empirische 'Bedingtheiten' zugestanden.

Umgekehrt wird auch die (empirische) 'Bedingtheits'-Hypothese nur selten puristisch verfochten. So räumen objektivistische, vor allem funktionalistisch argumentierende Autoren ein, dass Personen und aus diesen 'bestehende' soziale Gebilde von anderen Personen oder sozialen Gebilden (als deren 'Bedingungen') nicht *direkt* beeinflussbar, steuerbar, determinierbar (und in der Folge als lineare Ursache-Wirkungs-Beziehung erforschbar) sind. Die Existenz einer von außen unkontrollierbaren Binnendynamik von Personen und sozialen Zusammenhängen wird zugestanden und fallweise an prominenter Stelle präsent gehalten. Dort wird sie dann häufig (so noch von Luhmann, vgl. 1984/156) unter der Chiffre 'black box' quasi als erklärungsresistenter Fremdkörper verwaltet. Fallweise wird sie aber auch als vernachlässigbare Residualgröße an den Rand der Theorie geschoben oder schlicht ignoriert.

In der Auseinandersetzung zwischen *systemtheoretisch* und *handlungstheoretisch* inspirierten Theoriekonzepten präsentiert sich - wie ich im ersten Teil meiner Arbeit exemplarisch dokumentieren werde - ein altes Grundmotiv quasi 'auf dem letzten Stand' des sozialwissenschaftlichen Diskurses: Auf der einen Seite hat die 'subjektlose' Position den schlicht behaviouristischen Habitus ihrer älteren Theorietradition über Bord geworfen[4] und sich vom Prinzip der linearen 'kausalen' Erklärung verabschiedet. Die empiristischen Ausgangsannahmen werden jedoch grundsätzlich beibehalten und empirische Phänomene von Subjektivität, Rationalität, bewusster Entscheidung als *systemisch determinierte Bestände von sich selbst regulierenden Funktionszusammenhängen* beschrieben. Diese werden von einem Standpunkt aus untersucht, der von den subjektiv wahrgenommenen Inhalten der Betroffenheiten, Reflexionen und Absichten des beobachteten Individuums strikt abstrahiert. Auf der konkurrierenden Seite wird trotz prinzipieller Anerkennung und Berücksichtigung vorfindlicher Voraussetzungen und Grenzen der Entfaltung von Subjektivität für unabdingbar gehalten, die jeweiligen situationsbestimmenden Gegebenheiten aus der Innenperspektive der betroffenen Individuen zu betrachten. Diese Sichtweise ermöglicht dann die Wahrnehmung *subjektiver Gründe, die für Entscheidungen maßgeblich sind* und die als die eigentlichen 'Ursachen' der Handlungen angesehen werden.[5] Die Inhalte solcher Gründe folgen keiner 'objektiven' Systemdynamik (die in Termini funktional determinierender Strukturen fassbar wäre), sondern sind nur als Ausdruck eines eingenommenen individuellen Standpunkts und seiner eigensinnigen Logik subjektivrationaler Selbstbestimmung zu begreifen.

Ich werde im Zuge meiner Darstellung zu belegen versuchen, dass der damit in seinen Grundzügen skizzierte Theorienstreit häufig entlang einer Frontlinie verläuft, die sich ihrerseits an einem Missverständnis orientiert. Es besteht darin, dass beide Seiten davon ausgehen, sie bezögen sich auf den selben oder doch mindestens auf zwei sich essentiell überschneidende Gegenstandsbereiche und ihre unterschiedlichen Auffassungen ergäben daher einen notwendigen Dissens in der Sache. Dadurch fühlt sich jede der beteiligten Seiten legitimiert, die Geltungsansprüche der jeweils anderen Partei mehr oder weniger offen in Frage zu stellen.

In weiterer Konsequenz ergeben sich dann zwei aufwandsarme Möglichkeiten: Man bestreitet die Sinnhaftigkeit des gegnerischen Unternehmens *prinzipiell* oder man entnimmt diesem unbesehen einige Bruchstücke als Beitrag zur Lösung eines Teilproblems des je eigenen Ansatzes bei gleichzeitiger Stornierung der jeweils konkurrierenden kategorialen Ansprüche. Die 'harte' Variante kann auf der Habenseite eine wenn auch beschränkte, so doch relativ widerspruchsfreie theoretische Orientierung verbuchen. Die 'weiche' Haltung hingegen gewinnt eine umfassendere und aspektreichere Sichtweise, bezahlt sie aber mit unvermeidlichen logischen Bruchstellen. Meine Annahme beiden Positionen gegenüber wird lauten, dass sich Handlungstheorien und Systemtheorien zwar auf die gleichen 'Realphänomene' aber durch die Spezifik ihres jeweiligen Weltverständnisses auf zwei unterschiedliche theoretische Gegenstandsfelder beziehen und dadurch weder das kompromisslose Abschmettern noch das unreflektierte Ausbeuten der jeweiligen Konkurrenz zu befriedigenden Lösungen führen kann.

Meine Argumentation impliziert, dass ich beide Ansätze (wie sich zeigen wird, entschiedener den systemtheoretischen) stellenweise und in Aspekten 'gegen ihren eigenen Strich' lese. Dabei erlaube ich mir, die alte geisteswissenschaftliche Denkfigur zu reaktivieren, derzufolge man einen Text auch gegen die darstellungsleitenden Intentionen seines Autors interpretieren kann. Ich versuche also zunächst der 'intentio operis' der vorgefundenen Theoriengebäude (vgl. dazu die illustrativen Bemerkungen von Eco 1992/35ff) gerecht zu werden und streiche heraus, was der jeweilige Ansatz eigentlich 'bedeutet', wenn man seine Prämissen und Argumentationslinien konsequent zuende führt. Selbstverständlich lasse ich mich dabei, soweit irgend möglich, von den Darstellungen der referierten Autoren leiten. Von wenigen Ausnahmen abgesehen maße ich mir weder an, noch halte ich es für sinnvoll oder notwendig, deren Entwürfe durch Zusätze, Weglassungen oder Korrekturen zu 'verbessern'. Insgesamt führe ich ihre Darstellung im wesentlichen auf *eine* kritische Diagnose zu: Handlungs- wie auch Systemtheorien überschreiten fallweise in ihrem Geltungsanspruch die Grenzen, die ihren Konzepten aus immanent logischen Gründen gesetzt sind und unterminieren damit die Stimmigkeit und Triftigkeit ihrer theoretischen Aussagen.

Ein Problem wird dieses Unternehmen durchgehend begleiten: Die unterschiedlichen Perspektiven erschweren eine für beiden Seiten gleichermaßen akzeptable Begriffszuordnung. Selbst Begriffe wie 'Inhalt' oder 'Form' sind schon aus einer dieser beiden Perspektiven formuliert. Dies lässt sich etwa an der folgenden Aussage demonstrieren: "Die Signale, die dem Gehirn zugeführt werden, sagen nicht, blau, heiß, cis, au, usw. usw., sondern 'Klick, Klick, Klick', das heißt, sie sprechen nur von der Intensität der Störung und nicht von 'was', nur von 'wieviel' und 'woher'." (Foerster zit. bei Dziewas 120) Aus der (theoretisch verallgemeinerten) Sicht eines beteiligten Handelnden nun wäre blau und heiß der Inhalt, klick die Form, in der ihm dieser Inhalt zugeleitet wird. Aus der Sicht eines radikal 'objektiven' Beobachters hingegen ist allein 'klick' ein feststellbares faktisches Ereignis, somit ein möglicher Inhalt, der subjektive Eindruck von Bläue hingegen ein unkontrollierbarer Nebeneffekt, quasi ein funktionales Abfallprodukt. Um nun gemeinte Bedeutungen möglichst unmissverständlich einzugrenzen, muss zwischen beiden Referenzsystemen hin- und hergesprungen und Zweideutiges ausgeschieden werden. Dabei erhöht sich der Ballast an verbalen Stützkonstruktionen, die stilistisch 'elegante' Lösungen erschweren. Ich werde in der folgenden Darstellung versuchen, Mehrdeutigkeiten durch den jeweiligen Kontext möglichst zu reduzieren. Gleichwohl kann ich sie nicht zur Gänze ausräumen. Im Zweifelsfalle werde ich eher metaphorische, 'bildhafte' Formulierungen bevorzugen, um das Gemeinte herauszustreichen. In diesem Sinne werde ich das klassiche Begriffspaar intentional-funktional[6] fallweise ersetzen durch 'qualitativ'-'technisch'[7], inhaltlich-formal, intentional-operativ, bedeutungsbezogen-funktionsbezogen u.a.

Um meine Annahmen zu belegen, werde ich die widerstreitenden Positionen im folgenden nicht systematisch vortragen und dann 'Punkt für Punkt' gegeneinanderstellen. Auch habe ich nicht vor, die theoriegeschichtliche Entwicklung, die zu beiden Ansätzen hingeführt hat, nachzuzeichnen oder auf eine vollständige Erwähnung und Erörterung aller ihrer unterschiedlichen Ausprägungen, 'Richtungen' und Vertreter hinzuarbeiten. Auch die mittlerweile umfangreichen Diskussionen zu bestimmten Detailaspekten der einzelnen Positionen werden mich nicht beschäftigen. Ich beschränke mich - unter meiner Fragestellung - auf die Herausarbeitung der 'essentials' bestimmter durch die von mir vorgestellten Theorieelemente exemplarisch repräsentierer Problemsichten, die ich dazu verwenden kann, eine argumentativ rechtfertigbare Beziehung zwischen handlungs- und systemtheoretischen Auffassungen herzustellen. Dies soll zugleich meine terminologische Entscheidung rechtfertigen, die Bezeichnungen 'Handlungstheorie' und 'Systemtheorie' in einem weiten Sinne zu verwenden. Ich treffe sie, ohne zu ignorieren, dass man unter anderen Gesichtspunkten auch auf eine präzisere Binnenabgrenzung innerhalb der Traditionslinien Wert legen kann.

II.

Ein Auto bewegt sich nach Italien. Ein Beobachter H behauptet: Es bewegt sich nach Italien, weil der Lenker L dort Urlaub machen möchte und es dorthin lenkt. Würde er seinen Urlaub in Norwegen machen wollen und es dorthin lenken, würde sich das Auto nicht nach Italien bewegen. Eine Beobachterin S behauptet: Das Auto bewegt sich nach Italien, weil der Motor läuft, eine bestimmte Menge Benzin durch den Vergaser strömt und die Vorderräder eine jeweils ganz bestimmte Stellung einnehmen. Wäre dies nicht gegeben, würde das Auto sich nicht nach Italien bewegen. H kann den konkreten Verlauf der Reise genau erklären: L fährt frühmorgens weg, weil die Reise lange dauert, macht mehrere Male Rast, weil er sich nicht überanstrengen möchte und wählt Pausen und Route nach den Verkehrsmeldungen des Radios und den erwartbaren landschaftlichen Schönheiten. Ferner vermutet H, L werde wohl nicht während der Nachtstunden fahren, weil er dann zu wenig sehen würde. S kann den konkreten Verlauf der Reise ebenfalls genau erklären: Er richtet sich nach der jeweiligen Menge des in den Vergaser einfließenden Treibstoffs, der jeweiligen Motordrehzahl, dem gerade eingelegten Gang, der jeweiligen Stellung der Vorderräder und anderer technischer Gegebenheiten. S behauptet u.a., H werde an keiner Stelle schneller als 100 km/h fahren, da sein Auto dazu einen zu schwachen Motor habe.

Die Äußerungen von H und S widersprechen einander nicht, sondern beziehen sich auf unterschiedliche Aspekte des Gesamtvorgangs, die für diesen zwar in ihrem Zusammenwirken gleichermaßen konstitutiv sind, jedoch erst aus unterschiedlichen Blickrichtungen sichtbar werden. H denkt die Reise aus der Sicht von L und reflektiert sie 'subjektiv'. Damit zeichnet er die Entscheidungen von L, die einige Momente der Reise definieren, quasi 'von innen' nach. S hingegen registriert Voraussetzungen auf der 'objektiven' Seite des Zusammenhangs und auch diese objektiven Faktoren legen bestimmte Momente der Reise fest.

In Abhebung von einem so 'kompromisshaften' Arrangement der Positionen von H und S ließe sich auch eine unversöhnlichere Bezugnahme entwerfen. Zunächst könnte man gegen S einwenden, dass eine bestimmte Menge Benzin ja nur deswegen durch den Vergaser ströme, *weil* L dies auf der Grundlage der von ihm getroffenen Entscheidung willentlich hervorrufe. Insofern wären die objektiven Bedingungen als bloße 'Mittel' oder äußerliche Begrenzungen der subjektiven Entscheidungen anzusehen, diesen sonst aber 'kausal' nachgeordnet. Sie würden als solche genau genommen überhaupt erst dadurch (manifest) zu existieren beginnen, dass sie von einer subjektiven Instanz als Instrument der Durchführung subjektiver Intentionen in Dienst genommen (bzw. dabei als potentiell widerständiges Moment erfahren) werden: Sie bilden quasi 'konditionale' Momente des Handelns von L. Umgekehrt ließe sich aus der Gegenposition zeigen, dass die Wahrnehmungen und Entscheidungen von L selbst nichts anderes seien, als objektive Vorgänge, analog dem Einströmen des Benzins in den Vergaser oder der Veränderung der Radstellung. Auch alle Vorgänge im 'Inneren' von L wären demnach Ausdruck ihrer eigenen 'technischen' Möglichkeiten, welche durch die Gesamtanordnung aller Teilelemente des sie konstituierenden Zusammenhangs (wie offen oder geschlossen auch immer) determiniert sei. Damit ließe sich dann L von S als eine Art Maschine beschreiben, in der entlang bestimmter Gesetzmäßigkeiten beobachtbare funktionale Vorgänge ablaufen. 'Subjektive' Entscheidungen wären dann den beobachtbaren Ereignissen nicht logisch vorgeordnet, sondern bloße Elemente einer allseitigen Verkettung evolutionär sich selbst hervorbringender Entwicklungen.

Hält man diese beiden 'konkurrierenden' Interpretationen gegeneinander, so zeigt sich, dass sie sich prinzipiell unterschiedlichen Bezugnahmen auf die Ereignisse verdanken: H betrachtet die Ereignisse aus dem Blickwinkel einer teilnehmenden, betroffenen, in eigener Sache agierenden Person. Er hat daher immer jene Seite der Vorkommnisse im Auge, die für L's Wünsche, Bedürfnisse, Ängste, Absichten etc. und damit für die Motive seiner Entscheidungen von unmittelbarer Bedeutung sind. Er denkt die Dinge als die, die sie 'für L' sind. S hingegen registriert die Ereignisse aus der Sicht einer unbeteiligten, unbetroffenen, ihren tatsächlichen Verlauf bloß beobachtenden und beschreibenden Person. Da sie ihre Wahrnehmungen nicht in der Blickrichtung von Handlungsentscheidungen anlegt, kann sie die Dinge als die sehen, die sie 'an sich' sind. Aus diesem Grund fällt ihr Blick auf 'objektive' Zusammenhänge, die H offensichtlich nicht bemerkt (oder zumindest nicht sogleich bemerken muss), weil sie sich seiner Wahrnehmung nicht von vornherein aufdrängen oder ihr überhaupt unzugänglich sind. Gleichzeitig verliert sie aber den Zugang zu den Entscheidungsmotiven von L. Damit kann sie trotz ihrer 'objektiven' Beobachtung nicht alle kausal wirksamen Faktoren erfassen. Zwar sind Wenn-dann-Aussagen möglich, alle materialen Prognosen bleiben jedoch abhängig von der 'Willkür' von L, in deren Dynamik S keinen Einblick nehmen kann.

Dennoch bewegen sich H und S nicht in getrennten Welten: Erfahrbar sind H etwa mannigfache Auswirkungen der von S registrierten 'objektiven' Zusammenhänge: Wenn L's Auto plötzlich nicht mehr weiterfährt, wenn sein Gedankenfluss aufgrund von Überforderung plötzlich abreißt, wenn er schließlich krank wird und seine Reise nicht mehr fortsetzen kann. In diesem Falle 'verursacht' dann nicht *er,* dass seine Fortbewegung gestoppt wird, sondern sein Auto, 'verursacht' nicht *er,* dass sein Gedankenfluss auf halbem Wege aufhört, sondern eine funktionale Konstellation in seinem 'Kopf' und 'verursacht' nicht *er,* dass seine Körpertemperatur steigt, sondern sein Immunabwehrsystem. Jene Einflussgrößen, deren Wirkungslogik S verstanden zu haben behauptet und als eigentliche 'Ursachen' reklamiert, nimmt H nun als etwas von außen hinzukommendes wahr: Sie 'passieren' L, sie 'stoßen L zu', er 'bemerkt' sie an ihren Effekten, registriert sie als etwas 'Gegenständliches' oder gar 'Fremdes', sie liegen außerhalb des L verfügbaren 'Ichs' und 'Willens', sie bilden Gegebenheiten und Ereignisse, die *an* L (oder *durch ihn hindurch*) ablaufen.

Ich habe hier in einer theoretisch unscharfen und mehrfach reifizierenden Weise (aber das ist die Crux aller plastischen Veranschaulichungsmodelle) zwei unterschiedliche Blickrichtungen nachgezeichnet, deren theoretische Ausgestaltung mich im Rahmen dieser Arbeit beschäftigen wird. In Vorwegnahme meiner weiteren Ausführungen nehme ich - in der Hoffnung, dass dies deren Verständlichkeit erhöht - bereits hier eines ihrer zentralen Ergebnisse vorweg: Handlungstheorien und Systemtheorien (oder präziser ausgedrückt: die immanenten Perspektiven ihrer Argumentationslogiken) beziehen sich auf die selben Realphänomene, nehmen an diesen aber eine unterschiedliche Ausgangsabstraktion vor, die keine inhaltlichen Überschneidungen der entwickelten Aussagen mehr ermöglicht. *Handlungstheorien* entwickeln ihre Denkmodelle in der Blickrichtung des handelnden Individuums (oder, wie man auch sagen kann: in einer Einstellung, die in der grammatischen Figur der 'ersten Person' ausgedrückt wird). Dadurch werden ihnen die Aktivitäten der menschlichen Lebensführung in ihren noematischen, qualitativ-inhaltlichen Dimensionen und Aspekten sichtbar. *Systemtheorien* agieren in der Perspektive eines unbetroffenen Beobachters (oder, wie man auch sagen kann: in einer Einstellung, die grammatisch einer 'dritten Person' zugeordnet wird). Auf diese Weise extrahieren sie aus den Aktivitäten der menschlichen Lebensführung solche Gesetzmäßigkeiten, wie sie jenseits aller 'Erfahrungsqualität' registriert werden können: Prinzipien der formalen, technisch-funktionalen Organisation der Handlungsereignisse.

Lassen wir H und S ein letztes Mal auftreten: H kann die 'objektiven' Phänomene (außerhalb und innerhalb von L's Körper) - wie bereits vorgeführt - in der Einstellung eines 'Ichs' erfahren, was zur Folge hat, dass er ihre Auswirkungen für L's emotionale Befindlichkeit und aktuelle Handlungsmöglichkeiten feststellt, er kann sich aber auch von S verleiten lassen, einmal für einen Moment von seiner 'Betroffenheit' abzusehen und die von S vorgeführte 'objektiv' beobachtende Haltung einzunehmen. Ein solcher Schritt ermöglicht ihm einen zusätzlichen neuen Blick auf das Geschehen. So kann er nun etwa auch das, was L's Körper ohne Zutun des bewussten Willens 'selbstgesteuert' vollzieht, als etwas 'Objektives' begreifen, das eigenständigen, von L's Ich unabhängigen Gesetzmäßigkeiten folgt.

Hätte nun H selbst diese beiden 'Seiten' an sich entdeckt, so könnte er feststellen, dass er die beiden unterschiedlichen Arten von Einsichten, die er durch seinen Perspektivenwechsel gewinnen kann, wiederum nur in unterschiedlicher Weise in praktisches Handeln umsetzen kann: So mag er einerseits lernen, wie er in der Einstellung erster Person (also durch 'subjektive' Prozesse gesteuert) seine Muskeln so bewegen kann, dass er dabei eine bestimmte gymnastische Übung vollzieht. Er kann aber in keiner analogen Weise bewirken lernen, durch subjektive Vorgänge herbeizuführen, dass sein Muskel an Masse zunimmt. Allerdings kann er über seinen Muskel (als außerhalb von ihm liegenden 'Gegenstand') lernen, dass dieser im Falle häufiger Beanspruchung an Umfang gewinnt. Und dann kann er 'subjektiv' gesteuert etwas tun (etwa: den Muskel häufig belasten), als dessen quasi 'sekundäres' Ergebnis das von ihm angezielte Wachstum des Muskels eintritt. Auf diese Weise würde H (in pragmatischer Absicht) die beiden skizzierten Perspektiven zusammenführen und damit eine erweiterte Handlungsorientierung gewinnen. Er kann dabei aber keine der beiden Sichtweisen in der jeweils anderen auflösen, sondern nur zwischen ihnen hin-und-her wechseln und sie wechselseitig füreinander auswerten. Andernfalls müsste er gerade den spezifischen Orientierungsgewinn, der durch die doppelte Perspektivität seines Problemzugangs eingetreten ist, wieder verlieren.

Die theoretische Ausarbeitung einiger Ausgangspunkte und Implikationen eines solchen Perspektivenwechsels bildet den Gegenstand meiner weiteren Darstellung.

(1.1) Handlungstheorie: Soziale Interaktion in der verallgemeinerten Perspektive des handelnden Subjekts

Wie bereits angeführt, kann ich hier keine umfassende Darstellung all jener Positionen leisten, die in einem engeren oder weiteren Sinne als 'handlungstheoretisch' zu qualifizieren wären. Ich setze das Umfeld der Diskussion als bekannt voraus und beschränke mich im weiteren auf eine genauere Darstellung jener Grundaussagen, die für meinen weiteren Argumentationsgang von Bedeutung sind. Ich werde dabei in erster Linie auf Elemente der 'Subjekttheorie' der Kritischen Psychologie (i.b. Klaus Holzkamps und Ute Osterkamps), der Handlungstheorie von Jürgen Habermas und des 'konstitutionstheoretischen' Ansatzes im Sinne von Anthony Giddens und Hans Joas zurückgreifen, da diese in der rezenten Diskussion die umfassendsten Beiträge zu einer Grundlegung der von mir präferierten Lesart einer handlungstheoretischen Position geleistet haben. Da diese Theorieansätze teilweise ohne explizite Bezugnahmen aufeinander bzw. in unterschiedlichen Fachbezügen entwickelt wurden, unterscheiden sie sich trotz ihrer weitgehend übereinstimmenden inhaltlichen Konzeption doch in einigen Akzentuierungen und in der Anlage der Begriffsapparate[8]. Ich beschränke mich darauf, allfällige Differenzen zwischen den Konzepten im Verlauf meiner Darstellung jeweils dort zu klären, wo sie für meine Darstellung argumentationsrelevant werden.

Die Zentralkategorie jeder handlungstheoretischen Konzeption ist der Begriff 'Handlung'. Er bildet gleichsam den Angelpunkt aller weiteren theoriestrategischen Entscheidungen. In ihm sind jene Lebensäußerungen menschlicher Individuen gefasst, durch die gegebene gesellschaftliche Bedeutungen aufgegriffen und damit die in diesen enthaltenen historisch akkumulierten Erfahrungspotentiale zur Befriedigung der individuellen und kollektiven menschlichen Bedürfnisse eingesetzt werden. Damit ist hervorgehoben, worin der spezifisch menschliche Aspekt des 'Verhaltens' besteht: in der bewussten zweckorientierten Koordination der Lebensaktivitäten durch die Hervorbringung, Verschlüsselung und Wieder-Entschlüsselung von Bedeutungen, oder kurz: in der Sinn - haften Verständigung und Lebensführung. Handlungen dieser Art können nur von menschlichen Individuen, nicht aber etwa von Tieren oder Pflanzen vollzogen werden. Der Begriff 'Handlung' ist damit die universellste Kategorie zur Verallgemeinerung bewusster menschlicher Lebenstätigkeit.

Peter Winch demonstriert anhand eines einfachen Beispiels, was es bedeutet, eine Handlung als sinnhaft anzusehen:

"Angenommen, es werde von einer Person N gesagt, sie habe bei den letzten allgemeinen Wahlen deswegen für Labour gestimmt, weil sie dachte, eine Labour-Regierung werde am ehesten den wirtschaftlichen Frieden erhalten. Welche Art von Erklärung ist dies? Der einfachste Fall ist der, dass N vor dem Wählen das Für und Wider einer Stimmabgabe für Labour diskutiert hat und ausdrücklich zu dem Ergebnis gekommen ist: 'Ich werde Labour wählen, weil das die beste Möglichkeit ist, den wirtschaftlichen Frieden zu erhalten.' Dieser Fall ist ein Paradigma dafür, dass jemand eine Handlung aus einem Grunde ausführt." (1958/61)

Eine solche Entscheidung handlungstheoretisch zu begreifen, impliziert nun, sie auf eine Weise theoretisch zu beschreiben, die vom Selbstverständnis des Handelnden *nicht* abstrahiert:

"Angenommen, ein Beobachter O erklärt die Tatsache, dass N die Labour Party gewählt hat, in der obigen Weise; dann sollte man sich bewusst sein, dass das Gewicht der von O gegebenen Erklärung davon abhängt, dass die in ihr vorkommenden Begriffe nicht nur von O und seinen Zuhörern verstanden werden, sondern auch von N selbst." (1958/62)

Solches Handeln verweist auf die zweite Leitkategorie des 'Subjekts'. Sie ist im Handlungsbegriff impliziert als jene Instanz, die Handlungen hervorbringt: Das Subjekt nimmt die es umgebende Welt wahr und reflektiert seinen Zusammenhang mit ihr. Es empfindet, bewertet, entscheidet und handelt. Es entwickelt Maßstäbe des Wahren, Guten und Schönen und legt sie an seine Entscheidungen und die anderer an. Es verrät diese Maßstäbe und stellt eben dies wiederum in Frage. Kurz: Es bildet die dynamische, treibende Kraft, die hinter allem sozialen Sein steckt. Die Verwendung des Subjektbegriffs gestaltet sich fallweise durchaus schillernd[9] und von vielfältigen und emphatischen Assoziationen begleitet: "Bewusstsein, Denken, Reflexion... Ich, das Selbst und seine Zusammensetzungen mit Erfahrung, Findung, Verwirklichung... die Person und das Persönliche, übergehend in das Individuelle, je Eigne, vielleicht gar Private... Da sind die konnotativen Seiten des Lebens, des Alltags, der Spontaneität angeschlagen. Die Eiswüste der Abstraktion und das Reich der Herrschaftsverhältnisse scheinen weit entfernt." (Haug 1985/60)

Um allfällige ideengeschichtliche Belastungen dieses Begriffs möglichst hintanzuhalten und nicht den Eindruck zu erwecken, es ginge hier um die Fortsetzung einer Tradition romantisch-utopischer Innerlichkeitsorientierungen oder spekulativer Seelenkonzepte (vgl. etwa kritisch dazu Oelkers 1987/176ff), stelle ich jene naturgeschichtlich inspirierte Rekonstruktion des Subjektbegriffs an den Anfang meiner Darstellung, wie sie von der Kritischen Psychologie vorgelegt wurde. (a) Im darauffolgenden Abschnitt werde ich das Handlungskonzept um einige Grundaussagen der Theorie des kommunikativen Handelns von Jürgen Habermas erweitern. (b) Den dritten Abschnitt bildet ein Überblick über den als 'Konstitutionstheorie' apostrophierten Beitrag von Anthony Giddens und Hans Joas zur Grundlegung der Handlungstheorie. (c)

(a) Handeln als bedürfnisorientierte Weltaneignung

Zur Charakterisierung des kritisch-psychologischen Ansatzes werde ich zunächst nachzeichnen, wie sich anhand der Evolutionsgeschichte die Herausbildung einer biologischen Funktionsgrundlage der menschlichen Subjektivität konzipieren lässt. (I) Darauf aufbauend stelle ich erste zentrale Bestimmungen des Handlungskonzepts vor. (II) Diese werden ergänzt durch ein Bedürfniskonzept, das einen nicht-utilitaristischen Bezug von Handlungen auf Bedürfnisse ermöglicht. (III) Dann zeige ich exemplarisch, wie ein aus der Subjektsicht entworfener Begriffsrahmen das Phänomen der Beschränktheit subjektiver Bestimmung des Handelns beschreiben muss. (IV)

I.

Bei der Rekonstruktion der Spezifika menschlicher Subjektivität greift die Kritische Psychologie in der Evolutionsgeschichte weit zurück. Um eine angemessene begriffliche Fassung des (zunächst psychologisch angezielten) Gegenstandsbereiches zu entwickeln, werden im ersten Schritt vor-psychische von psychischen Lebensaktivitäten unterschieden. In Anschluss an Leontjew (1982, vgl. auch Messmann/Rückriem 1978) führt Klaus Holzkamp 'Sensibilität für stoffwechselneutrale Reize' als allgemeinstes Charakteristikum psychisch regulierter Lebensaktivitäten ein. (1983/67ff) Diese Sensibilität geht einher mit einer Lockerung der Umwelteinflüsse auf die Lebensaktivität des Organismus: Ein Teil der 'Außenweltereignisse' wird dem Organismus über ein spezielles Informationsverarbeitungssystem zugänglich gemacht und auf der Grundlage innerer Zustände selektiv beantwortet: "Die jeweiligen Bedeutungsdimensionen determinieren die zugehörige Aktivität des Organismus nicht total. Es hängt vielmehr vom jeweils inneren 'Zustand' des Organismus, nämlich dem Ausmaß der 'aktivierenden' Ungleichgewichts-Zustände, ab, ob bzw. wieweit ein bestimmter Dichte - oder Energiegradient tatsächlich aktivitätsdeterminierend, also für den Organismus 'bedeutungsvoll' wird." (1983/96, Hvh. entf.) Der psychische Mechanismus schiebt sich so als selbständige Orientierungsinstanz zwischen den 'Organismus' und die 'Umwelt'. Bereits auf dieser phylogenetisch frühen Stufe ortet Holzkamp in Auswertung mannigfacher Forschungsbefunde (zusammenfassend dargestellt in: Osterkamp 1975 u. 1976) einen Primat der inneren Zuständlichkeit des Organismus gegenüber seinem nach außen gerichteten Verhalten, unter das auch die Informationsaufnahme- und Verarbeitungs-Aktivität selbst gezählt wird und verallgemeinert dies unter der Formel von der 'orientierungsleitenden Funktion der Emotionalität' (1983/107).

Diese erste evolutionäre Grundbestimmung des Psychischen wird erweitert durch den Begriff der 'individuellen Lern- und Entwicklungsfähigkeit'. In ihm wird die Fähigkeit des Organismus gefasst, innerhalb der individuellen Lebensspanne überlebensfördernde stabile Anpassungen zu vollziehen (1983/123ff). Sie bildet eine erhebliche Beschleunigung von Anpassungsleistungen gegenüber dem evolutionären Modus (der auf dem genetischen Optimierungsprozess durch Mutation und Selektion beruht), auf den sie gleichwohl zurückgeht, denn die Lernfähigkeit selbst ist natürlich in einem hochspezialisierten genetischen Programm verankert. Der Begriff der 'individuellen Lern- und Entwicklungsfähigkeit' erlaubt es zugleich, den Begriff der 'Motivation' einzuführen und als auf Lernen basierende Antizipation von emotionalen Wertungen zu beschreiben. Solche Antizipationen können zur aktuellen Zurückstellung von befriedigenden 'Endhandlungen' führen, wenn diese auf einer erlernten Bewertungsskala als vergleichsweise weniger befriedigend rangieren. (1983/147f)

Subjektivität (im Sinne der handlungstheoretischen Basiskategorie) entsteht in der von der Kritischen Psychologie entwickelten Sichtweise mit der evolutionären Herausbildung des Menschen aus den vormenschlichen Lebensformen. Der erste Schritt in dieser Entwicklung besteht darin, dass die Individuen beginnen, die von ihnen gewonnenen Erfahrungen in Produkten ihrer Lebenstätigkeit zu konservieren: Das erste 'Werkzeug' ist ein Gegenstand der natürlichen Lebensumwelt, der als zu einem bestimmten Zweck geeignet erkannt und zu ebendiesem aufbewahrt wird.[10] Er erhält damit gleichsam die Erfahrung seiner Brauchbarkeit affiziert. In weiterer Folge wird dieser Gegenstand zweckgerichtet bearbeitet. Diese Bearbeitung speist dem Gegenstand *Erfahrungen* als materielle Desiderate menschlicher Erkenntnistätigkeit ein und macht ihn zu einem Träger von 'vergegenständlichtem' Wissen. Er kann so das Ergebnis gedanklich-praktischer Auseinandersetzung mit der Welt verkörpern und es dem Bearbeitenden wieder zurückspiegeln, ermöglicht so weitere, auf die davorliegenden Schritte aufbauende Auseinandersetzung und hält deren Ergebnis in der zeitlichen, räumlichen und sozialen Dimension verfügbar. Die natürliche Welt wird in eine 'gemachte', kulturelle Welt transformiert, die den Individuen als externer Erfahrungsspeicher dient. Damit ist die Basis für eine Entwicklung geschaffen, die die subhumanen Hominiden zu stetiger und über die Generationenfolge weiterführbarer Kumulation von Weltwissen befähigt und mit steigender Lebensgestaltungsfähigkeit ausstattet. Sie sichern so ihr Überleben durch die Herausbildung immer neuer und effizienterer Naturbearbeitungsverfahren, Denkweisen und sozialer Organisationsformen.[11]

Mit dem Beginn der Herstellung von Gegenständen zu Zwecken ('Konsumgegenständen', v.a. aber 'Werkzeugen') wird jener Prozess der Distanzierung vom unmittelbaren Weltbezug entwicklungsgeschichtlich eingeleitet, der im weiteren Ergebnis zum spezifisch menschlichen Denken führt. In der ersten evolutionären Phase bewirkt die beginnende Werkzeugherstellung die logische Vorform sprachlich geformten Denkens: ein gedankliches Prozessieren der sinnlichen Eindrücke, die aus dem 'Zwiegespräch' mit dem immer mehr durch 'Weltwissen' angereicherten Gegenstand gewonnen werden. Diese Zwiesprache verläuft im *Hantieren* mit dem Gegenstand, durch welches die wesentlichen Eigenschaften des Gegenstandes, seiner Handhabung und seiner Wirkung auf andere Gegenstände erfahrbar (und weiter entwickelbar) werden. Im Gegenstand spricht dem Handelnden seine eigene Aktivität zu ihm zurück. Wir finden in dieser 'Zwiesprache mit dem Gegenstand' also gleichsam die evolutionäre Keimform des bewussten Denkens. Sie bedient sich bereits des externen Mediums kulturell geformter Gegenstände, noch nicht aber vom Handlungskontext losgelöster Zeichen.

Sobald das Agieren mit vergegenständlichten Erfahrungen zur Konsolidierung von Verallgemeinerungen als 'praktischen Begriffen' (vgl. etwa Holzkamp 1983/ 279ff) geführt hat, können diese zu Verständigungszwecken in lautliche (oder andere sinnlich wahrnehmbare) Signale übersetzt werden. Damit beginnen kulturelle Zeichensysteme als neue Form gegenstandsgetrennter, verweisender Bedeutungen zwischen den Menschen und seine Welt zu treten. Es kristallisieren erste symbolische Repräsentationen von Bedeutungszusammenhängen (ästhetische und sprachliche 'Begriffe') aus. In diesen werden Ausschnitte, Aspekte, Dimensionen, Zusammenhänge der Lebensumwelt verallgemeinert und in abstrahierender Weise 'vor Augen geführt'. Sprache und ästhetisches Produkt sind aus der konkreten Handlungssituation herausgenommen und erlauben eine nicht-unmittelbare gedankliche Verarbeitung von Handlungsbedingungen und -möglichkeiten, Abwägung, Prüfung, Vergleich, Entwurf, Perspektive.

Erst zu einem späteren Zeitpunkt der *noch andauernden biologischen Evolution* ermöglicht die zwischenzeitig in ersten Ansätzen ausgebildete kulturelle Lebensumwelt in Verbindung mit der parallel dazu vorangeschrittenen genetischen Weiterentwicklung der Gattung die Etablierung der für den Menschen charakteristischen gesellschaftlichen Organisation der Lebenserhaltungsaktivitäten. Das spezifisch Neue an dieser *gesellschaftlichen Lebensweise* besteht darin, dass die kulturellen Mittel - durch die in ihr kumulierten Erfahrungen in der Naturbeherrschung - mehr an Lebenserhaltungsgrundlagen sicherstellen, als die Gesellungseinheiten aktuell konsumatorisch benötigen. Dieser 'Überschuss' ermöglicht die Freisetzung von Lebensaktivität für nicht direkt der materiellen Reproduktion und der Bewältigung unmittelbarer Not gewidmete Tätigkeiten. Der damit etablierte soziale Rahmen wird zwar *in Summe* von den Handlungen der einzelnen Individuen getragen, besteht aber dem *einzelnen* Individuum gegenüber als relativ selbständige Struktur. Der sich an der Schwelle zur Menschwerdung herausbildende "gesamtgesellschaftliche Zusammenhang bietet sich dem Individuum ... als ein 'in sich' lebensfähiges Erhaltungssystem dar, in dem in verallgemeinert-vorsorgender Weise menschliche Lebensmittel/-bedingungen produziert werden, unter denen der Einzelne prinzipiell auch dann seine Existenz erhalten kann, wenn es sich nicht an der Erhaltung dieses 'Systems' beteiligt." (Holzkamp 1983/235) Der konkrete Beitrag des Einzelnen ist damit nicht mehr quasi 'von vornherein' festgelegt, weder in seinen qualitativen noch quantitativen Aspekten, nicht einmal die Tatsache seiner Beteiligung überhaupt.

Mit dieser Auflösung des direkt-unmittelbaren Zusammenhangs zwischen Lebensbedingungen und Lebensvollzügen kann auch das im individuellen Denken repräsentierte Verhältnis zwischen Mensch und Welt ein anderes werden. Auf der Grundlage der 'Freistellbarkeit' von unmittelbaren Reproduktionszwängen wird der entscheidende Durchbruch in der Entwicklung der reflexiven Distanzierung von der Welt möglich: Die dem Individuum in seinem Lebensprozess vorfindlichen (gegenständlichen und sprachlichen) Bedeutungen legen ihren zwingenden Charakter als *Verhaltensdeterminanten* ab und wandeln sich zu *Möglichkeitsbedingungen*. Als solche repräsentieren sie "dem Individuum gegebene gesellschaftliche Handlungsmöglichkeiten." (Holzkamp 1983/236, Hvh. entf.) Menschliche Handlungen sind damit nicht mehr durch die äußeren Bedingungen definiert, unter denen sie stattfinden. Deren Umsetzung steht im Zeichen disponierbarer Motive des individuellen Denkens, mittels welcher unter Bezug auf Bedingungen und Notwendigkeiten *subjektive Handlungsgründe* entwickelt werden. Holzkamp spricht in diesem Zusammenhang vom 'problematischen' Verhältnis bzw. von der 'Möglichkeitsbeziehung' des Individuums zu den gesellschaftlichen Bedingungen/Bedeutungen (vgl. 1983/315f u. 342ff), welche Entscheidungen des Menschen erlaubt und zugleich notwendig macht.

Es entsteht Bewusst-Sein als die Fähigkeit, auch sich selbst zum Gegenstand des Denkens zu erheben: In der 'gnostischen Distanz' zur Wirklichkeit ist "die Unterscheidung zwischen dem Erkenntnisgegenstand und 'jeweils mir' als dem Erkennenden" impliziert und "ich erfasse damit die 'anderen Menschen' generell als 'Ursprung' des Erkennens, des 'bewussten' Verhaltens und Handelns 'gleich mir'." Holzkamp 1983/238, Hvh. entf.) Diese "Gegebenheitsweise des Bewusstseins in 'erster Person' bzw. der Subjektivität als 'je mein' Intentionalitätszentrum" (ebd.) ermöglicht dem Menschen, sich als eigenständigen Teil der Sozietät zu erfassen, den Rahmen des faktisch Gegebenen gedanklich zu transzendieren und dabei die Freiheit und zugleich Notwendigkeit von Entscheidung wahrzunehmen, ein Bild des Seins-Zusammenhanges jenseits unmittelbarer Handlungsnotwendigkeiten zu entwerfen, Selbstverständlichkeiten zu relativieren und in reflektierten Handlungsalternativen zu denken, kurz: Subjektivität. Bedeutungen haben in diesem Konzept die Funktion eines Vermittlungsmediums zwischen den Bedürfnissen der Individuen und den je gegebenen Möglichkeiten ihrer Befriedigung. In der Form von Begriffen ermöglichen sie dem Menschen als Angelpunkte des menschlichen Denkens, sich in jener spezifischen Weise selbst zu thematisieren, die als *rational* bezeichnet wird.

Hervorzuheben ist, dass die Ausbildung von Subjektivität nicht als bloß 'geistiges' Phänomen vorgestellt wird: Vielmehr wird angenommen, dass die Fähigkeit zur Ausbildung kultureller Leistungen auf unterschiedlichem Niveau als Produkt genetischer Differenzierung anzusehen ist, dass die kulturellen Entwicklungsetappen der subhumanen Gattungen also selbst noch Etappen der natürlichen Auslese markieren. Der Evolutionsprozess stellt so den menschlichen Gedankenwelten immer umfassendere genetische Voraussetzungen zur Verfügung und qualifiziert sie in steigendem Ausmaß als Träger einer von der unmittelbaren Realität reflexiv distanzierten Existenz. Dies bedeutet gleichzeitig, dass von einer dabei entstehenden 'gesellschaftlichen Natur des Menschen' in einem biologischen, nicht-metaphorischen Sinne zu sprechen ist[12]: Es "entwickelt sich die biologische Funktionsgrundlage der Lern- und Entwicklungsfähigkeit der Hominiden ... immer mehr zur biologischen Funktionsgrundlage für die Fähigkeit zur gesellschaftlichen Organsiation der Lebensgewinnung. Der Mensch wird durch einen derartigen Kumulationsprozess genomischer Information zum einzigen Lebewesen, das aufgrund seiner 'artspezifischen' biologischen Entwicklungspotenzen zur gesellschaftlichen Lebensgewinnung fähig ist." (Holzkamp 1983/179)

Dieser evolutionäre Ausleseprozess wird dadurch (mindestens bis in die historische Gegenwart) beendet, dass mit der Etablierung der gesellschaftlichen Lebensweise (und mit der damit einhergehenden 'Überschussproduktion') sich die Überlebenssicherung der fortgeschrittensten hominiden Gattung so weit stabilisiert, dass diese vom Schicksal der Eliminierung durch evolutionäre Auslese nicht mehr bedroht ist. Dies bedeutet einen wichtigen entwicklungsgeschichtlichen Übergang, dem bei der Rekonstruktion der Entwicklung des Psychischen durch entsprechende theoretisch-methodische Schritte Rechnung getragen werden muss. *Bis* zu diesem Außerkrafttreten des Selektions-Mutations-Prozesses der Entwicklung der psychischen Verhaltensregulation des Menschen bedient sich Holzkamp eines Verfahrens, das er die 'funktional-historische Methode' nennt. Sie besteht darin, die einzelnen evolutionären Entwicklungsetappen als Ausdruck der funktionalen Anpassung von Organismen-Populationen an eine durch die synchronen Anpassungsvorgänge aller Arten selbst wieder permanent sich verändernde Umwelt entwicklungslogisch zu rekonstruieren. Mit der 'Selbstaufhebung' des Mutations-Selektions-Prinzips enden zugleich die Anwendungsbedingungen dieser Methode. Es wird im weiteren zu zeigen sein, dass damit nicht *jede* funktionale Analyse des menschlichen Verhaltens obsolet geworden ist. Allerdings kann diese nicht mehr dessen gesamten *faktischen Verlauf* erfassen, sondern nur mehr seine 'technischen' Ermöglichungs- und Rahmenbedingungen.[13]

Realhistorisch tritt damit an die Stelle der *genetischen* Ausformung der biologischen Funktionsgrundlagen der menschlichen Psyche die *kulturelle* Hervorbringung gegenständlich-sozialer Lebensbedingungen, methodisch wird die evolutionär-funktionale Vorgangsweise abgelöst von der empirisch-historischen Rekonstruktion jener Prozesse, die sich im Zeichen des genetisch entstandenen und daher unverändert wirksamen 'Natur' des Menschen als Aufeinanderfolge von (wie immer gebrochen) subjektiv-rationalen Entscheidungen entfaltet.

II.

Der Handlungsbegriff Holzkamps ist - wie aus der entwicklungsgeschichtlichen Argumentation naheliegend - stark an den Notwendigkeiten der materiellen Existenzreproduktion orientiert[14]. So interpretiert Holzkamp 'Handlungen' als die "psychischen Aktivitäten des Einzelnen bei der Erhaltung/Entwicklung seiner individuellen Existenz unter durch 'Arbeit' geschaffenen und erhaltenen gesamtgesellschaftlichen Lebensbedingungen ...". Dabei umfasst der Handlungsbegriff natürlich nicht nur "die individuelle Beteiligung am Prozess der gesellschaftlichen Produktion/Reproduktion durch Arbeit, also die Arbeitshandlungen als psychischen Aspekt gesellschaftlicher Arbeit", sondern auch "die individuellen Lebensaktivitäten, in denen der Einzelne seine individuelle Existenz zwar unter 'gesamtgesellschaftlichen' Bedingungen, aber ohne Beteiligung am gesellschaftlichen Arbeitsprozess erhält bzw. entwickelt". (234, Hvh. entf.)

Der starke Bezug auf 'Arbeit' bzw. 'Existenzreproduktion' ergibt sich nicht, wie fallweise unterstellt, aus der deduktiven Herleitung aus einer historisch-materialistischen Ausgangsthese, sondern als Ergebnis der differenzierten entwicklungsgeschichtlichen Grundlegung: In seinem Durchgang durch die Phylogenese der menschlichen Psyche identifiziert Holzkamp in den (die lebenssichernden Gegebenheiten 'herbeiführenden') *Orientierungsaktivitäten* und nicht in den (die herbeigeführten Gegebenheiten 'konsumierenden') *Endhandlungen* (Fressen, Flüchten, etc.) jenen Bereich, der durch evolutionäre Differenzierung zur eigentlichen 'Entwicklungsschiene' der phylogenetischen Menschwerdung wird: Schon in der Tierevolution bildet sich 'autarke' Lernfähigkeit - also Fähigkeit zur Ausbildung *qualitativ neuer* Verhaltenssequenzen - aus. Diese autarke Lernfähigkeit bleibt aber auf die Orientierungsaktivitäten beschränkt, während die Endhandlungen nur durch 'subsidiäres' - also bloß innerhalb einer bestimmten genetisch festgelegten Bandbreite *differenzierendes* - Lernen biografisch modifiziert werden können.

Holzkamp fasst den Ausgangspunkt der Menschwerdung unter diesem Gesichtspunkt so zusammen:

> "Es waren, wie ausgeführt, die Orientierungsbedeutungen, mit deren individueller Modifizierbarkeit 'autarke' Lernprozesse möglich wurden, die schließlich gegenüber den festgelegten Umweltbeziehungen dominant werden konnten. ... Durch die Möglichkeit zum 'autarken' Lernen von Orientierungsbedeutungen wird zwar über die Regulierung des Kontrollbedarfs [des emotionalen 'Antriebs' der Orientierungsaktivitäten, s.u., B.H.] der Organismus in antizipatorischer Auswertung des sachlich-sozialen Signalwerts von Umweltgegebenheiten auf die 'primären' Bedeutungseinheiten/Bedarfsobjekte hingeleitet, die unmittelbar biologisch relevanten 'primären' Endaktivitäten (...) selbst sind aber nur durch 'subsidiäres' Lernen im Rahmen 'festgelegter' Bedeutungs-Bedarfs-Dimensionen individuell veränderbar, also gegenüber der spezifisch-bestimmenden Dimension der 'gelernten Orientierungsbedeutungen' bzw. des Kontrollbedarfs' relativ unspezifisch und sekundär. ...
>
> Die spezifische und entwicklungsbestimmende Funktion der gelernten Orientierungsbedeutungen / des Kontrollbedarfs ließ sich innerhalb der funktional-historischen Rekonstruktion weiterverfolgen bei der Herausbildung der .. 'gelernten Sozialkoordination' [Jäger-Treiber-Verhalten[15], B.H.] als Ausfaltung der individuellen Lern- und Entwicklungsfähigkeit an der Schwelle zum ersten qualitativen Sprung zur Menschwerdung: Hier ist die Entwicklung dadurch

bestimmt, dass die gelernten Orientierungsbedeutungen nicht mehr nur individuelle Aktivitätssequenzen zu den 'primären' Bedeutungen/Bedarfsobjekten hin anleiten, sondern, dass sie in ihrem gelernten Signalwert der sachlich-sozialen Koordination der jeweils eigenen Aktivitäten mit den Aktivitäten der anderen unter der gemeinsamen Zielsetzung der Ermöglichung 'primärer' Bedarfsbefriedigung der Beteiligten dienen. ...

Aus dieser Zusammenfassung geht schon hervor, dass auch nach der *'Zweck-Mittel-Verkehrung'* zu sozialer Werkzeugherstellung als erstem qualitativen Sprung der Menschwerdung die 'gelernten Orientierungsbedeutungen' die *spezifisch entwicklungsbestimmende* Dimension sein müssen: Durch die Frühformen von gesellschaftlicher Arbeit wird ja ... die überindividuelle soziale Koordination der Lebensgewinnung in bestimmter Weise qualifiziert, indem (zunächst) planmäßig Werkzeuge geschaffen werden, die in verallgemeinerter Weise zu Aktivitäten kooperativer Lebenssicherung geeignet sind und es damit ermöglichen, die Lebensbedingungen der Beteiligten gemäß den gemeinsamen Zielen der Existenzerhaltung (durch Schaffung von Nahrung, Kleidung, Behausung etc.) in Vorsorge für künftige Not- und Mangelsituationen dauerhaft zu verändern." (Holzkamp 1983/209f)

Auf dieser Grundlage entfalten sich dann am Ende des Tier-Mensch-Übergangsfeldes jene Grundbestimmungen der menschlichen Gattungstätigkeit, die im Handlungsbegriff[16] verallgemeinert werden. Damit wird die Arbeitshandlung gleichsam zum evolutionären Prototyp der *menschlichen* Handlung, in dem sich die wesentlichen Bestimmungselemente genetisch verdichten und ausdifferenzieren. Die menschliche Spezifik anderer Handlungsformen (etwa konsumptiver Endhandlungen oder von Handlungen aus dem Funktionskreis der Fortpflanzung) gegenüber tierischen Verhaltensmustern wäre demnach einer Art sekundären 'Übertragung' der Bestimmungsmomente dieses Prototyps geschuldet: So würde sich menschliche Arbeit zur Bereitung von Nahrung von der tierischen 'Herbeiführung' von 'Fressmöglichkeit' nicht nur durch eine grundsätzlich andere Anordnung von Einzelaktivitäten unterscheiden, sondern auch durch die (historisch unbeschränkbare) Möglichkeit der qualitativen Weiterentwicklung vom primitiven Sammeln und Jagen bis hin zum Organisieren einer hochtechnisierten Nahrungsmittelproduktion und -distribution. Dagegen wäre menschliches 'Essen' von tierischem 'Fressen' lediglich dadurch zu unterscheiden, dass es bestimmte 'bewusste'. 'planvolle', 'gestalterische' etc. Überformungen, Unterstützungsfunktionen und Bedeutungszuschreibungen beinhaltet, die sich aber auf eine im Grunde gegenüber dem tierischen Verhaltensmuster nicht veränderte Grundanordnung beziehen und keine dem 'Nahrung-Herstellen' analoge kumulative Entwicklung offen hält.

Die im Zuge der Menschwerdung sich modifizierenden gegenstandbezogenen *Orientierungsbedeutungen* werden nun als 'Mittelbedeutungen' bezeichnet und dadurch charakterisiert, dass an ihnen ein 'Hergestelltheits-Aspekt' und ein 'Brauchbarkeits-Aspekt' zu entschlüsseln ist: Vom Menschen hergestellte 'Gegenstände' verweisen einerseits (wie auch 'natürliche' Gegenstände) auf in ihnen enthaltene Möglichkeiten der Verwendung, andererseits aber auch auf ihre *Hergestelltheit zu bestimmten* Verwendungszwecken (was sie von 'natürlichen' Gegenständen unterscheidet). Die Realisierung *dieses* Verweises wird zum zentralen Aspekt des menschlichen Handelns: Es ist "der Hergestelltheits-Aspekt für den Brauchbarkeits-Aspekt der Mittelbedeutungen bestimmend, und zwar deswegen, weil nur in Realisierung des bei der Herstellung intendierten verallgemeinerten

Gebrauchszwecks ein Werkzeug nicht nur in seiner zufälligen Verwendbarkeit, sondern eben in seiner generalisierten Brauchbarkeit für die kooperativ-vorsorgende Existenzsicherung, also als 'soziales Ding' in Aktivitäten umgesetzt werden kann." (Holzkamp 1983/212, Hvh. entf.)

Der Hergestelltheits-Aspekt besteht nicht nur als 'Idee' der Hergestelltheit, die *am* existierenden Gegenstand nachvollzogen werden kann, sondern sie wird vor allem relevant in der Tätigkeit des Herstellens von Gegenständen selber, die zugleich den Schlüssel für die volle gedankliche Erfassung des Hergestelltheits-Aspekts liefert. Denn beim 'Herstellen' wird der Prozess der Antizipation der späteren Hergestelltheit/Brauchbarkeit, der Bearbeitung des Ausgangsgegenstandes und der 'Vergegenständlichung' der einfließenden Erfahrungen/Antizipationen/Bearbeitungsaktivitäten in genetischer Folge durchlaufen[17]. Die solcherart spezifizierte Form der vormaligen tierischen Orientierungsbedeutungen bildet nun die Grundlage der menschlichen Kultur, die sich in der menschlichen Geschichte ausfaltet: "Im Hergestelltheitsaspekt der Mittelbedeutungen liegt ... das fundamentale 'Medium' der Entwicklung in Richtung auf gesellschaftliche Erfahrungskumulation, die sich in dem Maße erweiterte, wie auf diesem Wege Werkzeuge zur Herstellung anderer Werkzeuge benutzt wurden, womit auch die Voraussetzung für die sich ausdifferenzierende sprachlich-symbolische Erfahrungsweitergabe entstand ..." (Holzkamp 1983/212, Hvh. entf.) Da die Realisierung des Hergestelltheits-Aspekts nicht anders als im Rahmen sozialer Zusammenhänge vor sich gehen kann, müssen neben den Gegenstandsbedeutungen auch die sozialen Orientierungsbedeutungen eine spezifisch neue Gestalt gewinnen. Die menschliche Lebensreproduktion impliziert etwa, dass die Individuen sich "gegenseitig sowohl an dem durch die 'Mittel' geprägten Aktivitätsablauf des anderen (etwa beim gemeinsamen Hausbau) wie auch im Hinblick auf die überdauernde Funktion des anderen im ansatzweise arbeitsteiligen Zusammenhang (Axt-Hersteller oder Anwender der von anderen hergestellten Axt etc.) orientieren können" (Holzkamp 1983/213, Hvh. entf.)

Sowohl gegenstandsbezogene wie soziale Bedeutungen sind in einer Weise verallgemeinert, dass sie allen Beteiligten in prinzipiell gleicher Weise gegeben sind und auch die jeweilige Wahrnehmung von 'sich selbst' als Fall eines von anderen wahrnehmbaren Kooperationspartners strukturieren.[18] Weiters verweisen sie in einer spezifisch neuen Weise auf die existenzsichernden Primärbedeutungen (im Kontext der 'Endhandlungen'): Sie leiten nicht mehr (bloß) *hin zu* konsumatorischen oder *weg von* existenzgefährdenden 'Situationen', sondern verweisen auf deren kooperative *Herbeiführung/Verhinderung* durch *zielgerichtete Einwirkung*, allgemeiner: auf "die Schaffung von Lebensbedingungen ..., unter denen für die 'primäre' Bedürfnisbefriedigung, Abwehr von Existenzgefährdungen etc. in verallgemeinerter Weise vorgesorgt ist." (Holzkamp 1983/213, Hvh. entf.) Mit der Entstehung der Arbeit wandelt sich die 'erkundende Umweltbeziehung' tierischer Gattungen zur 'gestaltenden Weltbeziehung' des (späteren) Menschen.

Die bis an diesen entwicklungsgeschichtlichen Punkt herangeführten kategorialen Bestimmungen müssen mit Blick auf den Abschluss des Tier-Mensch-Übergangsfeldes und die Herausbildung der *gesamtgesellschaftlichen* Vermitteltheit der menschlichen Lebensaktivitäten noch eine weitere Spezifizierung erfahren. Der gesamte Reproduktionszusammenhang transformiert sich nun nämlich erst in eine verallgemeinerte, zugleich 'unanschaulich' organisierte menschliche 'Kultur', in die das Gesamt der menschlichen (Arbeits-) Handlungen integriert ist:

"'Mittelbedeutungen sind jetzt nicht mehr nur [wie noch während des Tier-Mensch-Übergangsfeldes, *nach* der Entstehung der Arbeit und *vor* der Herausbildung der gesamtgesellschaftlich vermittelten Lebenstätigkeit, B.H.] Bedeutungen von konkreten Arbeitsmitteln (Werkzeugen o.ä.) und von Aktivitäten zu deren Herstellung/Gebrauch, sondern Inbegriff von individuellen Handlungsmöglichkeiten innerhalb des Gesamtprozesses gesellschaftlicher Produktion/Reproduktion, in welchen die i.e.S. 'hand-werkliche' Natureinwirkung und Mittelbenutzung zwar eingeschlossen ist, aber als unselbständiges Teilmoment vielfältig vermittelter Formen der Naturaneignung und Lebensgewinnung gemäß dem Stand der Produktivkräfte und Produktionsverhältnisse". (Holzkamp 1983/241)

Anders gestaltet sich dieses Verhältnis bei Handlungen aus dem Funktionskreis der Fortpflanzung. Hier führen weiterhin 'natürliche' Bedeutungen zu 'natürlichen' Handlungen sozialer Art. Die Herausbildung einer den lebenssichernden Orientierungsaktivitäten analogen Zwischenschaltung von 'Mittelbedeutungen' und entsprechenden Handlungsformen ist in der menschlichen Phylogenese nicht zu identifizieren. Dies ist für den Bereich sexueller Aktivitäten unmittelbar evident[19], aber auch die Aufzucht der Nachkommen lässt sich nicht ohne weiteres der Logik der vergegenständlichenden Arbeit subsumieren, da "das aufzuziehende Kind ja nicht wie ein Werkstück Gegenstand und Resultat verändernder Einwirkung durch Arbeitsmittel ist." (1983/219) Zwar wirkt die Herausbildung der gesellschaftlichen Lebensweise und mit ihr der kulturell geformten Bedeutungen auf die Grundlagen von Sexualität und Jungenaufzucht in mannigfacher Weise (während des Tier-Mensch-Übergangsfeldes auch genetisch) zurück, dennoch verbleiben diese "auf dem Spezifitätsniveau biosozialer Bedeutungs-/Bedürfnisbeziehungen des Organismus/Individuums zur Umwelt/Welt und deren individueller Modifizierbarkeit durch subsidiäres Lernen im Rahmen festgelegter Dimensionen" (1983/220). Dies bedeutet, dass auch im Funktionskreis der Fortpflanzung nur von einer spezifisch menschlichen *Überformung* von Handlungen zu sprechen ist.

Vor dem dargestellten Hintergrund lässt sich eine weitere für das Handlungskonzept zentrale Differenzierung der menschlichen Lebensaktivitäten nachzeichnen: die Unterscheidung in Handlungen und Operationen. Als Angelpunkt des Übergangs von bloßen 'Hin-/Wegführungsaktivitäten' zu 'Herstellungsaktivitäten' bilden sich in der tierischen Evolution die Funktionen des 'Prüfens' bzw. 'Probieren/Beobachtens' aus. Sie gründen in spezialisierten Orientierungsaktivitäten, die auf eine Untersuchung von Umweltgegebenheiten in Hinblick auf ihre überlebenszu- bzw. -abträglichen Eigenschaften abzielen (etwa: anstoßen, anpicken, umwenden etc.). Bei den höheren Primaten kommt es dann zur Manipulation (i.e.S.) von Gegenständen. Die gleichzeitige Beobachtung der Gegenstände und der auf sie einwirkenden Hände ermöglicht hier eine neue Qualität dieses aktiven Umweltkontakts.

<table>
<tr><td colspan="4"><u>Funktionskreis der Existenzsicherung:</u>
• Erhaltung eines inneren Assimilations-/Dissimilationsgleichgewichts
• Erhaltung der äußeren körperlichen Unversehrtheit</td><td colspan="2"><u>Funktionskreis der Fortpflanzung:</u>
• Sexualität
• Jungenaufzucht</td></tr>
<tr><td colspan="3"><u>Orientierungsbedeutungen:</u>
durch autarkes Lernen entwickelte 'Mittelbedeutungen'
»»»
<u>Handlungen</u>:
• vorsorgende Schaffung von Lebensmitteln u. Lebensbedingungen
• vorsorgende Abwehr von Bedrohungen</td><td rowspan="2"><u>Primärbedeutungen:</u>
durch subsidiäres Lernen modifizierte Schlüsselkonstellationen an 'hergestellten' Gegebenheiten
»»»
<u>Handlungen</u>:
konsumptive Endhandlungen an 'hergestellten' Gegebenheiten</td><td rowspan="2"><u>Orientierungsbedeutungen:</u>
durch subsidiäres Lernen modifizierte soziale Orientierungsbedeutungen
• Sexualpartner
• Zögling
»»»
<u>Handlungen</u>:
Orientierungshandlungen an (kulturell überformten) 'natürlichen' Gegebenheiten</td><td rowspan="2"><u>Primärbedeutungen:</u>
durch subsidiäres Lernen modifizierte Schlüsselkonstellationen an 'natürlichen' Gegebenheiten
»»»
<u>Handlungen</u>:
'natürliche' Endhandlungen an 'natürlichen' Gegebenheiten</td></tr>
<tr><td><u>gegenständl. OB</u>
• Brauchbarkeits-Aspekt des Ggst.
• Hergestelltheits-Aspekt des Ggst.
»»»
<u>Handlungen</u>:
• Herstellungshandlungen an Gegenständen
• Verwendungshandlungen an Gegenständen im Kontext der 'Hergestelltheit'</td><td><u>soziale OB</u>
• 'wahrnehmbarer' Nutzer
• 'wahrnehmbarer' Hersteller
»»»
<u>Handlungen</u>:
Kooperativ-koordinative Handlungen im Kontext der
• Herstellung
• Verwendung von Gegenständen und sozialen Gegebenheiten</td><td><u>gesellschaftl. OB</u>
• 'verallgemeinerter' Nutzer
• 'verallgemeinerter' Hersteller
»»»
<u>Handlungen</u>:
Gesellschaftlich-koordinative Handlungen im Kontext der
• Herstellung
• Verwendung von Gegenständen und sozialen Gegebenheiten</td></tr>
</table>

Abb. 1: Typologie von Bedeutungen und zugehörigen Handlungen auf menschlichem Entwicklungsniveau

In ihr zeichnet sich jener Übergang von der "Relationenerfassung/Ereignisantizipation zum Herstellen von Relationen/Ereignissen als Orientierungsmittel" ab (Holzkamp 1983/264f), der dann für die Evolution der menschlichen Handlungsregulation bestimmend wird. Im Probieren/Beobachten liegt der Ansatzpunkt für die spätere "Entfaltung des Denkens als Wechselspiel zwischen der 'inneren' Vergegenwärtigung von Zusammenhängen und ihrer 'Materialisierung' in der Beobachtung und Verarbeitung systematisch hergestellter Effekte des eigenen Tuns, also zwischen gedanklicher und praktischer Antizipation" (1983/265, Hvh. entf.), eine Differenzierung, die ich später ausführlich wieder aufgreifen werde.

Das einfache Probieren/Beobachten ist jedoch für menschliches Handeln nicht charakteristisch. Es beschränkt das Denken auf bloß individuelle Akkumulation von Erfahrung und Antizipation von Ereignissen und es referiert in seiner konstitutiven 'subjektiven' Bedeutung bloß auf das aktive Individuum. Schon vor dem Tier-Mensch-Übergangsfeld bilden sich jedoch auch Vorformen einer *überindividuellen* Ereignisantizipation aus, die die Entwicklung von 'Handlungen' einleitet. Dabei ist das bereits angeführte (s. Fn. 15) 'Jäger-Treiber-Verhalten' von zentraler Bedeutung für die Rekonstruktion der zum Menschen führenden Entwicklungslinie: Der 'Treiber' würde demnach, "indem er seine Aktivität durch Antizipation des kollektiven Aktivitätsergebnisses strukturiert und motiviert, die ersten Ansätze individuellen 'Handelns' zeigen, wobei sein spezieller Beitrag, das 'Treiben', als zwar abhebbare, aber unselbständige 'Perzeptions-Operations-Einheit' in seinem 'Handlungsvollzug' untergeordnet enthalten wäre." (1983/267, Hvh. entf.) *Sinn und Zweck* des Jäger-Treiber-Verhaltens lassen sich also bereits nur mehr unter Bedachtnahme auf seine inhaltliche Bezogenheit auf einen *übergeordneten sozialen* Bedeutungszusammenhang (zB: gemeinsamer Jagderfolg) entziffern, während die konkrete Ausformung der *Durchführung* (zB: links oder rechts am Baum vorbeilaufen) nach *individuell* berücksichtigten Gesichtspunkten vollzogen wird.

Nach vollzogener Menschwerdung werden die Antizipationen generell nicht mehr bloß ad-hoc gebildet, sondern wohnen den von den Menschen selbst geschaffenen Strukturen des gesellschaftlichen Reproduktionsprozesses inne, so dass in den kulturellen Bedeutungen "in generalisierter Weise antizipiert (ist), was zu welcher Zeit auf welche Weise von den Mitgliedern der Gesellungseinheit getan werden muss, damit für die Existenzsicherung jedes Einzelnen ... vorgesorgt ist." (1983/268, Hvh. entf.) Die individuellen 'ad-hoc' vollzogenen Antizipationen (zB: 'Wenn ich dieses dünne Brett zu stark biege, bricht es.') gehen damit aber nicht verloren, sondern bleiben in Gestalt der 'Operationen' als untergeordnetes Moment der gesellschaftlich konstituierten Antizipationen (zB: 'Hausbau' als Vorsorge gegen klimatische Beeinträchtigungen) bestehen.

Individuelle Handlungsziele (auch solche, die auf den ersten Blick völlig losgelöst von gesellschaftlichen Zielen erscheinen, damit also wie individuell-antizipatorische Ziele aussehen) werden so als untergeordnete Elemente von in (auf gesamtgesellschaftlichem Entwicklungsniveau unhintergehbaren) gesellschaftlichen Bedeutungs- und damit in *überindividuellen* Zwecksetzungs-Bezügen stehende Antizipationen aufgefasst. Damit wird die (für menschliches Handeln) unspezifische Ebene der Perzeptions-Operations-Koordination unterscheidbar von der (für menschliches Handeln) spezifischen Ebene des übergeordneten Wahrnehmungs-Handlungs-Zusammenhangs. (vgl. Holzkamp 1983/251)

Handlungen und Operationen stehen so in einem spezifischen Wechselverhältnis: Erstere bilden den in den gesellschaftlichen Bedeutungsstrukturen verankerten 'Bedeutungsrahmen' der menschlichen Aktivitäten, letztere bilden davon abhängige funktionale 'Untereinheiten', quasi 'Ausführungsaktivitäten', die im unmittelbaren Weltkontakt ihren Vollzug realisieren. Operationen können aufmerksamkeitsgeleitet oder automatisiert vollzogen werden. Im ersten Fall stellt der Handelnde den Bezug zwischen dem leitenden Handlungsziel (das an überindividuell-gesellschaftlichen Antizipationen orientiert ist) und den untergeordneten operativen Vollzügen (incl. der in sie eingehenden individuellen Antizipationen) 'bewusst' her, im zweiten Falle vollzieht er diesen Zusammenhang ohne dies permanent gedanklich präsent zu halten, also 'unbewusst'. In *keinem* der beiden Fälle jedoch können die Operationen *außerhalb* und *losgelöst* von einem Handlungsziel und damit 'jenseits' von kulturellen Bedeutungszusammenhängen (also in einem strikten Sinne 'individuell-antizipatorisch') vollzogen werden.

III.

Den dynamischen Kern der menschlichen Subjektivität und damit den Ausgangspunkt des Handelns bilden die menschlichen Bedürfnisse. Auch sie werden von der Kritischen Psychologie in ihrer evolutionären Entwicklung rekonstruiert. So wird nachgezeichnet, wie sich in der Tierevolution genetische Strukturen ausbilden, die die überlebensnotwendigen Aktivitäten der Umwelterkundung, des Lernens, der Übung von Verhaltenssequenzen, der sozialen und kommunikativen Handlungsorientierung, der Überwindung von Anstrengungsbelastungen u.ä. mit einem eigenständigen Befriedigungswert versehen. Dadurch sind die Tiere veranlasst, das objektiv Notwendige von sich aus dranghaft anzustreben. Das Kernstück dieser genetischen Ausstattung besteht in einer spezifischen Konstellation von gegenläufigen psychischen Spannungspotentialen (als Vorformen von Bedürfnissen), die auf alternative Befriedigungszustände hinorientieren. Dabei erweist es sich als dem Überleben der Art zuträglich, dass innere Antriebe, die auf die Befriedigung unmittelbarer 'primärer' Bedarfszustände drängen (Nahrungsaufnahme, sexuelle Aktivitäten, etc.) hinter jene zurücktreten (können), die das Verhalten auf die längerfristige Absicherung der Befriedigung dieser 'primären' Bedarfszustände orientieren (Üben von Jagd- und Fluchtverhalten, Anlegen von Nahrungsvorräten, Bau von Behausungen, etc.). Diese Entwicklung führt bei den höchsten Primaten vor dem Tier-Mensch-Übergangsfeld bereits zur Herausbildung 'sozialer' motivationaler Strukturen, die zu funktionsteiliger Koordination der Lebensaktivitäten (etwa bei der Jäger-Treiber-Koordination) anleiten. Auf ihrer Grundlage ist das einzelne Individuum "nicht lediglich durch die Antizipation der primären Bedarfsbefriedigung, sondern bereits durch *Antizipation des Erfolgs der eigenen Aktivität als Beitrag zum kollektiven Aktivitätserfolg*, zur Aktivitätsausführung 'motiviert'" (Holzkamp 1983/171): Der Treiber vollzieht durch das 'Wegtreiben' eine Handlung, die für ihn *individuell* betrachtet (genauer: als individuell-antizipatorisch reguliertes Verhalten s.o.) 'unsinnig' ist, da er auf diesem

Weg die Beute offensichtlich niemals selbst erlegen kann. Der Treiber muss also sein individuelles Motiv, das gejagte Beutetier (selbst) zu erwischen, emotional geringer bewerten, als das Motiv, durch sein 'Treiben' zum kollektiven Jagderfolg beizutragen.

Mit der Herausbildung der vergegenständlichenden Tätigkeit als erstem Schritt zur evolutionären Menschwerdung (s.o.) tritt dann die vorsorgende *Produktion* der Lebensbedingungen in den Vordergrund der Lebenstätigkeit. Die evolutionär weiterentwickelten motivationalen Prozesse begründen nun u.a. die subjektive Bereitschaft zur Beteiligung an den kooperativen Aktivitäten der Lebenssicherung. Dies zunächst noch *ohne* dass deren Notwendigkeit für das eigene und das Überleben der Gattung schon als solche *bewusst* erfasst werden könnte, denn in der sich entwickelnden Fähigkeit zur gestaltenden Einwirkung auf die Lebensumwelt bereitet sich menschliches Bewusstsein ja erst vor. Bei der Entstehung der menschlichen Gattung am Ausgang des Tier-Mensch-Übergangsfeldes gehen die genetisch festgelegten Motivationsgrundlagen des sozial-kooperativ-kommunikativen Verhaltens nicht verloren. Sie münden in eine 'doppelte' Bedürfnisorientierung, die den Bezugspunkt aller Entscheidungen des Menschen bildet:

Als 'sinnlich-vitale' Bedürfnisse lassen sich nun jene Antriebspotentiale zusammenfassen, die sich in der Evolutionsgeschichte im Funktionskreis der Lebenssicherung als Ausdruck unmittelbarer Stoffwechselerfordernisse (Hunger, Durst, Wärmeregulation etc.) und im Funktionskreis der Fortpflanzung als Ausdruck der Notwendigkeit sexueller Fortpflanzungsaktivitäten herausgebildet haben. Sie sind auf den Ausgleich von Ungleichgewichten gerichtet, die durch Veränderungen innerer oder äußerer Zustände hervorgerufen werden. Sinnlich-vitale Bedürfnisse treten zumeist *zyklisch* auf und werden durch Befriedigung wieder zum *Abklingen* gebracht, ihre Tendenz ist homöostatisch. Sinnlich vitale Befriedigungen laufen "in sich selbst zurück" und "wiederholen sich auf gleichem Niveau". (Osterkamp 1976/39)

Als 'produktive' lassen sich davon jene Bedürfnisse abheben, die in der vormenschlichen Phylogenese als 'globaler Kontrollbedarf' (Neugierverhalten, Funktionslust, Sozialbedarf etc. vgl. Holzkamp 1983/153ff) zur Anleitung der Orientierungsaktivitäten entstanden waren und nun auf menschlichem Niveau als Grundlage für die aktive Beteiligung am gesellschaftlichen Lebensprozess wirksam werden. Sie sind auf die "bewusste Erforschung und Analyse der Realität" und die "Meisterung von Problemen im Zusammenhang mit der Teilhabe an gesellschaftlicher Realitätskontrolle und Verbesserung der allgemeinen Lebensbedingungen" (Osterkamp 1976/42) gerichtet. Ihre generelle Funktion besteht - in Analogie zu ihren evolutionären Vorläufern - in der *perspektivischen Absicherung* der unmittelbaren Lebensnotwendigkeiten, wie sie als 'sinnlich-vitale' Bedürfnisse in Erscheinung treten. Da diese 'Vorsorge' auf menschlichem Entwicklungsniveau nur durch aktive Integration in den gesellschaftlich-sozialen Lebenszusammenhang möglich ist, umfassen die 'produktiven' Motive soziale, kommunikative, entwicklungsorientierte Bedürfnisse und Bereitschaften zum Aufschub unmittelbarer Befriedigungshandlungen[20] (zB: 'Anstrengungsbereitschaft'). Produktive Bedürfnisse wirken tendenziell *kontinuierlich*. Die ihnen zugrundeliegenden

Spannungszustände werden durch Befriedigung *nicht zum Abklingen* gebracht. Ihre Ausrichtung ist expansiv.

Sinnlich-vitale und produktive Bedürfnisse[21] qualifizieren sich dadurch als spezifische menschliche Antriebe, dass sie die konkreten Handlungen, mittels derer Befriedigung herbeigeführt wird, keineswegs festlegen, denn die mit der gesellschaftlichen Lebensweise einhergehende reflexive Distanz des Menschen zur Welt entkoppelt ja - wie gezeigt - den *unmittelbaren* Zusammenhang zwischen subjektiver Betroffenheit und tatsächlichem Verhalten. Das Individuum hat die Möglichkeit, "seine jeweils gegebene Bedürftigkeit zunächst also solche, ohne Handlungsumsetzung durch Bedeutungsaktualisierung 'zur Kenntnis zu nehmen', und ... ihre Befriedigung gemäß den gesellschaftlichen Handlungsmöglichkeiten zu planen, umzustrukturieren, aufzuschieben, ja sogar seine aktuellen Bedürfnisse um allgemeiner, langfristiger Ziele willen 'bewusst' zu vernachlässigen." (Holzkamp 1983/244) *Wie* die Bedürfnisse befriedigt werden, ist also das Resultat einer reflektierbaren Wahl zwischen möglichen Handlungsalternativen. Dass der Mensch sich auch seinen Befriedigungsmöglichkeiten gegenüber bewusst verhalten kann, bedeutet in dieser Sichtweise jedoch nicht, dass er die Bedürfnisse in ihrer Wirkung als Bezugspunkt seines Handelns *außer Kraft setzen* kann. So hebt Osterkamp ausdrücklich die handlungsorientierende Funktion der Bedürfnisse hervor und unterstreicht, dass die "subjektive Bedeutung" von Handlungszielen, "d.h. die in und mit deren Realisierung erreichbare subjektive Befriedigung" als unabdingbare Voraussetzung für das Entstehen von Handlungsmotivationen anzusehen ist. (1976/67)

Holzkamp hat diese Auffassung noch dadurch in ihrer Bedeutung unterstrichen, dass er sie als das "einzige materiale Apriori der Individualwissenschaft" (Holzkamp 1983/350) bezeichnet, demzufolge ich als Mensch mit einer Handlung "zwar im Widerspruch zu meinen *objektiven* Lebensinteressen" stehen kann, "*nicht aber im Widerspruch zu meinen menschlichen Bedürfnissen und Lebensinteressen, wie ich sie als meine Situation erfahre.*" (ebd.) In diesen Kontext ist auch die bereits angesprochene Redeweise von der 'subjektiven Funktionalität' von Handlungen oder Handlungsweisen zu stellen: Handlungen sind nicht in einem beliebig zu füllenden Sinne 'frei', sondern Menschen handeln so, wie es für sie 'subjektiv funktional' ist. 'Frei' (im Sinne von nicht durch objektive Gesetzmäßigkeiten determiniert) ist hier nur der Grad des jeweiligen 'Durchblicks' durch die gegebenen Lebensbedingungen, auf dessen Grundlage jeweils mehr oder weniger perspektivisch reflektierte Entscheidungen 'subjektiv funktional' sind. Das konkrete Handeln kann also nicht von den Bedürfnissen entkoppelt, sondern lediglich im Spannungsfeld zwischen unmittelbar orientierten 'sinnlich-vitalen' Bedürfnissen und (mehr oder minder weitreichend) perspektivisch orientierten 'produktiven' Bedürfnissen entwickelt werden.

Diese Bedürfnisbezogenheit ergibt den Hintergrund für die Bestimmung der Kategorie der 'subjektiven Handlungsgründe' zur Kennzeichnung der spezifisch menschlichen Bezugnahme auf 'Bedingungen'. In ihr ist einerseits bezeichnet, dass menschliches Handeln durch vorfindliche Gegebenheiten nicht determiniert werden kann, dass es aber andererseits dennoch notwendig in einer spezifischen

Abhängigkeit von den (aktuellen wie genetisch vorausliegenden) *Bedingungen des Handelns* vor sich geht. Wenn Handlungen nämlich 'begründet' sind, so bedeutet dies, dass das Individuum sich erstens quasi in 'Auswertung' der von den Handlungsbedingungen bezogenen Informationen *zu* diesen Bedingungen *verhält* und sich dabei zweitens auf die von ihm vorgängig angeeigneten Verweisungszusammenhänge[22] (als Aspekt seiner insgesamten Lebensbedingungen) stützen muss:

"Einerlei, wie die konkreten Lebensbedingungen von Individuen beschaffen sein mögen, ihr bewusstes 'Verhalten' etc. dazu ist *immer* eine *'subjektive' Realisierung der aufgewiesenen gesellschaftlichen Bedeutungsstrukturen* ... . Wenn 'ich' mich also zu meinen konkreten Lebensbedingungen als 'Möglichkeitsbeziehung' bewusst 'verhalte', so *können* die daraus resultierenden Befindlichkeiten/Handlungen nicht anders zustandekommen als in bewusster Erfassung von *in den Lebensbedingungen liegenden Bedeutungs-/Handlungszusammenhängen samt ihrer Repräsentanz als Denk- und Sprachformen.*" (Holzkamp 1983/347f)

Es sind also die *gegebenen* Bedeutungs- und Handlungszusammenhänge, die die Bezugnahme der individuellen Handlungsgründe auf (gemeinsame) Bedürfnisse ermöglichen. Diese Bezugnahme wiederum schafft die Basis für die kommunikative Abstimmung menschlicher Kooperation, denn nur sofern "meine Handlungen für mich tatsächlich aus meinen Bedürfnissen und Lebensinteressen 'begründet' sind, müssen diese Gründe prinzipiell auch 'für Andere' einsehbar, also intersubjektiv 'verständlich' sein." (1983/350, Hvh. entf.) Gäbe es keine Bedürfnisse (und keinen diesen inhärenten Bezug auf vorfindliche Bedingungen/Bedeutungen) als verallgemeinerbare Orientierungsinstanz von Entscheidungen, so könnten einem sozialen Gegenüber auch keine nachvollziehbaren Gründe angegeben werden und Handlungen wären genuin unverständlich.

An diesem Bedürfniskonzept wäre noch eine wichtige theoriestrategische Konsequenz hervorzuheben: Mit der Auffassung von den 'produktiven' Bedürfnissen wird einem zentralen Problem jedes Bedürfniskonzepts Rechnung getragen: Das Bestehen einer sozialen Konstellation und/oder einer Gesellschaftsformation muss auf Handlungen zurückgehen, durch die die objektiven Bedingungen der Möglichkeit des Bestehens dieser Konstellationen erfüllt werden. Dies bedeutet, dass in die Handlungen nicht nur individuell orientierte Entscheidungen eingehen können. Individuelle Bedürfnisse scheinen aber zunächst genau eine solche individuelle Orientierung zu implizieren: Die Fähigkeit des Menschen, zu reflektieren, löst ihn ja aus dem evolutionär optimierten genetischen Programm, das seine entwicklungsgeschichtlichen Vorläufer noch blind und automatisch an die Lebensinteressen der Gesellungseinheit bzw. der Gattung gebunden hatte. Er kann auf sich *als Individuum* und auf seine *individuellen Ansprüche* reflektieren und sie als solche zu befriedigen suchen.

Damit verbleiben der kategorialen Fassung des Bedürfnisbegriffes begrenzte Möglichkeiten: Entweder man *entkoppelt* das Handeln von vornherein soweit von den Bedürfnissen, dass diese als inhaltliches Kriterium für die Entscheidungen über das Handeln entfallen. Übrig blieben dann etwa kognitiv 'begründete' Entscheidungen, die das Handeln anleiten. In diesem Falle ist aber nicht erklärbar, *warum* dieses Handeln tatsächlich stattfindet, da ihm so gleichsam der 'Antriebsmotor' genommen ist. Sofern hingegen *individuelle Bedürfnisse* als bestimmender Faktor menschlichen Handelns angenommen werden, ergibt sich das Folgeproblem, wie die gesamtgesellschaftliche Integration der unterschiedlichen individuellen Antriebe erklärt werden kann. Diese setzt ja voraus, dass die einzelnen Handlungen so weit aufeinander abgestimmt werden, dass der soziale Zusammenhang nicht zerfällt. Damit ergibt sich als weitere Möglichkeit: Man deutet das Handeln utilitaristisch und muss dann ein gegen die Bedürfnisse gerichtetes soziales Korrektiv einführen, das die anarchisch den je eigenen Bedürfnissen folgenden Handlungen domestiziert und die gesellschaftliche Integration erklärbar macht. Ein solches Korrektiv ist damit aber entweder als eine Art 'Bestechung' oder 'Zwangsvorrichtung' entworfen, die das Folgeproblem aufwirft, wie erklärt werden kann, dass sich die Menschen (von historischen Ausnahmesituationen abgesehen) ihm ohne größere Reibungsverluste beugen.

Das Bedürfniskonzept der Kritischen Psychologie hat solchen Lösungen gegenüber den Vorteil, dass es die Orientierung des menschlichen Handelns an zugleich individuellen und verallgemeinerten Bedürfnissen denkbar macht: Es lässt eine Handlung nicht nur dann motiviert vollziehbar erscheinen, wenn sie auf die Möglichkeit unmittelbarer (sinnlich-vitaler) Bedürfnisbefriedigung abzielt, sondern auch dann, wenn sie auf den Aufschub, eine Beschneidung oder sogar Verhinderung einer solchen unmittelbaren Befriedigung gerichtet ist, *sofern* die Reflexion der je eigenen Bedürfnislage sie als Ausdruck der perspektivischen (sozialen, kooperativen, kommunikativen etc.) Absicherung der eigenen Lebensinteressen ausweist, also eine Befriedigung 'produktiver' Bedürfnisse verspricht. Unter dieser Bedingung stellen soziale, kommunikative, solidarische, selbst 'altruistische' Handlungen keinen Akt der emotional negativ zu wertenden Selbstdisziplinierung oder Unterwerfung unter 'fremde' Anforderungen dar (und werden dadurch zugleich von einem solchen empirisch unterscheidbar). Sie werden aber auch nicht als strategisches Tauschobjekt für entsprechendes Entgelt oder angemessene Belohnung gegeben, sondern erlangen *eigenständigen Befriedigungswert*.

IV.

Subjektivität bedeutet nach dem hier skizzierten Konzept Freiheit der Entscheidung. An der Ausgestaltung dieses Begriffes möchte ich das handlungstheoretische Problemverständnis noch einmal exemplarisch hervorheben. Freiheit bezeichnet hier nicht etwa ein formal-quantitativ bestimmtes Ausmaß an Nicht-Festgelegtheit (das in 'Freiheitsgraden' zu messen wäre), sondern ein inhaltlich bestimmtes Verhältnis zur Welt: Der Umstand, dass die menschliche Lebenstätigkeit als Realisierung kultureller Bedeutungen gefasst wird, macht das handelnde Individuum ja zunächst fundamental 'abhängig' von einem historisch vorfindlichen Handlungsraum, der durch die je verfügbaren 'Bedeutungen' definiert wird. Dies schließt Möglichkeiten aus und engt das Repertoire durchführbarer Handlungen ein. *Diese* Begrenztheit an Möglichkeiten wird jedoch nicht als Einschränkung oder Behinderung *'erfahren'*. Denn erst *innerhalb* dieser durch die kulturelle Lebensumwelt gestellten Grenzen werden Bedürfnisbezüge überhaupt herstellbar und entscheidet sich *subjektiv*, was auf dem Wege der Befriedigung von Bedürfnissen vom Individuum als Behinderung und damit als Einschränkung der von ihm beanspruchten Freiheit erlebt wird.

Freiheit bedeutet also nicht die Gegebenheit einer breiten Palette irgendwelcher 'technisch realisierbarer' Alternativen, die den je eigenen Bedürfnissen gegenüber unausgewiesen sind, sondern die Möglichkeit, sich angesichts einer gegebenen Welt zwischen den unterschiedlichen Möglichkeiten unmittelbarer und perspektivischer Bedürfnisbefriedigung zu entscheiden. Und erst in Verfolgung konkreter auf die vorfindliche Welt bezogener Intentionen kann diese Freiheit als beschränkt erfahren werden, indem sich manche auf diese Welt bezogenen Handlungen als durchführbar erweisen und andere nicht, bzw. indem alle Handlungen auf bestimmte Widerständigkeiten der Handlungssituation Rücksicht nehmen müssen. Wenn somit der konkrete Versuch der Bedürfnisbefriedigung *bestimmte* gegebene Grenzen, wie sie in der vorfindlichen Welt beschlossen sind, als Einschränkung und Hindernis hervortreten lässt, so kann dies zur Einschätzung führen, dass eine *Veränderung der gegebenen Bedingungen* eine umfassendere Form der Bedürfnisbefriedigung ermöglichen würde und zur Absicht, diese Veränderung auch durchzuführen. Damit ergibt sich ein bipolarer Bezug auf die je aktuellen 'objektiven' Grenzen und Beschränkungen des Handelns: Das Individuum kann sowohl *unter den gegebenen Bedingungen handeln* als auch durch sein Handeln *auf die Bedingungen selbst Einfluss nehmen*. (vgl. Holzkamp 1983/354)

Freiheit lässt sich so also konkretisieren als die Möglichkeit der Entscheidung für Handlungen, die auf eine umfassende Befriedigung der je gegebenen Bedürfnisse abzielen, darin logisch eingeschlossen: die Möglichkeit der Verfügung über die Alternative, die eigenen Bedürfnisse im Einzelfall entweder durch *Handeln unter den gegebenen Bedingungen* zu befriedigen, oder durch *handelnde Einflussnahme auf diese* die Befriedigungsmöglichkeiten perspektivisch abzusichern und auszubauen. (Holzkamp 1983/354) Umgekehrt lässt sich daraus zugleich ablesen, was aus der Subjektperspektive als Beschränkung, Behinderung, Unterdrückung, eben als 'Unfreiheit', in den Blick kommt: Ein Zustand, in dem das Individuum die Befriedigung seiner Bedürfnisse nur ansatzweise oder bruchstückhaft realisieren kann, was gleichbedeutend ist damit, dass es darauf zurückgedrängt ist, *nur unter gegebenen Bedingungen zu handeln*, über diese selbst jedoch keine Kontrollmöglichkeiten verfügt. Durch eine solche Ausgeliefertheit an die vorfindlichen Bedingungen ist das Individuum insofern (was natürlich immer nur partiell möglich ist) in einen 'unmenschlichen' Zustand zurückgeworfen, als es von Teilhabe an der allgemeinen Fähigkeit der menschlichen Gattung, auf die Welt gestaltenden Einfluss zu nehmen, ausgeschlossen ist.

Besonders deutlich wird die spezifisch 'subjektive' Blickrichtung der Begriffsbildung noch einmal an den kategorial verorteten Möglichkeiten des Individuums, der gegebenen Freiheit/Unfreiheit seinerseits *subjektiv* zu begegnen: In Anschluss an das Begriffspaar sinnlich-vitale/produktive Bedürfnisse verortet die Kritische Psychologie in der Motivation des Menschen eine widersprüchliche Kombination aus tendenziell folgenblinden, auf unmittelbare Befriedigung ausgerichteten und perspektivisch reflektierten Handlungsweisen. Letztere werden dem Begriff 'verallgemeinerte', erstere dem Begriff 'restriktive Handlungsfähigkeit' zugeordnet. Restriktives Handeln steht dabei im Zeichen der Ausblendung des langfristigen Interesses an der (nur gemeinschaftlich verwirklichbaren) umfassenden Absicherung eines Zustandes, in dem für alle Individuen eine angemessene Befriedigung ihrer Bedürfnisse sichergestellt ist. Ihre Ausrichtung ist daher tendenziell 'egozentrisch', partikularistisch und gegenüber den Interessen und Manifestationen der jeweils anderen Individuen strategisch und instrumentell orientiert. Ihre beschränkte Rationalität realisiert sich über eine spezifisch eingeschränkte Wahrnehmung der Realität, die als 'Deuten' bzw. in ihrem dynamischen Aspekt (in Anlehnung an psychoanalytische Auffassungen) als 'Verdrängen' bezeichnet wird.

Diese Darstellung mag auf den ersten Blick den Eindruck einer 'moralischen Verurteilung' restriktiver Handlungsweisen erwecken. Genau dies ist jedoch definitiv nicht der Fall: Die Einnahme einer 'restriktiven' Haltung[23] wird nämlich keineswegs als genuin irrational qualifiziert, sondern als durch äußere Gegebenheiten (etwa aktuelle Bedrohungen, verallgemeinerte Unterdrückungsverhältnisse etc.) naheliegend, damit im dargestellten Sinne (jeweils mehr oder weniger gut) begründet, oder, wie Holzkamp sich fallweise auch ausdrückt, als 'subjektiv funktional'. (vgl. 1983/370ff) Problematisch kann eine solche restriktive Haltung demnach nur dadurch werden, dass sie *vom betroffenen Subjekt selbst* in Hinblick auf ihre 'selbstfeindlichen' Konsequenzen (vgl. etwa 1983/376ff) untersucht wird. Die theoretischen Begriffe zeigen also lediglich die verallgemeinerbaren Dimensionen einer bestimmten Handlungsweise und ihrer Konsequenzen, und zwar so, wie sie von einem Standpunkt aus sichtbar werden, der in verallgemeinerter Weise die Sicht *des Subjekts auf die Welt* nachvollzieht.

Es ist offensichtlich, dass eine solche Herangehensweise an das Problem der Begrenztheit (und Selbstbegrenzung) von Möglichkeiten des Handelns keinerlei Auskunft über verallgemeinerbare technisch-funktionale Aspekte des Problems gibt. Im Vordergrund der kategorialen Architektur stehen jene subjektiven 'Bedeutungen', wie sie dem Standpunkt erster Person als Inbegriff seiner intentionalen Orientierung gegeben sind: Die "historisch bestimmten, lage- und positionsspezifischen Lebensbedingungen" gehen "in der Art und Weise, wie sie vom Subjekt als seine 'Situation', seine persönlichen Eigenschaften und Fähigkeiten, sein Vergangenheits- und Zukunftsbezug etc. erfahren, emotional bewertet, in motivierte oder erzwungene Handlungen umgesetzt werden" (Holzkamp 1983/352f) als 'Prämissen' in die Handlungen ein. Entsprechend bezeichnet Holzkamp den ausschnitthaften und damit beschränkten Zugang des einzelnen zu den gesellschaftlichen Bedeutungen als "subjektiven Möglichkeitsraum". (1983/368)

Auf diese Weise wird an den Grenzen, denen sich das handelnde Individuum gegenüber sieht, in erster Linie ihr Verhältnis zu seinen Absichten thematisiert. Aus diesem Blickwinkel können die erfahrenen Handlungsbeschränkungen dann als das Faktum verallgemeinert werden, dass "in den historisch bestimmten lage- und positionsspezifischen Bedeutungen ... immer auch *Einschränkungen* von Verfügungsmöglichkeiten beschlossen sind". (1983/369) Dass diese Grenzen ihre eigene 'objektive' Binnenlogik aufweisen, wird zwar immer wieder indirekt angesprochen, wenn die subjektive Erfahrung von Grenzen, Behinderungen und Einschränkungen thematisiert wird, *worin* deren 'technische' Gesetzmäßigkeit besteht, ist aus der Subjektperspektive jedoch nicht reflektierbar.

Ein illustratives Beispiel dafür bietet Holzkamp etwa mit seinem Entwurf zu einer 'subjektwissenschaftlichen Lerntheorie' (vgl. zunächst 1987 und 1992, dann ausführlicher ausgearbeitet 1993) beim Versuch, personale Widerständigkeiten des Lernprozesses mit dem Begriff der 'körperlichen Situiertheit' zu erfassen. (vgl. 1993/253ff) Unter diesem Titel wird von ihm detailliert aufgeschlüsselt, in welcher Weise sich die 'äußeren' Gegebenheiten der körperlichen Verfasstheit *in der subjektiven Wahrnehmung des Lernenden* auf seine intentionale Disposition niederschlagen und welche Auswirkungen dies auf den Lernprozess zeitigt, *wie ihn der Lernende aus seiner Sicht erlebt*. Dabei weist er zunächst explizit auf die 'äußere' Begrenztheit subjektiver Handlungsambitionen hin, etwa mit der Feststellung, dass Handlungen "nicht als bloße, entmaterialisierte Umsetzungen meiner Intentionen und Vornahmen betrachtet werden dürfen", was sich am deutlichsten an physischen Handlungen zeige, "die als körperliche Bewegungen und Haltungen immer die spezifische Schwere und Beschränktheit ihrer Stofflichkeit an sich haben". (1993/254) Aber auch 'mentale' Handlungen unterliegen solchen Beschränkungen, etwa "generell durch mannigfache Widerständigkeiten jenseits meiner Verfügung, die ich etwa in meinem Kopf lokalisieren mag und durch welche auch meine Gedanken mir immer nur bedingt gehorchen, meine Fassungskraft begrenzt ist, ..." (1993/254)

Diese vorfindlichen Beschränkungen des Handelns werden nicht nach ihrer *formal-funktionalen* Binnenlogik aufgeschlüsselt, sondern als subjektive Phänomene: die 'Schwere' körperlicher Gegebenheiten oder der bedingte 'Gehorsam' der Gedanken geben keinen Aufschluss über die 'technische' Konstellation von Ereigniszusammenhängen, die sie als 'objektive' Phänomene konstituieren. Diese Begriffsstrategie wird von Holzkamp in Abgrenzung von der Untersuchungsperspektive der Physiologie und Neurophysiologie, die vom 'Drittstandpunkt' aus operieren müsse, auch ausdrücklich hervorgehoben. (vgl. etwa 1993/255f)

Es mag vor diesem Hintergrund irritieren, dass Holzkamp seine Kategorialanalyse des Psychischen in einen 'inhaltlichen' (betreffend die Inhalte der psychischen Prozesse) und einen 'funktionalen' Teil (betreffend die Funktionslogik der psychischen Prozesse) gliedert. Aus der von ihm eingenommenen Blickrichtung treten als 'funktionale' Bestimmungen nicht jene 'objektiven', vom handelnden Individuum unabhängigen 'technischen' Gesetzmäßigkeiten in den Blick, die üblicherweise mit dem Begriff 'funktional' belegt werden (und die nach der entwicklungsgeschichtlichen Menschwerdung noch als Gegenstandsbereich einer 'funktionalen' Analyse 'übrigbleiben'). Als 'funktional' gelten hier vielmehr die verallgemeinerbaren Charakteristika der subjektiven, dem Handelnden in seiner Erfahrung und in seinem Bewusstsein *gegebenen* Vorgänge in ihrem Zusammenwirken.[24] In Konsequenz dieser Herangehensweise hat Holzkamp dann auch zur spezifischen Akzentuierung des Begriffes 'Begründetheit' - wie bereits erwähnt - den Begriff der 'subjektiven Funktionalität' eingeführt. Dieser soll offensichtlich nicht nur 'subjektivistische' Interpretationen der menschlichen Subjektivität hintanhalten, sondern auch die 'Verlängerung' (und zugleich spezifische 'Durchbrechung') der funktionalen Logik der menschlichen Phylogenese in den historischen Prozess hinein signalisieren. Ungeachtet dieser zweifelsohne plausiblen Anliegen halte ich es für eine offene Frage, ob eine solche Begriffszuordnung ausreichend gegenüber Missverständnissen abgeschottet werden kann.

(b) Handeln als Ausdruck von Rationalität und Selbstbestimmung

Bei Jürgen Habermas beziehen sich die logisch-evolutionsgeschichtlichen Argumente schwerpunktmäßig auf die subjektivitätsstiftende Funktion der Sprache. (I) In Anschluss daran lassen sich die Prinzipien rationaler Handlungskontrolle entwickeln. (II) Eine besondere Rolle spielt dabei die Unterscheidung von Handlungen, Operationen und Körperbewegungen. (III) Zuletzt versuche ich, das Rationalitätskonzept Habermas' auf die kritisch-psychologische Bedürfniskonzeption rückzubeziehen. (IV)

I.

Begründung und Funktionsweise der menschlichen Subjektivität im gesellschaftlichen Lebenszusammenhang der menschlichen Gattung beschäftigen auch Jürgen Habermas. Seinen Problemzugang formuliert er programmatisch so: "Die Reproduktion der Gesellschaft im ganzen lässt sich gewiss nicht zureichend von den Bedingungen kommunikativer Rationalität her aufklären - wohl aber die symbolische Reproduktion einer aus der Innenperspektive erschlossenen Lebenswelt sozialer Gruppen." (1981b/10) Damit entscheidet er sich ähnlich wie die Kritische Psychologie - wenn auch mit spezifisch relativiertem Anspruch - dafür, das menschliche Denken und Handeln von einem Standpunkt 'erster Person' aus zu rekonstruieren, welchen er im Rahmen seiner 'Theorie des kommunikativen Handelns' paradigmatisch ausformuliert.

Naturgeschichtlich-evolutionäre Argumente und Forschungsergebnisse spielen in der Gesamtargumentation Habermas' keine so zentrale Rolle, wie in jener der Kritischen Psychologie. Gleichwohl baut er an prominenter Stelle Momente einer logisch-entwicklungsgeschichtlichen Analyse in sein Gedankengebäude ein. Ich möchte sie hier v.a. deswegen ansatzweise referieren, weil an ihnen einige bedeutsame Akzentuierungen gegenüber der im letzten Abschnitt dargestellten Position sichtbar gemacht werden können. Habermas gründet seine Auffassung von der entwicklungsgeschichtlichen Herausbildung der *Sprache als dem zentralen Medium der menschlichen Subjektivität* v.a. auf die Theorie von G.H. Mead und bezieht von diesem eine Beschreibung der "sukzessiven Umwandlung der objektiven oder natürlichen Bedeutung systemisch geordneter Zweck-Mittel-Relationen, die zwischen beobachteten Verhaltensreaktionen bestehen, in eine Bedeutung, die diese Verhaltensweisen für die beteiligten Organismen selbst gewinnen." (1981b/18)

Die Analyse von Mead, wie sie Habermas in seine Argumentation aufnimmt, beschäftigt sich in erster Linie mit der Rekonstruktion jener logischen Schritte, wie sie die Herausbildung menschlicher Verständigung im Übergang von vormenschlichen zu menschlichen Lebensformen durchlaufen haben muss. Als Ausgangspunkt wählt er die 'natürliche' Verständigung innerhalb tierischer Lebensformen. Diese basieren auf Reiz-Reaktions-Mustern, die in einem metaphorischen Sinne als 'objektive' oder 'natürliche' Bedeutungen bezeichnet werden können, "ohne zu unterstellen, dass das beobachtete Verhalten für den reagierenden Organismus selbst diese (oder überhaupt eine) Bedeutung hat." (1981b/18) 'Bedeutung' ist hier also eine Kategorie des Beobachters, während die aufeinander reagierenden Organismen bloße Ursache-Wirkungs-Zusammenhänge realisieren, ohne davon selbst zu wissen. Diese bewusstseinslose Reizverarbeitung findet ihre entwickeltste Form in der Gebärdensprache. In ihr realisiert der *wahrnehmende* Organismus bereits die Keimform einer Bedeutung im subjektiven Sinne: "Weil die Geste des ersten Organismus durch die Anfangselemente einer wiederholt auftretenden Bewegungsreaktion verkörpert wird und insofern ein *Anzeichen* für den Zustand ist, in dem die komplette Bewegung resultieren wird, kann der zweite Organismus darauf so reagieren, als ob die Geste Ausdruck einer Absicht sei, dieses Resultat herbeizuführen." (1981b/20) Wenngleich eine solche Absicht auch noch nicht tatsächlich unterstellt werden kann, so verhält sich der zweite Organismus quasi 'vorausschauend' in Entsprechung zu einem Zustand, der in der Geste 'angekündigt', aber faktisch noch nicht eingetreten ist.

Um diesen höchstentwickelten 'natürlichen' Zustand in menschliche Kommunikation überzuführen, bedarf es zweier Veränderungen: Erstens müssen sich die Bedeutungen in einer Weise verallgemeinern, dass sie auch für die jeweiligen Verursacher den selben Inhalt besitzen, wie für die Wahrnehmer und zweitens müssen sie sich dergestalt aus der natürlichen Interaktion lösen, dass sie *in der Absicht* produziert werden, für einen Adressaten als Bedeutungen wirksam zu werden. Dies impliziert eine völlige Neustrukturierung des Verständigungsprozesses, in der "die Regulationsleistungen von Gesten, die als sparsame Auslöser für instinktiv verankerte Bewegungsabläufe fungieren, auf die signalsprachliche Kommunikation übergehen, ... der auf Reize reagierende Organismus in die Rollen von Sprecher und Adressat hineinwächst und ... sich kommunikative Akte von nicht-kommunikativen Handlungen, Prozesse der Verständigung *miteinander* von konsequenzen-orientierten Einwirkungen *aufeinander* differenzieren." (1981b/22f)

Bei der Lösung dieser Aufgabenstellung schlägt Habermas eine Modifizierung der Meadschen Auffassungen vor: Wo dieser in relativ undifferenzierter Weise versucht, die 'Einnahme der Einstellung des anderen', also die gedankliche Vorwegnahme der produzierten Bedeutung für ihren Wahrnehmer durch den Urheber, zum Angelpunkt der Herausbildung der symbolisch vermittelten menschlichen Interaktion zu machen, bezweifelt Habermas, dass diese Einstellungsübernahme bereits eine Verständigung über sprachliche Symbole erklären kann: "Sofern damit nichts weiter gemeint ist, als dass der eine Interaktionsteilnehmer vorweg die Einstellung einnimmt, in der der andere auf die eigene Lautgeste reagieren wird, leuchtet keineswegs ein, wie sich daraus sprachförmige Symbole, Lautgesten mit identischer Bedeutung ergeben sollen. Auf diese Weise kann Mead nur die Entstehung einer Struktur erklären, die dadurch gekennzeichnet ist, dass sich der erste Organismus mit seinen eigenen Lauten in ähnlicher Weise stimuliert wie den zweiten Organismus." (1981b/25) Daraus resultiere zwar die Möglichkeit, dass beide Organismen auf diese Lautgeste in gleicher Weise *reagieren*, was aber noch keineswegs bedeute, dass die damit ausgelöste analoge Reaktion für die beiden Organismen auch schon als *subjektive Bedeutung* gegeben sei.

Entscheidend sei, dass der erste Organismus nicht nur lerne, seine Geste ebenso zu interpretieren wie der zweite Organismus, sondern, dass er seine Geste mit der Erwartung verknüpfe, dass ebendiese Interpretation auch vom zweiten Organismus vollzogen werde. Mit diesem Schritt erst nämlich verändere sich "die Einstellung des einen Organismus zum anderen. Dieser begegnet nun als ein *soziales Objekt*, das auf die eigene Geste nicht mehr nur adaptiv reagiert, sondern mit dieser Verhaltensreaktion eine Deutung der eigenen Geste zum Ausdruck bringt." (1981b/26f) Dieser Vollzug einer Äußerung in kommunikativer Absicht und seine 'verstehende' Aufnahme durch ein Gegenüber modifiziere die Beziehung beider aufeinander. Damit werde die 'Einstellung des anderen' sowohl (vom Verursacher) als 'informations*aufnehmende*' Einstellung (des Wahrnehmers), als auch (vom Wahrnehmer) als absichtsvolle, 'informations*adressierende*' Einstellung (des Verursachers) wahrgenommen und internalisiert. Erst auf diese Weise "lernen sie die Kommunikationsrollen von Hörer und Sprecher: sie verhalten sich zueinander wie ein Ego, das einem Alter Ego etwas zu verstehen gibt." (1981b/27)

Eine dritte Einstellungsübernahme schließlich verankert das Bewusstsein vom möglichen Fehlschlagen von Kommunikationen: Eine Äußerung, die sowohl unter Berücksichtigung der erwartbaren Verstehensmöglichkeiten des Adressaten, als auch in der Absicht, etwas verständlich zu machen vollzogen wurde, kann den angezielten Verständigungeffekt verfehlen. Damit werde die 'Einstellung des anderen' noch als 'informations*kritisierende' Einstellung* wahrgenommen und als Haltung gegenüber den eigenen Äußerungen in das eigene Handlungsrepertoire integriert. Dieser Schritt mündet in die Etablierung von Konventionen, die den Transport von Bedeutungen sicherstellen sollen. Aus der Sicht von Habermas führt genau dieser Schritt über die mit ihm verbundene 'Normierung' der sinnlich wahrnehmbaren Gestalt von Äußerungen zur Einrichtung von bedeutungsidentischen Symbolen.

In der damit erreichten Stufe der *symbolvermittelten Kommunikation* haben sich für Habermas (hier Mead wieder präzisierend) aber noch nicht alle Bestimmungsmomente der endgültigen menschlichen Kommunikationsweise ausdifferenziert, denn: "symbolisch vermittelte Interaktionen erfordern weder eine *ausgebildete* syntaktische Organisation noch eine *vollständige* Konventionalisierung der Zeichen. Sprachsysteme sind hingegen durch eine Grammatik ausgezeichnet, die komplexe Verknüpfungen von Symbolen gestattet". (1981b/40f) Habermas arbeitet dies an einem Beispiel heraus, in dem Symbole zwar bereits bedeutungsidentisch verwendet werden, diese Bedeutungen aber noch keine kritisierbaren Geltungsansprüche implizieren: Das Mitglied eines vorgestellten Stammes an der Schwelle zur evolutionären Menschwerdung ruft ein Wort mit der Bedeutung: 'Angriff'. Er macht mit dieser Einwortäußerung eine relativ uneindeutige Mitteilung: Die anderen Stammesmitgliedern können ihr entnehmen, dass er unerwartete Feinde sieht, dass er darüber erschrocken ist und/oder dass er entsprechende

Verteidigungshandlungen einfordert. (vgl. 1981b/36f) Der prognostische Sinn der Äußerung kann sich also lediglich darauf richten, dass die angesprochenen Stammesmitglieder auf sie ihrerseits in relativ unbestimmter Form reagieren. Wenn hingegen der Zuruf 'Angriff' vor dem Hintergrund einer grammatisch ausdifferenzierte Sprache als Tatsachenbehauptung *oder* als Ausdruck inneren Erlebens *oder* als Aufforderung oder einer Kombination aus diesen Möglichkeiten identifizierbar wird, können die damit eingegrenzten Ansprüche auf Anerkennung der ausgesagten Bedeutung dezidiert befolgt oder bestritten werden (gemäß einer Logik, die ich weiter unten noch detaillierter ausführen werde).

Auch für Habermas bildet somit die Sprache das Tragwerk individueller Subjektivität. Gleichwohl wählt er einen etwas anderen Zugang als die Kritische Psychologie: Er konzentriert sich auf die Herausarbeitung der logischen Implikationen sprachlicher Verständigung und untersucht diese als 'Träger' der Herausbildung von Subjektivität. Dabei lässt er die Notwendigkeiten der 'materiellen Reproduktion' der Menschen weitgehend unberücksichtigt. Zwar hebt er mehrfach hervor, dass Verständigung an den Zweck einer gemeinsamen *Handlungsorientierung* gebunden ist, er unterlässt es jedoch, näher darauf einzugehen, welche Funktion die gegenständlichen Ergebnisse dieses gemeinsamen Handelns haben könnten. Habermas beschränkt sich darauf, zu beschreiben, *wie* die sich ausbildenden Sprachstrukturen die subjektivitätskonstituierenden Prozesse denkbar machen. Er argumentiert dabei gleichsam 'vom Ende her', indem er aufzeigt, *welche* Schritte erfolgt und welche Funktionen übernommen worden sein müssen, damit die Entwicklung zu diesem Ergebnis hinführen konnte. Er zeigt aber nicht, *warum* diese Schritte als Konsequenz der jeweils *davor*liegenden Entwicklung evolutionär entstanden sein könnten. Wenn er etwa erklärt, dass "... sich Gesten dadurch in Symbole (verwandeln), dass die jeweils für einen einzelnen Organismus geltenden Bedeutungen durch Bedeutungen ersetzt werden, die für die Beteiligten identisch sind", (1981b/20) so zielt dieses 'dadurch' auf logische Implikationen des evolutionären Folgezustandes, nicht aber darauf, über welche Prozesse diese Veränderung in Gang gesetzt wurde.

In dieser Argumentationsperspektive kann Habermas die Bedeutung etwa der Produkte vergegenständlichender Tätigkeit ignorieren und sich auf die logischen Implikationen sprachlicher Verständigung beschränken, um sie an Beispielen bloß koordinativer Problemstellungen zu erörtern. Damit bilden seine Argumente zwar keinen logischen Widerspruch zu den Ausführungen Holzkamps, indem sie jedoch als weitgehend 'für sich selbst stehend' vorgeführt werden, sind sie geeignet, das Missverständnis nahezulegen, sie würden als 'Erklärung' des phylogenetischen Entwicklungsschrittes der Entstehung der menschlichen Sprache bereits ausreichen. Tatsächlich beleuchten sie jedoch nur einen Ausschnitt, der mit einer umfassenderen Erklärung der entwicklungsgeschichtlichen Subjektwerdung - wie sie etwa in der Kritischen Psychologie formuliert wurde - zu komplettieren bleibt.

II.

Die Logik jener menschlichen Selbstthematisierung, die an die Stelle der einfachen Determination durch je gegebene Bedingungen tritt, bildet einen besonderen

Schwerpunkt der Habermasschen Handlungstheorie. Indem der subjektive Welt- und Selbstbezug des Menschen über die sprachliche Durchformung der Bedeutungen möglich wird, ist er ein genuin soziales Phänomen. Dies gilt auch für den *einzelnen* Denkenden, der seinen Standpunkt über einen 'inneren' Verständigungsprozess mit einem virtuellen Gegenüber entwickelt.[25]

Grundlage der kommunikativen Entfaltung von Subjektivität ist die Erörterung verallgemeinerter Geltungsansprüche im Diskurs. Sein Medium ist das Argument, das im Rahmen einer "reflexiv gewendete(n) Fortsetzung verständigungsorientierten Handelns mit anderen Mitteln" (Habermas 1981a/ 48) die Geltung einer Aussage begründen oder widerlegen soll. Im Diskurs stellt der Argumentierende unterschiedliche Weltbezüge her: einen zur 'objektiven' Welt der Tatsachen, einen zur 'sozialen' Welt der Handlungsnormen und einen zur 'subjektiven' Welt seiner inneren Erlebnisse. Damit sind ihm 'wahre' Aussagen über Tatbestände, 'richtige' über Handlungsgrundsätze und 'wahrhaftige' über Absichten möglich. Gleichzeitig setzt diese Kommunikation die Verständlichkeit der Mitteilungen voraus und ermöglicht einen Austausch über die Nachvollziehbarkeit der je subjektiven Wertstandards. (vgl. 1981a/34ff)

Für seine Aussagen beansprucht der Argumentierende Geltung und relativiert diesen Anspruch zugleich an der Möglichkeit, dass seine Aussagen begründet bestritten werden. Kommunikation hat ihre elementare Funktion in der Prüfung solcher Geltungsansprüche durch Rede und Gegenrede und ihr Ziel in der dadurch möglichen gemeinsamen rationalen Handlungsorientierung in der Welt. Der (gemeinsame) Bezug auf metasubjektive Kriterien ermöglicht, worauf Argumentation ihrer Intention nach gerichtet ist: den Konsens der am Diskurs Teilnehmenden. Dieser Konsens entsteht kraft jenes "eigentümlich zwanglosen Zwang(s) des besseren Argumentes" (1981a/47), also jener Dynamik der *Überzeugung*, die durch die mögliche Einsicht in sinnvolle Begründungen hergestellt wird.

Als Bezugspunkt des Diskurses fungiert das gemeinsame Handeln, denn nur auf der Basis einer zutreffenden Auffassung über die objektiven Komponenten der Handlungssituation, einer für alle Beteiligten legitimen Festlegung der Handlungsziele und interpersonalen Beziehungen und einer aufrichtigen Bekanntgabe der persönlichen Intentionen ist sinnvolles kooperatives Handeln in der Welt möglich. Insofern konstituiert und modifiziert der Diskurs jene *subjektiven Handlungsgründe*, die für die Handlungskoordination der Subjekte maßgeblich sind, sofern diese nicht durch die Ausübung von direktem Zwang bewerkstelligt werden soll. Die Aufgabe, das gemeinsame Handeln in den logischen Dimensionen unterschiedlicher Weltbezüge aufeinander abzustimmen, kann jedoch nicht allein durch Konsensbildungsprozesse erfüllt werden. Diese ruhen vielmehr ihrerseits auf vorgängig hergestellten Gemeinsamkeiten der Orientierung in der Welt auf. Die notwendigen Elemente dieser von den Kommunikationsteilnehmern geteilten 'Lebenswelt' sind: ein "gemeinsamer kultureller Wissensvorrat, den die Beteiligten für ihre Situationsdeutungen nutzen können", ein "Kernbestand an intersubjektiv geltenden Normen, auf den sich die Beteiligten als ihre soziale Welt beziehen können" und ein "gemeinsames Vokabular für Bedürfnisinterpretationen, in dem die Beteiligten ihre subjektiven Erlebnisse, vor allem Wünsche und Gefühle, öffentlich zugänglich und reziprok zurechenbar machen können." (1979/78)

Um vorstellbar zu machen, wie der 'zwanglose' Vorgang des Stellens und Überprüfens von Geltungsansprüchen gegenüber Formen diskursfeindlicher Einflüsse abgesichert werden kann, entwirft Habermas das Szenario einer 'idealen Sprechsituation', "in der Kommunikationen nicht nur nicht durch äußere kontingente Einwirkungen, sondern auch nicht durch Zwänge behindert werden, die sich aus der Struktur der Kommunikation selbst ergeben." (1984/177) Letzteres sei dann gegeben, "wenn für alle Diskursteilnehmer eine symmetrische Verteilung der Chancen, Sprechakte zu wählen und auszuführen, gegeben ist." (1984/177) Aus dieser Forderung leitet Habermas nach der Logik der Klassifizierung von Sprechakten vier Bedingungen einer 'idealen Sprechsituation' ab. Die ersten beiden beziehen sich zunächst auf die Argumentationssituation selbst:

"1. Alle potentiellen Teilnehmer eines Diskurses müssen die gleiche Chance haben, kommunikative Sprechakte zu verwenden, so dass sie jederzeit Diskurse eröffnen sowie durch Rede und Gegenrede, Frage und Antwort perpetuieren können.
2. Alle Diskursteilnehmer müssen die gleiche Chance haben, Deutungen, Behauptungen, Empfehlungen, Erklärungen und Rechtfertigungen aufzustellen und deren Geltungsanspruch zu problematisieren, zu begründen oder zu widerlegen, so dass keine Vormeinung auf Dauer der Thematisierung und der Kritik entzogen bleibt." (1984/177)

Da die argumentative Auseinandersetzung auf den Fluchtpunkt gemeinsamen praktischen Handelns hin orientiert ist, nimmt Habermas an, dass die Struktur der Handlungssituation in den Diskurs hineinwirkt und die dort etablierte Gleichverteilung von Durchsetzungschancen wieder aufheben kann. Aus diesem Grund werden in der dritten und vierten Bedingung spezifische ungleiche Verfügungsmöglichkeiten - also einseitige Machtkonstellationen - in der *Handlungssituation* ausgeschlossen:

3. Zum Diskurs sind nur Sprecher zugelassen, die als Handelnde gleiche Chancen haben, repräsentative Sprechakte zu verwenden, d.h. ihre Einstellungen, Gefühle und Wünsche zum Ausdruck zu bringen. ...
4. Zum Diskurs sind nur Sprecher zugelassen, die als Handelnde die gleiche Chance haben, regulative Sprechakte zu verwenden, d.h. zu befehlen und sich zu widersetzen, zu erlauben und zu verbieten, Versprechen zu geben und abzunehmen, Rechenschaft abzulegen und zu verlangen usf. ... (1984/177)

Als Begründung für diese beiden Bedingungen gibt Habermas an, dass einerseits nur eine komplementäre Verteilung der "Spielräume individueller Äußerungen" und von "Nähe und Distanz" in den Handlungskontexten ermögliche, dass die Diskursteilnehmer "sich selbst gegenüber wahrhaftig sind und ihre innere Natur transparent machen" und andererseits eine analoge "Reziprozität der Verhaltenserwartungen" einseitig verpflichtende Normen ausschlösse und die im Diskurs formal gegebene Chancengleichheit damit auch *faktisch* genützt werden könne.

Es ist offensichtlich, dass Konzepte, wie jenes einer 'idealen Sprechsituation' nicht umstandslos empirisch umgesetzt werden können. Darauf verweist indessen schon Habermas selbst, der sie weder als "ein empirisches Phänomen noch bloßes Konstrukt, sondern eine in Diskursen unvermeidliche, reziprok vorgenommene

Unterstellung" (1984/180) verstanden wissen möchte. "Diese Unterstellung kann, sie muss nicht kontrafaktisch sein; aber auch wenn sie kontrafaktisch gemacht wird, ist sie eine im Kommunikationsvorgang operativ wirksame Fiktion." (ebd.) Die 'prinzipielle' Anlage des Habermasschen Konzepts kommt auch dadurch zum Ausdruck, dass die Geltungsansprüche selbst keineswegs schon durch die empirische Zustimmung von Gesprächspartnern eingelöst werden können. Die Intuition, die das Argumentieren anleitet, ist vielmehr darauf ausgerichtet, "ein *universales Auditorium* zu überzeugen und für eine Äußerung allgemeine Zustimmung zu erreichen". (1981a/49)

Ein solches Denkmodell mag sich (was vielfach gegen es eingewendet wurde) alltäglichen Umsetzungsabsichten widersetzen. Die 'ideale Sprechsituation' oder das 'universale Auditorium' sind aber als *Begriffe über* verallgemeinerbare handlungsleitende Vorstellungen denkender Menschen zu bewerten, nicht als umstandslos zu verwirklichende 'Empfehlungen'.[26] Sie beziehen ihre Rechtfertigung nicht aus einer möglichen Verwendung als Handlungsanleitung, sondern aus ihrer Stimmigkeit als Ordnungsversuch und diese Stimmigkeit verdankt sich der strikt eingehaltenen Vorgabe, das Phänomen des menschlichen Denkens in seiner inneren Logik zu rekonstruieren, und das heißt: die leitenden Beweggründe, wirkenden Intuitionen und subjektiv realisierten Bedeutungskonfigurationen der reflexiven Weltbegegnung, *wie sie dem Denken als deren Inhalt 'zugekehrt' sind*, nachzuzeichnen.

Dieses Unterfangen impliziert eine Grundsatzentscheidung über die Art und Weise der Gegenstandsannäherung, die Habermas ausführlicher diskutiert und damit die Erkenntnislogik der in diesem Teil meiner Darlegungen nachzuzeichnenden handlungstheoretischen Betrachtungsweise grundlegend expliziert: Ein Interpret, der ein soziales Geschehen beobachtet, in dem Handlungen gesetzt und Aussagen getätigt werden, kann diese Ereignisse als Tatsachen behandeln und von einer 'objektiven' Warte aus registrieren, beschreiben und verallgemeinern. Damit nimmt er aber "nur die physischen Substrate der Äußerungen wahr, ohne sie zu verstehen." (1981a/168) Sofern er an der subjektiven Bedeutung der Äußerungen interessiert ist, muss er - wenn auch nur gedanklich - selbst in den Verständigungsvorgang eintreten, der in dem beobachteten sozialen Geschehen vor sich geht. Damit muss er den beobachteten Ereignissen gegenüber in einen Standpunkt 'erster Person' einnehmen: Er kann sich nämlich "den semantischen Gehalt einer Äußerung nicht unabhängig von Handlungskontexten klarmachen, in denen die Beteiligten auf die fragliche Äußerung mit Ja oder Nein oder Enthaltungen reagieren. Und diese Ja/Nein-Stellungnahmen wiederum versteht er nicht, wenn er sich nicht die impliziten Gründe vor Augen führen kann, die die Beteiligten zu ihren Stellungnahmen bewegen." (1981a/169) Denn diese Gründe sind es, die für die Beteiligten entweder Zustimmung oder Ablehnung rechtfertigen. "Wenn aber der Interpret, um eine Äußerung zu verstehen, *die Gründe vergegenwärtigen* muss, mit denen ein Sprecher erforderlichenfalls und unter geeigneten Umständen die Gültigkeit seiner Äußerung verteidigen würde, wird er *selbst* in den Prozess der Beurteilung von Geltungsansprüchen hereingezogen." (ebd.)

Damit lässt sich die Position identifizieren, von der aus sich die subjektiven Bedeutungen des menschlichen Denkens - sowohl in alltäglichen Handlungsbezügen als auch mit wissenschaftlichem Anspruch - erschließen lassen. Sie unterscheidet sich grundsätzlich von der naturwissenschaftlich inspirierten Vorstellung 'objektiver' Beobachtung und Beschreibung, indem sie dem Umstand Rechnung trägt, dass *Bedeutungen* das Resultat einer subjektiv-intentionalen Bezugnahme auf Gegebenheiten darstellen, die sich einer nicht subjektiv-intentional verfahrenden Beobachtung und Beschreibung systematisch entziehen.[27] Habermas umreißt diese Position so:

"Gründe sind nämlich aus einem solchen Stoff, dass sie sich in der Einstellung einer dritten Person, d.h. ohne eine entweder zustimmende, ablehnende oder enthaltende Reaktion, gar nicht beschreiben lassen. Der Interpret hätte nicht verstanden, was ein 'Grund' ist, wenn er ihn nicht mit *seinem* Begründungsanspruch rekonstruieren, und das heißt im Sinne Max Webers: *rational deuten würde*. Die *Beschreibung* von Gründen verlangt eo ipso eine *Bewertung* auch dann, wenn sich der, der die Beschreibung gibt, außerstande sieht, im Augenblick ihre Stichhaltigkeit zu beurteilen. Man kann Gründe nur in dem Maße verstehen, wie man versteht, *warum* sie stichhaltig oder nicht stichhaltig sind, und warum gegebenenfalls eine Entscheidung darüber, ob die Gründe gut oder schlecht sind, (noch) nicht möglich ist. Deshalb kann ein Interpret Äußerungen, die über kritisierbare Geltungsansprüche mit einem Potential an Gründen verknüpft sind und somit Wissen repräsentieren, nicht deuten, ohne zu ihnen Stellung zu nehmen. Und er kann nicht Stellung nehmen, ohne *eigene* Standards der Beurteilung anzulegen, Standards jedenfalls, die er sich zu eigen gemacht hat." (Habermas 1981a/169f)

Damit ist paradigmatisch formuliert, was ich weiter oben als 'Standpunkt erster Person' bezeichnet habe. Dieser wird von Habermas verschiedentlich auch als 'verstehender' oder 'performativer' Standpunkt bezeichnet.[28] Den Standpunkt 'erster Person' einzunehmen, bedeutet, den Blick auf den *Inhalt* jener *Bedeutungen* zu richten, die dem Individuum als Inbegriff seiner Betroffenheit und Orientierung, kurz: als 'Sinn' erscheinen. Diese Perspektive legt Habermas seinem Handlungskonzept zugrunde und eröffnet sich damit die Möglichkeit, soziale und gesellschaftliche Phänomene in der Blickrichtung der in ihnen handelnden Individuen theoretisch zu bearbeiten.

III.

Der dargelegte Handlungsbegriff impliziert wieder jene Differenzierung, die die Kritische Psychologie in der Unterscheidung von 'Handlungen' und 'Operationen' reflektiert: Als Handlungen wurden dabei jene Lebensäußerungen verstanden, durch die *gesellschaftlich produzierte Bedeutungen* aufgegriffen und im Horizont der unterschiedlichen rationalen Weltbezüge realisiert werden. In die Handlungen gehen als unspezifische Komponenten bestimmte notwendige aber untergeordnete individuell-antizipatorisch regulierte 'Trägeraktivitäten' ein, die als Operationen bezeichnet werden: Die Handlung 'Lesen eines Buches' wird etwa durch das Führen des Blicks über die Buchseite, das Entziffern der einzelnen Buchstaben, das Rekonstruieren von Bedeutungseinheiten, das Umblättern u.ä. realisiert. Diese Operationen werden von der übergeordneten Handlung her ausgerichtet, zu deren Vollzug sie lediglich ein Mittel darstellen.

Habermas nähert sich der 'Anatomie' der Handlungen allerdings ein wenig anders als die Kritische Psychologie. Er benennt zunächst die physischen Ausführungsaktivitäten, "mit deren Hilfe S konkrete Handlungen vollzieht" (Habermas 1975/274) als 'Körperbewegungen' und behält den Begriff 'Operationen' jenen (logischen, grammatischen ...) Vollzügen vor, "die S zu seinen Handlungen befähigen." (275) Das Verhältnis zwischen Handlungen, Körperbewegungen und Operationen erläutert Habermas dann an der unterschiedlichen Art von Regelbefolgung die ihre Durchführung kennzeichnet.

Handlungen sind Ereignisse, über die ein Handlungssubjekt versucht, auf die Welt Einfluss zu nehmen und in ihr intendierte Wirkungen auszulösen. Handlungen sind daher - wie gezeigt - auf Handlungs*motive* bezogen, die die Grundlage ihrer Orientierung bilden. In Verfolgung des gesetzten Zieles mobilisiert der Handelnde gesellschaftlich verfügbares Wissen. Habermas bezeichnet dies als 'Regelbefolgung' und zwar dergestalt, dass "ein handelndes Subjekt a) weiß, dass es einer Regel folgt und b) unter geeigneten Umständen in der Lage ist, zu sagen, welcher Regel es folgt, d.h. den propositionalen Gehalt des Regelbewusstseins anzugeben." (Habermas 1975/273) *Instrumentelles* Handeln bedeutet das manipulative Eingreifen in Kausalzusammenhänge, die Regeln instrumentellen Handelns "stützen sich auf empirische Verallgemeinerungen und beziehen sich in *generalisierender* Weise auf ihren Kontext", sie "dienen der Lösung technischer Aufgaben." (1975/275f) *Soziales* Handeln bedeutet das kommunikative Eingreifen in interaktiv regulierte, durch subjektive Entscheidungen bestimmte Zusammenhänge, die Regeln sozialen Handelns "haben als Konventionen die Aufgabe, einen Kontext, den sie vorfinden, zu *regulieren*." (1975/276) Sie sind als solche auf wechselseitige Verständigung orientiert. *Strategisches* Handeln kombiniert Elemente beider: Es ist auf einen sozialen Zusammenhang gerichtet, interpretiert diesen aber als kausal kalkulierbares Ergebnis empirischer Regelmäßigkeiten und dient dem Zweck, einseitig bestimmte Ziele zu realisieren. Sein Erfolg bemisst sich im Unterschied zum instrumentellen Handeln bloß "nicht an der zielgerichteten Manipulation von etwas in der Welt, sondern an der indirekten Einflussnahme auf die Entscheidungen eines konkurrierenden Gegenspielers." (1975/277) Die Regeln strategischen Handelns beziehen sich wieder in generalisierender Weise auf ihren Kontext, in dem die sozialen Normen lediglich als soziale Fakten interpretiert werden. In allen drei Fällen vermitteln die Regeln das Verhältnis von Motiven und Aktionen des Handelnden. Dies bedeutet: Die Regeln machen verständlich, *warum* in einer bestimmten Handlungssituation unter bestimmten gegebenen Prämissen eine bestimmte Handlung stattfindet, sie erklären das Zustandekommen der Handlung. Habermas demonstriert dies anhand folgender Schlussfolgerungen:

"S kann, wenn er eine instrumentelle Handlung h begründen möchte, einen praktischen Schluss angeben, in den die zugrundeliegende technische Regel r wie folgt eingeht:

- S möchte den Zustand Z herbeiführen;
- S ist in Kenntnis von r der Auffassung, dass Z in der gegebenen Situation S nicht eintritt, wenn h nicht ausgeführt wird;
- zum Zeitpunkt t besteht die Situation s;
- S führt zum Zeitpunkt t in Befolgung der Regel r die Handlung h aus."

"Bei der Begründung normenregulierter Handlungen kann die entsprechende Norm selbst die Stelle einer Prämisse einnehmen:
- Es gilt die Norm x: Für alle Angehörigen der Gruppe g besteht das Gebot, in Situationen vom Typ s die Handlung h auszuführen;
- S ist Angehöriger der Gruppe g;
- für s ist zum Zeitpunkt t eine Situation vom Typ s eingetreten;
- S führt zum Zeitpunkt t in Befolgung der Norm x die Handlung h aus."
(Habermas 1975/278, 282)

Die *Körperbewegungen*, mittels derer Handlungen realisiert werden, weisen - wie gezeigt - keine eigenständigen Motive auf, sondern werden von den Motiven der übergeordneten Handlung her strukturiert. Sie dienen lediglich dazu, den materialen Weltkontakt zu realisieren: "Mit diesen Bewegungen greift der Handelnde *buchstäblich* in die Welt ein." (1975/275) Bewegungen können kausal (physische Eingriffe) oder semantisch (Herstellung von Bedeutungen) wirksam werden. Analog dazu werden auch die *Operationen* (hier i.S.v. Habermas) nicht selbst intendiert, sondern ergeben sich als funktionale Implikate der Handlung, sie "werden in konkreten Handlungen *mitvollzogen*." (ebd.) Auch Körperbewegungen und Operationen folgen nun bestimmten Regeln ('individuellen Antizipierens' bei Holzkamp). Aber diese Regeln stellen kein Verhältnis zwischen Motiven und Aktionen her, sondern beschreiben lediglich 'immanente' Gesetzmäßigkeiten der jeweiligen Art des unmittelbaren Weltkontakts.[29] Bewegungsregeln sind vom Handelnden i.a. nicht benennbar, lediglich ihre Anwendung praktisch vorführbar. Sie werden intuitiv erschlossen und praktisch (bei Holzkamp: durch 'individuelles Probieren/Beobachten') ausdifferenziert. Ihre theoretische Analyse führt lediglich "zu einer neurophysiologischen Erklärung zentralnervöser Steuerungsprozesse, nach der kein Subjekt körperliche Bewegungen lernen könnte." (1975/296) Für Operationsregeln trifft dies in eingeschränkter Form zu: Auch sie werden intuitiv angeeignet, können aber unter geeigneten Umständen rekonstruiert werden, "indem wir den propositionalen Gehalt des impliziten Regelbewusstseins explizit darstellen." (1975/297)

Für beide Arten von Regel gilt jedoch uneingeschränkt: Man kann mit ihrer Hilfe nicht erklären, *warum* die Bewegungen und Operationen stattfinden, sondern lediglich angeben, *in welcher Weise* sie vor sich gehen müssen. Dies wird an solchen Beispielen unmittelbar evident, an denen sich zeigen lässt, dass etwa die Regeln, nach denen Bewegungen gesteuert werden, völlig identisch sein können, auch wenn durch sie vor dem Hintergrund unterschiedlicher Motive unterschiedliche Handlungen realisiert werden: Habermas illustriert dies am Beispiel eines Autofahrers, der während der Fahrt seine Hand aus dem geöffneten Fenster streckt. Diese Bewegung kann beispielsweise Teil der (instrumentellen) Handlung 'Abkühlung' wie auch der (sozialen) Handlung 'Signalgebung' sein. (1975/289) Dieser unterschiedliche Bezug der Durchführung von Bewegungen, Operationen und Handlungen auf Regeln lässt sich auch so formulieren: Bewegungs- wie Operationsregeln sind im Gegensatz zu Handlungsregeln nicht über Geltungsansprüche mit der Realität verknüpft. Operationen können zwar (wie Bewegungen) "als mehr oder weniger korrekt, regelkonform oder wohlgeformt beurteilt werden; sie sind aber nicht wie Handlungen einer Kritik unter Gesichtspunkten der Wahrheit, Wirksamkeit, Richtigkeit oder Wahrhaftigkeit zugänglich". (1981a/147)

Bewegungen und Operationen organisieren die Verbindung einer Handlung zu den objektiven Eigentümlichkeiten der Welt. Mit Hilfe der entsprechenden Regeln wird faktische Praxis konstituiert. Habermas erläutert dies am Beispiel instrumenteller und sozialer Handlungen und schließt: "Die aufgezählten Operationen müssen in Handlungen mitvollzogen werden, weil sie die Struktur der objektiven Welt, in die Handelnde instrumentell eingreifen, und die Struktur der sozialen Welt, in der sie interagieren können, festlegen." Dabei sind sie aber an die Welt gebunden, wie sie ist: "Über diese Strukturen können die handelnden Subjekte nicht beliebig verfügen; sie können die Regelsyssteme, nach denen sie Denk- und Sprechoperationen vornehmen, nicht *wählen*." (Habermas 1975/305)

An dieser Stelle möchte ich das Modell Habermas' noch einmal mit dem Modell der Kritischen Psychologie in Beziehung setzen: Holzkamp hat argumentiert, dass es sich bei den Operationen (bzw. 'Bewegungen', die er in sie einschließt) um eine individuell-antizipatorisch strukturierte Koordination von Perzeptions- und Ausführungsaktivitäten handelt, wie sie zunächst für tierische Lebensformen spezifisch ist und die auf menschlichem Entwicklungsniveau dem gesellschaftlich-antizipatorisch strukturierten Wahrnehmungs-Handlungs-Zusammenhang untergeordnet wird. Daraus erklärt sich, warum die 'Regelmäßigkeiten' der Operationen (resp. 'Bewegungen') bloß explizier*bar*, nicht aber schon von vornherein als explizite Struktur gegeben sind: Sie bilden quasi ein 'Erbe' an *vorsprachlich* vermittelter Verhaltensregulation, das über Prozesse des *individuellen Probierens/Beobachtens* angeeignet wird.

Habermas weist selbst indirekt auf eine solche Interpretationsmöglichkeit hin, wenn er etwa Körperbewegungen als 'unselbständige Handlungen' interpretiert und dann erläutert: "Damit bringen wir uns in eine ähnliche Lage, in der sich ein Ethologe befindet, der tierisches Verhalten als Handeln auffasst. Tiere können wir nach dem postulierten Regelbewusstsein nicht *fragen*". Demgegenüber könne man "den disziplinierten Eisläufer, Stimmenimitator, Tänzer oder Klavierspieler" nun zwar fragen, was aber zu keinem Ergebnis führe, denn diese könnten ihre Kunst zwar *praktizieren*, aber "den Gehalt des intuitiv leitenden Regelbewusstseins nicht angeben." (1975/296)

IV.

Über die Auffassung von der möglichen subjektiven Überzeugung durch Einsicht in die Plausibilität von Geltungsansprüchen verweist das Rationalitätskonzept auf die Möglichkeit der freiwilligen Zustimmung zu erörterten Auffassungen. Insoweit es sich dabei um *normative* Auffassungen handelt, sind damit unmittelbar die *Bedürfnisse* der am Diskurs beteiligten Subjekte angesprochen, denn zwanglos erwirktes Einverständnis setzt die Aufgehobenheit der je individuellen Anliegen in den diskursiv erzielten Übereinkünften voraus. Damit stellt sich - wie gezeigt - das Problem eines Bedürfniskonzepts, das eine Integration allgemeiner Interessen mit individuellen Bedürfnissen erklärbar macht.

Während für die Kritische Psychologie normative Entscheidungen grundsätzlich in emotionalen Vorgängen gegründet werden, nehmen die emotionalen Wertungen bei Habermas keine vergleichbar prominente Stellung ein. Sie bleiben in seinem Versuch, die Strukturen kommunikativer Rationalität zu begründen, an zentralen Stellen im Hintergrund. Habermas' Erklärung des normativen Geltungskriteriums lautet zunächst: "Der Handelnde erhebt den Anspruch, dass sein Verhalten mit Bezug auf einen als legitim anerkannten normativen Kontext richtig ... ist." (1981a/35) Diese Formulierung impliziert, dass die bloße Feststellung von Übereinstimmung empirischer Handlungen mit allgemeinen Richtlinien zur freiwilligen Zustimmung führt. Im Lichte der bisherigen Darstellung würde eine solche Übereinstimmung aber noch keineswegs sicherstellen, dass die verglichenen Handlungen mit den je eigenen Interessen tatsächlich kompatibel sind. Es sei denn, die allgemeinen Richtlinien sind so abgefasst, dass sie diese Interessen entsprechend berücksichtigen.[30] Damit wäre das Problem aber nur verschoben. Denn so müssen erst wieder die Richtlinien geprüft werden. Womit aber könnten diese dann in analoger Weise verglichen werden? Es ist offensichtlich: An irgend einer Stelle ist die emotionale Bewertung als Bezugnahme auf die je eigenen Bedürfnisse nicht zu umgehen.

Habermas reflektiert an den Gefühlen, dass sie als gewordene, als Produkt von Lernvorgängen verstanden werden müssen. Daher können in sie - was empirisch wohl auch kaum zu bestreiten ist - mannigfache Abstrusitäten und nicht einlösbare Ansprüche eingeschrieben werden. Gleichzeitig bleiben sie damit aber auch relativierbar und veränderbar. So kann über das Medium der rationalen Argumentation die verallgemeinerte Sinnhaftigkeit und Angemessenheit normativer Ansprüche und der mit ihnen verbundenen Gefühle nachgeprüft werden. In dieser Hinsicht sind Gefühle bloße Objekte des rationalen Denkens. Sie aber als Grundlage desselben anzuerkennen, scheint Habermas unentschlossen. Zwar akzeptiert er eine gewisse 'Realitätshaltigkeit' der emotionalen Vorgänge, etwa wenn er von den "Erfahrungsbasen der Wahrnehmungen einerseits und der Gefühle andererseits" (1983/61) spricht und den Gefühlen "eine ähnliche Bedeutung für die moralische Rechtfertigung von Handlungsweisen wie Wahrnehmungen für die theoretische Erklärung von Tatsachen" zuschreibt (1983c/60), hält ihre Triftigkeit aber insgesamt für fragwürdig.

Dies zeigt sich etwa dort, wo er alle Erklärungsversuche zurückweist, die "normative Sätze an das falsche Modell von deskriptiven Sätzen und Bewertungen oder von Erlebnissätzen und Imperativen angleichen" (1983c/54). Dabei argumentiert er, dass die platte Verknüpfung von *an objektiven Gegebenheiten orientierten* Aussagen mit *subjektiv-willkürlichen* Sollensansprüchen nicht erklärbar werden lässt, wie es in der Realität der menschlichen Kommunikation dazu kommt, dass rationale Gründe erörtert werden können, die einen normativen Anspruch *prüfbar* machen. Wenn nämlich "der Sinn unseres moralischen Vokabulars in Wahrheit darin besteht, etwas zu sagen, wofür Erlebnissätze, Imperative oder Absichtssätze die angemesseneren linguistischen Formen wären", dann kann "ein Wahrheitsanspruch oder überhaupt ein auf Argumentation angelegter Geltungsanspruch" (1983c/65) nicht mehr erhoben und begründet werden. Diese Sichtweise spitzt sich zu in der Formulierung: "Die Empörung und der Vorwurf, die sich gegen die Verletzung von Normen richten, können sich letztlich nur auf einen kognitiven Gehalt stützen." (1983c/59) Hier wäre mindestens die Frage zu stellen, nach welcher Logik ein kognitives Ereignis in ein emotionales - und ein solches ist ja Empörung offensichtlich - umgewandelt werden kann. Und dann wäre wohl wieder eine Verbindung zu Bedürfnissen unumgänglich. Diese müssen also - zumindest an irgendeiner 'letzten' begründenden Stelle - *als solche* vom Einzelnen *erfahren* werden und dies ist kaum als 'kognitiver Akt' zu werten.

Das Konstruktionsproblem, das in diese Verlegenheitslösung führt, lässt sich an einer Kontroverse herausschälen, die Habermas mit dem Berliner Philosophen Ernst Tugendhat führt. (vgl. 1983c/78ff) Wo für Habermas Normen nur rein kognitiv *begründbar* sind, besteht Tugendhat auf der normengrundlegenden Funktion von subjektiven Befindlichkeiten. Habermas wendet sich nun kritisch gegen den von Tugendhat postulierten rationalen Argumenten unzugänglichen 'volitiven' Charakter normativer Äußerungen und moralischer Regeln. Er argumentiert, dass die Gründung normativer Entscheidungen in 'volitiven' Ambitionen der Betroffenen lediglich "das Aushandeln eines fairen Kompromisses", nicht aber "die diskursive Erzielung eines rational motivierten Einverständnisses" (1983c/82) denkbar mache. Dies sei aber etwas anderes, denn: "Im praktischen Diskurs versuchen sich die Beteiligten über ein gemeinsames Interesse klar zu werden, beim Aushandeln eines Kompromisses versuchen sie, einen Ausgleich zwischen partikularen, einander widerstreitenden Interessen herbeizuführen." (1983c/82f)

Habermas unterscheidet hier offensichtlich zwischen unmittelbaren individuellen und mittelbaren überindividuellen (aber gemeinsamen) Interessen. Ohne das weiter oben dargestellte Bedürfniskonzept der Kritischen Psycholgie bleibt eine solche Konstruktion aber bedenklich, denn die Gefühle scheinen allemal verdächtig, bloß egozentrische Ziele anzupeilen. Habermas bleibt also kaum eine bessere Lösung, als die nicht-unmittelbare Beziehung auf überindividuelle Interessen von emotionalen Strukturen zu entkoppeln, wenngleich eine andere Lösung in seiner Argumentation dort schon angelegt ist, wo er etwa den Sinn normativer Geltungsansprüche darin lokalisiert, "im Hinblick auf eine jeweils regelungsbedürftige Materie ein *allen* Betroffenen *gemeinsames* Interesse auszudrücken und darum allgemeine Anerkennung zu *verdienen*." (1981a/39) oder wo er Gefühle ins Treffen führt, die auf verallgemeinerte "überpersönliche" Erwartungen bezogen sind: "Gefühle der Schuld und der Verpflichtung weisen über den Partikularismus dessen, was einen Einzelnen in einer bestimmten Situation betrifft, hinaus." (1983c/58).

Dennoch scheint es Habermas plausibler, für die Lösung von Fragen der "motivationalen Verankerung moralischer Einsichten" Prozesse der "Verinnerlichung von Autorität" vorzusehen (1983/191). Damit geht aber der 'wahre Kern' der Tugendhatschen Auffassung verloren: dass nämlich auch allgemeine Interessen *in subjektiver Ansehung und Bewertung der je eigenen Interessen* bestimmt werden müssen. Als 'rational' müsste eine Entscheidung dann gelten können, wenn sie einen gleichermaßen kognitiv *wie* emotional widerspruchsfreien Zustand intendiert oder herbeiführt. So bleibt aber letztlich auch an dieser Stelle das Habermassche

Konzept mit der kritisch-psychologischen Auffassung verträglich, denn diese liefert ein Versatzstück, dessen logischer Ort bei Habermas schon bezeichnet ist, und das sich auf einfache Weise dadurch einfügen lässt, dass man normative Ansprüche nicht als 'letztlich auf einen kognitiven Gehalt gestützt', sondern als 'letztlich auf eine kognitive Verallgemeinerung emotionaler Gehalte gestützt' interpretiert und diese Verallgemeinerung (wie im Konstrukt der 'produktiven Bedürfnisse' vorgesehen) ihrerseits auf Emotionen bezieht.

(c) Handeln als prozessbegleitende Verhaltenssteuerung

In diesem Abschnitt zeige ich, wie eine ausdrücklich vom Erklärungsanspruch des Funktionalismus provozierte Handlungstheorie versucht, mögliche naiv-subjektivistische Verkürzungen des Handlungsbegriffs zu eliminieren. Dazu erweitere ich die bereits vorgetragenen Positionen um die Grundgedanken der konstitutionstheoretischen Reinterpretation der Handlungstheorie von Anthony Giddens und Hans Joas (I). Anschließend untersuche ich Implikationen der handlungstheoretischen Ausgangsposition und die daraus resultierende Unmöglichkeit, von dieser Position aus den Gegenstandsbereich einer funktionalistischen Theorie zu erreichen. (II.) Zuletzt diskutiere ich am Beispiel des Intentionalitäts- und des Machtbegriffs einige problematische Implikationen des dargestellten Handlungskonzepts. (III.)

I.

Das zentrale Thema der Reinterpretation des Handlungsbegriffs bei Anthony Giddens liegt in einer Neufassung des Verhältnisses von subjektiver Bestimmung und objektiven Bewegungsformen des menschlichen Lebensvollzugs. Um die damit verbundenen Problemstellungen in neuer Weise fassbar zu machen, bricht Giddens zunächst mit der Vorstellung, menschliche Handlungen seien das Resultat bewusster *vorgängiger* Entscheidungen. Intentionalität realisiere sich vielmehr als quasi 'prozessbegleitende' Kontrolle eines andauernden Ereignisablaufs. "Menschliches Handeln vollzieht sich ebenso wie menschliches Erkennen als eine *durée*, als ein kontinuierlicher Verhaltensstrom. Zweckgerichtetes Handeln ist nicht aus einem Aggregat oder einer Serie separater Intentionen, Gründe und Motive zusammengesetzt. Es ist vielmehr sinnvoll, Reflexivität in der ständigen Steuerung des Handelns verankert zu sehen, die menschliche Wesen entwickeln und die sie von anderen erwarten." (1984/53)

Diese Steuerung ist dem bewussten Denken im engeren Sinne nur bedingt zugänglich. Jenes "gemeinsame Wissen", das Menschen in ihrer Interaktion und Kooperation anwenden, wird von ihnen in nicht-diskursiver Weise bewahrt und reproduziert und "gründet in dem Vermögen der Akteure, sich innerhalb der Routinen des gesellschaftlichen Lebens zurechtzufinden." (1984/55) Die Grenzen zwischen 'diskursivem' und 'praktischem' Bewusstsein, zwischen expliziter Durchdringung und intuitiver Gewissheit sind fließend. Die Transformation von Bewusstseinsinhalten der einen Form in die andere bedarf lediglich der Umarbeitung, beiden wird jedoch reflexive Qualität zuerkannt. Im Gegensatz dazu ist das

'Unbewusste', das Giddens in Anlehnung an Freud mit 'Verdrängungsmechanismen' in Zusammenhang bringt, durch eine prinzipielle Barriere vom Bewusstsein getrennt. *Diskursives Bewusstsein, praktisches Bewusstsein* und *Unbewusstes* bilden zusammen die Steuerungsgrundlage des Handelns.

Handeln wird also nicht als eine Aneinanderreihung von einzelnen 'Handlungen' verstanden, deren jede einzelne dem Schema 'reflexiver Entwurf - praktische Durchführung' folgt, sondern als immer schon bestehender komplexer Ereignisablauf, der nur mehr in bestimmten Teilaspekten näher begutachtet und in seinem Verlauf beeinflusst wird. Einzelne 'Handlungen' wären demgemäß lediglich das Produkt von Abstraktionen, die das handelnde Subjekt im Moment der reflexiven Bearbeitung vornimmt. Sie werden "durch ein diskursives Moment der Aufmerksamkeit auf die *durée* durchlebter Erfahrung konstituiert." (1984/54) Den damit verbundenen handlungsbegleitenden Steuerungszugriff bezeichnet Giddens als 'Handlungsrationalisierung', die ihrerseits mit Handlungsmotivationen in Verbindung steht (vgl. 1984/56).

Mit dieser Reformulierung des Handlungsbegriffs rücken zwei Kategorien an eine zentrale Stelle der Theoriearchitektur: die *unerkannten Handlungsbedingungen* und die *unbeabsichtigten Handlungsfolgen:* Menschliches Handeln beruht immer auf mehr und anderem, als der Handelnde seinem Handeln subjektiv zugrundelegt. Dies führt dazu, dass es immer mehr und anderes hervorruft, als er intendiert (und auch: als Ergebnis zur Kenntnis nimmt). Die unbeabsichtigten und nicht oder nur 'am Rande' registrierten Folgen treten nun, eine rekursive Schleife beschreibend, in Kombination mit den Nebenfolgen des Handelns anderer Subjekte wiederum als weitere unerkannte Handlungsbedingungen in Funktion. Auf diese Weise gewinnt der soziale Prozess eine partielle (nie vollständige!) Eigendynamik gegenüber den Intentionen der Handelnden.

Durch die Angabe von Bewegungsformen und Wirkmechanismen des Handelns ist der Handlungsbegriff jedoch noch unterbestimmt. Er benötigt auch Angaben über konstitutive Basisereignisse. Deren erstes besteht in der Entfaltung von Kausalkräften, die sich in einer folgenreichen Einwirkung auf Weltgegebenheiten niederschlägt, oder wie Giddens in Anlehnung an eine geläufige kybernetische Denkfigur formuliert: "Handeln hängt von der Fähigkeit des Indiviuums ab, 'einen Unterschied herzustellen' zu einem vorher existierenden Zustand oder Ereignisablauf, d.h. irgendeine Form von Macht auszuüben." (1984/66) Neben der Ausübung von Macht ('domination') firmieren auch noch die Konstitution von Sinn ('signification') und die Herbeiführung von Legitimation ('legitimation') als konstitutive Merkmale des Handelns.

Zu den wichtigsten konzeptionellen Ideen der 'Theorie der Strukturierung', wie Giddens seinen Ansatz programmatisch bezeichnet, zählt sein Entwurf zur Bestimmung des Verhältnisses von Handlung und Struktur. Sein Kunstgriff besteht darin, dass er sich jeder (durch traditionelle Auffassungen inspirierten) Dichotomie, jeder äußerlichen Gegenüberstellung verweigert und Handlungen und Strukturen in einem unauflöslichen rekursiven Kreislauf aneinander bindet: Strukturen können nicht anders bestehen, als dass sie in den Handlungen hergestellt werden und Handlungen können nicht anders vor sich gehen als im Rahmen und auf der

Grundlage der im Handeln selbst perpetuierten Strukturen. Der Doppelcharakter struktureller Phänomene ('Dualität von Struktur') besteht demnach darin, dass diese *zugleich* Medium *und* Resultat der Handlung sind. Damit sind zwei entscheidende gedankliche Perspektiven eröffnet: Einerseits werden Strukturen nicht als jenseits des Handelns gegebene 'selbständige' Phänomene, sondern als unmittelbar von der Reproduktion durch dieses abhängig gesehen. Auf diese Weise tritt zur traditionellen Frage nach dem Handeln *unter der Bedingung* von Strukturen die Frage der Struktur*bildung durch Handeln* hinzu. Zum anderen ergibt sich daraus, dass Strukturen nicht als bloße Beschränkungen des Handelns, sondern zugleich - da sein Medium - als Mittel seiner Ermöglichung, damit als unabdingbare Bestandsbedingung, erkennbar werden.[31] Damit wird die Frage nach dem Handeln unter der Bedingung von *einschränkenden* Strukturen erweitert durch die Frage nach deren *Nutzen* und *Benützbarkeit*.

Der durch Handeln bewirkte Fortbestand der Strukturen ermöglicht, dass Handlungsweisen über räumliche und zeitliche Distanzen hinweg als identische reproduziert werden (bis hin zur Konsolidierung von Institutionen) und damit 'soziale Systeme' ausbilden. Giddens bezieht also den Begriff 'Struktur' auf ein je in der Handlung *gegenwärtiges* Ordnungsschema und den Begriff 'System' auf dessen raumzeitliche *Fortsetzung* über das Handeln des Einzelnen hinaus. Solcherart würden die Subjekte die Systeme zwar nicht in einem schlichten Sinne *herstellen*, aber: "sie reproduzieren und verändern sie, indem sie immer wieder neu schaffen, was in der Kontinuität von Praxis ... bereits existiert." (1984/224) Dies bedeutet dann auf der anderen Seite für die sozialen Systeme, dass auch ihnen Strukturen nicht in einem gegenständlichen Sinne eigen sind sondern, "dass Struktur, als raumzeitliches Phänomen, nur insofern existiert, als sie sich in ... Praktiken realisiert und als Erinnerungsspuren, die das Verhalten bewusst handelnder Subjekte orientieren." (1984/69)

Die Basisphänomene, aus denen Strukturen bestehen und mittels derer gleichzeitig die sozialen Systeme erhalten werden, sind Regeln und Ressourcen. Unter 'Regeln' versteht Giddens keine explizit oder sprachlich ausformulierten Hinweise oder Vorschriften, sondern jene zumeist intuitiv erfassten Regelmäßigkeiten (Schemata, Formeln, Gewohnheiten), die bei der Bewältigung der alltäglichen Lebenspraxis praktiziert werden, um deren Gelingen sicherzustellen. Man kann sie als "Techniken oder verallgemeinerbare Verfahren betrachten, die in der Ausführung/Reproduktion sozialer Praktiken angewendet werden" (1984/73) und daher vor allem für die "Formierung, Aufrechterhaltung, Beendigung und Neuformierung von Begegnungen" (1984/75) von Bedeutung sind. Ungeachtet dessen können Regeln natürlich auch explizit formuliert werden. Ressourcen bilden demgegenüber jene Mittel, deren Einsatz die als 'Macht' charakterisierte Einwirkung auf Weltgegebenheiten ermöglicht. Sie werden von Giddens in zwei Gruppen geteilt: in *allokative* und *autoritative* Ressourcen[32]. Erstere verleihen Einflussmöglichkeit in Hinblick auf "Objekte, Güter oder materielle Phänomene" (1984/86), letztere "beziehen sich auf Typen des Vermögens zur Umgestaltung, die Herrschaft über Personen oder Akteure generieren." (1984/86)

Wie Anthony Giddens - und unter mannigfachem Rekurs auf ihn - beschäftigt sich Hans Joas mit der Grundlegung einer subjektbezogenen Theorie des menschlichen Handelns, in der zugleich ein nicht-subjektivistisches Verständnis von der Konstitution der sozialen und gesellschaftlichen Prozesse fundiert ist. Eines seiner Hauptanliegen besteht darin, die handlungstheoretischen Grundbegriffe so anzulegen, dass sie jene Dimensionen des Handelns sichtbar machen, die über die bloße Reproduktion des Gegebenen hinausweisen und Handeln als immer auch kreative, Neues hervorbringende Aktivität untersuchbar zu machen, somit "für alles menschliche Handeln eine kreative Dimension zu behaupten, die in den theoretischen Modellen des rationalen und des normativ orientierten Handelns nur unzulänglich zum Ausdruck kommt." (1996/15). In einem umfangreichen Durchgang durch die traditionelle sozialwissenschaftliche Theorie versucht er zu zeigen, dass dieser Aspekt zwar implizit immer wieder anklingt und 'mitgemeint' ist, kaum jedoch explizit begrifflich ausformuliert wird. In den Konzeptionen von Herder, Marx, der europäischen Lebensphilosophie und des amerikanischen Pragmatismus (vgl. auch Joas 1989) identifiziert er 'Metaphern der Kreativität', die dem Anliegen in unterschiedlichen Gewichtungen eine erste ansatzweise artikulierte Form geben. Unter Bezugnahme auf diese Vorarbeiten überarbeitet er das gängige handlungstheoretische Begriffsrepertoire im angedeuteten Sinne.

Joas präferiert wie Giddens eine handlungstheoretische Position, die einerseits in einem strikten und umfassenden Sinne die Phänomene menschlicher Subjektivität reflektierbar erhält und andererseits die 'teleologische' Auffassung vom menschlichen Handeln, derzufolge dieses als praktische Umsetzung *vorgängig* vollzogener Zwecksetzungen verstanden wird, aufgibt. Joas kommentiert die Ausführungen Giddens' zu diesen Grundfragen überwiegend zustimmend, bezieht die theoretische Grundlegung seines Ansatzes aber in erster Linie aus seiner Rezeption des amerikanischen Pragmatismus, v.a. der theoretischen Entwürfe von G. H. Mead. (vgl. v.a. Joas 1989) Schon hier nämlich werde Zwecksetzung begriffen als "Resultat der Reflexion auf Widerstände gegenüber dem vielfältig orientierten Verhalten eines Wesens, dessen Welt immer schon in praktischer Weise vor aller Reflexion schematisiert ist." (Joas 1989/XVIII) Kernstück seines Ansatzes ist die Reinterpretation dreier 'stillschweigender Annahmen' der Handlungstheorie: des zielgerichteten Charakters des Handelns, der Körperkontrolle der Akteure und deren autonomer Individualität, die er von ihrer 'cartesianischen' Dichotomie befreien möchte.

Die Untersuchung der ersten Fragestellung setzt an mit der Problematisierung der seit Weber und Parsons geläufigen Selbstverständlichkeit, Handeln als Ausdruck einer Zweck-Mittel-Relation zu behandeln. In Anknüpfung an John Dewey entwirft Joas das Bild der 'Reziprozität von Zielen und Mitteln'[33] und damit die Bedeutung der Mittel für die Ziele: "Indem wir erkennen, dass uns bestimmte Mittel zur Verfügung stehen, stoßen wir erst auf Ziele, die uns vorher gar nicht zu Bewusstsein kamen. Mittel spezifizieren also nicht nur Ziele, sie erweitern auch den Spielraum möglicher Zielsetzung." (1996/227) Ein Mittel, das - in Entsprechung zu den Annahmen der klassischen Handlungskonzeptionen - seinem Ziel in rein instrumenteller Weise unterstellt wäre, müsste demgegenüber als Indikator eines dem Handelnden von außen zwangsförmig fremdgesetzten Ziels angesehen werden, denn nur bei einem solchen wäre vorstellbar, dass dieses dynamische Wechselverhältnis stillgestellt ist. Damit sei die klassische Anordnung Ziel - Mittel Ausdruck von Fremdbestimmtheit, die allerdings auch als 'Selbstzwang' in Erscheinung treten könne.[34] Eine derartige Sonderform des Handelns könne nun keinesfalls ein allgemeingültiges Modell von Handeln abgeben. Zudem impliziere das teleologische Handlungsmodell die Vorstellung, dass der Akt der Zwecksetzung, bzw., ihm vorausgesetzt, der Akt des Erkennens, Reflektierens, Sich-Orientierens dem Handeln selbst zeitlich vorausgehe, von ihm also gleichsam "unabhängig sei oder sich doch zumindest von diesem unabhängig machen könne und solle." (1996/231) Als Alternative zu dieser ihm unhaltbar erscheinenden Konzeption formuliert Joas ein 'selbstreflexives' Handlungsverständnis, das in seinen Grundzügen mit dem von Giddens übereinstimmt:

"Die Alternative zur teleologischen Deutung des Handelns und der in ihr tradierten cartesianischen Dualismen besteht darin, Wahrnehmung und Erkenntnis nicht der Handlung vorzuordnen, sondern als Phase des Handelns aufzufassen, durch welche das Handeln in seinen situativen Kontexten geleitet und umgeleitet wird. Die Setzung von Zwecken geschieht - in dieser alternativen Sichtweise - nicht in einem geistigen Akt *vor* der eigentlichen Handlung, sondern ist Resultat einer Reflexion auf die in unserem Handeln *immer schon* wirksamen, vor-reflexiven[35] Strebungen und Gerichtetheiten." (1996/232)

Auf dieser Grundlage vertieft Joas den bei Giddens bereits grundgelegten Handlungsbegriff in seinen unterschiedlichen Implikationen und Konsequenzen.

Als zweite stillschweigende Annahme der traditionellen Handlungstheorien bezeichnet Joas "die Unterstellung, Handelnde seien zur Kontrolle ihres Körpers fähig." (1996/245) Diese Implikation sei vor dem Hintergrund zu sehen, dass der menschliche Körper als kategoriales Bestimmungsmoment menschlichen Handelns zumeist schlechthin ignoriert werde. Diese Unterlassung beschränke die Reichweite der Theorien in mehrfacher Weise. In ihr komme ein kulturspezifischer Zugriff auf das Problem zum Ausdruck: Indem der Körper (unreflektiert) als unbegrenzt verfügbarer Apparat verstanden wird, "sei's als technisches Instrument im instrumentalen Handeln, sei's als beherrschbarer Körper im Rahmen normativ orientierten Handelns, sei's auch als bloßes Medium der Ausdrucksintentionen, ohne Widerständigkeit und eigenes Gewicht, beim kommunikativen Handeln" (1996/246), sei ein instrumentalistisches Verhältnis zum Körper grundgelegt, dessen kategoriale Verallgemeinerung unzulässig sei. Anhand der Phänomene des Einschlafens und des Lachens und Weinens problematisiert Joas diese strikte Verbindung von Handeln und Körperbeherrschung: Im Falle des intendierten Einschlafens ist die (zweifellos mögliche) Umsetzung der Intentionen gerade nicht durch direktive Strategien, sondern nur durch eine Haltung 'passiver Intentionalität' (1996/247) zu verwirklichen[36], im Falle des Lachens und Weinens komme ein 'sinnhafter Verlust der Intentionalität' zum Ausdruck, der auf den Verlust der Distanz zurückgeht, die jene ermöglichen würde.[37]

Zur Klärung der anthropologischen Voraussetzungen von Körperlichkeit als handlungstheoretischer Kategorie greift er auf Gehlen zurück. Unter der von diesem bezogenen Prämisse, dass "die menschliche Handlungsfähigkeit durch einen Bruch mit instinkthafter Verhaltensregulation" entstehe, führt er zur Charakterisierung der Selbstgegebenheit des Körpers für den Handelnden den Begriff des 'Körperschemas' als "das Bewusstsein des Handelnden von der morphologischen Struktur des eigenen Körpers, seiner Teile und seiner Haltung, seiner Bewegungen und seiner Grenzen" ein. (1996/257) In vier Schritten skizziert Joas unter Berufung auf neurophysiologische Befunde sowie auf die Autoren Schilder, Merleau-Ponty und G. H. Mead die Grundlagen eines handlungstheoretischen Körperverständnisses: Erstens lässt sich die Annahme einer *ganzheitlichen Körperrepräsentation* aus der beobachtbaren Fähigkeit, Empfindungen des Körpers zu lokalisieren und mit der Bewegung des Körpers zu koordinieren, rechtfertigen. Zweitens lässt sich die Ausbildung des Körperschemas als gleichermaßen *kognitiv wie affektiv* bedeutsamer Vorgang und damit als Aspekt der Ausbildung individueller *Handlungsfähigkeit* nachzeichnen. Drittens wird Intentionalität nicht mehr als (diesem dadurch gegenüberstehender) 'Anwender' des Körpers, sondern als ihm *innewohnende Teilfunktion* vorgestellt[38]. Viertens schließlich könne die Konstitution des Körperschemas anhand seiner ontogenetischen Ausbildung als "selbst schon von intersubjektiven Strukturen geprägt" (1996/269) bestimmt werden, womit ein primäres 'Gegenüber' von Geist und Körper abermals dementiert sei. Als Beleg für diese Auffassung führt Joas an, dass Kinder vor aller bewussten Ordnung ihrer Wahrnehmungen bereits in Prozesse der sozialen Interaktion eingebunden seien, in welche die Welt der leblosen Objekte in der Wahrnehmung der Kinder mit 'eingeschlossen' ist. Die kategoriale Unterscheidung zwischen intentionalen Subjekten und 'toten' Gegenständen erfolge auf dem Weg einer 'Desozialisierung' der Objekte, der Feststellung also, dass sie kommunikativen Einflussversuchen gegenüber resistent sind.[39] Erst auf der Grundlage dieser Objektwerdung der Objekte vollziehe sich dann die begriffliche Einordnung des eigenen Körpers (als ein solches Objekt) in Hinblick auf unterschiedliche Modi seiner intentionalen Erreichbarkeit: "Dann können wir uns zu unserem Körper wie eine Mutter verhalten, die alle Signale des Kindes sensibel empfängt und wohlwollend aufnimmt; wir können aber auch unseren Körper zum Werkzeug machen, dessen Signale wir ignorieren oder unseren bewussten Zwecken unterordnen." (ebd.) Damit erweist sich das traditionelle Geist-Körper-Schema als bloß *eine* empirisch mögliche kulturspezifische Variante von Körperrepräsentation.

Eine dritte ungeklärte Voraussetzung traditioneller Handlungskonzepte findet Joas im Postulat der ursprünglichen Autonomie des handelnden Individuums. Zwar räumt er ein, dass dieses bereits vielfach durch Konzepte gebrochen sei, welche den sozialen Charakter der individuellen Identität hervorheben, zur Rekonstruktion eines tragfähigen Kategorienmodells erscheint es ihm aber unerlässlich, auch diesen Punkt präziser zu erläutern. Als wichtiger Bezugsrahmen erweist sich hier einmal mehr das Theoriengebäude von G.H. Mead. Der (weiter oben bereits diskutierte) anthropologische Befund, dass der Mensch als einziges Wesen über die Fähigkeit verfügt, Kommunikationsverläufe in der virtuellen Perspektive seiner Kommunikationspartner wahrzunehmen und zu antizipieren und diese Wahrnehmungen und Antizipationen seinen Kommunikationsbeiträgen vorausgreifend zugrunde zu legen, bildet für Joas den theoretischen Angelpunkt der von ihm angezielten Entdichotomisierung des Verhältnisses von Individuum und Gemeinschaft. In der Argumentation Meads würden "aus den für die Gattung überlebensnotwendigen Gruppenaktivitäten individuelle Verhaltensanteile ausdifferenziert, die keineswegs von Natur aus festgelegt sind, und diese werden über die Muster wechselseitiger Verhaltenserwartungen, wie sie in den 'signifikanten Symbolen' vorliegen, wieder zu einem Ganzen integriert." (1996/274f) Damit eröffne sich die Möglichkeit, eine genuin soziale Konstitution personaler Identität zu behaupten. Gleichzeitig könne diese Sozialität "selbst als spezifische Weise des Handelns und der Handlungskoordination beschrieben" werden. (1996/278)

Joas übt am Ansatz Giddens' in mehreren Punkten auch dezidierte Kritik (etwa 1995/17ff). So hebt er die mangelnde anthropologische Fundierung hervor, weist auf Inkonsistenzen bezüglich der Zeitauffassung hin, stellt eine allzu absolutistische Zurückweisung jedes evolutionären Motivs in Frage und übt Kritik an der Ausblendung der Legitimitätsproblematik im Machtbegriff. Joas trotz solcher Differenzen hier in eine Argumentationslinie mit Giddens zu stellen und seine Konzeption als quasi 'interne' Weiterentwicklung der Giddensschen Auffassung zu bewerten, halte ich angesichts der dargestellten Übereinstimmungen dennoch für gerechtfertigt und entspricht auch der eigenen Selbstverortung. So fasst Joas in Abgrenzung gegenüber anderen Ansätzen sein eigenes und Giddens' Konzept (wie mit mehr oder weniger weitreichenden Einschränkungen auch noch weitere) unter dem Programm einer 'Konstitutionstheorie' zusammen, als die er solche soziologische Theorien kennzeichnet, "die gesellschaftliche Prozesse aus dem Handeln der Gesellschaftsmitglieder zu begreifen versuchen und dabei auf die Unterstellung transhistorischer Entwicklungstrends und mehr als nur pragmatische Anleihen bei außersozialwissenschaftlichen Modellen verzichten." (1996/337)

II.

Wie im letzten Zitat Joas' schon anklingt, zählt eine definitive Gegnerschaft zu 'objektivistischen' Theoriegebäuden zu den besonderen Anliegen konstitutionstheoretischer Ansätze, die in ihren unterschiedlichen Erscheinungsformen als 'Evolutionismus', 'Funktionalismus' oder 'Strukturalismus' einer heftigen Kritik unterzogen werden. Ich werde später auf diese Kritik ausführlicher eingehen und möchte an dieser Stelle hervorheben, dass und in welcher Weise die hier dargestellte Begriffsarchitektur ihrerseits versucht, zur Erfassung gerade jener Phänomene beizutragen, die sich gemeinhin im Visier 'objektivistischer' Theorien befinden. Gleichzeitig werde ich herauszuarbeiten suchen, dass der gewählte Ausgangspunkt der Argumentation dem Ziel, diesen Theorien ihren Geltungsanspruch streitig zu machen, aber in prinzipieller Weise im Wege steht.

Es zählt zu den Ansprüchen Giddens' und Joas', eine Handlungstheorie zu entwerfen, die jeden naiv idealistischen, postulativen Habitus abgestreift hat und mit der Tradition bricht, sich auf den kontrafaktischen Verweis auf die *subjektive Bestimmung des Handelns* und die damit (wenn auch nur indirekt formuliert) *subjektive Konstitution der menschlichen Gesellschaft* zu beschränken. Daher gilt ihre besondere Aufmerksamkeit der Frage: Wie kann Handeln so gedacht werden, dass die objektiven Möglichkeitsbedingungen seines Vollzugs und seiner Integration in soziale und gesellschaftliche Prozesse, letztlich in die weltumspannende Menschheitsgeschichte, nicht aus dem Blick geraten? Es ist offensichtlich, dass die gesamte bisher dargestellte Begriffsanlage dieser Überlegung verpflichtet ist. Sowohl Giddens' Redeweise von der 'Dualität von Struktur', vom 'praktischen' Bewusstsein, von der Funktion der Routine oder von den nicht-intendierten Handlungsfolgen und nicht-erkannten Handlungsbedingungen als auch Joas' Argumente zu einer 'nicht-teleologischen' Fassung des Verhältnisses von Subjektivität und Handlung, einer nicht-dualistischen Fassung des Verhältnisses von Subjektivität und Körper und einer nicht-individualistischen Fassung des Verhältnisses von Subjektivität und Gemeinschaft versuchen Rechenschaft darüber zu geben, wie Handeln *einerseits* als subjektiv bedeutsam und bestimmbar reflektierbar bleiben soll und wie es *zugleich* objektiv Bestand und Wirkung haben und nach welchen objektiven Gesetzmäßigkeiten es Entwicklung durchlaufen kann und beschränkt wird.

Vor allem Giddens unternimmt über diese spezifische Fassung elementarer Grundbegriffe hinaus einige bemerkenswerte Anstrengungen, um die objektiven Bedingungen der Konstitution gesellschaftlicher Zusammenhänge aus Handlungsvollzügen nachzuzeichnen. Er rekonstruiert allgemeine Gesetzmäßigkeiten der Bedingungsabhängigkeit des menschlichen Handelns in ihren Auswirkungen auf die Möglichkeiten des handelnden Subjekts. Die dabei entwickelte Begrifflichkeit referiert (konsequenterweise) jedoch nicht auf die Intentionen eines unbetroffenen Beobachters, sondern wird aus der Perspektive eines betroffenen (Mit-) Handelnden entworfen. Was damit an den objektiven Bedingungen und Grenzen des Handelns erfasst werden kann, sind also Ordnungsprinzipien, die der Handelnde im Handeln selbst intuitiv praktiziert und die sich auf die phänomenale Erfahrung des Handelnden beziehen.

Besondere Beachtung schenkt Giddens der Kontinuierung des Handelns in Raum und Zeit. Dieses Anliegen wird bereits im Systembegriff - "Ordnung sozialer Beziehungen über Raum und Zeit hinweg" (1984/432) - angedeutet und setzt sich v.a. in den fundamentalen Betrachtungen über Zeit, Raum und Regionalisierung fort, die er mit der Kritik einleitet, die meisten Sozialwissenschaften behandelten "Raum und Zeit als bloße Randbedingungen des Handelns" bzw. hätten es verabsäumt, "sich mit jenen Weisen auseinanderzusetzen, die für die Konstitution sozialer Systeme über Raum und Zeit hinweg verantwortlich sind." (1984/161) In Anlehnung an einige Grundpostulate der 'Zeitgeografie' (im Sinne von Hägerstrand, zit. bei Giddens 1984/ 162ff) versucht er zu systematisieren, welche Schlussfolgerungen sich aus der Überlegung ergeben, dass Handlungsvollzüge mit der Bewegung des Körpers durch Raum und Zeit, mit der Koordinierung dieser Bewegung mit den Bewegungen anderer in Raum und Zeit und mit der Nutzung (und Anerkennung der Begrenztheit) räumlicher und zeitlicher Ressourcen verbunden sind. Auf diese Weise lassen sich dann etwa Tagesabläufe und deren Vernetzung als eingebettet in einen Rahmen von raumzeitlich strukturierten Bewegungs- und Koordinationsvorgängen interpretieren und in grafischen Abbildungen ordnen. Eine wichtige Bedeutung erlangt in diesem Zusammenhang der

Begriff der 'Regionalisierung', "der sich auf das Aufteilen von Raum und Zeit in Zonen und zwar im Verhältnis zu routinisierten Praktiken bezieht." (1984/171) Dieser Begriff lässt sich dann sowohl auf Gesellungseinheiten in geografischer Ausdehnung wie auf historische Epochen und Episoden, auf die Zimmer eines Hauses (in Hinblick auf die unterschiedlichen Tätigkeiten, die in ihnen im Tagesablauf vollzogen werden) wie auf die weiter unten dargestellte Unterscheidung von 'vorderseitigen' und 'rückseitigen' Regionen beziehen.

Die inhaltlichen Feinheiten dieser Begriffsarbeit sind für meine Darstellung von keiner systematischen Bedeutung. Mit geht es darum zu zeigen, dass Giddens versucht, sich auch jener Aspekte und Dimensionen des Handelns zu vergewissern, die dem intentionalen Zugriff des handelnden Subjekts *nicht* verfügbar sind und die gemeinhein von den von ihm kritisierten 'objektivistischen' Ansätzen bearbeitet zu werden pflegen. In diesem Zusammenhang möchte ich drei Konzeptausschnitte von Joas und Giddens vorführen, an denen sich in exemplarischer Weise zeigen lässt, dass der 'konstitutionstheoretische' Ansatz von seiner Warte aus zwar tatsächlich auch Phänomene anzielen kann, die der subjektiven *Bestimmbarkeit* entzogen sind, dies aber nur, soweit sie nicht auch der subjektiven *Erfahrbarkeit* verschlossen bleiben. Diese können nämlich dann noch immer in ein Begriffsinventarium geordnet werden, das in der verallgemeinerten Subjektperspektive entworfen ist. Ich werde an anderer Stelle zu zeigen versuchen, dass eine Begriffsarchitektur, die auf die Intentionen eines unbetroffenen Beobachters referiert (wie etwa Systemtheorien), von vornherein den Blick auf solche Aspekte des Gegenstandes lenkt, dabei aber *andere* Einsichten gewinnen kann, und zwar solche, die dem verallgemeinerten Subjektstandpunkt systematisch verborgen bleiben müssen.

Joas' Kritik am teleologischen Handlungsverständnis steht sichtbar im Zeichen der Herausforderung der jüngeren Systemtheorie, die gerade in der Zurückweisung überzogener subjektivistischer Implikate der Handlungstheorien entscheidend an argumentativem Terrain gewinnen konnte. Dieser Bezug kommt schon dadurch zum Ausdruck, dass Joas seine eigene Darstellung mit einer ausführlichen Würdigung der Luhmannschen Kritik am traditionellen Zweck-Mittel-Schema einleitet, (1996/223ff) um ihr aber in weiterer Folge natürlich eine andere Alternative entgegenzusetzen. So schlägt er etwa vor, den Begriff der 'Situation' an die Stelle des Zweck-Mittel-Konzepts "als erster Grundkategorie einer Handlungstheorie" zu setzen, (1996/235) um das Augenmerk in (handlungstheoretisch) angemessener Weise auf die 'objektiven' Faktoren und Dynamiken zu lenken. Dabei lässt er den Begriff 'Situation' von Dietrich Böhler in einer für den verallgemeinerten Subjektstandpunkt geradezu paradigmatischen Weise charakterisieren:

"Unter 'Situation' verstehen wir - 'wir' als handelnde und vom Handeln wissende Menschen - ein Verhältnis von Menschen untereinander und zu Sachen oder von einem Menschen zu Sachen, das der jeweils erörterten Handlung schon vorausgeht und daher von den betroffenen bzw. dem betroffenen Menschen als Herausforderung, etwas zu tun oder aber nicht zu tun, je schon verstanden ist. Umgangssprachlich sagen wir, man 'gerate' in eine Situation, sie 'widerfahre' uns, sie 'stoße uns zu' und wir sähen uns 'vor sie gestellt'. Damit drücken wir aus, dass die Situation etwas ist, das unserem Handeln (oder Lassen) vorausgeht, dieses aber auch herausfordert, weil sie uns 'angeht', uns 'interessiert' oder 'betrifft'." (Böhler bei Joas 1996/235f)

Es ist offensichtlich, dass hier zwar gerade jene 'subjektivitätsunabhängigen Bedingungen, Ereignisverläufe und Folgen des Handelns stärker in den Vordergrund gerückt werden sollen, auf die von funktionalistischen Theorien hingewiesen wird, dass dies aber zugleich aus einer Blickrichtung geschieht, die diese Phänomene in einer subjektiven Perspektive verallgemeinern und damit der Blick auf in einem strikten Sinne 'objektive' Zusammenhänge erst gar nicht fällt.

Die skizzierte paradigmatische Blickrichtung nimmt auch Giddens ein. Etwa dort, wo er das zunächst durchaus 'objektive' Phänomen der 'Regionalisierung', also der zonalen Aufteilung sozialer Gegebenheiten reflektiert: Unter der Bedingung von 'Kopräsenz', bringen sich handelnde Subjekte einander zur Erscheinung. Dabei gewähren sie nicht in alle Momente und Dimensionen ihres Denkens und ihrer körperlichen Präsenz Einblick. Die unterschiedlichen Formen machtbefähigter Einwirkung aufeinander lassen eine systematische Absonderung einer auf Präsentationsnotwendigkeiten hin strukturierte 'vorderseitige Region' und einer dem eigenen Zutritt vorbehaltenen 'rückseitige Region' entstehen. Diese Regionalisierung findet ihr erstes Objekt im menschlichen Körper und trennt Zonen, die in Begegnungen zugewandt werden (generell die Vorderseite des Körpers, besonders das Gesicht) und solche, die in Begegnungen (zumindest grundsätzlich) abgewandt oder sogar verborgen werden (generell die Hinterseite des Körpers, besonders die Analzone). Sie findet ihre Fortsetzung in institutionalisierten Interaktionsformen, etwa "wie wir sie auf dem Fabriksgelände von Fabriken finden" nämlich "'verborgene Winkel', Pausenräume, Toiletten usw. ebenso ... wie die ausgeklügelten Abschottungsstrategien - Körperbewegung und Körperhaltung sind hier zu nennen - der Arbeiter im Umgang mit ihren Vorgesetzten" (1984/180) und reichen bis zu soziogeografischen Gegebenheiten, wie etwa Stadtregionen, die je nach ihrer entsprechenden Bewertung als herzeigenswert und verbergensbedürftig gehandhabt werden. (1984/183) Zusätzlich sehen die Begriffe noch die Möglichkeit vor, die Kovariation der Vorderseitigkeit und Rückseitigkeit mit dem *tatsächlichen* Herzeigen und Verbergen ertragreich zu analysieren.

Für meine Zwecke ist wieder hervorzuheben, dass Giddens' mit diesen Begriffen hier zwar das 'objektive' Faktum einer Zonenaufteilung reflektiert, dabei aber (und konsequenterweise) den Aspekt der subjektiven 'Betroffenheiten' des Handelnden hervorkehrt. Dies ist bereits in der Angabe von 'Gründen' für die 'Regionalisierung' impliziert und schlägt sich auch auf die Untersuchung der weiteren Folgen nieder. So werden etwa doppeldeutige Konnotationen untersucht: von 'vorderseitig' mit 'positiv' (weil das gute, schöne Herzeigbare betreffend), zugleich aber auch mit 'anzweifelbar' (weil möglicherweise nicht authentisch) und 'rückseitig' mit 'negativ' (weil das schlechte, hässliche Nichtherzuzeigende betreffend), zugleich aber auch mit 'authentisch' (weil durch Intimität geschützt). Dabei wieder offensichtlich im Vordergrund: keine im strikten Sinne objektiven Sachverhalte, sondern deren (wenn auch verallgemeinerte) subjektive Erfahrung.

Am Beispiel der sich wiederholenden Tagesabläufe eines Schulkindes demonstriert Giddens eine Version des Raum-Zeit-Diagramms, die den "repetitiven Charakter des sozialen Alltagslebens" (1984/187) zum Ausdruck bringen soll. Diese Absicht scheint zunächst auf eine wesentlich weniger 'subjektiv' gefärbte Sichtweise hinzudeuten, als dies beim Vorder-/Rückseite-Modell augenscheinlich der Fall ist. Auch die drei Gesichtspunkte der Untersuchung der Schule im Sinne seines Begriffskonzepts sind geeignet, diesen ersten Eindruck zu unterstützen: Besondere Beachtung zu schenken sei "der Verteilung von Begegnungen über Raum und Zeit hinweg, der internen Regionalisierung, die sie aufweist, und der Kontextualität der Regionen, die solchermaßen identifiziert werden." (1984/188)

Dieser Eindruck ist jedoch vordergründig. Denn die Abgrenzung der Schule von ihrer Umwelt wird sogleich in den Dimensionen ihrer subjektiven Bedeutsamkeit für die beteiligten Handelnden benannt. Die Analyse kulminiert im Urteil: "Eine Schule ist ein 'Behälter', in dem *disziplinierende Macht* generiert wird." Der Stundenplan als Medium der internen Regionalisierung wird in Hinblick auf "die *Mobilisierung des Raumes* als koordinierte Raum-Zeit-Wege" untersucht und auch die "kontextuellen Merkmale von Klassenzimmern" heben auf die Ebene der subjektiven 'Bedeutungen' ab, die den Handelnden signalisiert werden. Zusätzlich werden sie in Termini der 'Macht', 'Disziplin', Strategie', 'Überwachung' etc. erörtert. (1984/188, alle Hvh. v. mir)

Die angeführten Beispiele zeigen also, dass v.a. Giddens, aber auch Joas sich zwar ausführlich mit 'objektiven' Phänomenen im Kontext des menschlichen Handelns beschäftigen, dabei jedoch (noch einmal: und konsequenterweise) die Analyseperspektive des handelnden und betroffenen Subjekts einnehmen und damit die *subjektive Gegebenheitsweise* unkontrollierbarer, systemisch waltender Ereignisse *phänomenal rekonstruieren*. So wichtig dieser Beitrag zur Erfassung der menschlichen Handlungsmöglichkeiten ist, so sehr müssen seine logischen Grenzen bewusst bleiben: Sein implizites Programm verstellt systematisch der Einblick in die eigentlich 'objektiven' Dimensionen seines Gegenstandes und ermöglicht daher nicht, einen von vornherein auf diese Dimensionen ausgerichteten Geltungsanspruch, wie er etwa von Systemtheorien vorgetragen wird, obsolet zu machen.[40]

III.

Der rationale Kern der reflexiven Steuerung des Handelns besteht für Giddens darin, dass es dieses nach 'Gründen' ausrichtet, ein Vorgang, den er als 'Rationalisierung des Handelns' bezeichnet. Die Gründe müssen zwar nicht durchgängig klar und präsent sein, jedoch im allgemeinen im Falle der Nachfrage oder wenn eine Verhaltensweise "besonderes Kopfzerbrechen bereitet" (56), angegeben werden können. Diese Gründe trennt er von den Motiven. "Gründe beziehen sich auf die Ursachen des Handelns, während Motive sich auf die Bedürfnisse beziehen, die es veranlassen." (1984/56) Nun ist es sprachlich gesehen einleuchtend, dass der Begriff 'Gründe' für jene Bewusstseinsinhalte steht, die zur Handlungsaktivität hinweisen und der Begriff Motive die quasi 'dahinterstehenden' oder darin implizierten Bewusstseinsinhalte bezeichnet, die eine Verbindung zu den Bedürfnissen herstellen.[41] Die Unterscheidung markiert jedoch eine weitreichende Entscheidung, sofern sie darauf abzielt, die Gründe *inhaltlich* von den Motiven abzukoppeln. Genau dies aber scheint die Absicht von Giddens zu sein, wenn er etwa behauptet: "Die Motivation ist jedoch nicht so direkt in die Kontinuität des Handelns eingelassen wie seine reflexive Steuerung oder Rationalisierung. ... Motive neigen dazu, nur unter relativ ungewöhnlichen Umständen eine direkte Auswirkung auf das Handeln zu haben." (1984/56f) Eine solche Sichtweise ermöglicht dann die Auffassung, dass Handeln zwar von Gründen reguliert, nicht jedoch durchgängig motiviert sei: "Ein großer Bereich unseres Alltagsverhaltens ist nicht direkt motiviert." (ebd.)

Diese Wendung erweckt zunächst den Anschein, als ginge es um eine Variante der bereits vor dem Hintergrund der Annahme 'produktiver Bedürfnisse' zurückgewiesenen Auffassung, dass Ausführungshandlungen, die zu einem angestrebten Ziel hinführen, nur instrumentell in Kauf genommen, im allgemeinen aber *nicht selbst* motivational positiv bewertet werden können. Denn wenn, wie Giddens behauptet, für bestimmte Handlungen jederzeit Gründe angebbar sind, ohne dass diese aber auf dahinterstehende Motive zurückgehen, müssten diese Gründe dann auf andere, bedürfnisfremde Einflussgrößen verweisen. Diese Argumentationslinie schlägt Giddens aber nicht (mindestens nicht klar ersichtlich) ein. Er bezieht sich vielmehr auf die Möglichkeit, dass der Motivationsbezug einer Handlung für den Handelnden streckenweise überhaupt entfällt. An die Stelle der Motive träte vielmehr ein verselbständigter Reproduktionsmechanismus, den Giddens als 'Routine' bezeichnet und dem er für die Erklärung des menschlichen Handelns eine herausragende Bedeutung beimisst.

Diese Darstellung wirft jedoch Fragen auf. Giddens stellt hier die unabweisbare Beobachtung in Rechnung, dass nicht alles was wir 'tun', also jede Körperbewegung oder jede Fortsetzung einer Gedankenkette in unmittelbarer Weise auf eine entspechende Motivation rückbezogen wird. Und es ist ferner offensichtlich, dass dies in besonderem Maße für Aktivitäten zutrifft, die wir als 'Routinetätigkeiten' ausführen ('gedankenlos', wie eine umgangssprachliche Wendung dies plastisch ausdrückt). Dass nicht jede einzelne Ausführungsaktivität mit einem entsprechenden Bedürfnis in direkten Zusammenhang gebracht wird, bedeutet aber nicht, dass sie nicht ein notwendiger Teil einer Aktivitätsfolge ist, deren Verlauf und Ergebnis *insgesamt* einem solchen Bedürfnis entspricht und genau daraufhin auch zu einem vorgängigen Zeitpunkt überprüft wurde (bzw. im Sinne des konstitutionstheoretischen Handlungsverständnisses vielleicht zunächst nur diffus verortet wurde, aber jederzeit genauer überprüft werden kann). Die Ausführungsaktivität wäre dann aber Teil eines insgesamt motiviert vollzogenen Manövers. Wenn dies zutrifft, ist es aber irreführend, den überwiegenden Teil des Handelns als nicht motiviert zu bezeichnen. Außerdem entfiele so gerade der von Giddens ins Treffen geführte Unterschied zwischen Motiven und Gründen und mit ihm jeder ersichtliche logische Grund für deren Trennung. Wenn nämlich die 'gebrochene' Motiviertheit des Handelns lediglich darin besteht, dass der Bezug auf die Bedürfnisse während des gesamten Handlungsverlaufs nicht unablässig gedanklich präsent gehalten werden kann bzw. nicht problematisch wird, unterscheidet *dies* die Motive gerade nicht von den Gründen. Denn auch diese werden ja - wie Giddens selbst hervorhebt - erst dann abgeklärt, wenn sie - etwa anlässlich einer

Nachfrage - problematisiert werden. Wenn Giddens aber nicht zeigen kann, aufgrund welcher funktionalen Ursachen Motive weniger deutlich im Handeln zutage treten als Gründe, zugleich aber auch nicht den Nachweis erbringt, dass sich die *subjektiven Gründe* bedürfnisfremd orientieren, dass also Handelnde - im Sinne der bereits kritisierten Vorstellung - in instrumenteller Haltung bedürfniskonträre Anstrengungen gegen bedürfniskonforme Zielerreichungen tauschen, so bleibt sein Konzept an einer tragenden Stelle unterbestimmt.

Eine Lösung für dieses Problem bestünde in der Einführung jener weiter oben als *Operationen*[42] gekennzeichneten Basisvollzüge, die zum Ziel der Handlung (im ebendort umrissenen Verständnis) hinführen. Diese aber weist Giddens explizit zurück. In einem älteren Text nimmt er Bezug auf die Unterscheidung von 'Handlungen' und 'Bewegungen'. Die hier angeführte Begründung dafür, "dass wir gut daran tun, den Gegensatz zwischen Handlungen und *Bewegungen* überhaupt fallenzulassen" (1976/88), besteht jedoch in einem äußerst fragwürdigen logischen Manöver: "Denn von einer Handlung als von einer 'Bewegung' zu sprechen, bedeutet, dass sie mechanisch ist, etwas, was mit jemandem 'geschieht'; und es ist einfach falsch, ein Verhalten auf diese Art zu beschreiben, wenn es doch jemand bewerkstelligt oder *tut*." Er negiert hier also die Existenz bloßer (vom 'Handeln' abhebbarer) 'Bewegungen', indem er an ihnen genau jene 'passivische' Ausrichtung bestreitet, die er aber gleichzeitig Teilen des Handelns (nämlich dort, wo diese nicht motiviert seien) zuspricht. Diese logische Bruchstelle mag dadurch eingeleitet worden sein, dass Giddens seinen Satz mit der natürlich nur in einem rhetorischen Sinne akzeptablen Wendung 'von einer Handlung als einer Bewegung zu sprechen' beginnt (beide sollen ja gerade logisch unterschieden werden), er bildet, wie man an den Weiterungen ablesen kann, jedenfalls keinen bloßen Ausrutscher an dieser Stelle, sondern einen substanziellen logischen Bruch innerhalb seines Ansatzes.

Dieser Bruch torpediert die Theorie unnötig. Genau auf die Operationen träfe ja eben zu, was Giddens für 'einen großen Teil unseres Alltagsverhaltens' in Anschlag bringt: Sie sind selbst nicht-intendiert (also tatsächlich in einem gewissen Sinn ohne *eigene* Motive), können aber selbst wiederum (allerdings unter Rekurs *auf* diese Motive) begründet werden, sie sind nicht bewusstseinspflichtig, sie laufen routinemäßig ab und sie sind in unserem Alltagsverhalten (wie definitionsgemäß in jedem Verhalten) omnipräsent. Dadurch, dass Giddens aber kategorial ungeklärt belässt, an welcher Stelle und in welchem Sinne Verhaltenssequenzen *keinen* Motivationsbezug aufweisen, schließt er die Möglichkeit logisch nicht aus, dass Menschen nicht nur handeln können, ohne ihre Motive immer bewusst 'präsent' zu halten, sondern auch *gegen deren Vorgaben* oder, *ohne überhaupt welche zu haben*. Wenn er dies für möglich hielte, müsste er aber dann über alternative Antriebspotentiale Auskunft geben, aus denen heraus verständlich werden könnte, wie das betroffene Verhalten überhaupt in Gang kommen kann. Und diese Auskunft wäre in ihrer Plausibilität etwa am Konzept der Kritischen Psychologie zu messen, demzufolge Bedarfszustände (als phylogenetische Vorläufer von 'Bedürfnissen') und Motivationsprozesse (als deren selektive Hierarchisierung) schon bei vormenschlichen Lebensformen als 'Antriebsinstanz' fungieren und auf menschlichem Niveau durch das Hinzutreten reflexiver Fähigkeiten erweitert und einem neuen Verarbeitungsmodus unterstellt werden.

Warum also verzichtet Giddens auf die kategoriale Ordnungsmöglichkeit der 'Operationen'? Eine wenig überzeugende Rechtfertigung Giddens' lautet, man könne Handeln schon deswegen nicht immer auf Motive zurückführen, da Handeln keine Aneinanderreihung von identifizierbaren distinkten 'Handlungen' sei (s.o.), denen jeweils identifizierbare einzelne Motive zugeordnet werden könnten. Aber: Es spräche nichts dagegen, einzelne 'Handlungen' im konstitutionstheoretischen Sinne als Abstraktionen des (sich selbst) reflektierenden Subjekts zu verstehen.[43] Auch unter dieser Prämisse wären sie geeignet, in plausibler Weise den Aspekt der Motiviertheit des Verhaltens zu repräsentieren und die routinisierten ausführenden 'Anteile' an den Operationen-Begriff abzutreten. Außerdem ließe sich mit der gleichlautenden Vorhaltung gegen *jedes* Motiv und in gleicher Weise auch gegen jeden *Grund* zu Felde ziehen, da diese immer eine 'abstraktive' Ausgliederung eines bestimmten (wie immer umfassenden und komplexen) begrenzten Teilzusammenhanges implizieren.

Es darf also vermutet werden, dass Giddens aus anderen Gründen die skizzierte Lösung nicht goutiert. Ein solcher Grund könnte darin zu finden sein, dass er den stillschweigenden Verdacht hegt, das Konzept Handlungen-Operationen könnte ihm gerade die von ihm abgelehnte 'teleologische' Sichtweise auf Umwegen wieder eintragen. Und hier zeichnet sich ein prinzipieller Konstruktionsmangel der Theorie ab, der mir in einer mangelhaften Reflexion des eigenen Vorgehens grundgelegt scheint.

Betrachtet man Giddens' Argumentation im gegenständlichen Zusammenhang, so fällt auf, dass er merkwürdig 'postulativ' vorgeht. Seine Begründungen erwecken den Eindruck, als habe er überwiegend empirische Beobachtungen im Kopf, wenn er gegen 'teleologische' Konzepte gewendet darauf besteht, dass sich das menschliche Bewusstsein auf immer schon 'laufendes' Verhalten richtet. Seine Kritik ignoriert, dass man handlungstheoretische Denkfiguren wie etwa das Prinzip der Folge Bedürfnis-Motivation-Begründung-Handlung oder die Differenzierung von Handlungen und Operationen als logisch konstruierte kategoriale Abstraktionen zu verstehen hat, die empirische Beobachtungen nach aufschlussreichen Gesichtspunkten ordnen, nicht aber vorwegnehmen. Die empirische Feststellung, dass sich bewusste Denkvorgänge auf laufendes Verhalten richten, widerspricht der Logik der Motiviertheit nicht, im Gegenteil: Gerade die Kombination beider Annahmen lässt die eigentümliche Dynamik der menschlichen Intentionalität in ihrer Komplexität erst wirklich erfassbar werden: Die motivationsbezogenen Gründe richten sich auf ein vorgängig strukturiertes Verhalten und orientieren die Entwürfe der auf dieses gerichteten korrigierenden Einflussnahmen. Ich halte es in diesem Sinne für wesentlich sinnvoller, dem Handeln nicht generell seine teleologische Ausrichtung abzusprechen, sondern bloß deren mechanistische Interpretation (linear-teleologische Annahme einer durchgehend unveränderlichen Zielausrichtung) zugunsten einer rekursiv-teleologischen Auffassung (Annahme einer im Prozess kreisförmig modifizierten Zielausrichtung) aufzugeben.

Eine rekursiv-teleologische Vorgangsweise kann durchaus anhand des klassischen teleologischen Zweck-Mittel-Prinzips interpretiert werden, sofern man dieses in eine etwas anspruchsvollere Form bringt. Die logische Anordnung enthält dann einfach folgende Elemente: (Erneute) Bewusstmachung der 'laufenden' Handlungssequenzen und der involvierten Bedürfnisse => Prüfung des Handelns am Maßstab der Bedürfnisse => Neufestlegung von Handlungszielen => Entwurf modifizierter Handlungssequenzen => Neuformierung der Handlungssequenzen nach Maßgabe der Entwürfe und der Widerständigkeiten des gegebenen Handlungskontexts. Mit dieser Interpretation wäre die alte Marxsche Formel (die Giddens aufgrund seiner Gesamtargumentation eigentlich sehr sympathisch sein müsste), derzufolge Bewusstsein nichts anderes sei als das bewusste Sein, einer aufschlussreichen Auslegung unterzogen. Sie zeigt zugleich, dass man das Kind einer notwendigen subjektlogischen Denkfigur nicht gleich mit dem Bade deren unbedachter Anwendung ausschütten muss.

Die unglücklichen Implikationen des dargestellten Intentionalitätskonzepts lassen sich auch an Giddens' Freud-Rezeption ablesen. Die Ansicht Freuds, allen Handlungen - also etwa auch unbewussten Vorgängen, Träumen etc. - lägen je eigene Motive zugrunde, bestreitet er - wenn auch unentschlossen - etwa am Beispiel der Fehlleistungen und bietet quasi-funktionalistische Erklärungen an, die 'Versprecher' als Verkettung von 'technischen' Ereignissen interpretieren.[44] (vgl. 1984/148ff) Damit stellt er ausgerechnet jenes vielleicht wichtigste historische Verdienst Freuds in Frage, die fundamentale Intentionalität des menschlichen Handelns aufgewiesen und auch scheinbar 'unverständliche' Verhaltensweisen der verallgemeinerten Subjektperspektive erschlossen zu haben. Ich halte es für möglich, ohne es genauer belegen zu können, dass es vielleicht gerade die (sehr apodiktische) Zurückweisung jeder Art von funktionalistischer Theorie und ein damit naheliegender Wunsch, funktionalistische Theorien auf deren eigenem Territorium ersetzen zu können, ist, der Giddens hier dazu verleitet, die eigene Erkenntnisperspektive uneindeutig festzulegen und in quasi-objektivistische Denkfiguren hinüberzugleiten.

Joas' Entwurf gibt dem Problem der menschlichen Handlung eine Fassung, die die diskutierten Mängel weitgehend vermeidet: Auch bei Joas nimmt die Kritik einer naiven Auffassung vom menschlichen Handeln einen breiten Raum ein. Er versteht sie, wie gezeigt, als Angriff auf die 'cartesianischen Dualismen' Zweck-Mittel, Körper-Geist und Individuum-Gesellschaft. Seine Argumentationslinie setzt an von Giddens bekannten Überlegungen an, verläuft aber in eine etwas andere Richtung, da sein finales Anliegen im Aufweis der kreativen Dimension des Handelns liegt und ebendiese naturgemäß nicht völlig 'un-teleologisch' konzipiert werden kann.

Joas begründet sein Intentionalitätsverständnis wie gezeigt in Anknüpfung an John Dewey, von dem er die Überlegung bezieht, ein instrumentalistisches Verhältnis von Zwecken und Mittel verweise auf ein Unterdrückungsverhältnis. Der Gedanke, Mittel würden durch Bereitstellung von Möglichkeiten ihrerseits auf Ziele einwirken, verstellt jedoch nicht den Blick auf die prinzipielle Zweckorientiertheit des Handelns und leitet daher auch nicht zu einer Fassung des Handlungsbegriffes weiter, die die Möglichkeit motiv-indifferenten Handelns offen lässt. Zwar mündet dies auch bei Joas nicht in eine Unterscheidung von Handlungen und Operationen und zwar insistiert auch er wiederholt darauf, dass von einer zeitlichen Abfolge Zwecksetzung-Durchführung nicht gesprochen werden könne (und dies in einer Weise, die nicht immer deutlich macht, ob er damit das mechanistische Modell '*zuerst* Zweck klären, *dann* Handlung durchführen' meint oder das zuvor von mir propagierte Modell, das im Rahmen jedes Handlungsvollzuges Teilvorgänge annimmt, die dem Prinzip 'Zweckklärung, dann Korrektur des Vollzugs' folgen), aber er bleibt sich der Gefahr bewusst, die mit der Absage an jede teleologische Behauptung des Subjekts verbunden wäre und plädiert für ein "wechselseitiges Voraussetzungsverhältnis(ses) von teleologischer und quasidialogischer Handlungsrelation." (1996/236) So zitiert er zustimmend Dietrich Böhler: "Denn ohne, sei es auch vage *Zieldispositionen*, die in Gestalt von Bedürfnissen, Interessen und Normen *ante actu* gegeben sind, kann uns kein Ereignis als unsere Situation widerfahren, sondern es bliebe für uns bedeutungslos und stumm." (Böhler zit. ebd.) Und, so könnte man hinzufügen, ergäbe sich auch kein Anlass, eine wie immer geartete Aktivität zu beginnen, auf die wir uns später (und durchaus im Sinne der konstitutionstheoretischen Vorstellung von Reflexion) beziehen könnten.[45]

Ich muss für meine Zwecke nicht im einzelnen ausführen, dass auch die beiden anderen von Joas diskutierten bewusstseinsphilosophischen Dualismen Körper-Geist und Individuum-Gesellschaft in einer analogen Weise reinterpretiert werden können. Die durch die beiden Begriffspaare repräsentierte Gegensätzlichkeit wäre dann dem Aufweis logischer Spannungsverhältnisse gewidmet, die sich innerhalb der von Joas nachgewiesenen gemeinsamen Zugehörigkeit zu jeweils *einem* in sich geschlossenen Funktionszusammenhang bewegen.

Es ist vor diesem Hintergrund nicht überraschend, dass sich Joas, im Gegensatz zu Giddens, eine Anknüpfung an das Konzept von Habermas vorstellen kann. Seine Kritik gilt ja in erster Linie solchen (exemplarisch: etwa ökonomischen) Handlungstheorien, die ihrerseits den Fehler begehen, die logische Denkfigur der Zwecksetzungs-Ausführungs-Anordnung als *empirische* Behauptung misszuverstehen und zu handhaben. Die Annäherung scheint jedoch durch eine eigenwillige Rezeption getrübt: "Auch Jürgen Habermas gehört selbstverständlich zu den Kritikern einer ausschließlich teleologischen Deutung des Handelns, insofern er das kommunikative Handeln vom 'erfolgsorientierten', teleologischen Handeln strikt abgrenzt." (1996/ 220, Fn) Ich halte diese Behauptung für irreführend, denn selbstverständlich folgen *alle drei* im kommunikativen Handlungsmodell integrierten Handlungsmodelle (das erfolgsorientierte, das normative und das expressive, vgl. Habermas 1981a/126ff) wie auch jenes selbst dem teleologischen Prinzip der rationalen Zielbestimmung und von dieser abgeleiteter Handlungen. Sich an als richtig beurteilten Normen zu orientieren, impliziert in gleicher Weise eine (logisch) vorgängige Zielfestlegung, wie die erfolgsgerichtete Orientierung an für wahr gehaltenen Aussagen über Tatsachen oder die als authentisch bewertete Inszenierung innerer Erlebnisse. Ich erwähne diese Stelle nur, weil die Konnotation von 'teleologisch' und 'erfolgsorientiert' bei Joas noch einmal deutlich zeigt, dass der konstitutionstheoretische Teleologie-Begriff (und damit seine der konstitutionstheoretische Teleologie-Begriff (und damit seine Kritik) doch sehr stark auf eine traditionell-aktivistische Intentionalitätsvorstellung (etwa nach dem klassischen Modell des 'rationalen Handelns') abzielt. Eine wirklich präzise Klärung des Intentionalitätsproblems unterbleibt jedoch m.E. Und so argwöhnt Joas zwar, dass das Habermassche Rationalitätskonzept letztlich doch irgendwie der von ihm kritisierten teleologischen Auffassung des Handelns verpflichtet ist, ortet aber dennoch Anschlussmöglichkeiten: Einerseits seien einige notwendige Differenzierungen im Sinne der bereits erörterten Anliegen (zuzüglich einer Rehabilitierung des emotional-spontanen Handelns) zu veranschlagen, andererseits sei die Habermassche Rationalitätsauffassung mit der konstitutionstheoretischen Sichtweise aber durchaus vereinbar. (vgl. 1996/215)

Auch an einer ganz anderen Stelle der Theorie hat Giddens eine Position eingenommen, deren fragwürdige Konsequenzen offensichtlich sind. Wie gezeigt, betrachtet er Macht als konstitutives Merkmal allen Handelns und stellt fest, dass sich dessen 'Wirkmächtigkeit' gleichermaßen auf Gegenstände wie Personen oder soziale Zusammenhänge bezieht. Dass diese Auffassung problematische Implikationen haben könnte, lässt er selbst durchblicken: "Macht ist die Fähigkeit, Ergebnisse herbeizuführen; ob diese Ergebnisse mit rein partikularen Interessen verknüpft sind oder nicht, gehört nicht zum Kern ihrer Definition." (1984/314) Nun liegt der unbestreitbare Vorzug dieser Begriffsbestimmung zunächst darin, dass sie sichtbar hält, dass Handeln nicht bloß kraft eines gehegten Wunsches oder gefassten Beschlusses real wird, sondern Widerständigkeiten zu gewärtigen hat, die unter Einsatz einer realisierungsmächtigen Potenz überwunden werden müssen. Gleichzeitig beraubt sie das Handeln seiner 'Unschuld' in Hinblick auf Resultate und Auswirkungen für den Kontext in dem es erfolgt, da sie hervorhebt, dass das Ausüben von 'Macht', also das Überwinden von Widerständigkeiten gleichbedeutend ist mit dem Herstellen einer faktischen Veränderung, die sich ihrerseits wieder in je bestimmter Weise auf andere Subjekte 'auswirken' mag.

Der Machtbegriff wirft jedoch auch einige grundsätzliche Probleme auf, für die Giddens keine überzeugende Lösung nachreicht. Er ist sich offensichtlich bewusst, dass er eine provokante Position bezieht und exponiert sie daher auch gleich in Abgrenzung zu anderen Sichtweisen. So bezieht er sich etwa kritisch auf Habermas und weist dessen Auffassung von Macht als 'systematisch verzerrter Kommunikation' zurück. Seine Einwände der Art: "'Herrschaft' und 'Macht' können nicht nur in der Begrifflichkeit von Verteilungsasymmetrien gedacht werden, sondern müssen als integraler Bestandteil sozialer Gemeinschaften (oder, wie ich meine, des menschlichen Handelns als solchem) erkannt werden. So ist Macht ... nicht ein an sich schädliches Phänomen ..." (1984/84f) bewegen sich an der Grenze zur mangelnden Seriosität, denn selbstverständlich treffen diese Behauptungen zu, sofern man der Definition von 'Macht' folgt, die er vorschlägt. Zur Diskussion kann also lediglich die Frage stehen, welche Implikationen die beiden einander widersprechenden Begriffskonzeptionen für die Ordnung des angezielten Gegenstandsbereiches haben.

Und hier bleibt Giddens m.E. den Nachweis schuldig, dass er gegenüber dem Habermasschen Modell nicht leichtfertig die Chance verspielt, das Ausüben von

Einwirkungskraft theoretisch ertragreich *aus der Handlungsperspektive*, also aus der Sicht der subjektiven Bedeutungshaftigkeit sozialer Phänomene zu entwerfen. In der Perspektive eines Handelnden ist die Ausübung von Macht (bzw. das Erleiden ihrer Ausübung) nämlich immer mit normativ imponierenden Konsequenzen verbunden und dazu bedarf es eines analytischen Instrumentariums, das Kriterien für diese Beurteilung angibt. Giddens aber verzichtet darauf, der Differenz von konsensualer und gewaltförmiger Einigung in ihrer prinzipiellen Widersprüchlichkeit durch eine kategorial ausgewiesene Begrifflichkeit zu entsprechen, die die logische Unvereinbarkeit der beiden Verfahrensmodalitäten nachzeichnet. Sein Machtbegriff gibt sich wertfrei-unbetroffen-objektivistisch und würde im Grunde wieder gut in ein funktionalistisches Konzept passen. Selbst Joas, der die "dichotomische Unterscheidung von strategischem und kommunikativem Handeln" im Sinne Habermas' ebenfalls nicht teilt, muss Giddens attestieren, dass auf dem Boden seines Entwurfes "nun keinerlei interner Zusammenhang mehr zwischen der Macht und ihrer Rechtfertigung besteht" (1995/23) Giddens' alternative Strategie, diesen Zusammenhang im Nachhinein herzustellen, zeichnet sich weniger durch die Erfassung systematischer Zusammenhänge aus, denn durch Unschärfe und moralisierende Untertöne, wenn etwa der Macht durch Anfügung des Adjektivs 'disziplinierende' dann doch plötzlich moralische Fragwürdigkeit attestiert wird. (1984/199ff) So glaubwürdig die artikulierte Empörung über angetroffenes Unrecht auch ist und so unmittelbar sie spontane Zustimmung auszulösen vermag, so wenig trägt sie zu seiner begrifflichen Erfassung bei. Es ist hier Joas selbst, der Giddens davor warnt, Identität und Dignität eines subjektbezogenen Paradigmas zugunsten einer vorschnellen Renovierung zu verspielen: "Wenngleich der Praxisphilosophie traditionell ein Übergewicht normativer Setzungen vorgeworfen werden konnte, sollte ihre produktive soziologische Transformation nicht mit dem Verlust ihrer normativen Orientierung bezahlt werden." (1995/23)

Auch das Giddenssche Konzept einer 'Dialektik von Herrschaft' (i. Orig.: dialectic of control) kann diesen Mangel nicht beheben helfen. Die Auffassung, dass die Ausübung von Macht niemals dazu führen kann, dass jede Gegenmacht zum Erliegen kommt (vgl. etwa 1984/229), ist zweifellos bedenkenswert. Es kann aber aus dem dargestellten Machtbegriff keineswegs logisch hergeleitet werden und besticht überdies in seiner Stringenz deutlich weniger als im systemtheoretischen Original, dem es entlehnt zu sein scheint. Da kein funktionales Prinzip angegeben wird, das den 'ausgleichenden' Effekt logisch impliziert, gewinnt auch diese Behauptung eher den Stellenwert einer empirischen Beobachtung denn einer analytischen Differenzierung. Die Argumentationsweise Giddens zur Machtproblematik ist m.E. abermals geeignet, den Verdacht zu nähren, dass er hier um eine Profilierung seines Konzepts in Richtung auf Gegenstandsbereiche 'objektivistischer' Theorien bemüht ist. Eine maximalistische Ambition, die darin läge, im eigenen Kategoriensystem *gleichzeitig mit den subjektiv erfahrbaren Dimensionen* auch die *von einem Standpunkt dritter Person aus beobachtbaren* Dimensionen der untersuchten Phänomene sichtbar zu halten, muss dieses jedoch zwangsläufig überlasten und mit dem Verlust seiner Erklärungsmächtigkeit im ursprünglich eigenen Sinne bezahlen.

(1.2) Systemtheorie: Soziale Interaktion in der verallgemeinerten Perspektive eines unbetroffenen Beobachters

Ich habe im voranstehenden Abschnitt einige der zentralen Postulate einer Theorie vom menschlichen Handeln vorgestellt, die dieses in der 'inneren' Logik des Subjektstandpunktes ausleuchtet. Eine solche Theorie interpretiert die Welt als Konstellation von *Bedeutungen*, die dem menschlichen Individuum als Orientierung seines Handelns dienen und rekonstruiert diese Bedeutungen in ihren *inhaltlichen* Dimensionen, wie sie für den Einzelnen tatsächlich *normativ entscheidungsrelevant* werden. Damit leuchtet sie jenen Bereich der 'Kausalität' menschlichen Handelns aus, der sich gleichsam 'eingeschlossen' im einzelnen Individuum befindet und zu dem dieses Individuum selbst direkten (bzw. bei anderen Individuen: verstehenden) Zugang hat. Das Hauptanliegen von Systemtheorien besteht demgegenüber in der Rekonstruktion von Entwicklungen, Ereignissen oder Handlungen in der 'äußeren' Logik ihres 'objektiven' Zusammenhangs. Sie reflektieren diesen Zusammenhang in der Blickrichtung eines *neutralen Beobachters von Gegebenheiten und Ereignissen*.

Es kann als Axiom einer solchen Herangehensweise an die Welt betrachtet werden, dass die einzelnen Elemente von Gegebenheiten als zueinander in einem je bestimmten Verhältnis stehend gedacht werden. Wie eine Maschine nur dann laufen kann, wenn sich alle ihre funktionalen Teile in koordinierter Weise miteinander bewegen, so können auch alle anderen Erscheinungsformen des Seienden nur als Ganzheiten verstanden werden, deren Teile systematisch aufeinander Bezug nehmen, zueinander geordnet sind oder wie man mit einem populären Ausdruck sagen könnte: miteinander vernetzt sind. *Beliebigen* Ereignissen kann in einer solchen Anordnung nur ein untergeordneter Platz eingeräumt werden, da sie diese sonst zerstören würden. Dies bedeutet nicht, dass die einzelnen Teile, wie im Bild der Maschine, gleich Zahnrädern in eine simultane Bewegung gezwungen sind oder sein müssen[46], sondern lediglich, dass alles Bestehende durch übergreifende Zusammenhänge strukturiert wird, die auch zufällige Phänomene wieder einer (aufs Ganze gesehen) nicht-zufälligen Entwicklung einordnen (wie am Beispiel der evolutionären Logik des Mutations-Selektions-Mechanismus exemplarisch demonstriert werden kann).

Eine solche 'objektive' Betrachtungsweise hat sich immer wieder als Gegengewicht zu 'idealistisch-postulativen' Positionen angeboten. So argumentiert etwa Helmut Willke die Sinnhaftigkeit der systemtheoretischen Sichtweise in pragmatischer Haltung und mit einem Appell an das realistische Denken. Er erinnert an einige bedeutsame historische Erfahrungen und stellt dabei den prägenden Einfluss der subjektiven Absichten des Menschen auf seine soziale Welt in Frage:

"Um die Tragweite der gegenwärtigen Erschütterungen erkennen zu können, muss man sich vor Augen halten, dass wir eine spätestens mit der Französischen Revolution einsetzende Geschichte hinter uns haben, in deren Verlauf die Idee
- der Machbarkeit der Welt,
- der Gestaltbarkeit sozialer Verhältnisse sowie

- der Kontrollierbarkeit unserer Handlungsfolgen
Triumphe feierte. Von Saint Simon über Compte und Marx bis zu Keynes war bis vor kurzem die übereinstimmende Botschaft: der moderne Mensch bestimmt sein Schicksal selbst und gestaltet die Welt nach seinen Vorstellungen. Erst in den siebziger Jahren dieses Jahrhunderts brach dieser Glaube an Machbarkeit, Kontrolle und Korrektur auf breiter Front zusammen, weil zu viele Strategien, Projekte, Reformen und Planungen bitter scheiterten - und darüber hinaus oft sogar das Gegenteil dessen bewirkten, was ursprünglich Absicht war. Was sich in einem katastrophischen Umschlag herauskristallisierte, war die Erkenntnis einer Operationslogik sozialer Systeme, die Dietrich Dörner in die prägnante Formel einer 'Logik des Mißlingens' gefasst hat". (1992/20)

Was Willke hier vor Augen führen möchte, ist der Umstand, dass eine nicht ausreichende Beachtung jener objektiven Zusammenhänge, von denen das intentionale Handeln der Menschen 'getragen' wird, dazu führt, dass dieses Handeln scheitert. Als Alternative zur offensichtlich naiven Annahme, der Mensch könne sich die Erde mehr oder minder umstandslos untertan machen, propagiert Willke dann eine Sichtweise, derzufolge die Entwicklung alles Seienden und insbesondere auch der menschlichen Gesellschaft (und des menschlichen Handelns in ihr) unhintergehbaren Eigendynamiken folgt. Die Parameter dieser Eigendynamiken wären daher der einzig angemessene Forschungsgegenstand einer Theorie, die über die Beschaffenheit sozialer Zusammenhänge und Entwicklungen Auskunft geben möchte.

Nun ist nach meiner bisherigen Darstellung bereits offensichtlich, dass auch Handlungstheorien diese 'Eigendynamiken' zu studieren pflegen, allerdings aus 'betroffener' Sicht. Dabei konzeptualisieren sie etwa die Bedeutung solcher Eigendynamiken für die Ermöglichung oder Behinderung intentionaler Zugriffe auf psychische und soziale Prozesse. Aus systemtheoretischer Sicht hingegen erscheint *auch* der gesellschaftlich-historische Prozess (wie die in ihm enthaltenen individuellen psychischen und sozialen Prozesse) als in einer 'objektiven' Terminologie beschreibbares evolutionäres Reproduktionsgeschehen, das sich entlang immanenter Gesetzmäßigkeiten quasi naturwüchsig entwickelt. Subjektive Eindrücke, Bedürfnisse und Absichten der an ihm beteiligten Individuen werden als funktionale Bestandteile dieses Reproduktionsgeschehens aufgefasst, deren objektive Bewegungsgesetze es zu erhellen gilt. Wenige haben diese Position so unmißverständlich markiert wie etwa Humberto R. Maturana, wenn er ankündigt: "Ich frage nicht nach Bedeutung, Information oder Wahrheit, sondern ich frage nach Mechanismen und Prozessen; ich stelle nicht die Frage, wie oder was wir wissen; sondern ich frage, was beim Erkennen vor sich geht." (1978/91)

Als Konsequenz dieser Gegenstandsannäherung tritt an den untersuchten Ereignissen gleichsam ihr 'technischer' Reproduktionsmodus in den Vordergrund. Dort, wo 'Inhalte' thematisiert werden, treten sie nicht als Bedeutungen (in ihrem Bedürfnisbezug), sondern nur in funktionalen Dimensionen (etwa: Anschlussfähigkeit, 'objektive' logische Widersprüche, faktische Folgemöglichkeiten etc.) in Erscheinung.[47]

Als 'Vater' des (von soziologischen Fragestellungen ausgehenden) modernen Strukturfunktionalismus kann Talcott Parsons angesehen werden. Aber auch von anderen Disziplinen aus wurden allgemeinere Rückschlüsse auf eine Theorie der funktionalen Struktur menschlichen Handelns gezogen. Theoretiker wie Paul Watzlawick, Gregory Bateson, Heinz von Foerster oder Mara Selvini-Palazzoli etwa argumentieren jeweils stärker in ihren einzelwissenschaftlichen Problemkontexten. Ich möchte diese Differenzierungen hier jedoch nicht systematisch erörtern, sondern zunächst drei mir exemplarisch erscheinende Positionen herausarbeiten und an ihnen übergreifende essentielle Grundmotive funktionalistischer Theoriebildung diskutieren. Dabei werde ich die Auffassung Parsons nicht referieren, da sie mir in Hinblick auf meine Fragestellung zu vielfältig und auch widersprüchlich rezipierbar erscheint, ein Umstand, der schon darin zum Ausdruck kommt, dass Parsons sowohl von Handlungs- als auch Systemtheoretikern als Vordenker des jeweils eigenen Anliegens reklamiert wird.[48]

Ich beginne meine Darstellung mit der kybernetischen Theorie Gregory Batesons. (a) Dann werde ich die Handlungsregulationstheorie im Sinne von Miller, Galanter und Pribram vorstellen (b), um zuletzt auf Elemente der allgemeinen Theorie sozialer Systeme im Sinne von Niklas Luhmann einzugehen. (c)

(a) Verhalten als 'nicht-triviale' Anpassungsleistung

Gregory Bateson versucht einerseits, subjektiv-intentionalistische Fassungen des menschlichen Handelns als unangemessen zu widerlegen (I), erhebt andererseits aber Elemente einer solchen subjektorientierten Bezugnahme auf menschliches Handeln - offenbar um sich eine wichtige Analyseebene nicht verstellen zu lassen - selbst (und theoretisch unausgewiesen) zur Grundlage seines Konzepts. (II) Dies muss zu einer in sich widersprüchlichen Anlage des Gesamtkonzepts führen, von der ich jedoch eine weiterführende Idee beziehen möchte. (III)

I.

Den theoretischen Ausgangspunkt für Gregory Batesons kybernetische Systemtheorie bildet die Vorstellung von der Einheit der objektiven Welt und einer (wenn auch komplexen) strikten Gesetzmäßigkeit aller darin eingeschlossenen Ereignisse. Als 'Bausteine' von Gegebenheiten werden von der Kybernetik nicht Konfigurationen von unabhängigen Objekten mit je bestimmten statischen Eigenschaften angesehen, sondern dynamische Fließprozesse von *Informationen*. Diese Fließprozesse werden als 'Systeme' angesprochen und sie sind es, die nicht zerreißen dürfen, wenn ein Zusammenhang Bestand haben soll.

Die Gesetzmäßigkeit solcher Zusammenhänge realisiert sich nicht über lineare Kausalverhältnisse von Einzelereignis zu Einzelereignis, sondern über rekursive Determinationen, in denen Ursachen und Wirkungen gleichsam 'fließen' und bewirken, dass sich Gegebenheiten auf dynamische Gleichgewichtszustände einpendeln. Dabei werden jeweils ihr Fortbestehen minder effektiv sichernde Erscheinungen eliminiert: "Das klassische Beispiel für diesen Typ der Erklärung ist die Theorie der Evolution unter natürlicher Selektion. Nach dieser Theorie hätten diejenigen Organismen, die sowohl hinsichtlich der Physiologie als auch der Umgebung nicht lebensfähig waren, auf keinen Fall leben und sich reproduzieren können." (Bateson 1967/515) Alles Bestehende reguliert sich demnach durch ein evolutionäres Auswahlverfahren. Dabei geht jede Bewegung oder Entwicklung unter Berücksichtigung der generellen Struktureigenschaften des Systems und der jeweiligen Gegebenheiten seiner Umwelt aus den jeweils davorliegenden Systemzuständen hervor. Es bestehen jeweils unterschiedliche Möglichkeiten, aber ihre Anzahl ist beschränkt durch die konkrete Gesamtsituation: "Wir erwägen, welche alternativen Möglichkeiten denkbar gewesen wären, und fragen dann, warum viele der Alternativen nicht eingetreten sind, so dass das besondere Ereignis eins von den wenigen war, die in der Tat auftreten konnten." (ebd.)

Mit dieser Konstruktion wird zunächst der bedeutsame Sachverhalt registriert, dass die einzelnen Phänomene der Welt nicht isoliert voneinander bestehen und erst aus dieser Isolierung heraus miteinander 'Kontakt aufnehmen', sondern dass sie schon immer als sich-miteinander-herausbildende und aufeinander-schon-immer-bezogene aufgefasst werden müssen. Konstitutiv für Gegebenheiten ist dabei nicht eine fiktive statische 'Summe' oder 'Anordnung' ihrer Elemente (etwa: Materialeigenschaften, Bewegungsmöglichkeiten etc.), sondern ein geschlossener Prozess der dynamischen Einflussnahme dieser Elemente aufeinander, der die Gegebenheiten insgesamt permanent in Bewegung hält und der Zustände der Ruhe oder Stabilität nur als Ergebnis von einander konstant neutralisierenden Vorgängen ausbilden kann.[49]

Dieses Naturgesetz wird auch zur Erklärung psychischer Ereignisse, Handlungen und sozialer Zusammenhänge in Anspruch genommen. Phänomene menschlicher Subjektivität, die Bateson in Begriffen wie 'Geist' oder 'Selbst' verhandelt, erscheinen in dieser Blickrichtung als strikt entsubjektivierte 'technische' Vorgänge, als 'Informationsübetragung in einem Schaltkreis'. Eine exemplarische Aussage mag dies illustrieren: Bateson beschreibt das Fällen eines Baumes. Dabei polemisiert er gegen die Sichtweise des 'durchschnittlichen Abendländers'. Dieser würde nämlich behaupten: "*Ich* habe den Baum gefällt", und - was Bateson als unsinnig ansieht - davon ausgehen, "dass es einen abgegrenzten Vermittler, das 'Selbst' gibt, der eine abgegrenzte 'zweckgerichtete' Handlung an einem abgegrenzten Gegenstand ausführte." (1971a/411) Dies entspräche einer populären Sprechweise, die "den *Geist* in ihre Äußerung ein(schließt), indem sie sich auf das Personalpronomen beruft und dann eine Mischung aus Mentalismus und Physikalismus erzielt, indem sie den Geist auf den Menschen beschränkt und den Baum verdinglicht" (1971a/411), nicht aber der tatsächlichen Logik seiner Tätigkeit: "Jeder Hieb der Axt wird entsprechend dem Aussehen der Schnittkerbe des Baumes, die durch den vorherigen Schlag hinterlassen wurde, modifiziert oder korrigiert. Dieser selbstregulierende ... Prozess wird herbeigeführt durch ein Gesamtsystem - Baum-Augen-Gehirn-Muskeln-Axt-Hieb-Baum; ..." 'Denken' ist hier im Prinzip das Gleiche, was in einem Computer vor sich geht: technisch beschreibbare Informationsübertragung. Eine 'Information' ist dabei lediglich ein faktisches beobachtbares Ereignis, ein "Unterschied, der einen Unterschied macht." (1971a/408)

Die präzise Fassung des soeben beschriebenen Vorgangs lautet: "(Unterschiede am Baum) - (Unterschiede auf der Retina) - (Unterschiede im Gehirn) - (Unterschiede in den Muskeln) - (Unterschiede in der Bewegung der Axt) - (Unterschiede am Baum) usw." (1971a/410) Gemeint ist: Die durch den Axtschlag am Baum hervorgerufene Veränderung bewirkt in der Folge eine Veränderung des Sinneseindruckes auf der Retina, diese wiederum eine Veränderung im Gehirn etc. Die Unterschiede *induzieren* also Transformationsprozesse: "Was innerhalb des Schaltkreises übertragen wird, sind Umwandlungen von Unterschieden". (1971a/-410f) Wenn wir uns etwa "eine Serie von Neuronen vorstellen, in der jedes das nächste erregt, dann ist das Erregen jedes Neurons eine Umwandlung der Erregung seines Vorgängers." (1967/529) Um eine 'Umwandlung' handle es sich deswegen, weil die 'Unterschiede' ihre Folgezustände nicht 'direkt' beeinflussen könnten. Auch dies wird an einem Beispiel erläutert: Was heißt, ich sehe einen Baum? Das Licht, das auf die Retina fällt, ist nicht das Ereignis, das im Gehirn eintrifft. Es kann bloß die Eigenaktivität der Retina stimulieren, welche ihrerseits (als in dieser Hinsicht geschlossenes System) dieses Ereignis produziert und damit eine nächste Sequenz in der Übertragungskette hervorruft. Die Umwandlung wird (im Falle der Retina) durch eine eigene Energiequelle versorgt, worin sich die Selbständigkeit des Wahrnehmungsapparats als 'System' manifestiert. Es wäre daher nichts anderes möglich, als "ein Bild zu sehen, das eine komplexe, systematische Umwandlung des Baumes ist." Das evolutionäre Prinzip fließt dabei in folgender Weise ein: "'Ich' mache das Bild unter verschiedenen Einschränkungen, von denen einige durch mein Nervensystem bedingt sind, während andere auf den äußeren Baum zurückgehen." (1967/529) Genau diese Logik gilt für alle Systeme auf allen jeweils verschachtelt zu denkenden Hierarchieebenen (von sozialen Konstellationen bis hinunter zu den einzelnen Muskelkontraktionen).

Dabei sind - in diesem Argumentationskontext - alle Konnotationen mit Bedürfnissen, Zielen oder Absichten strikt zu eliminieren, Geist ist hier bloße Kumulation von Physik: "Ein solcher Unterschied, der sich fortpflanzt und der stetigen Transformation in einem Kreislauf unterliegt, ist eine elementare Idee." (1971a/408) Ganz in diesem Sinne insistiert Bateson etwa darauf, dass die übertragenen Informationen keineswegs als 'Impulse' gedacht werden dürften. Der Haupteinwand besteht darin, dass jemand der sich dieser 'Metapher' vom Impuls bediene, "den Informationsgehalt des *Ruhezustandes* außer acht lassen" (1971a/412) würde. Und: "Der *Ruhezustand* eines Neurits unterscheidet sich genauso von der Aktivität, wie sich seine Aktivität vom Ruhezustand unterscheidet. Daher haben Ruhezustand und Aktivität die gleiche Relevanz der Information." (1971a/412) 'Impuls' würde aus der Sicht Batesons offensichtlich zu sehr auf 'Absicht' und 'Bedeutung' verweisen. Damit wäre das Anliegen einer technischen Strukturanalyse aber wieder mit dem Begriff einer zielgerichteten, also *subjektiven* Einflussnahme (mag man sie nun 'Impuls' oder 'kommunikativen Akt' nennen) belastet.[50]

So fasst Bateson denn seine Auffassung programmatisch zusammen: "Die gesamte selbstregulierende Einheit, die Informationen verarbeitet oder, wie ich sage, 'denkt', 'handelt' und 'entscheidet', ist ein System, dessen Grenzen keineswegs mit den Grenzen des Körpers oder dessen, was man gewöhnlich als 'Selbst' oder 'Bewusstsein' bezeichnet, zusammenfallen; ... Das System ist kein transzendentes

Einzelwesen, wie dies vom 'Selbst' gewöhnlich angenommen wird. ... Die Ideen sind einem Netzwerk kausaler Bahnen immanent, auf denen Umwandlungen von Unterschieden befördert werden." (1971a/412f) Heinz von Foerster hat diese Auffassung in das plastische Bild von der 'nicht-trivialen Maschine' gekleidet. (vgl. 1972/12) Von dieser Annahme aus scheinen explizite Analogien zwischen technischen und biologischen Prozessen, tierischen Verhaltensweisen und menschlichen Handlungen naheliegend.

Exemplarisch lässt sich diese Auffassung vom Bewusstsein als bloßer funktionaler Systembildung etwa an der kybernetischen Interpretation des Lernprozesses zeigen: Der funktionale Kreislauf des Lernens stimuliere die Eigenaktivität eines weiteren Kreislaufs, in dem das Lernen auf diese Weise 'thematisiert' (und sekundär verändert) werde ('Lernen über Lernen'). Dieser Meta-Kreislauf stimuliere wiederum einen weiteren Meta-Mechanismus etc. (vgl. dazu Batesons Lerntheorie, die solcherart von Lernen 0 bis zu Lernen III fortschreitet, 1971c/362ff) Maschinen, Tiere und Menschen würden sich in dieser Sichtweise nur in der Grenze der solcherart aufzubauenden Komplexität unterscheiden.

Batesons Argumente wenden sich - wie gezeigt - strikt gegen eine handlungstheoretische Interpretation des menschlichen Handelns. Bürstet man seine Darstellung aber gegen den Strich ihrer nicht sehr überzeugenden Polemik, so kann man sie auch dergestalt 'mißverstehen', dass sie lediglich formale Eigenheiten des menschlichen Handelns wiedergibt, also etwa beschreibt, welche 'objektiven' Anordnungen verwirklicht sein müssen, damit dieses Handeln tatsächlich vor sich gehen kann. Dies bedeutet, dass ihre Aussagen (zumindest über weite Strecken) aus handlungstheoretischer Sicht nicht bestritten werden müssen. Allerdings geben sie keinerlei Auskunft über die qualitativ-inhaltliche Dimension des Denkens und Handelns (als Realisierung von Bedeutungen), machen also etwa *nicht* erklärbar, warum *genau dieses und nicht ein anderes Handeln* zustandgekommen ist. Indem die Darstellung des bäumefällenden kybernetischen Kreislaufs keine Aussage über die intentionale Seite der Tätigkeit beinhaltet, ist sie ja noch nicht 'unzutreffend' und steht auch zu der von Bateson kritisierten Behauptung des 'durchschnittlichen Abendländers' zunächst noch in keinem logischen Widerspruch. Sie kann ja so verstanden werden, dass dieser Kreislauf eine notwendige (aber eben noch nicht hinreichende) Bedingung des Bäumefällens darstellt.

Diese Einschränkung ist aus handlungstheoretischer Sicht allerdings unabweisbar, denn der Mann würde zweifellos keinen Augenblick das tun, was Bateson darstellt, wenn er nicht einen bestimmten *Zweck* verfolgen würde. Und darin besteht eine wesentliche Dimension des Problems, die Bateson aus der Systemperspektive in ihrer qualitativen Dimension nicht wahrnehmen kann: Der Zweck bestimmt, *ob* und *mit welcher Ausrichtung* der Mann die wahrgenommenen Eindrücke in Handlungen umsetzt. So könnte er etwa schnell fertig werden wollen, um seine Arbeit beendet zu haben oder sich absichtlich Zeit lassen, weil er sonst - etwa für einen nach Zeit bezahlenden Auftraggeber - sofort den nächsten Baum in Angriff nehmen müsste. Er könnte den Baum, so er auf seinem eigenen Grundstück steht, möglichst landschaftsschonend fällen wollen oder, weil er ihn heimlich auf dem Grundstück seines mit ihm verfeindeten Nachbarn fällt, mit einem

Höchstmaß an Zerstörung etc. Vor allem aber würde er - angesichts genau der beschriebenen Eindrücke seine Tätigkeit sofort abbrechen, wenn er seinem insgesamten Handlungszweck *damit* besser entsprechen könnte. Und darüber könnte der Mann nachdenken und eine nicht vorhersagbare Entscheidung treffen.[51] Für Bateson, der sich auf die 'beobachtbare' Dimension des Zusammenhangs beschränkt, könnte dieser Umstand jedoch allenfalls als Subsystem sichtbar werden, das (da vom Standpunkt 'dritter Person' aus qualitativ unentzifferbar) eine Art 'Zufallsgenerator' bildet, der darüber entscheidet, ob die beschriebene Ereigniskette nun tatsächlich vollzogen wird oder nicht.

Damit wird offensichtlich, warum die polemische Attacke Batesons gegen den 'durchschnittlichen Abendländer' völlig unplausibel ist. Sie lässt nämlich erkennen, dass er der Meinung ist, er hätte den beschriebenen Vorgang mit der funktionalen Rekonstruktion seiner Basisereignisse bereits ausreichend kausal *erklärt*. Genau *damit* aber läuft er der handlungstheoretischen Kritik ins offene Messer. Denn mit der Unterstellung, mit der Angabe formaler Organisationsprinzipien wären die inhaltlichen Beweggründe von Handlungen entweder obsolet oder bereits 'miterklärt', wird dem menschlichen Tun tatsächlich seine subjektive Qualität aberkannt und einem inhaltsleeren 'technischen' Automatismus überantwortet. Allerdings wäre Bateson uneingeschränkt zuzustimmen, würde er sein Argumentationsanliegen auf die Aussage zurückschrauben, dass die Beziehung zwischen Subjekt und Handlung aus der gesamten schaltkreisförmig angeordneten Kette von Ereignissen nicht *herausgelöst*, also quasi subjektivistisch 'über' seine funktionalen Ermöglichungsbedingungen gestellt werden dürfe. Damit entstünde nämlich das unrealistische Bild, der Bäumefäller könne ohne Berücksichtigung der seiner Handlung vorausliegenden 'Determinanten' beginnen und sein Verhalten linear (unter Ausschluss von rekursiven Wirkungen) festlegen.

Damit lässt sich die Polemik Batesons auch an einer anderen Stelle zurückweisen: Das 'Ich' des kritisierten 'abendländischen' Satzes ist sprachlich betrachtet nämlich keineswegs Ausdruck jenes *linearen Kausalverhältnisses*, als den es Bateson vorführt, sondern Inbegriff *subjektiver Intentionalität* und diese tangiert die Frage 'linear oder rekursiv' überhaupt nicht. Dass ein solcher Satz seinem Subjekt also indirekt 'Geist' zuordnet, ist kein Betriebsunfall einer unzeitgemäß gewordenen Grammatik, sondern Resultat einer Beobachtung in performativer Einstellung.[52]

Trotz einiger solcher Schwachstellen der Argumentation legt der technisch inspirierte Zugang Batesons jedoch eine eigenständige und relevante theoretische Perspektive frei. Durch die 'Auflösung' des 'Selbst' in Systemfunktionen kann er unbelastet von subjektiven Auslegungen das 'objektive' Funktionsgerüst des Handelns in seiner Eigenlogik untersuchen und dabei zeigen, welche funktionalen Bedingungen menschliche Handlungen und soziale Konstellationen immer erfüllen müssen, um faktisch bestehen zu können.

II.

Die skizzierte Argumentationslinie verfolgt Bateson jedoch nicht durchgängig. So eröffnet er in der folgenden Passage, in der er die Logik der Zusammenstellung eines Puzzles kybernetisch interpretiert, eine etwas verschobene Sicht auf die Problematik: "Einschränkungen vieler verschiedener Arten können gemeinsam diese einzigartige Determination hervorbringen. Beispielsweise ist die Auswahl eines Stücks für eine gegebene Stelle in einem Puzzle-Spiel durch viele Faktoren 'eingeschränkt'. Seine Form muss der seiner verschiedenen Nachbarstücke und vielleicht dem Rand des Puzzles entsprechen; seine Farbe muss dem Farbmuster seines Gebiets angemessen sein; die Ausrichtung seiner Ecken muss den topologischen Regelmäßigkeiten genügen, die durch die Stanzmaschine, aus der das Puzzle stammt, gesetzt wurden; und so weiter. *Für denjenigen, der versucht, das Puzzle zu lösen, sind das alles Anhaltspunkte, d.h. Informationsquellen, die ihn bei seiner Auswahl leiten werden.*" (1967/516, Hvh. von mir)

Zwar wird hier - wie nach der bisherigen Darstellung zu erwarten - die Möglichkeit nicht erwogen, dass ein Mensch, der mit einem Puzzle spielt, unterschiedliche Gründe haben kann, genau die hier beschriebenen 'Determinationsmuster' gegebenenfalls auch *nicht* zu realisieren. Der von mir hervorgehobene Satz weist jedoch implizit auf solche intentionalen Momente hin, indem die Formulierung, dass die kybernetischen Gesetze für denjenigen verbindlich sind, der "versucht, das Puzzle zu lösen" implizit konzediert, dass diese *Konditional*bestimmung ev. auch fraglich sein könnte. Damit wird (hier zunächst sehr indirekt) eine Zweiteilung des Gegenstandsbereichs angedeutet: Ein intentionales Subjekt als 'Akteur' *und* eine funktionale Konfiguration als 'Bedingung' seines Handelns, die dieses auf *bestimmte* Möglichkeiten einschränkt: Wenn man das Puzzle lösen *will*, dann kann man es nur *so* (also unter Berücksichtigung bestimmter objektiver Gesetzmäßigkeiten) lösen und nicht anders und wenn man *anderes* tun will, so muss man *andere Gesetzmäßigkeiten* berücksichtigen. Die Instanz des entscheidenden 'Ich' wird in dieser Konstruktion nicht bestritten (wie im Beispiel des bäumefällenden 'Systems'), sondern lediglich aus der funktionalen Konfiguration ausgelagert und nicht weiter diskutiert.

An anderer Stelle baut Bateson diese Möglichkeit weiter aus und liefert weitere Argumente für eine solche Zweiteilung des Gegenstandsbereichs (auch wenn die Argumentation selbst von einer recht mangelhaft begründeten Polemik getragen wird): "Im Klischee-System der Angelsachsen wird gemeinhin angenommen, dass es irgendwie besser wäre, wenn das, was unbewusst ist, bewusst gemacht würde. Selbst Freud soll gesagt haben: 'Wo Es war, soll Ich werden', als ob eine solche Zunahme bewusster Erkenntnis und Kontrolle sowohl möglich als auch eine Verbesserung wäre. Diese Ansicht ist das Produkt einer nahezu vollkommen verzerrten Erkenntnistheorie und einer völlig verzerrten Auffassung davon, was ein Mensch oder irgendein anderer Organismus ist." (1971b/192)[53] Es sei nämlich, so Bateson, faktisch unmöglich, alle Aspekte des Handelns in ihrer hochkomplexen Struktur jederzeit vollständig bewusst zu steuern. Daraus "folgt, dass sich alle Organismen mit ziemlich wenig Bewusstsein begnügen müssen, und dass, hat das Bewusstsein irgendeine nützliche Funktion (die niemals nachgewiesen wurde, aber wahrscheinlich besteht), dann die *Ökonomie* im Bewusstsein von vorrangiger Bedeutung sein wird. Kein Organismus kann es sich leisten, sich der Dinge bewusst zu sein, mit denen er auf unbewussten Ebenen umgehen könnte."

(1971b/200f) Diese letzte Behauptung ist v.a. dann plausibel, wenn man jene vier Funktionszusammenhänge berücksichtigt, die Bateson einer unbewussten Regulierung zuordnet. Es sind dies erstens: die Steuerung des Gewohnten und Geübten, zweitens: 'konstruktive' wahrnehmungsbegleitende Akte wie etwa das Herstellen dreidimensionaler Bilder aus zwei räumlich verschobenen Sinneseindrücken, drittens: das Denken und Handeln im Medium des 'Primärprozesses' (etwa metasprachliche Kommunikation) und viertens: das 'Verdrängte', das dynamische Unbewusste im Sinne der Tiefenpsychologie. (vgl. 1971b/193)

Zunächst möchte ich an dieser Darstellung hervorheben, dass Batesons Formulierung die Kontrolle des Bewusstseins hier auf die *aktuelle Kontrolle* von *gerade vor sich gehenden* psychischen Vorgängen einschränkt. Ausgeklammert scheint damit die menschliche Fähigkeit, durch abwechselnde selektive Zuwendung der Aufmerksamkeit eine *mittelbare* Kontrolle auch über teilweise oder zeitlich befristet 'unbewusste' Prozesse (etwa automatisierte Handlungsvollzüge) aufrecht zu erhalten. Daran ist jedenfalls stringent, dass in der von Bateson eingenommenen Blickrichtung des 'Außenstandpunkts' tatsächlich nur 'direkte' und damit 'technisch registrierbare Einwirkung' als so etwas wie 'Kontrolle' identifizierbar ist, während die Einrichtung von Vorkehrungen, die mittelbar 'im Effekt' etwas von einem Handlungssubjekt *Intendiertes bewirken*, deswegen nicht als Form von 'Kontrolle' erkennbar werden kann, da diese nur 'qualitativ' über die (dem Außenstandpunkt unsichtbaren) Intentionen des Subjekts entschlüsselt werden könnte. Allerdings gibt Bateson mit der (unexplizierten) Andeutung einer dynamischen Beziehung zwischen Bewusstsein und nicht bewussten Vorgängen (etwa mit der Denkfigur des *'Versenkens* von Wissen *in* das Unbewusste') selbst einen interessanten Hinweis. Ich führe dies hier nicht weiter aus, da ich genau diesen Gedanken weiter unten unter handlungstheoretischen Prämissen systematisch und ausführlich wieder aufgreifen werde.

Ich möchte an dieser Stelle aber einen anderen Aspekt hervorheben: Wenn man von einigen Detailfragen absieht, die die Logik der Zusammenstellung der vier nicht bewusst steuerbaren Funktionszusammenhänge aufwirft, ist festzuhalten, dass Bateson mit der zuletzt referierten Konstruktion die Existenz genau jenes subjektiven 'Ichs' definitiv eingesteht, das er zuvor ebenso definitiv eliminieren wollte. Das 'Ich' ist hier keine abendländische Schimäre, sondern eine objektive Instanz, die den kybernetischen Regulationsprozessen quasi 'gegenübersteht'. Diese fungieren als seine 'äußeren' Bedingungen, und zwar jeweils entweder als zu berücksichtigende *Widerständigkeiten*, die bei der Verfolgung von subjektiven Zielen auftreten (funktionale Notwendigkeiten, widersprüchliche Hinweise, Puzzlesteinumrisse ...) oder als einzusetzende *Mittel* (unbewusste Denk- und Steuerungsvorgänge, 'Gewohntes' und 'Geübtes' ...), wobei auch die Mittel gegenüber der subjektiven 'Kontrolle' Widerstand leisten können, wenn sie in ihrer 'automatischen' Anpassung an die 'Hindernisse' mehr oder minder 'selbständig' agieren (Gewohnheiten, Verdrängungsstrategien ...).

III.

Bateson argumentiert nicht nur auf der Ebene der Begründung eines kybernetischen Kategorienmodells. Einen Großteil seiner Berühmtheit verdankt er den 'praktischen Anwendungen' seiner Theorie v.a. in therapeutischen Prozessen, etwa seiner daraus empirisch gewonnenen Schizophrenie-Theorie. Das schizophrene Krankheitsbild ist ja u.a. dadurch gekennzeichnet, dass die subjektiv-reflexiven Möglichkeiten der handelnden Personen in einigen Dimensionen erheblich zurückgedrängt sind und ein überwiegender Teil des untersuchten Handelns daher einer kommunikativen Rekonstruktion kaum zugänglich zu machen ist. Damit scheint es sich einer Analyse unter Gesichtspunkten der oben entwickelten Denkfigur geradezu anzubieten.

Bateson überträgt der menschlichen Kommunikation zunächst eine kybernetische Figur, die er als funktionale Eigenheit unserer Sprachverwendung darlegt: Information besteht aus Signalen und einem Schema zur Ordnung dieser Signale ('Etikett'). Im Rahmen der menschlichen Kommunikation würde man in diesem Zusammenhang von 'Mitteilungen' und 'Metamitteilungen zur Identifizierung des Kontexts' sprechen. Letztere würden etwa Metaphern von wörtlich zu verstehenden Aussagen, ironische von ernsten Mitteilungen, rhetorische von normalen Fragen etc. unterscheidbar machen. Darauf aufbauend verfolgt Bateson die Hypothese, dass Schizophrenie auf eine spezifische Unfähigkeit zur Entschlüsselung und Handhabung von solchen Metamitteilungen zurückgeht und sucht nach biografischen Situationen, die das Erlernen dieser Fähigkeit verhindert haben könnten.[54]

Damit bedient er sich wieder der zuletzt charakterisierten Argumentationsstrategie: Er zeigt, wie eine außer Kontrolle befindliche 'technische' Systemdynamik das 'Selbst' mehr oder minder zwingt, sich in Verfolgung der Absicht, sein Handeln bedürfnisadäquat zu steuern, immer wieder in eine ausweglose Kommunikationssituation hineinzumanövrieren. Die Argumentationsstrategie Batesons hat jedoch folgenreiche Implikationen: Zwar lässt sich 'theoretisch' dem 'System' durchaus ein solches 'Selbst' gegenüberstellen, ohne dass deswegen der funktionale Standpunkt aufgegeben werden müsste: An diesem 'Selbst' werden dann (wie etwa am Beispiel des Bäumefällers vorgeführt) eben nur formale Eigenheiten seiner Basisereignisse sichtbar. Sobald Bateson nun aber 'praktisch' (also etwa therapeutisch) ans Werk gehen möchte, kann er sich auf solche formalen Einsichten natürlich nicht beschränken. Betrachtet er aber die Entscheidungen des 'Selbst' in ihrem inhaltlichen Aspekt, so verlässt er den 'paradigmatischen' Betrachtungsstandort des Systemdiskurses, der auf *formal-funktionale* Zusammenhänge gerichtet ist: Die *subjektiv-inhaltliche Bedeutung* der verselbständigten Systemprozesse, kann er nur in 'verstehender' Einstellung erfassen.

Und genau dies tut Bateson auch. Theoretisch unreflektiert wechselt er einfach und unbekümmert immer wieder die Logik der Betrachtungsweise. So stellt er Problemlagen etwa *zunächst* im Sinne der weiter oben geschilderten Logik als systemische Konstellationen von biografisch bedeutsamen 'Einschränkungen' dar. Übrig bleibt dann jener (hier pathologisch minimierte) Handlungsspielraum, innerhalb dessen sich das Individuum bewegen kann: Es ist "in einer Situation gefangen, in der sein Gegenüber zwei Arten von Mitteilungen ausdrückt und eine davon die andere leugnet." Unter diesen Umständen - und eingerechnet, dass das betroffene Individuum nicht ausweichen kann und nicht über bereits biografisch konsolidierte Fähigkeiten verfügt, diese Situation zu relativieren, ist es nicht in der Lage, "zu unterscheiden, auf welche Art der Mitteilung es reagieren soll, d.h. es kann keine metakommunikative Aussage machen." (Bateson u.a. 1956/278f) *Dann* vollzieht er einen methodischen Schwenk und versucht zu 'verstehen', wie es zu der schizophrenen Entwicklung kommen konnte, indem er die subjektive Bedeutung der objektiven Problemlage aufschlüsselt: "Das Individuum steckt in einer intensiven Beziehung, das heißt, in einer Beziehung, in der es *als lebenswichtig empfindet*, ganz genau zu unterscheiden, welche Art von Mitteilung ihm kommuniziert wird, damit es angemessen reagieren kann." (Hvh. von mir)

Auf der Grundlage solcher äußerer Handlungsbedingungen komme es dann zu paradoxen Kommunikationen, die Bateson wieder sowohl 'objektiv', als auch 'verstehend' analysiert. Ein Angestellter wäre etwa während seiner Dienstzeit telefonisch zu Haus angerufen und mit den folgenden Worten 'Nanu, wie sind sie denn dahin gekommen?' indirekt zur Rede gestellt worden und habe geantwortet 'Mit dem Auto'. Bateson interpretiert nun: "Er reagierte wörtlich, weil er mit einer Mitteilung konfrontiert wurde, die ihn fragte, was er zu Haus mache, wo er doch im Büro sein sollte ... . Die Beziehung war intensiv genug, das Opfer zweifeln zu lassen, wie die Information verwendet würde, und deshalb reagierte es wörtlich. Das ist charakteristisch für jeden, der sich 'in die Enge getrieben' fühlt ... . Der Schizophrene fühlt sich immerzu so schrecklich in die Enge getrieben, dass er gewohnheitsmäßig mit einem defensiven Festhalten an der wörtlichen Ebene reagiert ... . So möchte ein Patient vielleicht seinen Therapeuten kritisieren, weil diese sich verspätet hat, ist sich aber nicht sicher, was für eine Art Mitteilung dieser Akt des Zuspätkommens war ... . So entwickelt er eine metaphorische Geschichte, und dem Therapeuten steht es nun frei, darin einen Kommentar zu seinem Zuspätkommen zu entdecken oder nicht. ... Als Antwort auf die *double-bind*-Situation sorgt die Verlagerung auf eine metaphorische Behauptung für Sicherheit." (Bateson u.a. 1956/279f)

Batesons Gesamtargumentation ist also inkonsistent. Einerseits löst er, was aus 'technischer' Perspektive nur konsequent ist, den Denkprozess in die Funktion der Informationsübertragung auf, andererseits versucht er *damit zugleich* konkretinhaltliche Motive der Handlungen, wie sie aus der Sicht der handelnden Person in Erscheinung treten, nachzuzeichnen und plausibel zu machen. Die beiden Absichten folgen jedoch einer unterschiedlichen Logik und können nicht ineinander übergeführt werden. Das funktionale Prinzip, dem die kybernetische Informationsübertragung folgt, ist aus der subjektiven Sicht des Handelnden nicht oder nur indirekt als Begrenztheit seiner 'technischen' Möglichkeiten wahrnehmbar. Es bestimmt sein Denken nur als Ermöglichungsbedingung, die allenfalls bestimmte Inhalte funktional verunmöglicht, diesen gegenüber sonst aber gleichgültig ist. Umgekehrt können inhaltliche Motive, Gefühle, Bewertungen, Gründe, Absichten oder Ziele nicht durch funktionale Analyseschritte zutage gefördert werden. Sie liegen außerhalb der Logik ihrer Wahrnehmung.

Um die Plausibilität dieser Behauptung zu verdeutlichen mag es sinnvoll sein, sich zu vergegenwärtigen, dass es keineswegs unmöglich ist, auch 'Bedeutungen' in strikt objektivistischer Perspektive zu erfassen und diese Vorgangsweise mit dem Manöver Batesons zu vergleichen. Dazu ein Beispiel aus der informationstheoretischen Ästhetik: Max Bense zeigt etwa, wie ein Objekt, indem es einem anderen Objekt (bzw. einer Klasse von Objekten) zugeordnet wird, zu einem 'Zeichen' für diese(s) wird und wie die Zueinanderordnung von Zeichen nach *formalen* Gesichtspunkten aufgeschlüsselt werden kann, nämlich als 'Zeichenoperationen': 'Adjunktion' (Verkettung), 'Iteration' (Bildung eines Zeichens für ein Zeichen) und 'Superisation' (Bildung eines zusammenfassenden Zeichens 'höherer Ordnung'). (vgl. ebd. 11ff) Thema einer solchen theoretischen Verallgemeinerung von Kommunikationsvorgängen ist deren funktionale Dimension, die objektive Dimension ihrer Basisereignisse. So wird etwa die Aufeinanderfolge der Zeichenbezüge in kommunikativen Prozessen wie folgt angegangen: "Geht man hier von den materialen Elementen der Signale eines emittierenden Objekts aus, so erfolgen die semiotischen Apperzeptionen im perzipierenden Bewusstsein nach einem Schema, nach dem gegebene Signale dadurch zu Zeichen werden, dass sie erst als Mittel, dann im Bezug auf das Objekt und schließlich im Bezug auf den Empfänger (bzw. Interpretanten) zu Zeichen erklärt werden." (ebd./12) Es ist offensichtlich, dass einer solchen 'funktionalen' Analyse der Weg zum 'Verstehen' subjektiver Betroffenheiten prinzipiell versperrt ist.

Indem Bateson die beiden unvereinbaren (und von ihm selbst an verschiedenen Stellen als unvereinbar ausgearbeiteten) Sichtweisen unkontrolliert durcheinandermischt und vorgibt, dies wäre der konsequente Ausdruck einer 'kybernetischen' Metatheorie, präsentiert sich sein Ansatz insgesamt als relativ eklektizistische Konstruktion. Ich habe meine Darstellung allerdings nicht einfach deswegen auf diesen Punkt zugetrieben, weil ich Batesons Konzept als argumentationslogisch unhaltbar zurückweisen, sondern weil ich es als Beitrag zu einer weiterreichenden Überlegung aufnehmen möchte, und zwar als Anlaß für die Frage, ob nicht gerade Batesons (noch unreflektierter) Wechsel zwischen zwei logischen Perspektiven eine erfolgversprechende pragmatische Perspektive andeutet, die eine aspektreichere Aufschlüsselung von Handlungssituationen ermöglicht und die auch unter theoretisch begründbaren Prämissen entwickelt werden kann.

(b) Verhalten als subjektgesteuerter Programmablauf

Die Handlungsregulationstheorie im Sinne von Miller, Galanter und Pribram nimmt eine detaillierte Aufschlüsselung des menschlichen Denkens und Handelns in einzelne kybernetische Steuerungssequenzen vor. (I) Gleichzeitig wird eine pragmatische Lösung für das ungelöste Problem Batesons angeboten, die darin besteht, die 'subjektive' Analyseebene einerseits anzuerkennen, andererseits aber aus dem eigenen Konzept strikt auszulagern und diesem quasi 'äußerlich' gegenüberzustellen. (II) An der vereinseitigenden Rezeption dieser Auffassung durch die Arbeitswissenschaft der DDR lässt sich zeigen, dass eine unreflektierte Vermengung der beiden Analyseebenen auch mit der Folge einer affirmativen, herrschaftslegitimierenden Subjektauffassung belastet werden kann. (III)

I.

Von den bei Bateson angelegten zwei Möglichkeiten des Umgangs mit menschlicher Subjektivität, nämlich sie in Systemlogik 'aufzulösen' oder dieser 'gegenüberzustellen', wird sich Luhmann für die radikalere erste Variante entschieden. Im folgenden Abschnitt werde ich zunächst ein Konzept darstellen, das der zweiten Möglichkeit folgt. Die Denktradition, deren Arbeitsergebnisse ich hier diskutieren möchte, bezieht sich in ihrem Selbstverständnis auf eine als grundlegend angesehene Studie von Georg A. Miller, Eugene Galanter und Karl H. Pribram. Die drei Autoren denken von ihrem psychologischen Fachbezug her. Aus diesem Grunde stellt ihre Konzeption weniger breite ('philosophische') Erklärungsansprüche. Sie beschränkt sich darauf, ein kategoriales System zur Erfassung der gedanklichen Regulation menschlicher Handlungen zu entwerfen.

Miller/Galanter/Pribram optieren gleich zu Beginn ihrer Ausführungen und in kritischer Abgrenzung von herkömmlichen, v.a. behaviouristischen Positionen für eine mehrdimensionale Betrachtung von Handlungen. Die Schwierigkeit bei der Untersuchung von Handlungen ergäben sich aus der "Vielfalt der Analysierungsmöglichkeiten". So könnten Handlungen "als eine Folge von Muskelkontraktionen oder als Gliederbewegungen, weiter als zielgerichtete Aktionen oder sogar als noch größere Einheiten beschrieben werden." (1960/22) Daraus lässt sich schlussfolgern, "dass das Verhalten gleichzeitig auf verschiedenen Komplexitätsebenen organisiert ist" (1960/ 24): Die konkrete Bedeutung von Sequenzen auf einer dieser Ebenen konstituiere sich erst durch ihre Zuordnung zu Sequenzen auf einer anderen (damit als 'übergeordnet' qualifizierten) Ebene. So kann der physische Akt des Hebens eines Armes etwa 'Gruß' oder 'Angriff' bedeuten.[55] Man könne daher von einer "hierarchische(n) Verhaltensorganisation" sprechen. (ebd.) Und eine sinnvolle theoretische Beschreibung von Handlungen müsse "alle Ebenen enthalten, sonst gehen die strukturellen Eigenschaften des Verhaltens verloren." (1960/22f)

Im nächsten Schritt versuchen Miller/Galanter/Pribram eine ertragreiche Analyseeinheit zu identifizieren. Sie gründen die Suche nach einer solchen auf die physiologischen Erkenntnisse, dass erstens "Nerven und Rezeptorgewebe spontan aktiv sind", was bedeute: "ihre Energie stammt aus ihnen selbst und nicht von einer außen wirkenden Erregung"[56] und dass zweitens "die Tätigkeit der Rezeptoren von efferenten Nervenbahnen gesteuert wird, die vom zentralen Nervensystem zu ihnen führen." (1960/32) Ihre Analyse lautet weiter:

"Ein Drittel der 'motorischen' Nervenfasern, welche zu den Muskeln führen, münden in Spindeln, die die streckempfindlichen Rezeptoren sind. Elektrische Reizung dieser Nerven führt keine Kontraktion der Muskeln herbei. Hingegen wird durch die Anzahl der Signale pro Zeiteinheit, welche von den von den Spindeln herkommenden sensorischen Nerven aufgenommen werden, drastisch verändert. Es wird deshalb angenommen, dass der Mechanismus im Zentralnervensystem das hereinkommende Signalbild mit dem im Zentrum selbst geschaffenen

Signalbild zur Steuerung der Spindeln vergleichen muss, um festzustellen, welchen Beitrag die bisherige Muskelbewegung schon zum Muster der Spindelempfindung geleistet hat." (ebd.)

In diesem Vorgang sehen Miller/Galanter/Pribram das Modell einer elementaren Einheit der psychischen Handlungsregulation, der zugleich einen klassischen Fall einer rekursiven kybernetischen Schleife darstellt. Sie bezeichnen diesen 'Rückkoppelungskreis' als 'Test-Operation-Test-Exit-Einheit' (kurz: TOTE-Einheit) und nehmen ihn als "Grundelement des Verhaltens". (1960/34) In grafischer Darstellung:

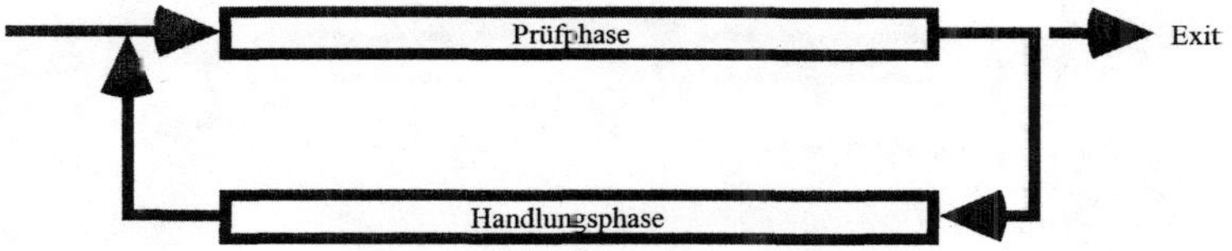

Abb. 2: Test-Operation-Test-Exit-Einheit

Bei der Interpretation dieser Darstellung sind Miller/Galanter/Pribram darauf bedacht, die Pfeile nicht als 'Energieflüsse' zu interpretieren. Auch als 'Informationen' (was einer traditionell kybernetischen Sichtweise durchaus entspräche) sollen sie nur in Sonderfällen verstanden werden. Vielmehr handle es sich bei den Pfeilen um Symbole für 'Steuerungen':[57] "Wir beschäftigen uns hier nicht mit einem Energiestrom oder einer Informationsübermittlung ...", die Pfeile zeigten lediglich eine "Reihenfolge, in welcher 'Instruktionen' ausgeführt werden." (1960/36)

Die Verknüpfung des TOTE-Modells mit der Auffassung von der hierarchischen Struktur der Handlungen führt nun zur Vorstellung einer hierarchischen Verschachtelung der Tote-Einheiten in der sich die Prüf- und Ausführungssequenzen auf jeweils unterschiedlichen Niveaus funktional aneinanderreihen lassen. Die unterschiedlichen Niveaus repräsentieren jeweils über- oder untergeordnete Sequenzen. Damit beschreibt das TOTE-Muster "sowohl strategische wie taktische Verhaltenseinheiten". (1960/39) Am Beispiel des Einschlagens eines Nagels in ein Brett vorgeführt:

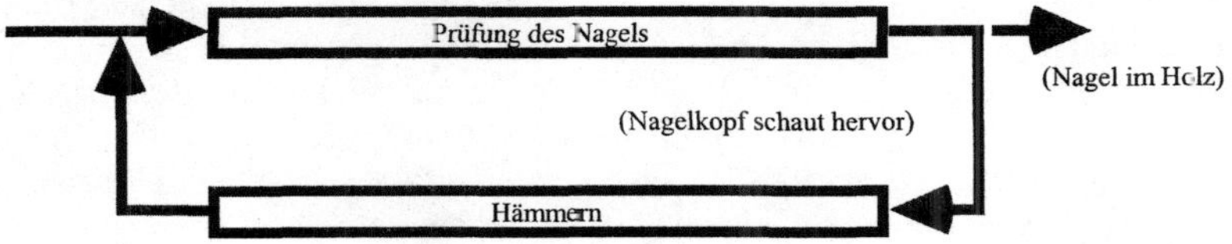

Abb. 3: Test-Operation-Test-Exit-Einheit (Beispiel)

Als erstes wird eine Testoperation vorgenommen: Der Nagel wird geprüft nach dem Kriterium: steht noch heraus / steht nicht mehr heraus. Wird anhand eines Vergleichs der Soll-Erwartung mit dem Ist-Zustand die erste der beiden möglichen Diagnosen gestellt, erfolgt die Ausführungsoperation: Hämmern.[58] Die grafische Darstellung gibt natürlich nur das Prinzip wieder. Um eine auch nur einfache Verrichtung vollständig in diesem Schema darzustellen, müssten noch wesentlich mehr partzipierende TOTE-Einheiten auf wesentlich mehr Hierarchieebenen berücksichtigt werden. *Eine* Stufe der Erweiterung würde etwa die folgende Darstellung repräsentieren:

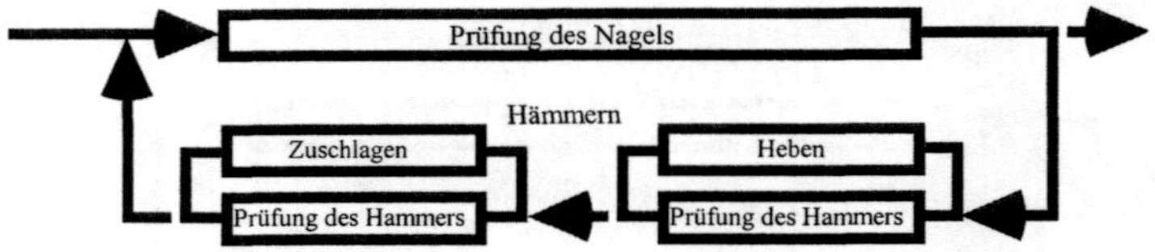

Abb. 4: Hierarchische Anordnung von Test-Operation-Test-Exit-Einheiten (Beispiel)

Hier wird zunächst wieder der Nagel geprüft und (ggf.) die Ausführungshandlung angeschlossen. Diese bestünde nun aus der Prüfung der Hammerstellung nach dem Kriterium: oben / unten. Ergibt die Prüfung (vereinfacht): 'oben', so kann die Ausführungsoperation 'Zuschlagen' folgen, ergibt die Prüfung: 'unten', so folgt die Ausführungsoperation 'Hammer heben' und eine erneute Testsequenz, die feststellt, ob nun der Hammer 'oben' ist. Ergibt die Diagnose auf der oberen Hierarchieebene, dass der Nagel eingeschlagen ist, so tritt eine vorgesehene 'Stop-Regel' in Kraft, die die Teiloperation als beendet ausweist. Die hier dargestellte Sequenz könnte zu keinem Ende kommen, wenn die Operationenreihe nicht zu einer Übereinstimmung der Ist-Information mit der Soll-Information führt. Für diesen Fall muss eine zusätzliche Stop-Regel (etwa: die Erreichung eines Zeitlimits) vorgesehen sein. Solche Verschränkungen von TOTE-Einheiten realisieren nun jene 'Pläne', die Miller/Galanter/Pribram zu Beginn ihrer Darlegungen phänomenologisch (aus einer Beschreibung alltäglicher Handlungen) eingeführt haben: "Die ganze Handlung wird als Einheit durchgeführt, wird von einem einzigen Plan gesteuert und ist doch aus verschiedenen Phasen zusammengesetzt, von denen jede ihren eigenen Plan hat, der auch wieder aus Unterplänen bestehen mag usw." (1960/42)

Es ist offensichtlich, dass ein solcher Typus von System nicht jener nicht-berechenbaren, nicht-trivialen Operationslogik folgt, wie sie von der modernen Systemtheorie ins Treffen geführt wird. (Vgl. etwa die Position Luhmanns im nächsten Abschnitt.) Im Sinne der bisher referierten Ausführungen von Bateson wäre dies jedoch keineswegs als Widerspruch aufzufassen. Schon am Beispiel der 'Retina' führt er ja vor, dass in einem höheren Lebewesen Systembildungen unterschiedlichen evolutionären Entwicklungsniveaus miteinander verknüpft sind.[59] Und gemäß der Logik systemischer Zusammenhänge ist es naheliegend, dass viele von diesen Teilsystemen nach dem 'trivialen' Modell eines relativ einfachen rekursiven Mechanismus der hier dargestellten Art arbeiten, da sie ja als eine Art 'Werkzeug' jeweils übergeordneter Steuerungsinstanzen wirksam werden sollen. Es ist daher durchaus kein Widerspruch zu Bateson, wenn hier im Modell von

Miller/Galanter/ Pribram eine 'berechenbare' Relation von 'Input' und 'Output' vorliegt.

Nun vollzieht ein Mensch zu einem bestimmten Zeitpunkt nicht bloß *eine* Handlung bzw. eine *nächste* Handlung nicht erst dann, wenn eine davorliegende völlig abgeschlossen ist. Pläne müssen vielmehr simultan kontrolliert werden können. Das werde vor allem dann zu einem gravierenden Problem, wenn Pläne einander widersprechen oder sie gleichzeitig "einander durchdringen und es unmöglich ist, einen allein vollständig aufzugeben." (1960/95) Wenn man nun davon ausgeht, dass die TOTE-Einheit eine universelle Grundeinheit des menschlichen Verhaltens darstellt und wenn man ferner nicht nur Körperbewegungen als Ausführungshandlungen vorsieht, so ergibt sich folgerichtig eine Hierarchisierungnotwendigkeit neuer Qualität. Es muss TOTEs geben, die sich nicht auf physische Operationen in der äußeren Welt beziehen, sondern auf geistige Operationen, die ihrerseits andere TOTEs zum Gegenstand haben: "Der neue Gesichtspunkt dabei ist, dass die 'Objekte', die von dieser koordinierenden TOTE-Hierarchie geprüft und bearbeitet werden, selbst TOTE-Hierarchien sind. Das heißt, wir müssen Pläne haben, die andere Pläne verarbeiten, wie auch Pläne, die Informationen verarbeiten, wenn sie unser motorisches Verhalten lenken sollen." (1960/96)

Die Hierarchisierungsvorstellung lässt sich aber auch noch in einer anderen Dimension weiterspinnen: Menschliches Verhalten ist ja immer in kooperative Zusammenhänge einbezogen. Es muss also Verbindungsstrukturen zu anderen individuellen, v.a. aber zu gesellschaftlichen Plänen geben. Ohne diese Schnittstellen genauer zu beschreiben, entwickeln Miller/Galanter/Pribram die Auffassung, dass es sich um keine Anbindungen im strikten Sinne handeln kann. Dies würde die Organisationskapazität von Zentralstellen überfordern, "sobald eine Situation nur etwas komplex wird - noch lange bevor wir an so etwas Formidables wie eine Regierung denken -, werden menschliche Planer ihre Aufgabe unlösbar finden." Aus dieser Einschätzung resultiert eine dem neueren systemtheoretischen Grundgedanken der Ausdifferenzierung selbstregulierter Einheiten entsprechende Vorstellung: "In großen Organisationen ist es daher unvermeidbar, dass ein großer Teil der tatsächlich vor sich gehenden Entwicklung das ungeplante Ergebnis unzähliger Einzelpläne ist." (1960/97) Die sozialen Rollen der beteiligten Personen könnten dann über die Pläne, deren Ausführung von ihnen erwartet wird, definiert werden.

Aber nicht nur vorübergehend aktualisierbare Verhaltensstrukturen (wie sie etwa im Rollenkonzept vorgesehen sind), lassen sich anhand des TOTE-Konzepts reformulieren. Auch habitualisierte Eigenheiten ('Persönlichkeit', 'Stil') von Personen können als Ausformungen von Plänen aufgefasst werden: Eigenständigkeit als die Praxis, Pläne selbst zu entwerfen (anstatt sie von anderen zu übernehmen), perspektivische Orientierung als die Praxis, weit vorausreichende Pläne zu entwickeln (anstatt nur unmittelbar bevorstehende Ereignisse zu planen), Exaktheit als die Praxis, Pläne präzise auszuarbeiten (anstatt nur in groben Zügen) etc. (vgl. 1960/115ff)

II.

Es zählt zu den Eigenheiten dieses Konzepts, dass es keine Auskunft gibt über jene Prozesse, die den TOTE-Prozess *auslösen*. Obzwar man nach der Rhetorik der Einleitung, in der in der Kritik an behaviouristischen und kognitivistischen Auffassungen nach dem dort fehlenden Bindeglied zwischen Kognition und Handlung gefragt wurde, eigentlich so etwas wie eine Motivationstheorie erwarten würde, kann eine solche von einer kybernetisch argumentierenden Position natürlich nicht formuliert werden. Das Konzept zeigt daher nur jeweils unterschiedliche Ebenen von Ausführungsaktivitäten und die Mechanismen ihrer 'technischen' Realisierung. Die einleitend proklamierte Mehrdimensionalität der Betrachtung reflektiert nur Unterschiede im Format des jeweiligen Bildausschnittes. Als Unterscheidungskriterium wird ausdrücklich die 'Größe der Einheiten' angegeben. Die Lücke zwischen Kognition und Handlung ist damit zwar 'technisch' geschlossen, nicht aber ein theoretisches Erklärungsmodell eingerichtet, *warum* es dazu kommt, dass sie auch *tatsächlich* geschlossen wird. Man kann dies dem Konzept nicht als Schwäche anlasten. Seine Argumentationslogik ist im Sinne des selbstgesteckten kybernetischen Erklärungsrahmens durchaus konsequent: In der Welt der Systeme gibt es kein Podest, von dem aus in die *qualitative* Dimension des Geschehens Einsicht genommen werden könnte, sondern nur aufgefächerte funktionelle Hierarchien.

Dennoch thematisieren Miller/Galanter/Pribram auch das Problem der Entscheidungen. Aber sie werden dem kybernetischen Argumentationsmuster einverleibt. Da auch das Treffen von Entscheidungen (das ja selbst eine Handlung darstellt) eine operative Dimension aufweist und daher auch als 'Ausführungsaktivität' untersucht werden kann, können Miller/Galanter/Pribram auch den Entscheidungsvorgang wieder 'technisch' interpretieren: "Man nimmt an, dass in einem Entscheidungsvorgang die Entscheidungen nach einem Plan getroffen werden. ... Solch ein Plan soll *Strategie* genannt werden." (Kochen/Galanter zit. bei Miller u.a. 1960/50f) Die kybernetische Sichtweise immunisiert gegen den subjektiven Gehalt von Begriffen wie 'Ziel', 'Absicht', 'Erwartung' oder 'Entelechie', deren Verwendung durchaus vorgeschlagen wird (vgl. 1960/49), denn sie lässt nur erkennen, dass "*beide*, Organismen und Maschinen, Operationen einer absichtsvollen Entelechie *vollziehen können*." (ebd., Fn. 6, zweite Hvh. von mir) Dieser Formulierung ist nicht vorzuwerfen, dass sie falsch ist. Miller/Galanter/Pribram beharren damit lediglich (wie Bateson teilweise und Luhmann durchgehend) auf der Einnahme einer Blickrichtung, die selbst das Hervorbringen von Entscheidungen auf die 'technische' Dimension ihres Vollzugs reduzieren muss.

Die Darstellung ihrer Version vom intentionalen Aspekt des Problems leiten Miller/Galanter/Pribram durchaus problembewusst mit der Auffassung ein, "dass man die menschlichen Handlungen nicht charakterisieren kann, indem man die zeitliche Reihenfolge ihrer Teile einzeln angibt, so wie man etwa die Bewegung einer Billardkugel oder eines fallenden Steines beschreiben kann." (1960/60) Vielmehr müsse jeder Handlung ein Motiv zugerechnet werden, ohne das die Handlung nicht als ausführbar gedacht werden kann. Um dieses Motiv theoretisch zu erfassen, führen Miller/Galanter/Pribram als Zusatz zum Begriff des 'Plans' den

Begriff des 'Bildes' ein: Als 'Bild' bezeichnen sie die Summe jenes Wissens, das sich der Organismus ontogenetisch angeeignet hat, als 'Plan' (wie bereits dargestellt) die konkrete Ausformung seiner jeweiligen hierarchisch strukturierten Verhaltensorganisation. (vgl. 1960/25ff)

Mit dem 'Bild' kann der in den 'Plänen' nicht reflektierbaren Subjektivität ein systematischer Ort zugewiesen werden. Miller/Galanter/Pribram folgen der Annahme, "dass ein Motiv sich aus zwei unabhängigen Teilen zusammensetzt: Wert und Vorsatz. Ein Wert bezieht sich auf ein Vorstellungs*bild*, während sich der Vorsatz auf einen *Plan* bezieht." (1960/62, Hvh. von mir) Der zweite Teil der Konstruktion ergibt sich relativ einfach: Vorsätze sind aktualisierte Pläne, also der funktionale Aspekt des Motivs. Der erste Teil hingegen erweist sich dem kybernetischen Denkduktus gegenüber als widerständig: "Wo aber", fragen Miller/Galanter/Pribram selbst, "sind nun die Werte?" Um darauf die etwas kryptische Antwort zu geben: "Eine Bewertung ist eine Form empirischen Wissens und hilft uns das Bild zu formen." (ebd., vgl. auch 120) Mit dieser Verlegenheitslösung reduzieren Miller/Galanter/Pribram die subjektiven Anteile an Entscheidungsprozessen auf biografisch sedimentierte Konfiguration relativ stabiler Präferenzen, die nach einer mehr oder weniger technisch abbildbaren Regelhaftigkeit die Entscheidungen inhaltlich determinieren.

Dabei wird immerhin in Abgrenzung von 'simplen Verstärkungstheorien' aufgeschlüsselt, wie es dazu kommen kann, dass auch unangenehme Tätigkeiten, also solche, die eigentlich 'negativ verstärken' müssten, ausgeführt werden können: Die hierarchische Bildung von Sub-TOTE-Einheiten innerhalb von TOTE-Einheiten (s.o.) impliziert, dass zunächst eine positive auf das Handlungs*ziel* orientierte Wertung auf der obersten ('strategischen') Hierarchieebene ausreicht, um die Handlung in Gang zu setzen. Die *nachfolgenden* Wertungen auf den unteren Ebenen erfolgen dann im Vollzug der Handlung selbst. Sind sie negativ, so führen sie nicht sofort zu einem Abbrechen der Handlung, da sie der 'höherwertigen' strategischen Entscheidung untergeordnet sind. Sie können aber auch zu einem Abbrechen der Handlung führen, wenn sie in Summe die Intensität der übergeordneten positiven (Ausgangs-) Wertung überschreiten.

Dennoch bleibt - offenbar auch für die Autoren selbst - problematisch, wieso es nach dieser Konstruktion dazu kommen kann, dass auch langwierige, anstrengende, vielleicht sogar biografisch zu bedeutsamen Einschränkungen nötigende Handlungsvollzüge nicht abgebrochen werden. Sie finden dafür nur die 'formale' Lösung einer Aufwertung der Ausgangsbewertung als 'Prototest'. Plausibel im qualitativ-inhaltlichen Sinne könnte die Erklärung von Anstrengungsbereitschaft natürlich erst aus jener 'subjektiven' Sicht gemacht werden, die sich dem kybernetischen Ansatz Miller/Galanter/Pribrams gerade verbietet. Normativität wird mit diesem Konzept theoretisch 'dogmatisiert': Eine einmal etablierte Wertungsgrundlage prozessiert (im Falle 'anstrengender' Handlungsvollzüge wie generell). Sie kann sich verändern, äußere Einflüsse schlagen sich nieder, aber nach welchen inhaltlichen Gesichtspunkten dies geschieht, wird von der hier vorgestellten Erklärung nicht erörtert. Daher bleibt auch unerfasst, wie sich diese Wertungen (inhaltlich betrachtet) auf die Pläne auswirken: "Wir machen uns also die Ansicht zu eigen, dass dynamische Änderungen im Bild - besonders in bezug auf seine bewertenden Aspekte - unmittelbaren Einfluss auf den Plan haben, den wir auszuführen versuchen. ... Aber wir befassen uns hier (wie fast durch das ganze Buch hindurch) mehr mit der *Ausführung* als mit der *Bildung* von Plänen." (1960/70)

Die Entscheidung, die gesamte Subjektivitätsproblematik in das 'Bild' abzuschieben, mag auf den ersten Blick defensiv anmuten, ihr Vorzug liegt darin, dass sie eine differenzierte 'technische' Vorstellung vom Handeln ermöglicht, ohne die Implikationen seiner subjektiven Bedeutungshaftigkeit dementieren zu müssen (wie dies ansatzweise, wenn auch widersprüchlich bei Bateson der Fall ist). Auch wenn man in Rechnung stellt, dass die hier skizzierte Vorstellung (was ich nicht beurteilen kann) das tatsächliche Zustandekommen psychischer Ereignisse vielleicht nicht in einem strikten Sinne 'nachbildet', sondern eher metaphorischen Charakter hat, so weist ihre *Argumentationslogik* eine Richtung, die der von mir eingangs benannten Annahme in überzeugender Weise entgegenkommt. Die Aufteilung 'intentionaler' und 'funktionaler' Dimensionen des Denkens auf 'Bild' und 'Plan' weist nämlich den beiden von mir herausgestellten Logiken gleichsam einen je speziellen Ort zu. Zu problematisieren wäre daran allenfalls, ob dieser Ort von Miller/Galanter/Pribram tatsächlich konsequent als logisch-analytischer Ort konzipiert ist, oder ob 'Plan' und 'Bild' nicht auch als empirische 'Realorte' (etwa innerhalb des 'Körpers' oder des 'Gehirns') verstanden werden könnten. Dazu habe ich aber keine substanziell verwertbaren Angaben gefunden.

Eine theoretische Gesamtkonzeption, die sich der hier geschilderten Ausgangsabstraktion bedient, könnte nun in weiterer Folge 'zweidimensional' verfahren und jene Prozesse, die das menschliche Handelnden konstituieren, sowohl handlungstheoretisch als auch systemtheoretisch rekonstruieren. An einem Beispiel demonstriert, würde dies etwa ermöglichen, dem dargestellten 'subjektiv-inhaltlichen' Konzept der 'produktiven Bedürfnisse' ein analoges 'objektiv-formales' Konzept zuzuordnen: Über dem Proto-Plan (s.o. 'Proto-Test'), der die Aufgabe hat, zu prüfen, ob eine bestimmte Handlungsanordnung mit einem gegebenen emotionalen Wertungsschema übereinstimmt, wäre noch ein 'Proto-Proto-Plan' zu lokalisieren, der das Verhältnis der *aktuellen* Bedürfnisse zu der *perspektivischen* Gesamt-Bedürfnislage zu prüfen hat. Eine solche funktionale Hierarchisierung ließe dann den aus der Handlungsperspektive als 'reflexives Bewusstsein' verallgemeinerbaren Unterschied zwischen Menschen und Tieren kybernetisch als Vorhandensein eines übergeordneten Systems nach der Art dieses 'Proto-Proto-Plans' beschreiben und entspräche unter diesem Gesichtspunkt auch dem erwähnten Lernkonzept Batesons, demzufolge der Mensch gegenüber dem Tier bloß über eine zusätzliche hierarchisch übergeordnete 'Lernebene' verfügt.[60]

III.

Es ist nicht zufällig, dass die hier geschilderte theoretische Auffassung gerade von der Arbeitswissenschaft der DDR aufgegriffen wurde. Die Salomonische Entscheidung, Subjektivität nicht zu bestreiten, zugleich aber in einen konzeptionsexternen Bereich auszulagern, bildete eine Möglichkeit, die Arbeitsprozesse einer ökonomisch nachhinkenden und demokratisch unentwickelten sozialistischen Gesellschaft einerseits 'humanistisch' und 'anti-mechanistisch' zu deuten, ohne andererseits beim Wort einer Subjekttheorie genommen werden zu können, die den Mangel an persönlich-individueller Freiheit und Selbstbestimmung offengelegt hätte. Der Umstand, dass Miller/Galanter/Pribram die Organisation individueller Handlungen als von einem hierarchischen System von Entscheidungs- und Durchführungsplänen gesteuert auffassen, das seinerseits wieder mit einer überindividuellen, gesellschaftlichen Plan-Hierarchien verkoppelt werden müsse, kam den zentralistisch-bürokratischen Leitvorstellungen einer solchen Gesellschaft offenbar zusätzlich entgegen. Das Manöver scheitert jedoch an der Durchführung. Ich nehme es dennoch in meine Darstellung auf, weil mir gerade dieses Scheitern in Hinblick auf mein Anliegen lehrreich erscheint.

Der Dresdner Arbeitspsychologe Winfried Hacker übersetzt die 'Test-Operation-Test-Exit' - Einheit in eine 'Vorwegnahme-Veränderungs-Rückkoppelungseinheit' (1986/141) und den Millerschen 'Plan' in ein 'Aktionsprogramm' (1986/134). An die Stelle des 'Bildes' tritt - wenn auch nicht als direkte Übersetzung - das 'Ziel', worin eine spezifische Verschiebung der Konzeption schon anklingt. Insgesamt hält Hacker die streng kybernetische Ausrichtung i.S.v. Miller/Galanter/Pribram, die durch die Auslagerung der normativen Dimension in das 'Bild' möglich geworden ist, nicht durch. Zwar weist er daruf hin, dass die psychische Struktur in Zusammenhang mit den 'Zielen' als eine 'inhaltliche' Ordnung, in Zusammenhang mit der Regulation hingegen als eine 'funktionelle' Ordnung anzusehen sei (vgl. etwa 1986/109), oder dass der 'Entschluss' sowohl durch einen 'qualitativen' als auch durch einen 'quantitativen Wandel' gekennzeichnet sei. Dies wird jedoch nicht ausgebaut zu einer allgemeineren Unterscheidung der Sichtweisen. Vielmehr kritisiert er das Modell Millers u.a. in einer Richtung, die deren 'weise' Entscheidung gerade in Frage stellt[61]: "Der wichtigste Unterschied [des Hackerschen Modells, B.H.] zur TOTE-Einheit ist die *inhaltliche Orientierung* darauf, *womit* Veränderungen in der sozialen und dinglichen Umwelt verglichen werden und *woher* diese Vergleichsinhalte, ... stammen. Damit wird eine *Abgrenzung von einem formalen Zyklus* aus Vergleichen und Verändern 'an sich' betont." (1986/143, Hvh. teilweise hinzugefügt)

Wenn man nun die 'technische' Auffassung von der notwendigen hierarchischen Vernetztheit der Systeme und Systemebenen (incl. der gesellschaftlichen Funktionsebene) als notwendig hierarchische *inhaltliche Ausrichtung* interpretiert, so liegt die folgende Sichtweise naturgemäß im Bereich des Möglichen: "Die *zentrale Kategorie* einer psychologischen Tätigkeitsbetrachtung ist der *Auftrag* bzw. seine Interpretation oder Übernahme als *Aufgabe* deshalb, weil mit der 'objektiven Logik' seiner Inhalte entscheidende Festlegungen zur Regulation und Organisation der Tätigkeiten erfolgen". (Hacker 1986/61, Hvh. von mir) Mit dieser Wendung ist die inhaltliche *Kontrolle* des Verhaltens nicht (wie bei Miller/Galanter/Pribram) von dessen funktionaler Dimension *logisch* getrennt, sondern aus den Individuen *institutionell* hinausverlagert und an gesellschaftliche Steuerungszentralen delegiert. Der präskriptive Charakter der hier konzipierten Handlungsorientierung wird noch dadurch konkretisiert, dass die Aufgabe als 'eine vierstellige Relation definiert" wird, in der ausgewiesen werde "(1) - an welchem

Gegenstand (2) - welche Veränderungen (3) - unter welchen Bedingungen ... (4) - von wem vorgenommen werden sollen." (ebd.)

Zwar soll im Zuge dieser Übernahme eine Bewertung und ein aus ihr resultierendes "Ausmaß an Bereitschaft zum Übernehmen der Forderungen" entstehen (1986/62), sie bleibt aber ein nachgereihtes Moment. Damit findet die Trennung von subjektiver Bewertung und Handlungsplanung in Hackers Konzept auch eine ganz andere Begründung als bei Miller/Galanter/Pribram: Es seien nämlich unmittelbare Bedürfnisantriebe zu trennen von "den mittelbar zur Befriedigung führenden Motiven und daraus erwachsenden Vornahmen, die der Mensch an den gesellschaftlichen Interessen und Normen bewertet und nach ihnen ausrichtet." (1986/70) Die 'mittelbaren' von der Gesellschaft kommenden Motive lösen die mögliche Befriedigung *von der konkreten Handlung und ihrem tatsächlichen Resultat ab* und verschieben sie in den sozialen Bereich: "Da die Bewertung der gegenständlich-verändernden Seite der Tätigkeit nach ihrer Bedeutung für die Gesellschaft erfolgt, liegt der Schwerpunkt der Motive nicht in der gegenständlichen Ebene, sondern auf der Seite der zwischenmenschlichen und gesellschaftlichen Bedeutung der Tätigkeit." (1986/70f) Hacker vereinseitigt hier - mangels einer adäquaten Motivationsvorstellung - den kooperativ-sozialen Aspekt der Handlung. Damit ist der Kern jeder 'produktiven' Motivation aus dem Konzept eliminiert, da die konkrete Handlung selbst nicht mehr als qualitativ-gegenständlicher Beitrag zur Sicherung allgemeiner und *darin eingeschlossen* je meiner Lebensgestaltungsmöglichkeiten, sondern nur mehr als eine Art 'Tauschobjekt' für soziale Anerkennung angesehen wird.

In Übereinstimmung mit diesem Ansatz werden die Motivationen durch ein entsprechendes Sozialisationskonzept wieder in die alles festlegenden gesellschaftlichen Normen zurückgebunden, etwa dergestalt: "Die Entstehung einer habituellen, sozialistischen Produktionsverhältnissen angemessenen Motivierung für Arbeitsaufgaben ... ist in erster Linie zu kennzeichnen durch ein spezifisches Übernehmen ('Verinnerlichen', Interiorisieren) gesellschaftlicher Normen als Beweggründe des persönlichen Handelns" (zit. bei Volpert 1975/120) Hacker zeichnet so das Bild eines im Grunde subjektlosen Individuums, das in seinem gesellschaftlichen Sein aufgeht.[62] Durch die Blindheit gegenüber den eigentlichen Motivationsquellen können die Motive dann auch nicht mehr sinnvoll zugeordnet werden. So würden etwa "auch sie in den Tätigkeiten erzeugt, für deren Ausführung sie erforderlich sind." (1986/70) Es bleibt ein Rätsel, wie diese Tätigkeiten auf diese Weise überhaupt beginnen können.

Das Mißgeschick Hackers besteht darin, dass ihm an der Auffassung Miller/Galanter/Pribrams zwar einerseits die 'Trennung' der subjektiven Intentionen, die zu einer Handlung führen und ihrer 'technischen' Durchführung zu gefallen scheint, er diese aber 'verdreht' reproduziert: Aus der von Miller/Galanter/Pribram vorgeschlagenen Trennung zweier Logiken, die in zwei unterschiedliche kategoriale Konstruktionen einquartiert werden, wird so eine Abtrennung der subjektiven Intentionen von den durchgeführten Handlungen überhaupt.[63] Gerade diese fatale Folgeerscheinung lässt also noch einmal die eminente Bedeutung einer klaren analytischen *Unterscheidung der Diskursformen* erkennen.

Neben dieser problematischen Konzeption der 'Antriebsregulation' legt Hacker in seiner Konzeption der 'Ausführungsregulation' auch eine differenzierende und durchaus plausible Interpretation des Miller-/Galanter-/Pribramschen Konzepts zur Handlungsregulation vor. Er untersucht Arbeitsvorgänge in ihrem funktionalen Ablauf, der von der Zielbestimmung bis zur Evaluation der vollzogenen Handlung reicht. Dabei geht er davon aus (ref. bei Volpert 1975/119), dass konkrete (Arbeits-) Handlungen den gegebenen Handlungsbedingungen in gewisser Weise entsprechen und also 'folgen' müssen. Die jeweils realisierbaren Handlungsmöglichkeiten ergäben sich demnach (1.) aus der Struktur des konkreten Produktionsablaufes, der die Rahmenqualitäten des Handelns festlege, (2.) an den in diesem Ablauf vorgesehenen "Eingriffspunkten", an denen die Handlungen des Arbeitenden erfordert seien und (3.) an den "Freiheitsgraden" (etwa hinsichtlich Verfahrenswahl, Mitteleinsatz, Zeitorganisation), die die konkrete Konstellation des Produktionsablaufes am jeweiligen Eingriffspunkt definiere. (ref. bei Volpert 1975/115) In der so bestimmten Situation sei nun eine Handlung erforderlich, die ihrerseits psychische Regulationsvorgänge notwendig mache.

Eine solche Handlung setzt sich dann zusammen aus einem Handlungsziel, das durch den (übergeordneten) Produktionsvorgang definiert ist und einem "Aktionsprogramm", das die Kette operativer Teilschritte, wie sie zur Handlungsumsetzung notwendig ist, durchführbar macht. Hacker gliedert den Prozess der Handlungsumsetzung in eine 'hierarchisch-sequentielle' Anordnung von Teiloperationen. "Im Prozess der Planung und Ausführung einer Handlung 'zerfällt' diese Ziel-Aktionsprogramm-Verbindung in eine logisch-zeitliche Folge untergeordneter Einheiten, welche Teilziele und ihre Realisierungsprogramme zusammenfassen." (Volpert 1975/116) Dabei ergibt sich folgender kybernetischer Zusammenhang: Als 'oberste' Instanz fungiert das Gesamtziel (Z). Dieses orientiert den Gesamtprozess. Ihm ist ein Programm (P) zugeordnet, das zum Gesamtziel hinführt und das zu diesem Zweck Zwischenziele (Z') enthält. Als 'mittlere' Instanz (deren könnte es natürlich beliebig mehr geben, als in der analytisch konzipierten Skizze gezeigt werden) fungieren nun diese Zwischenziele mit zugehörigen Programmen (P'). Diese enthalten wieder untergeordnete Ziele. Diese Teilziele (Z") bilden die hierarchisch 'unterste' Instanz. Ihnen sind als Programme konkrete, nicht weiter zergliederbare Sequenzen (P") zugeordnet: Abb. 5 (nächste Seite)

Im Prozess der Handlungsausführung werden Bestimmungs-, Einwirkungs-, und Prüfvorgänge vollzogen, die der folgenden Logik folgen: Vom Gesamtziel (Z) ausgehend formiert sich eine Kette, bestehend aus: Festlegung des 1. Zwischenziels (Z'), Festlegung des 1. Teilziels (Z"), Durchführung der 1. Einwirkungssequenz nach Programm (P"), Rückkoppelung der vollzogenen Sequenz zur 1. Prüfung (Vergleich Ist/Soll) etc. nach folgendem Muster: Abb. 6 (nächste Seite)

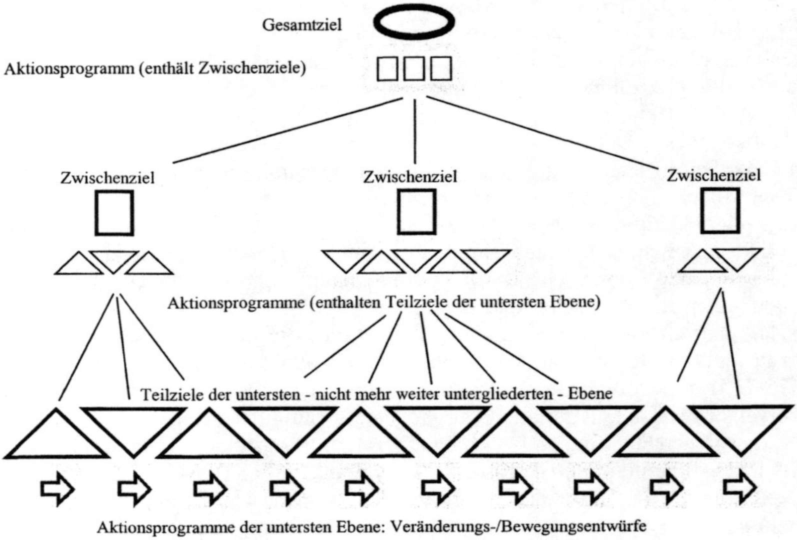

Abb. 5: Hierarchisch-sequentielles Modell einer Arbeitshandlung (nach Volpert 1975/132)

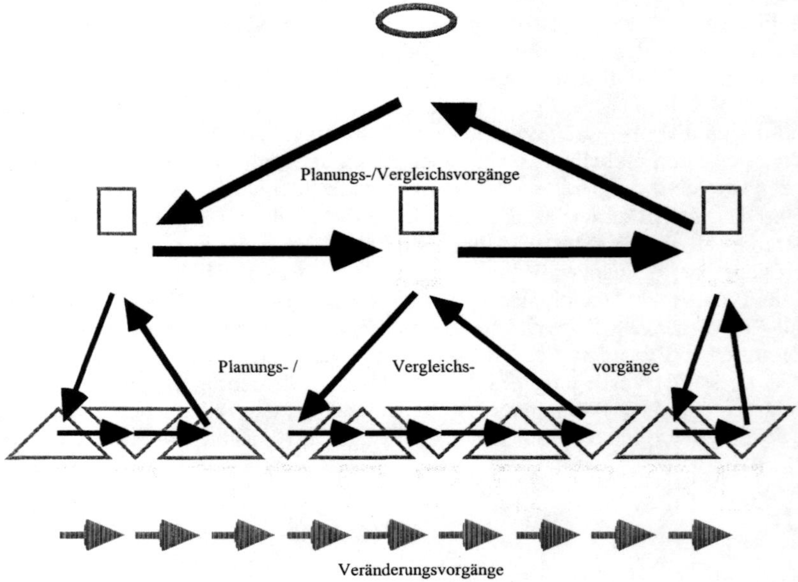

Abb. 6: Hierarchisch-sequentielles Modell des Steuerungsablaufs (nach Volpert 1975/134)

(c) Verhalten als autopoietischer Prozess

Niklas Luhmann zieht aus dem Systemdiskurs radikale Schlussfolgerungen und räumt damit logische Unstimmigkeiten der angezeigten Art aus. (I) Die weitläufige funktionale Analyse der internen Grundlagen des Denkens und Handelns gewährt Einblick in die formalen Organsationsprinzipien psychischer Prozesse. (II) Zuletzt lassen sich einige problematische Folgeerscheinungen einer fundamentalistischen Haltung gegenüber der handlungstheoretischen Position aufweisen. (III)

I.

Die bislang wohl umfassendste Ausformulierung einer sozialwissenschaftlich-systemtheoretischen Sichtweise hat Niklas Luhmann vorgelegt. Sein Œuvre umfasst eine nahezu unübersehbare Zahl von Schriften und bearbeitet so viele und unterschiedliche Problemstellungen, dass es bereits eher den Charakter eines philosophischen Paradigmas denn einer einzelwissenschaftlichen Theorie angenommen hat. Als wie bedeutsam man die Differenzen zwischen der Systemtheorie Luhmanns und etwa der Kybernetik Batesons ansieht, wird je nach Standort unterschiedlich zu beurteilen sein. Aus meiner Sicht scheint die Behauptung durchaus angemessen, dass Luhmann die Grundgedanken der Kybernetik (die sich ja selbst bereits immer wieder als 'Systemtheorie' apostrophiert) zwar in äußerst sorgfältiger Weise zuendegedacht und ausformuliert hat, dass jedoch der Kernbestand seiner Theorie (incl. der Auffassung von der autopoietischen Qualität der Systemfunktionen) im Grunde bereits von der Kybernetik vorbereitet worden war.[64]

Meine Darstellung des Luhmannschen Konzepts besteht aus zwei Teilen. Im vorliegenden Abschnitt fasse ich zunächst das kategoriale Grundgerüst seiner Systemtheorie zusammen. In 2.2.c werde ich dann u.a. genauer darauf eingehen, in welcher Weise er seine Grundbegriffe auf empirische Beobachtungen und Problemstellungen anwendet. Diese 'Anwendung' des systemtheoretischen Denkmodells steckt dann erst den von Luhmann ff. beanspruchten Geltungsraum ab. Die Zweiteilung der Darstellung scheint mir vor allem auch deswegen naheliegend, weil Luhmann die konsequente Position, die er bei der Entfaltung seiner Kategorialbestimmungen in Hinblick auf die immanente Logik des Systemdiskurses an den Tag legt, im Anwendungsfeld dann durchaus vermissen lässt: Dort lässt sich nämlich zeigen, dass (an den Kategorialbestimmungen m.E. noch nicht eindeutig nachweisbare) 'überschießende' Geltungsambitionen entwickelt werden, die darauf hinauslaufen, dass man auch den Inhalt von Sinnbildungsprozessen aus dem operativen Systemprozess ableiten könne. Ich werde in 2.2.c.I ausführlich auf diese Frage eingehen. An dieser Stelle möchte ich mich jedoch zunächst auf den Dreischritt von Bateson über Miller/Galanter/Pribram zur allgemeinen Theorie sozialer Systeme Luhmanns beschränken, um damit einige generelle Schlussfolgerungen vorzubereiten, die von Luhmanns Kategorienanwendungspraktiken nicht unmittelbar berührt sind.

Als Ausgangspunkt der kategorialen Architektur der Theorie Luhmanns fungiert das Begriffspaar System-Umwelt. In ihm ist die bereits bekannte Vorstellung entworfen, dass die gesamte Welt des Seienden in 'Systeme' zergliederbar ist, deren jedes einzelnes von allem ihm nicht Zugehörigen ('Umwelt') in bestimmter Weise abgetrennt und doch zugleich mit ihm als Bedingung seines Seins funktional verbunden ist. Der Systembegriff ist universal konzipiert und schließt alles ein, was sich "in einer äußerst komplexen, veränderlichen, im ganzen nicht beherrschbaren Umwelt identisch hält". (1973/7). Für den Bereich des menschlichen Zusammenlebens gilt: "Jeder soziale Kontakt wird als System begriffen bis hin zur Gesellschaft als Gesamtheit der Berücksichtigung aller möglichen Kontakte." (1984/33) Die Zuordnung zur einen oder anderen Kategorie ist relativ, weil standortbezogen: "Umwelt ist ein systemrelativer Sachverhalt. Jedes System nimmt nur sich selbst aus seiner Umwelt aus." (1984/249) Einem System sind alle anderen Systeme Umwelt.

Systeme sind nun keineswegs als 'Bausteine' der Welt zu begreifen, und diese als aus jenen durch schlichte Zusammenfügung entstanden. Das System-Umwelt-Konzept ist so abstrakt konstruiert, dass es die Welt in unterschiedlichen Dimensionen 'durchschneiden' kann. So lassen sich (etwa neben technischen, organischen, neurophysiologischen o.a. Systemen, die den hier angezielten Gegenstandsbereich nicht direkt berühren) sowohl psychische wie soziale Systeme identifizieren und letztere bestehen *nicht* aus den ersteren. Vielmehr folgen beide einer nur je für sie spezifischen Funktionslogik in die die jeweils andere nicht 'eingerechnet' werden kann und bilden daher füreinander Umwelten. Psychische Systeme konstituieren sich aus Prozessen der Sinn-Hervorbringung, soziale Systeme hingegen aus Kommunikationen. Dennoch gibt es auch eine 'innere' Differenzierung von Systemen durch weitere Systembildung innerhalb von Systemen: "Innerhalb von Systemen kann es zur Ausdifferenzierung weiterer System/Umwelt-Differenzen kommen." (1984/37) Aber auch hier gilt, dass das Verhältnis der so entstandenen Differenzierungsprodukte zueinander und zum 'Ausgangssystem' wieder jenes von System und Umwelt darstellt: "Das Gesamtsystem gewinnt damit die Funktion einer 'internen Umwelt' für die Teilsysteme, und zwar für jedes Teilsystem in je spezifischer Weise." (ebd.)

Das 'System' als funktionale Grundeinheit alles Bestehenden unterscheidet sich vom 'Regelkreis' der Kybernetik nicht prinzipiell. Allein das Vokabular, das zur Charakterisierung der Eigenheiten des ersteren Verwendung findet, ist weniger konkretistisch. Wo die Bezeichnung 'Regelkreis' noch allzu physikalische Konnotationen mit sich führt, noch in allzu bildhaften Vorstellungen gedacht werden kann, hat der Systembegriff jedes Naheverhältnis zu einem bestimmten einzelwissenschaftlichen oder technischen Fachjargon abgelegt. Er gibt sich umfassend abstrakt, auf jeden denkbaren Zusammenhang anwendbar. Besonderes Augenmerk schenkt Luhmann der Eigendynamik der Systembewegung. Ihre Beschreibung akzentuiert stark den 'undinglichen', prozesshaften Charakter der Systemvorstellung: Die Aktivität der Systeme realisiert in der Dimension der Zeit ein Fließgleichgewicht, in welchem "die eigentliche Systemleistung in der *Konditionierung der Interdependenz von Auflösung und Reproduktion* besteht." (1984/79) Bestand heißt also Veränderung, Stabilität ist eine Sonderform von Bewegung.

Aktivität und Entwicklung von Systemen sind von ihrer Umwelt nicht determiniert, jedoch in spezifischer Weise abhängig. Insoferne müssen sich Systeme ihrer Umwelt zwar anpassen, jedoch in einem zweifach zu relativierenden Sinne: Einmal realisiert die Anpassungsbewegung je eine *von mehreren* möglichen Alternativen, ihre Orientierung ist *kontingent*. Zum anderen bildet die Umwelt nur *einen* Bezugspunkt: "Komplexe Systeme müssen sich nicht nur an ihre Umwelt, sie müssen sich auch an ihre eigene Komplexität anpassen." (1984/56) Diese Zweifrontenstellung beschränkt die Anpassungsmöglichkeiten der Systeme und konstituiert in Verbindung mit der Hervorbringung von der je eigenen Beständigkeit zuträglicheren und abträglicheren Entwicklungen, Evolution[65]. Komplexität ist für Luhmann zunächst dadurch zu erklären, dass in einer zusammenhängenden Menge von Elementen "auf Grund immanenter Beschränkungen der Verknüpfungskapazität der Elemente nicht mehr jedes Element jederzeit mit jedem anderen verknüpft sein kann." (1984/46) Da nun jedes System mit einer Umwelt konfrontiert sei, die komplexer als es selbst ist, kann kein System auf seine Umwelt in all ihren Dimensionen und Aspekten 'eingehen'. Mit diesem Umstand muss die evolutionäre Entwicklung der Systemprozesse nun zurechtkommen und sie werden so gezwungen, eine Auswahl zu vollziehen. Genau darin liegt der Ausgangspunkt der evolutionären Entwicklungsdynamik: "Die Selektion placiert und qualifiziert die Elemente, obwohl für diese andere Relationierungen möglich wären. ... Durch Selektionszwang und durch Konditionierung von Selektionen lässt sich erklären, dass aus einer Unterschicht von sehr ähnlichen Einheiten (z.B. wenigen Arten von Atomen, sehr ähnlichen menschlichen Organismen) sehr verschiedenartige Systeme gebildet werden können." (1984/47)

Komplexität bildet für Luhmann quasi den 'Leitfaden' der Evolution: Diese schraube zunächst die Komplexität der Systeme hinauf und zwinge sie zugleich Mechanismen auszubilden, die die ausufernde Weltkomplexität wieder auf ein operativ bewältigbares Maß zurückholt. Dies geschehe durch eine spezifisch selektive interne Repräsentation. Eine solche 'Reduktion der Komplexität' liege immer dann vor, "wenn das Relationsgefüge eines komplexen Zusammenhanges durch einen zweiten Zusammenhang mit weniger Relationen rekonstruiert wird." (1984/49) Der Reduktion von Komplexität dient auch *funktionale Differenzierung*. Selbst Ausdruck und Ergebnis einer spezifischen Steigerung von Komplexität bewirkt sie deren operative Reduzierung: Was in *einem* Teilsystem 'erledigt' wird, muss nicht in *allen* Teilsystemen bewältigt werden. (vgl. 1984/262) Dem Differenzierungsprinzip stehen unterschiedliche Möglichkeiten offen. Luhmann geht jedoch davon aus, "dass es letztlich doch nur wenige Differenzierungsformen gibt, die in langfristig bestehenden Systemen durchgehalten werden können, so vor allem die Differenzierung in gleiche Einheiten (Segmentierung), die Differenzierung Zentrum/Peripherie, die Differenzierung konform/abweichend (offiziell/inoffiziell, formal/informal), die hierarchische Differenzierung und die funktionale Differenzierung." (1984/260f)

Die Logik der Bestandserhaltung im (und durch) Wandel ist also im gesamten Resultat wie in der Bewegung ihrer Teile als evolutionäres Wechselspiel funktionaler Einheiten zu verstehen, die die Einflüsse aus ihrer Umwelt als Behinderungs- oder Ermöglichungsbedingung ihres Aktivitätsprogramms verarbeiten. Dabei erweist die präzise Lektüre der gewählten Formulierungen wieder, dass in diesem Verständnis von Evolution lediglich die 'technischen' Beschränkungen angesprochen sind, die den möglichen Verlaufsalternativen bestimmte Grenzen setzen: Das 'Verhalten' der Systeme kann nur *im Rahmen ihrer je spezifischen Operationsregeln* tatsächlich vor sich gehen, und zwar so, "dass der konstituierte Zusammenhang ... Anschlusszwänge, Kompatibilitäten und andere Restriktionen definiert, welche aus dem abstrakten Möglichkeitsraum der Elemente (ihrerseits definiert durch deren unbeeinträchtigte Eigenschaften) nur diejenigen zum Zuge kommen lässt, welche zum System passen." (Willke[66] 1994/56) Formulierungen wie diese stecken, wenn man sie ernst nimmt, ihren Geltungsbereich eindeutig ab: Keinesfalls lässt sich aus ihnen irgendeine inhaltliche Prognose über das Systemverhalten ableiten, wie dies dessenungeachtet in funktionalistischen Theorien immer wieder versucht wird.

War in der älteren soziologischen Systemtheorie noch das Bild einer relativ starren Verschränkung der Elemente gezeichnet worden, das deren relativ hermetische Einpassung ins Ganze vorsah, sucht Luhmann diese Auffassung zu relativieren, indem er die Systeme als 'funktional geschlossen' erklärt. Die relative Eigenständigkeit des Systems gegenüber seiner Umwelt firmiert im Begriff der 'Selbstreferenz' als einer der Angelpunkte der neueren Systemtheorie. Der Orientierungsmodus der Systeme wird in einem sehr grundsätzlichen Sinne selbstbezüglich, 'in sich selbst zurücklaufend' gedacht. Dass Systeme 'geschlossen' sind, bedeutet zunächst, dass nur solche Informationen aus der Umwelt überhaupt verarbeitet werden können, die dem originären Operationsprinzip des Systems entsprechen: "So haben soziale Systeme keine Verwendung für Bewusstsein, und personale Systeme keine Verwendung für Frequenzänderungen im neuronalen System" (Luhmann 1984/60) und im weiteren in dem Sinne, dass auch Informationen aus anderen Systemen des *gleichen* Typus - die also im Prinzip strukturell 'kompatibel' wären - nicht ins System übernommen werden können. In beiden Konstellationen "ist der systemeigene Reproduktionsprozess ... nur intern verwendbar. Man kann ihn nicht zur Verknüpfung von System und Umwelt benutzen, also nicht anderes Leben, anderes Bewusstsein gleichsam anzapfen und ins eigene System überführen." (1984/60)

Dies bedeutet: Die Funktionslogik der eingekapselten Binnendynamik der Systeme agiert nur im Bezug auf sich selbst: "In diesem Sinne operieren selbstreferentielle Systeme notwendigerweise im Selbstkontakt, und sie haben keine andere Form für Umweltkontakt als Selbstkontakt." (1984/59) An anderen Stellen allerdings schränkt Luhmann ein: "Das System operiert stets, aber nicht nur, im Selbst-Kontakt. Es fungiert als offenes und als geschlossenes System zugleich." (1984/624) Diese aufgrund ihrer paradoxen Metaphorik leicht missverständlichen Aussagen sind von Willke dahingehend präzisiert worden, dass Systeme "in ihrem Kernbereich, in ihrer inneren Steuerungsstruktur geschlossen" seien. (Willke 1993/9) Hier und nur hier seien sie "gänzlich unabhängig und unbeeinflussbar von ihrer Umwelt". (ebd.) Luhmann selbst hat dazu folgende Präzisierung angebracht: Die Theorie operativer Geschlossenheit leugne nicht die Möglichkeit kausaler Beziehungen zwischen System und Umwelt, "denn Kausalität setzt ja keineswegs Formgleichheit der Operationsweisen voraus". (1996b/285)

Um den Stellenwert der Rede von der operationalen Geschlossenheit sozialer oder psychischer Systeme richtig verorten zu können, muss man sich vergegenwärtigen, dass es sich dabei keineswegs um so etwas wie 'Selbständigkeit' handelt, denn natürlich sind auch ganz einfache technische Systeme operational geschlossen, das heißt, sie 'hören dort auf', wo ihre spezifischen Operationen enden (ab dort ist 'Umwelt'[67]) oder anders ausgedrückt: Sie können in ihre eigene Operationsweise keine Fremdstrukturen importieren. Für den Raumthermostat bildet die Beethovensonate, mit der er beschallt wird, bloßes 'Außen', er kann ihre Töne nicht in seine Operationen 'einbauen', sondern nur an die Zustände anschließen, die er in selektiver 'Beobachtung' und 'Auswertung' bestimmter Ereignisse (Temperaturveränderungen) selbst hergestellt hat. Ganz anders verhält es sich mit der auf einer spezifischen Ausprägung der operationalen Geschlossenheit beruhenden 'Selbstproduktion' bestimmter Arten von Systemen, die darin besteht, dass diese *durch ihre eigenen Operationen* auch *sich selbst bei Bestand erhalten* und dabei gleichsam die 'Regeln selbst definieren', nach denen dies geschieht. Für solche Systeme haben Humberto R. Maturana und Francisco J. Varela den Begriff der 'Autopoiesis' kreiert, der dann von Luhmann auf die Funktionsweise von sozialen Systemen adaptiert wurde.[68]

Wie schon angedeutet, agieren Systeme nicht 'absolut' geschlossen, vielmehr seien sie, wenn man von ihrer Operationslogik absieht, "in anderen Hinsichten, insbesondere bezüglich der Aufnahme von Energie und Information ... durchaus und notwendigerweise offen". (Willke 1993/65) Dadurch besteht die Möglichkeit, dass die jeweilige Umwelt auf das System in wie immer unberechenbarer Weise aber dennoch folgenreich einwirkt. Für diesen Vorgang wird wieder unter Rückgriff auf Maturana der Begriff der 'strukturellen Koppelung' verwendet (vgl. Willke 1993/58).

Ein häufiges Mißverständnis möchte ich an dieser Stelle - obschon prinzipiell bereits geklärt - noch ausdrücklich benennen: Die Selbststeuerung der psychischen und sozialen Systeme darf nicht mit unverletzter Subjektivität oder demokratisch legitimierten Sozialstrukturen verwechselt werden. Schon Bateson hat ja eine mögliche 'Konkurrenz' des bewussten Denkens mit sich selbst regulierenden unbewussten Prozessen deutlich werden lassen. Dass Systeme sich selbst steuern, hat nichts damit zu tun, dass sie reflexive Bewusstseinsprozesse befördern, sondern beschreibt lediglich eine *technische* Eigenheit des Vorgangs. Selbststeuerung kann genau so gut reflexive Unbeeinflussbarkeit einer selbstlaufenden Verkettung von 'Informationen' bedeuten. Allenfalls darf man annehmen, dass 'eigenständiges Denken' oder 'demokratische Willensbildung' selbst eine Systembildung darstellen, aber eben nicht mehr als *eine* solche unter vielen, die einander nichts anderes als Umwelten sind und aufeinander keinerlei privilegierenden Rücksichten nehmen.

II.

Bewusstsein ist der Operationsmodus psychischer Systeme. Für diese gilt, was für alle autopoietischen Systeme gilt: Sie sind nach außen funktional geschlossen. Es handelt sich also um Systeme, "die Bewusstsein durch Bewusstsein reproduzieren und dabei auf sich selbst gestellt sind, also weder Bewusstsein von außen erhalten noch Bewusstsein nach außen abgeben". (Luhmann 1984/355) Als Elementareinheiten des Bewusstsein fungieren 'Vorstellungen'. Damit ergibt sich als Systemprozess ein "kontinuierliche(r) Prozess der Neubildung von Vorstellungen aus Vorstellungen". (1984/356) Dieser Systemprozess verläuft in der Dimension der Zeit und existiert faktisch nur in der Gegenwart. So stellt Luhmann fest, "dass das Bewusstsein mit all seinen Retentionen und Protentionen stets in der Gegenwart operiert und darin keine Dauer haben kann. Es muss sich fortwährend erhalten und ersetzen". (ebd.) Dies ist aus systemtheoretischer Sicht konsequent, denn hier steht ja nicht der Inhalt sondern der funktionale Prozess des Bewusstseins zur Diskussion. Dass Bewusstsein - inhaltlich betrachtet - Geschichte *präsent hält*, berührt nicht die Tatsache, dass es nur in der Gegenwart *besteht.*

Damit Bewusstsein prozessieren kann, ist es an zwei konstitutive Akte gebunden: Unterscheidung und Begrenzung, oder - wie Luhmann formuliert - "Differenz und Limitation" (1984/358): Es muss Informationen produzieren, die an vorhandene Vorstellungen jeweils weitere Vorstellungen 'anhängt'. Diese weiteren Vorstellungen müssen sich erstens von den davorliegenden *unterscheiden.* Oder anders ausgedrückt: Der Fluss der Gedanken besteht nur als beständige Veränderung. Gleichzeitig muss die Palette der Folge-Vorstellungen zweitens eine *begrenzte* Auswahl bieten, "weil kein Fortgang möglich wäre, der noch als Anschluss erkennbar ist, wenn im Moment alles möglich und gleich wahrscheinlich ist." (ebd.) Der solcherart charakterisierte Prozess bestimmt die Identität des (psychischen) Systems: "Diese zirkuläre Geschlossenheit also, in die alles Bestimmte, sie mitvollziehend eingelagert ist, nennen wir Individualität, denn sie ist, wie alle Autopoiesis, unteilbar." (ebd.)

Individualität ist demnach kontingente Ausformung eines permanenten ideellen Fließprozesses. Sie hat keinen Platz für eine qualitative Binnendifferenzierung etwa nach dem Meadschen Muster einer personalen und einer sozialen Identität, da mit dieser Differenzierung ja im Grunde eine inhaltliche Dimension angesprochen ist, die sich einer bloß 'technischen' Betrachtung entzieht. Für die autopoietische Bewegung ist es - so könnte man formulieren - zunächst einmal einerlei, welcher Herkunft ('personaler' oder 'sozialer') Einflüsse sind, sie behandelt alle so, wie sie sie behandelt, geht also vor sich und damit hat es sich. Für Luhmann wirft diese Problematik bloß das Thema 'Autopoiesis und Selbstbeobachtung/Selbstbeschreibung' auf (vgl. 1984/360). Als 'sozial' spezifizieren sich demnach Einflüsse erst im Kontext der Selbstbeobachtung: "Eine andere Frage ist es, welche sozialen Anregungen ein solches System benötigt, um sich selbst beobachten und beschreiben zu können. ... Die Selbstbeschreibung ist ... ein Prozess, der sich selbst artikulieren und modifizieren kann und der dafür eine Semantik entwickelt, mit der das System bewusst operieren kann. Nur hierfür kann und muss das Individuum Formeln, Unterscheidungen, Bezeichnungen verwenden, mit denen es soziale Resonanz gewinnen oder abgelehnt werden kann." (1984/361)

Gleichwohl ist das psychische System strikt zu unterscheiden vom sozialen System. Dieses nämlich prozessiert nicht Bewusstsein, sondern Kommunikationen. Psychische und soziale Systeme stehen jedoch in einem wechselseitigen Bedingungsverhältnis. Dieses Phänomen bezeichnet Luhmann unter Verweis auf Parsons als 'Interpenetration', die immer dann vorliege, wenn zwei Systeme "sich wechselseitig dadurch ermöglichen, dass sie in das jeweils andere ihre vorkonstituierte Eigenkomplexität einbringen." (1984/290). Damit ist mit 'Interpenetration' eine spezifische Abhängigkeit ausgedrückt: Ein System kann ohne das andere nicht bestehen. Dennoch bleibt das eine System weiterhin (Teil der) Umwelt des anderen.

Das verbindende Medium zwischen psychischem und sozialem System ist 'Sinn'. Für beide Systemtypen ist Sinn das universale Medium, und: "Nicht alle Systeme verarbeiten Komplexität und Selbstreferenz in der Form von Sinn; aber für die, die dies tun, gibt es *nur* diese Möglichkeit." (1984/95) Sinn wird sowohl im Bewusstsein als auch in Kommunikationen transportiert. Mit der Ausarbeitung des Sinn-Begriffes vollzieht Luhmann eine schwierige Gratwanderung. Da er strikt funktional argumentiert, muss er alle üblicherweise präsenten inhaltlich-intentionalen Konnotationen löschen und sich auf die formal-funktionale Dimension seines Gegenstandes beschränken.[69] Sinn erscheint dann als hochelaborierte Systemstrategie: "Mit *jedem* Sinn, ... wird unfaßbar hohe Komplexität ... appräsentiert und für die Operationen psychischer bzw. sozialer Systeme verfügbar gehalten." (1984/94) Sinn ist also eine Art Ordnungsprinzip, das den Zugriff des Systems auf die Mannigfaltigkeit des Seienden erleichtert, ein Auswahlmodus, der die Orientierung des Systems angesichts vielfältiger Möglichkeiten besorgt. Das von dieser Selektion Nichterfasste, damit für das System Nichtaufbereitete, bleibt bloße 'Welt'. Man könnte etwas bildhaft auch sagen: Sinn ist das, was das System als *seine* Wahrnehmungspräferenz in Hinblick auf 'etwas', das es aus der Welt ausgegliedert hat, festlegt.

Wenn schon nichts über den Inhalt von Sinn ausgesagt werden kann, so kann doch beschrieben werden, nach welchem Modus der Prozess vor sich geht, der diesen Inhalt fortschreibt. Die Festlegung von Sinn verläuft nicht beliebig, als Kriterium fungieren wieder funktionale Folgemöglichkeiten: In der Luhmannschen Sprechweise "reformuliert jeder Sinn den in aller Komplexität implizierten Selektionszwang, und jeder bestimmte Sinn qualifiziert sich dadurch, dass er bestimmte Anschlussmöglichkeiten nahelegt und andere unwahrscheinlich oder schwierig oder weitläufig macht oder (vorläufig) ausschließt." (1984/94) Einfacher ausgedrückt: Der Sinn einer Gegebenheit besteht in dem, was auf sie funktional als Ereignisse oder Aktivitäten folgen kann.[70] Seine Festlegung verläuft daher auch nicht gleichförmig oder kontinuierlich. Im Spannungsfeld zwischen dem was (jeweils) ist und (jeweils) möglich ist sich bewegend, wird Sinn "basal instabil, unruhig, mit eingebautem Zwang zur Selbständerung gebildet". (1984/100)

Sinn bedarf der Information. In Anlehnung an Bateson fasst Luhmann Information als "Ereignis ... das Systemzustände auswählt." (1984/102, Hvh. entfernt) Informationen bilden die Ingredienzien des Sinns, seine Ausgangspunkte, die er selbst überdauert: "Eine Information, die sinngemäß wiederholt wird, ist keine Information mehr. Sie behält in der Wiederholung ihren Sinn, verliert aber ihren Informationswert." (1984/102) Dabei ist zu beachten, dass auch die Information in gewisser Weise eine Eigenleistung des Systems darstellt, indem sie nur als eine Art 'Übersetzungsleistung' des Systems in seine eigene Funktionslogik entstehen kann. Das System selegiert, was es als Information aufzunehmen bereit ist und nur, was diese Bedingung erfüllt, kann jene internen Wirkungen auslösen, die eine Orientierung an Außenereignissen ermöglichen. "Information ist nur im System, nur dank dessen Selbstreferenz, nur dank dessen Auffassungsschema möglich. Sie kann gleichwohl durch das System der Umwelt zugerechnet werden. Sie erscheint als Selektion aus einem Möglichkeitsbereich, den das System selbst entwirft und für relevant hält; aber sie erscheint als Selektion, die nicht das System, sondern die Umwelt vollzieht. Sie wird erlebt, nicht erhandelt." Als Ergebnis resultiert ein Struktureffekt, eine Veränderung des Systemzustands, die das weitere Prozessieren des Systems modifiziert hat. Was so dem Betrachter als 'Gedächtnis' erscheint ist - systemisch betrachtet - bloß eine Kumulation von solchen Struktureffekten.

Selbst 'Gründe', also gleichsam das 'Knochenmark' des intentionalen Weltbezugs, lassen sich nach diesem Strickmuster beobachten, wenngleich das Ergebnis von geringer Bedeutsamkeit ist, jedenfalls aber mit dem handlungstheoretischen Begriff der 'Gründe' (im weiter oben ausgeführten Verständnis) wenig gemein hat: Fragt man nicht nach ihrer inhaltlichen 'Bedeutung', sondern "statt dessen nach der Funktion von Begründungen, wird deutlich, dass es um Generalisierungsleistungen geht. Gründe sind zeitbeständiger, sachlich für eine größere Zahl von Fällen zuständig und sozial anschlussfähiger als die bloße Handlung und Entscheidung als Einzelereignis in einer Situation." (Luhmann/Schorr 1982/27)

Am Beispiel sozialer Systeme gewährt Luhmann einen Einblick in jene Prozesscharakteristika, die die (Re-)Produktion von Sinn (im hier auszuführenden Sinn) sicherstellen. Gesellschaftliche Subsysteme zeigten "die Tendenz der wichtigsten Funktionssysteme, zwei Ebenen der Verhaltenssteuerung deutlich zu trennen: Codierung und Programmierung." (1986/154) Die *Codierung* ist das Überdauernde, gleichsam das Definitionskriterium des einzelnen Systems und besteht aus jeweils zwei Optionen, einer positiven und einer negativen. Der Code legt also eine vorgesehene Unterscheidung fest. So habe das Wissenschaftssystem den Code 'wahr/unwahr' und das Erziehungssystem den Code 'besser/schlechter in Hinblick auf die Förderung der Karriere' ausgebildet[71] (1986a/156ff). Die *Programmierung* ist demgegenüber das Entwicklungsfähige. Sie stützt sich auf Konzepte, die die Systemaktivitäten entsprechend der durch den Code definierten Logik anleiten. Der Code rastert also die Gesamtheit möglicher Bedeutungen nach einem binären Prinzip auf und macht sie so der autopoietischen Verarbeitung zugänglich. Er ist quasi die intern verwendete 'Sprache' des Systems. Das Programm legt fest, welche Folgeereignisse diesen Bedeutungen jeweils zuzuordnen sind.

Überträgt man dieses Funktionsprinzip auf psychische Systeme, so müssten Wahrnehmungen etwa einem je spezifischen zweiwertigen Zuordnungsmuster folgen. An dieser Stelle lässt sich nocheinmal die unterschiedliche Logik der theoretischen Perspektiven 'erster' bzw. 'dritter' Person exemplarisch verdeutlichen: Sieht man von Sonderfällen, wie etwa dem Auszählspiel 'Er liebt mich / Er liebt mich nicht' ab, so lassen sich die 'Inhalte' von Wahrnehmungen wohl äußerst selten in eine bloß zweiwertige Logik pressen. Schon eine schlichte Farbwahrnehmung muss nicht zwischen zwei, sondern zwischen (je nach Differenziertheit der individuell ausgebildeten Fähigkeiten) hunderten von Möglichkeiten entscheiden. Umso weniger lassen sich die Bedeutungen, die - inhaltlich gesehen - von Personen oder Organisationen festgelegt, transportiert und ausgetauscht werden, durch *ein* binäres Schema realisieren (wenngleich es eine Art *'typischer Leitdifferenz'* geben mag). Mit der Schwierigkeit einer solchen eher reifizierenden Übertragung des kybernetischen Prinzips auf die (inhaltliche) Problematik der in einer sozialen oder personalen 'Einheit' präferierten Bedeutungskonstellationen kollidiert Luhmann übrigens selbst: Nachdem er den Code des Erziehungssystems als 'gut/schlecht für die Karriere' festgelegt hat, ist er dann unter anderen inhaltlichen Gesichtspunkten gezwungen, die 'Erziehungsabsicht' als Code vorzuziehen. (1992/112)

Dies alles ist aber keinerlei Argument dagegen (und jeder durchschnittliche Heimcomputer stellt dies heute bereits überzeugend unter Beweis[72]), dass komplexe Information sich funktional über eine Vielzahl von Einzelschritten realisieren kann, die einem binären Schema folgen. Auch Miller/Galanter/Pribram haben ja ein Denkmodell präsentiert, das die prinzipielle Möglichkeit einer solchen Transformation qualitativer Problemstellungen in eine konsekutive Reihe von binär strukturierten Einzelschritten nachvollziehbar macht. Diese Überlegung nehme ich wieder als Bestätigung einer Folgerung, die ich schon bisher in unterschiedlicher Weise gezogen habe: Man kann aus den strukturellen Eigenheiten funktionaler Prozesse nicht jene Bedeutungen ableiten, die von ihnen transportiert werden.

Aus der Eigenständigkeit der Bedeutungsebene gegenüber den Systemfunktionen resultiert ein weiterer folgenreicher aber zumeist ignorierter Sachverhalt: In dem Augenblick, in dem sich der funktionale Blick auf Bedeutungen richtet, muss er zumeist (mindestens in Aspekten) seinen eigenen Prinzipien untreu werden: Wie Habermas deutlich gemacht hat, kann der Sinn einer Aussage nicht erfasst werden, ohne dass man sich dem Geltungsanspruch, den sie repräsentiert, in der Perspektive erster Person stellt. Wenn nun etwa paradoxe Kommunikation funktional untersucht werden soll (vgl. etwa Luhmann 1996b/281), so müssen *zunächst* Aussagen *identifiziert werden, auf die die Kennzeichnung 'paradox' überhaupt anwendbar ist.* Dies lässt sich jedoch nur anhand ihrer impliziten Geltungsansprüche bemessen. Ihre Bedeutungen müssen also in einem unhintergehbaren ersten Schritt 'verstehend' aktiviert werden, bevor sie einer allfälligen Untersuchung nach 'objektiven' Gesichtspunkten (Verlaufsformen, Widersprüche, Musterbildungen etc.) unterzogen werden können.

III.

Wie bereits vorgeführt, werden die handlungs- und die systemtheoretische Sichtweise voneinander geschieden durch eine Entscheidung zwischen zwei Gegenstandsbereichen. Es fällt auf, dass Luhmann gegenüber Bateson und Miller/Galanter/Pribram eine anders gewichtete Lösung wählt. Weil Bateson sich nicht definitiv entscheiden kann, ob er den 'ganzen' Menschen systemtheoretisch erklären, oder die nicht-triviale Menschenmaschine ihrem eigenen Bewusstsein noch in gewisser Weise intern gegenüberstellen soll, ergibt sich eine inkonsistente Anlage seiner Theorie, die von Miller/Galanter/Pribram durch klare Revieraufteilung zwischen 'Bild' und 'Plan' vermieden wird. Luhmann verfährt hier (allerdings - wie bereits angedeutet - nur im Zuge der Entfaltung der Grundbegriffe) ebenfalls konsequent: Er denkt das Gedankengebäude der Kybernetik konsequent zu Ende und löscht jeden Rest an Subjektbezug indem er das Bewusstsein in seine formalen Dimensionen[73] auflöst.[74] Die Stringenz der Luhmannschen Argumentation hat damit (wiederum: wenn man sie beim Wort nimmt) zur Folge, dass sie aufgrund ihrer immanenten Logik den Zugriff auf die subjektive Seite des Geschehens, den sich Bateson offensichtlich nicht verstellen lassen wollte, endgültig verunmöglicht. Als Ergebnis verbleiben Auskünfte der Art: Das menschliche Individuum ist unberechenbar.

Die Implikationen dieser 'Revieraufteilung' scheinen Luhmann oftmals sehr klar zu sein. So ist für ihn das Phänomen 'Handlungstheorie' als Implikat der Selbstsicht eines sozialen Systems zu erklären: "Die Selbstbeschreibung setzt - jedenfalls in der modernen Gesellschaft, in der und für die diese Theorie verfasst wird - Reduktion auf Handlung voraus." (1984/263) Sieht man von manchmal allzu metaphorischen Veranschaulichungen[75] einmal ab, die zweifellos *nicht* stringent aus der eigenen Theorie begründet sind, hält Luhmann im Kontext der Ausarbeitung seines Kategorienmodells (etwa 1984) dann auch zumeist eine konsequente Distanz zu allen subjektiv-intentionalen Fragen.

Diese Stringenz der Ausführungen findet jedoch keine Fortsetzung, wenn es um die 'Anwendung' der Kategorien in sozialen Handlungsfeldern (etwa der Erziehung) geht. Als ein Beispiel für viele mögliche mag an dieser Stelle[76] die Feststellung gelten, die Pädagogik wäre ihrem eigenen Programm gemäß gehalten, die Nichttrivialität der 'nichttrivialen Maschine' auszubauen und "den Spielraum des 'Selbst' in seiner Entwicklung auf die Beziehung von Selbst und Programm zu vergrößern und mehr Freiheit, das heißt mehr Unzuverlässigkeit zu erzeugen." (1986/168) In dieser Wendung klingt bereits an, was ich an anderer Stelle ausführlicher als 'Funktions-Bedeutungs-Kurzschluss' kritisieren werde: Unterstellt man die prinzipiell vorhandene (daher als solche nicht 'ausbaubare') autopoietische Qualität von 'Zu-Erziehenden', so kann 'den Spielraum des Selbst ausbauen' lediglich bedeuten: technisch-funktional verfasste Beschränkungen abzubauen, etwa nichtintendierte 'Verselbständigungen' zurückzudrängen. In Anschluss daran kann man 'Freiheit' dann *formal* als erweiterten technischen Spielraum verstehen oder *inhaltlich* in der Subjektperspektive, keinesfalls aber lässt sich eine logisch tragfähige Verbindung vom *nicht-trivialen Systemprozess* zu irgendeiner Form von *'Unzuverlässigkeit'* herstellen.

Gleichzeitig können die fallweise eingestreuten Polemiken gegen handlungstheoretische Positionen aber auch so gelesen werden, dass Luhmann neben dem Systemdiskurs keine weiteren Erklärungskonzepte individuellen und sozialen menschlichen Handelns mehr für sinnvoll und notwendig hält. So wirft er handlungstheoretischen Positionen etwa 'inkongruente Perspektiven' und einen Hang zum Spekulativen vor und schlägt vor, die kategoriale "Verwendung des Handlungsbegriffs, die nach einem üblichen Verständnis zwangsläufig auf ein sinngebendes Subjekt verweist" überhaupt aufzugeben. (1987/309)

An einer illustrativen Stelle bringt Luhmann folgende kritische Fußnote zu Habermas an, in der er sein Unverständnis gegenüber einer 'subjektiven' Erklärung von Individualität kenntlich macht: "Man könne Gründe gar nicht verstehen, ohne affirmativ oder negativ zu ihnen Stellung zu nehmen ... . Solch eine Stellungnahme zwingt aber (es sei denn um den Preis der eigenen Inkonsistenz) zu entsprechender Handlungsorientierung." (1984/352 Fn. 12) Luhmann denkt diesen Gedanken weiter und zieht daraus *seine* Schlussfolgerung: "Aber das schließt Individualität in dieser Hinsicht aus; denn Individualität wird gerade durch Orientierung an der *Differenz* von Kognitionen und Motiven gewonnen. Dass man sich auch durch eigene Einsicht nicht *zwingen* lassen muss, ist Grund der *Freiheit*, ihr zu folgen." (1984/352f, Fn. 12) Habermas, der Rationalität inhaltlich (nicht 'technisch') untersucht, entscheidet sich offensichtlich anders, nämlich 'rational': Der eigenen Einsicht folgt man eben gerade, *weil sie*, als die eigene und daher frei entwickelte, *zwingend ist*. Holzkamp hat dies noch deutlicher herausgestrichen und - wie dargestellt - als 'materiales Apriori der Subjektwissenschaft' bezeichnet. Aus der funktionalistischen Sicht Luhmanns ist dessen Urteil durchaus verständlich: Wenn man sich erst gar nicht auf die Reflexionsebene subjektiver Gründe begibt und das menschliche Denken lediglich aus der rein 'technischen' Perspektive betrachtet (und daher Freiheit notgedrungen als formale Eigenschaft, nämlich als inhaltlich unbestimmte Nicht-Festgelegtheit verstehen muss), kann einem die 'qualitative' Vorstellung nur suspekt erscheinen, derzufolge die Freiheit gerade darin liegen soll, dem Ergebnis der eigenen Einsicht zu folgen und deren 'zwanglosen Zwang' nicht als Beschränkung der Freiheit derselben anzusehen. Es macht eben einen Unterschied, ob man die 'leere' funktionale Struktur analysiert, oder ob man - in 'rationaler' Interpretation - diese mit Inhalten füllt. Und letzteres muss dem Systemdiskurs verschlossen bleiben.

Fundamentalistische Haltungen jedoch führen in das bereits von Bateson bekannte Dilemma[77]: Bestreitet man die Erklärungsmächtigkeit 'verstehender' Interpretation, so muss man für deren Geltungsbereich etwas besseres aus dem eigenen Repertoire zu bieten haben. Die Nicht-Anerkennung unterschiedlicher Diskurstypen führt jedoch sofort zur theoretischen Vernebelung der Probleme, was sich an mannigfachen Beispielen belegen lässt. So wird etwa die These der autopoietischen 'Unberechenbarkeit' menschlicher Individuen von Luhmann und anderen Anhängern der Systemtheorie gerne als Hinweis auf empirische Phänomene ausgegeben. Bei näherer Betrachtung erweist sich dies jedoch eindeutig als Denkfehler. Die Behauptung kann sich schon aus einfachen logischen Erwägungen nicht auf die 'inhaltliche' Dimension des Problems beziehen: Wären die Inhalte der tatsächlichen Gedanken der Menschen so autistisch, wie sich der Prozess ihrer Hervorbringung der systemtheoretischen Analyse präsentiert, wäre die Möglichkeit sozialen Zusammenlebens wohl kaum erklärbar. Undurchsichtig und unberechenbar ist der Mensch nur aus funktionaler, nicht-verstehender Sicht, sonst ist er bestenfalls der kommunikativen Vermittlung bedürftig. Eine 'empirische' black box bildet demnach in handlungsbezogen-kommunikativer Sicht eher einen 'verständigungslosen' Grenzfall als die Regel. Dies schränkt aber die Behauptung nicht ein, dass der funktionale Prozessmodus selbst, der diese Verständigung 'trägt', einem selbstreferenten 'undurchsichtigen', 'unkontrollierbaren' Prinzip folgt. *Dieses allein* aber wird aus der systemtheoretischen Beobachtungsposition sichtbar.

Auch Willke formuliert mehrere Dokumente des kategorialen Mißverstehens. Als exemplarisch mag etwa die folgende Argumentationsfigur gelten: "Die Habermassche Unterscheidung zwischen strategischem (erfolgsorientiertem) und kommunikativem (verständigungsorientiertem) Handeln legt Kommunikation zu sehr auf Konsens fest. Demgegenüber erscheinen gerade gesellschaftlich besonders bedeutsame Kommunikationen wie etwa das Aushandeln von Verträgen, politischer Meinungsstreit, erzieherisches Handeln oder wissenschaftliche Debatte nicht nur dissens-orientiert zu sein, sondern ihre Dynamik und Motivation geradezu von der Klarheit des zugrunde liegenden Dissenses zwischen Verkäufer/Käufer, Regierung/Opposition, Erzieher/Zögling, Autor/Kritiker abzuleiten." (Willke 1993/186) Es ist offensichtlich, dass Willke Habermas hier so kritisiert, als spräche er vom selben Gegenstand wie dieser. Tatsächlich entgeht ihm jedoch, dass Habermas Kommunikation vom Subjektstandpunkt aus rekonstruiert und daher die *inhaltliche Bindung* der Kommunikation an das *Ziel* der konsensualen Verständigung erfassen muss. In dieser Sicht wird (kommunikativer) Dissens in der *konsensualen* Absicht geübt, durch ein besseres Gegenargument zur angepeilten Übereinstimmung beizutragen. Willke hingegen sucht aus der Systemperspektive nach *operativen Eigenschaften* der Kommunikation. Und in dieser Sicht sind Konsens und Dissens in Verständigungsprozessen zwei völlig gleichrangige *formale* Prinzipien.

Dort wo die systemtheoretische Erklärung für subjektive Logiken blind sein muss, flüchtet sie gerne in den häufig strapazierten Paradoxiebegriff. Die Autopoiesis-These impliziere etwa, dass Therapie eine Eigenleistung des Systems sei. Und doch kann sie ohne Therapeuten-Intervention nicht bewerkstelligt werden. Es liege daher eine "Sonderparadoxie" vor, die "auf die Intentionalisierung nicht intentionalisierbarer Veränderung zurückzuführen" sei (Willke 1994/116). Ähnlich ergehe es dem Organisationsberater.[78] Auch er sei mit dem 'Paradox' konfrontiert: "'Verändere, indem du nicht veränderst'. Und: 'Wenn Du veränderst, verändert sich gar nichts. Denn jede Veränderung muss Selbständerung sein.'" (Willke 1992/38) Auch hier zeigt sich wieder eine schlichte Verwechslung logischer Referenzebenen: Die beiden Aussagen bilden keineswegs einen (als theoretisch unergiebiges Paradox abzulegenden) logischen Widerspruch[79], da sie unterschiedliche Gegenstandsdimensionen betreffen: Die funktionale Eigenheit der menschlichen Psyche, 'direkte' Eingriffe (im technischen Sinne) zu verunmöglichen, verhindert keineswegs, dass kommunikative Intervention zielgerichtet und erwartbar erfolgreich vor sich gehen kann.[80]

(1.3) Systemische Konfigurationen als Voraussetzung und Beschränkung von Subjektivität

In ihrem Roman 'Kassandra' präsentiert Christa Wolf die Vivisektion eines sozialen Mechanismus, der Schritt um Schritt in der vermeintlichen Verteidigung der eigenen Interessen die eigene Zerstörung herbeiführt und in der vermeintlichen Durchsetzung gerechter Ansprüche die Eskalation von Unrecht betreibt. Bemerkenswert an diesem Mechanismus ist, dass er einer bornierten, dogmatischen, quasi 'maschinell' prozessierenden Logik folgt. Er bildet ein Art von 'System', das sich auf seinem Weg in den Untergang durch rationale Interventionen nicht irritieren lässt:

> Ich bestand darauf, als Zeugin für den Tod des Troilos im Rat gehört zu werden. Verlangte, diesen Krieg zu endigen, sofort. Und wie? fragten sie mich fassungslos, die Männer. Ich sagte: Durch die Wahrheit über Helena. Durch Opfer. Gold und Waren, und was sie wollen. Nur dass sie abziehn. Dass sich der Pesthauch ihrer Gegenwart entfernt. Zugeben, was sie fordern werden: Dass Paris, als er Helena entführte, schwer verletzte, was uns allen heilig ist, das Gastrecht. Als schweren Raub und schweren Treubruch müssen die Griechen die Aktion betrachten. So erzählen sie, was Paris tat, ihren Frauen, Kindern, Sklaven. Und sie haben recht. Beendigt diesen Krieg.
> Gestandne Männer wurden totenbleich. Sie ist verrückt, hört ich es flüstern. Jetzt ist sie verrückt. Und König Priamos der Vater erhob sich langsam, furchterregend und brüllte dann, wie ihn nie einer brüllen hörte. Seine Tochter! Sie, von allen sie musste es sein, die hier im Rat von Troia für die Feinde sprach. Anstatt eindeutig, öffentlich und laut hier und im Tempel so wie auf dem Markt für Troia zu sprechen. Ich sprach für Troia, Vater, sagte ich noch leise.
> (Christa Wolf, Kassandra, 88f)

An Phänomenen dieser Art lässt sich verdeutlichen, welche Intentionen eine humanistisch inspirierte Handlungstheorie verfolgt, wenn sie Phänomene der Entfremdung kritisiert und durch diese Kritik aufhebbar machen möchte. Im Blickpunkt der theoretischen Anstrengungen liegen dabei einerseits die Individuen und ihre subjektive Bereitschaft zu Handlungen, die ihrem eigenen Lebensinteresse zuwiderlaufen sowie andererseits die sozialen Zusammenhänge, deren Wirkung als Bedingungen für dieses Handeln der Individuen ausgeleuchtet werden. Dieser Topos wird nun im Vordergrund des Kap. 1.3 stehen, in dem ich versuchen möchte, eine Position zu entwickeln, von der aus die eingangs ins Visier genommene 'binokulare' Partizipation am Erkenntnisbestand von Handlungs- *und* Systemtheorien möglich ist.

Dabei werde ich versuchen, einige bisherige Versuche einer handlungstheoretischen Rezeption von Theorien im 'Funktionalitätsdiskurs' kritisch zu würdigen. (a) Dann werde ich die Auffassung argumentieren, dass operative Konfigurationen sowohl als Voraussetzung wie als Einschränkung der intentionalen Bestimmung des Handelns wirksam werden. (b) Im nächsten Schritt werde ich anhand unterschiedlicher Prozesstypen des menschlichen Denkens das Verhältnis zwischen intentionaler und operativer Dimension des Handelns diskutieren und zeigen, dass sich beide sowohl handlungs- wie systemtheoretisch ertragreich untersuchen lassen. (c) Dadurch erhalte ich den Ausgangspunkt für eine Fassung der Entfremdungsproblematik, die mit beiden Positionen verträglich ist ohne die 'kritische' Funktion von Theorie preiszugeben. (d)

(a) Systemtheorie als Handstreich des Antihumanismus?

Ich beginne damit, dass ich gegen eine Pauschalverdächtigung der Systemtheorie als antihumanistisches Manöver argumentiere. (I) Dann werde ich anhand der Infragestellung eines 'Reinterpretations'-Versuch von Klaus Holzkamp den Gedanken vertiefen, dass die objektive Dimension des Handelns nicht durch 'reine' handlungstheoretische Analyse erreichbar ist. (II) Zuletzt werde ich in kritischer Anknüpfung an die konstitutionstheoretische Kritik am Systemansatz einige Ansatzpunkte für eine sinnvolle Bereinigung der Grenzkonflikte zwischen Handlungs- und Systemperspektive herausarbeiten. (III)

I.

Meine Absicht, mit einer handlungstheoretischen Herkunft im Rücken an den Erkenntnissen der Systemtheorie zu partizipieren, kann an wenige elaborierte Vorläufer anschließen. Das funktionale Paradigma trifft auf eine entschlossene Front handlungstheoretischer Kritik. Der Vorwurf lautet: Durch die systemtheoretische Interpretation des menschlichen Handelns werde der Mensch reduziert auf eine Apparatur, sein Handeln interpretiert als Reihenfolge egozentrischer, blinder, unverantwortlicher, zugleich hilf- und hoffnungsloser Reflexe. Mit dieser Konstruktion werde eine allenfalls empirisch vorfindliche aber schlechte, weil ihren weiterreichenden Möglichkeiten entfremdete Erscheinungsform des menschlichen Denkens in affirmativer Absicht (oder mindestens mit affirmativen Auswirkungen) zum Allgemeinen der Gattung erhoben. Angestrebte gesellschaftliche Veränderungen, schon die moralisch argumentierende Kritik am Bestehenden wären damit als bloßes Hirngespinst desavouiert, die Realisierung sozialer Utopien von vornherein als unmöglich dargestellt. Exemplarisch urteilt Günter Rexilius über Systemtheorien, sie entmachteten "die Individuen, die ihre Ohnmacht gegenüber den Lebensbedingungen, unter denen die meisten von ihnen mehr oder weniger stark und vielfältig leiden, ohnehin tagtäglich spüren, auch noch wissenschaftlich; sie sind, politisch gesehen, theoretische Legitimation herrschender Verhältnisse und Strukturen und, individuell betrachtet, demotivierend in bezug auf jegliche Hoffnung auf Veränderung ..." (1994/26f) Auch Ulrich Beck hat die Vorbehalte gegenüber dem 'Systemgedanken' in eine vielsagende Form gegossen:

"Mit anderen Worten: der hochdifferenzierten Arbeitsteilung entspricht eine allgemeine Komplizenschaft und dieser eine allgemeine Verantwortungslosigkeit. Jeder ist Ursache *und* Wirkung und damit *Nicht*ursache. Die Ursachen verkrümeln sich in einer allgemeinen Wechselhaftigkeit von Akteuren und Bedingungen, Reaktionen und Gegenreaktionen. Dies verschafft dem Systemgedanken soziale Evidenz und Popularität.

Daran wird exemplarisch deutlich, worin die biografische Bedeutung des Systemgedankens liegt: *Man kann etwas tun und weitertun, ohne es persönlich verantworten zu müssen.* Man handelt sozusagen in eigener Abwesenheit. Man handelt physisch, ohne moralisch und politisch zu handeln. Der generalisierte Andere - das System - handelt in einem und durch einen selbst hindurch: Dies ist die zivilisatorische Sklavenmoral, in der gesellschaftlich und persönlich so gehandelt wird, als stünde man unter einem Naturschicksal, dem 'Fallgesetz' des Systems. Auf diese Weise wird angesichts des drohenden ökologischen Desasters 'Schwarzer Peter' gespielt." (1986/43)

Dieser Verdacht findet durchaus Nahrung an der systemtheoretischen Selbstinszenierung, etwa an Stellen, an denen Luhmann versucht, seinen manchmal etwas langatmigen Ausführungen, das zu verleihen, was er für Verve oder ein Zeichen für Humor hält und verkündet, dass das Gerede von sozialer Ungleichheit anachronistisch wäre, da es "schon seit mehr als dreihundert Jahren ... in Europa keine Hungersnöte" mehr gebe, über "die großen sozialen Erfindungen des späten 19. Jahrhunderts wie Sozialversicherung und Margarine" spottet (1988/166), oder über die "geradezu neurotischen Formen der Herrschaftskritik in den letzten beiden Jahrzehnten ..." (ebd.) lamentiert.

Angesichts der moralischen Notstände der Welt müssen der "Gestus neutraler, ungerührter Beobachtung" und die Gewohnheit "scheinbar geläufige Sachverhalte und bekannte Lebenserfahrungen wie Liebe oder Religion, Recht oder eben auch Erziehung mit der unbeteiligten Miene des überlegenen Zuschauers zu analysieren" (Prange 1987/202) das Misstrauen aller humanistischen Gedankengebäude wecken. Besonders das sozialkritisch bis marxistisch inspirierte Segment der Sozialwissenschaften hat eine solche Position entschlossen zurückgewiesen. Die Beschränkung Luhmanns auf formale Gesichtspunkte der sozialen und individuellen Funktionszusammenhänge wird als theoretischer Ausgangsfehler beurteilt: "Die wachsende kulturelle Fremdbestimmung der Peripherieländer durch audiovisuelle Medien, die Vernichtung kultureller Identität, Klassengliederung und Marginalisierung - all dies findet sich nicht im Themenkatalog der Luhmannschen Weltgesellschaftstheorie." (Sigrist 1994/78) Oder: "Die Ausgrenzung des Individuums aus der Gesellschaft und seine Zuweisung zur Umwelt der Gesellschaft ... vermeidet auch Ausarbeitungen in Richtung nach der Identität des Menschen als moralisches Subjekt in der und für die Gesellschaft." (Mühlfeld 1994/136) Als typisch kann auch der daran anschließende Vorwurf gelten, durch die von Luhmann vorgenommene "Entsubjektivierungsoperation" würde dieser "den basalen historischen Kontext, in dem Klassenbildung und Klassenbewusstsein artikuliert wurden" verdrängen. (Sigrist 1994/85) Vor diesem Hintergrund wird Luhmann ein Rückfall hinter Condorcet attestiert, der noch "Fortschritt in Richtung einer Weltgesellschaft mit der Forderung nach Aufhebung von Ungleichheit" verbunden hatte (ebd./77) und vorgeworfen, er gehe "nicht auf die dahinterstehenden Interessenslagen und Machtverhältnisse ein" (ebd./89) und könne "die historischen Prozesse, die zur Herausbildung dieses Abhängigkeitssystems geführt haben, nicht erfassen" (ebd./78) Wolfgang Fürnkranz argumentiert ebenfalls von einer dialektisch-materialistischen Position aus und erhebt u.a. den Vorwurf des Biologismus.

Er besteht darauf, dass "die Zelle als Produkt evolutionärer Entwicklung, das Gesellschaftssystem hingegen als Vergegenständlichung menschlicher Tätigkeit zu begreifen ist". (1994/144), Dies ignoriere die Systemtheorie, die Evolution als das "vorherrschende Veränderungsprinzip gesellschaftlicher Entwicklung" (Willke zit. ebd.) ansehe. Menschliches Handeln werde hier offensichtlich auf die Fähigkeit zu blinder Anpassung an Gegebenheiten reduziert, die Möglichkeit bewusster Einflussnahme auf diese aber ausgeblendet.[81]

Meine bisherige Darstellung sollte u.a. die These vorbereiten, dass eine solche Kritik der Systemtheorie gerade das übelnimmt, was sie konsequenterweise tun muss, wenn sie eine Theorie der *formalen Organisation* sozialer und psychischer Zusammenhänge sein will.[82] Die von der Kritik eingemahnten Gegenstandsaspekte liegen ex definitione außerhalb ihrer Reichweite. Hier ist also eine kategoriale Vorentscheidung zwischen zwei möglichen Objektbereichen zu treffen, deren konsequente Einhaltung man der Theorie nicht als Verfehlung anlasten muss. Die sprachliche Mehrdeutigkeit der Formulierungen eröffnet jedoch vielfältige Möglichkeiten, diese Entscheidung nicht zur Kenntnis zu nehmen und auf kategorialer Ebene 'aneinander vorbeizureden', wenn Sigrist etwa Luhmanns "ehrwürdige funktionalistische Unterstellung, dass moderne Gesellschaften nach Kriterien rationaler Arbeitsteilung funktionierende Systeme sind" kritisiert. (1994/78) Hier wäre wohl vorerst der verwendete Rationalitätsbegriff zu klären. Natürlich beschreibt die Auffassung Luhmanns keine *aus der Sicht der Subjekte* als rational (etwa im Habermasschen Sinne) zu klassifizierende Gesellschaftsorganisation, sondern einfach die Tatsache, dass, da es moderne Gesellschaften gibt, sie offensichtlich funktionieren und ergo offensichtlich eine rekonstruierbare Struktur aufweisen. Den Vorwurf, die Systemtheorie würde Ungleichheiten als "funktionsadäquat" (ebd.) klassifizieren, würde Luhmann zweifellos und theoretisch wie moralisch unbeschadet bestätigen können.

In der Kurztatmigkeit der Schlagabtäusche wurde vielfach übersehen, dass auch explizit kritische Theorien immer wieder auf Denkfiguren 'dritter Person' zurückgegriffen haben. So ist das berühmte Marxsche Postulat, demgemäss es "nicht das Bewusstsein der Menschen (sei), das ihr Sein, sondern umgekehrt ihr gesellschaftliches Sein, das ihr Bewusstsein" bestimme (1859/188), durchaus als Diagnose aus einer strikt 'beobachtenden' Perspektive zu lesen. Genau in diesem Sinne orten Giddens und Joas sogar einen ausgesprochen funktionalistischen Marx, den es (unter diesem Gesichtspunkt) konsequent zu kritisieren gelte. Gerade Marx und die auf ihn bezogene Tradition sind also keine überzeugenden Sekundanten bei der Zurückweisung jedweder funktionaler Analyse des menschlichen Verhaltens.

Freilich versucht Marx noch, die beiden Diskursformen aneinander zu binden[83], programmatisch etwa in den 'Feuerbach-Thesen', in denen er gegenüber dem 'objektivistisch' denkenden Feuerbach die Berücksichtigung der menschlichen Subjektivität einmahnt: "Der Hauptmangel alles bisherigen Materialismus - den Feuerbachschen mit eingerechnet - ist, dass der Gegenstand, die Wirklichkeit, Sinnlichkeit, nur unter der Form des *Objekts* oder der *Anschauung* gefasst wird; nicht aber als *menschliche sinnliche Tätigkeit, Praxis,* nicht subjektiv." (1888/26) Keinesfalls *beschränkt* sich Marx auf die funktionale Analyse: Er *kritisiert* die objektiv waltenden Gesetzmäßigkeiten als 'Fetische' und Entfremdungserscheinungen der (eben gerade evolutionär durch die Subjekte hindurch und über sie hinweg, also in einem gewissen Sinne 'systemisch' verlaufenden) 'Vorgeschichte der menschlichen Zivilisation' und behauptet die Möglichkeit ihrer revolutionären Aufhebung. Auch in der überwiegend streng funktionalen Analyse der ökonomischen Gesetze des Kapitalismus (etwa 1867) wird das 'Sein' der Menschen sowohl in 'distanzierter' Perspektive erörtert wie in 'betroffener' kritisiert[84].

Der Doppelbezug der Marxschen Gesellschaftstheorie auf evolutionäre Entwicklungslogik einerseits und in diese eingebettete Subjektivität (als evolutionär höchstentwickelte Form der Selbstbewegung der Materie) andererseits findet sich zwar auch in den Argumentationen der Kritiker der Systemtheorie, ohne jedoch theoretische Folgen zu zeitigen. So etwa, wenn Fürnkranz den Verlust jener Dialektik bloß beklagt, "die ja Subjektivität erst ausmacht: nämlich *Teil der Natur* zu sein und *gleichzeitig* als ihr entgegengesetzt *aus ihr herauszutreten*." (1994/145, Hvh. von mir) Ist sie nämlich *auch* Natur, so muss sie *auch* als solche - und das heißt von einem Standpunkt 'dritter Person' aus - untersuchbar sein.

Der Hintergrund für die wütende Feindschaft, die der Systemtheorie von kritischen Positionen aus entgegengebracht wurde, liegt wohl darin, dass man im handlungstheoretischen Diskurs durchaus 'naturförmige', 'systemische', 'der subjektiven Kontrolle entzogene' Momente des menschlichen Handelns identifiziert, diese aber als Entfremdungsphänomene kritisiert hatte. Indem die Ultima ratio der Systemtheorie nun darin zu liegen schien, genau diese blind ablaufenden Prozesse als 'natürliche' Systemdynamik mehr oder minder zu ontologisieren, musste man sie als affirmativ empfinden und ihre Aussagen als hinter die eigenen gewonnen Einsichten zurückfallen sehen. Eine Kritik dieser Art verfehlt jedoch ihr Ziel. Der intellektuelle Habitus und die politische Nachbarschaft Luhmanns und seiner Anhänger mag dem engagierten Sozialwissenschaftler verdächtig erscheinen, die Kritik an solchen Begleiterscheinungen einer Theorie ist und ersetzt aber noch keine Kritik der Theorie. Man kann ihr überdies entgegenhalten, dass sie auf bloßen Missverständnissen beruhe. So habe die Systemtheorie doch die Möglichkeit von Veränderung nirgends bestritten, sie vielmehr sogar hervorgehoben und ihre Verlaufsgesetze ausdrücklich beschrieben. Moralisches Denken und Handeln sei nie in Abrede gestellt, bloß ihre funktionale Eigentümlichkeit aufgewiesen und durch eine realistische Sicht der Dinge die Möglichkeit geschaffen worden, zwischen Phantasie und realen Optionen zu unterscheiden usw.

An dieser Stelle lässt sich der Kernbestand eines Missverständnisses verorten, das von beiden Seiten immer wieder zum Ausgangspunkt heftiger Kontroversen genommen wird: Die Debatte um Entfremdungsverhältnisse bezieht sich auf das Spannungsverhältnis von aufgeklärt-rationalen und naturhaft-irrationalen Komponenten *des Handelns* und berührt als solche die Frage der *theoretischen Positionierung* in der Perspektive 'erster' oder 'dritter Person' zunächst einmal überhaupt nicht. In beiden Blickrichtungen lässt sich beides untersuchen. Zwar kann eine formal-funktionale Analyse *alleine* wenig zur Aufhebung von Entfremdungsphänomenen beitragen, weswegen aber die von ihr gelieferten Ergebnisse noch keineswegs als unzutreffend oder irrelevant zu charakterisieren sind. Erst die konsequente *Beschränkung* des Denkens auf die 'objektive' Sicht würde insgesamt zu jener 'hilflosen' oder 'zynischen' Orientierung führen, die der funktionalen Position von handlungstheoretischer Seite vorgeworfen wird. Ich werde dieses Missverständnis in den folgenden Abschnitten unter verschiedenen Gesichtspunkten systematisch untersuchen.

Frontalpolemiken haben die Systemtheorie auch notwendig unberührt gelassen und Versuche, sich 'von außen' auf ihre Sichtweise wirklich einzulassen sind rar geblieben. Die gesellschaftskritische Rezeption der Systemtheorie ist Luhmanns wiederholten reaktionären Provokationen, die etwa Sigrist emphatisch ins Treffen führt, allerdings keineswegs bloß auf den Leim gegangen, viele Produkte aus der Werkstatt der Systemtheorie sind tatsächlich mit jenen (theoretisch eigentlich unnotwendigen) Fehlern behaftet, die ihr moralisch angekreidet werden.[85] Diesen Fehlern liegt die im Grunde völlig gleiche Kontaminierung unterschiedlicher logischer Referenzebenen zugrunde, wie der fundamentalistischen Kritik am Systemparadigma. Dies werde ich später am Beispiel der 'pädagogischen' Äußerungen der Systemtheorie ausführlich exemplarisch zu dokumentieren versuchen.

Bemerkenswert ist, dass auch manche Kritik aus dem eigenen Lager glaubt, 'humanistische' Grundmotive gegenüber Luhmanns zu Ende gedachtem Funktionalismus geltend machen zu müssen. So schlägt etwa Ralf Dziewas vor, den Menschen nicht zur Gänze in Systeme zu dekomponieren, die füreinander bloß Umwelten darstellen, sondern als 'Einheit' in die Theorie wieder einzuführen. Es drängt sich für ihn "die Frage auf, ob nicht der Mensch als Ganzes aus Körper und Geist, aus biologischem und psychischem System, als autopoietisches System beschrieben werden kann" (1992/122) Ute Gause und Heinz Schmidt wiederum weisen die Auffassung Luhmanns zurück, derzufolge das Erziehungssystem nach dem Code gut/schlecht für die Karriere prozessiere. Sie plädieren demgegenüber für den Code nützlich/unnütz bzw. geeignet/ungeeignet für die Bildung (des Einzelnen).

Derlei Einwände scheinen die Radikalität, mit der Luhmann einen 'formalen' bzw. 'Außenstandpunkt' einnimmt, abschwächen zu wollen (ein Unterfangen, das übrigens nur vor dem Hintergrund der Annahme sinnvoll erscheint, es gäbe außer dem eigenen keinen weiteren Standpunkt, der wissenschaftlich legitimierbar eingenommen werden kann, denn nur dann ginge tatsächlich etwas verloren, das zu retten man sich verpflichtet fühlen muss). Sie würden das systemtheoretische Konzept jedoch eher verwässern als bereichern: Die Wiedereinführung des 'Menschen' als systemtheoretische Kategorie liegt quer zum Versuch, gerade durch den Abstraktionsschritt vom alltäglich 'Gedachten' weg die formal-funktionalen Basisereignisse herauszuarbeiten, die das zu untersuchende Phänomen konstituieren. Denn der 'Mensch' hat genau jene funktionalen Eigenschaften nicht, die den Systemen zugeschrieben werden und ist daher als *theoretische* Kategorie unbrauchbar.[86]

Ähnlich verhält es sich bei der Kritik an Luhmanns Interpretation des Erziehungssystems. So gehen Gause/Schmidt davon aus, dass dieses "den Kompetenzerwartungen der gesellschaftlichen Umwelt entsprechen" und daher primär Bildung und nicht Statuszuweisung realisieren müsse. (1992/189) Bildung allerdings ist eine 'subjektbezogene' Kategorie und der Bedarf an Kompetenzen ein qualitativ-inhaltliches Problem. Beide sind dem formal-funktionalen Blick nicht sichtbar. (Aus genau diesem Grund lehnen es Luhmann/Schorr ja auch ab, von 'Bildung' zu sprechen und schlagen vor, ersatzweise den Begriff 'Lernfähigkeit' zu verwenden. vgl. 1979/84ff) Systemtheoretisch wäre hier lediglich zu reflektieren, durch welche *objektiven Ereignisse* das Erziehungssystem seinen Bestand erhält und die ihm übertragenen Aufgaben erfüllt. Zwei idealtypische funktionale Modelle sind hier vorstellbar: Die Implikation der Gesellschaft, dass sie sich über die Generationenfolge hinweg reproduzieren muss, kann nach dem traditionellen Modell der Staatsschule über administrative Einflussnahme des Staates auf die Schule (via bürokratischer Kontrolle) und die Schüler (via Schulbesuchszwang) realisiert werden. Denkt man jedoch Luhmanns Idee von der 'funktionalen Differenzierung' der gesellschaftlichen Subsysteme als selbstreferente Einheiten weiter, so entsteht ein anderes Bild (das sich ja auch realhistorisch immer deutlicher abzeichnet): Ein in autonome Einheiten ausdifferenziertes Bildungssystem impliziert 'selbstreferente' Lernende in 'selbstreferenten' Schulen. Letztere orientieren sich als 'Anbieter' von Leistungen an den Aspirationen der eigenen (pädagogischen) Klientel. Unterstellt man dazu Schüler und Eltern als selbstbezogen entscheidende 'Nachfrager', so fließen die qualifikatorischen Reproduktionsleistungen für die Gesellschaft nur mehr indirekt in das Schulsystem ein, nämlich über die Lernenden und ihre Karriereperspektiven, die den gesellschaftlichen Notwendigkeiten über das Regulativ des Arbeitsmarktes angemessen werden. Damit aber bildet die Schule aus *funktionalistischer* Perspektive genau jenen Ort, an dem verteilt wird, was der individuellen Karriere (dieser Begriff müsste hier natürlich strikt von allen intentionalen Konnotationen gereinigt werden) der Schulbesucher zuträglich oder abträglich ist. Der Gause/Schmidt offenbar (moralisch?) verdächtige *subjektive Zweck* der Aneignung von Wissen als bloßem *Mittel* zum Erreichen einer bestimmten gesellschaftlichen Position gerät aus einer konsequent systemtheoretischen Position erst gar nicht in Sicht, sie ist eine Denkfigur 'subjektiver' Provenienz.[87]

II.

Ich habe in 1.1 und 1.2 zu zeigen versucht, warum es möglich und sinnvoll ist, menschliches Handeln sowohl aus handlungstheoretischer wie aus systemtheoretischer Sicht zu beschreiben. Die von mir hier referierte handlungstheoretische Kritik an der Systemtheorie neigt fallweise dazu, eine solche Auffassung zu bestreiten und geht davon aus, dass das eigene Konzept geeignet sei, das menschliche Handeln ohne Hinzuziehung des Systemansatzes ausreichend angemessen zu erfassen. Wie ich im folgenden zeigen möchte, erweisen sich die Argumente, mit denen dieser Anspruch explizit durchgesetzt werden soll, als äußerst brüchig.

Das Kernargument lautet: Da menschliches Handeln von den Handelnden selbst auf subjektiv-intentionale Weise entworfen und wahrgenommen wird, ist es gegenstandsunangemessen, dieses Handeln in Kategorien zu untersuchen, die von dieser subjektiv-intentionalen Dimension abstrahieren. Daher sind menschliche Handlungen und alle weiteren Phänomene, die auf sie zurückgehen, von einem

Standpunkt 'erster Person' aus zu erforschen. Welche Konsequenzen sind aus der Einnahme dieses Standpunktes zu ziehen, wenn man nicht bei der bloßen Metapher stehenbleiben oder sie überhaupt zu einem Mythos erweitern möchte?

Habermas hat drei Typen rationalen Argumentierens beschrieben, die den Kernbestand einer reflexiven Sicht auf die Welt ausmachen (s.o.): die Erörterung konstativer Aussagen (über bestehende Tatsachen), expressiver Aussagen (über Gegebenheiten der personalen 'Innenwelt') und normativer Aussagen (über anerkennungswürdige Verhaltensregeln). Wenn man die Sinnhaftigkeit dieser Gliederung annimmt, müssen im Kontext menschlichen Handelns also reflektierte *objektive Gegebenheiten,* reflektierte *eigene Ambitionen* und reflektierte *Handlungsorientierungen* als aufeinander verweisende und einander ergänzende Momente des Denkens gesehen werden. Die Reflexion bestehender Tatsachen wird nun immer in der Logik der unbeteiligten Beobachtung vollzogen. Die Aussage: 'Es regnet' hält keinen 'verstehenden' Standpunkt erster Person bereit, es sei denn man würde den Regen animistisch deuten. Die Aussage 'A wird krank' präsentiert A zwar sprachlich als Subjekt, nicht aber kausal: Seine beginnende Krankheit 'verläuft' *an* ihm, daher kann der Vorgang ihres Ausbrechens nicht (bzw. nur in seinen erfahrbaren Auswirkungen) im Subjektdiskurs reflektiert werden. Objektive Gegebenheiten sind nicht von einem Standpunkt erster Person aus zu erforschen, da das Objektive eben gerade das ist, das außerhalb und unabhängig von persönlichen und moralischen Ambitionen bestand hat.

Solche objektiv festzustellenden Gegebenheiten finden sich nicht nur in meiner Lebensumwelt oder an mir als 'Körper', sondern auch an meinen Handlungen. Die richtige Aufeinanderfolge von Bewegungen (die 'Technik') beim Schifahren im Tiefschnee etwa lässt sich ohne Berücksichtigung irgendeiner subjektiven Ambition genauestens beobachten, verallgemeinern und ggf. auch an Unkundige weitergeben: Die durch die Außenbedingungen (tiefer Schnee) vorgegebenen Prinzipien einer bestimmten Art kontrollierter Bewegung (eine Abfolge bestimmter Gewichtsverlagerungen und Schistellungen, dadurch sturzfreies rhythmisches Gleiten) sind - wie der praktische Versuch umgehend erweist - durch subjektive Willensakte nicht hintergehbare, sondern nach *objektiven* Kriterien bestimmte Prozesscharakteristika. Dieser Umstand trübt in keiner Weise das subjektive Vergnügen, die einmal erlernten Elemente dieser Technik entlang der je eigenen Bewegungs- und Selbstdarstellungsbedürfnisse in unbegrenzter Variation in konkrete *Handlungen* umzusetzen, damit also genau die zunächst 'subjektlos' bestehenden Gesetzmäßigkeiten *subjektiv anzuwenden.*

Auch dort, wo im Kontext eines dynamischen Unbewussten (etwa im Sinne der Psychoanalyse) gemäß der Formulierung von Merlau-Ponty 'Prozesse dritter Person an mir ablaufen' (1966/234), bilden diese für mich zunächst einen Teil der 'objektiven Welt' über den ich trachten kann, 'objektive' Informationen zu bekommen: Dass ich Konflikten unbewusst aus dem Weg gehe, erfahre ich nicht 'subjektiv', denn 'subjektiv' verdränge ich ja gerade diese Einsicht, sondern ich erfahre es über Fakten, die für mich gerade als 'objektive', nicht bestreitbare etc. bedeutsam werden. Im Falle von 'technischen Pannen', die bei der Durchführung der Handlungen auftreten, muss ich diese Regeln (auch) als 'objektive', von meinen

Willensentschlüssen unabhängige Verlaufsgesetzmäßigkeiten betrachten, um diese Pannen in reflektierter Weise beheben zu können.

Wo sich der subjektive Denkakt auf das eigene Denken und Handeln oder auf die gegebene äußere Situation *in seinen/ihren objektiven Aspekten und Dimensionen* bezieht, muss er also *zunächst* bloße Faktizitäten feststellen und einen Beobachterstandpunkt 'dritter Person' einnehmen. Auf diese Weise lassen sich dann 'technische' Möglichkeiten (Ansatzstellen, Strategien etc.) einer Veränderung identifizieren. Was solche objektiven Informationen 'für mich' (als reflektierendes Subjekt) dann *weiter* bedeuten, wie ich sie also zur Modifikation meiner Handlungsorientierung einsetzen *will*, kann ich erst in einem *nächsten* reflexiven Schritt bestimmen.[88] Und das bedeutet keineswegs, dass durch diesen die objektiven Gegebenheiten nun irgendwie subjektiv 'uminterpretiert' oder 'aufgeweicht' werden, sondern, dass die subjektiven Intentionen *zu* diesen objektiven Sachverhalten *als objektiven* in Beziehung gesetzt werden.

Es wäre also eine sachlich nicht zu rechtfertigende Verkürzung, zu behaupten, 'objektive' Vorgänge könnten (unmittelbar) aus der Sicht der 'subjektiven' Betroffenheit ausreichend erfasst werden. Dies würde einem ein originär irrationalen 'spontanistischen' Denkkonzept entsprechen. Wenn aber die objektive Erhebung von Sachverhalten einen notwendigen Aspekt des individuellen Denkens eines *alltäglichen Akteurs* ausmacht, ist die Annahme um so weniger begründbar, das *wissenschaftliche* Denken über das menschliche Handeln könne in ausschließlich performativer Einstellung erfolgen.

Genau dies aber scheint die Ausgangsannahme der 'subjekttheoretischen Reinterpretation' einiger kybernetischer Auffassungen zu sein, die Holzkamp am Rande der Entwicklung seiner 'subjektwissenschaftlichen Grundlegung' einer Lerntheorie vornimmt. Der hier vorexerzierte handlungstheoretische Purismus führt jedoch umgehend in eine konzeptive Zwangslage: Er impliziert, Konzepte, die sich ihm nicht von vornherein beugen, interpretatorisch zu assimilieren. Das Hauptargument Holzkamps lautet: Weil es, in der Handlungsperspektive betrachtet, aus der Sicht des Lernenden vernünftig ist, die 'objektive' Seite des Handelns (bzw. Lernens) in ihren Auswirkungen zu berücksichtigen, nehmen Theorien, die sich mit dieser objektiven Seite beschäftigen, in Wahrheit (auch wenn sie selbst dies nicht so sehen) einen verallgemeinerten Subjektstandpunkt ein. Daher gelte es, solche Theorien so zu interpretieren, dass dieser Standpunkt uneingeschränkt zur Geltung kommt.[89]

Auf dieser Basis findet Holzkamp dann anlässlich der Diskussion der theoretischen Konzepte von Miller/Galanter/Pribram und der Handlungsregulationstheorie sensu Hacker, Volpert u.a. zu der überraschenden Einschätzung, diese stünden im Kern, aber ohne es selbst zu wissen, mit ihren "theoretischen Aussagen objektiv eindeutig im Begründungsdiskurs." (1993/163) Diese Einschätzung wird so begründet: "In den Konzepten über 'Pläne', 'hierarchisch-sequentielle Handlungsorganisation' nach dem 'Rückmeldungsprinzip' etc. ist nichts darüber ausgesagt, wie beliebige vorfindliche Individuen tatsächlich handeln, sondern wie man unter je gegebenen Prämissen 'vernünftigerweise' handelt ..."[90] (1993/163)

Nachdem die Handlungsregulationstheorie solcherart unfreiwillig in den Subjektdiskurs hineingedrängt worden ist, wird ihr sogleich zum Vorwurf gemacht, dass sie sich nicht an dessen Umgangsformen hält. So hebe sie etwa "an *unterschiedlichen Lernkonzeptionen abstraktiv lediglich einen bestimmten Aspekt* heraus: die *Regulierbarkeit des Lernens durch Handlungsorganisation auf ein Ziel* hin o.ä." (1993/169) Diese Vorgangsweise entspreche nicht den subjektwissenschaftlichen Prämissen, denn:

"Für diese Bestimmungen ist wesentlich, dass die Welt kategorial als Inbegriff von 'Bedeutungen', d.h. gesellschaftlichen Handlungsmöglichkeiten verstanden wird, durch deren aktive Realisierung ich Verfügung über die individuell relevanten gesellschaftlichen Lebensbedingungen erreichen kann. Ein so gefasster Bedeutungsbezug ist aber durch die Begrifflichkeit der Handlungsregulationstheorie *keineswegs abbildbar*. Statt *gesellschaftlicher* Bedeutungen kommen hier vielmehr nur individuelle 'Lernziele' in den Blick, die durch eine angemessene Organisation meiner Lernaktivitäten besser erreichbar werden sollen. Welche *inhaltliche Bedeutung* die jeweiligen Zielsetzungen für mich haben, bleibt dabei außen vor. Anders: Mit dem Modell der Handlungsregulationstheorie ist zwar ausgesagt, dass es - *vorausgesetzt* ein bestimmtes Lernziel soll erreicht werden - gute Gründe dafür gibt, dies in den angegebenen hierarchisch-sequentiellen Planungsschritten zu versuchen: Welche guten Gründe man haben könnte, das jeweilige Lernziel *überhaupt* erreichen zu wollen, bleibt dagegen unhinterfragbar." (1993/169)

Der diagnostizierte Fehler könne jedoch interpretatorisch behoben werden: "Sofern man die Bestimmungen der Handlungsregulationstheorie in ihrem allgemeinen, von den genannten Fixierungen und Restriktionen befreiten Charakter versteht, verdeutlicht sich, dass sie tatsächlich als *generelle Kennzeichen des Handelns vom Subjektstandpunkt* explizierbar sind: So werden in meinen Handlungen - da ich bestimmte Teilaktivitäten vernünftigerweise vor bzw. nach anderen Aktivitäten vollziehe - bestimmte *sequentielle* Anordnungen erfordert sein; ebenso lässt sich der Umstand, dass ich dabei vernünftigerweise bestimmte Über- und Unterordnungen ... berücksichtigen muss, als *hierarchische* Struktur meines Handlungsvollzuges kennzeichnen." (1993/166)

Analog kritisiert Holzkamp das von Hacker eingeführte und von Volpert ausgebaute Konzept der 'Regulationsebenen' in folgender Weise: "Die Unterscheidung zwischen 'sensumotorischer', 'perzeptiv-begrifflicher' und 'intellektueller Handlungsregulation' ist offensichtlich weniger auf Erfahrungsgegebenheiten vom Subjektstandpunkt rückbeziehbar, sondern stellt eher einen reifizierenden Schematismus vom 'Standpunkt dritter Person' dar ..." (1993/164) Holzkamp charakterisiert hier plastisch die funktionale Ausgangsabstraktion, unverständlich bleibt bloß seine Kritik, die dem Modell dessen eigene theoretische Grundlagen schlichtweg aberkennt. Zwar ist es durchaus nachvollziehbar, Sichtweisen als 'reifizierend' zu kritisieren, sofern sie etwa Prozesse als 'Dinge' beschreiben.[91] Von einer solchen Kritik (sofern sie zutrifft) führt jedoch kein logischer Weg zur Auffassung, dass damit die 'technisch-funktionale' Seite des Vorgangs - die ja auch keinesfalls reifizierend beschrieben werden muss - nicht mehr bestünde und also auch nicht mehr in objektivierender Einstellung untersucht zu werden bräuchte.

Die Formulierung, dass man sich objektiver Gegebenheiten 'vernünftigerweise' bedient, kann das Problem nicht lösen helfen: Dass ich mich 'vernünftigerweise' dafür *entscheide* (was ein normatives Problem ist), bestimmte strukturelle Merkmale von Handlungen zu realisieren, sagt nichts über den *objektiven funktionalen Stellenwert* dieser Merkmale im Rahmen der Handlung aus (denn dies ist kein normatives Problem, sondern ergibt sich als schlichte Tatsache). Die Intentionen richten sich auf das erwartete Ergebnis der Handlung, nicht auf ihre funktionale Struktur. Indem Holzkamp die 'Sequenzen' Hackers oder die 'Pläne' i.S.v. Miller/Galanter/Pribram als Hort der Subjektivität vorführt, weil es 'vernünftig' ist, sie anzuwenden, vermischt er die 'objektive' *Binnen*logik dieser Prinzipien mit der 'subjektiven' Logik ihrer *Anwendung*.

Die Anlage dieser 'kritischen' Rezeption trägt wieder Züge der bereits zurückgewiesenen Verdächtigung funktionaler Denkfiguren als herrschaftskonforme Ideologiebausteine. Im Subjektdiskurs wäre - was unbestreitbar ist - eine Ausklammerung der intentionalen Dimension nicht möglich, denn: "Ich habe - sofern ich lerne - natürlich immer inhaltliche Gründe dafür ... . Vom 'Drittstandpunkt' aus sind Reduzierungen auf lediglich sekundär-regulatorische Lerngründe[92] hingegen durchaus denkbar ... : Solche Reduzierungen werden nämlich immer dann vorliegen, wenn die Theorie bzw. deren Anwender an den *inhaltlichen Lerngründen des Betroffenen nicht interessiert* ist, sondern nur organisatorische Vorkehrungen getroffen werden sollen, um ein möglichst effektives, ökonomisches etc. Lernen zu ermöglichen." (Holzkamp 1993/171) Nun wird die bezeichnete Sichtweise im nächsten Schritt in den Kontext repressiver Verschleierungsideologien gestellt: "Praktisch impliziert dies stets eine irgendwie geartete Überordnung von Lehrsituationen über Lernsituationen auf die Weise, dass die Entscheidung über Lerninhalte der 'lehrenden' Instanz i.w.S. ... vorbehalten ist, während dem Lernenden nur die möglichst ökonomische, effektive ... Realisierung der fremdgesetzten Lernziele zugestanden wird". (1993/171f) Hier zeigt sich die fatale Auswirkung der nicht registrierten Differenz zwischen der Logik konstativer und normativer Aussagen: Indem eine objektivierende Analyse von Effektivität und Ökonomie als nicht subjektadäquat angesehen wird, wird sie gleichgesetzt mit der Entfremdung von den eigenen Handlungsinteressen. Genau damit wird dem Subjekt jedoch im Grunde theoretisch die Möglichkeit streitig gemacht, auf der Basis durchaus 'guter Gründe' - also im reflektierten eigenen Interesse - sein Handeln *in seiner technisch-funktionalen Dimension* zu untersuchen und zu effektivieren.

Psychische oder soziale Phänomene gehen also keineswegs in der *subjektiven Begründung* der sie konstituierenden Handlungen auf, denn *warum* bestimmte Handlungen *in der Summierung funktionaler Effekte* das angestrebte Ergebnis zeitigen und damit die subjektiven Entscheidungen überhaupt erst 'vernünftig' machen, kann in den 'Gründen' selbst nicht reflektiert werden. Damit wird noch einmal offensichtlich, dass und warum gerade auch aus der Handlungsperspektive gute Gründe dafür bestehen können, bei der Untersuchung des Handelns quasi einen methodischen *Zwischenschritt* vorzusehen, der *in der Haltung eines unbetroffenen Beobachters* vollzogen wird und dass die Behauptung, ein Konzept, das nicht im Subjektdiskurs konzipiert ist, wäre schon deswegen als Affirmation oder Verdinglichung zu kritisieren, sich nicht ausreichend begründen lässt.

III.

Wie in Kapitel 1 bereits angedeutet, werden funktionalistische Auffassungen auch von konstitutionstheoretischer Seite heftig kritisiert. In dieser Kritik finden sich viele der bereits dargestellten Argumente ausgeführt und in eine weitere Variante grundsätzlicher Kritik an der Systemtheorie zusammengefasst. Das Hauptargument lautet: Die Aussage, dass bestimmte Handlungen (bzw. aus solchen Handlungen zusammengesetzte soziale Ereignisse) eine bestimmte Funktion erfüllen, bezieht sich logisch nicht auf Tatsachen, aus denen das Zustandekommen der Handlungen (bzw. der aus ihnen zusammengesetzten Ereignisse) erklärt werden kann. Die Möglichkeit einer solchen funktionalen *Erklärung* ist zu bestreiten, "weil sie keinen Mechanismus angibt, der die Annahme eines funktionalen Erfordernisses mit den unterstellten Folgen verbindet, die sich für das umfassendere soziale System ergeben, in dem die zu erklärenden Aktivitäten enthalten sind." (Giddens 1984/ 349f) Daher kann eine funktionale Interpretation eben lediglich ein beschreibendes Bild des Systemzustands liefern, nicht aber eine Erklärung der Handlung selbst. Diese könne nur über die Einbeziehung der intentionalen Hintergründe als eigentlichen 'Ursachen' erklärt werden.[93] In funktionalistischen Ansätzen aber werde "kaum ein Versuch gemacht, auf die Intentionalität des Verhaltens der Handelnden im einzelnen Bezug zu nehmen." Zwar werde diese nicht prinzipiell bestritten, aber "gewöhnlich nicht für sonderlich interessant gehalten, weil man sich darauf konzentriert, dem sozialen System Rationalität zuzuschreiben, und nicht den Individuen." (Giddens 1984/349)

Diese Kritik kommt meinem Darstellungsanliegen offensichtlich stärker entgegen. Die aus ihr abgeleitete Zurückweisung funktionalistischer Theorien (die bei Giddens sehr prinzipiell ausfällt) weist dennoch einige logische Ungereimtheiten auf. Sie nimmt offensichtlich einen Typus funktionalistischer Theorie nicht zur Kenntnis, der mindestens in den von mir dargestellten Varianten der Systemtheorie kategorial angelegt (wenn auch nicht immer konsequent eingehalten) ist. Betrachten wir noch einmal den Kern des Vorwurfs: "Der Terminus 'Funktion' impliziert eine Art *teleologischer Qualität*, die sozialen Systemen zugeschrieben wird: man hält soziale Gegenstände bzw. Aktivitäten für existent, *weil* sie funktionalen Erfordernissen entsprechen." (Giddens 1984/350, Hvh. hinzugefügt) Eine solche 'teleologische Qualität' bildet jedoch nicht von vornherein eine logische Implikation des systemtheoretischen Konzepts. Bereits Bateson hatte ja definitiv festgestellt: "Wir erwägen, welche alternativen Möglichkeiten denkbar gewesen wären, und fragen dann, warum viele der Alternativen nicht eingetreten sind, so dass das besondere Ereignis eins von den wenigen war, die in der Tat auftreten konnten." (1967/515) Die ggf. zu kritisierende Behauptung lautet also nicht: A bestehe, weil B gegeben sei, sondern A bestehe, weil C, D, E, ... aus funktionalen Ursachen *nicht* bestehen könnten. Es ist offensichtlich, dass dieses zweite 'weil' einer ganz anderen - nämlich teleonomen - Logik zugehört, als das erste. Es drückt keine Kausalbeziehung aus, die *B und A linear verknüpft*, sondern lediglich ein *Konditionalverhältnis*, das *bestimmte* Varianten *ausschließt*. Luhmann hat dies in etwas spröderer Form so ausgedrückt: "Die funktionale Analyse benutzt Relationierungen mit dem Ziel, Vorhandenes als kontingent und Verschiedenartiges als vergleichbar zu erfassen. Sie bezieht Gegebenes, seien es Zustände, seien es Ereignisse, auf Problemgesichtspunkte, und sucht verständlich und nachvollziehbar zu machen, dass das Problem so oder auch anders gelöst werden kann." (1984/83f) Allerdings verweist diese Sichtweise auf eine spezifische *Entstehungslogik*, nämlich auf Evolution, die genau darin besteht, dass die jeweils funktional weniger leistungsfähigen Varianten den jeweils leistungsfähigeren weichen.

Dies scheint zunächst einmal dafür zu sprechen, dass die Kritik Giddens' zurückzuweisen ist. Es ist jedoch noch offen, ob mit den Aussagen Batesons und Luhmanns das Problem bereits wirklich ausgeräumt ist: Denn nun *muss* zwar A nicht, sondern *kann* bestehen, weil A offenbar zu den (wenigen) Varianten zählt, die den funktionalen Erfordernissen ausreichend entsprechen (oder wie man schlicht sagen könnte: die eben 'funktionieren') und daher in der evolutionären Konkurrenz nicht ausgeschlossen wurden. In der Wendung 'den funktionalen Erfordernissen entsprechen' könnte Giddens nun aber (und völlig zu recht) erst recht wieder eine Eliminierung der intentionalen - und damit aus seiner Sicht *eigentlichen* - 'Ursachen' sehen: Ob nämlich *in einem sozialen Kontext* etwas 'funktioniert', und sich damit 'evolutionär' durchsetzen kann, hängt ja u.a. auch von den subjektiven Entscheidungen der *anderen* betroffenen Individuen ab. Damit aber wäre die 'Funktionalität' von (sozialen) Handlungsereignissen erst wieder nicht in einer kausalen Gesetzmäßigkeit fassbar, sondern nur in der theoretischen Subjektperspektive zu bestimmen[94], wäre also die 'starke' funktionalistische These insgesamt nicht haltbar und wäre Giddens in seiner prinzipiell ablehnenden Haltung dieser gegenüber uneingeschränkt zuzustimmen.

Allerdings kann man an dieser Stelle ohne Widerspruch zu den von Giddens vorgelegten Argumenten festhalten: Es bliebe die Alternative rechtfertigbar, funktionalistische Argumente ausschließlich auf solche 'Bedingungen' des menschlichen Handelns zu beziehen, die *von subjektiven Intentionen unabhängig* wirken. Mindestens drei Bereiche wären hier vorstellbar: Physikalische Gegebenheiten (wie sie etwa im Kontext des instrumentellen Handelns von Bedeutung sind), soziale Gegebenheiten, sofern sie mit dem Handeln nicht kommunikativ-rational vermittelt sind (wie dies etwa im Kontext des strategischen Handelns der Fall ist) und innerpsychische Mechanismen, sofern sie automatisch-selbstregulativ 'vor sich gehen' (wie dies etwa an Batesons Beispiel schizophrener Persönlichkeiten paradigmatisch demonstriert werden kann). Gegenüber *solchen* Phänomenen wären auch unter Berücksichtigung der bisherigen Einwände von Giddens *erklärende* Aussagen im Sinne des kybernetischen nicht-linearen Kausalitätsprinzips prinzipiell möglich.

Joas kann genau hier anknüpfen: Er bestreitet die Triftigkeit des Systemansatzes nicht prinzipiell, sondern lediglich, dass es sinnvoll ist, Systemtheorie in 'essentialistischer Weise' von vornherein auf *alle* Phänomene unter der Annahme zu beziehen, dass ihnen Systemqualität in jedem Falle zukomme. Er wirft den Systemtheoretikern vor, "die Frage nach dem Vorhandensein von Selbstregulationsprozessen metatheoretisch vorzuentscheiden, statt sie selbst als empirische Frage zu behandeln" (Joas 1996/308) und plädiert unter Verweis auf die Position von Giddens (etwa 1984/337) dafür, die 'Systemhaftigkeit' von Handlungen und sozialen Zusammenhängen im Einzelfall zu prüfen. Keineswegs nämlich erfülle "jedes soziale Phänomen die Anwendungsbedingungen der Systemtheorie. In vielen Fällen sind diese nur zu einem so geringen Grade gegeben, dass die funktionale Analyse gegenstandverzerrend wirken muss." (Joas 1996/320)[95]

Mit dieser Argumentation wird die Möglichkeit funktionalistischer Erklärungen nicht prinzipiell bestritten, vielmehr für einen eingegrenzten Teilbereich ausdrücklich anerkannt. Sie läuft darauf hinaus, den Systembegriff in der kategorialen Hierarchie um eine Stufe tiefer anzusetzen und anzunehmen, es gäbe Systeme *neben* anderen Konstellationen, welche einer systemischen Logik nicht unterworfen sind. Joas zieht denn auch die - gegenüber Giddens vergleichsweise versöhnliche - Schlussfolgerung, die an der Systemtheorie zu übende Kritik könne "durch Spezifikation der Anwendungsbedingungen deren kontrollierte und reflektierte Verwendung zumindest im Sinne einer Heuristik zur Entwicklung von Hypothesen für explanatorische Teiltheorien ermöglichen." (1996/346) Darüberhinaus leiste die Systemtheorie immerhin Denkanstöße: Sie sei geeignet, Vertrautes in das Licht unrealisierter Möglichkeiten rücken und zur 'Irrealisierung' und 'Potentialisierung' der Welt beitragen. (1996/312)

Ich möchte allerdings eine gegenüber Giddens und Joas etwas verschobene Argumentationslinie einschlagen, von der ich gleichwohl denke, dass sie mit den generellen konstitutionstheoretischen Anliegen grundsätzlich vereinbar ist. Ich fasse zunächst noch einmal zusammen: Aus den referierten Darstellungen Batesons und Luhmanns, sowie dem seinem Inhalt nach jedenfalls triftigen Einwand Giddens' (der auch von Joas vorgebracht wird) geht für mich zunächst nur hervor, dass eine Systemtheorie über menschliche Handlungen resp. über deren innerpschische Grundlagen und soziale Vernetzung *insgesamt* keine *erklärenden* Aussagen entwickeln kann. Dies schließt jedoch nicht aus, dass es 'objektive' Zusammenhänge gibt, die in dieses Verhalten determinierend eingehen, indem sie Möglichkeiten ausschließen und andere offenhalten.[96] Nun ist die Kritik Giddens' in Zusammenhang mit solchen Determinanten dort offensichtlich logisch *nicht* anwendbar, wo diese vom Einfluss menschlicher Intentionalität *unabhängig* sind. Dieser Argumentation zufolge könnte also - der Darstellung Joas' folgend - der 'konditional erklärende' Geltungsanspruch der Systemtheorie auf den Teilbereich der *von reflexiv-intentionalen Einflussgrößen abgekoppelten Bestandteile von Handlungen oder sozialen Zusammenhängen* eingegrenzt werden.

Nun habe ich allerdings in Kap. 1.2 zu zeigen versucht, dass Systemtheorie prinzipiell auf *alle* Gegenstandsbereiche im Zusammenhang mit menschlichem Handeln angewandt werden kann. Insofern lässt sich die soeben gezogene durch die Argumente von Giddens und Joas vorbereitete Schlussfolgerung nicht uneingeschränkt aufrechterhalten. In Abweichung vom Vorschlag Joas' kann ich nämlich nicht bestreiten, dass Systemtheorien auch intentionale Phänomene in spezifischer Weise zu rekonstruieren in der Lage sind. Meine Darstellung in Kap. 1 hat allerdings erkennen lassen, dass sich der Systemansatz im Falle von reflexiv-intentionalen Problemstellungen - da er deren subjektive Seite nicht erfassen kann - auf rein formale Feststellungen zurückziehen muss. (Vgl. etwa Luhmanns Ausführungen über Sinn etc.) Ich kann daher die in Rede stehende Schlussfolgerung dergestalt modifizieren, dass Systemtheorien zwar alle Formen des Handelns und sozialer Konstellationen in ihrer Sprache *beschreiben* können, aber nur dort, wo sie sich auf die von intentionalen Einflüssen unabhängigen Ermöglichungsbedingungen von Handlungen beziehen, auch tatsächlich kausal relevante *Erklärungen* ermöglichen. Genauer formuliert: Im Falle reflexiv-intentionaler Phänomene können sie nur formale 'Konditionen' identifizieren, denen Ereignisse entsprechen müssen, um 'technisch' bestehen zu können[97], im Falle abgekoppelter selbststeuernder operativer und situationaler Mechanismen ('reale' Systeme i.S.v. Joas) hingegen können sie in Kenntnis des Prozessmodus und der Randbedingungen deren Verlauf auch inhaltlich 'konditional' erklären und prognostizieren.

(b) Systemtheorie und Gesellschaftskritik: Entfremdung als Kontrollverlust

Die von Joas vorgeschlagene Sichtweise ist von Habermas differenzierter ausgearbeitet worden. Ausgehend von seiner Argumentation will ich im folgenden einen mir geeignet erscheinenden Alternativvorschlag erläutern. Ich stelle zunächst dar, wie Habermas der Systemtheorie die Aufgabe der begrifflichen Konzeptualisierung verselbständigter sozialer Regulationsvorgänge zuweist. (I) Diese Idee werde ich dann so zu modifizieren versuchen, dass sich der Anwendungsbereich systemtheoretischer Analyse über Entfremdungsphänomene hinaus auf das gesamte menschliche Handeln erweitern lässt. (II)

I.

Jürgen Habermas hat schon früh kritische Einwände gegen die Systemtheorie vorgetragen (vgl. etwa 1971). Seine Vorbehalte gegenüber einer systemtheoretischen Interpretation des menschlichen Handelns sind jedoch nicht auf deren grundsätzliche Zurückweisung angelegt. Im Ergebnis seiner umfassenden Analyse, die zunächst an der älteren Systemtheorie ansetzt (1981b) und dann auch die Position Luhmanns miteinbezieht (1985), wird die Bedeutung der Systemtheorie als Erklärungsmodell für einen Teilbereich des Sozialen ausdrücklich bestätigt. Habermas diskutiert das Problem von vornherein als "das ungeklärte Verhältnis von Handlungs- und Systemtheorie, also die Frage, wie sich diese beiden, nach dem Zerfall der idealistischen Dialektik auseinanderstrebenden Begriffsstrategien aufeinander beziehen und miteinander integrieren lassen." (1981b/173)

Habermas verdeutlicht dieses Verhältnis zunächst am Beispiel des ökonomischen Handelns[98]: Die historische Entwicklung hebt den Grad der Vernetzung individueller Handlungsentscheidungen, die in Summe ein immer komplexeres Gefüge von aufeinander abgestimmten Teilaktivitäten bildet. Diese Abstimmung muss zunächst *funktionalen* Gesichtspunkten Rechnung tragen: Das Treffen von Entscheidungen steht unter Effizienzdruck. Verfahren zur normativen Abklärung von Materien benötigen Zeit, während Entscheidungen im Fluss der Ereignisse schnell zu treffen sind. Die einzelnen Handlungsbeiträge müssen einander so ergänzen, dass der gesellschaftliche Prozess nicht abreißt oder ins Stocken kommt.

Diese Anforderung ist durch ein wechselseitiges Einpendeln strategisch-egozentrischer Handlungen, wie sie im spontanen ökonomischen Verhalten der Individuen vollzogen werden, erfüllbar. Um die normative Reflexions- und Entscheidungskapazität der Individuen zu entlasten, entstehen Regulationsmechanismen, die man als 'kulturelle Automatisierungen' bezeichnen könnte. Es bildet sich eine 'Spezialsemantik' in Form des Geldes aus, in der Entscheidungsprozesse vorgeformt aufgehoben und 'technisch' verfügbar sind. Eine solche Organisation gesellschaftlichen Handelns berücksichtigt keine normativen Gesichtspunkte: "Der Markt ist ein Mechanismus, der die Integration der Gesellschaft insofern 'spontan' zustande bringt, als er nicht etwa Handlungsorientierungen über moralische Regeln, sondern aggregierte Handlungseffekte über funktionale Zusammenhänge aufeinander abstimmt." (Habermas 1981b/176)

Nach Emile Durkheims Analyse, auf die Habermas hier zurückgreift, kann ein sozialer Mechanismus wie der des Marktes *allein* gesellschaftliche Integration aber nicht sicherstellen. Die bloß selbstbezügliche Interessensverfolgung, die in Summe als eingespieltes Gleichgewicht ökonomisch kalkulierter Handlungen den Mechanismus des Marktes konstituiert, beließe die Menschen in einer unüberbrückbaren und nur kurzfristig ausgesetzten Konfliktkonstellation:

"Denn wenn das Interesse die Individuen auch näher bringt, so doch nur für einige Augenblicke; es kann aber zwischen ihnen nur ein äußerliches Band knüpfen. Im Tausch selbst bleiben die verschiedenen Träger außerhalb einander und jeder bleibt derselbe und zur Gänze Herr über sich, wenn das Geschäft beendet ist. Ihr Bewusstsein berührt sich nur oberflächlich, durchdringt sich nicht, noch verbindet es sich. Wenn man tiefer schaut, dann sieht man, dass jede Interessensharmonie einen schlummernden oder einfach vertagten Konflikt verdeckt. Wo aber das Interesse allein regiert, ist jedes Ich, da nichts die einander gegenüberstehenden Egoismen bremst, mit jedem anderen auf Kriegsfuß, und kein Waffenstillstand kann diese ewige Feindschaft auf längere Zeit unterbrechen." (Durkheim zit. bei Habermas 1981b/177)

Die Integration gesellschaftlichen Handelns muss daher *auch* einem *normativen* Einverständnis der Beteiligten entsprechen. Andernfalls ginge die individuelle Motivation verloren, die jeweils erforderten Handlungen in den gesellschaftlichen Prozess einzubringen.[99]

Habermas identifiziert also zwei konkurrierende Regulationsprinzipien: den verarbeitungseffizienten Automatismus des 'Marktes' und die aufwandsintensive rationale[100] Entscheidungsfindung der reflektierenden Subjekte. Zu ihrer Unterscheidung möchte er ganz allgemein "die Mechanismen der Handlungskoordinierung, die die *Handlungsorientierungen* der Beteiligten aufeinander abstimmen, von Mechanismen unterscheiden, die nicht-intendierte Handlungszusammenhänge über die funktionale Vernetzung von *Handlungsfolgen* stabilisieren." (Habermas 1981b/179) Denn: "Die Integration eines Handlungssystems wird im einen Fall durch einen normativ gesicherten oder kommunikativ erzielten Konsens, im anderen Fall durch eine über das Bewusstsein der Aktoren hinausreichende nicht-normative Regelung von Einzelentscheidungen hergestellt." (Habermas 1981b/179)

Habermas begründet die Möglichkeit einer empirischen Alternative zwischen den zwei Regelungsprinzipien entwicklungsgeschichtlich: Im Prozess der evolutionären Menschwerdung

"werden natürliche, aus dem Stellenwert im Funktionskreis tierischen Verhaltens resultierende Bedeutungen in symbolische, für die Interaktionsteilnehmer intentional verfügbare Bedeutungen umgeformt. Durch diesen Semantisierungsvorgang verändert sich der Objektbereich in der Weise, dass das ethologische Modell eines selbstgeregelten Systems, dem zufolge jedem Ereignis oder Zustand aufgrund seines funktionalen Stellenwertes eine Bedeutung zugeschrieben wird, schrittweise durch das kommunikationstheoretische Modell ersetzt wird, dem zufolge die Aktoren ihre Handlungen an den eigenen Situationsdeutungen orientieren." (1981b/180)

Durch den evolutionären Übergang wird jedoch bloß eine *Differenzierung* der menschlichen Handlungsgrundlagen in zwei parallel wirkende Mechanismen eingeleitet: "Allerdings wäre dieses Konzept der Lebenswelt für Humangesellschaften erst dann *ausreichend*, wenn jener Semantisierungsvorgang *alle* natürlichen Bedeutungen aufgezehrt und das heißt: *alle* systemischen Zusammenhänge, in denen die Interaktionen jeweils stehen, in den Horizont der Lebenswelt und damit in das intuitive Wissen der Interaktionsteilnehmer eingeholt hätte." (ebd.) Dass dies prinzipiell möglich sei, ist in eigener Bewertung ein "kühne, aber empirische Annahme, die nicht durch eine handlungstheoretisch angelegte Konzeption der Gesellschaft auf analytischer Ebene *vor*entschieden werden kann." (ebd.)

Den beiden Prinzipien ordnet Habermas bestimmte jeweils als angemessen erachtete Sichtweisen zu: Einsicht in die Betrachtung der normativen Integrationsmittel lässt sich nur aus der Sicht des an sozialen Interaktionen Teilnehmenden gewinnen, der zu den Entscheidungen (mindestens virtuell) *intentional* Stellung bezieht. Die Betrachtung der norm-freien Mechanismen hingegen weist, da durch sie intentionale Probleme gar nicht zur Disposition gestellt werden, die Stellung eines unbeteiligten Außenstehenden zu, der ein faktisch ablaufendes Geschehen wahrnimmt. In der ersten Sichtweise wird demnach

"die Gesellschaft aus der Teilnehmerperspektive handelnder Subjekte als *Lebenswelt einer sozialen Gruppe* konzipiert. Demgegenüber kann die Gesellschaft aus der Beobachterperspektive eines Unbeteiligten nur als ein *System von Handlungen* begriffen werden, wobei diesen Handlungen, je nach ihrem Beitrag zur Erhaltung des Systembestandes, ein funktionaler Stellenwert zukommt." (Habermas 1981b/179)[101] Die Darstellung mündet in den Vorschlag, "Gesellschaften *gleichzeitig* als System und Lebenswelt zu konzipieren". (1981b/180)

Mit diesem Konzept ist nun eine eindeutige Zuordnung der theoretischen Paradigmen möglich: Handlungstheorien sind für die intentionalen, Systemtheorien für die selbstregulativ prozessierenden Teile des Denkens, Handelns und der sozialen Zusammenhänge zuständig. Damit verschiebt Habermas das Systemkonzept gegenüber dem Selbstverständnis der Systemtheorie in einer Weise, wie dies auch für Giddens und Joas typisch ist: Indem er es als empirische Frage behandeln möchte, inwieweit 'Systeme' in subjektives Handeln überführt werden können, gerät ihm aus dem Blick, dass auch in *subjektiv-rationalen Denkvorgängen* oder *diskursiven Konsensbildungen* funktionale Konfigurationen identifiziert werden können, die aus der Perspektive dritter Person als Systembildungen beschreibbar sind und die den 'objektiven' Bedingungen der Möglichkeit dieser Handlungen entsprechen.[102] Diese 'technische Seite' *aller* Handlungen kann ja auch durch deren Subjektivierung nicht aufgezehrt werden.

'System' steht für Habermas daher nicht für die 'bedeutungsneutralen' funktionalen Bestandsereignisse *alles* Bestehenden (damit auch *aller* Handlungen), sondern für jene *spezielle* funktionale Grundfigur, die für die vormenschliche Evolution und für menschliches Handeln unter 'noch-nicht-' oder wieder 'ent-subjektivierten' Bedingungen (im Sinne des 'systemhaften Handelns' bei Joas) bestimmend ist: Das 'spontan-marktkonforme' Handeln der Menschen verläuft 'blind' und 'gesetzmäßig-mechanisch', weil es der subjektiv-rationalen Reflexion entzogen ist und es vollzieht damit Inhalte, die den Bedürfnissen der Handelnden nicht angemessen sind.

Argumentationslogisch bedeutet dies, dass Habermas Subjekt- und Systemperspektive nicht auf unterschiedliche *Ausgangsabstraktionen* am *selben* Gegenstand (menschliches Handeln) zurückführt, sondern sie unterschiedlichen Gegenständen (intentional reflektierten bzw. entfremdeten Handlungen) zuordnet. Und dies impliziert eine Einengung der Betrachtungsweise, die m.E. weder notwendig noch hilfreich ist. Als Implikat dieser Problemfassung werden die 'Systeme' dem 'Subjekt' in einer äußerlichen Form gegenübergestellt und es bleibt unklar, dass und in welcher Weise *jedes* für das Subjekt *'subjektive'* Ereignis eine für den Beobachter *'objektive'* Verlaufsdynamik hat, dass deren systemische Logik nicht eo ipso einschränkend wirkt, sondern zunächst einmal einfach nur ihre notwendige ermöglichende Form darstellt und dass diese nur *in bestimmten Fällen* und *unter bestimmten Voraussetzungen* als empirische Einschränkung dieser Subjektivität in Erscheinung tritt.

Dennoch weist die Argumentation Habermas' eine Richtung, in der eine angemessenere Verhältnisbestimmung zwischen Subjekt- und Systemdiskurs zu suchen ist: Indem er sich auf das menschliche Handeln dezidiert mit dem Interesse an einer Aufhebung von Entfremdungsphänomenen bezieht und annimmt, dass er es dazu hilfreich sein kann, bestimmte Momente dieses Handelns in der Einstellung eines unbetroffenen Beobachters zu untersuchen, argumentiert er prinzipiell *im Subjektdiskurs*, kann sich aber auch der Erkenntnisse des *Systemdiskurses* bedienen, ohne diese in einer Weise zu entstellen, die ihren spezifischen Orientierungsgewinn wieder zunichte macht.[103]

Auf der Grundlage genau dieser Entscheidung besteht meine leitende Annahme nun allerdings *im Gegensatz* zu Habermas darin, dass sich Subjektdiskurs und Systemdiskurs zunächst einmal prinzipiell auf *die selben* 'Realphänomene' beziehen. Diese Auffassung teile ich mit jenen (von mir kritisierten) Positionen, die der jeweils 'gegnerischen' Partei jede eigenständige Erklärungsmächtigkeit absprechen. Man kann dieser Auffassung aber ohne fundamentalistische Geltungsambition zustimmen, wenn man einräumt, dass der gemeinsame Phänomenbereich auf der Grundlage unterschiedlicher Ausgangsabstraktionen bearbeitet werden kann und dadurch zwei unterschiedliche *theoretische Gegenstandsbereiche* konstituiert werden, die nicht ineinander überführbar sind. Von dieser Annahme aus lässt sich ein Standpunkt gewinnen, der Erkenntnisse aus beiden Konzeptionen aufnehmen kann, ohne sie eklektizistisch zu kombinieren. Welche Konsequenzen sich aus meiner Positionierung für die theoretische Annäherung an reflexiv und selbstregulativ strukturierte Phänomene ergeben, werde ich im nächsten Schritt präzisieren.

II.

Die von Habermas herausgearbeiteten Regulationsprinzipien - 'rational' vs. 'systemisch' - möchte ich zunächst als systematischen Ausgangspunkt für eine Differenzierung des Gegenstandsbereiches 'menschliches Handeln' nehmen und sie 'quer' zur Verortung der beiden theoretischen Blickrichtungen anordnen. An der von Habermas formulierten Auffassung lassen sich zwei unterschiedliche Merkmale erkennen, die zur Charakterisierung systemischer Mechanismen herangezogen werden können: der ('technische') *selbstregulative Ablauf von Entscheidungsprozessen* und die ('inhaltliche') von den Individuen praktizierte *egozentrische Entscheidungslogik:* Die 'institutionalisierte Normativität' des Marktes impliziert strategisch-selbstbezogenes 'normfreies' Handeln der Individuen. Ich möchte in Verfolgung meiner generellen Argumentatonslinie zunächst die beiden Prozessmerkmale voneinander ablösen und dann vier mögliche Erscheinungsformen 'systemischer' Handlungsverläufe rekonstruieren:

Unter dem Effizienzdruck, der den gesellschaftlichen Austausch begleitet, bilden sich durch aggregierte Handlungserfahrungen Regelungsmechanismen (wie etwa Gesetze oder Geld) aus, die Entscheidungsmacht in institutionalisierter Form verwalten. Damit etabliert sich ein Verfahrensprinzip, das durch die Formalisierung von Entscheidungsprozessen, quasi durch die 'Normierung' normativer Entscheidungen charakterisiert ist: Es entstehen festgelegte Handlungssequenzen und definierte Voraussetzungen, unter denen diese Sequenzen vollzogen werden. Damit senken sich die Ansprüche, die in der Handlungssituation zu erfüllen sind: Sie beschränken sich auf die Wiedererkennung von Schlüsselsituationen und das Einklinken der festgelegten Sequenzen. Diese Funktionen sind routinisierbar und beanspruchen keine normative Auseinandersetzung. Wir haben damit im Ansatz einen kybernetischen Regelkreislauf vor uns, der durch die Verselbständigung und Auslagerung (also eine Art 'Technisierung') von Handlungsbestandteilen zur Effektivierung menschlichen Handelns beiträgt.

Die weiter oben zitierte Darstellung Durkheims lenkt den Blick nun auf das zweite Merkmal, das mit der 'normativen Entlastung' des Handelns einhergeht. Hier steht nicht das kybernetische *Verfahrens*prinzip, sondern der *inhaltliche* Aspekt im Vordergrund: Die Individuen treffen als Konkurrenten aufeinander und orientieren ihr Handeln strategisch-egozentrisch an jeweils eingetretenen oder erwarteten Handlungsfolgen. Nun bilden aber kybernetischer Funktionsmodus und selbstbezogene Ausrichtung keine von vornherein notwendige Kombination. Im Bereich der tierischen Verhaltensregulation etwa sind ausschließlich 'blinde' kybernetische Mechanismen bestimmend. Dennoch zeigen sich dort (fallweise hochdifferenzierte) soziale Orientierungen[104]. Dies geht darauf zurück, dass im Rahmen der Evolution der tierischen Lebensformen soziale Einheiten ('Gesellungseinheit', 'Organismen-Population') als Bezugseinheit der Ausdifferenzierung von Verhaltensstrukturen fungiert. (vgl. Holzkamp 1983/115) Dadurch stabilisieren sich solche Verhaltensweisen, die das Überleben der sozialen Einheit sichern, denn nur wenn *diese* ihr Überleben sichert, übersteht sie (und in Summe die Art) den Prozess der evolutionären Auslese.

Auf diese Weise bilden sich soziale Orientierungen aus, die das Individuum veranlassen, das allgemeine Interesse 'bewusstlos' und damit zugleich unausweichlich (also selbst wenn dies etwa für das Individuum im Einzelfall mit schädlichen Konsequenzen verbunden ist[105]) zu verfolgen. Was hier im Sinne der Systemtheorie als *selbstreferente* Steuerung des Individuums gelten kann, bedeutet also *nicht* zugleich Selbstbezüglichkeit als *inhaltliches Motiv*, sondern: Referenz auf ein 'Selbst', das bereits nach 'sozialen' Gesichtspunkten programmiert ist. An diesem Beispiel lässt sich unzweideutig erkennen, dass eine analogisierende Schlussfolgerung von der formal-funktionalen Eigenschaft 'Selbstreferenz' auf die inhaltlich gesehen 'egoistische' Ausrichtung unzulässig ist und eine Kontamination unterschiedlicher logischer Bezugsebenen darstellt.

Ich ziehe daraus folgende Schlussfolgerung: Die systemischen Prozesse lassen sich einerseits nach ihren qualitativen Bezügen hin ausarbeiten. Dies kann nur im Rahmen einer handlungstheoretischen Position geleistet werden. Sie lassen sich aber andererseits auch nach ihren technischen Merkmalen hin durchleuchten. Und dies kann nur von einer systemtheoretischen Warte aus in Angriff genommen werden.

Im Rahmen der evolutionären Menschwerdung modifiziert sich nun der zuvor dargestellte Modus der Verhaltensdetermination. Mit der Fähigkeit zur reflektierten Weltwahrnehmung entsteht jenes individuelle Selbst, auf das Handlungen zu seiner Erhaltung bewusst bezogen werden können. Indem der Mensch sein Handeln so an seinen *individuellen* Bedürfnissen bemessen kann, ist die soziale Orientierung seines Handelns nicht mehr selbstverständlich.[106] Eine 'unausweichliche' genetische Programmierung, die die Individuen veranlasst, von sich aus immer das zu tun, was sich als dem Überleben der Gattung zuträglich erwiesen hat, besteht nicht mehr. Daher muss diese soziale Orientierung in bewusster Entscheidung hergestellt werden. Sie ist in Gefahr, sobald die Menschen *spontan* auf sich selbst bezogen handeln, denn erst die *Reflexion* auf das *allgemeine Interesse* macht solidarisches Handeln plausibel. Damit aber gilt hier wieder: Der Verfahrens*modus* 'Selbstbezüglichkeit' muss vom Orientierungs*inhalt* 'Egoismus' unterschieden werden. Dass der Mensch als eigenständiges Individuum (und somit undeterminierbar durch äußere Einwirkungen) reflektieren kann, bedeutet logisch nicht, dass er prinzipiell *strategisch* auf seine *individuellen* Interessen reflektieren muss.[107]

Daher wieder die mir zwingend erscheinende Schlussfolgerung: Auch Vorgänge auf 'reflexivem' Niveau können sowohl auf ihre Bedeutungsbezüge, als auch auf ihre technische Eigenheiten hin untersucht werden. Und auch dies folgt wieder in den von Habermas erläuterten unterschiedlichen Einstellungen der 'ersten' und 'dritten' Person. Damit ergibt sich in toto *einerseits* die Möglichkeit einer Zweiteilung des Phänomenbereichs 'menschliches Handeln' in einen rational und einen systemisch bestimmten Bereich und *andererseits* (via unterschiedlicher

Ausgangsabstraktion) eine zweifache theoretische Bezugnahme auf beide Teile. Diese doppelte theoretische Bezugnahme auf die 'rationalen Entscheidungen' und die 'realen Systeme' lässt zunächst sichtbar werden, dass die formal gleiche Prozessdynamik (wie sie in beobachtender Einstellung erfasst werden kann) gänzlich unterschiedliche Bedeutungsbezüge (wie sie in verstehender Einstellung zugänglich sind) realisieren kann:

Erste Möglichkeit: Der von Habermas beschriebene Prozess der Ausbildung systemischer Regulationsmechanismen (wie etwa jenes des Geldes) geschieht zunächst naturwüchsig, nicht intendiert, er vollzieht sich gleichsam 'hinter dem Rücken der Akteure', die ihn ohne Bewusstsein davon gleichwohl selbst verwirklichen. Sie fungieren als blinde Elemente eines sich in der menschlichen Geschichte (oder was mit Blick auf ontogenetische Entwicklungen ebenso denkbar ist: in der indivdiuellen Biografie) systemisch konstituierenden Zusammenhangs, den sie in seiner 'Bedeutung' nicht erfassen können. Damit ergibt sich eine *erste Möglichkeit*, das Verhältnis zwischen intentionalen Fähigkeiten und selbstregulativen Mechanismen zu konzipieren: Ein kybernetischer Zusammenhang bildet sich 'von selbst' aus, überfordert die reflexive Kapazität der handelnden Subjekte und bleibt so von allem Anfang an der normativen Reflexion entzogen. Dass diese erste Möglichkeit empirisch von großer Bedeutung ist, lässt die konstitutionstheoretische Linie der Handlungstheorie in besonderer Weise plausibel erscheinen, indem sie auf das vor aller bewussten Reflexion 'immer schon' sich verhaltende Individuum verweist.

Als 'Gegenmodell' dazu lässt sich eine *zweite Möglichkeit* erkennen: Handelnde können der Übertragung von Materien an systemische Mechanismen auch *in normativ reflektierender Haltung zustimmen*. Der Versuch, die normative Belastung des Handelns zu reduzieren, ist ja prinzipiell vernünftig. Was bei den Tieren der genetischen Konstitution einprogrammiert war, kann nun gleichsam auf der Grundlage reflektierter Entscheidungen 'kulturell programmiert' werden. Und indem 'Systeme' solcherart 'subjektive Kapazität' freisetzen, die zur Verarbeitung immer neuer Problemstellungen genutzt werden kann, wären sie ganz entgegen der ersten Variante hier geradezu als *Mittel der Verwirklichung von Subjektivität* anzusehen.[108] Tatsächlich ist die gesellschaftliche Etablierung von automatisierten Handlungsprogrammen ja auch von der Absicht geleitet, diese reflexiv so auszurichten, dass sie moralische Zustimmung verdienen. Dies ist etwa am Beispiel von Gesetzen unmittelbar evident, lässt sich aber auch am Beispiel des Geldes unschwer zeigen: Die Zuordnung von bestimmten Tauschwertäquivalenten zu bestimmten Geldbeträgen wird unter der Prämisse vollzogen, dass die damit erzielte Normierung gerecht und also von allen Betroffenen akzeptierbar ist. Die Anwendung dieser Zuordnung (etwa im Kaufakt) gilt als legitimiert, verdeckte Manipulation an den festgelegten Relationen (etwa im Betrug) als Vergehen.[109] Eine Handlungsweise, die einer solchen Normierung folgt, ist daher noch nicht von vornherein als gegenüber normativen Erwägungen indifferent anzusehen. Auch das einfache Befolgen einer Regel (von Habermas selber als Aspekt des normativen Reflektieren vorgeführt, vgl. etwa 1981a/35) stellt ja im Grunde bereits eine Vorform einer solchen 'Automatisierung' dar.

Dritte Möglichkeit: Wenngleich kybernetisches Verfahren und egozentrische Orientierung auch - wie gezeigt - nicht gleichzusetzen sind, kann das eine den reflektierenden Subjekten das andere durchaus nahelegen: In dem Ausmaß, wie systemische Verfahren gesellschaftlich überhand nehmen und dem Einzelnen als existenzbestimmende Lebensumwelt entgegentreten, verspricht die Übernahme seiner Aktionslogik am ehesten Erfolg beim Versuch, sich gegenüber dieser Einwirkung zu schützen. Ist der Marktmechanismus erst institutionalisiert, lässt er das Anstellen von Kosten-Nutzen-Überlegungen und ein entsprechend ökonomisch-strategisches Verhalten angelegen sein. Der gesellschaftliche Marktmechanismus ist durch moralische Argumente nicht ansprechbar, kann durch normatives Reflektieren in seiner Logik nicht beeinflusst werden. Insofern könnte man auch sagen: Es ist hier durchaus subjektiv vernünftig, nach systemischen Prinzipien oder besser: in systemischen Figuren zu agieren (die dann ihrerseits wieder 'automatisiert' werden können). Freilich ist diese Rationalität von eingeschränkter, defensiver Natur. Sie ist Ausdruck der Abhängigkeit von vorfindlichen destruktiven Gegebenheiten und der Ohnmacht, sie zu verändern.

Damit wäre als *dritte Variante* ein Handeln identifizierbar, dessen äußere Form wieder als in einem technischen Sinne als 'selbstregulativ' imponiert, über das jedoch in bewusster *zweckrationaler* Reflexion vorentschieden wurde. Daher haben wir es hier ebenfalls nicht mit einer systemischen *Determinierung* des Handelns zu tun, sondern wieder zunächst mit quasi-systemischen Handlungen, die erst später automatisiert werden und dann erst i.e.S. systemisch ablaufen.[110]

Vierte Möglichkeit: Diese Anordnung nimmt die Form eines Syndroms an, wo die 'vernünftige' Entscheidung, die der Einrichtung des Regulationsmechanismus vorangegangen ist, soweit aus dem Blick gerät, dass sie nicht mehr zurückgezogen werden kann. Damit wird eine *vierte Ausprägung* des Verhältnisses von Subjektivität und kybernetischem Prozessverlauf sichtbar. Sie impliziert, dass sich die automatisierten Handlungen gegenüber der normativen Rechtfertigung, die *zunächst* unter Vorbehalt erteilt wurde, soweit verselbständigt haben, dass sie tatsächlich in gewissem Sinne sich nach einer 'maschinellen' Gesetzmäßigkeit aus den jeweiligen Handlungsbedingungen herleiten. Ist der korrigierende Zugriff auf die Installation des Regulationsmechanismus aus welchen Gründen immer verloren gegangen, so werden die Subjekte in gewissem Sinne tatsächlich zu Objekten der von ihnen selbst eingerichteten Mechanik. Damit schließt sich der Kreis und die vierte Variante stellt in gewisser Weise den Zustand der ersten wieder her.

Resümiert man diese Übersicht, so wird noch einmal offensichtlich, dass es, auch wenn man die Entfremdungsproblematik im Blick behält, *zweierlei* ist, ob man die technisch-funktionalen Basisereignisse des Handelns untersucht oder deren inhaltliche Bedeutungen. Erstere lassen sich in keinen logischen Ableitungszusammenhang mit letzteren bringen, sondern nur jeweils mit den Mitteln der je zugehörigen Ausgangsabstraktion erfassen: In systemtheoretischer Sicht erscheinen die systemischen Prozesse dann als sekundäre Systembildungen, die mit anderen, nicht-trivialen Systembildungen (nämlich den rational strukturierten Prozessen) funktional vernetzt sind. Als solche können sie - und dies wird in handlungstheoretischer Perspektive sichtbar - je konkret bestimmbare *Inhalte* transportieren.

Die empirische Indienstnahme bestimmter kybernetischer Mechanismen kann so als unterschiedlich 'stark' begründet erkennbar werden. Die Handlungsweisen können mehr oder weniger ausgeprägt von solchen Indienstnahmen geprägt und reflexive Bestimmungsmomente in weiterer Folge mehr oder weniger 'präsent' sein: In den Varianten zwei ('normativ reflektierte Zustimmung') und drei ('strategisch reflektierte Zustimmung') meiner Darstellung etwa fließen immer noch mehr oder minder vermittelte rationale Überlegungen in das Handeln ein bzw. kontrollieren dieses nach (wie immer auch eingeschränkt) rationalen Kriterien. Bei den Varianten eins ('Überforderung der Reflexionsfähigkeit') und vier ('verselbständigter kybernetischer Prozess') ist dies hingegen nicht der Fall. Das Beispiel eins bildet den einzigen Fall eines i.e.S. 'evolutionär' entstandenen Verhaltens, für den dann eine funktionalistische Interpretation auch inhaltsbezogen 'erklärend' zulässig wäre.

Meine Darstellung macht auch noch einmal deutlich, dass entgegen dem ersten Eindruck die (trivial-kybernetischen) 'Systeme' keineswegs völlig 'selbständig' (wenngleich 'selbstregulativ') agieren und es daher unpräzise ist, zu sagen, dass sie (mit Ausnahme des ersten Falles) Handlungen inhaltlich 'festlegen' würden. Zwar trifft dies insofern zu, als sie inhaltliche Möglichkeiten 'technisch' ausscheiden, dies bildet aber ein untergeordnetes Moment, da die Systeme (außer im ersten oben diskutierten Fall) dabei einer Programmfestlegung folgen, die *auf eine inhaltliche Entscheidung zurückgeht*, welche ihrerseits im diskursiven Denken formuliert wurde. Auch 'verselbständigte' Systeme folgen demnach ihrer vorgegebenen Logik nur solange und soweit, wie es die subjektiv bestimmte Programmvorgabe vorsieht. Noch im 'unbewusstesten' Verhalten etwa kann sich als Kern also eine intentional begründete Entscheidung verbergen, auch wenn (wie etwa im Kontext des *dynamischen* Unbewussten sensu Freud, siehe dazu weiter unten) der unmittelbare Zugang zu diesem Kern aktuell verwehrt ist.

Die Darstellung zeigt also auch wieder, dass selbstregulativen Konfigurationen nicht von vornherein eine inhaltliche 'Wertung' als 'entfremdend', 'repressiv' o.ä. zuteil werden kann. Vielmehr gründet sich auch unser rational kontrolliertes Handeln auf sie und Entfremdungsphänomene unterscheiden sich davon lediglich durch ihre nicht rückgängig machbare 'Abkoppelung' von Teilen dieser selbstregulativen Mechanismen. Wie sich diese 'Entfremdung' in Verknüpfung einer handlungs- und systemtheoretischen Sichtweise darstellen lässt, werde ich im übernächsten Abschnitt diskutieren. Im nächsten Abschnitt werde ich zuvor ein Konzept präsentieren, das der von mir angepeilten und nun durch die Auseinandersetzung mit Giddens, Joas und Habermas vorbereiteten 'binokularen' Interpretation des Handelns eine begriffliche Grundlage schaffen soll.

(c) Rational und systemisch strukturierte Komponenten des handlungssteuernden Denkens

Habermas beschreibt die Funktion der Installierung kybernetischer Steuerungsmechanismen in *gesellschaftlichen* Strukturen: Geld als austauschregulierende Spezialsprache, politische Macht als normexekutierende Apparatur. (vgl. dazu auch Habermas 1979) Das Motiv heißt: Entlastung der normativen Kapazität menschlichen Handelns. Normative Problembestände können nicht in jedem Anlassfall rational durchgearbeitet werden. Die kybernetischen Mechanismen beschleunigen die Regelung von Materien, machen das Denken frei für weitere Anforderungen. Entlastungen dieser Art werden nicht nur in äußeren 'kulturellen' Institutionen eingerichtet, sondern auch in der subjektiven 'Innenwelt' des Individuums: Schon das Verhältnis von Handlungen und Operationen[111] verweist auf die Möglichkeit einer analogen inneren Verankerung selbstregulativer Konstellationen, die das reflektierende Bewusstsein entlasten und freihalten für je spezielle Aufgabenstellungen.

Die innere, 'psychische' Einrichtung von Automatismen bildet die notwendige andere Seite der äußeren gesellschaftlichen: Sie ermöglicht, dass die Subjekte sich in die sozialen und gesellschaftlichen Prozessverläufe einklinken und mit ihnen intern 'gleichlaufend' interagieren können. Dies schließt im Falle von Entfremdungserscheinungen ein, dass bestimmte kybernetische Bewegungsformen auf eine Weise innerlich verankert sind, dass sie nicht sofort als solche identifiziert und wieder unter Kontrolle gestellt werden können. In diesem Abschnitt möchte ich nun genauer untersuchen, auf welche verallgemeinerbaren Voraussetzungen sich eine solche 'innere Automatisierung' von Handlungsorientierungen gründet und in welchen Formen sie erfolgen kann. Dabei möchte ich zugleich konkretisieren, in welcher Weise 'Systeme' als 'innere' Ermöglichungsbedingungen des *Denkens* fungieren.

Es zählt zu den übereinstimmenden Annahmen der dargestellten handlungstheoretischen Entwürfe, dass sie den Angelpunkt der Subjektivität im menschlichen Denken lokalisieren. Dieses besteht im Aufgreifen und Verarbeiten[112] von gesellschaftlich produzierten 'Bedeutungen' und steuert in mehr oder weniger direkter Weise das Handeln. Dabei vollzieht sich das Denken selbst als das Ausführen von Denk*handlungen*, die man in Anlehnung an Bense[113] als 'Handlungen über Handlungen' ('Metahandlungen') bezeichnen könnte. Für Systemtheorien hingegen stellt Denken eine Systemfunktion unter anderen dar. Diese erscheint so eher als 'Teilmoment' eines größeren Prozesszusammenhangs ohne privilegierte Möglichkeiten, das Handeln zu 'steuern' oder zu 'kontrollieren', da lineare Kausalitätszuschreibungen aus einem (ernstgenommenen) Standpunkt 'dritter Person' ja nicht zu entwickeln sind.

Ich möchte nun untersuchen, welche unterschiedlichen Formen des Denkens aus handlungstheoretischer Sicht identifiziert, wie diese Formen zueinander in Beziehung gesetzt, welche morphologischen Parallelen zu systemischen Prozessabläufen nachgezeichnet und schließlich wie diese Denkformen mit Blick auf das handlungstheoretische Gesamtanliegen systemtheoretisch interpretiert werden können. Dazu werde ich das in 1.1.a.II und 1.1.b.III dargelegte Konzept der Handlungen und Operationen wieder aufnehmen und mit der zuvor diskutierten Auffassung Habermas' von einem rational und einem systemisch strukturierten Bereich des Handelns zusammenführen. Ich beginne mit der Unterscheidung des Denkens in sprachlichen und praktischen Verallgemeinerungen. (I) Diese werde ich weiter differenzieren: in ein Denken in theoretischen und ikonischen (II) sowie in pragmatischen und automatisierten Verallgemeinerungen (III). Die als 'Prozesstypen' verallgemeinerten unterschiedlichen Denkvorgänge können auch als hierarchisch angeordnete Systembildungen interpretiert werden, anhand derer sich aufweisen lässt, wie es möglich ist, dass die in Handlungstheorien phänomenologisch rekonstruierten Begriffstypen tatsächlich 'technisch' realisiert werden können. Die Typologie wird zuletzt zusammenfassend schematisiert und auf einige externe und interne Bezüge hin untersucht. (IV)

I.

Menschliches Handeln steht immer im Kontext kultureller Bedeutungen: Der Mensch begegnet der Welt auf vermittelte Weise. Sie tritt ihm entgegen als Produkt seiner eigenen Tätigkeit, als in ihr bereits gemachte und ausgewertete Erfahrung, als Erkenntnis über ihre Gesetze und dies in zweierlei Form: einerseits sprachlich (oder in einer anderen zeichenhaften Form) in verschiedenen 'Informationsträgern', wie etwa in wissenschaftlichen Theorien, Kunstwerken, Gebrauchsanleitungen etc. und andererseits in den Gegenständen und Verhältnissen seiner kulturellen Lebensumwelt. Diesen ist dieses Wissen zwar nicht unmittelbar ablesbar, es bildet aber - als Inbegriff jener Erfahrungen, die das Herstellen der Gegenstände und Verhältnisse erst möglich gemacht haben - ihr inneres Charakteristikum, ihr Funktionsgesetz, wie dies etwa Leontjew am bekannten Beispiel der Axt darlegt: In ihr hätten wir demgemäß "mehr zu sehen als die Vereinigung zweier Teile - des Stiels und der Schneide. In ihr sind gleichsam das gesellschaftlich erworbene Arbeitsverfahren und die gegenständlich geformten Arbeitsoperationen kristallisiert", die mittels einer Axt ausgeführt werden können und sollen. (Leontjew 1985/162) Zeichenförmige wie 'reale' Objekte enthalten daher gleichermaßen Verallgemeinerungen menschlicher Erfahrungen und bilden insofern vergegenständlichte 'Begriffe' über die objektive Welt.

Den zwei 'Aggregatzuständen' verobjektivierter menschlicher Erfahrung korrespondieren zwei Dimensionen 'resubjektivierter', also vom einzelnen individuell angeeigneter gesellschaftlicher Erfahrung: Der Mensch 'denkt' nicht nur in der Form zeichenhafter Begriffe, sondern auch in der Form von Verallgemeinerungen, die in nicht-zeichenhafter Form im Gedächtnis gespeichert sind. Das Denken in solchen *praktischen Begriffen* (vgl. Holzkamp 1983/226) hat die Aufgabe, die konkreten Handlungsabläufe in ihren einzelnen Bestimmungsmomenten zu erfassen und zu regulieren. In verschiedenen Theorien werden sie unterschiedlich verallgemeinert und bezeichnet: u.a. als 'topologische' (vgl. Jantzen 1986/101), 'prozedurale' (vgl. Cohen/Squire zit. bei Holzkamp 1993/126, Tulving zit. ebd.), 'enaktive' (Bruner 1974/49) Repräsentationsweisen. Haug u.a. beschreiben arbeitsbezogene Denkformen, die "zwar bewusstseins-, aber nicht verbalisierungspflichtig" seien (Haug u.a. 1978/106). Und schließlich habe ich dargestellt, dass Giddens unter analogen Gesichtspunkten das 'praktische' vom 'diskursiven' Bewusstsein unterscheidet.

Durch die 'praktischen' Verallgemeinerungen werden im Kontext einer bestimmten Tätigkeit "quasi 'realabstraktiv' wesentlichere von unwesentlicheren, d.h. auch, notwendige von zufälligen Merkmalen praktisch unterschieden" (Holzkamp 1983/226) Miller/Galanter/Pribram haben dies etwa an folgenden Beispiel illustriert: "Der angehende Pilot muss viele kleine verbindende Schritte, die nicht in der ursprünglichen Beschreibung seines Instruktors enthalten sind, erspüren, soll er den Plan als reibungslos ablaufende motorische Einheit ausführen können." (1960/82) Der dadurch sich herausbildende 'praktische' Begriff wird so zu einem Instrument der zielgerichteten Regulation und Modulation der Realhandlung, an die er zugleich gebunden bleibt.

Holzkamp charakterisiert das menschliche Denken in einer sehr plastischen Formulierung als "Wechselspiel zwischen der 'inneren' Vergegenwärtigung von Zusammenhängen und ihrer 'Materialisierung' in der Beobachtung und Verarbeitung systematisch hergestellter Effekte des eigenen Tuns". (1983/265, Hvh. entf.) Innere 'Vergegenwärtigung' und 'Materialisierung' bedienen sich nun auch des Mediums *symbolischer Zeichen:* Beobachtbare und verarbeitbare Effekte stellen sich nicht nur im Umgang mit realen Dingen und Situationen ein, sondern auch dadurch, dass im Gebrauch sprachlich oder bildlich geformter Informationen Zusammenhänge 'vor Augen geführt' werden. Nur werden in diesem Falle bereits spezialisierte Abstraktionen von 'Realerfahrungen' (etwa: Pläne, Schemata, Formeln, Texte etc.) bearbeitet und die Effekte dieser Veränderungen ausgewertet. Dieses Wechselspiel zwischen der inneren und äußeren Realisierung von Abstraktionen bietet erweiterte Möglichkeiten: Der zeichenförmige Begriff ist von der konkreten Tätigkeit (bzw. vom konkreten 'Gegenstand') losgelöst, kann also ohne ihre (seine) aktuelle Präsenz gebildet und verwendet werden. Holzkamp erläutert dies am Beispiel der Arbeitstätigkeit: "Während die praktischen Begriffe selbst als ideell antizipierender Aspekt in die konkreten Herstellungshandlungen einbezogen ... sind, ist ihre Repräsentanz in der Sprache nicht an den real sich vollziehenden Arbeitsprozess gebunden, sondern in erweiterten und verschiedenartigen Lebenszusammenhängen kommunizierbar." (1983/228)

Diese Formulierung weist zum einen darauf hin, dass diskursive und praktische Verallgemeinerungen nicht von vornherein 'zwei unterschiedlichen Welten' zugehören: Erstere sind aus dem unmittelbaren Handlungszusammenhang gelöste Bedeutungen, die jedoch zunächst auf nichts anderes verweisen, als auf die Elemente eben dieses Handlungszusammenhanges. Sie hebt zum anderen die elementare Bedeutung der diskursiven Logik des Denkens in zeichenförmigen Begriffen hervor: Unabhängig von konkreten unmittelbar wirksamen Handlungszwängen können Probleme in jeder möglichen Hinsicht untersucht, mit anderen verknüpft, kann ihr Verständnis vertieft, weiterentwickelt und verallgemeinert werden. Gerade weil dieser Vorgang nicht unmittelbar an praktische Notwendigkeiten und materielle Grenzen gebunden ist, unterliegt er weder zeitlichen noch inhaltlichen Beschränkungen und ist damit unbegrenzt vielgestaltig und unabschließbar. Habermas hat etwa in seinen Ausführungen zur 'idealen Sprechsituation' aufgewiesen, welche Bedeutung eine ausreichende Distanz zur Handlungssituation für die Entfaltung von Rationalität hat: Unbehinderte Reflexion bedeute "Realitätszwänge zu suspendieren und in den erfahrungsfreien und handlungsentlasteten Kommunikationsbereich des Diskurses überzutreten." (1973/178)

In den praktischen Begriffen hingegen werden *alle* Informationen verarbeitet, die für die praktische Durchführung einer Handlung konstitutiv sind[114]. Diese Vollständigkeit kostet den praktischen Denktypus den Preis, dass er quasi an der konkreten Handlung (an der 'Interaktion' mit den 'gegenständlichen Begriffen') 'kleben bleibt' und ihre bestimmenden Momente nur extensiv reflektieren kann. Das diskursive Herauslösen von Gegenstandsaspekten aus dem konkreten Zusammenhang und die dadurch mögliche Distanz und intensive Durchdringung bedeutet aber wiederum, dass die *vollständige Erfassung* aller handlungsrelevanten Momente verloren geht. Aus diesem Grund bedeutet etwa die sprachliche Erfassung einer Handlung auch noch nicht die Aneignung aller Voraussetzungen ihrer konkreten Durchführung, der theoretische Begriff eines Problems noch nicht dessen praktische Lösung. Rationale Reflexion bildet also *einen* Bestandteil einer emanzipierten Weltorientierung und einen *zweiten* die Fähigkeit, die Ergebnisse dieser Reflexion zu synthetisieren und damit in praktisches Handeln umsetzbar zu machen[115]. 'Synthetisieren' und 'umsetzbar machen' ist in einer solchen Aussage in der Perspektive erster Person formuliert und bedeutet selbstverständlich nicht, dass die diskursiven Prozesse - aus der Sicht dritter Person - gleichsam 'umgegossen' oder 'umgebaut' werden könnten in praktische, sondern lediglich

Ein solches Zusammenwirken habe ich bereits im Zusammenhang mit der Unterscheidung von Handlungen und Operationen dargestellt. Und hier liegt auch der entscheidende Anknüpfungspunkt zur Lokalisierung der diskursiven und praktischen Begriffe im Handlungskontext. Als Handlungen werden Verhaltensweisen ja dann bezeichnet, wenn sie sich an gesellschaftlich vermittelten Zweck-Mittel-Konstellationen orientieren, als Operationen, wenn sie diese Zweck-Mittel-Konstellationen durch den Einsatz individuellen Probierens/Beobachtens in reale Aktivitäten umsetzen. Ich verdeutliche diesen eher abstrakten Gedanken noch einmal an einem Beispiel: Wenn ich mit eine Mahlzeit zubereite, bildet dies eine Handlung, da ich damit beispielsweise die verallgemeinerte gesellschaftlich vermittelte Erfahrung des 'Kochens' realisiere, welche ich in bewusster Verfolgung meiner Absichten aus dem Gesamt des gesellschaftlichen Erfahrungsbestandes auswähle. Das rechtzeitige (aufmerksamkeitsgeleitete) Wenden des Fleisches bildet dabei eine Operation, sofern ich in Auswertung der aktuellen, individuell wahrgenommenen Eigenheiten des Gesamtvorgangs (etwa: aktueller Bräunungsgrad des Bratgutes) damit einen (selbst intentional nicht angezielten) Beitrag zur Realisierung der Handlung leiste, desgleichen das (relativ gedankenlose, 'automatische') Rühren, welches ich 'einrichte', um zu verhindern, dass sich eine flüssige Masse am heißen Gefäßboden anlegt, das meine Aufmerksamkeit aber dann nicht weiter bindet.

Dieses Zusammenwirken lässt sich auch so verdeutlichen: Im Gegensatz zu den 'individuellen' Denkvorgängen höherer tierischer Lebensformen, die bereits zur

Erfassung von Aktivitäts-Wirkungs-Relationen fähig sind, ist das menschliche Denken durch die Erfassung von *Aktivitäts-Ursache-Wirkungs-Relationen* charakterisierbar, "wobei die 'operative Untereinheit' der Handlungen nur bis zum Zusammenhang zwischen den Aktivitäten und den darin antizipatorisch-regulativ herzustellenden 'Ursachen' reicht, der 'Ursachen-Wirkungs-Zusammenhang' selbst aber im übergeordneten kooperativ-gesellschaftlichen Zusammenhang 'vergegenständlicht' ... ist". (Holzkamp 1983/287) Ursachen-Wirkungs-Zusammenhänge (zB: chemische Vorgänge beim Garen) sind also (im Gegensatz zu bloßen Aktivitäts-Wirkungs-Zusammenhängen, zB: zu langsames Rühren und Verklumpen einer Masse) nicht Ergebnis und Gegenstand individueller Beobachtung, sondern eines 'theoretischen' Wissens. Solches 'Wissen' wird in 'symbolischen' Medien erzeugt und aufbewahrt, unmittelbare 'Erfahrung' wird im Handeln selbst gewonnen und in praktischen Begriffen gespeichert.

Es wäre nun ein Missverständnis, würde man sich die Dimension der 'praktischen' Einsichten auf bloß motorische oder technisch-handwerkliche Funktionsaspekte des Handelns reduziert vorstellen. Das praktische Denken bezieht sich nicht nur auf das Handeln mit Gegenständen i.e.S., sondern auch auf das Handeln mit Personen bzw. mit sozialen Strukturen und Ordnungen (die ggf. durch diese Personen repräsentiert werden). Giddens weist auf das "in Begegnungen inkorporierte gemeinsame Wissen" (1984/55, Hvh. entf.) hin, das dem Bewusstsein der Akteure nicht direkt zugänglich sei und das in dem Vermögen gründe, "sich innerhalb der Routinen des gesellschaftlichen Lebens zurechtzufinden" (ed). Dies schließt sowohl eine nicht-symbolische Beziehung des Handelnden *auf* diese Personen, Strukturen und Ordnungen (im konkreten Handeln mit ihnen) als auch eine nicht-symbolische Kommunikation *mit* Personen (zB: 'Körpersprache') ein.

Darüberhinaus muss aber auch das Denken selbst nicht nur in symbolischen Begriffen 'gewußt', sondern auch praktisch 'gekonnt' werden. Dies merkt man immer dann, wenn man sich eine strukturell neue Art von Denkprinzipien aneignet: eine neue Rechenoperation, die Bedienung des noch unbekannten Computers, das 'Verstehen' einer noch unbekannten Musikgattung. Solange das Neue bloß einmal Schritt um Schritt analytisch 'durchdacht' ist, besteht noch keineswegs die Fähigkeit, die einzelnen Elemente der neuen Denktätigkeit simultan zu kontrollieren, ihre Detailaspekte untereinander und mit anderen Problemstellungen zu vernetzen und wunschgemäß zu steuern.

Der Zusammenhang zwischen theoretischen und praktischen Begriffen ist für das Erfassen von Zusammenhängen im Denken offensichtlich in einem umfassenden Sinne konstitutiv und bezieht sich selbst auf so 'abstrakte' Leistungen, wie das Verarbeiten von wissenschaftlichen Theorien. MacMillan/Garrison weisen darauf hin, dass wissenschaftliche "Begriffe, Gesetze und Theorien niemals *in abstracto*" (zit. bei Altrichter 1990/87) angeeignet würden. "Der Prozess des Erlernens einer Theorie hängt vom Studium der Anwendungen ab, einschließlich des Lösens von Übungsaufgaben mit Papier und Bleistift und mit Geräten im Labor". (ebd.) Als beispielhaft mögen auch Erfahrungen aus eigenen Forschungsarbeiten dienen. Hier zeigte sich immer wieder: Auch wissenschaftliches theoriegeleitetes Forschen kann nicht gleichsam 'direkt' durch theoretisches Denken angeleitet werden, auch 'Forschen-Können' ist eine Fähigkeit, die 'praktisch' angeeignet werden muss. (vgl. dazu ausführlicher Hackl 1994b/138ff) Das denkende Begreifen der Wirklichkeit ist also in sehr grundsätzlicher Weise auf die Vernetzung zeichenförmiger/diskursiver und gegenständlicher/praktischer Begriffe angewiesen. Auch das Denken selbst ist 'Praxis' und bedarf der praktischen Aneignung. Dies bedeutet, dass auch die *Tätigkeit des Reflektierens* jenseits praktischer Handlungsnotwendigkeiten, auf die dieses Reflektieren bezogen ist, eine ggf. mit Widerständigkeiten konfrontierte praktische Dimension aufweist.[116]

II.

In Theorien, die das Verhältnis von Wissenschaft und Kunst thematisieren, sind zwei Weisen der zeichenförmig-symbolischen Repräsentation von Erfahrung beschrieben worden. So unterscheidet etwa Georg Lukacs unter den Bezeichnungen 'allegorisch' und 'symbolisch' zwei Prinzipien der begrifflichen Verarbeitung von Wirklichkeit, die sich unterschiedlicher Verarbeitungsweisen bedienen. Als 'symbolisch' bezeichnet er (in Abweichung von der hier praktizierten Verwendung des Begriffes) die sinnlich-unmittelbar verweisende 'bildhafte' Wiedergabe, als 'allegorisch' hingegen eine solche, die einen umfassend abstrakten Bedeutungsbezug (etwa über 'Schriftzeichen' oder i.e.S. 'allegorische' Verweisungen in Kunstwerken etc.) herstellt und daher einer Übereinkunft über die intendierten Bedeutungen bedarf. (vgl. 1971/619ff). Auch Charles S. Pierce hat das Prinzip des 'allegorischen' Verweisungszusammenhanges (den er wieder als 'symbolisch' bezeichnet) so gefasst: "Ein Symbol ist ein Zeichen, dessen zeichenkonstitutive Beschaffenheit ausschließlich in der Tatsache besteht, dass es so interpretiert werden wird." (1983/65) Jerome S. Bruner wiederum unterscheidet "unterschiedliche Repräsentationsweisen von Wissen" unter der Bezeichnung "symbolisch" und "ikonisch" (1974/49) und grenzt damit das Denken in 'sprachlichen' Verallgemeinerungen (welches im Vordergrund der bisherigen Darstellung des 'diskursiven' Denkens gestanden ist) von jenem in 'bildhaften' Verallgemeinerungen ab.

Bildhafte Symbole abstrahieren nach einem anderen Prinzip als sprachliche. Während diesen keinerlei konkreter, sinnlich erfahrbarer Hinweis auf den Gegenstand mehr innewohnt (daher müssen sie auch 'vereinbart' werden), verweisen jene auf Objekte, die ihnen wahrnehmbar ähnlich sind. Oder wie Holzkamp am Beispiel steinzeitlicher Höhlenbilder erläutert:

"In der Bildlichkeit des ikonischen Symbols verbinden sich, anders als beim bloßen Verweisungs- und Repräsentanzcharakter des sprachlich-diskursiven Symbols, sinnliche Anwesenheit des Büffels und symbolische Verweisung auf ihn: der Büffel als Präsenz und Repräsentanz. Das ikonische Symbol ist quasi ein Zwischenreich zwischen der bloßen Anwesenheit nichtsymbolischer Gegebenheiten und dem bloßen Hinweischarakter des sprachlichen Symbols, liegt damit zwischen lediglich gedanklichem Operieren und der vollen sinnlichen Wirklichkeit des Welt- und Selbsterlebens, hat, indem es auch 'ist' was es 'bedeutet', nicht die Eindeutigkeit, aber auch nicht die unsinnliche Abgelöstheit des sprachlichen Symbols, nicht die Unmittelbarkeit, aber auch nicht die blinde Gegenwartsverhaftetheit des bloßen Lebensvollzugs." (Holzkamp 1978/22)

Die Ähnlichkeit des Symbols und des Gegenstandes bleibt dadurch erhalten, dass der Abstraktionsvorgang nur jeweils spezifische Dimensionen erfasst und andere (im Prinzip oder weitgehend) ausspart. In einer grafischen Darstellung sind andere Momente des bezeichneten Gegenstandes in seiner 'konkreten' Erscheinungsweise belassen (bzw. in abstrakte Verweisungsmittel aufgelöst) als in einer tänzerischen Bewegung oder einer musikalischen Tonfolge. Eine Linienzeichnung etwa mag in der Wiedergabe ihres Objekts abstrahieren von der (kinetischen) Bewegung, von seinen akustischen, haptischen, olfaktorischen etc. Eigenschaften, zusätzlich von Färbigkeit, 'Flächigkeit' und anderen optischen Gegebenheiten, in Bezug auf die 'lineare' Ordnung bleibt die Darstellung konkret und gibt eine Gestalt, eine als solche geschlossen wahrnehmbare Ganzheit wieder.

Damit wird zugleich deutlich, dass die Terminologie 'sprachlich' vs. 'bildlich' den Unterschied der beiden Prozesstypen zu unscharf umreißt, denn auch musikalische, szenische oder auch in einem literarischen Sinne 'sprachliche' Darstellungsweisen können die dargestellte ikonisch-reflexive Funktion übernehmen. Außerdem wird eine 'extensive Totalität' nicht bloß durch künstlerische Darstellungen im engeren Sinne hergestellt, sondern durch alle symbolischen Repräsentationen, die die genannten Bedingungen einer 'teildimensionalen Abstraktion' erfüllen: "Die immense menschliche Potenz, durch Verwertung gesellschaftlichen Gestaltungswissens Aspekte der Welt- und Selbsterfahrung im ikonischen Symbol zu einem sinnlichen Begriff zu verallgemeinern und zu verdichten, manifestiert sich auch in dem beiläufigsten und nebensächlichsten Produkt bildnerischer Tätigkeit." (Holzkamp 1978/27) Als ikonische Symbole wären also etwa auch künstlerisch 'minderwertige' Darstellungen, Erzählungen, Kinderlieder, Landkarten, Baupläne, Piktogramme, selbst Kennmelodien, Kalender und manche Verkehrszeichen anzusehen. Pierce fasst die Bandbreite ikonischer Symbole so zusammen:

"Ikons lassen sich, wenn auch nur grob, unterteilen in jene, die Ikons aufgrund einer Empfindungsqualität, als *Bilder* sind, in jene, die Ikons in Bezug auf die dyadischen Relationen ihrer Teile zueinander, also *Diagramme* oder dyadische Analogien sind, und in jene, die Ikons in Bezug auf ihre intellektuellen Eigenschaften, also *Beispiele*, sind." (Pierce 1983/64f, Hvh. teilw. veränd.)

Analog dazu wäre dann auch 'sprachlich' eine zu unpräzise Charakterisierung des theoretisch-reflexiven Prozesstypus, der auch andere 'allegorische' Symbolsysteme einschließt als das von den Menschen beim Sprechen verwendete, etwa mathematische oder chemische Formelsprachen o.ä.

Durch ihre 'teildimensionale' Abstraktion organisieren auch ikonische Symbole eine 'Zwiesprache' mit einer vergegenständlichten gedanklichen Ordnung der Dinge, die die Unmittelbarkeit der Weltwahrnehmung bricht:[117]

"Da hier das Allgemeine im Besonderen für die Wahrnehmung zutagetritt, sind die wirklichen Büffel nicht mehr ein ungreifbares, unbegreifbares Etwas. Sie sind jeweils ein Exemplar 'des' Büffels, wie er dort dargestellt ist, ein 'Fall von' Büffel. Man weiß, was man von ihm zu erwarten und zu befürchten hat. Man hat ein Bild vom Büffel gemacht, nun kann man sich von dem Büffel 'ein Bild machen', ist über ihn 'im Bilde'. ... Wie die Ungreifbarkeit des Büffels, so ist auch etwa die Ungreifbarkeit der Angst vor dem Büffel im Bilde zurückgedrängt. Die Angst ist eine sinnlich erfahrbare Qualität des Büffel-Bildes, aber nicht als die aktuelle, überwältigende Angst vor dem Tier, das mich jetzt bedroht, sondern als eine trotz ihrer sinnlichen Wirklichkeit der Zufälligkeit entkleidete, gestaltete Angst, die im Begreifen und Beherrschen des Büffels begreifbar und beherrschbar wird." (Holzkamp 1978/23)

Trotz dieser 'reflexiven' Funktion behält die bildliche Darstellung einen Teil jener 'Vollständigkeit', die ihr - eben in einer je nach Darstellungsmedium spezifischen Dimension - eine 'ganzheitliche' Wahrnehmung in ebendieser Dimension ermöglicht: "Das Bild des Büffels, ... ist faktisch ein sinnlicher Begriff des Büffels; hier tritt das Allgemeine des Büffel-Seins, das 'Wesen' des Büffels, im Besonderen dieses prägnanten Bildes sinnlich wahrnehmbar zutage. Das Bild ist *verallgemeinertes Wissen über 'Büffel' in der Form der Sinnlichkeit*." (Holzkamp 1978/22)

In einem ähnlichen Sinne kann die Bedeutung von Beispielen erklärt werden. Sie bilden ja eine Art 'literarischer Geschichten', die zu theoretischen Erklärungen hinzuerzählt werden, um die Vorstellungen so zu komplettieren, dass die abstrakte Gedankenkonstruktion in ihrer 'virtuellen' Anwendung auf einen Fall plausibel wird. Holzkamp begründet den Einsatz von Beispielen etwa so: "Erst aufgrund der Beispiele wird hinreichend deutlich, was mit der Theorie gemeint ist, ja, wird die theoretische Botschaft erst eigentlich überzeugend ..." (1993/195) Und: "Ohne Rückgriff auf die jeweils für eine Theorie typischen Experimente ... hätte ich mir und anderen niemals zureichend deutlich machen können, dass und in welcher Hinsicht es sich dabei tatsächlich um verschiedene Theorien handelt". (1993/195f) Solche Beispiele haben im Grunde keine andere Funktion, als die abstrakten Annahmen genau im hier diskutierten Sinne sinnlich zu konkretisieren und damit zu einem 'Ganzen' zu vervollständigen.

Aus der Gegenüberstellung zum *'theoretischen' Prozesstyp*, den ich im vorigen Abschnitt schon ansatzweise charakterisiert habe, wird sichtbar, dass symbolische Repräsentationen eine je spezifisch unterschiedliche Distanz zur Welt der konkreten Gegenstände einnehmen können. *Beiden* dargestellten Formen ist jedoch eigen, dass sie über die abstrahierende Repräsentation ihres Gegenstandes jene gnostische Distanz schaffen, die dem reflektierenden Bewusstsein ermöglicht, seine eigene Position zu bestimmen anstatt sie bloß einzunehmen.

Betrachtet man den theoretischen und den ikonischen Prozesstypus des Denkens aus systemtheoretischer Sicht, so lassen sich seine funktionalen Eigenheiten so beschreiben, wie ich dies unter Verweis auf Luhmanns Interpretation von Sinn bereits dargestellt habe. Dabei lässt sich ein zentrales Merkmal hervorheben, das zur Unterscheidung der symbolischen Prozesstypen von den praktischen Prozesstypen herangezogen werden kann: Die aus der Subjektperspektive zu registrierende 'Freiheit' des Denkens, wird unter funktionalen Gesichtspunkten häufig als 'autopoietische' oder 'autonome' Qualität des Prozesses angesprochen.

Der Begriff der 'Autopoiesis', wie er systemtheorie-immanent verwendet wird, beschreibt eine formale Eigenheit bestimmter Systembildungen, die sich *als solche* für ein handelndes Subjekt zunächst als nicht besonders aufregend darstellt: Dass die Radieschen im Garten auf der Grundlage autopoietischer Prozesse wachsen und gedeihen, bedeutet lediglich, dass man sie nicht 'machen', sondern nur 'wachsen lassen' kann. Eine gezielte und kontrollierte Radieschenzucht wirft jedoch - geeignete Boden- und Klimaverhältnisse vorausgesetzt - im allgemeinen keine besonderen handlungsstrategischen Probleme auf. Das Problem heißt hier ja nicht Steuerung aller Einzelvorgänge, sondern Steuerung des Gesamtprozesses (in systemtheoretischer Terminologie: 'kontextuelle Steuerung'). Anders stellt sich dieses Problem allerdings bei der Aufzucht von Kindern oder bei der Einflussnahme auf Menschen oder soziale Zusammenhänge generell. Hier ist offenbar eine qualitativ andere Art von 'Selbsthervorbringung' zugange, eine solche nämlich, die die Möglichkeiten gezielter Intervention erheblich einschränkt.

Nun scheint es innerhalb der neueren Systemtheorie common sense zu sein, dass zwischen autopoietischen und anderen Systemen eine klare Grenzlinie verläuft und es hat den Anschein, als gäbe es jenseits dieser binären Alternative keine differenziertere Unterscheidungsmöglichkeit.[118] Dies bildet aus meiner Sicht einen Mangel, da ich auf diese Weise den Unterschied zwischen Radieschen- und Kinderaufzucht nicht ausreichend in funktionalistischer Begrifflichkeit bezeichnen kann. Dieser Mangel erscheint mir jedoch behebbar. Ich folge zunächst der systemtheoretischen Auffassung, dass 'Autopoiesis' nur entweder vorliegen oder nicht vorliegen kann, bestreite dies jedoch für 'Autonomie': Vielfach wird behauptet, dass man von einem strikt eingenommenen Standpunkt 'dritter Person' aus keine Aussage über relative Einflussmöglichkeiten treffen kann. 'Versteht' man etwa nicht, dass ein Handlungssubjekt *aus Gründen* seine Radieschen regelmäßig gießt und von Unkraut befreit, ignoriert man also qua erkenntnistheoretischer Vorentscheidung den Standpunkt des in der Geschichte betroffenen Menschen, so bleibt grundsätzlich unentscheidbar, ob nun dieser das Radieschen 'kontrolliert' oder das Radieschen ihn: Beobachten lässt sich ja nur, dass das 'Gießen' und das 'Wachsen' funktional zueinander 'passen' und dass das Verhalten *beider* voneinander 'technisch' unabhängig (autopoietisch) gesteuert wird.

Ich halte diese Sichtweise jedoch nicht für ausreichend begründbar: Es lässt sich nämlich kein Fall vorstellen, in dem die Radieschen nicht absterben würden, wenn sie nicht ausreichend mit Wasser versorgt werden. Es ist aber umgekehrt durchaus möglich, Radieschen zu gießen, wenn sie bereits abgestorben sind. Insofern sind die beiden Elemente des 'Regelkreises' keineswegs gleich 'autonom': Das Radieschen hat die Freiheit (ohne Wasser zu überleben) nicht, die der Mensch hat (ihnen dieses Wasser zuzuführen) und dieser Unterschied ist auch aus strikt 'beobachtender' Sicht erfassbar.

Denkt man diesen Gedanken weiter, so kann man der auf der Basis systemtheoretischer Begriffsbildung fassbaren autopoietischen Reproduktion eines Systems eine *relative* 'Autonomie' der 'Systeme' gegenüberstellen, die mittels spezifischer 'technisch' beschreibbarer Konfigurationen realisiert wird. So ließen sich etwa die Unterschiede zwischen unbelebten, physiologischen, psychischen und reflexiven Systemen[119] durch das *Hinzutreten einer (jeweils weiteren hierarchisch 'übergeordneten') System-Ebene* (etwa i.S.v. Miller/Galanter/Pribram) erklären und als evolutionär gewonnener relativer Zuwachs an operativer 'Immunität' gegenüber gerichteten Außeneinwirkungen interpretieren.

Die spezifische operationale Qualität von 'Leben' bestünde dann, im Unterschied zu unbelebtem Sein, darin, dass äußere Ereignisse Wirkungen nicht mehr direkt 'ursächlich' hervorrufen[120], sondern durch ein eigenständiges autopoietisches System (und ein solches stellt natürlich, und ganz im Sinne der Systemtheorie, einen qualitativen Sprung dar) als 'Informationen' verarbeitet werden.[121] Die spezifische Qualität des Lebensprozesses auf psychischem Niveau (im Unterschied zu bloßem 'Leben') wäre darin zu sehen, dass der 'einfache' Lebensprozess noch einmal durch eine weitere autopoietische Systembildung selektiv unterbrochen und dadurch in gewisser Weise noch 'eigenständiger' wird.[122] Leben auf reflexivem Niveau würde dann bedeuten, dass der nunmehr bereits durch einen zweifach intermittierenden Systemprozess 'gebrochene' Systemprozess ein weiteres Mal von einem selbstreferenten Systemprozess durchbrochen wird.[123] Das Foerstersche Bonmot von der nicht-trivialen Maschine könnte so der 'am wenigsten trivialen' (=reflexiven) Maschine, die die Evolution bis dato hervorgebracht hat vorbehalten bleiben[124], der Autopoisis-Begriff hingegen schlösse nur die 'trivialste' (=unbelebte) Variante aus. Wie immer man eine solche Spezifizierung der Begrifflichkeit anlegen möchte: Ohne eine Unterscheidung von 'Graden der Unabhängigkeit' von gerichteten Einwirkungen wäre eine Unterscheidung etwa der Autopoiesis *biologischer* Systemprozesse (vgl. auch das Retina-Beispiel von Bateson) von jener *reflexiver* Systemprozesse ohne angemessenes begriffliches Instrument.

Aus diesem Grunde werde ich mich zur Vermeidung reduktionistischer Zuschreibungen im Kontext meiner Arbeit im weiteren der folgenden Unterscheidungen bedienen: Als 'trivial' werde ich technisch-maschinelle, als 'anspruchsvoll' (subhuman-) psychische und als 'autonom' subjektiv-reflexive Systembildungen bezeichnen. In 2.3.a.III werde ich an einem Anwendungsfall zeigen, welche Möglichkeiten der theoretischen Konzeptualisierung von Interventionshandlungen diese Reinterpretation einträgt.

III.

Auch die direkt weltbezogene Dimension des handlungsbegleitenden Denkens ist entsprechend differenziert worden. Volpert (1975/118 vgl. auch Hacker 155) unterscheidet im Anschluss an Hacker die 'perzeptiv-begriffliche' von der 'sensumotorischen' Regulationsebene menschlichen Handelns. (Für die diskursive Dimension verwendet er den Begriff 'intellektuelle Regulationsebene'). Altrichter (1990/208ff) übersetzt handlungstheoretische Begriffe von Schön und unterscheidet in analoger Weise in: 'Reflexion in der Handlung' und 'auf implizitem Wissen basierende Handlung'. (Für die 'theoretische' Dimension verwendet er die Bezeichnung 'Reflexion *über* die Handlung'.) Im Zusammenhang mit der Unterscheidung von Handlungen und Operationen bei Holzkamp (1.1.a.II) habe ich hervorgehoben, dass die individuell-antizipatorischen operativen Sequenzen sowohl diesseits als auch jenseits der aktuellen Wahrnehmung vor sich gehen können. Solche Darstellungen gliedern das direkt handlungsbezogene Denken in einen Bereich, der sich innerhalb der gerichteten Aufmerksamkeit bewegt und individuell-reflektierende Momente enthält und einen Bereich, der mehr oder minder 'unbewusst' vor sich geht und bloß mechanisch ausführenden Charakter zeigt. Ich werde in diesem Zusammenhang im weiteren von einem 'pragmatischen' und einem 'automatischen' Prozesstypus sprechen.

Im pragmatischen Prozesstypus werden die in den symbolischen Prozesstypen 'getroffenen' Entscheidungen an die konkrete widerständige Realität 'herangetragen'. Im Versuch der praktischen Umsetzung der Vorgaben werden die gegebenen Handlungsmöglichkeiten realisiert bzw. experimentell evaluiert. Daher könnte man auch sagen, es werden die einzelnen Durchführungsschritte der Handlungen in einem Prozess des Probierens und Beobachtens *konfiguriert* bzw. *modifiziert*. Wenn diese Evaluation ein ausreichendes Ergebnis geliefert hat, werden sie in den automatischen Prozesstypus übernommen. Miller u.a. zeichnen diesen Vorgang, den sie als Herausbildung von Gewohnheiten und Fertigkeiten interpretieren, so: Bei der Entwicklung von willkürlichen Plänen "zu verhältnismäßig starren, unwillkürlichen, automatischen Plänen" (1960/80) müssten die "einzelnen Bewegungen, die einzelnen Teile des Planes ... miteinander verschmolzen werden, um einen glatten Bewegungablauf zu bilden." (1960/82) Nach einer gewissen Adaptionsdauer steht dann die Handlungskette auf Abruf zur Verfügung. Damit wird ein weiterer, der 'automatisierte' Prozesstyp ausgebildet. Er besteht darin, dass der Ablauf der im pragmatischen Typus evaluierten Prozesse mechanisch und ohne bewusste Einflussnahme gesteuert wird: "Wenn ein solcher Plan, der eine Folge von eingeübten Fertigkeiten steuert, sich einmal durch Überlernen gefestigt hat, wird er sehr ähnlich funktionieren wie ein angeborener Plan instinktiven Verhaltens." (1960/80f)

Im pragmatischen Prozesstypus wird die reflexiv gewonnene Handlungsabsicht bzw. entworfene Handlungsgestalt also kontrolliert in die Form einer real möglichen Folge von Operationen gegossen. Die diskursiven Vorgaben werden 'umgedacht' in Elemente von realisierbaren Zusammenhängen. Man macht mit den symbolisch strukturierten Entwürfen praktische Erfahrungen, man 'lernt', wie die Handlungen vollzogen werden können, wie 'es geht' (siehe Giddens' Vermögen der Akteure, sich 'zurechtzufinden'). Die konkreten Gegebenheiten sind dabei eine Art 'Gewicht', das den subjektiven Höhenflug der Absichten an den Boden der Realität bindet.

Pierce verweist indirekt auf die Logik der praktischen Begriffe im Kontext des pragmatischen Prozesstypus. Er beschreibt neben dem 'symbolischen' und dem 'ikonischen' Zeichen (i. vorl. Text: 'theoretisch' und 'ikonisch') das 'indexikalische' Zeichen (vgl. 1983/65), das in einer "existentiellen Relation zu seinem Objekt" steht. (ebd.) Beispiele veranschaulichen, dass indexalische Zeichen nicht 'losgelöst' von ihrem Objekt existieren können: "Ein Ausruf wie 'He!', 'Sag bloß!' oder 'Hallo!' ist ein Index. Ein deutender Finger ist ein Index. Ein Krankheitssymptom ist ein Index. Das indizierte Objekt muss tatsächlich vorhanden sein". (ebd.) Weiters ein Foto unter dem Aspekt, dass "die physikalische Wirkung des Lichts beim Belichten eine existenzielle eins-zu-eins-Korrespondenz zwischen den Teilen des Fotos und den Teilen des Objekts herstellt" oder ein Wetterhahn der dem Wind "ähnlich" sei "in Bezug auf die Richtung, die dieser nimmt." (ebd.) Es sind offensichtlich Zeichen dieser indexikalischen Art, die im pragmatischen Denken auf praktische Begriffe verweisen.

In der vollzogenen Anschmiegung an den Gegenstand ist alle Aufmerksamkeit bloß auf ihn gerichtet. Auf diese Weise enthüllt er sein Eigenleben, seine innere

Logik und äußere Kontur, seine 'harten' und seine veränderlichen Teile. Eine solche Evaluation verfährt 'empiristisch'. Sie hält *einen* Aspekt im Vordergund: die zutreffende Erfassung von Tatbeständen. "Können heißt" - wie Volpert formuliert - "wissen, was geschieht, wenn" (1975/135) Der pragmatische Prozesstypus steht also im Zeichen eines 'tatsachenbezogenen' Realitätsbezugs: Indem er das faktisch Mögliche evaluiert, ordnet er sich dem Standpunkt 'dritter Person' zu. Indirekt gibt auch Habermas darauf einen Hinweis, wenn er Bewegungs- und Operationsregeln als Kern der Handlungskompetenz ansieht, "der allerdings so tief angelegt ist, dass er eher den objektivierenden Verfahren der Verhaltenswisenschaften und der Neurophysiologie als einer rekonstruktiven Analyse zugänglich ist." (Habermas 1975/306)

Im Kontext 'gegenständlicher' Verweisungszusammenhänge ist dies nach der bisherigen Darstellung unmittelbar einsichtig. Im Kontext sozialer Beziehungen ist dies nicht so offensichtlich, da diese ja durch Normen und nicht durch 'Tatsachen' bestimmt sind. Der praktische Prozesstyp nimmt aber auch gegenüber sozialen Normen eine objektivistische Position ein: Normen werden hier nicht in Bezug auf ihre Gültigkeit geprüft, sondern lediglich auf ihre faktische Geltung. In praktischer Aktion im Rahmen eines sozialen Verhältnisses zu evaluieren, 'wie etwas geht' bedeutet, den spezifischen Gültigkeitsanspruch der Normen auszublenden und lediglich *mögliche* soziale Handlungsweisen *festzustellen*. Dies entspricht der von Habermas beschriebenen Logik des strategischen Handelns (1.1.b.III), dessen Rationalität darin liegt, normative Problemstellungen unter bloß instrumentellen Gesichtspunkten zu handhaben.

In einer solchen Charakterisierung des pragmatischen Prozesstyps liegt jedoch keinerlei moralische Wertung, denn es ist *eine* Sache, Normen (in symbolischen Begriffen) zu entwerfen, zu prüfen und weiterzuentwickeln, aber zugleich eine *andere*, ebenso fundamentale, das Ergebnis dieser Reflexion dann an die vorfindlichen Gegebenheiten so anzupassen, dass das entworfene zunächst fiktive Handeln auch tatsächlich in reales Handeln übergeführt werden kann. Dabei spielen normative Entscheidungen zweifellos eine wichtige Bedeutung: Sie erlegen dem pragmatischen Prozesstyp Richtung, Schranken und zeitliche Begrenzung auf: Man möchte im denkenden Mitvollzug der Gegebenheiten etwas erreichen, anderes vermeiden. Diese Vorgaben bleiben dem pragmatischen Denkvorgang gegenüber jedoch äußerlich. Sie sind ihm vorgegeben, jedoch nicht erreichbar. Normen und Ziele fungieren als bloße *Ausrichtung* des pragmatischen Prozesstyps, stehen aber nicht selbst zur Disposition. Er hat ihnen zu folgen, doch sie bilden nicht seinen Gegenstand.[125]

Damit hält die Verfahrenslogik des pragmatischen Prozesstypus eine eigentümliche Zwischenstellung zwischen diskursivem und automatisiertem Handeln. Seine Basis bildet eine Interaktion mit dem Gegenstand, wobei in diesem sich etwas 'außerhalb' des denkenden Subjekts manifestiert, das über die Beobachtung wieder in das Denken 'zurückläuft'. Giddens hat ja etwa von einer reflexiven Qualität des praktischen Bewusstseins gesprochen.[126] Von Holzkamp wird diese Auffassung durch den Hinweis inhaltlich präzisiert, dass die 'praktischen Begriffe' den Aktivitätsverlauf nicht bloß in Auswertung je *eigener* Erfahrung antizipatorisch regulieren würden (was ja etwa schon bei höheren Tieren zu konstatieren ist), sondern dass in ihnen (als Moment des Herstellungs-Aspekts der Mittelbedeutungen) die *verallgemeinerten Brauchbarkeiten* der Gegenstände präsent sein müssen, um eine adäquate Aktivitätsregulation zu gewährleisten (1983/227): Zwar kann an einer Bohrmaschine oder innerhalb einer Flugzeugbesatzung zweifellos *individuelle* Erfahrung produziert werden, dieser Vorgang orientiert sich aber am 'gewussten' allgemeinen Zweck des Werkzeugs bzw. der Sozialkonstellation, der in die individuell produzierte Erfahrung eingeht. So wird es also etwa kaum (bzw. nur wiederum auf der Grundlage verallgemeinerter Zweck-Überlegungen) dazu kommen, dass jemand versucht, individuelle Erfahrung damit zu sammeln, wie man mit einer Bohrmaschine den Fußboden säubert oder mit einer Fluzeugbesatzung eine Ballettaufführung einstudiert. Es besteht also auch im Kontext des 'pragmatischen' Prozesstypus eine Form der 'Zwiesprache' mit *Vorgedachtem*, sofern sich das Denken an *erfahrungshaltigen* (kulturellen) Gegenständen oder sozialen Zusammenhängen ausrichtet, die als solche in der gegenstandsbezogenen Aktivität bereits mehr als nur 'Aktualerfahrung' zurückspiegeln: Die Gegenstände leisten der Handlung nicht bloß 'natürlichen' Widerstand, sondern in ihrem *Zu-einem-bestimmten-Zweck-so-gemacht-sein-wie-sie-sind* und lassen so ihre rationale Binnenstruktur (nämlich die in ihnen 'gespeicherten' Vorentscheidungen) erscheinen.

Dennoch impliziert der pragmatische Prozesstyp *keine* Reflexion im Vollsinne, denn der Gegenstand verweist nur auf sich selbst bzw. auf den Prozess, in den er bruchlos eingegliedert ist. Er bleibt Gegenstand 'wie er ist', er ist kein Symbol, das jene 'Distanz' zur Welt 'tragen' kann[127] und jenes gesellschaftliche Wissen mobilisieren kann, wie dies für eine tiefere Abklärung von Handlungsfolgen und eine reflektierte Entscheidung zwischen Möglichkeiten notwendig ist. Der pragmatische Denkprozess kann nicht in 'freien' Begriffen kursieren, sondern bleibt den Dingen und ihrer vorfindlichen Eigendynamik und Widerständigkeit verhaftet. Aus diesem Grunde hält der praktische Begriff auch nur fest, *dass* etwas *so und nicht anders* geht[128], enthält aber keine Angaben darüber, *warum* es nur *so* geht, denn dies würde bereits wieder die reflexive Konstruktion von Begründungen und Erklärungen[129] voraussetzen, die in der Form von Argumenten vorgebracht und bestritten werden könnten und die nur auf der Basis symbolischer Begriffe möglich ist.

Betrachtet man den pragmatischen Funktionstypus aus systemtheoretischer Sicht, so tritt die 'technische' Gestalt seiner *Dynamik* hervor: Der 'tastende' Handlungsvollzug evaluiert eine funktional mögliche Kette von Ereignissen, die zu einem vorgegebenen Ziel hinführen. Indem die gegebenen 'objektiven' Ermöglichungsbedingungen durch das Handeln gleichsam abgetastet werden, konstituiert sich der Handlungsverlauf an der Schnittlinie der (aufgrund der diskursiv vollzogenen Entscheidungen) feststehenden Ausrichtung der Handlungen und der jeweils *davor*liegenden Handlungsfolgen, eine geradezu klassische kybernetische Anordnung. Allerdings trifft diese Charakterisierung nur auf die (systemtheoretisch sichtbare) Form des Ablaufs zu. 'Intentional' betrachtet wird das systemische Verlaufsmuster ja nicht durch einen technischen Mechanismus hergestellt, sondem absichtsvoll in Szene gesetzt, quasi nachgeahmt: Der Handlungsvollzug muss sich, indem er seinen real-möglichen Verlauf erforscht, 'entlang' der systemischen Strukturen der Situation bewegen.

Restlos aufgesogen ist der letzte Bestand an gnostischer Distanz in einem Typus von Denkvollzug, der der bewussten Aufmerksamkeit vollständig entzogen und vollständig auf die bloße *Regulation* der 'operativen' Ebene des Handelns beschränkt ist: Denken im Kontext des automatischen Prozesstypus verläuft auch in Hinblick auf die 'objektive' Seite des Gegenstands vollständig 'dogmatisch', blind den vordefinierten Regeln folgend. Es stellt also schon für sich genommen eine 'Technisierung' dar, die einer im ursprünglichen Sinn des Wortes kybernetischen Funktionslogik gehorcht. Miller u.a. zeigen am Beispiel des Schreibmaschinenschreibens, wie der Automatisierungsprozess von kleineren zu größeren Einheiten fortschreitet: Der Lernprozess läuft über das Auffinden bestimmter Buchstaben zum Verschmelzen der Bewegungen, dann entstehen Automatismen für ganze Silben und Wörter. In der Perfektionsphase könne der Schreibende bereits einige Worte voraus lesen, was bedeutet, dass der komplette 'nachhinkende' Schreibprozess völlig automatisch verlaufe. Kybernetisch interpretiert bedeutet dies, "er lerne Rückkoppelungsschleifen um immer größere Ausschnitte seines Verhaltens zu legen" (Miller u.a. 1960/85) Damit würden immer mehr der verschachtelten TOTEs nur mehr (durch übergeordnete TOTES) in einem auch zeitlich 'parallel' laufenden Vorgang automatisiert geprüft und ausgeführt. (vgl. Miller u.a. 1960/106)

IV.

Die vorgenommenen Unterscheidungen lassen sich in vier Prozessmustern zusammenfassen, die sich im Grad ihrer Reflexivität, ihrer Bewusstheit und ihrer subjektiven Kontrolliertheit unterscheiden.

Der *theoretische* Prozesstypus bildet das 'selektivste' Medium der Reflexion. Theoretische Begriffe finden sich in im engeren Sinne 'sprachlichen' Symbolen ebenso wie etwa in mathematischen, chemischen oder technischen Formelsprachen. Ihre Verwendung lässt augenscheinlich erkennen, was weiter oben als 'Herauslösen' von Problemaspekten aus dem konkreten Handlungszusammenhang erörtert wurde. Theoretische Begriffe ermöglichen die gedankliche Auseinandersetzung mit Objekten, ohne Beschränkung durch sinnliche Evidenzen, empirische Widerständigkeiten oder thematische und ausdehnungsbezogene Grenzen. Im Medium dieser theoretischen Begriffe werden in diskursiver Prüfung jene Möglichkeiten beurteilt, Perspektiven entworfen und Handlungsgründe entwickelt, die den subjektiven Sinn der Handlungen konstituieren.

Auch der *ikonische* Prozesstypus realisiert eine der Unmittelbarkeit entzogene, freie und prinzipiell unbeschränkte Entfaltung und Prüfung von Sinnbezügen, auch ikonische Begriffe sind abstrakt und selektiv im Gegenstandsbezug, aber nicht in allen Dimensionen. Damit entsteht die für ikonische Zeichen charakteristische Verknüpfung von abstrakten und anschaulichen, von aus der konkreten Welt herausgelösten und mit ihr verflochtenen Verweisungsstrukturen. Damit stellen sie ein Bindeglied zwischen der praktischen und theoretischen Welt dar, das die distanziert-reflexive Verarbeitung von 'Ganzheiten' und die Einbeziehung von nicht-sprachlichen Ausdrucksmitteln in das Kommunizieren und reflektierende Denken ermöglicht.

Der *pragmatische* Prozesstypus folgt einer prinzipiell anderen Logik. Zwar besteht auch hier kein völlig 'unmittelbarer' Realitätsbezug, die Aufmerksamkeit des Handelnden bleibt jedoch auf das tatsächliche konkrete Ereignis fokussiert. Das Handeln formt in den 'praktischen Begriffen' einen 'Abguss' der Handlungsbedingungen und versucht zugleich über diesen auf sie einzuwirken. Das regulierende Denken ist auf die Umsetzung von Vorgaben orientiert und nur auf die Einpassung dieser Vorgaben in die reale Situation konzentriert. Dadurch nimmt es eine - bewusst kontrollierte - Verlaufsform an, die durch wirkliche Möglichkeiten und Widerständigkeiten der Situation geprägt ist.

Der *automatische* Prozesstypus ist in einer noch umfassenderen Weise an die Situation gebunden. In ihm wird lediglich mechanisch ein vorgegebenes Programm exekutiert. Automatische Denkvorgänge sind der 'bewussten' Aufmerksamkeit nur mehr mittelbar unterstellt. Sie können aus dem verselbständigten Prozessieren nur dadurch heraustreten, dass durch die Aneinanderreihung vorgeplanter Sequenzen Ereignisfolgen produziert werden, deren Abweichen vom angestrebten Verlauf (im Kontext des pragmatischen Prozesstyps) registriert wird.

Die vier Prozesstypen können unter systemtheoretischen Vorzeichen auch als unterschiedliche *Funktionstypen* erörtert werden: Im Kontext des Denkens in theoretischen und ikonischen Verallgemeinerungen ließe sich demnach (gemäß der von mir gewählten Terminologie) ein *autonomer* Funktionstypus beschreiben, dem ein autopoietischer Modus im Sinne etwa der einschlägigen Ausführungen Luhmanns über das Bewusstsein zugrunde liegt. Das Denken im pragmatischen Modus hingegen wäre als (im Sinne meiner weiter oben getroffenen Unterscheidung) *anspruchsvoller* und im automatischen Modus als *trivialer* Funktionstypus zu verallgemeinern.

Die dargestellten vier Prozesstypen scheinen mir eine geeignete Differenzierung jener zwei Bereiche des rational und des systemisch strukturierten Handelns zu ermöglichen, welche ich in 1.3.b aus dem Konzept von Habermas bezogen habe. Sie liefern ein plausibles Modell für die unterschiedlichen Erscheinungsformen von Handlungen, die den zwei Bereichen zuzuordnen sind und sie machen zugleich verständlich, in welcher Weise diese unterschiedlichen Formen miteinander verknüpft sind. Gleichzeitig tragen sie bei zur Präzisierung der Unterscheidung von Handlungen und Operationen: Erstere konstituieren sich im Medium theoretischer und ikonischer Begriffe, letztere im Medium praktischer Verallgemeinerungen im Kontext des pragmatischen und automatischen Prozesstyps.

Das Konzept ist m.E. auch geeignet, die Vorstellung Giddens' und Joas' von der rekursiven Logik der menschlichen Handlungssteuerung zu konkretisieren: Das operative 'Konfigurieren' der Automatismen bedeutet ja kein völliges Neu-Erschaffen, sondern besteht in der beständigen Umordnung, Verdichtung und Erweiterung immer schon vor sich gehender automatischer Verhaltenssequenzen. Der rational strukturierte Prozess kann also nur wirksam werden, indem er sich selektiv wechselnden Ausschnitten aus der 'duree' des Verhaltens zuwendet, sie in der geschilderten Weise bearbeitet und dann wieder 'entlässt'.

	Denken in diskursiven Verallgemeinerungen		Denken in praktischen Verallgemeinerungen	
	theoretischer Prozeßtyp	**ikonischer Prozeßtyp**	**pragmatischer Prozeßtyp**	**automatischer Prozeßtyp**
Inhalt	Entwurf bzw. zielbezogene Korrektur der Handlungen		bedingungsbezogene Korrektur der Handlg.	selbstregulative Steuerung der Handdlg.
Medium	'theoretische Begriffe' außerhalb d. Handlungszusammenhangs 'vergegenständlicht' in / vollzogen an 'Bedeutungszeichen':	'ikonische Begriffe' außerhalb d. Handlungszusammenhangs 'vergegenständlicht' in / vollzogen an 'Anschauungszeichen':	'praktische Begriffe' im Handlungszusammenhang 'vergegenständlicht' in / vollzogen an kulturell produzierten sozialen Situationen und Arbeits- oder Gebrauchsgegenständen:	'Automatismen' im Handlungszusammenhang
Beispiele	Schrift, Noten mathemat. Gleichg. chem. Formel,	Bild, Roman, Oper, Anekdote, 'Beispiel', geom. Darstellg.	Messer, Computer, Maschine, Familie, Schulklasse	
Realitätsbezug	selektiv an vollständig abstraktiv herausgehobenen Aspekten der Ggst. und Situationen	selektiv an partiell abstraktiv herausgehobenen Aspekten der Ggst. und Situationen	ganzheitlich an den Dingen 'wie sie sind'	
Rationalität	kommunikativ		instrumentell strategisch	keine
Verlaufsform	rational		systemisch	
Aufmerksamkeit	gegeben			nicht gegeben
Autonomie	autonom		anspruchsvoll	trivial
funktionale Aufgabe	Festlegung oder Modifizierung eines Programms		adaptive Ausführung des Programms	repetitive Ausführung des Programms

Abb 7: Prozeßtypen

Dabei ist zu berücksichtigen, dass selbstverständlich auch all jene Automatismen, die an den diskursiven Denkvorgängen des 'Entwerfens' neuer Handlungsweisen selbst beteiligt sind, in der gleichen Weise ausgegliedert, bearbeitet und wieder 'entlassen' werden können. Die vier Prozesstypen realisieren also eine Art Selbstveränderungs-/Selbsthervorbringungsprozess, der in seiner 'technischen' Funktionsweise als 'autopoietisch' charakterisiert worden ist und der sich - wie etwa Giddens demonstriert hat - in seiner qualitativen Dimension auch handlungstheoretisch beschreiben lässt.

Die Tätigkeit 'Denken' gewinnt nach dem hier dargestellten Denkmodell ihre Kapazität gerade durch die Verknüpfung der unterschiedlichen Prozess-/Funktionstypen. So ermöglicht das automatische Denkens, dass durch die 'Beherrschung' von aus der Aufmerksamkeit ausgelagerten Dimensionen und Aspekten des jeweils 'laufenden' Handelns die zu diesem *simultane* bewusste Bearbeitung ausgewählter Bedeutungskonstellationen möglich wird.[130] Daher trenne ich die Gedanken (hierin wieder Giddens folgend) auch nicht als materiale Ereignisse. Das Denken ist im Fluss, Ebenen prozessieren simultan, werden gewechselt. Mich beschäftigt die Frage nicht, ob es *ein* Gedanke bleibt, wenn er seinen Typus wechselt oder genau im Moment des Wechsels sein Ende findet. Ebenso ist es aus meiner Sicht eine bloß definitorische Entscheidung, ob *ein* Gedanke parallel auf zwei Funktionsebenen vor sich gehen kann, oder ob es dann eben zwei Gedanken sind. Um allfällige Missverständnisse zu vermeiden, habe ich schon bisher anstatt von theoretischem oder praktischem *Denken* von *Prozess-/Funktionstypen des Denkens* gesprochen. Meine Unterscheidung von vier Ebenen des Denkens soll also lediglich fassbar machen, dass und in welcher Weise unterschiedliche (Teil-) Dynamiken in Rechnung zu stellen sind. Und die Rekonstruktion dieser Unterschiedlichkeit erst ermöglicht eine genauere Bestimmung des Verhältnisses von handlungs- und systemtheoretischen Modellierungen des menschlichen Handelns.

Unterschiedliche Prozessmodi des Denkens wurden in verschiedenen Theoriekontexten bezeichnet. In der bisherigen Darstellung wurden schon erwähnt: Bruner, der zwischen 'symbolisch', 'ikonisch' und 'enaktiv' unterscheidet (keine Bezeichnung für die automatische Ebene), Schön, der zwischen 'Reflexion über die Handlung' (keine Trennung in theoretisch und ikonisch), 'Reflexion in der Handlung' und 'auf implizitem Wissen beruhender Handlung' unterscheidet und Hacker, der zwischen 'intellektuell' (keine Bezeichnung für ikonisch), 'perzeptiv-begrifflich' und 'sensu-motorisch' unterscheidet. In der psychologischen Gedächtnisforschung wurden analoge Differenzierungen entwickelt, so etwa von Cohen/Squire (vgl. etwa zit. bei Holzkamp 1993/126) eine Unterscheidung zwischen einem 'propositionalen' Gedächtnis ('knowing that') und einem 'prozeduralen' Gedächtnis ('knowing how') oder darauf bezugnehmend von Tulving (vgl. ebd.) zwischen einem 'deklarativen' Gedächtnis, das wiederum aus einem 'semantischen' Gedächtnis (in einem formalen 'digitalen' Bezugssystem) und einem 'episodischen' Gedächtnis (in einem raumzeitlich 'analogen' Bezugssystem[131]) besteht und einem 'prozeduralen Gedächtnis (w.o.).

	theoretischer Prozeßtyp	**ikonischer Prozeßtyp**	**pragmatischer Prozeßtyp**	**automatischer Prozeßtyp**
Bruner	symbolisch	ikonisch	enaktiv	
Hacker	intellektuelle Regulationsebene		perzeptiv-begriffliche Regulationsebene	sensu-motorische Regulationsebene
Schön	Reflexion über die Handlung		Reflexion in der Handlung	auf implizitem Wissen beruhende Handlung
Cohen/Squire	propositionales Gedächtnis (knowing that)		prozedurales Gedächtnis (knowing how)	
Tulving	semantisches Gedächtnis	episodisches Gedächtnis	prozedurales Gedächtnis	
Galperin	Sprache	materialisierte Handlung	materielle Handlung	
Lukacs	allegorisch	symbolisch		
Bateson	digitale Sprache	analoge Sprache (Ausdrucksbewegung)		
Holzkamp (Lerntheorie)	thematischer Aspekt		Aneignung/Optimierg. des operativen Aspekts	Ausführung des operativen Aspekts
Pierce (Zeichenbezug)	symbolisch - theoretisch	iconisch - evidenzmäßig bildhaft, anschaulich	indexikalisch - kausal-empirisch	
Benner	Tätigkeit I: Denktätigkeit		Tätigkeit II: Aktion	

Abb 8: Prozeßtypen und analoge Begriffsbestimmungen in unterschiedlichen Theoriekonzepten

Piaget wiederum deutet diese Unterscheidungen entwicklungspsychologisch. So entwickle sich die kindliche Kognitionsfähigkeit von der Stufe der 'sensomotorischen' Operationen über jene der 'konkreten' Denkoperationen zur Stufe der 'formalen' Denkoperationen. (Piaget 1976/356, weiters dazu: Inhelder 1976/54ff) Ähnlich Galperin, der in seinem eher pädagogisch angelegten Konzept von 'materiellen Handlungen' ausgeht und Lernprozesse über die Stufen der 'materialisierten Handlung' und der 'äußeren Sprache' zur 'inneren Sprache' fortschreiten sieht. (1959/367ff) Holzkamp unterscheidet einen 'thematischen' und einen 'operativen' Aspekt von Lernprozessen (1993/187ff), Pierce einen 'symbolischen', 'ikonischen' und 'indexalischen' Zeichenbezug, Benner 'Denktätigkeit' und 'Aktion' als zwei Dimensionen des menschlichen Handelns. (1987/67ff, siehe auch Kap. 2.1.a.I)

Es ist für mein Untersuchungsanliegen weitgehend unerheblich, wieweit all diese kategorialen Ordnungsversuche im Rahmen ihrer Referenztheorien so ausgearbeitet wurden, dass sie in einem einheitlichen theoretischen Bezugsrahmen Platz finden können. Ich führe einige von ihnen, die ich hier auch nicht näher ausführe, lediglich als zusätzlichen Hinweis an, der noch einmal unterstreichen soll, dass ein theoretisches Konzept des Denkens, das die spezifischen Teilfunktionen dieses Denkens im Zusammenhang mit dem Ausführen von Handlungen untersucht, offensichtlich nicht darum herumkommt, unterschiedliche Prozesstypen der hier diskutierten Art zu identifizieren.

(d) Das System als Akteur?

Nachdem ich die unterschiedlichen Ebenen des menschlichen Denkens nunmehr handlungstheoretisch in vier Prozesstypen geordnet habe, die sich auch - und ohne Rückgriff auf *einander widersprechende* Annahmen - systemtheoretisch als unterschiedliche Funktionstypen beleuchten lassen, will ich zuletzt darstellen, wie Entfremdungsvorgänge handlungs- *und* systemtheoretisch als besondere Formen der diskutierten Denk- und Handlungssteuerungsprozesse beschrieben werden können.

Zunächst werde ich den Versuch zurückweisen, soziale Systeme als 'subjektiv' agierende Einheiten zu hypostasieren und zeigen, dass er eine Folgeerscheinung der Verwechslung der immanenten Logiken von Subjekt- und Systemperspektive darstellt. (I) Dann werde ich anhand des psychoanalytischen Verdrängungskonzepts demonstrieren, wie sich der Beitrag der Individuen zum vermeintlichen Eigenleben der sozialen Systeme sowohl handlungstheoretisch wie systemtheoretisch erfassen lässt. (II) Zuletzt ergeben sich dabei einige Argumente gegen eine fundamentalistische Verwendung des Entfremdungskonzepts. (III)

I.

Wie bereits eingehend diskutiert, lassen sich in empirischen Handlungszusammenhängen soziale Vorgänge, einzelne Handlungen und Teilvorgänge von Handlungen identifizieren, in denen Wirkmechanismen und Verlaufsprinzipien dominieren, die so viele inhaltliche Möglichkeiten funktional ausschließen, dass rationale Entscheidungsprinzipien weitgehend zurückgedrängt oder eliminiert erscheinen. In solchen Konstellationen kann der Eindruck entstehen, als würde das Geschehen einem außer Kontrolle geratenen Mechanismus gehorchen, ein 'blindes Geschick walten' oder sich eine 'höhere Macht' gegenüber den oder dem betroffenen Menschen durchsetzen. Personen handeln dann zerstörerisch, ohne es zu wissen oder zu wollen, führen hilflos das Verderben herbei, indem sie es abzuwenden versuchen und erleiden unabwendbare tragische Schicksale. Gegenüber vernünftigen, i.b. gegenüber moralischen Einwänden sind sie immun, sie folgen einer anderen Logik als der des rationalen Arguments.

Diese Problematik hat immer wieder auch künstlerische Interpretationen provoziert. Aus einer Unzahl von möglichen Beispielen habe ich weiter oben Christa Wolf zu Wort kommen lassen, die in ihrer Erzählung 'Kassandra' dem unversöhnlichen Konflikt zwischen einem solchen verselbständigten 'autistisch' prozessierenden sozialen Geschehen und der normativ reflektierten Orientierung des Subjektstandpunktes ein überzeugendes Denkmal gestaltet hat. Außer Kontrolle geratene Handlungen oder Handlungssequenzen sind aber nicht auf das antike Genre beschränkt. In unserem Lebensalltag sind wir unablässig mit gesellschaftlichen Phänomenen konfrontiert, die ebenfalls einer solchen scheinbar 'unbeeinflussbaren' Logik gehorchen: die allgemeine Umweltzerstörung, die sich trotz des weit verbreiteten Wissens über ihre Ursachen nicht eindämmen lässt, die Wirksamkeit der Konsumwerbung, die kaum dadurch zu beeinträchtigen ist, dass die meisten Menschen um die Täuschungsabsicht ihrer Botschaften bescheid wissen, verbreitete Armut und Arbeitslosigkeit, die vom kontinuierlichen Wachstum des gesellschaftlichen Reichtums nicht eingeholt werden und ähnliches mehr.

Nun werden derlei Erscheinungen nicht nur - wie gezeigt - von handlungstheoretischer Seite aus betrachtet (und als 'Entfremdungsphänomene' kritisiert), sondern provozieren auch Erklärungsambitionen systemtheoretischer Provenienz. An einem Beispiel lässt sich zunächst zeigen, wie man die charakterisierten Erscheinungen *nicht* sinnvoll systemtheoretisch interpretieren kann. Es ist zugleich aufschlussreich für eine alternative Fassung des Entfremdungsproblems unter Einbeziehung systemtheoretischer Überlegungen.

Willke vertritt die Auffassung, dass sozialen Systemen eine eigene Handlungskompetenz zuzuschreiben sei, die nicht in eins gesetzt werden dürfe mit der Summe der Handlungskompetenzen seiner personalen Teilsysteme. Sein Argumentationsanliegen gipfelt in der "Vorstellung einer eigenständigen Subjekthaftigkeit selbstreferentiell geschlossener sozialer Zusammenhänge." (1993/207) Deren 'Handeln' wäre zu qualifizieren als "systemisch koordiniertes und sowohl intern wie extern systemisch zugerechnetes Handeln. Als solches gewinnt es eine spezifische *Unabhängigkeit* von individuellem Handeln und individuellen Handlungspräferenzen. Denn es lässt sich nicht mehr auf eine bloße Aggregation individuellen Handelns zurückführen und ... auch nicht auf einfache Kombinationen individuellen Handelns nach bewährten Schemata wie Mehrheit/Minderheit, Durchschnittswerte, Hierarchie oder Konsens ..." (1993/190) Dafür trete "in den Blick, dass es normative Bindungen und die Existenz über-individueller, abstrakter normativer Symbole sind, welche die Besonderheiten des Handelns von ...

korporativen Systemen ausmachen."[132] (1993/191) Als (theoretisch eher dürftige) Begründung gibt Willke an, dass das Handeln in Hinblick auf Kosten-Nutzen-Kalküle schwer durchschaubar wäre.

Auf dieser Grundlage lässt sich Willke dann auf eine forsche Polemik ein: "Entgegen naiven Vorstellungen von Kommunikation und Handeln kommt es *für die Inhalte* der systemischen Interaktion nicht auf die *Intentionen oder Interessen der beteiligten Individuen* an, sondern auf die Gesetzmäßigkeiten der Operationsweise der betroffenen Sozialsysteme." (1993/193, Hvh. von mir) Nun ist tatsächlich (als wichtige aber erst erklärungsbedürftige Diagnose) festzuhalten, dass das Verhalten sozialer Systeme nicht direkt auf die Intentionen der an ihm beteiligten psychischen Systeme reduzierbar ist (wie ferner diese psychischen Systeme selbst nicht einfach der Logik reflektierender Subjekte folgen). Auch lässt sich feststellen, dass dieses Verhalten in einem gewissen Ausmaß kybernetischen Modellvorstellungen entspricht. Dies mag man dann 'eigenständig' oder 'kontraintuitiv' nennen, von diesen Tatsachen jedoch auf eine 'eigenständige Subjekthaftigkeit' des Systems zurückzuschließen, muss als argumentationslogischer Irrweg klassifiziert werden.

Den zentralen kritischen Einwand bereitet Willke selbst vor, indem er die Möglichkeiten sozialen Handelns so beschreibt: "Hochdifferenzierte Gesellschaften sind geprägt durch verdichtete, vernetzte und hochorganisierte Formen kollektiven Handelns, welches sich seinerseits zunehmend selbst auf anderes kollektives Handeln beziehen kann und so ein eigenständiges Verweisungs- und Beziehungsgefüge aufbaut." (1993/194) Wenn diese Beschreibung zutrifft, so ist offensichtlich, dass jedes subjektiv disponierte Handeln sich in diese hochkomplexe (aber eben allein faktisch verfügbare) Kooperationsstruktur kompatibel einbauen muss, um wirksam werden zu können. Insofern hat das handelnde Individuum gute Gründe, sich dieses Netzes zu bedienen. Damit lässt sich jedoch nur sagen, dass soziale Gebilde der eigenständigen Subjekthaftigkeit der an ihnen beteiligten Menschen bestimmte *funktionale Zwänge auferlegen*, wie sie dieses *gleichzeitig aber auch erst ermöglichen.* Demnach wären wir also zunächst einmal lediglich mit einer (ggf. komplizierten) Variante der immer vorhandenen 'technischen' Seite des Handelns konfrontiert.

Sofern es nun dazu kommt, dass sich soziale Gebilde tatsächlich *wie Subjekte* - also unter Zugrundelegung identifizierbarer vermeintlich 'eigener' *inhaltlicher Motive* - 'eigenständig verhalten', so darf dies keinesfalls als 'Subjektivität' *des Systems* mystifiziert werden, denn im systemtheoretischen Denkmodell kann eine solche - wie gezeigt - überhaupt nicht vorkommen und aus handlungstheoretischer Sicht erweisen sich - wie ebenfalls gezeigt - 'selbständig' prozessierende Konstellationen bei genauerer Betrachtung (und von Sonderfällen abgesehen) als lediglich bedingt selbständig, da sie einer *initialen inhaltlichen Entscheidung* folgen. Wenn reale Systeme also inhaltlich betrachtet *eigenständig* erscheinen, bzw. mit Willke formuliert, *die Inhalte der Interaktion nicht mehr auf die Intentionen der beteiligten Individuen zurückgeführt werden können*, bedeutet dies, dass Teile der komplexen sozialen Apparaturen (sowie ihre 'inneren' psychischen Korrelate im Zeichen des 'automatischen' Funktionstyps des Denkens) nach der bereits diskutierten Logik den Subjekten außer Kontrolle geraten sind. Dies kann dann zur Folge haben, dass die von den Menschen selbst eingerichteten Mechanismen in ihrem Zusammenwirken so viele Möglichkeiten funktional ausschließen, dass kein Raum für bedürfnisadäquate rationale Entscheidungen mehr übrig bleibt. Dass sie sich nun dem Augenschein als eigenständige 'Subjekte' präsentieren, ist daher also das zu erklärende *Problem*, nicht die *Erklärung*.

Gerade die von Willke inkriminierte 'naive' (handlungstheoretische) Auffassung lässt erst sichtbar werden, *dass* und *wie* die einzelnen Subjekte (ohne deren Aktivität ja die 'Sozialsysteme' keinerlei 'Verhalten' produzieren könnten) *in Ansehung* der je vorfindlichen und durch die Systeme 'definierten' Handlungsbedingungen (und diese können im Falle von aktuell unbeeinflussbaren verselbständigten psychischen und sozialen Mechanismen sehr eingeengt sein) tatsächlich unablässig *ihren Intentionen und Interessen folgen* und der Inhalt des 'Verhaltens' des Gesamtsystems bei genauer Betrachtung genau *auf diese Intentionen und Interessen* zurückgeführt werden kann. In dieser Sichtweise wäre das 'subjektive Verhalten' sozialer Systeme dann nichts anderes als *eine nicht als solche intendierte kausale Folge* der aggregierten individuellen Handlungen. Die 'Subjektivität' des Systems wäre damit keine *kategoriale Bestimmung*, wie uns Willke glauben machen möchte, sondern ein *empirisches Phänomen* und die Wiederherstellung der verlorengegangenen Kontrolle über die inganggesetzten kybernetischen Mechanismen durchaus denkbar.

Dessenungeachtet bildet aus systemtheoretischer Sicht die 'Eigenständigkeit' sozialer Systeme eine notwendige 'funktionale' Diagnose, die allen autopoietischen Systemen zu stellen ist. Dies ist - wie gezeigt - eine kategoriale Entscheidung, die sich aus einem konsequent eingenommenen Standpunkt 'dritter Person' legitimieren kann und sie impliziert keinerlei Vorentscheidung über allfällige inhaltliche 'Eigenmächtigkeiten'. Indem Willke nun aber versucht, aus seiner funktionalistischen Position *inhaltliche* Aussagen über soziale Vorgänge abzuleiten, variiert er den bereits mehrfach identifizierten Fehler, die immanente Logik des einzunehmenden theoretischen Standpunkts nicht zu beachten.[133] Die argumentative Bruchstelle besteht darin, dass Willke das funktionale Ausgeschlossen-Sein von Möglichkeiten bereits mit *Steuerung* gleichsetzt, obwohl sie dieser lediglich 'technisch' vorausgesetzt ist. Als Resultat dieser Fehlannahmen ergeben sich zwangsläufig 'theoretische' Verallgemeinerungen, die an die geisterhafte Szenerie von Science-fiction-stories[134] erinnern:

> "Die Kommunikationsmedien brauchen, um Steuerungswirkungen zu entfalten, *keine* Motive *oder Zwecke*. Sie steuern durch die hochorganisierte Selektivität der durch sie stabilisierten Erwartungsmuster. Spielregeln oder eine Sprache oder ein Markt steuern Operationen wie Kommunikationen oder Handlungen, indem sie ihnen ihren Stempel aufdrücken, ihnen ein bestimmtes, selektives Netz möglicher Bahnen und Verknüpfungen in Form lokaler Operationsregeln und lateraler Verknüpfungsregeln vorgeben, *sie also in eine bestimmte Ordnung zwingen*: Steuerung par excellence." (Willke 1993/212, Hvh. von mir)

In diesem Szenario präsentiert sich alles unter Kontrolle, außer dieser selbst. Nun lässt sich nicht bestreiten, dass komplexe psychische und soziale Installationen zumeist nach keinem einfachen Strickmuster beeinflussbar sind und daher reagieren sie manchmal 'kontraintuitiv', also scheinbar 'subjektiv', unlogisch, paradox, chaotisch etc. und entziehen sich vielen Versuchen, auf sie gestaltend einzuwirken. Ein solcher individueller oder gesellschaftlicher Verlust an kontextuellem (selbstverständlich kann hier nie gemeint sein: mechanistischem!) Steuerungsvermögen sollte aber weniger zur Natur der Sache als zum Gegenstand forschender Anstrengungen erklärt werden.

Willkes Auffassung hingegen verdoppelt lediglich rhetorisch jenes weiter oben skizzierte Phänomen eines entfremdeten verselbständigten Regelmechanismus, dem seine ursprüngliche normative Vorgabe abhanden gekommen ist, anstatt es aufzuklären. Damit ist jeder weitergehenden Einsicht der Weg versperrt: Funktionale Notwendigkeiten und einschränkende Verselbständigungen werden endgültig - weil auch theoretisch - ununterscheidbar. Auf das Resultat dieses (unnotwendigen) kategorialen Irrtums stürzen sich dann (zwar undifferenziert aber in gewisser Weise dennoch zurecht) die handlungstheoretischen Kritiker mit ihrem Vorwurf, Systemtheorien betrieben eine zynische Verschleierung sozialer und gesellschaftlicher Problemlagen.

Unbestritten bleibt auch, dass die Unterscheidung von Funktionsnotwendigkeiten und Entfremdungen in komplexen sozialen Kontexten, wie weiter oben schon angesprochen, schwierig sein kann.[135] Genau diese Schwierigkeit ist aber wieder die eigentlich bedeutsame theoretische und forscherische Herausforderung. Gerade die von Willke ins Treffen geführten Beispiele von Organisationen, Verbänden und Unternehmen eignen sich hervorragend, um die Bedeutung dieser Unterscheidung zu dokumentieren. Gesellschaftliche Phänomene wie etwa politisch motivierter Terrorismus oder ökonomisch motivierte Vernichtung ökologischer Lebensgrundlagen wären demnach zunächst einmal keineswegs als 'subjektive' Anwandlungen sozialer *Systeme* zu untersuchen, sondern daraufhin zu befragen, welche mindestens eingeschränkt rationalen Entscheidungen individueller *Subjekte* zu ihnen geführt haben (etwa über Motive der Abwehr eines größer erscheinenden Übels oder der Sicherung der eigenen Existenzgrundlagen unter unzugänglichen feindlichen Bedingungen etc.). Ausgehend von einer solchen Problemsicht ist es dann allerdings durchaus berechtigt und sinnvoll, zu klären, welche 'technischen' Mechanismen durch das intentionale Handeln der Subjekte etabliert wurden, die nun die konkreten Handlungsmöglichkeiten auf minder rationale Alternativen einschränken. Dabei (und nur dabei) kann dann eine systemtheoretische Analyse helfen, die Eigendynamik der vorfindlichen funktionalen Gesetzmäßigkeiten und (mehr oder weniger) 'verselbständigten' Mechanismen fassbar zu machen und 'technische' Möglichkeiten einer Reinauguration subjektiver Rationalität freizulegen.

II.

Innere Konfliktsituationen und der mit ihnen verbundene subjektive Leidensdruck können damit beantwortet werden, dass die Wahrnehmung des Problems und der unzureichenden Strategien, mit denen ihm aktuell begegnet wird, aus dem bewussten Denken ausgesondert werden. Die Psychoanalyse hat für diesen Transformationsprozess die Bezeichnung 'Verdrängen' gewählt. Er bezieht sich zunächst auf einen ursprünglichen Antrieb, dessen Realisierung einen unlösbaren psychischen Konflikt produzieren würde und in der Folge auf alle Bedeutungskonstellationen, die auf diesen ursprünglichen Antrieb verweisen. Der innere Konflikt, der durch dieses Verdrängen seine spezifische Bearbeitung erfährt, wird als Auseinandersetzung zwischen einer inneren Antriebsinstanz ('Es') und einer verinnerlichten Kontrollinstanz ('Über-Ich') vorgestellt, die *auch* in eine bewusste Entscheidung des Subjekts ('Ich') münden kann. Angenommen wird dabei, dass durch diesen Prozess des Verdrängens das emotive Potential des aus der subjektiven Wahrnehmung hinausgedrängten Bedeutungsbestandes nicht entschärft wird. Daher wird verschiedentlich auch vom 'dynamischen' Unbewussten gesprochen.

Der Vorgang des Verdrängens etabliert des innerpsychische 'Passstück' zum soeben diskutierten vermeintlich 'subjektiv' agierenden sozialen System und macht seine intentionalen Bestandsvoraussetzungen auf Seiten der betroffenen Individuen erklärlich. Die Kritische Psychologie hat das Freudsche Konzept des Verdrängens von vornherein deutlicher in Richtung auf die bereits angesprochene Entfremdungskritik hin akzentuiert und das Abtrennen konflikthältiger Motive und Sachverhalte aus dem Bewusstsein als Aspekt *selbstfeindlicher Problembewältigungsstrategien* bezeichnet. Damit wird zum Ausdruck gebracht, dass das dynamische Unbewusste als psychisches Passstück zur (und als innere Voraussetzung der Individuen für die) Teilnahme an der von Habermas beschriebenen 'äußeren' Verselbständigung kybernetischer gesellschaftlicher Regelkreisläufe fungiert: "Im Konzept der 'Selbstfeindschaft' ist schon mitgedacht, dass beim Streben nach restriktiver Handlungsfähigkeit der Umstand, dass man dabei im Versuch, aus dem Arrangement mit den Herrschenden subjektive Vorteile zu erlangen, gleichzeitig selbst an der eigenen Unterdrückung, damit Verschlechterung seiner Lebensqualität, aktiv mitwirkt, dem Individuum nicht bewusst sein kann." (Holzkamp 1983/379, Hvh. entf.) Daraus ergäben sich notwendig "'Verdrängung', Leugnung, Dissoziation, Mystifizierung aller Aspekte meiner situationalen und personalen Realität, aus denen für mich hervorgehen würde, dass ich selbst durch meinen eigenen Verzicht auf die Alternative unmittelbar-kooperativer Verfügungserweiterung ... die ... gegebenen Beeinträchtigungen der subjektiven Lebensqualität, Gebrochenheiten, Ängste, Leiden, sozialen Isolationserfahrungen etc. mit zu 'verantworten' habe." (Holzkamp 1983/379, Hvh. entf.) Der dynamische Charakter dieses Vorgangs wird wie in der klassischen Freudschen Version deutlich hervorgehoben: "Die damit umschriebene Realitätsverleugnung ... muss also immer wieder durch 'Einarbeitung' der diskrepanten Erfahrungen in den subjektiven Begründungszusammenhang restriktiver Handlungsfähigkeit gegen das eigene 'bessere Wissen' durchgesetzt werden." (Holzkamp 1983/380, Hvh. entf.)

Für den Versuch, diesen Prozess von einem Standpunkt dritter Person aus aufzuschlüsseln, ist es aufschlussreich, seine Verlaufseigentümlichkeiten näher zu betrachten. Freud stellt dazu fest, dass das Wesen der Verdrängung "nur in der Abweisung und Fernhaltung vom Bewussten besteht" (1915/108) und erläutert den eigentümlichen Umstand, dass nicht alle "Abkömmlinge des Urverdrängten" außerhalb des Bewusstseins gehalten würden, sondern diesen der Zugang zum Bewussten ohne weiteres freistünde, wenn "sich diese weit genug von der verdrängten Repräsentanz entfernt haben, sei es durch Annahme von Entstellungen oder durch die Anzahl der eingeschobenen Mittelglieder". (1915/110) Wenn Verdrängen bedeutet, etwas außerhalb des bewussten Denkens zu halten und dies naturgemäß nicht durch das Bewusstsein selbst kontrolliert werden kann, so bedarf es also eines Automatismus, der gleichsam 'ohne Rückfrage an das Bewusstsein' sein Objekt erkennt und eliminiert, resp. verschlüsselt etc. Das Handeln, das dann im Zeichen 'verdrängter' Motive steht, wäre so durch eine spezifische Stereotypie gekennzeichnet, die sich der rationalen Prüfung entzieht. Einströmende dissonante Wahrnehmungen, die normalerweise auf eine Revision des automatischen 'Programms' drängen müssten, würden ihrerseits durch spezifische Verarbeitungsautomatismen neutralisiert. Damit bliebe der Verhaltensautomatismus stabil. Mindestens würde er sich nicht als Resultat bewusster normativer Klärung ändern. Die dogmatische Blindheit eines solchen Automatismus wird dort besonders deutlich, wo - wie Freud in obigem Zitat erläutert - der bloße äußere Formwandel seines Objekts (etwa die 'Entstellung' durch Verwandlung in ein 'Traumsymbol') dazu führt, dass er dieses nicht mehr identifizieren kann und es daher seiner Kontrolle nicht mehr zugänglich ist.

Betrachtet man nun diesen Prozess des Ausgeblendethaltens relevanter Orientierungsbezüge aus dem Bewusstsein vom systemtheoretischen Standpunkt, so zeigt sich genau jene Verfahrenslogik, die ich im Zusammenhang mit der Entwicklung und Anwendung 'praktischer Begriffe' untersucht habe. Miller/Galanter/Pribram beschreiben den Prozess des Vergessens als Abbrechen eines 'Planes' (im Sinne ihrer kybernetischen Auffassung der Handlungsregulation) vor Erreichung des in ihm festgelegten Zieles (1960/69f) Unter Bezugnahme auf Freud und dessen Theorie des Verdrängens erläutern sie dann, dass ein *aktives* Vergessen, also ein aktives Abbrechen von Plänen, dann eintrete, "wenn ihre Ausführung beginnt, Änderungen im Bild hervorzurufen, die nicht so wertvoll sind, wie wir es erwartet haben." (1960/70) Dies erklärt allerdings noch wenig, was die *funktionale* Seite des Verdrängens betrifft. Einen entscheidenden Hinweis geben Miller u.a. an anderer Stelle und in einem anderen Zusammenhang:

"Um die Stufen der Hypnose darzustellen, wollen wir annehmen, dass in wachem Zustand mehrere Arten von Plänen gleichzeitig ausgeführt werden. Jeder kann für sich allein aufgegeben werden, wenn er auch nur ein wenig von den anderen unabhängig ist. Sehr wichtig ist natürlich das Planen mit Hilfe der inneren Sprache, welche die willensmäßige Strategie für so vieles, was wir tun, bestimmt. Die Aufhebung dieser Planungsfunktion kennzeichnet das Hinübergleiten eines Subjekts in den Trancezustand. Aber es müssen noch andere Planungsfunktionen vorhanden sein, die mehr oder weniger automatisch, wie eine Art 'Verwaltungsapparat', wirksam sind. Man kann sagen, sie bilden einen Teil jedes Planes, den wir aufstellen, und sie dienen dazu, verschiedene Einzelheiten ein für allemal zu regeln, so dass nicht für jeden neuen Plan wieder Entscheidungen getroffen werden müssen." (1960/106)

Was hier entworfen wird, ist ein selbstregulierendes System, das eine stereotype Handlungsanleitung dynamisch stabilisiert: Auf der 'taktischen' Ebene werden einströmende Aktualinformationen verarbeitet und vorgabengemäß in Handlungsanweisungen umgeformt, auf der 'strategischen' Ebene sorgt nun - anders als bei 'normalen' Automatisierungen - ebenfalls ein eigener 'Plan' dafür, dass die

Kontrolle über den insgesamten Ablauf automatisch und damit außerhalb der Reichweite des bewussten Denkens verwaltet wird. Dieses Modell lässt sich offensichtlich ohne weiteres auch auf den Vorgang des Verdrängens umlegen. Die traditionelle psychoanalytische Denkfigur, derzufolge über bestimmte therapeutische Maßnahmen die Verbindung dieser verselbständigten Anordnung zum bewussten Denken wieder hergestellt werden kann, entspricht der funktionalen Vorstellung, dass natürlich auch der Plan für die strategische Ebene durch einen übergeordneten Plan installiert werden musste und durch einen ebensolchen auch wieder unter Kontrolle gestellt werden kann. Verdrängen wäre demnach (wie Hypnose) in ihrer formalen Organisation als eine Art (gezielter) 'Verselbständigung' von Automatisierungen zu denken, mit dem Unterschied, dass in der Hypnose die strategische Ebene extern vom Hypnotiseur verwaltet wird, während sie beim Verdrängen einem eigenen internen 'Verwaltungsprogramm' unterstellt ist. Die spezifische Aufgabe des 'Verdrängungsplanes' bestünde dann darin, das weiter oben beschriebene Abbrechen von Plänen zu organisieren.

Die Verfahrenslogik eines solchen 'Verdrängungsplanes' lässt sich etwa am Beispiel eines typischen Konfliktgesprächs nachvollziehen: Beide Gesprächspartner erheben Vorwürfe. Diese Vorwürfe werden jedoch nicht durch den Versuch einer rationalen Abklärung des Problems durch Rekonstruktion der jeweiligen subjektiven Begründungsmuster relativiert. Dadurch bewegen sich die Argumentationen nicht auf den Punkt einer Lösung durch die Entwicklung einer gemeinsam teilbaren Sichtweise zu, sondern es spielt sich ein zirkelhafter Gesprächsverlauf ein. Dieser ist dadurch charakterisiert, dass mindestens einer der beiden Gesprächsteilnehmer bestimmte Realitätsaspekte systematisch ausklammert. Er wechselt das Thema, bestreitet Tatsachen oder lässt sie in einem 'schiefen Licht' erscheinen, er verweigert Auskünfte, Stellungnahmen und Begründungen für Behauptungen und Urteile, versucht durch 'Bestrafungsakte' oder ihre Androhung den Gesprächsverlauf zu beeinflussen, bricht das Gespräch ab etc., um 'verdrängte' Bedeutungskonstellationen nicht ins Bewusstsein rufen zu müssen.

An einem solchen Beispiel wird unmittelbar nachvollziehbar, wie eine bestimmte nicht zur Disposition stehende Vorentscheidung (etwa, einen bestimmten Problemaspekt 'bedeckt' zu halten) die Logik des Geschehens bestimmt. Und zwar tut sie dies mechanisch und stereotyp, damit in einer solchen Weise, die die Logik einer rationalen normativen Reflexion behindert. Der Sprechende richtet sich in seinem konkreten Verhalten nur *danach* aus, wie er mit seinem nicht in Frage zu stellenden Anliegen[136]. 'durchkommt'. In der Handlungssituation wird 'abgetastet', wie 'es geht', was man unter Berücksichtigung einer vorgeschalteten normativen Entscheidung und aller die Situation bestimmenden Faktoren tun muss, um zu einem bestimmten Resultat zu gelangen. Dabei lernt, übt oder praktiziert man eine 'Technik', die allenfalls 'moralisch' imponierende *Behauptungen* enthält, mittels derer man sich aber bloß *faktisch* durchsetzen will. Damit folgt eine solche Art zu denken genau jener kybernetischen Funktionslogik, die für den pragmatischen bzw. - soweit der bewussten Wahrnehmung entglitten - automatischen Prozesstypus des Denkens charakteristisch ist.[137] Wie dieser enthält auch das hier erörterte Denken rudimentäre flexible Orientierungselemente, denn auch hier strömen spontane Gefühlsregungen auf die Handlungsregulation ein und modifizieren ggf. die Regelvorgaben. Sie tun dies jedoch 'blind' und unreflektiert.

Die auf solche Weise gewonnenen 'praktischen Begriffe' unterscheiden sich *funktional* gesehen in keiner Weise von ihren 'normalen', nicht auf Verdrängungsvorgängen beruhenden Pendants. Sie bilden wie diese zugleich Resultate und Ausgangspunkte der Konstituierung sozialer Strukturen. In diesem Zusammenhang gewinnt das Diktum Giddens', demzufolge Strukturen nicht jenseits des Handelns und Handeln nicht jenseits von Strukturen bestehen könnten, besondere Aussagekraft. Mara Selvini-Palazzoli beschreibt solche Prozesse der Herausbildung praktischer Begriffe generell als konstitutiv für die Ordnung sozialer Zusammenhänge: Sie geht von der Hypothese aus,

"dass jede natürliche Gruppe mit einer Geschichte ... sich während eines bestimmten Zeitraums konstituiert. Im Verlauf einer Reihe von Transaktionen und korrigierenden Gegenaktionen wird experimentierend erprobt, was in der Beziehung erlaubt ist, bis die Gruppe schließlich zu einem eigenen System findet, das von speziellen, nur für dieses System geltenden *Regeln* gesteuert wird. Diese Regeln betreffen die sich in der geschichtlich gewordenen Gruppe abspielenden Transaktionen, die den Charakter von verbaler oder nonverbaler Kommunikation haben." (1975/13)

Je einschränkender diese Regeln nun sind, desto eher kann der Anschein bestehen, das 'System' agiere (im Sinne Willkes) als eigenes 'Subjekt', produziere eigene 'Motive' und 'entscheide' selbständig. Besonders deutlich kann dieser Effekt an pathologischen Erscheinungen beobachtet werden. Im Falle schizophrener Interaktionen etwa ergeben sich angesichts der eingeengten Kommunikationsmöglichkeiten besonders gravierende Stillegungen des 'vernünftigen' Denkens, die den Mythos eines 'eigenständigen Subjekts' jenseits des handelnden Indiviuums geradezu provozieren[138]. Dennoch bleiben auch hier dem sensiblen Beobachter die zugrundeliegenden subjektiven Ambitionen des Individuums erkennbar oder doch mindestens erahnbar:

"So erklärt sich das große Spiel, so konstituieren sich die geheimen Regeln. Um Erklärungen auszuweichen, wird die Botschaft immer unverständlicher und geheimnisvoller. Man lernt schließlich sogar, offenkundige logische Widersprüche, Antinomien, die zu deutlich hervortreten würden, zu vermeiden, wobei man sich einer spezifisch menschlichen Möglichkeit bedient: der Möglichkeit, gleichzeitig auf verschiedenen Ebenen, auf verbaler oder nonverbaler Ebene zu kommunizieren und ungeniert von einer logischen Klasse auf ein Element der Klasse überzuspringen, indem man so tut, als ob sich diese auf derselben logischen Ebene verstehen ließen. Auf diese Weise wird man gleichsam zu einem Tänzer auf dem Seil des Russellschen Paradoxons." (Selvini-Palazzoli 1975/31)

"Es werden immer mehr Schachzüge und Täuschungsmanöver erfunden und eingesetzt: Erotik, Inzest, Feindseligkeit, Fluchtbereitschaft, Abhängigkeit, Unabhängigkeit, Ermüdung (vom Spiel), Qual, usw. Dies alles wird in bewundernswerter Weise vermittels sogenannter Gedankenstörungen serviert, wodurch ein Nebelschleier erzeugt wird, der jede Form von Metakommunikation vehindert, so dass man den Anfang des Fadens nicht findet und sich nichts klärt." (Selvini-Palazzoli 1975/36)

III.

Von einer konsequent eingenommenen funktionalistischen Position aus kann die Entfremdungsproblematik nicht eingesehen werden. Sie besteht notwendigerweise nur von jenem Standpunkt erster Person aus, den ich in diesem Abschnitt meiner Annäherung an die Welt der systemischen Phänomene zugrundegelegt habe, denn nur von diesem aus kann jenes betroffene, normativ entscheidende Subjekt identifiziert werden, das als Bezugspunkt der Wahrnehmung von 'Fremdheit', Leiden und Unterdrückung vorausgesetzt ist. Von diesem Standpunkt aus war also zu zeigen, dass das 'System als Akteur' doch sinnvollerweise als 'System von Akteuren' aufzufassen ist. Wenngleich nun damit eine (fallweise anzutreffende) systemtheoretische Denkfigur als bloße Kontamination unterschiedlicher logischer Reflexionsebenen erscheint, so wäre doch *ein* Gedanke aufzunehmen, der die kritisierte Konstruktion inspiriert haben mag.

Die Annahme, soziale Systeme würden eigenständig agieren, ist offensichtlich eine Absage an die in mancher Fassung der Entfremdungskritik implizit enthaltene Vorstellung, menschliches Handeln wäre jenseits aller selbstlaufenden Mechanismen, Automatismen, Systembildungen etc. - also vollständig 'subjektiv' kontrolliert - möglich, könne alle Anpassungen *an* 'Sachzwänge' durch Anpassungen *der* Sachen ersetzen, käme also ohne alle, auch partielle und 'operative' Verluste der direkten Kontrolle über den Verlauf von Handlungen und sozialen Ereignissen aus. Die (kritisierte) systemtheoretische Gegenthese bestand demgegenüber darin, dass Systeme so aufgebaut sind, dass sie prinzipiell gar keiner subjektiven Kontrolle unterworfen werden können, da sie sich nach einer 'eigenen' Ausrichtung bewegen und entwickeln.

Beide Thesen scheinen nach der bisherigen Darstellung wenig plausibel. Zugleich enthalten beide ein Moment von Wahrheit. Wenn nämlich automatisierte Steuerungsvorgänge als *notwendiger* Bestandteil des menschlichen Handelns angenommen werden, so ergibt sich - wie weiter oben bereits ausgeführt - die Möglichkeit, 'vernünftige', bewusst gewollte (also sehr wohl von einem Subjekt entschiedene) von 'selbstbeschränkenden', von der Handlungssituation 'aufgedrängten' bzw. teilweise oder ganz 'entglittenen' (also tatsächlich mehr oder weniger subjektiv unverfügbaren) Automatismen zu unterscheiden. Die von Holzkamp im Zusammenhang mit der generellen Unterscheidung selbstbestimmter und aufgezwungener Lernprozesse eingeführten Bezeichnungen 'expansiv' und 'defensiv' (vgl. 1991a/8) scheinen mir auch zur Charakterisierung der den 'vernünftigen' und 'aufgedrängten/verdrängten' Automatisierungen zuzuordnenden subjektiven Entscheidungsvorgängen gut geeignet. Als 'expansiv' wären demnach solche intendierten 'Verselbständigungen' von Handlungsbestandteilen zu bezeichnen, die die Funktion haben, das bewusste Denken durch 'selbständige' Verwaltung von wiederkehrenden Problembeständen für immer weiterreichende Planungs- und Entscheidungsaufgaben freizuhalten, als 'defensiv' hingegen jene 'Verselbständigungen', die angesichts antagonistischer, repressiver Vorkehrungen unter Vermeidung der anstehenden normativen Auseinandersetzung (und der damit ggf. verbundenen Anstrengungen, Konflikte und Gefährdungen) eingerichtet werden und die in weiterer Folge nicht zu einer Freisetzung, sondern zu einer Einschränkung von subjektiven Kapazitäten und Entscheidungsspielräumen führt.

In der Zusammenschau der (subjektiv-inhaltlich argumentierten) tiefenpsychologischen Auffassung von den 'unbewussten' Prozessen und der (formal-funktional gefassten) Auffassung von den verselbständigt prozessierenden kybernetischen Automatismen des Denkens lässt sich nun das Verhältnis zwischen Selbstunterdrückung, Fremdunterdrückung und dem Phänomen 'subjektiv' agierender sozialer Systeme differenzierter beleuchten: Am Anfang von deren Genese stehen komplexe, subjektiv nicht unmittelbar bewältigbare Handlungsbedingungen: 'Überlastungen' (wie sie etwa Habermas bei der Analyse sozialer Selbststeuerungsmedien ins Treffen geführt hat) oder widersprüchliche Anforderungen (wie sie etwa von der Psychoanalyse oder der Kritischen Psychologie als Ausgangssituationen von 'Verdrängungen' angesehen werden). Diese Schwierigkeiten führen dazu, dass Teile der Handlungsverläufe unter eine automatisierte Kontrolle gestellt werden, die die Handlungssteuerung gegenüber dem reflektierenden Denken unzugänglich macht. Daraus resultieren dann planvolle aber nicht direkt durch intentionale Prozesse gesteuerte Handlungssequenzen, die ihrerseits in ihrem systemischen Zusammenwirken ('nicht-intendierte Handlungsfolgen' i.S.v. Giddens) dann *vermeintlich* eigenständig agierende soziale Systeme konstituieren.

Meine Unterscheidung der vier Prozesstypen macht nun auch die (von Willke theoretisch unsichtbar gemachte) Differenz zwischen den prinzipiell immer zu erfüllenden *funktionalen Ermöglichungsbedingungen* und allfälligen nicht rational entschiedenen *Verselbständigungen* von Handlungen oder deren Bestandteilen in ihrer Unübersichtlichkeit interpretierbar: Im Kontext des handlungsbegleitenden pragmatischen Denkens werden - wie gezeigt - die möglichen realen Sequenzen des Handelns evaluiert. Dabei kann aus der bei der Anschmiegung des Handelns an die Handlungssituation einzunehmenden 'opportunistisch-erfolgsorientierten' (also nicht reflektierenden) Haltung zunächst kein Unterschied zwischen solchen äußeren 'Zwängen' sichtbar werden, die aus technischen Gründen (mindestens vorläufig) nicht aufhebbar sind und solchen, die das Resultat unbewusster Selbstbehinderung (oder äußerer Zwangsbedingungen) bilden. Aus der Sicht des *pragmatischen Denktyps* erscheinen *beide* Widerständigkeiten als völlig gleich zu bewertende 'Hürden', die durch 'Anpassung' an die Eigendynamik des Handlungsgegenstandes bzw. der Handlungssituation zu umgehen sind.

Ob es sich dabei tatsächlich um ein (Selbst-) Unterdrückungsverhältnis oder lediglich um ein 'technisches Gebrechen' handelt, ergibt sich also nicht der spontanen Wahrnehmung: Indem Unterdrückung wie 'Sachzwang' in der Handlung zunächst in völlig gleicher Weise in Erscheinung treten, verursachen beide gleichermaßen durch Einschränkung von Möglichkeiten Problemdruck, den man durch 'Lernen' wieder reduzieren kann. Auch repressiv verursachte Handlungseinschränkungen werden (sofern sie nicht eindeutig in einem sofort entschlüsselbaren repressiven Metakontext stehen) zunächst als bloße Bestandteile der Handlungssituation erfahren und können erst in den diskursiven Funktionstypen des Denkens angemessen bewertet werden. Damit ist der nach 'anspruchsvollen' kybernetischen Prinzipien ablaufende Anteil des menschlichen Denkens - wie man zugespitzt formulieren könnte - der Bösartigkeit der ihn umgebenden Situation schutzlos ausgeliefert.

Dabei ergeben sich für die Problemlösung zwei Möglichkeiten: Man kann mit der aufgetretenen Widerständigkeit *pragmatisch* 'umgehen' lernen oder sie in *reflexiv-transzendierender* Anstrengung mit dem Ziel ihrer Veränderung bearbeiten. Aber erst diese Reflexion auf die den vorfindlichen Schwierigkeiten zugrundeliegenden Ursachen ermöglicht eine Klassifizierung als bloßen 'Sachzwang' *oder* (Selbst-) Unterdrückung. Denn erst aus der reflektierenden Distanz lässt sich erkennen, ob die angetroffenen Widerständigkeiten tatsächlich in der 'Sache' beschlossene 'Zwänge', also gleichsam 'naturhaft' funktions-logisch auftretende Hindernisse und Schwierigkeiten, darstellen, oder ob sie das Resultat instrumentalistischer personaler/sozialer Beziehungen sind und daher strategisch erzeugte, repressive Behinderungen bilden, deren Veränderung nicht eine 'Abarbeitung an der Sache', sondern eine ausgleichende 'gerechte' Neuverteilung sozialer Macht, Ressourcen oder Vergütungen impliziert. In *beiden* Fällen führt der Versuch, an der Situation praktisch auszuloten, wie 'es geht', also lediglich den verspürten *Problemdruck* zu reduzieren, ohne seine Ursachen reflexiv zu bearbeiten, zu Handlungsmustern, die man wiederum perfektionieren und automatisieren kann.

Ein von vornherein *zwingender* Zusammenhang von außer Kontrolle befindlichen Systembildungen mit Fremd- und Selbstunterdrückung lässt sich überdies entgegen manch emphatischer handlungstheoretischer Auffassung nicht begründen: Nicht befriedigend bewältigte Handlungsbedingungen müssen nicht Ausdruck repressiver Einwirkung sein, die Verselbständigung von Teilen der hierarchisch strukturierten kybernetischen Mechanismen des Handelns ist, wie die Verselbständigung sozialer Systembildungen *auch* als Ergebnis mangelnder 'technischer' Beherrschung denkbar.

(1.4) Erstes Resümee

I.

Im Durchgang durch die in 1.1 und 1.2 dargestellten sechs Ansätze habe ich erste Grundlagen für die Hauptargumentationslinien meiner Arbeit zu entwickeln versucht. Ich will daran die folgenden zentralen Punkte noch einmal hervorheben:

Die Kritische Psychologie hat zunächst gezeigt, aus welchen entwicklungsgeschichtlichen Grundlagen heraus menschliche Subjektivität zu begründen ist. Im Handlungsbegriff ist demgemäß erfasst, was das Wesentliche der menschlichen Gattungstätigkeit ausmacht: die bedürfnisorientierte Entschlüsselung, Umsetzung und Produktion von vergegenständlichten Bedeutungen zum Zwecke der vorsorglichen Schaffung und Nutzung von Lebensbedingungen. Die Spezifik dieser kulturellen Vermitteltheit der Lebensaktivitäten qualifiziert das menschliche Individuum als Subjekt, das keiner linear-kausalen Determiniertheit durch gegebene Bedingungen unterliegt. Seine 'reflexive' Distanz zur Welt impliziert rationale

Entscheidungen, die aufgrund ihres Bezugs zu Bedürfnissen verallgemeinert verständlich und kommunizierbar sind. Von besonderer Bedeutung ist das Konzept der 'produktiven' und 'sinnlich-vitalen' Bedürfnisse, die in ihrem spannungsvollen Zusammenwirken die Perspektive einer nicht-widersprüchlichen Orientierung des menschlichen Handelns an individuellen und zugleich verallgemeinerten Interessen eröffnen.

Jürgen Habermas hat den Handlungsbegriff um ein logisches Verfahrenskonzept des rationalen Argumentierens ergänzt. Dieses befördert einen Prozess der intersubjektiven Reflexion, der sich nur in Abwesenheit äußerer zwangsförmiger Einflussfaktoren unbehindert entfalten kann. Dabei bildet eine grammatisch ausdifferenzierte Sprache das Tragwerk der reflexiven (Selbst-) Vergewisserung des Subjekts. Diese Sprache sieht in ihrem Aufbau die Differenzierung unterschiedlicher Geltungsansprüche vor, die im kommunikativen Austausch von Argumenten erhoben werden und die in ihrem Kernbestand die Wahrheit von Behauptungen, die Richtigkeit von Normen und die Authentizität von Selbstauskünften betreffen. Ferner weist die Sprache in der grammatischen Konstellation der 'ersten Person' einem verstehenden Subjekt jene Haltung zu, in der allein die Prozesse rationaler Urteilsbildung rekonstruiert werden können: die virtuell eingenommene Position der Betroffenheit von Aussagen, Ansprüchen und praktischen Auswirkungen.

Anthony Giddens und Hans Joas haben einige wichtige Differenzierungen dieser Sichtweise beigesteuert: Menschliches Handeln kann sich immer nur im Kontext eines bereits 'laufenden' Verhaltensprozesses, Denken immer nur in einem schon bestehenden Körper und personale Identität immer nur im Rahmen einer diese bergenden Gemeinschaft entfalten. Intentionen und Handlungen, Geist und Körper, Individuum und Gemeinschaft sind also nicht jeweils voneinander ablösbar zu denken, sondern als Polaritäten innerhalb eines integralen Zusammenhangs. Die Kategorien Intentionalität, Subjektivität und Individualität bezeichnen die Dynamiken, die innerhalb dieser Polaritäten bestehen und markieren spezifische Eigenheiten des menschlichen Handelns. Dieses ist an Zielen orientiert und bringt dennoch Neues hervor, das über diese Ziele hinausweist.

Als zuerst vorgeführter Repräsentant systemtheoretischen Denkens hat Gregory Bateson meine Darstellung um den grundlegenden Aspekt bereichert, dass Handlungen nicht lediglich eine subjektive 'Innenseite' haben, sondern auch auf 'technischen' Zusammenhängen und Ereignissen beruhen, die als je spezifische Systemkonfigurationen gedacht werden können. Dabei zeigt Bateson, wenn auch gegen seine deklarierte Absicht, dass die Einnahme einer 'funktionalen' nicht notgedrungen jede 'subjektive' Sichtweise überflüssig macht, sondern vielmehr erst die Kombination beider Sichtweisen ein umfassendes Verständnis von Handlungen ermöglicht. Gerade die durch seine unentschlossene Argumentation entstandenen ansatzimmanenten Widersprüchlichkeiten legen die explizite Formulierung zweier für die Untersuchung des menschlichen Handelns fundamentaler Analyseperspektiven nahe.

Georg A. Miller, Eugene Galanter und Karl H. Pribram führen ein kybernetisches Steuerungsparadigma vor, das ein detailliertes Bild von der konkreten Ausformung jener Systemkonfigurationen entwirft, die menschliches Handeln befördern. Sie versuchen, das von Bateson unbewältigte Problem einer sauberen Trennung der beiden Sichtweisen durch deren Zuweisung zu unterschiedlichen 'Instanzen', 'Ebenen' o.ä. als Repräsentanzen unterschiedlicher Gegenstandsdimensionen zu lösen. Dieser Umgang mit den beiden sich abzeichnenden logischen Problemstellungen weist noch einmal auf die Notwendigkeit einer expliziten Formulierung zweier unabhängiger Analyseperspektiven hin. Winfried Hacker pointiert diese Schlussfolgerung durch ein lehrreiches Beispiel der unreflektierten Vermengung der beiden Perspektiven.

Niklas Luhmann schließlich demonstriert, welchen Ansprüchen eine konsequent 'eigenständige' systemtheoretische Denkweise genügen muss. Er präsentiert ein Systemkonzept, das in umfassend und detailliert ausgearbeiteter Weise sowohl die ('äußeren') sozialen, wie auch die ('inneren') psychischen Dimensionen des menschlichen Handelns in ihrer funktionalen Dimension fassbar und so die objektiven 'Ermöglichungsbedingungen' des menschlichen Handelns in angemessener Tiefe und Genauigkeit empirisch untersuchbar macht. Wie Luhmann zeigt, können auch reflexive Prozesse mit intentionalen Implikationen in ihrer funktionalen Dimension systemtheoretisch aufgeschlüsselt werden.

In meiner Darstellung habe ich den handlungstheoretischen und den systemtheoretischen Ansatz als paradigmatische Konzeptionen mit unterschiedlichem Gegenstandsbezug charakterisiert: Sowohl die Kritische Psycholgie als auch Habermas führen exemplarisch vor, dass, warum und in welcher Weise die Logik des Subjektstandpunktes eine eigenständige Diskursform begründet. Beide verdeutlichen in je spezifischer Weise, dass sich diese am Ende des Tier-Mensch-Übergangsfeldes von der evolutionär vorangegangenen 'blinden' Variations-Selektions-Logik ablöst, wenngleich sie diese nicht zur Gänze ersetzen kann. Giddens und Joas haben diese Auffassung bekräftigt und durch ihre Kritik des traditionellen statisch-teleologischen Handlungsverständnisses vertieft. Von der 'Gegenseite' her bestätigt zunächst Bateson die Existenz zweier eigenständiger Diskurslogiken mindestens indirekt durch die argumentationslogischen Folgen ihrer uneindeutigen Handhabung.

Die Position Luhmanns in dieser Frage blieb in der bisherigen Darstellung noch unbeleuchtet.[139] In jedem Falle lässt aber die von ihm vorgelegte funktionale Rekonstruktion von Phänomenen wie Sinn und Bewusstsein klar erkennen, dass der Funktionalitätsdiskurs durchaus auf den 'ganzen' Gegenstand des menschlichen Verhaltens angewandt werden kann. Indem Luhmann seine 'technische Beschreibung' stringent auf intentionale Ereignisse und Sachverhalte ausdehnen kann, stellt er unmissverständlich klar, was sich an der Auswertung der beiden zuvor untersuchten Konzepte bereits angedeutet hat: dass Funktionalität und Subjektivität nicht an unterschiedlichen empirischen Orten (etwa im Gehirn, in bestimmten Steuerungsinstanzen etc.) aufgefunden werden kann, sondern unterscheidbare Abstraktionen darstellen, die an denselben empirischen Objekten vorgenommen werden.

Handlungstheorien und Systemtheorien nehmen am menschlichen Handeln also unterschiedliche Ausgangsabstraktionen vor, die ihnen den Blick auf unterschiedliche Dimensionen und Aspekte ihres Gegenstandes ermöglichen. Auf diese Weise konstituieren sich zwei unterschiedliche theoretische Diskursformen, die einen jeweils präzise umreißbaren aber nicht identischen theoretischen Gegenstand markieren: Handlungstheorien rekonstruieren menschliches Verhalten in der Blickrichtung des handelnden Individuums. Damit erfassen sie die Logik jener 'phänomenalen' Dimension des Handelns, wie sie vom Individuum als 'subjektive Bedeutungen' erfahren werden (etwa: Motive von Entscheidungen). Systemtheorien entwerfen das menschliche Handeln aus der Sicht eines unbetroffenen Beobachters. Ihnen wird daher die Logik jener Verkettung objektiver Ereignisse sichtbar, die die 'funktionale' Dimension des Handelns konstituiert (etwa: Anschlussfähigkeit von Operationen).

Die Grundidee ist nicht besonders neu. Sie wurde bereits von Parsons entwickelt, der davon ausging, "dass es sich hier um *zwei analytisch unterscheidbare Begriffsschemata handelt und eine Reduzierbarkeit des einen auf das andere* trotz der weitgehenden logischen Ähnlichkeiten *nicht vorausgesetzt werden kann.*"[140] (1939/65) Dennoch wird diese Einsicht in der rezenten Auseinandersetzung - wie gezeigt - häufig ignoriert und dies könnte auch damit zu tun haben, dass die schlichte Zweiteilung des Reviers einige wichtige Probleme ungelöst belässt.

Die Darstellungen Holzkamps, Habermas', Giddens' und Joas' und in funktionalistischer Sicht dann v.a. jene von Bateson und Miller/Galanter/Pribram haben ja in unterschiedlicher Weise sichtbar gemacht, dass es tatsächlich *auch zwei abgrenzbare 'Teile' des menschlichen Tuns* gibt, die unterschiedlichen Logiken folgen. Der erstere beherbergt den 'subjektiven' nicht-determinierbaren Kern der Herausbildung, Entschlüsselung und Verfolgung von Absichten, der zweitere die 'technisch' eingerichteten 'nachgeordneten' ausführenden und begleitenden, ggf. ungewollt verselbständigten Prozesse: Ich erinnere nur etwa an die Differenzierungen in 'Handlungen - Operationen (- Bewegungen)' bei Holzkamp und Habermas und 'Handlungen' und 'wirkliche Systeme' bei Joas, an die in Anschlag gebrachte Überforderung der absichtsvollen bewussten Steuerung durch die Komplexität der faktischen psychischen Ereignisse bei Bateson, die Unterscheidung von 'Bild' und 'Plan' bei Miller/Galanter/Pribram oder zuletzt die Ausführungen Habermas' zu den Regulationsprinzipien des rational begründeten Konsens und des kausal bestimmten systemischen Gleichgewichts.

Teilweise legitimieren die genannten Autoren sogar die von ihnen jeweils präferierte Argumentationslogik mit dem Hinweis auf das Vorhandensein eines solchen Gegenstandsbereichs und reklamieren jene als einzig angemessenen Zugang zu diesem. Dabei werden die unterschiedlichen Bestandteile des menschlichen Handelns immer wieder auch so ins Treffen geführt, als handle es sich dabei um den 'eigentlichen', 'bestimmenden' oder zumindest 'primär bedeutsamen' Bereich, der das jeweils gegnerische Unterfangen völlig unplausibel mache. Hier erinnere ich etwa an Batesons Polemik gegen den 'durchschnittlichen Abendländer', den Vorwurf subjektfeindlichen und antihumanistischen Denkens, wie er von handlungstheoretischer Seite gegen Systemtheorien erhoben wurde, den Versuch Luhmanns und Willkes, Subjektprobleme in Systembegriffe aufzulösen sowie den umgekehrten Versuch Holzkamps, der 'objektiven' Seite des Denkens und Handelns unmittelbar die Logik intentionaler Verfügung aufzudrücken.

Vorsichtigere Positionen plädieren demgegenüber fallweise auch auf Arbeitsteilung und ordnen bestimmte 'Anteile' des menschlichen Tuns bestimmten theoretischen Perspektiven zu. Dies liegt insofern nahe, als im Zuge der Kritik von Entfremdungsphänomenen bestimmte Dimensionen und Aspekte des Handelns identi fiziert wurden, deren Prozessmodus tatsächlich unter Zuhilfenahme 'technischer' (etwa kybernetischer) Modelle und ohne Berücksichtigung subjektiver Überlegungen erklärbar scheint. In dieser Weise argumentiert etwa Joas, der aus dem Gesamt des menschlichen Verhaltens so etwas wie 'empirische Systeme' als möglichen Gegenstandsbereich von Systemtheorien ausgliedert. Auch Habermas sieht für Theorien in der Perspektive 'dritter Person' bestimmte sinnvolle Einsatzbereiche vor:

"Offenbar werden die *Bewegungen*, mit deren Hilfe wir konkrete Handlungen ausführen, nach Regeln koordiniert, die mit *Operations*regeln ein Kontinuum bilden. Sie stellen so etwas wie den Kern der Handlungskompetenz dar, der allerdings so tief angelegt ist, dass er *eher den objektivierenden Verfahren der Verhaltenswissenschaften und der Neurophysiologie als einer rekonstruktiven Analyse zugänglich ist.*" (Habermas 1975/306, Hvh. hinzugefügt)

Analog überantwortet Habermas - wie in 1.3.b ausführlich dargelegt - den gesamten Bereich 'systemisch' strukturierter sozialer Vorgänge der systemtheoretischen Analyse.

Beide Lösungen erscheinen mir unbefriedigend, da sie nicht verhindern können, dass weiterhin Handlungs- und Systemtheorien mit jeweils mehr oder minder unabweisbaren Argumenten um bestimmte Terrains konkurrieren, denn wie gezeigt sind *operative Gegebenheiten* auch *subjektiv erfahrbar* und es spricht nichts dagegen, diese Erfahrungen handlungstheoretisch zu verallgemeinern. Und es sind gleichermaßen *sinnhafte Aspekte von Handlungen* in spezifisch eingeschränkter Weise (nämlich abzüglich ihrer subjektiven 'Innenseite') auch *der äußeren Beobachtung zugänglich* und für deren Erkenntnisgewinnung relevant.

Als einzigen Ausweg aus diesem Problem sehe ich die Möglichkeit, die Unterscheidung rational und systemisch strukturierter Prozesse 'quer' zur Unterscheidung der zwei Diskurslogiken anzuordnen und damit eine lineare Zuordnung von Gegenstandsbereichen und theoretischen Rekonstruktionsperspektiven zu vermeiden. In eine Kreuztabelle eingetragen, ergäbe dies folgendes Bild:

	Handlungstheorien	Systemtheorien
rational strukturierte Prozesse (zB. psychisch: bewusste Steuerungsprozesse, Zwecke, Ziele, Sinn, sozial: Konsens)	subjektiv erfahrbare Momente rationaler Prozesse	objektiv beobachtbare Momente rationaler Prozesse
systemisch strukturierte Prozesse (zB. psychisch: selbstregulative Steuerungsprozesse, 'blinde Flecken', sozial: Markt)	subjektiv erfahrbare Momente systemischer Prozesse	objektiv beobachtbare Momente systemischer Prozesse

Abb. 9: Kreuztabelle: Dimensionen des Verhaltens und theoretische Zugänge

Ich will diese Auffassung anhand einer weiteren Skizze noch ein wenig bildhafter veranschaulichen. Gesetzt, der Gegenstand 'menschliches Handeln' sei durch einen Würfel repräsentierbar, der in bestimmten Blickrichtungen als Quadrat abgebildet werden kann, so lassen sich die theoretischen Ausgangsabstraktionen von Handlungs- und Systemtheorien durch die geometrischen Abstraktionen des Auf- und des Seitenrisses 'darstellen'. In beiden wird derselbe Gegenstand erfasst, allerdings dergestalt, dass jeweils genau die im rechten Winkel zur je abgebildeten Dimension des Würfels befindliche Ansicht unsichtbar bleibt. Wie beim Bauplan eines Hauses können so zwar prinzipiell alle Teile des Würfels erfasst werden, jedoch immer nur so, wie sie der eingenommenen Blickrichtung als 'Ansicht' zugekehrt sind. Dies impliziert, dass manche Teile des Würfels (bzw. in diesen eingetragen: des Verhaltens) zwar einen identifizierbaren Ort haben, aber dennoch zugleich unsichtbar bleiben (etwa wenn eine Seitenfläche nur mehr als Linie erscheint). Damit ergibt sich für *jede* der beiden Darstellungen eine spezifische 'black box', die auf der Grundlage des eingenommenen Standortes nicht aufgehellt werden kann. Die Unterschiede im Ergebnis der Rekonstruktion des Gegenstandes können daher nicht in einer Terminologie reflektiert werden, die auf 'wahr/falsch' oder 'angemessen/unangemessen' abstellt:

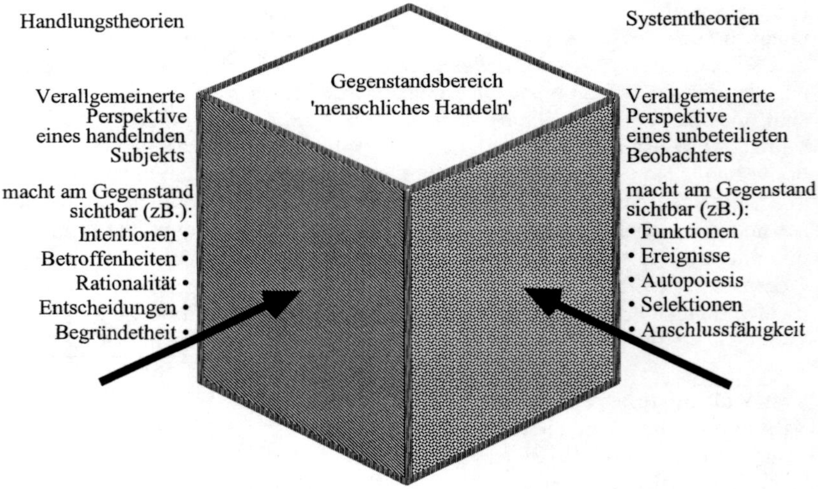

Abb. 10: Perspektivität der theoretischen Zugänge

Projiziert man nun die Kreuztabelle (geknickt an der senkrechten Mittellinie) auf den Würfel so lässt sich die Kombination beider Unterscheidungen in ein dreidimensionales Schema fassen, mit dem ich vorbehaltlich weiterer Konkretisierungen die Gegenstandsbereiche unterscheiden möchte, die in der theoretisch verallgemeinerten Perspektive 'erster' und 'dritter Person' erreichbar sind. Das Schema[141] überschneidet (wie schon die Kreuztabelle) die Begriffspaare 'intentionale Orientierung' / 'operative Konfiguration des Handelns' (als konstitutive Faktoren des Phänomens 'menschliches Handeln') und 'subjektive' / 'funktionale Verallgemeinerungsperspektive' (als unterschiedliche theoretische Blickrichtungen) und verbildlicht zugleich deren je spezifische Sichtverstellungen:

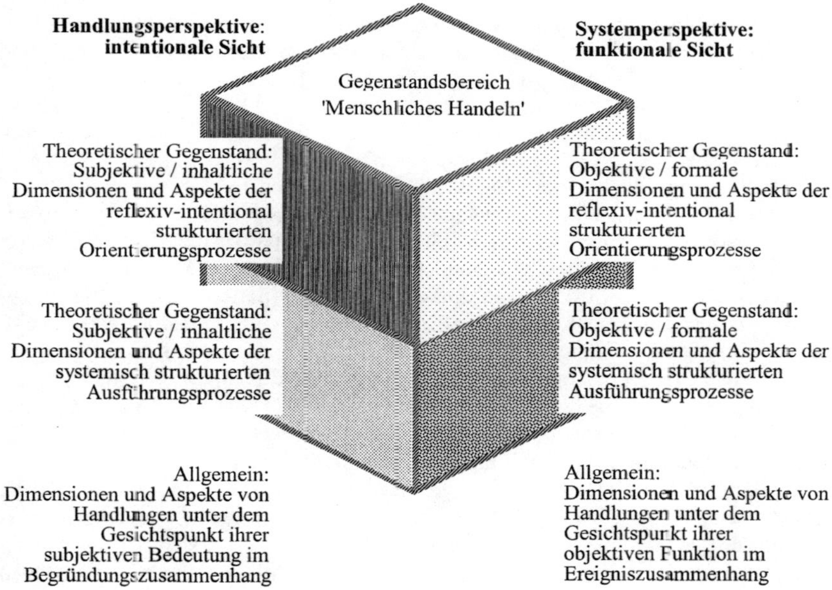

Abb. 11: Theoretische Gegenstandsbereiche auf der Grundlage unterschiedlicher Ausgangsabstraktionen

Mein Konzept sieht also vor, dass auch aus handlungstheoretischer Sicht 'objektive' Ereignisse zu verorten und auf der eigenen Begiffsbasis zu bearbeiten sind. Vice versa können Systemtheorien intentionale Prozesse formal beschreiben. Betrachtet man nun die in 1.1, 1.2, und 1.3 referierten Diskussionsbeiträge, so lassen sie sich allesamt in dieses Schema stimmig einordnen. Ich rufe nur einige Beispiele in Erinnerung:

In 1.1.a.IV habe ich etwa an der Holzkampschen Lerntheorie gezeigt, in welcher Weise der 'technisch' ausführende Teil von Handlungen unter dem Aspekt seiner *subjektiven Erfahrbarkeit* (zB. als 'körperliche Situiertheit') rekonstruiert werden kann. Analog hat Joas in 1.1.c.II am Begriff der 'Situation' exemplarisch demonstriert, wie die objektive Dimension des Handelns in Termini subjektiver Betroffenheit des Handelnden zu behandeln ist. Solche Darstellungen sind zweifellos gleichermaßen triftig wie unüberführbar in eine *objektiv-funktionale* Analyse wie etwa jene von Hacker, die ich in 1.2.b.III vorgestellt habe oder jene aus dem Argumentationskontext Luhmanns aus 1.2.c.

Diese Konzepte sind daher m.E. nicht sinnvoll gegeneinander auszuspielen. Es muss ihnen vielmehr ein eigenständiger logischer Ort zugewiesen werden. (In meinem Schema wären dies die linke und rechte Seite des unteren Würfelsegments.) Umgekehrt haben sowohl Bateson, als auch Miller/Galanter/Pribram und Luhmann in unterschiedlicher Weise Aspekte des 'bewussten' Denkens und Entscheidens in einer Weise aufgreifen können, die argumentativ unabweisbar und doch zugleich inkompatibel ist mit ihrer von handlungstheoretischer Seite entworfenen 'inhaltlichen' Betrachtung. Daher sind auch diese Konzeptbausteine einander auf eine Weise zuzuordnen, die sie nicht von vornherein als miteinander konkurrierend ausweist. (In meinem Schema wären sie jeweils auf der linken und rechten Seite des oberen Würfelsegments zu lokalisieren.)

In 1.3.a.II habe ich einige Einwände Holzkamps gegen die Handlungsregulationstheorie referiert. Sie richten sich gegen das funktionalistische Bild, das Hacker und Volpert vom menschlichen Handeln entworfen haben. Das Hauptargument lautet: Weil es vernünftig ist, sich funktionaler Konstellationen als 'Mittel' zu bedienen, ist es angebracht, ihre begriffliche Fassung 'subjekttheoretisch' zu reinterpretieren. Dabei übersieht Holzkamp offensichtlich, dass man sich etwa der 'intellektuellen Handlungsregulation' (i.S.v. Hacker und Volpert) gar nicht in instrumenteller Weise 'bedienen' kann, da sie selbst als 'bedienende' Instanz konzipiert ist. Das Missverständnis lässt sich leicht lösen, wenn man jene funktionalen Konstellationen, derer man sich tatsächlich 'bedienen' kann, in das untere und die 'intellektuelle Handlungsregulation' in das obere Würfelsegment einträgt, die Theorieperspektive Hackers und Volperts aber auf der rechten und jene Holzkamps auf der linken Würfelseite. Dann wird nämlich sofort sichtbar, in welcher Weise dessen Kritik danebengreift: Die Handlungsregulationstheorie bildet einen Entwurf im 'Seitenriss' und ihre Rekonstruktion im 'Aufriss' würde lediglich in systematischer Weise ihren Erkenntnisbestand unsichtbar machen. Beide Ansätze beziehen sich jedoch sowohl auf die 'anwendende' (intentionale) wie auf die 'angewandte' (operative) Instanz und die Kombination beider Sichtweisen zu einem 'dreidimensionalen' Bild macht eine Orientierung möglich, die dem subjektiven Interesse einer insgesamt gelingenden 'Anwendung' entgegenkommt.

In 1.3.d bin ich der Plausibilität der Rede vom 'System als Akteur' nachgegangen. Anhand meines Schemas lässt sich zunächst zeigen, dass Willke von der 'rechten Seite' aus auf den Würfel blickt. Dabei kann er selbstverständlich nicht zwischen funktionalen Limitierungen und intentionalen Steuerungsakten unterscheiden, da ihm letztere aufgrund seines Standortes unsichtbar sind. Er behilft sich damit, dass er so tut, als sei das, was er theoretisch fassen kann, ganz einfach identisch mit dem, von dessen Existenz er aus seiner vor-theoretischen Erfahrung weiß und unterschiebt den Systemen eine eigene Subjektivität. Indem er den Subjektstandpunkt aus Gründen einer dogmatischen Paradigmenloyalität ignoriert, entgeht ihm so die theoretisch brisante Fragestellung, inwieweit das unkontrollierte (quasi-subjektive) Eigenleben von Teilen des operativen Apparates beendet und dieser seiner ursprünglichen Kontrolle wieder unterstellt werden kann.

In 1.3.c schließlich habe ich die in 1.1 vorgestellte Unterscheidung von Handlungen und Operationen (als gesellschaftlich-symbolisch und individuell-regulatorisch vermittelte Aktivitätssequenzen) wieder aufgegriffen und mit dem Konzept einer rational und einer systemisch strukturierten Handlungsregulation zusammengeführt. Dabei habe ich vier spezifische Typen des menschlichen Denkens unterschieden und bestimmten funktionalen Gesetzmäßigkeiten zugeordnet. Diese vier Prozesstypen können in meinem Schema nun als vier übereinander angeordnete Quader dargestellt werden. Dies macht noch einmal deutlich, in welcher Weise sie jeweils handlungs- und systemtheoretisch interpretierbar sind: Als 'Bedeutungstypus' ist selbst der automatische Prozessverlauf noch als Ausdruck einer (nicht mehr bewussten, weil vorgängig vollzogenen) rationalen Entscheidung analysierbar, etwa im Sinne der Psychoanalyse, die die spezifische Stereotypie des Prozessverlaufs auf inhaltliche Motive bezieht. Umgekehrt sind als 'Funktionstypen' auch die diskursiven Prozesse als (autonome) Systembildungen erkennbar, etwa im Sinne der Luhmannschen Systemauffassung, die sie in ihren formalen Eigenschaften rekonstruiert:

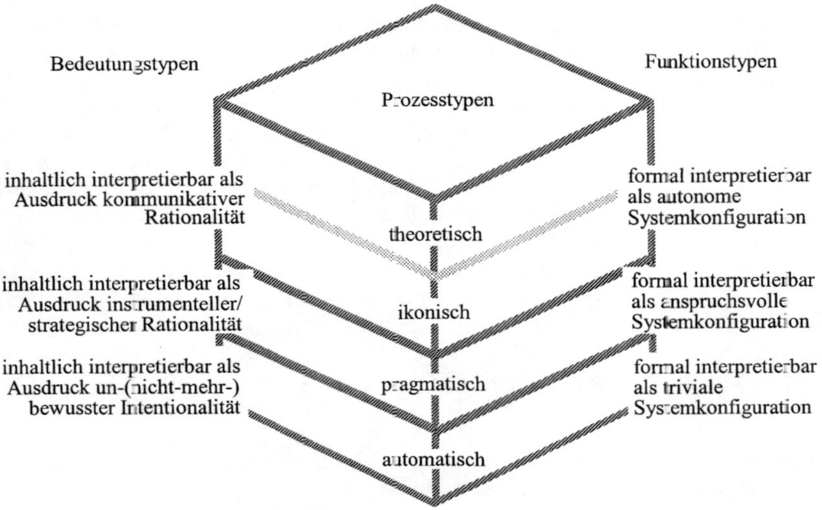

Abb 12: Prozesstypen in unterschiedlichen Theorieperspektiven

Die vorgeschlagene Lösung mag ungewöhnlich erscheinen. Ich halte sie jedoch für die einzige, die es ermöglicht, von fundamentalistischen Aspirationen abzurücken und die originären theoretischen Gegenstandbereiche von Handlungs- und Systemtheorien sinnvoll gegeneinander zu verorten. So lässt sich etwa die gesamte Entfremdungskritik als Diskussion um das Verhältnis der 'rationalen' und der 'systemischen' Dimension des Handelns lokalisieren (in meinem Schema: oberes und unteres Würfelsegment). Damit wird unmittelbar einsichtig, warum es wenig Sinn macht, diese Debatte als Auseinandersetzung zwischen handlungstheoretischer und systemtheoretischer Sichtweise (linke und rechte Würfelseite) zu inszenieren.

Ich möchte jedoch *auch* das Motiv der etwa von Habermas vorgezogenen 'linearen' Zuordnung von Diskursformen und Phänomenbereichen angemessen würdigen: Zweifellos nähert sich die handlungstheoretische Position dem oberen 'subjektiven' Segment (wie die systemtheoretische Analyse dem unteren 'technischen') mit quasi 'einheimischen' Kategorien und liefert daher weitreichendere - weil je spezifisch gefasste - Erkenntnisse. Umgekehrt formuliert: Im jeweils anderen Bereich stoßen die Theorien schnell an die logischen Grenzen ihrer Herangehensweise. Handlungstheorien können aus ihrer Position die 'objektive' Seite des Handelns nur in ihren 'subjektiven' Auswirkungen beschreiben, 'subjektlos Objektives' bleibt ihnen verborgen. Systemtheorien können die 'subjektive' Seite des Handelns nur in ihren formal-konditionalen Bestimmungen reflektieren, gegenüber ihren Inhalten müssen sie blind bleiben. Ich werde dies im zweiten Hauptkapitel noch eingehender herausarbeiten. Worum es mir an dieser Stelle geht, ist die Etablierung einer Ordnung von Diskurslogiken und Gegenstandsdimensionen, die es ermöglicht, das traditionelle 'Auf-der-kategorialen-Ebene-aneinander-Vorbeireden'[142] durch eine plausible Lokalisierung von Bedeutungen zu ersetzen.

Meine Zuordnung von theoretischen Ansätzen und Gegenstandsbereichen legt eine terminologische Entscheidung nahe, die ich schon bisher praktiziert habe und an dieser Stelle explizit hervorheben möchte: Als *systemtheoretisch* bezeichne ich Theoriebausteine und Denkfiguren, die dem kategorialen Konzept der Systemtheorie verpflichtet sind, als *systemisch* demgegenüber Einflussfaktoren, die sich über 'technische' Gesetzmäßigkeiten (also über eine Veränderung der objektiven ermöglichenden/einschränkenden Bedingungen) auf die operative Basis des Handelns auswirken und Verlaufsdynamiken, die über solche Gesetzmäßigkeiten determiniert werden. Systemische Phänomene können demnach sowohl systemtheoretisch ('technische Logik') als auch handlungstheoretisch ('subjektive Auswirkungen', 'Bedeutung') analysiert werden.

II.

Zu beiden 'Dimensionen' des Schemas will ich nun je eine meine bisherigen Argumente zusammenfassende These formulieren, zunächst zum Verhältnis der in den beiden Würfelseiten verorteten Sichtweisen (handlungstheoretische und systemtheoretische Perspektive):

In 1.3 habe ich skizziert, welche Vorhaltungen der Systemtheorie aus der Sicht handlungstheoretischer Positionen gemacht zu werden pflegen: Sie enthebe die Individuen ihrer Verantwortung gegenüber den gesellschaftlichen Problemen, lasse sie in ohnmächtiger Position erscheinen, die jede Relativierung sozialer Machtausübung in Frage stelle, praktiziere ein zynisches, in der Konsequenz sozialdarwinistisches Rationalitätskonzept[143], selbst Anfragen aus der eigenen Anhängerschaft zielen auf eine 'Humanisierung' der Kategorien. Diese Kritik habe ich insoweit zurückgewiesen, als sie der Systemtheorie vorwirft, was diese aus Gründen theoretischer Stringenz tun muss, sobald sie ihre Position bezogen hat.

Dann habe ich noch einmal ausführlich und zusammenfassend die Eigenständigkeit und Nicht-ineinander-Überführbarkeit der Perspektiven 'erster' und 'dritter Person' vor Augen geführt. Am Beispiel des Holzkampschen Versuchs, einige objektiv-funktionale Bestimmungen der Handlungsregulationstheorie durch 'Reinterpretation' dem 'verallgemeinerten Subjektstandpunkt' einzuverleiben, war aufzuweisen, dass die Bestimmungsmomente menschlicher Handlungen nicht in den subjektiven Gründen aufgehen und dass (auch) jede (handlungstheoretische) Ignoranz gegenüber der notwendigen Unterschiedlichkeit der beiden Analyseperspektiven zu theoretischen Unstimmigkeiten führen muss, die den Ertrag der Konstruktion systematisch beschneiden.

Giddens und Joas haben schließlich einige Argumente ins Treffen geführt, die zur präzisen Begrenzung des systemtheoretischen Geltungsterrains beitragen. Wie schon im ersten Teil der Arbeit gezeigt, endet mit dem Ende des Tier-Mensch-Übergangsfelds die Möglichkeit, die Genese von Verhaltenssequenzen generell unter Zuhilfenahme des evolutionären Variations-Selektions-Musters zu bestimmen, da die Fähigkeit der subjektiven Reflexion, über die die menschlichen Individuen verfügen, eine solche blinde 'rekursive Kausalfolge' außer Kraft setzt. Ganz in diesem Sinne argumentieren Giddens und Joas nun: Die *Rekonstruktion* einer (psychischen, sozialen) funktionalen Konstellation liefert nicht zugleich ihre 'kausale' *Erklärung*, sondern lediglich eine 'aktuelle Zustandsbeschreibung', da sie - in Ausblendung der menschlichen Reflexivität - die Faktoren nicht angeben kann, die der *Etablierung* des beschriebenen Zustands zugrunde liegen. Daraus war zu schlussfolgern, dass funktionale Erklärungsmodelle zwar geeignet sind, die Gesetzmäßigkeiten 'trivialer' systemischer Prozesse (also *unterhalb* des spezifisch menschlichen Entwicklungsniveaus[144] psychischer/sozialer Gegebenheiten) *kausal* zu erklären, dass sie aber im Falle 'subjektiv' bestimmter Systembildungen (also *auf* dem spezifisch menschlichen Entwicklungsniveau psychischer/sozialer Gegebenheiten) nur mehr den 'formal-funktionalen' Aspekt ihres Gegenstandes (im Sinne technischer Ermöglichung/Einschränkung) kategorial verallgemeinernd beschreiben können.

Die dargestellte Abhebung der *handlungs- und systemtheoretischen Analyseperspektive* lässt sich nun in Auswertung der von beiden Ansätzen selbst vorgetragenen Argumente m.E. auf die Aussage hin zuspitzen, dass im Funktionszusammenhang psychischer und sozialer Systeme auf humanem Entwicklungsniveau zwischen den im Systemdiskurs aufweisbaren funktionalen Konstellationen und den im Handlungsdiskurs rekonstruierbaren subjektiv erfahrenen Bedeutungen *kein implikatives Verhältnis bestehen kann*. Da die noematische Dimension den subjektiven Bezugspunkt des Handelns darstellt, damit 'ursächlich' in seinen Verlauf eingeht, ergibt sich eine *kontingente Beziehung zwischen funktionaler Konstellation und faktischer Handlung*. Oder anders ausgedrückt: Die funktionale Analyse empirisch vorfindlicher Systembildungen, welche menschliche Handlungen ermöglichen, begleiten, transportieren oder hervorrufen, vermittelt keine Kenntnis über die Inhalte der Handlungen, wie sie dem Handelnden oder weiteren in den Handlungskontext einbezogenen Personen als 'Sinn' und 'Bedeutung' der Handlung erscheinen. Es ist daher theoretisch nicht zu rechtfertigen, von funktionalen Konstellationen erklärend oder prognostisch auf den tatsächlichen Verlauf von Handlungen - etwa von einem 'zweiwertigen Code' auf ein 'zweiwertiges Denken', von einem 'selbstregulativen Prozessmodus' auf ein 'autistisches Verhalten' etc. - zu schließen. Funktionale Bestimmungen sind so 'bedeutungsleer' wie ein Fahrrad kein Ziel, ein Gewehr keinen Feind und ein Klavier keine musikalische Aussage hat. Zwar scheint die Annahme plausibel, dass bestimmte funktionale Konstellationen die Variationsbreite bestimmter intendierter Handlungsverläufe in spezifischer Weise limitieren kann, *ob und in welchem Ausmaß sie dies tut, ist jedoch eine im einzelnen Fall empirisch zu klärende Frage.*[145]

Die zweite These bezieht sich auf das Verhältnis der in den beiden 'Würfel*teilen'* angeordneten *Gegenstandsbereiche* ('diskursive/rationale' und 'operative/systemische' Phänomene):

An Hand des Bateson'schen Systemkonzepts habe ich zu zeigen versucht, dass zwar auch das 'Selbst' selbst als systemförmiger Mechanismus gedeutet werden kann, zugleich aber anderen, *weniger 'selbsthaften'* Systemen gegenübersteht. Darauf verweist etwa das Argument von der 'Ökonomisierung' der Kontrolle der psychischen Funktionen durch das 'Ich' mittels selbstregulativer Mechanismen oder das Schizophrenie-Konzept der in einem bestimmten Modus 'außer Kontrolle geratenen' funktionalen Basis des Verhaltens. Miller/Galanter/Pribram haben dieses Autonomie-Gefälle dann im Detail durch die Auffassung von der hierarchischen Anordnung der 'Pläne' als kybernetische Schleifen ausgearbeitet und durch die 'letztinstanzliche' Funktion des 'Bildes' noch einmal bekräftigt. Das Konzept Luhmanns hat demgegenüber in mehr generalisierender Weise die 'Autopoiesis' psychischer und sozialer Systembildungen ins Treffen geführt, ohne jedoch Gründe anzugeben, die die Annahme einer 'gleichautonomen' Prozesslogik aller involvierten Teilsysteme plausibel erscheinen lassen.

Meine Annahme lässt sich nun zusammenfassend auf die Kurzformel bringen: Im Funktionszusammenhang psychischer und sozialer Systeme auf humanem Entwicklungsniveau besteht zwischen 'diskursiven' und 'operativen' Systembildungen aufgrund ihrer 'entscheidenden' bzw. 'ausführenden' Binnenlogik *ein prinzipielles Gefälle in der Ausprägung von Autonomie.*

Habermas vertieft diese Vorstellung, indem er zeigt, wie soziale Systeme als Vollstrecker operativer Funktionen eingerichtet werden, um Handlungssituationen von Entscheidungsnotwendigkeiten zu entlasten und dass und in welcher Weise menschliches Handeln partiell von nicht-intentionalen Gesetzmäßigkeiten bestimmt ist. Anknüpfend an diese Analyse war zu konkretisieren, in welcher Weise menschliches Handeln von unterschiedlichen Konstellationen 'autonomerer' und 'weniger autonomer' Systembildungen bestimmt ist und wie reflexive Steuerungsimpulse und (mehr oder weniger 'triviale') kybernetische Mechanismen untereinander in Verbindung stehen und aufeinander verweisen: Der Vorschlag, eine 'systemisch-funktionale' und eine 'lebensweltlich-rationale' Logik zu unterscheiden und beide als empirisch konkurrierende Bestimmungsmomente menschlichen Verhaltens zu reklamieren, eröffnet die Möglichkeit, bestimmte Steuerungsmechanismen als 'Automatismen' zu begreifen, die ggf. auch aus 'rationalen' Gründen installiert wurden, im allgemeinen aber 'subjektiven' Entscheidungsvorgängen *unterstellt* werden können. Dabei lassen sich - wie gezeigt - Vorgänge unterscheiden, die 1.) genetisch (historisch oder biografisch) der Reflexion *noch nicht* zugänglich gemacht werden können, 2.) auf der Grundlage *umfassend rationaler Reflexion* bzw. 3.) auf der Grundlage defensiv motivierter *instrumenteller Reflexion* 'automatisiert' wurden, sowie 4.) genetisch (historisch oder biografisch) der Reflexion *nicht mehr* zugänglich gemacht werden können.

Das Verhältnis unterschiedlich autonomer Systembildungen habe ich am Beispiel der vier Prozess-/Funktionstypen des Handelns genauer untersucht: Im Kontext theoretischen und ikonischen Denkens werden jene Entscheidungen gewonnen, die im Medium pragmatischen Denkens an die objektiven Handlungsmöglichkeiten herangeführt und im Medium automatischen Denkens 'selbstregulativ' umgesetzt werden. Vor diesem Hintergrund hat sich zuletzt der Topos des (sozialen) 'Systems als Akteur' als unzulässige theoretische Verflachung aufweisen lassen: Sofern 'ausführende' psychische oder soziale (Teil-)Systeme tatsächlich 'eigenständig' agieren, kann es sich nur um eine außer Kontrolle befindliche, aber prinzipiell dieser Kontrolle (wieder) unterstellbare Automatisierung handeln. Da jedoch alle komplexeren Handlungen und sozialen Interaktionen auf einer Basis solcher Automatisierungen aufruhen, ist die partielle 'Abkoppelung' von Teilmomenten ihrer Durchführung nicht per se ein Moment aufzuhebender 'Entfremdung', sondern zunächst der Normalfall, der erst unter bestimmten Bedingungen des tatsächlichen Kontrollverlusts (genauer: des Verlusts der Möglichkeit kontextueller Steuerung) zu einer Behinderung der Entfaltung der menschlichen Handlungspotenzen wird.

Diese Annahme bedeutet nun, dass die systemtheoretische Auffassung von der 'Nicht-Trivialität' des Reproduktionszusammenhanges im Kontext psychischer und sozialer Systeme mit einer spezifischen Einschränkung zu betrachten ist: Prinzipiell unzugänglich gegenüber direktiven Außeneinwirkungen ist nicht das jeweilige psychische oder soziale Gesamtsystem, sondern bloß *jener* Kontext an Sub- und Teilsystemen, der als 'Reflexivität', 'Subjektivität' etc. einen *anderen* - davon abgrenzbaren - Kontext an 'minder autonomen' Sub- und Teilsystemen (mehr oder weniger effektiv) kontrolliert und steuert.

Auch diese These zeitigt weitreichende Implikationen. Sie ordnet den Gegenstandsbereich einer Theorie der Intervention in einer Weise, die vor allem jüngeren systemtheoretisch inspirierten Konzepten widerspricht.[146] Sie sieht einen prinzipiellen Unterschied zwischen der Einflussnahme auf autonomere ('subjektive') und weniger autonome ('operative') Systembildungen vor. Damit wären nicht realisierbare bzw. gescheiterte Interventionen in psychische und/oder soziale Zusammenhänge mit Verweisen auf 'Autopoiesis', 'nicht-triviale Maschinen' o.ä. nicht schon angemessen erklärt, sondern vielmehr *Ausgangspunkt der weiteren Fragestellung, ob, wie und wie weitgehend die in Rechnung zu stellende operative*

Verselbständigung der 'weniger autonomen (Sub-) Systeme' wieder aufgehoben werden kann.

Ich will diese beiden Thesen abschließend noch durch folgende Überlegung unterstreichen und akzentuieren: Trotz der theoretisch eindeutig begründbaren Zurückweisung systemtheoretisch konzipierter *Erklärungen* menschlichen Verhaltens ist zu berücksichtigen, dass dieses - wie gezeigt - (mindestens in seinen komplexeren Formen) abhängig ist von einer (mehr oder minder umfangreichen) 'Basis' an Automatisierungen, die das Bewusstsein freihalten für die je anfallenden subjektiven Entscheidungaufgaben und dies bringt mit sich, dass ein großer Teil des Handelns der subjektiven Reflexion (mindestens aspekt-, dimensionen- und zeitweise) entzogen bleibt, also in gewisser Weise einem 'vorreflexiven' und daher eben systemischen Regulationsprinzip verhaftet ist. Dieser Umstand bildet nun die Grundlage dafür, dass die grundsätzlich *kategorial* unzutreffende Auffassung, menschliches Verhalten sei im Sinne der von Giddens und Joas kritisierten Verwechslung von Funktionsbeschreibung und kausaler Erklärung (1.3.a.III) 'evolutionär' oder 'funktional' zu erfassen, mit einer gewissen Wahrscheinlichkeit dennoch *empirisch* zutrifft (bzw. 'zutreffende' Prognosen ermöglicht).[147] Dies vor allem dort, wo aus unterschiedlichen Gründen die Möglichkeiten subjektiv-rationaler Reflexion in besonderer Weise beschnitten sind.

Solche 'Bestätigungen' können jedoch nicht als Argument gegen die These vom nicht-implikativen Verhältnis zwischen funktionalen Konstellationen und tatsächlichem Verhalten gewertet werden. Sie sind ja insofern theoretisch fragwürdig, als vor dem Hintergrund der von mir nachgezeichneten Kategorialbestimmungen davon auszugehen ist, dass die Kovariation von Bedingungsfaktoren und Handlungsereignissen, die empirisch *tatsächlich* eingetreten *ist*, nicht in einem theoretisch begründbaren Sinne eingetreten sein *musste*. Die funktionalistische Prognose kann als solche eben nur dann zutreffen, wenn (und nur soweit, wie) jener reflexive Bezug des Subjekts auf die Bedingungen seines Handelns außer Kraft gesetzt ist und sich daher 'blind' evolutionär reproduzierende rekursive Determinationsprozesse durchsetzen. Eine solche Konstellation lässt sich auf menschlichem Entwicklungsniveau aber niemals dauerhaft stabilisieren. Eine zutreffende funktionalistische Prognose verweist eine verantwortungsbewusste Wissenschaft daher lediglich auf die weitere Frage nach den Hintergründen, Mechanismen und Zwecken der Herbeiführung von Umständen, die eine solche Prognose überhaupt erst möglich gemacht haben.

(2) Handlungstheorie, Systemtheorie und Pädagogik

Im zweiten Teil meiner Arbeit möchte ich mich nun der Frage zuwenden, welche Rückschlüsse sich von meiner Gegenüberstellung von Handlungs- und Systemtheorien auf pädagogisches Denken und Handeln ziehen lassen und inwieweit die Indienstnahme systemtheoretischer Auffassungen die Erfolgsaussichten pädagogischen Handelns erhöhen könnte.

Pädagogisches Handeln richtet sich an ein denkendes Subjekt, dessen eigenständige Handlungskompetenz je nach Lesart grundgelegt, provoziert, gefördert, unterstützt oder angeleitet werden soll. Dabei kann die angezielte Entwicklung nicht in einem linear-kausalen Prozess technologisch 'hergestellt' werden. Pädagogische Situationen bilden ein komplexes Interaktionsgefüge, in welchem alle bisher skizzierten Eigentümlichkeiten des menschlichen Handelns seiner 'Planung' und 'Kontrolle' - in einem strikten Sinne - im Wege stehen. Dennoch muss pädagogisches Handeln an seinen Unwägbarkeiten nicht scheitern, wie etwa Bertolt Brecht anhand einer einfühlsam entworfenen Lehrsequenz vor Augen führt:

ANDREA Aber ich sehe doch, dass die Sonne abends woanders hält als morgens. Da kann sie doch nicht stillstehn! Nie und nimmer.

GALILEI Du siehst! Was siehst du? Du siehst gar nichts. Du glotzt nur. Glotzen ist nicht sehen. *Er stellt den eisernen Waschschüsselständer in die Mitte des Zimmers.* Also das ist die Sonne. Setz dich. *Andrea setzt sich auf den einen Stuhl. Galilei steht hinter ihm.* Wo ist die Sonne, rechts oder links?

ANDREA Links.

GALILEI Und wie kommt sie nach rechts?

ANDREA Wenn Sie sie nach rechts tragen, natürlich.

GALILEI Nur so? *Er nimmt ihn mitsamt dem Stuhl auf und vollführt mit ihm eine halbe Drehung.* Wo ist jetzt die Sonne, rechts oder links?

ANDREA Rechts.

GALILEI Und hat sie sich bewegt?

ANDREA Das nicht.

GALILEI Was hat sich bewegt?

ANDREA Ich.

GALILEI *brüllt:* Falsch! Dummkopf! Der Stuhl!

ANDREA Aber ich mit ihm!

GALILEI Natürlich. Der Stuhl ist die Erde. Du sitzt drauf.

FRAU SARTI *ist eingetreten, das Bett zu machen. Sie hat zugeschaut:* Was machen Sie eigentlich mit meinem Jungen, Herr Galilei?

GALILEI Ich lehre ihn sehen, Sarti.

FRAU SARTI Indem Sie ihn im Zimmer herumschleppen?

ANDREA Laß doch Mutter. Das verstehst du nicht.

FRAU SARTI So? Aber du verstehst es, wie? Ein junger Herr, der Unterricht wünscht. Sehr gut angezogen und bringt einen Empfehlungsbrief. *Übergibt diesen.* Sie bringen meinen Andrea noch so weit, dass er behauptet, zwei mal zwei ist fünf. Er verwechselt schon alles, was Sie ihm sagen. Gestern abend bewies er mir schon, dass die Erde sich um die Sonne dreht. Er ist fest überzeugt, dass ein Herr namens Kippernikus das ausgerechnet hat.

ANDREA Hat es der Kippernikus nicht ausgerechnet, Herr Galilei? Sagen Sie es ihr selber!

FRAU SARTI Was, Sie sagen ihm wirklich einen solchen Unsinn? Dass er es in der Schule herumplappert und die geistlichen Herren zu mir kommen, weil er lauter unheiliges Zeug vorbringt. Sie sollten sich schämen, Herr Galilei.

GALILEI *frühstückend:* Auf Grund unserer Forschungen, Frau Sarti, haben, nach heftigem Disput, Andrea und ich Entdeckungen gemacht, die wir nicht länger der Welt gegenüber geheimhalten können. Eine neue Zeit ist angebrochen, ein großes Zeitalter, in dem zu leben eine Lust ist.

FRAU SARTI So. Hoffentlich können wir auch den Milchmann bezahlen in dieser neuen Zeit, Herr Galilei. *Auf den Empfehlungsbrief deutend:* Tun Sie mir den einzigen Gefallen und schicken Sie den nicht auch wieder weg. Ich denke an die Milchrechnung. *Ab.*

GALILEI *lachend:* Lassen Sie mich wenigstens meine Milch austrinken! - *Zu Andrea:* Einiges haben wir gestern also doch verstanden!

ANDREA Ich habe es ihr nur gesagt, damit sie sich wundert. Aber es stimmt nicht. Den Stuhl mit mir haben Sie nur seitwärts um sich selber gedreht und nicht so. *Macht eine Armbewegung vornüber.* Sonst wäre ich nämlich heruntergefallen, und das ist ein Fakt. Warum haben Sie den Stuhl nicht vorwärts gedreht? Weil dann bewiesen ist, dass ich von der Erde ebenfalls herunterfallen würde, wenn sie sich so drehen wüde. Da haben Sie's.

GALILEI Ich hab dir doch bewiesen ...

ANDREA Aber heut nacht habe ich gefunden, dass ich da ja, wenn die Erde sich so drehen würde, mit dem Kopf die Nacht nach unten hängen würde, und das ist ein Fakt.

GALILEI *nimmt einen Apfel vom Tisch:* Also das ist die Erde.

ANDREA Nehmen Sie nicht lauter solche Beispiele, Herr Galilei. Damit schaffen Sie's immer.

GALILEI *den Apfel zurücklegend:* Schön.

ANDREA Mit Beispielen kann man es immer schaffen, wenn man schlau ist. Nur, ich kann meine Mutter nicht in einem Stuhl herumschleppen wie Sie mich. Da sehen Sie, was das für ein schlechtes Beispiel ist. Und was ist, wenn der Apfel also die Erde ist? Dann ist gar nichts.

GALILEI *lacht:* Du willst es ja nicht wissen.

ANDREA Nehmen Sie ihn wieder. Wieso hänge ich nicht mit dem Kopf nach unten nachts?

GALILEI Also hier ist die Erde, und hier stehst du. *Er steckt einen Holzsplitter von einem Ofenscheit in den Apfel.* Und jetzt dreht sich die Erde.

ANDREA Und jetzt hänge ich mit dem Kopf nach unten.

GALILEI Wieso? Schau genau hin! Wo ist der Kopf?

ANDREA *zeigt am Apfel:* Da. Unten.

GALILEI Was? *Er dreht zurück.* Ist er etwa nicht an der gleichen Stelle? Sind die Füße nicht mehr unten? Stehst du etwa, wenn ich drehe, so? *Er nimmt den Splitter heraus und dreht ihn um.*

ANDREA Nein. Und warum merke ich nichts von der Drehung?

GALILEI Weil du sie mitmachst! Du und die Luft über dir und alles was auf der Kugel ist.

ANDREA Und warum sieht es so aus, als ob die Sonne läuft?

GALILEI *dreht wieder den Apfel mit dem Splitter:* Also unter dir siehst du die Erde, die bleibt gleich, sie ist immer unten und bewegt sich für dich nicht. Aber jetzt schau über dich. Nun ist die Lampe über deinem Kopf, aber jetzt, was ist jetzt, wenn ich gedreht habe, über deinem Kopf, also oben?

ANDREA *macht die Drehung mit:* Der Ofen.

GALILEI Und wo ist die Lampe?

ANDREA Unten.

GALILEI Aha!

ANDREA Das ist fein, das wird sie wundern.

(Brecht 1972/100f)

Es ist offensichtlich, dass Galilei hier keineswegs intentionslos, vielleicht sogar nicht einmal ungeplant vorgeht. Galilei lässt deutlich erkennen, dass ihm die

Überzeugung von Andrea ein Anliegen ist und seine Herangehensweise entbehrt nicht einer gewissen pädagogischen Eleganz: Andrea als gleichberechtigten Diskussionspartner anzuerkennen, trägt sichtlich dazu bei, dass dieser auf das Argumentieren einsteigt. Ihm weder die neue Sichtweise noch ihre Erörterung aufzudrängen teilt ('metasprachlich') mit, dass es Andreas eigene Entscheidung sein muss, die Wahrheit zu suchen. Dennoch in der Sache engagiert zu streiten zeigt, wie ernst Galilei die Sache *und* den Kontrahenten nimmt. Dessen ungeachtet kann er den konkreten Verlauf der pädagogischen Interaktion nicht planend vorwegnehmen. Andrea könnten bessere Argumente einfallen, schlechtere oder keine. Er könnte aus anderen Motiven widersprechen oder aus wieder anderen Galilei einen alten Spinner sein lassen. Dennoch erreicht Galilei etwas: Andrea denkt, Andrea relativiert seine unmittelbare Wahrnehmung, Andrea vollzieht einen Entwicklungsschritt. Und Galilei erreicht dies, weil er (ob intuitiv oder reflektiert) sich auf eine Weise verhält, die geeignet ist, den Verlauf des Gespräches in eine entwicklungsförderliche Bahn zu lenken.

Solche Weisen sind verallgemeinerbar und ihnen wird der Begriff 'pädagogisches Handeln' zugeordnet. Welche theoretischen Ausgangspositionen einer solchen Verallgemeinerung zugrundegelegt werden können, wird unterschiedlich beurteilt. Ob und inwieweit systemtheoretische Denkmodelle hier einen sinnvollen und perspektivenreichen Beitrag leisten können, bildet das Thema meiner weiteren Darstellung. Jörg Ruhloff hat in der Diskussion um die Einbürgerung systemtheoretischer Ideen in die Erziehungswissenschaft an die Kantsche Unterscheidung von Verstand und Vernunft erinnert und das Konzept Luhmanns - ganz im Sinne meiner Darstellung - mit der Frage konfrontiert, welche "grundsätzlichen Schwierigkeiten in Konzepten von Wissenschaft liegen, die sich - wie die Systemtheorie - ohne Befürchtung von Inkonsistenzen auf den Verstand meinen beschränken zu können." (1996/60) (ebd.) Die Antwort, die ich im ersten Teil meiner Arbeit entwickelt habe, lautet: Sie nötigen dazu, den Geltungsbereich der Systemtheorie auf ein klar abgegrenztes Revier einzuschränken. Im zweiten Teil werde ich nun versuchen, diese Antwort auf den Bereich der Erziehung hin zu spezifizieren.

In Verfolgung dieser Absicht werde ich zunächst versuchen, die bisher angestellten Vorüberlegungen mit einigen in der Tradition des pädagogischen Denkens relevant gewordenen Auffassungen zusammenzuführen. Dabei möchte ich von der These ausgehen, dass Pädagogik aufgrund ihrer von allem Anfang an auf die handelnde Bewältigung praktischer Problemstellungen gerichtete Fragestellung einen 'praktischen' Zugang entwickelt, der nach einer Seite hin zunächst mehr indirekt, später definitiv handlungstheoretisch ausgearbeitet wird. (2.1) Dort, wo der 'strategische' Blickwinkel dominant bleibt, kristallisiert sich dann auch ein funktionalistischer Zweig des Erziehungsdenkens heraus, der zuletzt in eine systemtheoretische Auffassung vom Erziehungsprozess mündet. Diese Auffassung eignet sich nicht als (alleiniger) Begriffsrahmen einer Theorie pädagogischen Handelns und wo sie als solcher Verwendung findet, ergeben sich Missverständnisse und Widersprüche. (2.2) Zuletzt werde ich aus unterschiedlichen professionellen Handlungskontexten einige systemtheoretisch inspirierte Denkfiguren beziehen und vor dem Hintergrund einiger kritischer Einwände zeigen, dass und wie sie auch auf pädagogische Fragestellungen anwendbar sind. (2.3)

(2.1) Pädagogik als implizite Handlungstheorie?

Die historische Herausbildung der pädagogischen Fragestellung nimmt ihren Ausgang bei praktischen Erziehungsproblemen. Sie steht im Zeichen der Konfrontation gesellschaftlicher Formierungsambitionen mit der Eigenständigkeit der Heranwachsenden als Subjekte ihrer Biografie. Diese Eigenständigkeit verweist die Pädagogik auf einen performativen Zugang zu ihrem Gegenstand und auf die Ausarbeitung ihrer Ausgangsannahmen in handlungstheoretischen Begriffen. (a) Deren Darstellung gebe ich aus zwei Gründen breiteren Raum, als dies die Schwerpunktsetzung im Titel meiner Arbeit für sich genommen zunächst nahelegen würde: Zum einen, um exemplarisch vorzuführen, in welcher Weise praktisch-interventorische Problemstellungen, zu deren Konzeptualisierung sich der 'systemische Ansatz' gerne empfiehlt (siehe Abschnitt 2.3), zunächst allein auf handlungstheoretischer Basis angemessen zu bestimmen sind. Zum anderen möchte ich zeigen, dass eine selbstkritisch renovierte Handlungstheorie Positionen erarbeitet hat, die der systemtheoretischen Kritik an traditionellen (etwa: naiv-teleologischen, personalisierenden, kausalistischen etc.) Auffassungen ohne Schwierigkeiten standhalten kann. In der modernen erziehungswissenschaftlichen Diskussion ist häufig von der paradoxen Grundstruktur der pädagogischen Handlungssituation die Rede. Demgegenüber plädiere ich dafür, die Möglichkeit begrifflich offen zu halten, dass Paradoxien kein logisch notwendiges, sondern ein empirisches Phänomen pädagogischer Konstellationen darstellen. (b) Ein Spezialgebiet pädagogischer Klärungsbemühungen, in das Ergebnisse einer allgemeinen Handlungstheorie aufgenommen werden können, ist das 'pädagogische Verstehen'. (c) Ein zunächst eher erziehungssoziologisch relevantes Problem, das jedoch auch auf pädagogische Fragestellungen umgemünzt werden kann, bildet die Unterscheidung von 'Institutionen' und 'Organisationen' im Spannungsverhältnis unterschiedlicher sozialer Koordinationslogiken. (d)

(a) Der subjektbezogene Zugang zur Pädagogik

Pädagogische Denker wie Wolfgang Ratke, Jan Amos Komensky, Jean-Jaques Rousseau und Johann Heinrich Pestalozzi zeigen, dass die Adressaten der Erziehung in ihrem Handeln einer ihnen je *eigenen Logik folgen* und diese daher zuallererst *als solche* zur Kenntnis genommen werden muss. Dem Programm einer Begriffsentwicklung in der Perspektive des verallgemeinerten Subjektstandpunktes folgt in unterschiedlichen Schwerpunktsetzungen der Hauptstrom der erziehungstheoretischen Tradition. (I) Diese formuliert damit die Grundlagen einer Auffassung, die in der jüngeren Diskussion definitiv als pädagogische Handlungstheorie ausgearbeitet wird. (II)

I.

Die Ausbildung der neuzeitlichen Selbstthematisierung des Menschen[148] unter dem Begriff des 'Subjekts' verläuft zwiespältig. An die Stelle der selbstverständlichen Eingefügtheit in ein gottbezogenes organismisches Weltmodell tritt die Wahrnehmung eigenständiger Zwecksetzungsfähigkeit. Diese Selbst-Bewusstwerdung steht im Zeichen eines paradigmatischen Mythos der *Unterwerfung* und instrumentellen *Kontrolle* von Natur, gesellschaftlicher Güterproduktion und sozialem Leben. Die später (1784/162) von Kant als "Ausgang des Menschen aus seiner selbstverschuldeten Unmüdigkeit" apostrophierte Neubesinnung führte zu keinem abrupten Formwandel des gesellschaftlichen Seins, sondern knüpfte an dessen überkommene Strukturen an und führte sie zunächst bloß unter veränderten Vorzeichen fort. So beschränkte sich das bürgerliche Transformationsprojekt vorerst auf die bloße Reinterpretation der alten Abhängigkeitsmuster in einer subjektivitätsimaginierenden aktivistischen Terminologie: Befreiung wurde als Formwandel von Herrschaft konzipiert, deren Protagonisten lediglich ausgetauscht. Als Alternative zur Verfügung der Souveräne über die Subjekte wurde eine formanaloge Verfügung der Subjekte über die Welt proklamiert. Davon legen etwa Elias in seinen Studien zum Prozess der 'Zivilisation' (vgl. etwa 1939) oder Foucault zur Entstehung der 'Disziplinen' (vgl. etwa 1975) ein aufschlussreiches Zeugnis ab.

Das von den neuen wissenschaftlich-technischen Errungenschaften geprägte 'mechanistische Weltbild' wird so zum Inbegriff des Strebens nach Unterwerfung der Natur als unerschöpflicher Ressource ideeller Emanzipation, kultureller Entwicklung und menschlicher Bedürfnisbefriedigung. So unmittelbar einleuchtend dieses Programm erscheint (und erst recht zum Zeitpunkt seiner Entstehung erscheinen musste), wendet es sich doch gegen seine Betreiber und ihre Intentionen. In der auf die unterschiedlichsten Lebensbereiche angewandten historischen Leitmetapher der *Maschine* ist das ideologische Muster eines Denkens skizziert, das 'subjektiv' kontrollierte Wirksamkeit anstrebt, indem es versucht, alle vermeintlichen Inkonsistenzen und Widersprüchlichkeiten, wie "unbeschränkte Komplexität, Uneindeutigkeit, Interpretation, Qualität, Sinnlichkeit, Werden und Mögliches, Gefühlsabhängigkeit, Spontaneität, Motive, das Lebendige schlechthin" zu beseitigen. (Adam 1988/148) Die Maschinen-Metapher scheint auch den Menschen und seine Lebensaktivitäten hinreichend zu beschreiben. Die Herrschaft des Subjekts über die Natur gerät so zur Herrschaft einer im Selbst beheimateten Kontrollinstanz, die nun auch über die 'überschießenden' Kräfte des Subjekts (gleichsam die 'Natur' an ihm) selbst zu herrschen hat. Die Normen, denen sich der Mensch im Interesse an der Unterwerfung der Natur seinerseits zu unterwerfen bereit findet, sehen "den Ausschluss aller Störquellen wie Emotionen, Wünsche, Werturteile, das Organische, das Subjektive etc." vor (ebd. 128), beschneiden also gerade jene Entfaltung in Glück und Freiheit, um deretwillen sie etabliert werden sollten.

Die in dieser Orientierung liegende - und erst im Rückblick als solche erkennbar gewordene - Widersprüchlichkeit darf indessen nicht bloß als Ausdruck mangelnder 'subjektiver' Emanzipationsbereitschaft gewertet werden. Sie entspringt wohl vielmehr den Imperativen einer unter Zuhilfenahme technischer Errungenschaften immer besser bewältigbaren Lebensführung und der mit dieser einhergehenden mechanistischen Logik der alltäglichen und wissenschaftlichen Problemerschließung.[149] Vor allem in der Wissenschaft sind dann die Grundlagen und Umsetzungsstrategien der beständig zu erneuernden technischen Vorrichtungen zu entwerfen, die das Leben der Menschen so nachhaltig prägen. Unter dem Motto einer ausgeprägten Isomorphie von Mensch und Maschine ergeben sich naheliegenderweise (mindestens auch: in naiver Unkenntnis ihrer jeweils weiterreichenden Auswirkungen) ausgeprägte Analogien zwischen der Einwirkung auf 'natürliche' und jener auf 'menschliche Rohmaterialien'.

Das skizzierte Denkmodell ist auf Pädagogik aber nur bedingt anwendbar. Ihr Programm gründet sich auf Erkenntnisinteressen und Erklärungsansprüche, deren historische Kristallisationspunkte etwa Wolfgang Ratke im Jahre 1612 so charakterisiert:

"Wolfg. Ratichius weiß mit göttlicher Hilfe zu Dienst und Wohlfahrt der ganzen Christenheit Anleitung zu geben.
1. Wie die hebräische, griechische, lateinische und andere Sprachen mehr, in gar kurzer Zeit, sowohl bei den Alten als Jungen leichtlich zu lernen und fortzupflanzen seien.
2. Wie nicht allein in hochdeutscher, sondern auch in allen anderen Sprachen eine Schule anzurichten, darinnen alle Künste und Fakultäten ausführlich können gelernet und propagiert werden.
3. Wie im ganzen Reich ein einträchtige Sprach, ein einträchtige Regierung und endlich auch ein einträchtige Religion bequemlich einzuführen und friedlich zu erhalten sei." (Ratke 1612/81)

Dass ein so eindringlich Erfolg versprechendes Projekt sich bereits der Einsicht zu bedienen weiß, dass die präsumtiven Interventionsobjekte nicht in einem schlichten Sinne geprägt oder geformt werden können, sondern vielmehr als Zentren eigenständiger Intentionalität zu berücksichtigen sind, geht aus dem Programm hervor, das den hohen Anspruch einlösbar machen soll:

"Denn darum pfleget man die Knaben zu schlagen, weil sie nicht behalten haben, was man sie gelehrt. Hättest du aber recht gelehret, wie es sein sollte, so würden sie es auch behalten haben und darfest du der Schläge nicht. Nun aber sollen sie entgelten deines Irrtums, dass du die rechte Art zu lehren an ihnen nicht gebraucht hast, das ist je eine übermächtige Unbilligkeit. So ist der menschliche Verstand also beschaffen, dass er mit Lust muss fassen, was er behalten soll, das verderbest du alles mit deinen Zörnen und Schlägen." (ebd. 84)

Die Ausgangsfrage lautet also: Was kann man tun, um bestimmte angestrebte Effekte zu erzielen? Und genau diese Frage nötigt zur Berücksichtigung der Eigensinnigkeit der ins Visier genommenen Subjekte. Im Resultat ergibt sich eine *Theorie über pädagogisches Handeln*, die zugleich - in Konsequenz ihrer Aufgabenstellung - den *theoretischen Standpunkt eines Handlungssubjekts* (im dargestellten Sinne) einnimmt und ihre Kategorialbestimmungen in dieser Perspektive ausarbeitet. Zwar ist auch die Pädagogik zunächst vom Gedanken einer technokratisch kalkulierbaren Einwirkung beeindruckt, doch bildet die Widerständigkeit ihres nach subjektiven Gesichtspunkten strukturierten Gegenstandsbereiches offenbar eine Barriere für jene kategoriale Ausblendung der Intentionalität der menschlichen 'Objekte', wie sie für andere 'menschenwissenschaftliche' Disziplinen charakteristisch ist.

Pädagogik ist (zunächst) Lehre und (später) Wissenschaft[150] davon, was man wie tun kann, um bei menschlichen Individuen ein dauerhaft verändertes (noch dazu: verbessertes) Verhalten *in dessen eigener Kontrolle und Verantwortung* herbeizuführen. Wenn es auch sein mag, dass auf der Ebene praktischer 'Erziehungspolitik' die zum Zwecke mechanischer Disziplinierung entworfene "'Prüfungsschule' den Beginn einer als Wissenschaft auftretenden Pädagogik markiert" (Foucault 1975/241), so trifft diese doch unweigerlich auf den eigensinnigen Willen der Lernenden. Keine andere Erforschung des Menschen sieht sich damit vor eine (mindestens unter 'mechanisch-technologischen' Vorzeichen) so unbewältigbare Aufgabe gestellt, wie die seiner Erziehung. Die fanatische Akribie mancher zur Kontrolle der Lernenden ersonnener Vorkehrungen illustriert die Bedrohlichkeit, die dieser unauflösliche Widerspruch mit sich gebracht haben muss. Sie markiert zugleich die Sollbruchstelle, an der sich in der weiteren Folge zwei unterscheidbare Denkrichtungen voneinander ablösen werden: pädagogische Einflussnahme in *kommunikativer* und psychische/soziale Formierung in *strategischer* Handlungsperspektive.

Zu einem ersten Höhepunkt an analytischer Klarheit gelangt das pädagogische Denken bei Comenius. Noch mit einem Fuß im Mittelalter stehend, fordert er mit großer Radikalität eine allgemeine Volksbildung aufgeklärten Zuschnitts und liefert auch gleich eine umfangreiche und detaillierte Antwort auf die damit erstmals konkret zu stellende Frage, wie man die praktische Durchführung einer solchen realisieren kann. Einerseits beseelt vom Ziel der Einrichtung einer "nach mechanischen Gesetzen konstruierte(n) didaktische(n) Maschine, welche so eingerichtet ist, dass man (beim Lehren und Lernen) nicht auf der Stelle haften bleibt, sondern vorankommet" (zit. bei Adam 1988/181) erkannte er andererseits bereits die theoretische Notwendigkeit, den Wissensvermittlungsprozess als Verknüpfung zweier Handlungsperspektiven zu entwerfen und systematisch zu entfalten: der des Lehrens und der dieser gegenüber eigenständigen des Lernens. Dies führt zur weitsichtigen und in ihren Konsequenzen bis dato noch immer nicht wirklich ausgeschöpften begrifflichen Unterscheidung einer 'Didactica' (1657) und einer 'Mathetica' (posthum: 1680).

Spätestens damit hat ein Grunddilemma (oder je nach Lesart auch: eine Ressource) der Disziplin seinen (ihren) definitiven Ausdruck gefunden: Der gesellschaftliche Auftrag an die Pädagogik, Strategien eines *wirksamen Zugriffs* auf die physische und psychische Entwicklung der Nachkommenschaft zu entwickeln, nötigt zur theoretischen Ausarbeitung eines doppelten Problemzugangs: Zum einen hat sie aus der Sicht des Erziehenden zu denken, um diesem die dringend benötigte Handlungsorientierung zu liefern, zum anderen muss sie den Erziehungsprozess in der logischen Perspektive jener Erzogenen untersuchen, deren systematische Beeinflussung sie erkunden soll. Dabei kommt sie dem subjektivem

Eigensinn der Individuen auf die Spur, der den von der 'Disziplinargesellschaft' erwarteten maschinenförmigen Durchgriff *gerade verunmöglicht*. Auf diese Weise findet sich das wissenschaftlich seriöse pädagogische Denken nolens volens in der Rolle einer kritischen Instanz gegenüber der praktizierten 'Realpädagogik' des Zeitalters wieder, bisweilen (und in mancher Hinsicht bis heute) in einem Ausmaß, das jede Anbindung der gesellschaftlichen Praxis an die theoretischen Einsichten verhindert.[151]

Exemplarisch deutlich wird dies an Rousseau, der den Standpunkt des 'Zöglings' als 'theoretische Position' des Nachdenkens über die Auswirkungen pädagogischer Handlungen in vorher kaum vorstellbarer Weise radikalisiert.[152] Er stellt unmissverständlich klar (und heißt obendrein noch gut), dass pädagogisches Handeln nicht nach einfachen technischen Prinzipien funktionieren kann, da es an ein intelligentes Wesen mit eigenständigen Intentionen gerichtet ist:

"In Wahrheit herrscht das Kind. Es beugt sich euren Forderungen, um von euch zu erhalten, was ihm gefällt. Es lässt sich eine Stunde Fleiß mit acht Tagen Nachgiebigkeit bezahlen. Jeden Augenblick muss man mit ihm unterhandeln. Die Verträge, die ihr ihm nach eurer Art vorschlagt, erfüllt es nach seiner. Es dreht sie immer nach seiner Laune, besonders wenn man ungeschickterweise etwas verspricht, was es auf jeden Fall bekommt, ob es nun die auferlegten Bedingungen erfüllt oder nicht. Das Kind durchschaut gewöhnlich den Lehrer viel besser als der Lehrer das Kind. Und das ist gut so, denn es wendet nun den ganzen Scharfsinn, den es, sich selbst überlassen, auf seine Selbsterhaltung verwendet hätte, darauf an, um seine natürliche Freiheit vor den Fesseln seines Tyrannen zu bewahren." (Rousseau 1762/104)

Erziehung habe diesem Eigensinn zu entsprechen: Die Entwicklung des Kindes müsse ausschließlich an sein Interesse an den Dingen, an sein eigenes Bedürfnis nach Einsichten und Erkenntnissen, an Neugier, Wissensdrang und Gestaltungswillen angebunden werden. Belohnungen, Strafen, selbst persönliches Lob seien einer umfassenden Entwicklung nur hinderlich.

Die entschlossene Anerkennung der kindlichen Selbstbestimmungrechte scheint mit den Imperativen jener Gesellschaft, gegen die Rousseau nicht nur erziehungstheoretisch polemisiert, so inkompatibel, dass er sie von vornherein in eine abgeschlossene, von den Einflüssen der Gesellschaft relativ abgeschiedene Sphäre verlegt. Damit bringt er ein weiteres Element handlungstheoretischer Einsicht zur (wenn auch noch vereinseitigenden) Geltung: die Eigenständigkeit, damit (wie immer auch relative) Abgehobenheit des Erziehungsprozesses gegenüber dem 'normalen' lebenspraktischen Handlungsvollzug: Kindheit, Jugend sind Lebensabschnitte eines in Entwicklung befindlichen Menschen, *pädagogische Unterstützung* unterliegt einer (transitorischen) Eigenlogik, die andere Erfordernisse definiert, als das alltägliche *kooperative Handeln* mit den erwachsenen Mitgliedern der Lebensgemeinschaft.

Dennoch lässt auch das Denken Rousseaus immer wieder Motive erkennen, die ihn als durchaus klassischen 'Pädagogen' (im charakterisierten widersprüchlichen Sinn) und Repräsentanten aufklärerischen Naturbeherrschungswillens ausweisen, welcher sich eben auch auf zu erziehende Kinder richtet: "Zweifellos darf es tun, was es will. Aber es darf nur das wollen, was ihr wünscht, dass es tue. Es darf keinen Schritt tun, den ihr nicht vorausbedacht hättet; es darf nicht den Mund öffnen, ohne dass ihr wüsstet, was es sagen wird." (Rousseau 1762/105)

Unzweideutiger ist kaum auszudrücken, in welcher Weise es hier *gerade die Kontrollambition gegenüber dem Heranwachsenden* ist, die die Notwendigkeit augenfällig macht, den 'gegenüberstehenden' subjektiven Standpunkt systematisch zur Kenntnis zu nehmen, ein Motiv, das sich auch bei Pestalozzi zeigen lässt. Dieser befindet sich auf der Suche nach einer verallgemeinerbaren - man könnte auch sagen: technologischen - Methode, als "Organisation einer Reihenfolge von Mitteln, durch welche die natürlichen Anlagen des Menschen allgemein und harmonisch entwickelt werden können." (1802/30) Dabei entwickelt er die Problemstellung, die sich bei der Förderung von Lernen in der Perspektive eines pädagogisch Handelnden ergibt (und in seinem biografischen Falle in eindringlichster Weise auch tatsächlich gestellt hat), u.a. phänomenologisch in der Perspektive *des Lernenden* und produziert damit eine 'subjekttheoretische' Denkfigur[153], die er auch explizit als Basis seiner methodischen Annäherung an das Problem hervorstreicht:

"Ich warf ... mein Augenmerk ganz einfach auf die Art und Weise, wie sich ein gebildeter Mensch in jedem einzelnen Falle benimmt und benehmen muss, wenn er irgendeinen Gegenstand, der ihm verwirrt und dunkel vor Augen gebracht wird, gehörig auseinandersetzen und sich allmählich klarmachen will." (1801/63)

Die Ahnenreihe lässt sich unter dem hervorgehobenen Gesichtspunkt beliebig fortsetzen: Mit neuer Schwerpunktsetzung wird die subjektzentrierte Argumentationslogik in der pädagogischen Diskussion der deutschen Klassik entfaltet. Die utilitaristische Ausrichtung der aufklärerischen Erziehungsbewegung provoziert hier eine entschiedene Parteinahme für das nicht-instrumentalisierte Individuum. Zwar findet sich bei Humboldt kein Pendant zu den dargestellten pädagogischen Praxisreflexionen "im Sinne einer Handlungs- oder Kunstlehre für den Gebrauch durch professionelle Erzieher" (Blankertz 1982/101), doch treibt sie die *kategoriale* Grundlegung einer subjektbezogenen Wissenschaft von der Erziehung des Menschen um einen entscheidenden Schritt voran: In Abgrenzung gegenüber dem theoretisch flachen, weil primär verwertungsorientierten Vergesellschaftungsmodell eines Großteils der Aufklärungspädagogik wird der theoretische Gegenstand der Wissenschaft von der Erziehung *vom Lernsubjekt her* als Prozess der Individualitätsentfaltung durch Aneignung von Sprachmächtigkeit rekonstruiert. Dabei wird Sprache als Vermittlungsmedium zwischen dem je einzelnen lernenden Individuum und der entfalteten Subjektivität der gesamten Menschheit gesehen: Diese findet im Einzelnen ihre spezifische besondere Ausprägung, wenn er ihre Momente in einer nicht-vereinseitigenden, nicht-verzerrenden aufs historisch-gesellschaftlich Ganze bezogenen Weise repräsentiert. In der Kategorie der Bildung schließlich wird die verallgemeinerte Perspektive des lernenden Subjekts im Prozess der Entfaltung dieser Individualität entworfen und - wie die Geschichte zeigt - als tragfähiger Leitbegriff pädagogischen Denkens verankert.

Schleiermacher und dann Dilthey formulieren schließlich die Grundlagen einer Erziehungswissenschaft in der erkenntnistheoretischen Perspektive des Handlungssubjekts als *methodologisches* Prinzip 'empirischer' Erziehungsfoschung. Der zugrundegelegte Ansatz, demzufolge die Theorie sich immer auf eine bereits vorgängig konstituierte Praxis richtet, deren Eigengesetzlichkeit zunächst völlig unabhängig von jeder Theorie (im wissenschaftlichen Sinne) bloß in der immanenten Logik des Handelns der Handelnden besteht, welche nun im Nachhinein von der Theorie nachvollziehend rekonstruiert werden müsse, verweist ein weiteres Mal auf eine spezifisch 'handlungslogische' Herangehensweise: Unterstellt, es gibt subjektive Sinnbildungsprozesse, die dieses Handeln bestimmen oder doch zumindest 'ursächlich' in es eingehen - und hinter diese Einsicht will man vor dem Hintergrund der bisherigen Geschichte der Erziehungswissenschaft nicht mehr zurück - so können die Bewegungsmomente dieses Handeln nur aufgeklärt werden, wenn der *subjektive Sinn*, der in es eingeht, *subjektiv* nachvollzogen wird. Damit wird eine 'verstehende' Haltung zum als 'Text' im erweiterten Sinn verstandenen Gegenstandbereich unabweisbar. Dies eröffnet in systematischer Weise den Zugang zum *Verstehen der eigenständigen Handlungsperspektive* der Erziehungsadressaten. Das Prinzip, als Hermeneutik begrifflich gefasst, wird zum bleibenden Ansatzpunkt einer empirischen Erforschung jener Sinnstrukturen, die auf der Basis naturwissenschaftlich-objektivistischer Empirievorstellungen nicht erforschbar sein können. Dass auch hier, wie bei allen vorhergehenden Beiträgen der erste Entwurf noch sehr absolutistisch, 'paradigmatisch' auf Alleinerklärungsanspruch pochend, kaum auf seine Einordnung in das Ganze eines wissenschaftlich begründeten Zugangs zur menschlichen Erziehung bedacht, entworfen wird, scheint der natürlichen Logik aller wichtigen Entdeckungen zu folgen.

II.

Vor dem Hintergrund der Entwicklungslogik des hier in einigen groben und selbstverständlich nur exemplarischen Strichen skizzierten Hauptstrangs der Entwicklung europäischen Erziehungsdenkens verwundert es nicht, wenn es in der gegenwärtigen Diskussion zu vermehrten Anstrengungen kommt, die Probleme des Erziehens, Unterrichtens und Beratens theoretisch als Probleme eines spezifischen Handlungstypus zu erörtern. Damit zeichnen sich auch innerhalb der jüngeren Erziehungswissenschaft Versuche ab, Pädagogik definitiv als Handlungstheorie zu rekonstruieren oder sogar ein 'handlungstheoretisches' Paradigma der Pädagogik zu inaugurieren. (vgl. etwa Krüger 1997/77f) Ich kann vor dem Hintergrund meiner hier zu verfolgenden Zielstellung darauf nur kursorisch eingehen und einige mir bedeutsam erscheinende Beispiele benennen.

Alfred Petzelt hat - wenngleich stark religiös gefärbt - die eigene Aktivität, den freien Willen und die Vernunftorientierung des 'Ichs' als Angelpunkt seiner pädagogischen Konzeption differenziert ausgearbeitet. Nicht in der Anpassung an formierende Zwänge und nicht in der Nachahmung vorgegebener Weltbilder entfaltet sich die Subjektivität der Heranwachsenden, sondern in der einsichtsgeleiteten Annahme oder Ablehung von Geltungsansprüchen. Wahr ist demgemäß nicht, was empirisch anerkannt ist, sondern was der unbestechlichen Prüfung theoretischer Vernunft standhält, sittlich, nicht was sich etabliert hat, sondern, was - gemäß dem Kantschen Imperativ - einer allgemeinen Gesetzgebung zugrundegelegt werden könnte. (vgl. etwa Petzelt 1963)

Heinz Joachim Heydorn hat (etwa 1970, 1973) die Unversöhnlichkeit von Bildungsprozessen und gesellschaftlichen Herrschaftsmechanismen dargestellt und dabei i.b. das dynamische Moment der Subjektentwicklung herausgestrichen: Bildung begreife sich "als entbundene Selbsttätigkeit, als schon vollzogene Emanzipation. Mit ihr begreift sich der Mensch als sein eigener Urheber, versteht er, dass ihm die Ketten, die das Fleisch aufschneiden, von Menschen angelegt sind, dass es eine Aussicht gibt, sie zu zerreißen." (1970/10) Von Hans-Jochen Gamm wurde (etwa 1972, 1979, zuletzt 1988) in Anschluss an Heydorn in mehreren Arbeiten der normative Aspekt des Erziehungshandelns und seine politisch-moralischen Implikationen einer kritischen gesellschaftstheoretischen Analyse unterzogen.

Klaus Mollenhauer hat (1972) den Erziehungsvorgang unter Einbeziehung jüngerer handlungstheoretischer Konzepte (u.a. auch der Auffassungen von Mead und Habermas) als Zusammenhang von Kommunikation, Interaktion und gesellschaftlicher Reproduktion durchleuchtet und Kategorien, wie etwa das "pädagogische Feld als Sinnzusammenhang" (ebd. 27ff) ausgearbeitet und kritisch sowohl gegen affirmativ-technokratisch wie gegen dialektisch-materialistisch inspirierte Reduktionismen gewandt. Darüber hinaus hat Mollenhauer detailreich und präzise wie wenige sonst den Aspekt der Leiblichkeit des menschlichen Handelns und der Bildungsvorgänge im besonderen hervorgehoben[154] und an ästhetischen Dokumenten herausgearbeitet und untersucht. (etwa 1983, 1986, vgl. dazu auch Parmentier 1998/32ff)

Teile der Habermasschen Konzeption haben auch in Karl-Hermann Schäfers Auffassung von einer 'kommunikativen Pädagogik' (etwa 1981) Eingang gefunden. Aber auch in weniger gesellschaftskritisch orientierten Konzepten ist das dialogisch-argumentative Prinzip pädagogischer Vermittlungsprozesse an eine theoriestrategisch zentrale Stelle gerückt worden, so etwa bei Marian Heitger (1983) oder Klaus Schaller (1987). Die Konzeption G.H. Meads ist in besonderer Weise vom interaktionistisch geprägten Zweig der Erziehungswissenschaft akzentuiert worden, der i.b. von Micha Brumlik repräsentiert wird. (vgl. etwa 1983, Brumlik/Holtappels 1987) Von Hartmut von Hentig stammt neben anderem die Idee, Comenius' Begriff der Mathetik erneut für die bildungspolitische und pädagogische Diskussion fruchtbar zu machen, (1985/80) ohne damit besonderen Widerhall zu finden. Allerdings hat Rainer Winkel diesen Terminus jüngst (1997/78ff) wieder aufgegriffen.

Wolfgang Klafki hat mindestens in zweierlei Hinsicht Fundamente einer modernen pädagogischen Handlungstheorie beigesteuert: Einmal durch seine mehrfach aufgelegten und erweiterten Konzepte zur Grundlegung, Analyse und praktischen Gestaltung von schulischen Unterrichtsprozessen (zuletzt 1991), die in ihrem Kern auf seine paradigmatische Studie zum Begriff der 'kategorialen Bildung' (1959) aufbauen, zum anderen hat Klafki wesentliche Beiträge zur Begründung und Entwicklung einer pädagogischen Handlungsforschung (etwa 1973, 1974, 1982) geleistet und so mitgeholfen, den Grundstein zur Methodologie und Methodik einer empirischen Forschung im Zeichen des handlungstheoretischen Rahmenkonzepts zu legen.

Einen breit angelegten systematischen Entwurf zu einer schulpädagogischen Handlungstheorie haben Heinz-Hermann Krüger und Rainer Lersch (1983) in die Diskussion eingebracht. Richtungsweisend ist m.E. der Versuch, pädagogisches Handeln (hier im Kontext von Schule erörtert) nicht in disziplinärer Verengung darzustellen, sondern in seinem Bedingungs- und Begründungszusammenhang mit der Ebene der Gesamtgesellschaft und der Organisationen/Institutionen auf der einen Seite sowie mit der Ebene der individuellen Subjektentwicklung auf der anderen Seite zu rekonstruieren. Krüger/Lersch entwickeln ihren Ansatz in Anschluss an konzeptionelle Theorieelemente von Habermas, Weber, Mead, Dewey und verwandten Positionen zur Grundlegung einer gesellschaftstheoretisch 'verankerten' Theorie der Subjektentwicklung. Sie folgen dabei einem Begriff pädagogischen Handelns, der sich auf die Aufgabe der Unterstützung von individuellem Kompetenzerwerb bezieht. Dieser wird als "Ergebnis eines adaptiven und zugleich konstruktiven Handlungsprozesses des Subjekts mit seiner Umwelt" (1993/107) konzipiert. Auf dieser Grundlage entwickeln sie - ihrem dezidierten Programm entsprechend - ein Instrumentarium, das gleichermaßen der Kritik wie der konstruktiven Weiterentwicklung vorfindlicher schulischer Erziehungsverhältnisse gewidmet ist. Kernstück ihrer Konzeption ist ein detailliertes Konzept zur Analyse und Entwicklung von Unterrichtszusammenhängen, das auf die dezidierte Erfassung der den Unterricht konstituierenden Handlungsverläufe (und nicht bloß auf idealistische Ansprüche und kontrafaktische Absichtserklärungen) konzentriert ist.[155]

Etwas weiter entfernt von der traditionsbezogenen pädagogischen Argumentation, ihr letztlich aber dennoch deutlich verpflichtet, hat Klaus Holzkamp (1993) ein umfangreiches Werk zur Grundlegung eines handlungstheoretischen (in seiner Diktion: subjektwissenschaftlichen) Lernbegriffes vorgelegt. Im kritischen Durchgang durch bekannte psychologische Positionen vom Behaviorismus über die kognitivistischen Lernforschung bis zur Handlungsregulationstheorie entfaltet er systematisch die Grundlagen einer kategorialen Fassung des Lernvorgangs in der Perspektive 'erster Person'. Dabei rekonstruiert er zunächst den Vorgang des Lernens als Prozess der aktiven Selbstveränderung, dessen Ausgangspunkt die subjektive Wahrnehmung einer 'Lernproblematik' als Spezialfall einer 'Handlungsproblematik' bildet. Die Rekonstruktion der typischen Sinnstruktur einer Lernsituation zeigt, wie sich Voraussetzungen, Motive, Verlaufsformen und Qualitäten von Lernprozessen analytisch erschließen lassen: Bedeutung und Funktion der individuellen 'Vorgeschichte' jedes Lernvorgangs, die reflexive Entschlüsselung von Diskrepanzerfahrungen als Lernproblematiken, der rekursive Prozess der Suche und Konkretisierung der durch Lernen anzueignenden Dimensionen des Lernobjekts, die Funktion der reflexiven Problematisierung der jeweils gerade praktizierten Struktur der Lernaktivitäten, die Beziehung zwischen deren thematischer und operativer Dimension, die in der jeweiligen 'Flachheit/Tiefe' des Gegenstandes beschlossenen Möglichkeiten, an ihm 'qualitative Lernsprünge' zu realisieren. Dann untersucht Holzkamp den Part des Lernenden. Hier beschreibt er das 'Zur-Welt-Sein des Subjekts' als Einheit der 'körperlichen Situiertheit' des Lernenden, die sich im Spannungsfeld zwischen intentionaler Gerichtetheit und zurückhaltender Körperlichkeit entfaltet, der 'mental-sprachlichen Situiertheit', die in unterschiedlichen Formen der 'Beachtungslenkung', i.b. des 'inneren Sprechens' zum Ausdruck kommt und der 'personalen Situiertheit' als Selbstgegebenheit im biografischen Kontext. Die Analyse der 'Objektseite' des Lernens unternimmt er in Hinblick auf das 'Bewegungslernen' wie auf das 'mental-verbale' Lernen, rekonstruiert eine in der menschlichen Anthropologie gegründete 'mentale', 'kommunikative' und 'objektivierende Modalität' des Behaltens/Erinnerns und arbeitet zuletzt das Verhältnis intentional gerichteter ('definitiver') und intentionsferne selbstlaufender ('affinitiver') Organisationsprozesse des Lernvorgangs heraus. Die Nähe zur pädagogischen Diskussion[156] wird dadurch augenscheinlich, dass ca. zwei Fünftel des voluminösen Werkes der 'konzeptionellen Aufschlüsselung historisch bestimmter institutioneller Lernverhältnisse' gewidmet sind. Hier wird am Beispiel der öffentlichen Schule nachgezeichnet, welchen spezifischen Widersprüchlichkeiten der zuvor charakterisierte Lernprozess ausgesetzt und damit trotz unterstellter subjektiver Förderungsabsichten der Akteure systematisch behindert und blockiert wird.

Es ist wohl kein Zufall, dass die jüngste Diskussion um eine handlungstheoretische Ausarbeitung der Erziehungsproblematik ihre Themenstellungen zum Teil bereits in der Auseinandersetzung mit der auf Erziehung umgelegten Systemtheorie von Niklas Luhmann und Karl-Eberhard Schorr gewinnt. Die von diesen edierte Reihe 'Fragen an die Pädagogik', zunächst als Vehikel einer systemtheoretischen Annäherung an die Erziehungswissenschaft angelegt, entwickelte sich in der Diskussion u.a. auch zu einem Forum der Artikulation handlungstheoretischer Gegenpositionen, durch die die Umrisse eines paradigmatischen Entwurfs sichtbar werden. Auch dazu führe ich nur einige Beispiele an.

Reinhard Uhle (1982) etwa konzentriert sich auf die handlungslogische Binnenstruktur unterrichtlichen Handelns. Den Ausgangspunkt seiner Überlegungen bildet die Begründung von 'Lehren' als kommunikative Handlung dergestalt, dass "eine von A an S gerichtete Handlung in der Weise geschieht, dass S tut, was A durch seine Handlung verstehen zu geben beabsichtigt, indem S die Handlung als diese Absicht enthaltend deutet." (1982/116f) Unter Rückgriff auf Schütz und Dilthey erörtert Uhle dann die in der Perspektive des Handlungssubjekts notwendigen Bedingungen der Möglichkeit des Gelingens pädagogischer Handlungsvollzüge. Dabei beschreibt er unterschiedlich 'verobjektivierte' Formen von Handlungsplänen und das Problem der koordinativen Verständigung über sie und hebt die unterstützende Funktion gemeinsamer, kulturell geteilter, 'objektivierter' Handlungspläne hervor. An die Stelle "handlungsorientierender Gemeinsamkeit durch Einfühlung oder Nacherleben" wird der "praktische Syllogismus"[157] (1982/124) gerückt, der menschliche Handlungspläne auf eine ihnen zugrundeliegende Absicht und Wirkungsannahme zurückführt und von weiterführenden 'psychologisierenden' Auslegungen absieht. Verstehen kann dann auf die Rekonstruktion genau dieses Rationalitätsanspruches durch den Verstehenden reduziert werden. (Vgl. dazu auch das nächste Kapitel) Anhand konkreter Gesprächssequenzen demonstriert Uhle, dass die etwa von Habermas formulierten Prinzipien des Stellens von Geltungsansprüchen "als Möglichkeiten der Neuformulierung des 'pädagogischen Bezugs' ... dadurch in ihrer A und S bindenden Kraft ausgewiesen (sind), dass Verstöße sinnvolle Kommunikation und Zusammenarbeit zwischen Personen unmöglich machen." (1982/135f)

Heinz-Dieter Schmalt widmet sich demgegenüber dem Unterrichtshandeln aus eher psychologisch akzentuierter Sicht. Er kritisiert zunächst die geringe Erklärungskraft traditioneller psychologischer Ansätze zum Thema pädagogischen Handelns und führt dies auf methodische Vorentscheidungen zurück, die dazu führen, "dass sie dem Komplexitätsniveau des pädagogischen Handlungsfeldes nicht gerecht zu werden vermögen." (1982/195) In Abgrenzung zur Systemtheorie, die über die *Ziele und Wirkungsannahmen der Handlungssubjekte* keine Auskunft geben könne, plädiert er für eine handlungstheoretische Annäherung an das Problem. In diesem Sinne stellt er dann einige begriffliche Grundbestimmungen vor, die auf die Annahme aufbauen, "dass Handeln eine spezifische Form menschlichen Verhaltens ist, das bewusst abläuft, zielgerichtet, planvoll strukturiert und kontrolliert ist, um dadurch bestimmte Veränderungen zu erreichen." (1982/201) Die Darstellung Schmalts gerät jedoch stellenweise in Gefahr, der geäußerten Kritik an der Unterbietung des notwendigen Komplexitätsniveaus selbst nicht standzuhalten, etwa dort, wo er mit der Möglichkeit inhaltlicher Prognosen und Gesetzesaussagen über Handlungsverläufe ('Erwartung-mal-Wert-Theorien') spekuliert.

Jürgen Oelkers holt wesentlich grundsätzlicher aus und begründet die Sinnhaftigkeit des handlungstheoretischen Problemzugangs programmatisch mit der Behauptung, dass die Klärung der Frage, was unter 'pädagogischen Handlungen' zu verstehen sei, Konsequenzen habe "für die Pädagogik als Wissenschaft, die ihren Selbstanspruch, 'Theorie-für-ein-Handeln' zu sein, nur dann einlösen kann, wenn sie den Bereich des Handelns, für das sie Zuständigkeit reklamiert, auch begründet absteckt." (1982/140) Dies sei bislang jedoch nur sehr unzureichend geschehen. Im Rückgriff auf mannigfache pädagogische Grundsatzüberlegungen entfaltet Oelkers in seiner Argumentation prinzipielle Zweifel an der Möglichkeit fundierter Wirkungszurechnungen im Kontext pädagogischen Handelns. Solche Zurechnungen würden unterstellt als "eine Relation zwischen *Intention* und *Wirkung*, die gleichsam als Handlungsstruktur angenommen wird." (1982/141) Sie zu belegen, hat die klassiche pädagogische Theorie aber weitgehend verabsäumt und sich statt dessen eher mit "der Frage nach der Besonderheit der pädagogischen Zwecke" beschäftigt (1982/142) In der geisteswissenschaftlichen Traditionslinie verortet Oelkers ein erhöhtes diesbezügliches Problembewusstsein: "Der Ausgang von der 'Erziehungswirklichkeit' bedeutet vor allem, dass reale Handlungsprobleme in den Blick kommen, über die eine bloße Zweckbestimmung hinwegreflektiert." (1982/144) An der jüngeren (außerpädagogischen) handlungstheoretischen Diskussion diagnostiziert Oelkers vor allem die "Fraglichkeit aller Bezugsbegriffe" (1982/146) Dennoch arbeitet er einige Konvergenzen heraus, so etwa die prinzipielle Nicht-Kausalität des Handelns und seine Nicht-Rückführbarkeit auf die handlungsauslösenden Intentionen: Ergebnis und Folgen sind zu Beginn der

Handlung nicht bloß unscharf, sondern möglicherweise überhaupt nur phantasiert. Relativierungen dieser Art vertiefen sich noch, wenn man Handeln als pädagogisches untersucht. So müsse man dann etwa "nicht nur systematisch mit Nebenwirkungen rechnen, sondern auch damit, dass Wirkungslücken auftreten, eine Verdünnung von ehemals hochgradig evidenten Wirkungen einsetzt und immer wieder Handlungssequenzen abbrechen bzw. so überdehnt werden, dass sich Wirkungen einstellen, die nicht mehr auf Intentionen rückführbar sind." (1982/171)

Indem Oelkers aus dezitiert *handlungstheoretischer* Sicht die Unmöglichkeit jedweder technologischen Verfügbarkeit von Subjektivität im Erziehungsprozess in großer Differenziertheit und Breite vor Augen führt, lässt er - wie schon die von mir weiter oben referierten handlungstheoretischen Ansätze - ein grundsätzliches und liebevoll gehegtes (Selbst-) Missverständnis der Systemtheorie und ihrer Anhänger als solches erkennbar werden: Es ist keineswegs eine authentisch *systemtheoretische* Leistung, die spezifische 'Eigenständigkeit', 'Unbeeinflussbarkeit' und 'Unberechenbarkeit' menschlichen (in diesem Fall: Lern-) Handelns zu konzeptualisieren und auszuleuchten.

Die zentrale Schlussfolgerung Oelkers' fällt (zumindest was die Beurteilung der realen Erziehungspraxis betrifft) dann allerdings weniger pessimistisch aus, als die Palette der theoretischen Infragestellungen erwarten lässt. Die für ihn evidenten Erfolge des erzieherischen Handelns wären jedoch nach keiner *linearen* Wirkungsannahme interpretierbar: Pädagogisches Handeln ist "kein instrumentelles Handeln, Erziehung ist kein Instrument und Bildung kein Produkt."[158] (1982/177)

(b) Die fragwürdigen Implikationen des Paradoxie-Topos

Am Beispiel der Argumentation von Dietrich Benner gehe ich Übereinstimmungen und Differenzen zu den von mir in Teil 1 dieser Arbeit referierten Positionen nach und plädiere für eine Radikalisierung der von Benner eingenommenen handlungstheoretischen Auffassung. (I) Dann versuche ich zu zeigen, dass und warum es vor dem Hintergrund einiger der von mir dargestellten Annahmen sinnvoll sein könnte, die Paradoxie von Erziehungsprozessen als empirisches Phänomen, nicht aber als kategoriale Grundbestimmung anzusehen. (II)

I.

Als inhaltlich grundlegender und von der Rezeption her zugleich auch verbreitetster Beitrag zur Bündelung der skizzierten Argumentationsstränge in der jüngeren Diskussion darf wohl Dietrich Benners 'Allgemeine Pädagogik' angesehen werden. Benner hat seinen systematischen Entwurf (1987) als 'praxeologisch' qualifiziert und an mehreren Stellen explizit im Kontext einschlägiger Argumentationsbezüge verortet. So ist es etwa seine Absicht, "eine systematische Ordnung der handlungstheoretischen Fragestellungen der Erziehungswissenschaft sowie der praktischen Dimension pädagogischen Handelns zu entwickeln". (1987/11) Als Fluchtpunkt dieses Programms dient die Orientierung an einem letztlich gesamtgesellschaftlich "anzustrebende(n) Ordnungszusammenhang der menschlichen

Praxis", der "mit dem Begriff eines nicht-hierarchischen Verhältnisses der Einzelpraxen ausdifferenzierter Humanität umschrieben" (1987/98) werden kann.

Benner interpretiert damit die von mir schlaglichtartig angerissene Theorietradition vor dem Hintergrund genau jener argumentativen Tendenz, die ich hier herausstreichen möchte. Er geht davon aus, dass der Bereich des pädagogischen Denkens und Handelns eine neben fünf weiteren existenziellen menschlichen Praxen (Ökonomie, Ethik, Politik, Kunst, Religion) bildet, die diese zur historisch-gesellschaftlichen Gesamtpraxis der menschlichen Gattung ergänzt.[159] In der Diktion von den von mir bemühten handlungstheoretischen Referenztheorien abweichend, im Grundanliegen jedoch weitgehend übereinstimmend, bestimmt Benner diese Praxis als Vermittlungsinstanz zwischen der "Imperfektheit" (1987/26), also der 'objektiven' Entwicklungsoffenheit und Entscheidungsbedürftigkeit des Menschen und der Willentlichkeit, also der 'subjektiven' Intentionsbezogenheit seiner Handlungen. Sie wird weiterhin "ihrer Möglichkeit nach als freie, geschichtliche und sprachliche Praxis" (1987/29) interpretiert, die keiner äußeren teleologischen Gesetzmäßigkeit untersteht: Sie "folgt weder linear aus ihren Entwürfen, noch setzt sie in diesen die Wirkungsgeschichte einfach fort, sondern geht allererst aus den Erfahrungen hervor, die wir nur in der praktischen Umsetzung unserer Entwürfe machen können." (1987/33)

Es ist offensichtlich, dass sich hier wesentliche Grundmotive der von mir referierten handlungstheoretischen Grundlagenpositionen wiederfinden: Die gegenüber tierischen Lebensformen qualitativ neue 'subjektive' Vermitteltheit des individuellen (menschlichen) Verhaltens zur Welt, die ebenso neue 'kulturelle' Vermitteltheit des Verhaltens durch 'produzierte' Erfahrung und Sprache, die Ausdifferenzierung spezifischer Rationalitätsprinzipien, die sich in der Herausbildung spezialisierter gesellschaftlicher Handlungsbereiche institutionalisiert haben, die prinzipielle, zugleich empirisch je beschränkte Offenheit, Freiheit und dynamisch-teleologische Struktur des menschlichen Handelns etc. Dies scheint mir mindestens insofern bemerkenswert, als sich Benner im Zuge seiner Darstellung hauptsächlich auf die Argumentation der klassischen bürgerlichen Pädagogik bezieht und (wenn man von einigen Arbeiten Habermas' absieht) nicht auf die im engeren Sinne 'handlungstheoretischen' Auffassungen, die ich meiner Darstellung zugrundegelegt habe.

Eine möglicherweise besonders aufschlussreiche Übereinstimmung lässt sich an Benners Rekonstruktion der Subjekt-Objekt-Beziehungen im Denken und Handeln aufweisen. Er legt hier auseinander, in welcher Weise das (denkende, lernende, Handlungen steuernde) Subjekt sowohl sich selbst als auch die Gegenstände seiner Tätigkeit zum Objekt (seiner Denktätigkeit) macht. Dabei unterscheidet er eine Tätigkeit I als die reflexive Herstellung eines Selbstbezugs eines Handelnden und einer Tätigkeit II als die Ausführung der Handlung, so dass "das Subjekt beider Tätigkeiten oder Momente der Selbsttätigkeit der Handelnde selbst und somit der Handelnde als Objekt der ersten Tätigkeit zugleich Subjekt der zweiten Tätigkeit ist." (1987/67) Tätigkeit I ('Denktätigkeit') und II ('Aktion') bilden nun einen dynamischen Zusammenhang: I ist einerseits für die Reflexion von in II gemachter Erfahrung und andererseits (und notwendig ungleichzeitig) für das Entwerfen von Handlungssequenzen für II verantwortlich. Entsprechend geht in II ein, was in I als Entwurf geformt wurde und wird an I retourniert, was sich als Erfahrung einstellt. Benner entwickelt damit ein 'Ebenenmodell', das mit dem von mir vorgestellten Vier-Ebenenmodell (1.3.c) in seiner Logik durchaus kompatibel ist: Es modelliert den Zusammenhang zwischen 'objektiver Handlungswelt' und 'subjektiver Denkwelt' so, dass dessen dynamischer und offener Charakter sichtbar und verständlich wird.

Dennoch hebt die Bennersche Fassung - von einer philosophischen Argumentation her entwickelt - m.E. nicht ausreichend deutlich die handlungslogischen Implikationen heraus, die in ihr gleichwohl bereits angelegt sind. So wird etwa nicht sichtbar, in welcher Weise Tätigkeit II das produziert, was dann als Erfahrung in I wieder eingehen kann, welche Steuerungsvorgaben zur spezifischen Eigendynamik von 'pragmatischen' und 'automatischen' Steuerungsprozessen führen, worin die funktionalen Beschränkungen von I und II liegen etc. Ebenso bleibt unsichtbar, dass die Trennung in 'Denktätigkeit' und 'Aktion' insofern vereinfachend ist, als auch 'Denken' eine Form des Handelns ist, die in anloger Weise praktisch ausgeführt, evaluiert und reflektiert werden muss und dass unter der zu erhellenden Fragestellung präziserweise eigentlich nicht zwischen Denken und Handeln, sondern zwischen 'intentionalem Denken' und handlungssteuerndem Denken' zu unterscheiden wäre.

Aufschlussreich ist die Verknüpfung unterschiedlicher Argumentationskonzepte indessen auch unter dem Gesichtspunkt ihrer Friktionen. So bezieht Benner fallweise Positionen, die vor dem Hintergrund meiner bisherigen Argumentation zumindest präzisierungsbedürftig erscheinen. In den Zentralkategorien der 'Bildsamkeit', v.a. aber der 'Aufforderung zur Selbsttätigkeit' etwa schlägt eine gewisse Tendenz zur Subjektmarginalisierung durch, die sich mit den von mir referierten Konzepten nicht bruchlos vereinbaren lässt[160]. Ein Konzept, demzufolge "die Heranwachsenden als fähig zur *Mitwirkung* an ihren Lernprozessen anzusehen" seien (1987/59, Hvh. von mir) oder die Vorstellung, dass ein Zu-Erziehender nur dann seine Bestimmung finden könne, "wenn er durch die pädagogische Interaktion zur selbsttätigen Mitwirkung an seinem Bildungsprozess *ausdrücklich aufgefordert* wird" (1987/64, Hvh. von mir), verweisen auf eine recht vorbehaltsbelastete Wahrnehmung der Dynamik und Reichweite individueller Subjektivitätsentfaltung und münden in m.E. nicht-stringente, wenn nicht sogar tendenziell tautologische Aussagen: "Dass pädagogische Praxis, an die Bildsamkeit des Zu-Erziehenden anknüpfend, zur Selbsttätigkeit auffordert, besagt gerade, dass der Zu-Erziehende ohne eine entsprechende Aufforderung noch nicht selbsttätig sein kann, dass er dies auch nicht aufgrund einer solchen Aufforderung wird, sondern nur vermittels seiner eigenen Mitwirkung werden kann." (1987/71)

Der Vorwurf der 'Subjektmarginalisierung' lässt sich an Benners Argumentation im Detail erhärten. Er arbeitet sein Subjektverständnis zunächst im Zuge seiner Interpretation des Verhaltens von 'Heini'[161] heraus (vgl. 1987/59ff). Dabei referiert er die folgende Beobachtung:

"Heini ... konnte zum Beispiel nicht wünschen. Kam er zu Besuch und fragte ich ihn beispielsweise: 'Was möchtest Du trinken, Tee oder Sirup?' antwortete er regelmäßig: 'Ich weiß nicht' oder 'Es ist mir gleichgültig'. Das sagte er nicht etwa, weil ihm der Unterschied zwischen Tee und Sirup unbekannt gewesen wäre. Er konnte seine eigenen Bedürfnisse, Wünsche usw. weder erkennen, noch artikulieren. Vom Anfang unserer Bekanntschaft an versuchte ich in solchen Situationen, ihm bei der Artikulation seines Wunsches zu helfen. So sagte ich etwa: 'Schau, stell' Dir einfach eine Tasse Tee vor, Lindenblütengeschmack, warm, süß usw. und nun ein Glas Sirup, kalt, mit Eis drin. Was möchtest Du lieber trinken?' Dann blickte er mich meist ganz hilflos an und fragte, 'Wovon haben Sie mehr vorrätig?' Das tat er nicht etwa, weil er Angst hatte, er würde mangelhaft bewirtet. Er versuchte herauszufinden, was ich wünschte, dass er es wünschte. Noch deutlicher zeigte es sich, wenn man ihn zum Einkaufen schickte. Sagte man etwa zu ihm: 'Holst Du mir bitte rasch eine Schokolade?', so fragte er sofort zurück: 'Was für eine?'. Wenn ich dann antwortete: 'Irgendeine', ließ er nicht locker, bis ich ganz genau die gewünschte Schokolade angegeben hatte". (Jegge zit. bei Benner 1987/60)

Dass Heini in so drastischer Weise sich weigert, eigene Absichten zu äußern bzw. an ihn gerichteten Forderungen zu 'unterlegen', wird von Benner dahingehend ausgelegt, dass "Heini, der nicht wünschen konnte" ganz einfach "Lernprozesse 'hinter sich' hat, welche ihm die produktive Freiheit der Praxis, statt sie ihm zuzumuten, verschlossen haben. Heini kann nur fremder Willkür hörig sein, nur das wollen, was andere für ihn wollen. Darum besitzt er nicht einmal die beschränkte Form der Wahlfreiheit." (1987/60) Auf den Punkt gebracht bedeutet dies also: Willensfreiheit besteht bei Heini nicht, da sie 'erzieherisch' nicht oder zumindest nicht ausreichend provoziert worden ist. Die unmittelbare Plausibilität dieser Schlussfolgerung verdankt sich aber vielleicht bloß einer vorschnellen Interpretation der Beobachtung. Vor dem Hintergrund der von mir referierten handlungstheoretischen Grundannahmen müsste man davon ausgehen, dass die Willensfreiheit (dort: 'Subjektivität') des Individuums auch durch einschränkende Bedingungen[162] nicht generell außer Kraft zu setzen ist. Dies würde bedeuten, dass auch vordergründig entscheidungsverweigerndes Verhalten, wie jenes von Heini, daraufhin zu untersuchen ist, welche (wie 'defizitär' auch immer reflektierten) *subjektiven Handlungsgründe* ihm zugrundeliegen. Auch die Weigerung, eine von außen verlangte Entscheidung zu treffen, geht auf eine Entscheidung zurück, die das Vorhandensein von 'Willensfreiheit' bestätigt. Heini wird wohl (hier nicht zu rekonstruierende und von Benner merkwürdigerweise sogar selbst als Vermutungen benannten) Erfahrungen gemacht haben, die es ihm *sinnvoll* erscheinen lassen, die eingeforderte Wahl absichtlich nicht zu treffen.

Insofern weist die referierte Beobachtung Heini also mitnichten als jemand aus, dem die "Möglichkeit der Dialektik von Erinnerung und Entwurf als Basis für ein Lernen aus eigener Erfahrung ... verstellt" ist (1987/60) oder "der in an ihn gerichteten sprachlichen Aussagen die Differenz von Gesagtem und Gemeintem, von allgemeiner Bedeutung und individuell konkretem Sinn, nicht für seine mögliche Meinungsfreiheit und Entscheidung nutzen kann". (Benner 1987/61) Vielmehr ist es durchaus wahrscheinlich, dass er eine über ihn verhängte Situationsanordnung auf der Grundlage *reflexiv ausgewerteter* früherer Handlungskonstellationen zu durchschauen und sich gegen sie zur Wehr zu setzen versucht. Heini ist vermutlich 'hell' genug, die von Jegge gesetzten 'erzieherischen' Maßnahmen (die man als außenstehender Beobachter durchaus sinnvoll und sensibel finden mag) bloß als weitere Exemplare jener äußeren Beeinflussungsversuche der Erwachsenen zu dechiffrieren, die es prinzipiell im eigenen Interesse zu unterlaufen gilt. Auch Jegges löbliche Erziehungsmaßnahmen repräsentieren eben *zunächst* eine *Zumutung von außen* und nicht eine selbst gefasste Entwicklungsperspektive und wer mit solchen Zumutungen schlechte Erfahrungen gemacht hat, wird (mehr oder minder gute[163]) Gründe finden, sich ihnen zu entziehen. Dies bedeutet aber, dass Heini nicht erst *auf der Grundlage* der Jegge'schen Pädagogik, sondern durchaus bereits *im Widerstand gegen* sie "nicht wünschen muss, was andere wollen, sondern selbsttätig eigene Wünsche artikulieren kann." (Benner 1987/69)

Abgesehen davon, dass Benner aus nicht nachvollziehbaren Gründen gerade ein Beispiel wählt, in dem die pädagogischen Handlungen bereits auf die Behebung eines entstandenen 'Entwicklungsschadens' ausgerichtet sind, wodurch natürlich eine aktivere, interventivere Rolle des Erziehers rhetorisch nahegelegt ist, als sie etwa im Rahmen eines 'gelingenden' Entwicklungsprozesses vorstellbar wäre, ist es auch ganz generell handlungstheoretisch unplausibel, auf 'Mitwirkung' und 'Aufforderung' zu setzen: Wie sollte denn *Beteiligung* möglich sein und der *Appell* Gehör finden, wenn diese nicht an ein intentionen*befähigtes* Subjekt adressiert sind, das sich *entscheidet*, eine Aufforderung plausibel zu finden und auf sie handelnd einzusteigen? So etwas wäre anders nur erklärbar um den Preis, dass man die Aufforderung als schlichte 'Außendetermination' konzipiert. Auch wenn man davon ausgeht, dass es tatsächlich frühe ontogenetische Phasen gibt, die noch ohne ein wirklich 'reflexives' Subjekt auskommen müssen, so kann dieses also keinesfalls via Appell von außen herbeigeführt werden. Im Sinne meiner Darstellung in Kap. 1 und 2 wäre vielmehr jeder biografische Lernprozess als *eigenständige Entwicklungsleistung*[164] zu rekonstruieren, die sich an je gegebenen und im Entwicklungsschritt aufzuhebenden *subjektiven* 'Entwicklungswidersprüchen' bemisst.[165] In solchen allein kann sinnvollerweise handlungstheoretisch gedacht werden, was als Außeneinwirkung interne Entwicklungsprozesse anzustoßen geeignet ist.

Dies schließt nicht aus, dass Entwicklung nur dann in ausreichendem Ausmaß erbracht werden kann, wenn dazu bestimmte äußere Voraussetzungen gegeben sind bzw. durch Handlungen anderer bereitgestellt werden. Doch gilt dies für die vom Entwicklungssubjekt zu vollziehenden Bildungsprozesse in gleicher Weise wie auch für Tätigkeiten im Kontext anderer gesellschaftlicher Praxen.[166] Der Primat der 'produktiven Praxis', den Benner gegen inferiore Anlage-/Umwelt-Diskussionen ins Treffen führt, wird ja erst wirklich plausibel, wenn diese als Aktivität eines eigenständigen Handlungssubjekts von allen Resten an linearer Innen- oder Außendetermination befreit ist: Das Subjekt *verhält* sich dann *auf der Basis* seines genetischen Programms *zu* seiner Umwelt, indem es in einem offenen rekursiven Prozess diese und damit sich selbst verändert.

Der Begriff der Bildsamkeit wäre demnach - handlungstheoretisch inspiziert - stärker in Richtung auf eine *aktive Entwicklungsbereitschaft* hin auszulegen, deren inneres Antriebspotential durch ein sich biografisch kumulativ entfaltendes und ausformendes Spannungsverhältnis sinnlich-vitaler und produktiver Bedürfnisse (im dargestellten Sinne) gespeist wird. Die *Aufforderung* zur Selbsttätigkeit wäre dann zu modifizieren in Richtung auf eine (in frühen Stadien der Ontogenese)[167] *vorausgreifende und* (in späteren) *zur Verfügung gehaltene Unterstützung der Selbsttätigkeit*, die sich darauf beschänkt, dem Heranwachsenden einen angemessenen eigenständig zu gestaltenden Entfaltungsraum zu sichern, Angebote an Problematisierungen und Perspektiven zu formulieren und bestehendes Wissen zur selbständigen Problembearbeitung zur Verfügung zu stellen.[168] Eine solche Lesart würde es erlauben, den Heranwachsenden nicht bloß 'Mitwirkung' an ihrem Bildungsprozess zuzugestehen, sondern sie als dessen eigentliche und authentische Subjekte anzuerkennen, deren Selbsttätigkeit nicht einzumahnen sondern lediglich kooperativ und solidarisch wahrzunehmen, zu schützen und zu unterstützen ist.[169]

III.

Ich habe die aus meiner Sicht gegenüber bestimmten Elementen der Bennerschen Argumentation anzumeldenden Vorbehalte hier einerseits deswegen so breit dargestellt, um aufzuweisen, dass das Konzept Benners direkt an die referierte handlungstheoretische Diskussion anschließen kann und Divergenzen auf der Basis eines übergreifenden theoretischen Einverständnisses als gleichsam 'innerparadigmatische Auffassungsunterschiede' eines handlungstheoretischen Ansatzes zur Pädagogik zu verstehen sind. Andererseits geht es mir auch darum, im Zuge dieser Kritik ein zentrales Anliegen meiner Darstellung handlungstheoretischen Gedankengutes zu erläutern und spezifisch zu akzentuieren. Ich will dies im folgenden noch einmal explizit herausarbeiten und am Topos der 'Paradoxie' des Erziehungsverhältnisses in einen allgemeineren Rahmen heben.

Die Bennersche Sichtweise steht in der Tradition einer Auffassung vom pädagogischen Handeln, in welcher v.a. die historisch-gesellschaftlichen Rahmenbedingungen des neuzeitlich-'bürgerlichen' Zeitalters ihren Niederschlag gefunden haben. Die Entdeckung des Menschen als Subjekt seiner Geschichte hat - wie gezeigt - zu einer Reihe einschneidender Umstrukturierungen des gesellschaftlichen Reproduktionsapparates geführt. Von diesen - zunächst einfach 'faktischen' - Verschiebungen und Veränderungen im Gesellschaftsprozess hat sich eine scharfsichtige pädagogische Reflexion inspirieren lassen, die jedoch - wie ebenfalls gezeigt - vielfach in den historischen Beschränkungen der eigenen Beobachtungsposition verfangen geblieben ist. Dass diese Reflexion von Anbeginn an wesentlich 'subjektivitätsangemessener' und damit bis heute tragfähiger konzipiert worden ist, als dies im Bereich anderer 'Individualwissenschaften' geschehen ist, mag mit ein Grund dafür sein, dass man sich in der Pädagogik bei der Rekonstruktion der Gegenstandsproblematik so bedenkenlos vermeint, auf die theoretische *Begriffsgeschichte* beziehen zu können.

Klaus Holzkamp hat - für die Psychologie[170] - die Notwendigkeit einer systematischen Rekonstruktion der *Gegenstandsgeschichte* hingewiesen, um darüber Klarheit schaffen zu können, welche Eigenheiten des Gegenstandes als bloß historische Ausprägungen und welche als seine wirklich allgemeinen Implikationen anzusehen sind. Gegenüber einer bloß 'phänomenologisch' verfahrenden Psychologie wendet er ein:

"Da ... am [historisch vorfindlichen, B.H.] 'Endzustand' des Psychischen [hier ersatzweise also: des Pädagogischen, B.H.] weder das Allgemeinere vom Besonderen noch das Spezifischere vom Unspezifischeren noch auch das Natürlich-Biologische vom Allgemeingesellschaftlichen und von dessen historischer Konkretion zu unterscheiden ist, kann auf diesem Wege der Zusammenhang verschiedener Aspekte und Dimensionen des Psychischen nicht adäquat und differenziert begrifflich abgebildet und nicht mit wissenschaftlich fundierten Argumenten gegen die [von kritischen Positionen, B.H.] unterstellten Verkürzungen und Zerstückelungen traditionell-psychologischen Gegenstandsverständnisses zur Geltung gebracht werden. Mithin sind so die durch den verkürzenden und isolierenden Kategorialbezug beschränkten Züge des Psychischen nicht als Sonderfall psychischer Prozesse unter historisch bestimmten, einschränkend-widersprüchlichen Lebensbedingungen fassbar und kann dementsprechend auch die Begriffsbildung der traditionellen Psychologie nicht als ideologisch geprägte 'allgemein-menschliche' Universalisierung derartig eingeschränkter Formen des Psychischen begriffen werden." (Holzkamp 1984/14, Hvh. entf.)

Diese Überlegung ist auch auf eine bloß 'begriffsgeschichtlich' verfahrende Position anwendbar:[171] Jede einmal historisch vertretene Auffassung ist befangen in den gesellschaftlichen und kulturellen Umständen, die ihre Formulierung begleitet und möglich gemacht haben und fortdauernde Übereinstimmung noch kein Argument für deren Triftigkeit.

Derlei Überlegungen sind erziehungswissenschaftlichen Reflexionen durchaus nicht fremd. So formuliert etwa Alfred Schäfer richtungsweisend den Anspruch: "Eine genuin pädagogische Reflexion hat nicht die Entstehung des neuzeitlichen Bildungssystems zur Voraussetzung." Sie laufe umgekehrt den mit dieser Entstehung verbundenen Vorgängen "eher voraus oder entwickelt sich sogar als Kritik jeder Form pädagogischer Institutionalisierung." (1996/79) Und er hat andernorts unter Berufung auf Adorno und das Konzept der 'bestimmten Negation' gerade der 'kritischen Pädagogik' vorgehalten, sie habe sich nicht ausreichend um die Reflexion der historischen Eingebundenheit ihrer Kritik in die kritisierte gesellschaftliche Wirklichkeit bemüht. (Schäfer 1991/118ff) Seine Einlösung des Anspruchs greift jedoch zu kurz: Es genügt nicht, die Implikationen des historischen Übertritts der Individuen von mittelalterlich-feudalen Lebenswelten in die Bedingungen des Frühkapitalismus zu rekonstruieren (wie grundlegend und erhellend dies immer sein mag), denn damit lässt sich noch kein Allgemeines bestimmen, das den Möglichkeitsraum künftiger historischer Wirklichkeiten ausreichend abstecken helfen könnte.

Und so bleiben Benners wie Schäfers scharfsinnige Analysen der pädagogischen 'Prinzipien' und der 'relativen Autonomie' der Pädagogik im Banne der Denkfigur vom 'Paradox' des pädagogischen Denkens und Handelns gefangen. Als *historische Diagnose* wird die "neuzeitliche Paradoxie von individueller Freiheit und Unterwerfung ..., die als solche einen der 'Königswege' pädagogischer Selbstparadoxierung bildet" (Schäfer 1996/78f) kaum zu bestreiten sein. Als Kategorialbestimmung aber ist sie das. Die ubiquitären Widersprüche zwischen den kommunikativ-rational geprägten handlungsleitenden Intuitionen der Subjekte und einer (im ausführlich dargestellten Sinn) 'systemisch' entfremdeten Welt, in der und in die hinein sie sich entwickeln müssen, können nicht begründeterweise als das allgemeine Prinzip der gattungsspezifischen Ontogenese ausgegeben werden. Die Option einer historischen Aufhebung der paradoxen Modalitäten gesellschaftlicher Existenzreproduktion (im hier zu diskutierenden Kontext: der paradoxen Modalitäten intersubjektiver Entwicklungsunterstützung zwischen Zwang und Freiheit, Manipulation und Orientierung, Konkurrenz und Solidarität, messbarer 'Leistung' und individueller Entfaltung, entgeltendem 'Lohn' und motivierendem 'Erfolg', Instrumentalisierung und Emanzipation etc.) darf nicht schon durch die Anlage des Begriffssystems eliminiert und gegenüber der Perspektive einer Reinauguration kommunikativer Vernunftprinzipien immunisiert werden.

Dabei mangelt es etwa der Darstellung Schäfers nicht an impliziten einschlägigen Hinweisen: Er erläutert in historisch-kritischer Darstellung der neuzeitlichen Subjektentwicklung die 'ambivalenten Konsequenzen', die in der "Spannung zwischen der Befreiung aus Abhängigkeitsverhältnissen und der Notwendigkeit" liegen, "sich den neuen, nur noch funktional organisierten Strukturen einzupassen" (80), er zeigt die widersprüchliche "Einheit von Souveränitätsgewinn, der zuschreibenden Konstitution des Individuums als letzter Verantwortungs- und Rechtfertigungsinstanz, und der Notwendigkeit zur Unterordnung unter Verhältnisse, deren Funktionslogik eben nicht von subjektiver Einsicht abhängig ist" (ebd.) er verweist auf die "Produktion des Individuums über die Geometrisierung seines Körpers (81), er weiß um die "mit Hilfe von Schamschwellen innerhalb eines nach privat und öffentlich aufgeteilten Raumes gesteuerter Bedürfnisse" (ebd.) er erinnert uns an die "Normalisierungsmacht der Disziplinen und ihrer wissenschaftlichen Abstützung". (ebd.) Selbst "analoge Strukturmuster zwischen kapitalistischer Warenproduktion und schulischem Leistungs- und Benotungssystem" finden Erwähnung und das zweifelhafte Ziel einer "Identitätsbalance", welche die "individuelle Selbstbestimmung und eine den sozialen Anforderungen gerecht werdende Selbstdefinition in Einklang bringt", wird als "scheinbare" Versöhnung "des 'als ob'" (1996/90) entlarvt. Läge es da nicht nahe, jenseits einer historischen Gesellschaftsformation, deren historisches Definitionskriterium es offensichtlich ist, das instrumentelle Segment der menschlichen Rationalität zu deren alles dominierendem Zentrum gemacht zu haben, die Möglichkeit einer nicht-paradoxen Form der Erziehung offenzuhalten anstatt das Phänomen der spezifischen Gebrochenheit und Widersprüchlichkeit der historisch vorfindlichen Erziehungsprozesse zum Allgemeinen einer bestimmten menschlichen Praxis, zu deren "Grundparadoxie" (Benner 1987/71), zu stilisieren?

Um wohlfeilen Missverständnissen vorzubeugen: Weder geht es mir darum, die spezifische Diskontinuität von Bildungsprozessen zu bestreiten, noch darum, die Dynamik der Beziehung von Erziehungs- und Sozialisationsvorgängen zu ignorieren, noch darum, das Spannungsverhältnis zwischen Selbst- und Fremdintentionalität in der ontogenetischen Entwicklungsunterstützung rhetorisch zu entschärfen. Ich plädiere lediglich dafür, die historische Formbestimmtheit dieser Dualitäten oder Polaritäten, die uns *heute* unzweifelhaft als "Paradox der vorbereitenden Disziplinierung in und zur Freiheit" (Schäfer 1996/81) gegeben sind, nicht vorschnell zum allgemeinen Prinzip der Gattungsreproduktion zu erheben, vielmehr für Auslegungen im Sinne eines nicht-antagonistischen Ergänzungsverhältnisses offen zu halten. Das Paradox des 'Pädagogischen' besteht möglicherweise nur solange, als die überkommene Welt (u.a. auch repräsentiert durch ihre haupt- und nebenamtlichen 'Pädagogen') *in formativer Absicht* einem Individuum gegenübertritt, welches - sobald es jene basalen Fähigkeiten erwoben hat, die auch seiner Instrumentalisierung als 'Arbeitnehmer', 'Konsument' oder 'Wählerstimme' vorausgesetzt sind - immer schon diese formativen Absichten als *gegen seine ureigensten Interessen gerichtet* demaskieren und sich gegen sie zur Wehr setzen kann. Es spricht jedoch nichts von vornherein gegen die Annahme, dass die Preisgabe dieser formativen Ambitionen (selbstverständlich nicht als hilfloser Individualakt, sondern in gesellschaftlichem Maßstab) zu einer Verflüssigung aller Reaktanz im intergenerationalen Verhältnis führen könnte.

Dazu noch - als eines aus einer endlosen Reihe von möglichen - ein sehr plastisches Anschauungsbeispiel, das sich aus der kritischen Reinterpretation einer Anekdote von Dieter Lenzen gewinnen lässt:

> "Die Mutter, die das Kind dazu auffordert, seine Milch selbst einzugießen, obwohl sie weiß, dass es dieses nicht kann, schickt es in eine Art 'double-bind', wenn das Kind selbst weiß, dass es dieses nicht kann oder wenn sie es schimpft, nachdem es, diese Aufforderung befolgend, Milch verschüttet hat. Das Kind 'rettet' sich aus dieser Paradoxie in der Regel durch Selbstüberschätzung ... oder durch einen Zusammenbruch, durch Weinen oder Schreien, wenn der Versuch der Selbsttätigkeit misslungen ist. Man kann das auch kritischer formulieren: Der Zusammenbruch oder das 'Weg-Sehen" (Selbstüberschätzung) sind Produkte der pädagogischen Paradoxie, in welche es geschickt wird." (1996/263)

Die Geschichte offenbart die ganze Hilflosigkeit einer Erziehungskultur, die auch um den Preis der permanenten pädagogischen Selbstbehinderung nicht bereit ist, Heranwachsende als die primären Subjekte ihrer Entwicklung ernstzunehmen: Ohne jeden Zweifel stellt es eine paradoxe Situation dar, wenn jemand aufgefordert wird, etwas zu tun, von dem alle Beteiligten (auch der Aufgeforderte selbst) annehmen, dass er es nicht kann, sie aber gleichzeitig so tun, als ob er es könnte. Und zweifellos bildet eine solche Verhaltensweise eine mögliche Variante, wie unbedarfte Eltern versuchen, den formativen gesellschaftlichen Erziehungserwartungen (welche ev. bereits als 'Leistungsorientierung' der später zu besuchenden Schule antizipiert werden, auf die man schon frühzeitig durch Schulung bestimmter Fähigkeiten vorbereiten müsse) zu entsprechen und das zu 'setzen', was sie für 'Entwicklungsanreize' halten.

Halten wir bei der beschriebenen Situation einen Augenblick inne und untersuchen wir sie genauer: Über die Motive der Mutter können wir nur spekulieren. Sie könnte beabsichtigt haben, die 'Übung' bereits erworbener motorisch-koordinativer Fähigkeiten ihres Kindes anzuregen, dem Kind die bestehenden Grenzen seines Könnens vor Augen zu führen, dem Kind 'metasprachlich' mitzuteilen, dass sie Vertrauen in seine Fähigkeiten hat etc. Dabei wird die eigentlich handlungsbestimmende Förderungsabsicht aber nicht geäußert und damit genau jener Bedeutungsbezug verschleiert, der die Handlung für das Kind bedeutungsadäquat kommunikativ entschlüsselbar machen würde. Gleichzeitig wird damit der Status des Kindes als *noch entwicklungsbedürftig* unthematisch gehalten. Da er jedoch, als Sachverhalt genommen, gleichzeitig offensichtlich ist, kann dies nur bedeuten: Er *soll* nicht angesprochen werden, er wird *tabuisiert*. Worin immer die Motive der

Mutter bestanden haben mögen, sie gehen von der Einschätzung aus, dass ihre Intervention und ebendieser kommunikativ vermittelte Bedeutungskontext der angemessenen Entwicklung des Kindes vorausgesetzt oder zumindest förderlich ist.

In der Subjektperspektive des Kindes sieht die Situation aber anders aus: Vermutlich weiß das Kind aufgrund seiner alltäglichen Lebenspraxis relativ genau, dass das Eingießen der Milch eine Leistung im Grenzbereich der eigenen Fähigkeiten darstellt. Im besseren (m.E. aber unwahrscheinlicheren) Fall nimmt das Kind die implizite Aussage der Mutter, derzufolge es die Anforderung bereits zu meistern imstande ist, als 'ehrliche' Meinung. Dann kann diese hoch gespannte Erwartung den Eingieß-Versuch immer noch unter erheblichen Druck stellen. Wenn er nämlich scheitert, dann ist das Kind hinter die (möglicherweise entsprechend empathisch unterfütterte) 'gute Meinung', die die Mutter von ihm hatte, zurückgefallen. Also wird das Kind seinen Handlungsversuch möglicherweise (wie vielleicht auch seine weiteren Lernanstrengungen) nicht primär an seinem eigenen Realitäts-Kontroll-Bedürfnis, sondern an der befürchteten Ent-Täuschung der Mutter orientieren. Im weniger günstigen (und wie ich denke, wahrscheinlicheren) Fall dechiffriert das Kind ohnehin in wie immer auch klarer oder diffuser Weise, dass die Mutter gar nicht davon ausgeht, dass es die Anforderung in angemessener Weise erfüllen kann, dass die Mutter es also in 'pädagogischer' Absicht zum Eingießen der Milch auffordert (etwa, weil es im Sinne einer 'Aufforderung zu Selbsttätigkeit' nach Benner seine Geschicklichkeit üben soll). Dies bedeutet für das Kind argumentationslogisch notwendigerweise, dass von ihm gar kein (zwar noch verbesserungsbedürftiger aber dennoch) realer und damit implizit ernstgenommener Beitrag zur kooperativen Lebensführung erwünscht ist, sondern, dass es lediglich seine Fähigkeiten 'vorführen/üben' soll und dies wird nicht einmal als offene (vielleicht noch von 'akzeptablen' Motiven getragene) Aufforderung vorgetragen, sondern als durchschaubarer plumper Trick.

Das Kind kann in diesem Falle mindestens viererlei lernen: Es geht meiner Mutter in ihrer 'pädagogischen' Kooperation mit mir *nicht um meine Interessen* als Lernender (die Mutter will sich da offensichtlich irgendwas ihr selbst Erstrebenswertes herausschlagen), meine Mutter agiert mir gegenüber *aus einer verdeckten Position* heraus (man soll also offensichtlich anderen Menschen gegenüber keine Auskunft über die eigenen Absichten geben), meine Mutter drückt Dinge aus, die sie *selbst gar nicht für wahr hält* (ich sollte ihr daher nächstens nicht über den Weg trauen, bzw. meinerseits nicht die Wahrheit sagen) und: meine Mutter *vermeidet es, anzusprechen*, dass ich etwas *noch nicht so gut kann*, möglicherweise, weil mir dies 'peinlich' sein könnte oder ich mich dafür eigentlich schämen sollte (ich werde in Hinkunft also besser verbergen, wenn ich etwas noch nicht so gut kann wie die Erwachsenen). Insgesamt wird die Situation das Kind empfindlich frustrieren, da es zuerst in eine Handlungsproblematik gedrängt wird, die es sich selbst gar nicht ausgesucht hat und dann von der kooperativen Unterstützung im sozialen Lebenskontext ausgeschlossen wird, da es (wie implizit ausgedrückt) die geforderte Leistung ja nun definitiv alleine erbringen soll. Es mag sein, dass das Kind angesichts einer solchen Handlungssituation zur selbstinstrumentalisierenden Strategie der 'Selbstüberschätzung' greift (was dem angestrebten Entwicklungsprozess offensichtlich nicht besonders förderlich ist) oder seine Frustration in ungerichteten Unmutsäußerungen abreagiert. Vielleicht greift es sogar (in ansatzweisem 'Durchschauen' und 'Verweigern' des zynischen Arrangements) zur typischen 'Trotzreaktion' (etwa durch Verweigern der Handlung, durch absichtliches 'patziges' Danebenschütten etc.)

Die Absurdität einer solchen 'under-cover'-Pädagogik, die das erziehungsphilosophisch so gerne strapazierte Paradox überhaupt erst herstellt, wird noch einmal deutlicher, wenn man die Alternative bedenkt. Man kann Kinder nämlich auch ernstnehmen und etwa (was man vermutlich auch bei einem Erwachsenen tun würde, sofern man ihn nicht provozieren oder verärgern möchte) fragen: Willst du alleine probieren, die Milch einzugießen oder soll ich dir helfen? Oder: Soll ich dir zeigen, wie man Milch eingießt, oder kannst du das schon alleine? In diesem Falle wird die Tatsache, dass irgendjemand etwas (noch) nicht so gut kann, wie irgendjemand anderer weder tabuisiert noch mit negativen Konnotation versehen, sondern als Normalfall kooperativer Lebenspraxis behandelt, der prinzipiell alle Beteiligten immer wieder beschäftigt. Das Kind wird so als selbst entscheidendes und sinnvoll (mit-) handelndes Subjekt ernstgenommen. Es kann dann lernen: dass es unproblematisch und weiterführend ist, sich über seine Schwächen und Lernprozesse mit anderen Menschen offen zu verständigen, dass man dabei die notwendige Unterstützung erwarten kann und erhält, wo man sie benötigt, dass sich aber auch niemand aufdrängt, wenn man das nicht will (etwa weil man etwas schon selbst kann oder alleine erkunden will), dass man den Auskünften der Erwachsenen (die sich regelmäßig als hilfreich und zutreffend erweisen) vertrauen kann, dass man also tatsächlich 'gefördert' und 'unterstützt' wird und dass Lernen auf diese Weise etwas Spannendes, Erweiterndes, Beglückendes *und* zugleich Selbstverständliches ist.

Einen solchen Prozess als strukturell paradox anzusehen, verdankt sich der unbegründbaren Vorstellung, das Ziel, das ein Erzieher seinem Handeln zugrundelegt, müsse in jedem Falle irgendeiner Vorwegnahme von Entscheidungen des Heranwachsenden gleichkommen. Wenn er sich demgegenüber das Ziel setzt, die von diesem selbst betriebene Ausbildung von Handlungsfähigkeit zu unterstützen, lichtet sich der Nebel augenblicklich. Es wäre ja etwa auch paradox, einen Blumenstock dadurch zum Wachsen zu bringen, dass man permanent an ihm zieht. Niemand findet es indessen paradox, einen Blumenstock zu gießen, zu düngen, ggf. umzutopfen und das Wachsen ihm selbst zu überlassen.[172]

Eine handlungstheoretische Analyse des pädagogischen Handelns (die ich hier nicht systematisch darstelle, sondern nur an wenigen Beispielen grob skizziere), kann zur Relativierung vorfindlicher Erziehungsstrukturen und darauf bezogener historisch befangener pädagogischer Denkmodelle m.E. einen relevanten Beitrag leisten, indem sie aufweist, dass *in der Struktur des menschlichen Handelns selbst* kein unüberwindlicher Antagonismus angelegt ist, der es rechtfertigen würde, von einem grundsätzlichen 'Paradox' des pädagogischen Handelns zu sprechen, sondern bloß eine dynamische Beziehung zwischen unterschiedlichen Funktionsdimensionen. Diese Beziehung kann unter bestimmten Umständen zur Verselbständigung eines Teils dieser Funktionsdimensionen führen, die dann auf die Logik des Gesamtprozesses paradoxierend zurückschlägt, sie kann aber auch - unter vorstellbaren geeigneten Bedingungen - ebenso gut als zwar von unterschiedlichen Einflüssen bestimmtes und diskontinuierlich verlaufendes aber dennoch in ihrer Logik insgesamt auf ein gemeinsames Telos hinwirkendes (also eben nicht: paradoxes) Zusammenspiel interpretiert und eingerichtet werden.

(c) Verstehen als Interaktionsvoraussetzung

Aufgrund seiner 'inhaltlichen' Ausrichtung leistet der Verstehensbegriff gegenüber funktionalistischen Reformulierungsversuchen dezidierten Widerstand. Darüberhinaus ist Verstehen - pädagogisch - als Leistung des Erziehers *und* des Erzogenen zu erörtern. (I) Das handlungstheoretische Verstehenskonzept wird allerdings vielfach mit überzogenen Ansprüchen an die Informationsgewinnung über eine fremde Innerlichkeit belastet, deren mögliche Erfüllung dann in Zweifel gezogen werden kann. Eine alternative Lösung besteht darin, das Verstehen auf seine tatsächliche Funktion in Interaktionsprozessen zurückzuführen und auf den transsubjektiven Nachvollzug von Handlungsbegründungen zu reduzieren. (II) Als Erkenntnisprozess ausgeführt, präsentiert sich Verstehen in unterschiedlich abstrakten Formen, die sich von der diffusen Alltagsgewissheit bis zur wissenschaftlichen Forschungsstrategie erstrecken. (III)

I.

Jürgen Oelkers setzt in seiner Untersuchung des Verstehensproblems an bei der Diagnose, die philosophische Hermeneutik habe die Operation des Verstehens bisher "eher vorausgesetzt als geklärt." (1986/169) Immer die *systemtheoretische Operationsanalyse* des Verstehens im Blick behaltend und gegen sie gewandt, zeigt Oelkers dann, dass 'Verstehen' in all jenen Kategorialentwürfen unterbestimmt bleibt, die vom Sachverhalt des Textsinnes abstrahieren: "Von einem *verstehenden* System kann nur dann gesprochen werden, wenn es *etwas* zu verstehen gibt." (1986/180) Hier könne es nicht genügen, dass der Verstehende einen "Zugang gewinnen soll, zu dem, was sich im Inneren selbstreferentieller Systeme als Handhabung eigener Selbstreferenz abspielt", wie Luhmann (etwa 1986b/96) sich dies vorstellt. Die Unterscheidung zwischen Beobachten und Verstehen müsse fassbar bleiben: "Wer einen Zugang gewinnt, hat nicht schon eine verstehende Erkentnnis; anders als das Beobachten, das auch ergebnislos bleiben kann, muss 'Verstehen' zu einem Ergebnis führen, das sich in der Differenz von 'verstanden' und 'missverstanden' ausdrückt." (1986/182) Und weil 'beobachten' und 'verstehen' nicht dasselbe seien, müsse auch die systemtheoretische Vorstellung problematisiert werden, dass nicht nur psychische, sondern auch soziale Systeme 'verstehen' könnten, denn was sich an letzteren als 'Verstehen' bezeichnen ließe, könne "nicht einfach identisch mit dem Verstehen 'psychischer Systeme'" (1986/181) sein[173]. Die Vorhaltung Oelkers', Luhmann verzichte auf die für das Verstehen gerade charakteristische Sinnimplikation - "Zu zeigen wäre, was 'Verstehen' *ohne* diese Implikation sein soll. 'Verstehen', das sich nicht auf etwas Erkennbares und zugleich Sinnvolles richtete, wäre keins. Es gäbe nichts zu *verstehen*," (1986/185) - markiert m.E. genau die Scheidelinie zwischen Subjekt- und Systemdiskurs: Die qualitative Dimension 'sinnvoll' ist über Operationsbegriffe nicht erreichbar. (Vgl. Kap. 1.2.c.II, wo ich zeige, dass 'Sinn' aus systemtheoretischer Sicht lediglich 'technisch' rekonstruiert wird.)

Die weitere Untersuchung der Verstehensproblematik führt Oelkers zur Unterscheidung zweier für die pädagogische Diskussion wichtig gewordener Verstehensbegriffe: Zum einen wurde im Kontext dialogischer Erziehungskonzeptionen die Vorstellung formuliert, pädagogisches Verstehen sei eine unverzichtbare Leistung *des Erziehers*, die die Informationsbasis dafür bereitstelle, dem Heranwachsenden die ihm angemessene Entwicklungsunterstützung zukommen zu lassen, zum anderen wird Verstehen als *Bildungsziel des Heranwachsenden* mit der Perspektive einer "Initiation des subjektiven in die Welt des objektiven Geistes" (1986/202) angesehen. Gegen das Konzept des 'pädagogischen Verstehens' gibt Oelkers zu bedenken, dass es stark von nicht begründbaren technologischen Implikationen geleitet sei: Verstehen sichere "nicht die richtige Einwirkung und ist schon gar nicht damit identisch, aber es gewährleistet auch keine Kontrolle der sozialen Randbedingungen des Handelns." (1986/193) Überdies könne es aufgrund der Selbstreferenz seines Gegenstandes kein klares Bild über "eine stillgestellte Individualität" (1986/199) und seine erwartbare Entwicklungsrichtung (1986/195) liefern. M.E. tangiert diese Kritik in erster Linie jene traditionellen Auffassungen, die ein Verstehen *des Kindes* (in seiner seelischen Totalität etc.) vorsehen, wobei dort zumeist relativ unklar bleibt, worauf sich dies letztlich genau richten soll. Ich werde anschließend eine handlungstheoretische Interpretation des Verstehensbegriffes versuchen, die dieser Kritik entgegenkommt: Sie wird implizieren, dass sich Verstehen auf (laufend modifizierbare) *Entscheidungen* des Handelnden im Handlungsprozess richtet, nicht aber auf (statische) *Eigenschaften*, die dem Handelnden zugeschrieben werden.

Verstehen als *Lernziel* zu konzipieren, dreht das Problem in gewisser Weise um: Im Vordergrund steht hier die Fähigkeit des Heranwachsenden, sich seine kulturelle Lebensumwelt 'verstehend' anzueignen und diese Fähigkeit soll - als Voraussetzung der selbständigen Bildungsfähigkeit - vermittelt werden. Dabei stellt sich offensichtlich das Problem, dass es ein allgemeines 'Verstehen' nicht gibt und die Lernprozesse daher auf unterschiedliche 'Wissensformen' abgestellt werden müssen.[174] Keine wirklich befriedigende Antwort gibt Oelkers m.E. in Hinblick auf mögliche Kriterien für die pädagogische Legitimation der Festlegung möglicher Verstehensbereiche. Er greift zunächst den Vorschlag Herbert Spencers auf, die 'Autonomie des freien Bürgers' zum Ausgangspunkt zu nehmen. (1986/207) Dann werden Hinweise auf die 'Breite' und 'Tiefe' des Wissens und auf das 'Gute' aufgenommen, ohne sie aber zu präzisieren und die Frage einer überzeugenden Lösung zuzuführen.

Hier ließen sich Überlegungen Holzkamps zum Thema 'Flachheit/Tiefe des Gegenstandsaufschlusses' im Lernprozess orientierend einfügen. Holzkamp versteht Lernhandlungen als auf "inhaltlichen Weltaufschluss" (1993/221) orientiert. Das Fortschreiten zu wachsender 'Tiefe' impliziere eine "Durchdringung der *Unmittel-*

barkeitsverhaftetheit der Erfahrung in Richtung auf die Erfassung immer *vermittelterer* gesellschaftlicher Bedeutungsstrukturen." (ebd.) Als allgemeines Kriterium für die Auswahl von Verstehensproblematiken könnte damit ihre Orientierung auf das transzendierende 'Umverstehen' von spontan 'Verstandenem' mit dem Ziel der Erweiterung des individuell-subjektiven Weltzugangs abgeben. Unter diesem Gesichtspunkt wäre die von Oelkers zum Anlass genommene rhetorische Fragestellung 'Bingo oder Mathematik' nicht nur unter formalen Aspekten wie etwa des größeren 'Voraussetzungsreichtums' einer der beiden Optionen o.ä. zu lösen, sondern unter Bezugnahme auf die inhaltlichen Weltverfügungs- und Lebensgestaltungsinteressen des Heranwachsenden mit dem Ziel seiner Integration in den gesellschaftlichen Lebens- und Reproduktionszusammenhang begründbar.

II.

Reinhard Uhle (1986) entwickelt seine Auffassung vom pädagogischen Verstehen in Auswertung der einschlägigen Beiträge einiger handlungstheoretischer Klassiker und deren Problemdifferenzierungen. Er referiert *Webers* paradigmatischen Ausgang bei einem Ego, das "mit Wirkungsabsichten handelt, diese Absichten an den Absichten eines Alter-Ego orientiert" und am Sachverhalt, "dass diese an anderen orientierte Wirkungsabsicht als Sinnzusammenhang verstehbar ist". (1986/220) Er umreißt ferner das bei der Entschlüsselung dieser Absichten zu berücksichtigende Phänomen, dass 'vorgeschobene Motive' und 'Verdrängungen' möglich seien, Sinnzusammenhänge also gleichsam 'hinter dem Rücken der Subjekte' wirksam werden könnten (1986/221), er rekonstruiert die Unterscheidung von 'subjektivem' und 'objektivem' Sinn sowie von gemeintem Sinn im Verständnis von Ego (S), im als gemeinsam unterstellten Verständnis eines verstehenden Alter-Ego (S') und im Verständnis eines verstehenden Dritten (S") (ebd.), er erläutert *Diltheys* Unterscheidung von Selbst- und Fremdverstehen, von 'elementaren' und 'höheren' Verstehensakten, seine Konzeption von Verstehen als "'Nacherleben', 'Hineinversetzen' oder 'Nachbilden' nach dem Muster des Selbstverstehens als Projektion eines Ich in ein anderes Ego" (1986/223ff), er bezieht sich auf *Wittgensteins* Verstehen (etwa einer Zahlenreihe) aufgrund der Entschlüsselung der ihr zugrundeliegenden Regel (1986/226), ebenso auf *Lorenzers* tiefenhermeneutisches Verstehen, das "diejenigen Bedeutungen erfassen will, die zu Verstehende in einem interaktionell konstituierten Bildungsprozess erworben, in Symbolkomplexen bewusstseinsfähig gemacht, dann aber in Konfliktsituationen 'desymbolisiert' haben" (1986/229) etc.

Aus der Fülle der möglichen Anknüpfungsversuche für eine kritische Sichtung der Argumente im Sinne der von mir zusammengefassten handlungstheoretischen Positionen und eine weitere Präzisierung eines darauf aufbauenden pädagogischen Konzepts möchte ich Uhles Aussage von der "Alltagsmeinung, die Verstehen als Ermöglichung eines konfliktfreien, heilen und befriedigenden Zusammenlebens ansieht" (1986/228), herausgreifen. Verstehen sei abzuheben vom 'dahinlebenden Einverständnis': Erst dessen 'Störung' mache das unproblematische Nebeneinander-Herlaufen von Handlungsereignissen zu einem Anlass für auf 'erkennendes Verstehen' orientierte Nachforschung und Präzisierung. Diese könne aber die Differenzen von S, S' und S" (s.o.) prinzipiell nicht aufheben. Insofern sei das Ziel des Verstehens "paradoxerweise eine Form des Nicht-Verstehens." (1986/228).

Nun ist zunächst offensichtlich, dass an jeder denkbaren Konstellation von S, S' und S" gewisse Differenzen aufweisbar (oder mindestens zu unterstellen) sind. Ich sehe jedoch keinen triftigen Grund, den Verstehensbegriff handlungstheoretisch so anzulegen, dass die Beobachtung oder Annahme solcher Differenzen dann als Nicht-Verstehen zu qualifizieren sind.[175] Mein Einwand scheint mir stützbar durch den Rückgriff auf die folgende Anlegung des Sinnbegriffs: Gemäß der Holzkampschen Rekonstruktion der evolutionären Herausbildung humaner Weltaneignung durch 'vergegenständlichende Tätigkeit', also 'Abspeicherung' individueller Erfahrung in *zu antiziperten Zwecken* 'hergestellten' Gegenständen[176] bilden diese Zwecke den genetischen Schlüssel zum 'Verstehen' des Sinnes, den die Gegenstände repräsentieren. Den 'Sinn' des Gegenstandes 'Löffel' verstehen hieße etwa: durch Nachvollzug seiner objektiven Gebrauchseigenschaften vor dem Hintergrund eigener Zweckbezogenheiten erfassen, dass dieser Gegenstand tatsächlich ein geeignetes Mittel darstellt, um flüssige Nahrungsmittel zu sich zu nehmen. Die logische Struktur der Bedeutungskonstellation 'Löffel' ist also *als solche* nur verständlich, sofern sie ein menschliches Bedürfnis befriedigbar macht. Oder umgekehrt: Eine Eigenschaft des Löffels, die kein solches Bedürfnis befriedigen kann, 'macht keinen Sinn'[177].

Dasselbe Prinzip lässt sich auch auf kommunikative Äußerungen, Ausdrucksbewegungen, schriftliche Texte, Bilder etc. übertragen, deren Zweck darin besteht, dass ein bestimmter Bedeutungsinhalt von jemandem verstanden wird: Was immer ihr Urheber mit ihnen 'gemeint' hat, er kann nur etwas gemeint haben, was vor dem Hintergrund bestimmter Intentionen einem bestimmten Zweck dienlich war. Oder wieder umgekehrt: Eine Äußerung gewinnt Sinnlosigkeit erst dadurch, dass sie, so wie sie formuliert ist, keinen Zweck befördern kann.[178] Der im Verstehensprozess vollzogene virtuelle Perspektivenwechsel in den Standpunkt 'erster Person' fundiert so also den Zugang zum Verstehen von Sinn (gewissermaßen zu seinem 'dahinterliegenden Motiv') und zwar im Falle propositionaler, normativer *und* expressiver Äußerungen: Die technische Funktionsweise einer Maschine, die Schlüssigkeit einer gesetzlichen Vorschrift oder die ästhetische Logik einer authentischen Gefühlsdarstellung sind nur in der Weise als 'sinnvoll' nachvollziehbar, dass jedes Detail des Zusammenhangs auf die Erfüllung des Zwecks, der mit ihnen verbunden ist, ausgerichtet ist.

Damit soll keineswegs einer Einebnung der Spezifik der unterschiedlichen Rationalitätslogiken (vgl. 1.1.b.II) auf die unmittelbar imponierende 'utilitäre' Zweckrationalität der propositionalen Rede der Weg bereitet werden: Durch den Zweckbezug wird ja gerade die jeweilige argumentationslogische *Spezifik* von Weltbezügen rational nachvollziehbar: auch normative und expressive Rationalität bilden notwendige Elemente einer nicht-gewaltförmigen Koordination der Lebensaktivitäten. Setzt man diese als 'Zweck' an, bilden jene ihre 'Mittel', die durch diesen in ihrer Logik verständlich werden: Nur wenn in Handlungsnormen die Interessen aller Betroffenen aufgehoben sind und nur wenn Selbstauskünfte authentisch gegeben werden, lässt sich ein rationaler Konsens und damit gewaltfreie Koordination erzielen, denn nur dann können deren Prämissen transparent, bedürfnisgerecht und für alle Betroffenen plausibel sein. Das Entschlüsseln des Sinnes einer Äußerung entsprechend dem ihr jeweils angemessenen Rationalitätstypus findet daher immer vor dem Hintergrund jenes allgemeineren Zwecks statt, dem dieser Typus verpflichtet ist und erst dieser Zweckbezug füllt die zunächst bloß 'formalen Regeln' (die in der Logik des jeweiligen Rationalitätstypus vorgesehen sind[179]) mit tatsächlich nachvollziehbarem Inhalt und lässt die Anwendung der Regel nicht nur 'etabliert' oder 'verordnet', sondern 'sinnvoll' erscheinen.[180]

Wenn nun *Zwecke* den (hintergründigen) Schlüssel zum Sinn von Äußerungen bilden, bleibt die weitere Frage klärungsbedürftig, wie diese Zwecke selbst 'verstanden' werden können. Sie lässt sich im Rückgriff auf gemeinsame und daher verallgemeinerbare Bedürfnisse beantworten: Die Setzung eines Zwecks ist Resultat einer Entscheidung. Und diese wird unter Bezugnahme auf je gegebene Bedürfnisse getroffen, deren Befriedigung ermöglicht werden soll. Das Setzen der Zwecke 'macht' also seinerseits wiederum einen 'Sinn', der nachvollziehbar wird durch den Umstand, dass auch der Verstehende sich in der (prinzipiell) selben Situation befindet und den (prinzipiell) selben Bedürftigkeiten und deren Bewältigung ausgesetzt ist wie der Zu-Verstehende:

"Da ich mich ... aufgrund der Struktur der gesellschaftlichen Denkformen in deren Aneignung/Realisierung niemals anders denn als 'Fall von' verallgemeinertem Anderen (verallgemeinertem Nutzer/Produzenten) denken kann ..., unterliegen auch 'meine' Handlungsgründe dem eigenen Anspruch nach ihrer Verallgemeinerbarkeit, sind also subjektiv-intersubjektive Handlungsgründe. Sofern also meine Handlungen für mich tatsächlich aus meinen Bedürfnissen und Lebensinteressen 'begründet' sind, müssen diese Gründe prinzipiell auch 'für andere' einsehbar, also intersubjektiv 'verständlich' sein." (Holzkamp 1983/350, Hvh. entf.)

Dies schließt nicht aus, dass empirische Handlungsgründe unverständlich bleiben. Sofern das der Fall ist, bedeutet es, "dass für mich die 'Prämissen', aus denen sich die Verständlichkeit, Begründetheit, subjektive Funktionalität der Handlungen ergeben würden, nicht bekannt, verborgen etc. sind". Umgekehrt lässt sich daher auch sagen, "dass, wenn ich diese Prämissen kennen würde, die faktische Verständlichkeit/Begründetheit der Handlungen auch für mich einsehbar wäre." (Holzkamp 1983/351, Hvh. entf.) 'Kennen' heißt hier natürlich nicht nur 'davon gehört haben', sondern (mindestens Elemente davon in exemplarischer Weise) im Kontext der eigenen Lebenspraxis selbst erfahren haben. Daraus ergibt sich, dass im empirischen Falle des Nicht-Vorliegens dieser Bedingung *kein* Verstehen oder *Miss*verstehen oder im Ausmaß der Nicht-Übertragbarkeit der Erfahrungsbasis *eingeschränktes* Verstehen eintreten wird.

Auf der Grundlage dieser Annahmen können nun Verstehenskonzepte vom Typus 'Einfühlen in eine fremde Seele'[181] ersetzt werden durch ein Konzept des 'Rekonstruierens fremder Zwecksetzungsvorgänge/Handlungsbegründungen' auf der Grundlage der eigenen verallgemeinerten Zwecksetzungs- und Handlungsbegründungsansprüche. Dies entspannt die Anspruchslage: Verstehen verlangt nicht mehr, die Totalität einer fremden subjektiven Individualität bis in den letzten Winkel auszuleuchten, sondern reduziert sich darauf, dass der Verstehende sich als 'prinzipiell ein solcher wie ein anderer' betrachtet und angesichts einer intersubjektiv geteilten Bedürftigkeit die rationale Begründungsfigur einer fremden normativen, propositionalen oder expressiven Aussage, (nonverbalen) Handlung oder Vergegenständlichung rekonstruiert, indem er das Verhältnis zwischen geteiltem Bedürfnis, darauf bezogener Zwecksetzung und von dieser bestimmten Aussage/Handlung/Vergegenständlichung nachvollzieht.[182] Fasst man 'Verstehen' als diesen Prozess der 'Rekonstruktion einer Begründungsfigur', die sich ohne Einbuße an Koordinationsmöglichkeit in Detailaspekten der Fremdbefindlichkeit auch auf 'Näherungswerte' stützen kann, so erübrigt sich die neuerlich auf Paradoxie abhebende (Uhle 1986/228) Rede vom 'Nicht-Verstehen-Können'.

Vor einem solchen Hintergrund wäre es dann allerdings problematisch, 'dahinlebendes Einverständnis' strikt vom 'Verstehen' zu unterscheiden, denn selbstverständlich basiert Alltagspraxis auf Zweck-Mittel-Konstellationen und deren 'Gewusstheit' aus (mehr oder minder unproblematischen, vielleicht weit zurückliegenden) Verstehensakten. Das 'praktische Bewusstseins' im Sinne Giddens' (Kap. 1.1.c.I) und die 'praktischen Begriffe' im Sinne Holzkamps (Kap. 1.3.c.I) liefern hier kompatible Modelle und auch meine Darstellung der vier Prozesstypen des handlungsregulierenden Denkens macht nachvollziehbar, wie gezielte reflexive Verstehensleistungen in 'pragmatische' und über diese in 'automatische' Handlungsvollzüge einfließen (Kap. 1.3.c.) und dort auch für längere Zeit außerhalb der bewussten Wahrnehmung 'prozessieren' können.

Uhle wendet seine Darstellung dann 'pädagogisch' und reinterpretiert die Unterscheidung von unproblematischem 'dahinlebendem' und durch eine 'Störung' provoziertem 'erkennendem' Verstehen[183] so: Pädagogisches Verstehen habe die Aufgabe,

> "die Alltäglichkeiten von Störungen in eine bestimmte Qualität von Störungen umzuformen. Diese Qualität ergibt sich nicht aus einer Zielbestimmung für zu verstehende Sinnzusammenhänge, auf die hin die Überwindung von Störungen ausgerichtet werden soll, sondern aus der Art und Weise, wie Störungen des Lebens im Verständnis so behandelt werden, dass das labile alternierende Verhältnis zwischen Lebensvollzug und erkennendem Verstehen im Gleichgewicht bleibt." (1986/232)

Diese Vorstellung nun zeigt zunächst eine entschiedene Absage an jede 'formative' Erziehungsvorstellung, indem sie die normative Ausrichtung des Verständnis-Entfaltungs-Prozesses an das Lernsubjekt zurückbindet und liegt insofern eindeutig auf der Linie meiner bisherigen Argumentation. Auch der Diskontinuitäts-These ('Störungen' als movens der Entwicklung) ist uneingeschränkt zuzustimmen. Als problematisch hervorheben möchte ich jedoch den Umstand, dass die Betonung des homöostatischen Charakters dieser Verständnis-Entfaltung deren (vermutlich auch von Uhle angenommene) kumulativ-expansive Dynamik eher verschleiert als deutlich macht.

Neben der skizzierten Blickrichtung des verstehenden *Lehrers* ist in der zitierten Passage auch bereits die Blickrichtung der *Lernenden* angesprochen, die etwas an der Welt (besser) verstehen sollen: Die 'Störung' soll ja gerade ihre Wahrnehmung schärfen und Verstehen induzieren. Dieser Vorgang bilde aber keinen gleichsam monolithischen Kern des Unterrichtsprozesses. Vielmehr vollziehe sich das 'schulische Verstehen' generell "in Wirkungszusammenhängen von nichtdefinierten Situationen, in denen zu verstehende Denkgebilde eingebunden sind" und dies auch nicht dergestalt, dass diese linear dem Verstehen zugeführt werden könnten, sondern in einem "Amalgam von Begriffen, Urteilen, Vermutungen, Spekulationen, Handlungen und Erlebnisäußerungen, von psycho-sozialen Beziehungen und Konventionen und Regeln des Zusammenlebens." (1986/240) Als integrative Strategien ergeben sich daher die Notwendigkeiten eines 'Gesprächsethos', von 'Ritualen', 'Konventionen' etc.

Ich möchte auch dieser Auffassung nicht prinzipiell widersprechen, merke jedoch (v.a. auch in Zusammenhang mit dem bereits zuvor geäußerten Vorbehalt) an, dass Uhle einen Aspekt des Verstehenszugangs durch die Lernenden unterbelichtet hält, der sich unter Bezugnahme auf meine Reinterpretation des generellen Verstehensproblems verdeutlichen lässt. Wenn Verstehen (letztlich) immer in der Rekonstruktion eines Zweck-Mittel-Bezuges gründet, so hält es *von sich aus* eine integrative Potenz bereit: Die Aneignung eines solchen Zweck-Mittel-Bezugs kann als Erweiterung der je eigenen Weltverfügungsmöglichkeiten und damit als Beitrag zur Erweiterung und Vertiefung subjektiver Lebensqualität erfahren bzw. antizipiert werden. Damit steht ein Motivationspotential zur Ordnung und Orientierung der Verstehensaktivitäten zur Verfügung, das - sofern aktiviert - Gesprächsethos, Rituale und Konventionen zwar nicht ihrer Bedeutung als operative Hilfsstrategien beraubt, aber davon entlastet, im Chaos der vielfältigen intersubjektiven Bezugnahmen aufeinander *von außen her* 'Ordnung zu schaffen'. Wer einmal 'verstanden' hat, dass 'Verstehen' den eigenen Interessen dient, wird dieses 'Mittel' nicht nur anzuwenden und zu optimieren, sondern auch im sozialen Kontext abzustimmen suchen.

III.

Was Uhle am Beispiel des Unterrichts als Komplexität von 'Wirkungszusammenhängen' umrissen hat, in die 'zu verstehende Denkgebilde' in einem 'Amalgam' aus Sinnkonstruktionen eingebunden sind, präzisiert Klaus Prange als die vielfältig sich brechenden und aufeinander referierenden Verstehensleistungen der Interaktionsteilnehmer und Beobachter. Prange wählt ein klassisches Beispiel der pädagogischen Literatur, in welchem "die pädagogische Valenz einer fiktional vergegenwärtigten Situation herausgearbeitet und zum Muster für pädagogisches Verhalten erhoben wird" (1986/255), eine Szene aus dem 'Pädagogischen Poem' von Makarenko, in der dieser einen Zögling tätlich attackiert.

Prange umreißt hier noch einmal anschaulich die bereits weiter oben charakterisierte Voraussetzung empirischer Verstehensprozesse: Die dargestellte Sichtweise Makarenkos sei nur nachvollziehbar, "wenn man aus sich weiß, aus eigenen Erlebnissen und Geschichten, was es heißt, 'wütend' zu werden und in affektiver Betroffenheit die Besinnung zu verlieren." Einem Beobachter, der die maßgebliche Konstellation von 'Handlungsprämissen' noch nie selbst 'erfahren' hat und der daher gegenüber den beschriebenen Handlungen keine 'performative Einstellung' einnehmen kann, bleibt die Bedeutung des Texts 'dunkel': "Ein Wesen und ein

Leser, der über alle Anfälle von Ingrimm und Zorn erhaben ist, der unfähig ist, sich zu erregen, würde gar nicht verstehen, was eigentlich geschieht." (1986/257)

Anhand der kurzen Episode entfaltet Prange dann die möglichen Verweisungsdimensionen des 'Texts'. Zunächst unterscheidet er drei Verstehensebenen: Das *handlungsbegleitende* Verstehen des Textautors als Teilnehmer bzw. des Lesers als 'virtueller Teilnehmer', das *rückblickende* Verstehen des Textautors bzw. 'analytische' Verstehen des Lesers und das Verstehen einer *verallgemeinerbaren Sinnstruktur* des Handlungszusammenhanges.

Das handlungsbegleitende Verstehen bewege sich (ähnlich wie Uhle zufolge) im "Dunkel des erlebten Augenblicks": Makarenko überlege nicht, warum sich die Gesichtsfarbe seines Zöglings verändere, "sondern er *sieht* das Erschrecken" (1986/258). Auch der "mitgehende und mitfühlende Leser" (1986/258) setze sich die Bedeutungsstruktur der Situation zunächst nur verengt auf den Ereignisablauf aus der Sicht des Autors zusammen und bleibe "verspannt in ihre Dramaturgie" (ebd.). Das Verstehen auf dieser Stufe sei "ein Können", welches sich zeige "in der Kompetenz der Beteiligten, eine Lage und ein Problem aktuell zu meistern." (1986/265) Mit dem Hinweis, so verstehe "sich jemand auf ein Werkstück" (ebd.), stellt Prange die erste Verstehensebene in den Kontext des bereits ausführlich erläuterten 'praktischen' Denkens. Dabei setzt Prange die reflexiven Implikationen dieser ersten Stufe m.E. eher ein wenig zu niedrig an: Was in seiner Darstellung undeutlich bleibt, ist der Umstand, dass der 'mitgehende' Leser natürlich (wie Makarenko 'in' der Handlungssituation) in einem basalen Sinne die verbalen Aussagen, Ausdrucksbewegungen, Metabedeutungen und Kontextbezüge 'verstehen' muss, die die Situation als *Handlungs*situation konstituieren. Daher muss er bereits hier den von Habermas skizzierten Wechsel in die Perspektive erster Person vollziehen, um die impliziten Geltungsansprüche, die mit jeder der Äußerungen verbunden sind, *als solche* durch seine (virtuelle) Stellungnahme entschlüsseln zu können. Insofern muss er bereits hier mehr tun als das Erschrecken bloß *sehen*, er muss es *als* Erschrecken sehen und damit zumindest ansatzweise dessen Motiv interpretieren.

Auf der zweiten 'rückblickenden' Stufe des Verstehens befinden sich sowohl der Autor als auch der Leser in einer gewissen reflexiven Distanz zur Realsituation. Hier wird das erfolgte Verstehen "thematisiert", also in begrifflich gebrochener, diskursiver Weise erfasst. Dies ermöglicht es nun, die subjektiven Handlungsgründe der Beteiligten jenseits unmittelbarer Betroffenheit und ohne Zeitdruck zu interpretieren. Der Leser rekonstruiert die vollständige Sinnstruktur des Handlungszusammenhanges, "der Autor wird zum Leser seines Textes." (1986/260) Diese Einstellung kann dazu benützt werden, eine erste Verallgemeinerung vorzunehmen. Indem der Text "von denen her verstanden (wird), die ihn gelesen [was hier bedeutet: die die Situation, welche als 'Text' verstanden wird, entschlüsselt, B.H.] und dadurch sich zu verstehen gegeben haben", kann die Handlungssequenz als 'verstehbare', d.h. in ihrer inneren Struktur nachvollziehbare, als typische empirisch mögliche Anordnung von 'Folgewirkungen' einer Ausgangshandlung in einer Ausgangssituation angesehen werden. Diese Anordnung kann weiter ausdifferenziert, in 'komparativer' Weise als 'Figur' verallgemeinert und zur Orientierung praktischen Verhaltens eingesetzt werden[184]:

"Was dabei gewonnen wird, ist eine Figur des Lernens und Erziehens, die nun weiter plausibilisiert werden kann, indem ähnliche Situationen und Sachverhalte mimetisch vergegenwärtigt werden, nämlich solche, in denen eine Wende auftritt, ein Wechsel der Einstellung. Insoweit solche Situationen aufgerufen werden, wird die gewonnene Figur respezifiziert, und durch diese Respezifikation wird die Figur selber erweitert und kann zu einer Kunstregel für pädagogisches Verhalten werden." (1986/262)

Auf einer dritten Stufe schließlich könne von der komparativen zur 'systematischen' Verallgemeinerung fortgeschritten werden. Seine Aufgabe bestehe darin, die Frage zu klären, wie das Thema des Lernens und der Erziehung in der untersuchten Episode zur Geltung gebracht werde, "und zwar unabhängig davon, wie die Beteiligten als Autoren und Leser sich in der Szene selbst verstehen und sich über sie verständigen". (1986/267) Gegenüber der eigenen Selbstreferenz (erste Ebene) und der Selbstreferenz der Beteiligten (zweite Ebene) trete nun die Selbstreferenz des Texts in den Vordergrund, denn: "was die pädagogische Szene bedeutet, geht nicht in dem auf, was Autor und Leser verstehen." (ebd.) Diese dritte Ebene komplettiert nun das Bild von der Gesamtheit des verstehenden Zugangs zum Text:

"Wer liest, verfährt nicht nur mimetisch, indem er von sich her mitvollzieht, was sich ihm zeigt, und er macht sich auch nicht nur klar, wie der Text von dem her zu erklären ist, der ihn hervorgebracht hat, indem er dessen Biografie, seine Sozial- und Zeitumstände berücksichtigt, gewissermaßen den 'Sitz im Leben' vergegenwärtigt, sondern der Text ist für sich, wie die Theologen in Hinsicht auf autoritative Texte sagen, *interpres sui*." (1986/269)

Der dritte von der 'objektiven Hermeneutik' (etwa: Oevermann u.a. 1979) im Detail ausgearbeitete Zugang soll am Text also jene Dimension erschließen, die nicht in den 'subjektiven' Eingaben durch die konkret handelnden Personen gegründet sind, sondern die aus der historisch-kulturellen Formbestimmtheit des Texts entspringen. Er rekurriert auf die 'objektive Bedeutung' des Texts. Diese weise nun den Weg zu einer *theoretischen* Fassung des Zusammenhangs. Erhellend der Vergleich den Prange anbieten kann: Die erste Stufe entspreche der Interpretation eines Musikstückes durch dessen Aufführung, die zweite durch die theoretische Interpretation seiner inneren Sinnstruktur, die dritte seiner 'objektiven' Einordnung in kunstgeschichtliche o.a. allgemein kunsttheoretische Bezüge.

Die Darstellung der dritten Ebene enthält m.E. jedoch diskussionsbedürftige Elemente. Gemäß der von mir hier vertretenen Argumentation kann die Perspektive der dritten Stufe nur darin bestehen, die 'exemplarische' Figur in den weiteren Zusammenhang anderer ebensolcher Figuren zu stellen, gegen sie abzugrenzen und Zusammenhänge, Zwischenformen etc. auszuarbeiten.[185] In diese Richtung scheint zunächst auch der Hinweis Pranges zu deuten, man müsse die Umstände 'systematisch variieren': "Man kann ja nicht nur ähnliche Episoden beiziehen, ..., sondern es lassen sich auch andersartige, gegensätzliche Umstände und Figuren einführen und vorstellen." (1986/264) Dadurch würden *je andere Handlungsmöglichkeiten* bei *gleichen Ausgangsbedingungen* sichtbar. Diese müssten ihrerseits an Hand von Episoden vergegenwärtigt und untersucht werden. Wenn dann alle Varianten "miteinander verglichen und aufeinander bezogen werden," ließe sich dann "ausdrücken, was Erziehung sei" (1986/265).

An dieser Stelle schlägt Prange nun offensichtlich einen anderen Weg ein, als er etwa von Habermas (zB. 1983/29ff) oder Holzkamp (zB. 1983/24ff) vorgeschlagen wird. Letztere optieren für eine *logisch vorgeordnete* kategoriale Rekonstruktion von theoretischen Ausgangsbestimmungen, die den hermeneutischen Prozess *strukturieren*, nicht aber sein 'finales Ergebnis' sein können. 'Verstehen' wird demgemäß - auf den Forschungsprozess umgelegt - als Methode der *empirischen Datengewinnung* verstanden. Zwar bestehe die Möglichkeit, triftige Rückschlüsse von empirischen Erkenntnissen auf Kategorialbestimmungen zu ziehen, jene blieben diesen dabei aber logisch vorgeordnet: "Die empirische Theorie setzt die Geltung der normativen Theorie, die sie verwendet, voraus; gleichwohl wird deren Gültigkeit zweifelhaft, sobald sich philosophische Rekonstruktionen im Verwendungszusammenhang der empirischen Theorie als unbrauchbar erweisen." (Habermas 1983a/49)

Die von Prange skizzierte Strategie der 'systematischen Verallgemeinerung' könnte zwar durchaus als ein methodisches Verfahren zur Gewinnung *rein phänomenologisch* begründeter Begriffsbestimmungen gerechtfertigt werden, als 'disziplinäre' Ausgangskategorien wären diese damit aber unzulässig (nämlich in gewisser Weise tautologisch) unterbestimmt, da in sie nur eine Verallgemeinerung jenes historisch zufälligen Vorverständnisses der beobachteten, 'verstandenen' und zusammenfassend ausgewerteten empirischen Sinn-Äußerungen eingінge, wie sie von den untersuchten 'Text-Autoren' eingebracht wurden. Holzkamp hat dies (wie in 2.1.b.III bereits angesprochen) am Begriff des 'Psychischen' so erläutert: Es ließe sich

> "allein im Blick auf das Psychische [hier wieder ersatzweise: das Pädagogische, B.H.] in seinem 'Endzustand' als Bewusstsein, 'Verhalten', 'Erfahrung' etc. die der traditionell-psychologischen Begrifflichkeit unterstellte Reduziertheit, Verkürztheit, Zusammenhangsblindheit des kategorialen Gegenstandsbezuges nicht überwinden: Es ist nämlich am Psychischen in der Weise, wie es uns jetzt gegeben ist, durch keine noch so eindringende phänomenologische Analyse wissenschaftlich begründet ausmachbar, welche Züge des Psychischen diesem überhaupt, das heißt in allen seinen Entwicklungsstadien, zukommen ... Somit ist in dieser Sichtbeschränkung ... prinzipiell nicht unterscheidbar, welche Aspekte/Dimensionen lediglich 'natürliche', 'biologische' Bestimmungen, welche allgemeinste gesellschaftliche Bestimmungen und welche historisch-konkrete Bestimmungen des Psychischen ... sind" (Holzkamp 1984/13f)

Abgesehen von der offensichtlichen Differenz in dieser Fragestellung, bildet jedoch die 'systematische Verallgemeinerung' Pranges nach Abzug ihrer 'kategorialen' Beanspruchung durchaus ein Pendant zu Holzkamps Perspektive, in immer fortschreitender Komplettierung von 'strukturellen Verallgemeinerungen' typischer möglicher Konstellationen von Bedingungen, Bedeutungen, Handlungsbegründungen und darauf beruhenden faktischen Handlungen (siehe 'komparative Verallgemeinerung' i.S.v. Prange) eine möglichst vollständige Skala theoretisch-empirischer Beschreibungen der menschlichen Handlungsmöglichkeiten unter je bestimmten historischen Bedingungen auszuarbeiten.[186] Eine solche Skala könnte für den pädagogischen Bereich dann tatsächlich - in einem *empirischen* Sinne - erweisen, 'was Erziehung sei': welche konkreten pädagogischen Handlungen nämlich unter bestimmten Bedingungen tatsächlich stattgefunden haben und daher als in weiteren Fällen wieder möglich anzusehen sind.

(d) Subjektivität und koordiniertes Handeln

In den Begriffen 'Organisation' und 'Institution' werden die Spezifika unterschiedlicher sozialer Koordinationslogiken verhandelt. (d) Ich plädiere dafür, die beiden Begriffe nicht als Ausdruck eines unversöhnlichen Gegensatzes zwischen kommunikativer und zweckorientierter Rationalität anzulegen. Eine operative Koordination von Handlungen, die willkürliches Verhalten ausschließt oder einschränkt, genau damit aber subjektiv bestimmten Zwecken zur Durch- und Umsetzung verhilft, kann nicht von vornherein entfremdend oder kommunikativ unkonsensuierbar sein und dies muss auch für die Realisierung von Schule als Organisation/Institution gelten. (I) Das gewonnene Denkmodell beziehe ich am Beispiel der Projektmethode auch auf didaktische Problemstellungen und interpretiere die Charakteristika der schulischen Unterrichtssituation in handlungstheoretischen Begriffen. (II) Dann diskutiere ich, wie sich durch die analytische Unterscheidung der normativen und operativen Ebene des Unterrichtsgeschehens eine gleichermaßen pädagogisch rechtfertigbare wie realistische Entwicklungsperspektive entwerfen lässt. (III)

I.

Handlungstheoretische Konzepte wurden auch für den spezielleren Bereich der Schulpädagogik und Didaktik ausgearbeitet. Ich diskutiere abschließend (und wieder exemplarisch) einen Aspekt des schon erwähnten Beitrags von Krüger/Lersch, der für meine Gesamtargumentation von grundlegender Bedeutung ist. Krüger/Lersch fundieren ihre handlungstheoretische Konzeption von Schule zunächst allgemein in der Habermasschen Handlungstheorie und dann im speziellen in der Organisationstheorie von Max Weber. Von hier aus treffen sie eine erste theoriestrategische Entscheidung durch die Art und Weise, in der sie die Begriffe Organisation und Institution entwickeln. Sie identifizieren an ihnen "strukturelle(n) Korrelate für die mit den Begriffen zweckrationales bzw. kommunikatives Handeln gefassten Grundformen gesellschaftlichen Handelns". (1993/42) Als Organisation umreißen sie - hierin der handlungstheoretisch ausgerichteten Konzeption Webers folgend - ein soziales Gebilde, dessen Form sich nach zweckrationalen Gesichtspunkten bemisst und dessen Aktivitäten sich nach ebensolchen ausrichten. Als besondere Form entwerfen sie das Bild einer 'bürokratischen Organisation' - weiterhin im Weberschen Sinne - als durch eine Reihe von Eigenschaften bestimmt, deren hervorstechendste sind: Auslese der Funktionsrepräsentanten nach Qualifikation, Unterordnung, Kontrolle und Aufsicht innerhalb einer Amtshierarchie, festgelegte Arbeitsteilung nach Kompetenzen, Machtkonzentration an der Spitze der hierarchischen 'Pyramide', strikte Trennung von Ämtern und Personen, formale Gleichheit, Neutralität und Sachrationalität etc. (1993/46) Diese Organisationsform hatte Weber als besonders zweckmäßig und anderen Formen technisch überlegen angesehen und daher idealtypisch als 'Erfolgsmodell' der Organisation ausgezeichnet. (vgl. etwa 1964, im Überblick Habermas 1981a/239ff)

Als logisches Gegenstück zur 'Organisation' firmiert die 'Institution'. In Anschluss an Mead und den symbolischen Interaktionismus entwickeln Krüger/Lersch den Begriff der Institution als Bezeichnung für einen 'sedimentierten' auf Dauer und Wiederholung gestellten Handlungszusammenhang, der soziale Routinen ermöglicht. (vgl. 1993/55ff) Im Gegensatz zu Organisationen, die zur Verfolgung bestimmter Zwecke *eingerichtet* werden, entstehen Institutionen also gleichsam naturwüchsig, 'evolutionär'. Damit in Zusammenhang steht eine weitere Unterscheidungsmöglichkeit: Institutionen zeichnen sich dadurch aus, dass sie keiner zweckrationalen, sondern einer 'kommunikativen' Logik unterstehen, dass in ihnen also "weniger die Frage nach dem besseren Funktionieren, sondern vielmehr die nach dem 'Sinn' menschlicher Gesellschaften primär und handlungsleitend ist". (1993/62f) Diese Unterscheidung mündet dann u.a. in die Schlussfolgerung, 'verdinglichte' Formen von Institution seien "wegen der sichtbar werdenden Dominanz funktionaler Zweckmäßigkeit (z.B. im Sinne der Herrschenden) gegenüber ihrer allgemein anerkannten Sinnhaftigkeit auch kaum noch mit dem Institutionenbegriff zu fassen." (1993/64) Umgekehrt seien 'unterhalb' der in Organisationen vorfindlichen formalen Strukturen "informelle(r) Beziehungen auf der Grundlage der im Arbeitsprozess selber weitgehend unterdrückten individuellen Kommunikations- und Interaktionsbedürfnisse der Beschäftigten" anzutreffen. Diese würden "stets die Gefahr in sich bergen, im Sinne der Zweckrationalität der Organisation dysfunktional zu wirken" und seien daher "auch kaum mit dem Organisationsbegriff i.e.S. zu fassen." (1993/53) Durch diese Gegenüberstellung werden Organisation und Institutionen nun quasi als 'paradigmatische Konkurrenten' aufgefasst, deren ersterer sich zwar als effektiv aber entfremdet, letzterer hingegen als sinnerfüllt aber dafür nicht zweckgerichtet präsentiert.

Fasst man die Argumentation von Krüger/Lersch in einer grafischen Darstellung zusammen, so ergibt sich folgendes Bild:

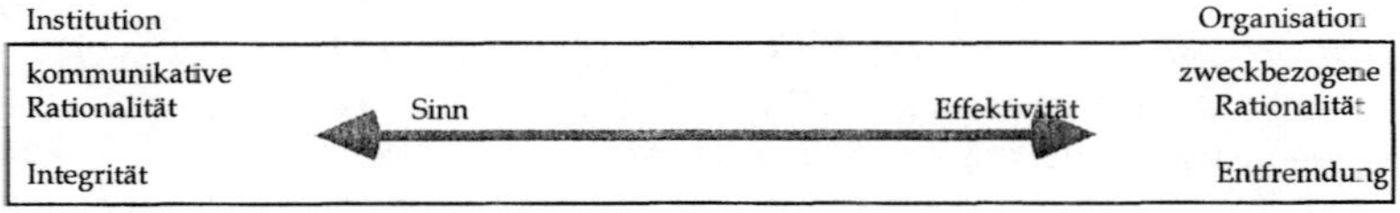

Abb.13: Verhältnis Organisation - Institution i.S.v. Krüger/Lersch

Dieses Modell wirft einige Probleme auf. Zunächst sind die zwei Phänomene 'Zweckrationalität' und 'kommunikative Rationalität' zueinander in ein Ausschließungsverhältnis gepresst, das der Habermasschen Auffassung (auf die verwiesen wird) mindestens insofern nicht entspricht, als dieser Zweckrationalität als ein

Teilmoment kommunikativer Rationalität ansieht.[187] Abgesehen davon weisen Krüger/Lersch selbst über ihre Konzeption hinaus und referieren organisationssoziologische Befunde, denen zufolge Organisationen unter bestimmten Bedingungen (etwa: dynamischer Anpassungsdruck, hohe Innovationsrate) besser funktionieren, wenn sie "situationsbezogene selbstverantwortliche Entscheidungen schon auf der Ebene der eigentlichen Zieltätigkeit" aufweisen, "Möglichkeiten zu spontaner Kooperation mit Kollegen" eröffnen und "weniger das Befolgen vorgeschriebener detaillierter Verhaltensweisen" als eine "allgemeine Orientierung am Organisationszweck" verfolgen (1993/49). Dies zeitige u.a. die - mittlerweile ja weithin zur Kenntnis genommene und für nahezu alle gesellschaftlichen Bereiche breit diskutierte - Konsequenz einer "Delegation von Verantwortung und Entscheidungsbefugnissen nach unten" (ebd.) und weitere Eigenheiten, die offensichtlich mit dem von Krüger/Lersch selbst entworfenen Organisationsideal nicht konform gehen. Schließlich erinnern Krüger/Lersch an ältere amerikanische Konzepte der 'Human-Relations-Schule', die noch einen Schritt weiter gegangen waren und überhaupt gleich 'kommunikativ' verfasste Strukturen in "gesellschaftliche(r) Untereinheiten" implantieren wollten, die, wie etwa Unternehmensbetriebe, "an den Imperativen zweckrationalen Handelns orientiert sind". Dies musste - so Krüger/Lersch - "zwangläufig zu einer Karikatur der Realität des Arbeitslebens geraten, zu einem unrealistisch 'glücklichen' Bild etwa der Fabrik als heile Familie, die eher eine Hauptquelle der menschlichen Befriedigung als der Entfremdung darstellt." (1993/52)

In einer solchen Schlussfolgerung findet sein Resultat, was schon als analytischer Begriff einer logischen Kritik nicht standhalten kann: Indem Krüger/Lersch eine prinzipielle Idiosynkrasie von zweckbezogener und kommunikativer Rationalität (als leitende Prinzipien von Institutionen und Organisationen) behaupten, müssen ihnen soziale Gegebenheiten, die zweckrational strukturiert und *gleichzeitig* kommunikativ legitimiert sind, als unmöglich bzw. nur als Kompromissbildungen möglich erscheinen. Dieses Ausschließungsverhältnis lässt sich jedoch logisch nicht begründen: Sofern Organisationen die Funktion erfüllen sollen, die Handlungen der an ihnen teilhabenden Personen *zielorentiert zu bündeln* (eben zu 'organisieren', also: in einen 'Organismus' wirkungsvoll einzubinden), und sie damit gegenüber spontanen Koordinationsformen zu effektivieren, so spricht nichts dagegen, dass dieser Vorgang *konsensual entschieden* wird. Zwar bringt eine solche Organisation in 'funktionaler' Sicht eine Reduktion der 'Freiheitsgrade' (was in 'inhaltlicher' Sicht bedeutet: der Willkürlichkeit und Zufälligkeit) der zu realisierenden Ko-Operationen mit sich, denn die zielorientierte Ausrichtung der Einzelaktivitäten impliziert ja eine *planmäßige* Anordnung und Durchführung der auszuführenden Teilvorgänge. Doch geschieht dies gerade im Interesse der angestrebten 'Kraftentfaltung'. Eine solche 'technische Freiheitseinschränkung' hat also zunächst einmal überhaupt nichts mit jenem Phänomen zu tun, das aus der qualitativ-inhaltlichen Sicht 'erster Person' mit dem Begriff der 'Entfremdung' charakterisiert werden kann. Die Ziele, auf die das organisierte Handeln gerichtet sind, können ja uneingeschränkt die Ziele 'der Handelnden' sein, ihren (gemeinsamen) Intentionen also völlig unentfremdet entsprechen. Die funktional 'einschränkenden' Strukturen, die sich die Handelnden selbst verordnen, behindern sie in diesem Falle ja nicht nur nicht, sondern ermöglichen überhaupt erst ihr effektives Vorgehen *bei der Verfolgung ihrer Ziele.*

Anders wäre dieses Verhältnis erst zu bestimmen, sobald Mechanismen auf den Plan treten, die die Handlungen in einem über das Maß bloß 'koordinatorischer' Beschränkung hinaus formieren und dies von den Handelnden ggf. nicht bewusst registriert wird oder nicht registriert bzw. verändert werden kann. Erst in diesem Falle wäre es gerechtfertigt, von einer unnotwendigen Behinderung bzw. einer Ent-Fremdung des Handlungsvollzugs gegenüber den Intentionen und bewussten Steuerungsversuchen der Handlungssubjekte zu sprechen. Und von dieser wäre dann im weiteren festzustellen, ob sie auf intentional-strategische Vorkehrungen anderer Personen oder lediglich auf interne operative Verselbständigungen zurückzuführen ist und wie sie zurückgedrängt oder aufgehoben werden kann.

Die Auffassung von der Unvereinbarkeit zweckrationaler und kommunikativrationaler Entscheidungen hat ihren Hintergrund im Fehlen jener Unterscheidung, die ich herausarbeiten möchte: indem Krüger/Lersch den Organisationsbegriff *ausschließlich* aus handlungstheoretischer Sicht entwickeln und jede (etwa systemtheoretische) Denkfigur 'dritter Person' in einen 'fremden' Diskurszusammenhang abschieben[188], entschlagen sie sich einer Analysemöglichkeit, die ermöglichen würde, die Logik organisationalen Handelns in ihren funktionalen *und* ihren inhaltlichen Aspekt aufzufächern. Erst auf dieser Grundlage wäre aber begrifflich angemessen fassbar, dass und in welcher Weise sich *funktionale* Beschränkungen und *inhaltliche* Behinderungen voneinander unterscheiden und dass und warum eine allfällige Entfremdung der Organisation von den Intentionen ihrer Teilhaber sinnvoller Weise nicht dem Vorhandensein von *Strukturen* und *systemischen Prozessmustern* zuzuschreiben ist, sondern dem konkreten Verhältnis dieser Prozessmuster zu den Intentionen der Subjekte.

Und so ist auch das von Krüger/Lersch ins Treffen geführte Betriebs-Beispiel in Zusammenhang mit der Human-Relations-Schule nur auf den ersten Blick plausibel: Selbstverständlich kann das Prinzip der konsensualen Regelung organisatorischer Materien nicht in die Organisation eines kapitalistischen Betriebes aufgenommen werden, bzw. nur zu einer 'Karikatur' führen, denn selbstverständlich verträgt sich kommunikatives Handeln (im umfassenden Habermasschen Sinne) nicht mit der Unterordnung unter Kapitalverwertungsprozesse.[189] Die kommunikative Legitimation der Handlungsvollzüge scheitert aber nicht daran, dass eine konsensuale Regelung *technisch* unmöglich wäre, sondern weil es in der Natur eines kapitalistischen Betriebs liegt, dass er nicht *in der Absicht* und daher auch nicht *in der Weise* eingerichtet wird, dass die in ihm beschäftigten Lohnarbeiter über seine Organisation Kontrolle ausüben können. Fraglich bliebe allerdings, was durch die also tatsächlich anfallende Karikatur ironisch in Frage gestellt wird: m.E. nicht die Vorstellung, die Fabrik solle "eher eine Hauptquelle der menschlichen Befriedigung als der Entfremdung" sein (1993/52), sondern allenfalls die Selbstverständlichkeit, mit der sich eine bestimmte überkommene Gestaltungsform menschlicher Arbeitsgestaltung völlig zu Unrecht als der organisatorischen Weisheit letzter Schluss präsentiert, *ohne* sich gegenüber einer verallgemeinerten Befriedigung menschlicher Arbeitsbedürfnisse ausreichend legitimieren zu können.

Aber auch wenn man es logisch nicht für ausgeschlossen hält, dass bestimmte Aspekte und Dimensionen von funktionalen Konstellationen auf keine vorgängigen qualitativ-inhaltlichen *Entscheidungen* zurückgehen, sondern tatsächlich als Produkt einer bloß evolutionären 'technischen' Verselbständigung von Organisationsprinzipien entstehen, ist eine perspektivenreiche theoretische Reflexion erst zu gewinnen, wenn man über das je konkrete empirische Verhältnis von intentionaler und funktionaler Dimension nicht durch eine 'eindimensionale' Theoriearchitektur kategorial vorentscheidet und als Veränderungsperspektive bloß ein kompromisshaft ausgleichendes Hin- und Herpendeln zwischen 'ineffektiver' Integrität und 'entfremdeter' Effektivität offen lässt. Ich halte daher folgende 'Auseinanderlegung' der Rationalisierungsperspektiven für wesentlich orientierender:

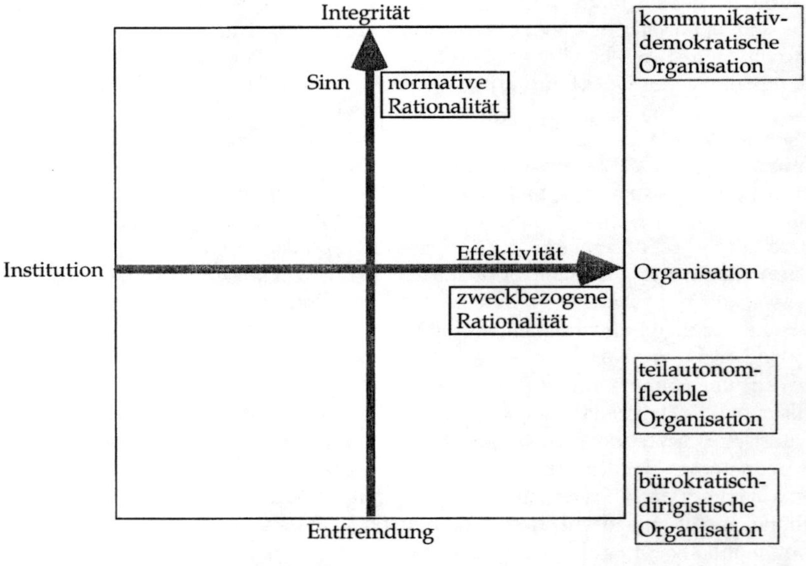

Abb.14: Verhältnis Organisation - Institution im Spannungsfeld zweier unterschiedlicher Rationalisierungsperspektiven

Diese Darstellung hat den Vorteil, dass sie eine Veränderung denkbar erhält, die *Organisation* als Mittel der Effektivierung von Handeln durch deren systematische Koordination mit *kommunikativer Vernunft* verbindet.[190] Sie zeigt in der Waagrechten die *zweckorientierte* Rationalisierungsperspektive, die von der naturwüchsig entstandenen Institution zur gezielt in Hinblick auf die Erreichung bestimmter Ziele eingerichteten Organisation führt und in der Senkrechten die *normbezogene* Entwicklungsrichtung von einer die handelnden Subjekte formierenden hin zu einer von den Subjekten geformten Funktionsgestalt. Das Treffen der normativen Entscheidungen impliziert dabei die Klärung *subjektiver* Betroffenheiten und jenes der zweckbezogenen die Klärung *objektiver* Zusammenhänge.

Die von mir präferierte Differenzierung ist im Keim bei Krüger/Lersch bereits angelegt, dort nämlich, wo sie etwa konstatieren, dass unterschiedliche Organisations*zwecke* (etwa: routinisierbare vs. dynamisch-kreative Aufgabenstellungen) auf unterschiedlich stark 'entfremdete' Organisations*strukturen* drängen (etwa: traditionelle 'Linien- und Stabstruktur' vs. 'relativ autonome Peripherie'), also eine logische 'Verortung' der Handlungskontexte implizieren, die sich auf der eigenen Skala gar nicht vollziehen lässt: Die tendenzielle Abnahme der starren 'entfremdenden' Strukturelemente würde dieser zufolge eine *Zurückdrängung zweckrationaler Erwägungen* und die *Inkaufnahme abnehmender Effektivität* implizieren, was aber - gemäß der eigenen Argumentation - offensichtlich nicht zutrifft: Die Maßnahmen werden ja gerade *zweckrational* begründet.

Die Darstellung von Krüger/Lersch mündet in die Anwendung des theoretischen Kategorienmodells auf die Schule. Hier wird nun zunächst die historische Auseinandersetzung zwischen aufklärerisch inspiriertem Qualifizierungsdenken und subjektbezogener Bildungsidee, zwischen staatlichem Dirigismus und lebensweltlicher Gestaltungambition und zwischen technokratischer Effizienzstrategie und kindzentrierter Reformpädagogik unter dem Gesichtspunkt der Dichotomie von Institution und Organisation reinterpretiert. Dabei ergeben sich notwendigerweise Ungereimtheiten, an denen sich die Unhaltbarkeit der vorgängigen theoriestrategischen Entscheidung noch einmal plastisch demonstrieren lässt:

"Zudem haben bislang die begründeten Zweifel daran, ob die traditionelle Organisation des Schulwesens und der Bildungsverwaltung überhaupt angesichts der nunmehr [historisch, B.H.] geforderten ['kreativen', B.H.] professionellen Tätigkeitsmerkmale auf der ausführenden Ebene noch als adäquate Organisationsform anzusehen sei ..., kaum organisatorische Konsequenzen gezeigt, und auch neue - aus dem institutionellen Rahmen der Gesellschaft hervorgegangene - ideative Orientierungen wie Chancengleichheit, Demokratisierung oder 'Fördern statt Auslesen' werden großenteils über formale organisatorische Regelungen 'bewältigt'. So werden die schulischen Handlungszusammenhänge durch ein *Muster von Zweckrationalität* überformt, das selbst *für die effektive Verwirklichung der neuen Organisationsziele wenig angemessen erscheinen muss*." (1993/63f, Hvh. von mir)

Krüger/Lersch reflektieren hier also wieder jene gesellschaftliche Tendenz, deren Logik in ihr Schema nicht eingeordnet werden kann: Die starre 'entfremdende' Organisationsstruktur wird zum Hemmnis der *Zweck*verfolgung. Dies bedeutet: 'zweckrational' ist *nun* eine *Reduktion* der zentralistischen, diskursiv unausgewiesenen Anordnungen und Vorgaben auf operativer Ebene.[191] Angesichts des Erklärungsbedarfs, der durch die offensichtlich nicht systematisch kovariierenden Rationalisierungsperspektiven hervorgerufen wird, halte ich es begrifflich für wenig ergiebig, nun theoretisch zu einer 'nicht zweckrationalen Zweckrationalität' Zuflucht zu nehmen.

Zusammenfassend präsentieren Krüger/Lersch eine systematische Gegenüberstellung der 'Organisations-' und 'Institutions-Merkmale' der Schule in einer grafischen Übersicht (1993/70), die sie dahingehend kommentieren, "dass eine stärkere Orientierung des Handelns in der Schule z.B. nach den Merkmalen auf der rechten Seite [Institutionen-Merkmale, B.H.] zwangsläufig in jedem einzelnen Punkt eine Verminderung in der Ausprägung der Merkmale auf der linken Seite [Organisations-Merkmale, B.H.] mit ihren Handlungsimperativen erfordert." (1993/71) Dieses Resümee verankert genau jene Form 'struktureller Hilflosigkeit' gegenüber den schulischen Entwicklungsproblemen auf kategorialer Ebene, auf die ich allgemein schon hingewiesen habe: Schule darf eben nicht *zu sehr* zur *Organisation* werden, denn dann müssen die institutionellen Gegenkräfte auf den Plan treten (was sie ja historisch auch immer wieder getan haben), sie darf aber auch nicht *zu sehr* zur *Institution* werden, denn dann muss man sie wieder 'organisatorisch' zurechtrücken. Damit ist jede langfristige Entwicklungsperspektive theoretisch annulliert und jede Reformanstrengung von vornherein gefangen in der Aporie, die sich aus den gegenläufigen Imperativen institutionalen und organisationalen Handelns ergibt.

Die Problemstellung bildet einen Angelpunkt der rezenten Diskussion um die Gestaltung und Zukunft der öffentlichen Schule als Paradebeispiel einer Organisation, die sich *auch* gegenüber den Ansprüchen einer kommunikativen pädagogischen Vernunft zu legitimieren hat.[192] Diese wurden noch keineswegs eingelöst: Bis dato werden die schulisch institutionalisierten pädagogischen Handlungskontexte zwar atmosphärisch von hohen pädagogischen Ansprüchen untermalt, jedoch von als 'Sachzwänge' hypostasierten strukturellen Vorkehrungen radikal entpädagogisiert. Eine theoretische Fassung des Organisationsproblems, wie sie von Krüger/Lersch vorgelegt wurde, verdoppelt diese Misere theoretisch und 'ontologisiert' sie gewissermaßen, anstatt sie zum Problem zu erheben und durch den Aufweis ihrer immanenten Dynamik zu dessen Lösung beizutragen.

Folgt man nun meinem konzeptionellen Gegenvorschlag, so wird folgende Denkmöglichkeit eröffnet: Eine zweckrationale Beurteilung von Mitteln impliziert - schon gemäß der Wortbedeutung von 'zweckrational' - eine (logisch) *vorgeordnete Entscheidung für Zwecke*. Die Zweckrationalität einer Organisation wäre also danach zu beurteilen, inwieweit diese in ihrer *faktischen* Funktionsgestalt dazu geeignet ist, die *normativen* Vorgaben umzusetzen und diese wären auf die Bedürfnisse der Betroffenen abzustimmen. In einem *nächsten* Schritt wäre es dann sinnvoll, das Phänomen 'Organisation' und seine konkreten Erscheinungsformen nicht nur in ihrer 'Bedeutung' für die 'Subjekte' innerhalb der Organisation[193] zu untersuchen, sondern auch in ihren 'objektiven' technisch-funktionalen Eigenheiten[194]. Eine solche Sichtweise eröffnet die Möglichkeit, die Eigensinnigkeit jener Prozesse und Konstellationen zu untersuchen und theoretisch zu verallgemeinern, die dem zweckrationalen Anspruch dienlich gemacht werden sollen. Erst in Kenntnis dieser 'funktionalen Anatomie der Organisation' können dann Strategien entwickelt werden, die Wirkungselemente der Organisation zweckgemäß zu verändern und den Intentionen der Organisationsteilhabenden in erweiterter Weise zu unterstellen.

Dies wird möglich, wenn man die handlungstheoretische Reflexion von vornherein so anlegt, dass ihre Ergänzung durch eine systemtheoretische Erfassung der technisch-funktionalen Aspekte des Handelns vorgesehen und im Gesamterklärungszusammenhang theoretisch lokalisiert ist. Genau an dieser Stelle befindet sich nämlich der logische Anwendungsbereich systemtheoretischer Analyse: Die 'technische' Durchleuchtung der Organisation kann offenlegen, welche strukturellen und prozessualen Bestandserhaltungsphänomene in welcher Weise und mit welchen Auswirkungen veränderbar sind. Sie kann dadurch erweisen, welche Ressourcen verlagert, welche Informationsflüsse verbessert, welche strukturelle Einschränkungen gelockert (oder verstärkt) werden können. Sie kann schließlich zeigen, welche Eigendynamiken wirken und damit erkennen helfen, inwieweit diese auf 'gewollte', 'passierte' oder strategisch 'eingerichtete' Verselbständigungen von Handlungsabläufen zurückgehen. Damit wären beispielsweise *bestimmte* Machtverteilungen, bürokratische Prozeduren, Gratifikationsmodelle, Entscheidungsprioritäten, automatisierte Handlungsmuster etc. als tatsächlich veränderbare Größen offengelegt, die den Intentionen der Teilhabenden angepasst werden können und zwar genau bis zu jenem Ausmaß, in dem sich durch eine weitere Veränderung die (von den Teilhabern angestrebte) Effektivität aus 'technischen' Gründen nicht mehr weiter steigern lässt.

Das Denkmodell lässt sich auch auf den Schulunterricht umlegen. Auch im Bereich des didaktischen Handelns bildet Zweckrationaliät keine affirmative Verirrung. Zwar halte es für außerordentlich plausibel (und es entspricht i.b. dem dargestellten dynamisch-teleologischen Verständnis von Handlungen), dass Krüger/Lersch im Zuge ihrer Argumentation darauf hinweisen, dass es unzureichend ist, wenn didaktische Modelle einem (ich würde hier sagen: naiv-) zweckrationalen Ansatz folgend, sich die Planung von Unterricht so vorstellen, als könne man in einem *ersten* Schritt den Unterricht planen und dann in einem *zweiten* plangemäß durchführen, insbesondere etwa die "Faktoren gesellschaftlicher Wirklichkeit ... in den Unterrichtsplanungskonzepten lediglich im Zuge einer vorgängigen 'Bedingungsanalyse' als Rahmenbedingungen für die Bearbeitung der ansonsten zentralen unterrichtstheoretischen Kategorien" (1993/80) berücksichtigen. Eine pädagogisch sinnvolle und gleichzeitig pragmatisch erfolgversprechende Alternative zu einem solchen 'technokratischen' Verständnis von Zweckrationalität wird aber dennoch ohne zweckrationale Erwägungen nicht zu entwerfen sein. So wäre auch eine 'offene' Unterrichtsgestaltung, die all das, was die Schülerinnen und Schüler in den Unterricht 'mitbringen' als ein Element der durchgängigen Steuerung der unterrichtlichen Handlungsvollzüge anerkennt (anstatt sie als vorab zu berücksichtigende Ausgangsbedingungen 'einzufrieren'), immer noch darauf angewiesen, sich vor dem pädagogischen *Zweck* der Beförderung der selbstbestimmten Handlungsfähigkeit der Lernenden zu rechtfertigen.

II.

Der Projektunterricht hat in seiner bisherigen Geschichte höchst unterschiedliche Auslegungen erfahren.[195] Betrachten wir die Fülle der in der einschlägigen Literatur vorfindlichen Zuschreibungen (vgl. etwa die Übersichten bei Frey 1982/13, Gudjohns 1986/15ff, Otto 1977/152f, Petri 1991/15ff, Pütt 1982/37f) zunächst als mehr oder minder stringent aufeinander bezogene Orientierungsmarken einer pädagogischen Intuition, die von einem gemeinsamen Anliegen inspiriert ist, so können wir dieses in etwa so zusammenfassen: Projektunterricht soll die Organisation offener, kollektiver, interdisziplinär auf praktische und gesellschaftskritische Ziele bezogener, an Lebenswelt und Bedürfnissen der Lernenden orientierter, ganzheitlicher, forschender Lernprozesse ermöglichen. Zweitens können wir in Ansehung der einschlägigen Literatur festhalten, dass dieses Globalprogramm in den meisten Fällen als eine Art *Gegenentwurf* zu (fallweise dezidiert kritisierten) herkömmlichen Unterrichtsformen (v.a. des traditionellen 'Präsentationsunterrichts') verstanden wird. Projektunterricht soll also bestimmte didaktische Probleme, die dort als nicht oder nur unzureichend lösbar angesehen werden, einer Lösung zuführen. Unterschiedlich wird beurteilt, ob die Projektmethode bloß eine notwendige Ergänzung zum Präsentationsunterricht darstellt oder ob angestrebt wird, diesen durch jenen gänzlich zu ersetzen.

Betrachtet man derlei Versuche, den Begriff 'Projektunterricht' zu definieren, so lässt sich bei vielen Autoren eine Tendenz der Begriffsbestimmung identifizieren, die man als 'fundamentalistisch' bezeichnen könnte.[196] Sie zielt darauf ab, Projektunterricht so zu verstehen, dass er als die - in jedem Aspekt - sinnvollere, ertragreichere, motivationsbegünstigendere Alternative zu herkömmlichen Unterrichtsmethoden erscheint. So wurde Projektunterricht nicht immer gesehen. Die ersten Versuche einer Begriffsdefinition zu Beginn dieses Jahrhunderts beschränkten sich auf einen eher pragmatischen Horizont. (vgl. etwa Pütt 182/16) Als 'Projekt' wurde hier zunächst eine Organisationsform des Lernens verstanden, bei der eine abgegrenzte Aufgabe in sukzessiver Auseinandersetzung mit dem Problem unter Einsatz bereits erworbener Fähigkeiten und unter Generierung neuer Lernerfahrungen gelöst werden musste. (vgl. Bossing 1942/114f) Weitergehende Fragen wurden nicht aufgeworfen, eine grundsätzliche Neuorientierung etwa der 'Machtverhältnisse' im Lehrer/Schüler-Verhältnis war nicht Gegenstand der Auseinandersetzung.

Eine prinzipielle Neuorientierung der Projektdiskussion bewirkte Kilpatrick, der den Projektbegriff von der 'praktischen' Tätigkeit löste und auch auf die selbstorganisierte Bewältigung 'theoretischer' Aufgabenstellungen ausdehnte. Vor allem aber verstand Kilpatrick als Projekt "jedes von einer Absicht geleitete Sammeln von Erfahrungen, jedes zweckgerichtete Handeln, bei dem die beherrschende Absicht als innerer Antrieb (1.) das Ziel der Handlung bestimmt, (2.) ihren Ablauf ordnet und (3.) ihren Motiven Kraft verleiht". (Kilpatrick bei Bossing 1942/117) Kurzgefasst formulierte Kilpatrick dieses Programm im "Begriff des planvollen Handelns aus ganzem Herzen, das in einer sozialen Umgebung stattfindet". (1935/162) Mit dieser Entscheidung ging ein relevantes Definitionskriterium verloren: die 'praktische Tätigkeit'. Die Aufhebung dieser Eingrenzung lag jedoch durchaus im Sinne ihres Urhebers: Kilpatrick wollte 'Projekt' nicht als unterrichtsmethodischen Begriff verstanden wissen, sondern als Zentralkategorie einer allgemeineren pädagogischen Theorie. "Unter 'Projekt' wird nach dieser Auffassung in erster Linie ein 'Lebensstil' verstanden, eine bestimmte 'Philosophie der Erziehung' und erst in zweiter Linie der Weg, die Methode, durch die man zu diesem Lebensstil gelangt." (Dietrich 1977/140)

Pütt bringt den Kern dieser Wende so zum Ausdruck: "Das Projekt im Sinne Kilpatricks als herzhaftes planvolles Tun in einer sozialen Umgebung versteht sich als Alternative zum schulischen Zwangslernen, bei der die Bedürfnisse und Interessen der Schüler (child-centered curriculum) im Vordergrund stehen." (1982/22) An die Stelle einer klar überschaubaren *methodischen* Abgrenzung (etwa gegenüber der sog. 'Problemmethode', ggü. dem 'Gesamtunterricht' etc.) tritt eine *allgemein-pädagogische* Standortbestimmung. So stellt Kilpatrick seine Motivationstheorie ins Zentrum seiner Argumentation um den Projektbegriff: "Aus ganzem Herzen gewolltes, von einer Absicht erfülltes Handeln, das sich in einer sozialen Umgebung vollzieht, oder kürzer, im Hinblick auf das einheitliche Element solcher Tätigkeit, als ernsthaftes absichtsvolles Tun. Gerade auf dieses absichtsvolle Handeln, mit der Betonung auf dem Wort Absicht, wende ich den Ausdruck 'Projekt' an." (Kilpatrick bei Bossing 1942/17) Ins Zentrum der Argumentation rückt hier also das individuelle Lernbedürfnis[197] des Lernenden. Bossing kritisiert (1942) die neue Auffassung von Projektunterricht so: "Auf diese Weise würde die Betonung automatisch vom Praktischen und Greifbaren verlagert werden allein auf das *Verfolgen einer Absicht*, auf die aus dem Innern stammenden und von da aus wirkenden *Beweggründe*." (1942/117f, Hvh. von mir) Der von Bossing zitierte Monroe hebt diesen Aspekt noch einmal deutlich hervor: "Die Projektmethode zeigt einen völlig anderen Weg, den Schüler zum Lernen zu ermuntern. Er bekommt *keine Anweisungen*. Statt dessen aber bekommt er *Gelegenheit* und wird ermutigt, *das zu tun, was er tun möchte*." (bei Bossing 1942/118, Hvh. von mir)

Diese Auffassung beruht im Kern auf einer Sichtweise, wie sie dem Institutions-Organisations-Modell von Krüger/Lersch zugrundeliegt: Fragen der *Motivation und Sinngebung* des Lernens und seiner *operativen Umsetzung* werden hier nicht als selbständige und bloß aufeinander *zu beziehende* Angelegenheiten behandelt, sondern die operativen Anordnungen werden von vornherein mit normativen Festlegungen *identifiziert*. So wird 'Selbstbestimmung' ineins gesetzt mit der Methode des 'Projekts' (wie 'Sinn' mit 'Institution' bei Krüger/Lersch) und einem 'traditionellen' Unterricht (definiert durch die operativen Merkmale des 'Vortragens' von Unterrichtsinhalten), der jedenfalls als 'fremdbestimmt' und insofern als 'unpädagogisch' anzusehen sei, gegenübergestellt (analog zur Gleichsetzung von 'Entfremdung' und 'Organisation' bei Krüger/Lersch). Damit gerät *eine* methodische Variante des Unterrichts, die sich für bestimmte Aufgaben eignet und für andere nicht, zur Verkörperung eines subjektfreundlichen 'Lebensstiles' um dessentwillen alle anderen Varianten zurückgedrängt werden müssen. Dass mit einer anderen Konzeption eine produktivere Entwicklungsperspektive zu gewinnen ist, werde ich im nächsten Abschnitt zu zeigen versuchen.

Um dabei an die dargestellte Projekt-Diskussion anknüpfen zu können, muss ich zuvor noch einige Grundprobleme des Unterrichts (vor allem das von der 'fundamentalistischen Projekt-Konzeption so energisch in der Vordergrund gerückte Motivationsproblem) unter handlungstheoretischen Gesichtspunkten reinterpretieren. Dazu fasse ich zunächst zusammen, was ich in meiner bisherigen Darstellung schon mehrfach indirekt als Grundlage meiner Argumentation vorausgesetzt habe: Sofern die menschliche Gattungstätigkeit mit dem Handlungsbegriff sinnvoll gefasst ist, muss auch das in der Schule intendierte Lernen als das Vollziehen von prinzipiell bewusst und intentional gesteuerten *Lernhandlungen* begriffen werden. Lernen bildet unter diesem Gesichtspunkt nichts anderes als den Erwerb der Fähigkeit, die 'Erfahrungshaltigkeit' der Welt für je eigene Handlungszwecke (i.w.S.) zu nutzen. Dabei weiß der Lernende prinzipiell um sein Noch-nicht-Können und vollzieht sein Lernen *absichtsvoll* und mit dem *Ziel* des späteren *Könnens* des vorläufig Noch-nicht-Gekonnten. (Diese Annahme schließt nicht aus, dass Lernen von bewusstseinsfernen automatisierten Prozessen begleitet und unterstützt wird.) Frank Dulisch hat in diesem Sinne unter Berufung auf Stratenwerth (1983/84) zwischen der *Lernhandlung* und einer von ihr unterscheidbaren *Bezugshandlung*, zu der "der Lerner sich im Rahmen der Lerntätigkeit befähigen will" (1986/151), unterschieden.

Damit erweisen sich Lernprozesse - wie jede Handlung - als abhängig von ihnen zugrundeliegenden subjektiven *Motiven*. Solche können sich ergeben aus einer je spezifischen Konstellation individueller *Entfaltungsbedürfnisse* auf Seiten des lernenden Indivdiuums, diesen entgegenhaltenden *Widerständigkeiten* auf Seiten seiner aktuellen Handlungssituation und kultureller 'vergegenständlichter' *Bedeutungskomplexe* auf Seiten der übergreifenden gesellschaftlichen Lebensumwelt des Lernenden, die eine lernende Überwindung der Widerständigkeiten erwartbar machen.[198] Lernmotivation kann sich vor diesem Hintergrund dann dort ergeben, wo "angesichts einer bestimmten Lernproblematik der innere *Zusammenhang zwischen lernendem Weltaufschluss, Verfügungserweiterung und erhöhter Lebensqualität* unmittelbar zu erfahren bzw. zu antizipieren" ist. (Holzkamp 1993/190) Wenn also Lernhandlungen zustande kommen sollen, setzt dies einen spezifischen *Handlungszusammenhang* voraus, der durch seine Merkmale dem Lernen Sinn und Orientierung verleiht (etwa als 'Perspektive' i.S.v. Auernheimer 1979).

In Alltagszusammenhängen können sich Lernmotive im Kontinuum der Handlungsvollzüge ergeben, in das je nach Kompetenzen und Inanspruchnahme der Beteiligten auftretende und zu bewältigende Lernproblematiken 'natürlich' eingelagert sind. In der Institution Schule gestaltet sich das Problem der Sinngebung des Lernens erheblich komplizierter. Die Schule bildet eine gesellschaftliche Einrichtung, in welcher Erziehungs-/Bildungsprozesse kontrolliert und planmäßig 'erzeugt' werden sollen. Die Transformation 'lebensweltlicher' pädagogischer Vorgänge, die sich aus den Notwendigkeiten der Kooperation Erwachsener und Heranwachsender ergeben, in eine verbindlich definierte 'Lernformation' (Schulze 1980/116), in der das Lernen von den alltäglichen Handlungskontexten der Lernenden abgeschnitten ist, spitzt die Motivationsproblematik in systematischer Weise zu und wirft das Problem auf, *auf welche Motive sich das Lernen der Schülerinnen und Schüler stützen kann.*

Eine erste prinzipielle Möglichkeit besteht darin, das Lernen an außerschulische Handlungszusammenhänge anzubinden. Sie ist jedoch mit der Einschränkung behaftet, dass sie aufgrund der Beschränktheiten des 'Lebensalltags' der Lernenden zumeist einer pragmatistischen Verflachung der Lernprozesse Vorschub leistet (Stichwort 'Fahrrad reparieren'). Eine zweite prinzipiell mögliche

Strategie besteht darin, im Rahmen des Schulunterrichts einen eigenständigen Handlungskontext zu etablieren. Holzkamp hat unter Verweis auf die Untersuchungen von Gene Lave (etwa 1988) herausgearbeitet, dass die Organisation anspruchsvoller schulischer Lernprozesse nur erfolgreich sein kann, wenn ihre motivationale Orientierung nicht 'irgendwo draußen' stattfinde, sondern im Schulunterricht selbst. (vgl. 1991a/17) Eine dritte Möglichkeit besteht darin, dass den Lernenden Lernen zunächst ohne gegenstandbezogenen Motivationsbezug 'zugemutet' und die intendierte Anpassung an diese Zumutungen durch Sanktionen gestützt wird, deren Vermeidung damit zu einer Art 'sekundärem' Motiv werden. Im Sinne dieser Unterscheidung werde ich im weiteren die Begriffspaare 'handlungsorientierter' (Varianten 1 und 2) vs. 'anpassungsorientierter Unterricht' (Variante 3) bzw. analog dazu 'selbstbestimmtes vs. fremdbestimmtes Lernen' verwenden und damit ausdrücken, in welcher Weise die skizzierten Voraussetzungen für den Vollzug schulischer Lernhandlungen erfüllt sind.[199]

Anpassungsorientierter Unterricht und das in ihm vorgesehene fremdbestimmte Lernen bergen einige bedeutsame Implikationen, die sich der handlungstheoretischen Betrachtung unabweisbar ergeben: In einer zwangsförmig arrangierten Lernsituation wird der Vollzug der Lernaktivitäten von *gegenstandsfremden* Gesichtspunkten strukturiert, da die Lernmotive die Aneignungsaktivitäten nicht an der Zweckhaftigkeit des Lerngegenstandes entlang führen (die - wie gezeigt - den genetischen Schlüssel für sein 'Verstehen' bilden), sondern sie diesen von den zu vermeidenden Sanktionen her ansteuern lassen[200]. Auf diese Weise wird der Prozess der Aneignung des Sinngehaltes der Lerngegenstände eher torpediert als unterstützt. Überdies 'beschädigt' die häufige Erfahrung solcher Arrangements auch potentiell handlungsorientierte Unterrichtssituationen: Wer Lernen aufgrund eigener Erfahrung überwiegend im Kontext zwangsförmig exekutierter Zumutungen verortet, wird auf offensichtliche Zweckdienlichkeit jedes einzelnen Lernschrittes bestehen und damit schlichten aber eben in Hinblick auf ihren 'Nutzeffekt' überschaubaren Problemstellungen den Vorzug geben.

Es ist offensichtlich, dass die Schule in den meisten Fällen eine widersprüchliche Kombination der genannten drei Handlungskontexte bietet. Dies ist darauf zurückzuführen, dass die Schule als Gesamtsystem auf eine Weise eingerichtet ist, die nicht nur und nicht einmal in erster Linie auf die pädagogische Förderung der ihr anvertrauten Heranwachsenden hinwirken, sondern zugleich und dominant einen kontrollierenden Zugriff gesellschaftlicher Instanzen auf diese bewirken soll. Im Gegensatz zum Konzept von Krüger/Lersch unterstelle ich hier nicht die Unvereinbarkeit von Zweckrationalität und kommunikativer Legitimation *an sich*, sondern einen prinzipiellen Widerspruch zwischen einem vereinseitigenden instrumentalisierenden und einem kommunikativ auf verallgemeinerte Bedürfnisse abgestimmten *Einsatz von* Zweckrationalität, der auf je spezifischen intentionalen Vorentscheidungen beruht.[201]

In einer frühen und weitsichtigen Form wurden diese gegenläufigen Tendenzen in der klassischen Bildungstheorie als Widerspruchsverhältnis von Bildung und Ausbildung gefasst. (vgl. etwa im Überblick: Blankertz 1982/95ff) Zu relativieren wäre daran allerdings, dass auf der Grundlage meiner bisherigen Darstellung durchaus auch Ausbildungsprozesse in der 'Unterstützungsperspektive' konzipiert werden könnten.[202] Treffend hat Habermas die Institution Schule als befangen im Widerspruch von 'System und Lebenswelt' beschrieben (1981b/540ff) Mit diesem Denkmodell lässt sich die 'parapädagogische' (Fischer 1978) Verfasstheit der Schule handlungstheoretisch plausibel begründen.

In 'beobachtender' Perspektive wurden demgegenüber die strukturell verankerten Mechanismen schulischer Erziehung als 'Funktionen' beschrieben, etwa als 'Qualifikations-', 'Selektions-' und 'Legitimationsfunktion' (so etwa bei Fend 1981/19ff). Naheliegenderweise wird durch funktionalistische Beschreibungen, da vom 'Drittstandpunkt' aus entwickelt, der zentrale Widerspruch zwischen Bildungs- und Formierungsprozessen nicht angesprochen.[203] Allerdings lassen sich diese 'Funktionen' in einem nachfolgenden Analyseschritt von einem verallgemeinerten Subjektstandpunkt aus natürlich auch wieder 'kritisch' referieren. (Vgl. etwa Auernheimer 1980/46ff)

Diese Ausgangslage der Institution/Organisation Schule definiert die didaktischen Handlungsbedingungen. Holzkamp hat die aporetische Anlage des Versuches, auf die Entwicklung menschlicher Subjekte gleichzeitig unterstützend und formierend Einfluss zu nehmen, unter dem Titel der 'Fiktion administrativer Planbarkeit schulischer Lernprozesse' (1992) abgehandelt. Diese bringt mit sich, dass in der Schule einerseits die weiter oben aufgewiesenen Elemente der pädagogischen Optimierung von Lernbedingungen immer in einem gewissen Ausmaß realisiert werden müssen (sonst würde die Schule nichts zum Lernen beitragen, was die 'Lebenswelt' der Heranwachsenden nicht auch leisten könnte), andererseits diese Unterstützungsleistungen aber zugleich in sich wieder zurückgenommen, 'gebrochen', 'verdreht' und in kontradiktorische Funktionsdynamiken gedrängt, also 'paradoxiert' werden.

Unter diesen Voraussetzungen sind Lehrerinnen und Lehrer vor eine schwierige Aufgabe gestellt: Sie sind gezwungen, zwischen zwei unvereinbaren Anforderungstendenzen einen 'Kompromiss' zu schließen, den sie mit einer partiellen Außerkraftsetzung ihrer Unterstützungsfunktion und den damit verbundenen Reaktanzerscheinungen auf Seiten der Lernenden bezahlen müssen. Dieser Widerspruch zwischen einer 'handlungs-' und 'anpassungsorientierten' Unterrichtsgestaltung (damit: zwischen selbst- und fremdbestimmtem Lernen) lässt sich jedoch von der bloß operativen Frage des Einsatzes unterschiedlicher Unterrichtsmethoden (etwa: Präsentations- vs. Projektmethode) ablösen, wie ich nun im folgenden näher darstellen möchte.

III.

Ich habe in Kap. 1.3.c vier Prozesstypen des handlungsregulierenden Denkens dargestellt, die sich jeweils *diskursiver* und *praktischer* Formen von Verallgemeinerungen bedienen. An dieses Denkmodell will ich hier anschließen und vorschlagen, Projektunterricht als eine didaktische Konstellation zu verstehen, bei der die Dimension des *Lernens im Medium pragmatischer Begriffe* im Vordergrund steht. Dieses auf Komplettierung und Vernetzung der diskursiv entwickelten Orientierungen mit realen Handlungsbedingungen ausgerichtete *synthetisierende Lernen* betrachte ich als den theoretisch am besten begründbaren Angelpunkt der üblichen Zuschreibungen an die Projektmethode.

Mittels pragmatischer Begriffe werden die diskursiv gewonnenen Einsichten zu vollständigen Handlungsmodellen verschmolzen. Dies bedeutet zunächst, dass die Bearbeitung der Problemstellungen eine Art 'natürlicher Grenze' besitzt, nämlich genau dort, wo das praktische Handeln in ausreichender Weise faktisch möglich geworden ist. Zwar kann auch nach dem Erreichen dieser Grenze immer noch 'geübt' und 'perfektioniert' werden, *die Problemstellung* darf dann aber dennoch als zumindest *prinzipiell bewältigt* betrachtet werden. Binden wir Unterricht also an synthetisierendes Lernen, so ergibt sich eine Verlaufslogik, die den Begriff des 'Projekts' als Arbeit an der Bewältigung eines je *abgegrenzten Vorhabens* tatsächlich angemessen erscheinen lässt.

Ganz anders verhält es sich mit einem Unterricht, der *analysierendes* Lernen (also Lernen im Medium diskursiver Begriffe) organisieren möchte. Ich habe die Qualität theoretischer Begriffe dergestalt benannt, dass mit ihrer Hilfe aus einem Problembestand bestimmte Detailaspekte abstrahierend-verallgemeinernd herausgelöst und unbegrenzt vertiefend und erweiternd reflektiert werden können. Ein Unterricht, der hauptsächlich auf die Vermittlung/Aneignung *theoretischer* Begriffe orientiert ist, kann daher über weite Strecken so verfahren, dass Problemstellungen sukzessive aus einem größeren (etwa 'fachspezifischen') Zusammenhang herausfokussiert und durchgearbeitet werden. Dabei ergibt sich keinerlei sachlich 'zwingendes' Kriterium und keine 'natürliche' quantitative oder inhaltliche Beschränkung für die Auswahl der zu setzenden Schwerpunkte. Man wird sich auf die Beschäftigung mit Themen konzentrieren, die dem Lehrenden und den Lernenden unter bestimmten Gesichtspunkten 'fundamental', 'interessant', oder 'wichtig' vorkommen und die im Rahmen der vorhandenen Unterrichtszeit untergebracht werden können.

Dieses analysierende Lernen, das auf einer selektiven Zuwendung zu isolierten Problemaspekten beruht, wird nun in seinem Kern durchaus nicht beeinträchtigt, wenn die operative Leitung der Auseinandersetzung mit diesen Aspekten an einen Lehrenden delegiert wird, der etwa im Rahmen einer Lehrpräsentation ein bestimmtes Thema so präsentiert, dass seine Zuhörer nur noch die 'Aufnahme' des Vorgetragenen leisten müssen. Ganz im Gegenteil: Eine solche Außenführung der Lernenden ermöglicht es dem Lehrenden in gewisser Weise erst, in planvoller Weise den Gedankengang selektiv auf bestimmte (ihm aus bestimmten Gründen sinnvoll erscheinende) Aspekte des untersuchten Gegenstandes zu lenken. Gleichzeitig entledigt er seine Zuhörer aller weiterer (möglicherweise ablenkender) Organisationsleistungen und macht sie dadurch frei für die Konzentration auf die intensive Beschäftigung mit einem bestimmten theoretischen Akt. Unterricht, der hauptsächlich auf analysierendes Lernen aufbaut, wird daher häufig zum Mittel 'gelenkter' Lernsequenzen greifen.

Im Gegensatz dazu besteht der Prozess synthetisierenden Lernens darin, jenes Wissen und jene Fähigkeiten auszubilden, die praktisches Handeln in Umsetzung diskursiv gewonnener Orientierungen ermöglichen. Hier steht dann die Erfassung der mannigfachen Eigenheiten des zu bewältigenden Wirklichkeitsbereichs in ihrer konkreten handlungsbestimmenden Totalität im Vordergrund. Ziel und zugleich Prüfkriterium muss daher das selbständige Handeln sein. Zwar ist auch hier Lenkung von außen prinzipiell möglich: So kann ich mich etwa während einer Lern- oder Übungsphase auf den bloßen Nachvollzug eines zu Vermittlungszwecken 'demonstrierten' oder 'vorbeschlossenen' Ereignisverlaufs konzentrieren bzw. ihn (mit-)handelnd (mit-)vollziehen. Das Ziel des synthetisierenden Lernens ist jedoch das eigenständige Beherrschen der kompletten Handlungssequenz. Jede Außenlenkung, die zum Erwerb der Kompetenz der eigenständigen Verwaltung der operativen Funktionen zunächst als eine Art 'Einschulung in die Verfahrenslogik' benötigt wird (vergleichbar etwa dem Fahren-Lernen in der Fahrschule), muss also sukzessive abgebaut werden. Im Endergebnis wäre ja jede nicht zurückgenommene Außenlenkung gleichbedeutend mit dem Risiko, gerade jene Aspekte der handlungsermöglichenden praktischen Erkenntnis nicht oder mangelhaft 'übertragen' zu haben, die durch die Außenlenkung 'einspringend' wahrgenommen werden. Synthetisierend zu lernen bedeutet also nicht nur, die Fähigkeit aufzubauen, sich im jeweiligen Gegenstandsbereich eigenständig zu bewegen, sondern auch, dass der Prozess der *Aneignung* dieser Fähigkeit ohne äußere Lenkung auskommen muss.

Es mag auf den ersten Blick befremdlich erscheinen, dass ich hier gerade dem analytischen Denken, dem doch gemeinhin (und zurecht) Funktionen wie Kritik und selbständige Urteilsfähigkeit zugeordnet werden, zubillige, ohne substanziellen Schaden von einer Außeninstanz 'gelenkt' werden zu können. Ich möchte hervorheben, dass sich diese Behauptung natürlich nur unter *operativen Gesichtspunkten* rechtfertigen lässt. Tatsächlich wohnt der Aneignung theoretischer Gedankengänge immer das (operative) Moment der Außenlenkung inne: Der Nachvollzug einer bestimmten diskursiv vollzogenen Abstraktion (sei es bei der Lektüre eines wissenschaftlichen Texts, im Rahmen eines Vortrags oder etwa auch beim Betrachten eines Kunstwerks) nötigt mich in jedem Falle, (zunächst) von meinen eigenen Überlegungen abzusehen und entlang eines bereits (von einer anderen Person) artikulierten Gedankenganges *mit*zudenken, also meine Gedanken mindestens ein Stück weit von einer Außeninstanz *leiten* zu lassen[204]. Dies hat noch keineswegs etwas mit 'Fremd*bestimmung*' zu tun: Die Lenkung meiner Aufmerksamkeit und Denktätigkeit kann ich - gerade um der dadurch möglich werdenden intensiven Auseinandersetzung willen - aus eigenem Entschluss an eine andere Person übertragen. Meine Bereitschaft, mich auf diese Außenlenkung einzulassen, kann ich ja jederzeit wieder zurücknehmen und nach Abschluss der gelenkten Denkphase kann ich das Ergebnis meines Mitdenkens nach eigenen Kriterien beurteilen bzw. wieder in eigener Steuerung weiterdenken.

Meine Unterscheidung lässt nun ein Problem hervortreten, das im Kontext des herkömmlichen 'lehrerzentrierten' Unterrichts zumeist keine besondere Würdigung erfährt: Solange dort nämlich - etwa im Zeichen des sog. 'Frontalunterrichts' - ein Großteil der operativen Dimension des Lernens vom Lehrenden verwaltet wird, bleiben die auf der Seite des Lernenden vorauszusetzenden *methodischen* Fähigkeiten gering. Was nämlich einerseits als Unterstützung der lernenden Konzentration auf *Sachprobleme* (Fremdlenkung der Aufmerksamkeit auf 'Vorgedachtes') aufgefasst werden kann, kontinuiert andererseits eine spezifische Eliminierung von Lernproblematiken in Hinblick auf *Methodenprobleme.* Als Resultat einer Vereinseitigung analysierenden Lernens ergibt sich demnach notwendig *expandierendes Wissen* bei *retardierender Lern- und Handlungskompetenz*: Wissen steht bereit, kann aber in Ermangelung der Fähigkeit, seine Elemente in eine konsistente Handlungsorientierung einzufügen, nicht eingesetzt werden. Ohne synthetisierendes Lernen bleibt analytische Kompetenz jedoch nicht nur folgenlos, sondern zugleich zerfallsanfällig: Wissensbruchstücke, die nicht zur Gestaltung des eigenen Lebensprozesses verwendet werden können, geraten - durchaus 'vernünftigerweise' - schnell wieder in Vergessenheit.

Zur Lösung dieses Problems sehe ich folgende Möglichkeit: Das Ergänzungsverhältnis von analysierendem und synthetisierendem Lernen lässt sich nicht bloß auf die lernende Aneignung bestimmter *Gegenstandsbereiche* beziehen, sondern auch auf das Erlernen der *Verfahrensweisen*, derer sie sich bedienen kann. Oder anders ausgedrückt: Diese Verfahrensweisen können selbst zum 'Gegenstand' analysierenden und synthetisierenden Lernens werden. Für das von außen gelenkte Lernen sind hier naturgemäß weniger anspruchsvolle verfahrenstechnische Kenntnisse zu veranschlagen: Sich einen guten Vortrag anzuhören oder ein interessantes Buch zu lesen, setzt lediglich jene basalen 'skills' voraus, wie sie häufig unter Chiffren wie Intelligenz, Vorwissen oder Konzentrationsfähigkeit verwaltet werden. Selbständiges Lernen hingegen stellt von vornherein wesentlich höhere Ansprüche: Einen vollständigen Lernprozess selbst zu organisieren bedeutet, sowohl mit sich selbst (etwa: den eigenen Motivationen, Zielen, Schwächen, Defiziten etc.), mit dem Vorfeld des Gegenstandes (etwa: Ort, Eingrenzung, Zugangsstrategien etc.) als auch - sofern die Eroberung des Gegenstandes als arbeitsteiliger Gruppenprozess organisiert werden soll - mit anderen Personen koordiniert, effektiv und konfliktfrei zurande zu kommen. Selbständiges kollektives Lernen bildet daher ein Einsatzfeld für hochelaborierte methodische Verfahrensstrategien.

Von daher lässt sich die Zuordnung der Projektmethode zum synthetisierenden Lernen nun weiter präzisieren: Sie impliziert nicht nur 'praktisches' Lernen an einem ausgewählten Gegenstandsbereich, sondern zugleich den 'praktischen' Erwerb und die Anwendung jener verfahrenstechnischen Fähigkeiten, die dem Lernenden bzw. einer Lerngruppe die selbstgesteuerte 'vollständige' Durchführung von Lernprozessen gestatten.

Diese Problematik der lernenden Etablierung zweckdienlicher ('methodischer') Strategien der selbständigen Organisation und Durchführung komplexer Lernprozesse lässt sich unterscheiden von der Problematik der ('normativen') Bestimmung der Zwecke, Ziele, Inhalte, Bewertungen etc. der zu realisierenden Lernprozesse. Damit lassen sich die *durchführungs*relevanten *operativen* und die *motivational* relevanten *normativen* Problemstellungen des Unterrichts wieder als zwei unterscheidbare Dimensionen auseinanderlegen. Auf diese Weise lässt sich eine 'doppelte' Entwicklungsperspektive gewinnen, die über den traditionellen lehrerzentrierten Unterricht und seine motivationalen wie verfahrenstechnischen Beschränkungen hinausführt:

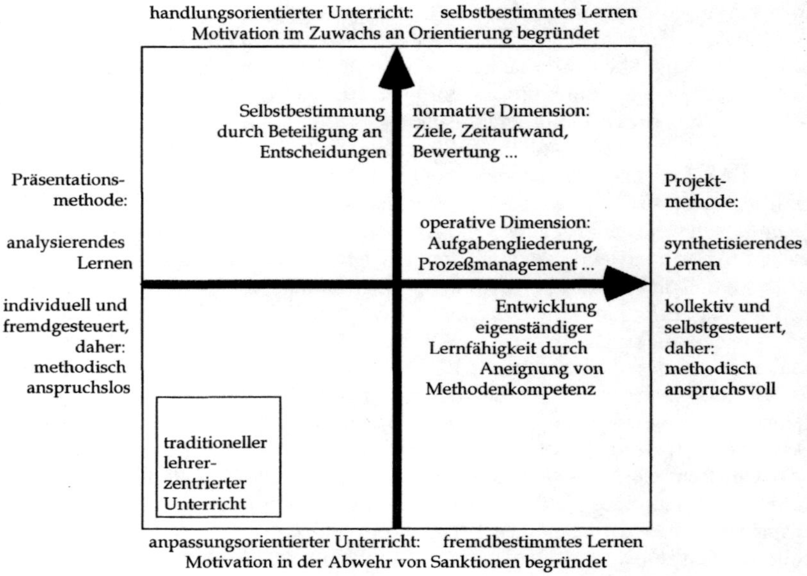

Abb. 15: Verhältnis Präsentationsmethode - Projektmethode im Spannungsfeld zweier unterschiedlicher Entwicklungsperspektiven (ausgehend vom traditionellen lehrerzentrierten Unterricht)

Ich habe in einem früheren Text (1994b/159ff) eine Reihe von operativen Organisationsleistungen untersucht, die bei der Anwendung der Projektmethode zu erbringen (bzw. bei der Annäherung an ihre entwickelte Form sukzessive zu erwerben) sind. Dabei habe ich in Auswertung der Ergebnisse einer empirischen Untersuchung von Unterrichtsprojekten sowie einschlägiger außerpädagogischer Handreichungen zu Durchführung von Projekten sechs Leistungen unterschieden, deren Bewältigung auf dem Weg vom fremdgesteuerten zum selbstgesteuerten Lernen gesichert werden muss. Ich referiere sie im folgenden mit teilweise veränderten Bezeichnungen, die ihren Charakter als *untergeordnet-operative* Leistungen, deren Rationalitätsansprüche nicht weiter als zum instrumentellen Horizont 'pragmatischer Begriffe' reichen, noch etwas deutlicher akzentuieren sollen. Sie bilden einen notwendigen Gegenstand des methodischen Lernens in Unterrichtsprojekten:

Aufgabengliederung: Zu Beginn eines Projekts muss die normativ festgelegte Ausrichtung der Kooperation in die Form von Teilaufgaben umgeformt werden, die von einzelnen Personen oder Gruppen in eigener Verantwortung, widerspruchsfrei und im Gesamtkontext sinnvoll lokalisiert durchgeführt werden können. Die Zerteilung des Prozesses kann nach Phasen, Ergebnissen und/oder Tätigkeiten vorgenommen werden. Sie impliziert eine funktionale Differenzierung der Lerngruppe in Hinblick auf die sachlichen Ansprüche des Lerngegenstand. Die operative Leistung der Aufgabengliederung ist erbracht, wenn sie den konkreten Weg von der Ziel*bestimmung* bis hin zur Ziel*erreichung* abgesteckt und in bewältigbare Etappen zerlegt hat.

Zeitplanung: Die erarbeitete Schrittfolge ist in einen zeitlichen Rahmen zu stellen. Bezugspunkt dafür ist die normative Festlegung des insgesamten zeitlichen Aufwandes, der für die Erreichung der angestrebten Ziele für angemessen erachtet wurde. Zeitplanung bedeutet daher die Bemessung von Zeitlimits für Teilschritte. Diese sind in ihrem jeweiligen tendenziellen Zeitbedarf gegeneinander abzuschätzen und festzulegen. Dabei wird 'Ausführlichkeit' und 'Gründlichkeit' definiert: Was zu lange dauert und angesichts der anderen Teilaufgaben nicht noch mehr Zeit beanspruchen darf, muss weggelassen werden. Die operative Aufgabe der Zeitplanung ist erfüllt, wenn die Teilschritte zeitlich so dimensioniert worden sind, dass sie ausreichend ergebnisfähig und zugleich innerhalb des vorgesehenen Gesamtaufwandes bleiben.

Aufgabenverteilung: Die einzelnen Aufgaben müssen nun bestimmten Personen oder Gruppen zugewiesen werden. Hier steht die Ausschöpfung bzw. Entwicklung von Ressourcen im Vordergrund: Wer etwas besonders gut kann und besonders gerne tut, wird sich unter dem Effizienzkriterium für eine Aufgabe empfehlen, wer es erst lernen muss, unter dem Gesichtspunkt seiner Förderung und wer sich scheut, bestimmte Aufgaben zu übernehmen, bringt vielleicht Misserfolgserfahrungen mit, die es ggf. zu lokalisieren und abzuarbeiten gilt. Alle diese Überlegungen lassen sich nicht nur auf 'sachliche', sondern auch auf 'persönliche' Problemstellungen (etwa: Freundschaftsbeziehungen, Kommunikationsstile, Konfliktbereitschaften etc.) beziehen. Die Aufgabenverteilung hat ihr Ziel erreicht, wenn sie zu einer zielgemäß handlungsbereiten und aufgabenangemessen koordinierten Arbeitsgruppe geführt hat.

Prozessmanagement: Kollektive Lernprozesse bedürfen auch einer funktionalen Differenzierung der Lerngruppe in Hinblick auf die 'technischen' Ansprüche der Arbeitsprozesse. So benötigt 'kollektives Denken' etwa eine funktionsteilige Vorgangsweise, bei der eine Person ('Moderator') dafür zuständig ist, für die zielbezogene Strukturierung, sachliche Fokussierung und zeitliche Kontrolle des Kommunikationsverlaufs zu sorgen, um damit die Konzentration der anderen Personen auf die thematischen Problemstellungen freizusetzen. Darüber hinaus lassen sich an einzelne Personen oder Teilgruppen unterschiedliche Kontroll- und Steuerungsaufgaben übertragen, die den Gesamtprozess funktionsfähig erhalten. Der operative Beitrag des Prozessmanagements besteht also darin, die Produktivität der personalen Leistungen durch den Einsatz geeigneter sozialer Verfahrenstechniken zielgemäß zu optimieren.

Orientierungsmanagement: Die Organisation der einzelnen Beiträge zum Gesamtgeschehen hängt auch davon ab, wie gut die beteiligten Personen jene auf dieses abstimmen können. Dazu benötigen sie zunächst Klarheit über den funktionalen Ort ihrer eigenen Arbeitsbeiträge und dann während des Arbeitsverlaufs ausreichend breite, kontinuierliche und aktuelle Informationen über den Stand der Gesamtentwicklung. Orientierungsmanagement bedeutet also, den einzelnen Beteiligten zu ermöglichen, ihre Tätigkeit zeitlich und inhaltlich an Vorgänge anzuschließen, die ihrer unmittelbaren Wahrnehmung im Verlauf ihrer Tätigkeit nicht zugänglich sind. Der operative Zweck des Orientierungsmanagements ist erreicht, wenn die Einzelbeiträge soweit koordiniert wurden, dass sie in den Gesamtprozess zielgemäß einfließen konnten.

Konfliktmanagement: An jedem Punkt eines Gruppenprozesses kann der Fall eintreten, dass sich Ambitionen, Konzepte oder persönliche Stile einzelner Beteiligter nicht vereinbaren lassen. Dann ist es im Interesse der gesamten Zielerreichung vonnöten, diese Unvereinbarkeiten so zu handhaben, dass sie den Gesamtprozess möglichst wenig tangieren. Dies wird im Rahmen eines Projekts in den seltensten Fällen durch eine zeitaufwendige 'Abarbeitung' des Konflikts möglich sein. Daher sind auch hier 'instrumentelle' Strategien erforderlich, die darauf hinauslaufen, möglichst schnell und aufwandsarm neue Kooperationsmöglichkeiten zu eröffnen. Konfliktmanagement war dann als operative Leistung erfolgreich, wenn die Irritation, Behinderung oder Stillstellung des Arbeitsprozesses abgewandt werden konnte.

Die genannten operativen Organisationsleistungen bilden zwar noch keine 'Methoden' der Gegenstandsaneignung im engeren Sinne, denn natürlich bleibt die alte Einsicht aufrecht, dass Methoden der *Annäherung an* eine Sache nie in *Absehung von* dieser Sache entwickelt werden können.[205] Solche Methoden enthalten jedoch - quasi als ihren 'operativen Kern' - gegenstandsunabhängige Verfahrensweisen oder 'Techniken', die unabhängig von ihrem jeweils themenangemessenen Einsatz verallgemeinert und erlernt werden können. Die dargestellten sechs Organisationsleistungen stellen eine solche Grundausstattung 'gegenstandunspezifischer Aneignungsfähigkeiten' dar, wie sie im Rahmen von Projekten quasi als Rückgrat der eigenständigen Lernaktivitäten benötigt werden. Bevor sie von den Lernenden auseichend beherrscht werden, müssen sie als eigenständige Lernaufgaben angesehen werden und systematisch und in geeigneten Schrittfolgen bearbeitet werden. Einmal angeeignet liefern sie die Basis für elaborierte Formen gegenstandsbezogener Lernprozesse.

Meine - analytische - Auseinanderlegung der normativen und der operativen Dimension des Lernens in Unterrichtskontexten soll nun keineswegs suggerieren, dass es zwischen beiden keinen Zusammenhang gibt. Ganz im Gegenteil: Operative Konstellationen haben ja - wie an mehreren Problemstellungen eingehend diskutiert - die Aufgabe, die Umsetzung normativer Entscheidungen zu befördern und dies verhält sich in Zusammenhang mit Lernprozessen nicht anders. Es bildet gerade das erste Hindernis für eine effektive Selbst*bestimmung* des Lernens, wenn nicht ausreichend verfahrenstechnische Kompetenz zur Verfügung steht, die normativen Ambitionen durch Selbst*organisation* praktisch umzusetzen. Damit eröffnet der Projektunterricht die Möglichkeit, die Vermittlung von Organisationskompetenzen zu einem Rückgrat der Etablierung von Selbstbestimmungsfähigkeit auszubilden.

Dies eröffnet aussichtsreiche Möglichkeiten, jenen Ansprüchen zu genügen, die unter Bildungsgesichtspunkten an die Organisation von Lernprozessen zu stellen sind (und die im weiter oben dargestellten 'fundamentalistischen' Projektkonzept sozusagen 'unvermittelt' angepeilt werden): Erst wenn eine ausreichende Unabhängigkeit von anleitenden und strukturierenden Außenhilfen bei der 'vollständigen' Bewältigung der (operativen Dimension der) Steuerung von Lernprozessen ausgebildet ist, liegen die notwendigen Bedingungen der Möglichkeit wirklich selbstbestimmten/handlungsorientierten Lernens vor. Die Verwirklichung jener hohen Ansprüche, mit denen die Anwendung der Projektmethode häufig mit kontraproduktiven Folgen belastet wird,[206] kann so realistischerweise als deren Ergebnis, (statt als ihre Implikation) behandelt werden.

Damit lässt sich an die Stelle utopischer Proklamationen die Beschreibung eines konkreten stufenförmigen Entwicklungsweges setzen, der vom lehrerzentrierten Unterricht tatsächlich zu selbstbestimmtem synthetisierendem Lernen hinführen kann[207]. Ein solcher Weg führt zunächst über eine *schrittweise* Zurücknahme von Fremdorganisation und Vermittlung von Organisationskompetenz. Dies ermöglicht dann eine ebensolche Zurücknahme von Fremdbestimmung, welche von den Lernenden auf der Grundlage ihrer steigenden einschlägigen Fähigkeiten durch koordiniertes eigenständiges Handeln bewältigt werden kann.

Ein solcher Entwicklungsweg lässt sich idealtypisch so darstellen:

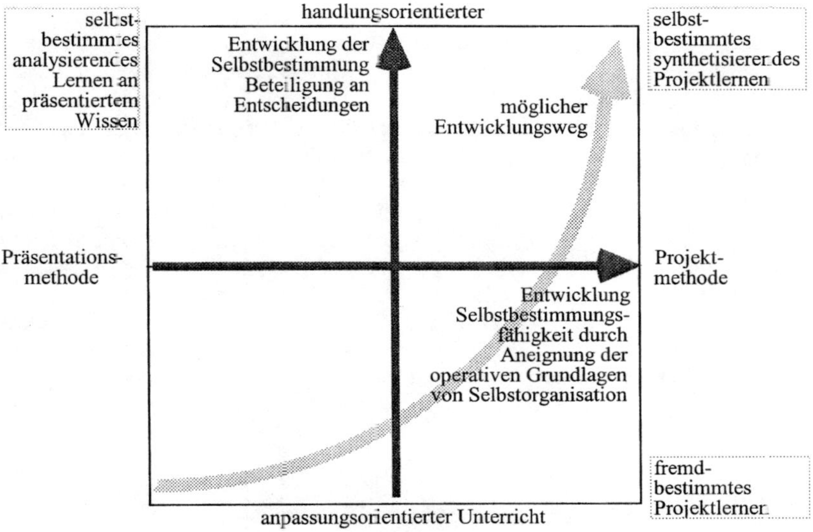

Abb. 16: Analytische Lokalisierung des Entwicklungsweges vom lehrerzentrierten Unterricht zum selbstbestimmten handlungsorientierten Projektlernen

Meine Darstellung soll durchaus nicht nahe legen, dass man - einem beliebten autoritären Lehrerspruch zufolge - im Unterricht 'zuerst einmal etwas lernen soll, um mitreden zu können'. Selbstverständlich ist es schon aus den ausführlich dargelegten motivationalen Überlegungen sinnvoll und notwendig, von allem Anfang an die Lernbedürfnisse der Schülerinnen und Schüler in die Planung und Durchführung von Unterrichtsprojekten so weitgehend wie möglich einzubinden. Die Skizze weist jedoch darauf hin, dass Selbstbestimmung, wenn sie nicht nur großzügig 'gewährt', sondern von den Lernenden auch selbst und in Alleinverantwortung 'durchgestanden' werden soll, anspruchsvoller Voraussetzungen bedarf. Und Didaktik wie Lehrende haben sich ihrer Verantwortung für die Vermittlung dieser Voraussetzungen zu stellen.

(2.2) Entwicklung, Erziehung und Systemprozess

Mit der zuletzt exemplarisch skizzierten handlungstheoretischen Entwicklungslinie ist das Repertoire erziehungswissenschaftlichen Denkens nicht ausgeschöpft. Individuelle oder gesellschaftliche Formierungsambitionen gegenüber Heranwachsenden haben zu allen Zeiten eine 'strategisch-instrumentelle' Herangehensweise an die Erziehung nahegelegt. Das Ansinnen, den konkreten Weg der Integration der Heranwachsenden in die soziale Welt nicht auf deren subjektive Bedürfnisse, sondern auf ihnen äußerliche vorgegebene Zwecksetzungen zu gründen, lässt einen 'verstehenden' Zugang zum Erziehungsproblem entbehrlich bzw. hinderlich erscheinen und bildet den Ausgangspunkt für die Herausbildung einer Erziehungstheorie in der Perspektive 'dritter Person'. (a) Einige ihrer fragwürdigen Grundannahmen finden sich auch in den systemtheoretischen Entwürfen zur Erziehung wieder. Dies zeige ich zunächst an älteren Positionen zur Fundierung von Unterricht (b) und dann an jüngeren systemtheoretischen Beiträgen zur Erörterung allgemeiner pädagogischer und erziehungssoziologischer Problemstellungen. (c) Dabei greife ich nur einige Diskussionsbeiträge exemplarisch auf, um zu belegen, dass funktionalistische Auffassungen nicht generell zurückgewiesen werden können, solange sie die logischen Grenzen ihres selbstgewählten Terrains nicht überschreiten, sondern dass es die von mir kritisierte Kontaminierung der Diskursformen erster und dritter Person ist, die jene pädagogisch fragwürdigen Konsequenzen nahe legt, die funktionalistischen Positionen traditionell zum Vorwurf gemacht werden.

(a) Der funktionalistische Zugang zur Pädagogik

Das Studium der 'objektiven' Voraussetzungen und Gesetzmäßigkeiten von erziehungsbegleiteter Entwicklung eröffnet Möglichkeiten der strategischen Einflussnahme auf die Heranwachsenden. Dabei werden deren biografische Verhaftetheiten, Sichtbeschränkungen, Gewohnheiten, Dogmatismen etc. als Angelpunkte technokratischer Formierung instrumentalisiert. Dies steht im Widerspruch zum emanzipatorischen Auftrag der Erziehung. Andererseits bleibt - auch aus handlungstheoretischer Sicht - Sozialisation unausweichlich. Pädagogisch ist ihr jedoch nicht durch strategische Indienstnahme zu begegnen, sondern durch Sichtbarmachung und Reflexion. Das Konzept einer Erziehungstheorie in der Perspektive 'dritter Person', das von technokratischen Positionen gerne in Anspruch genommen wird, erweist sich als brüchig und inkonsistent: Die eigenen kategorialen Ansprüche kappen notwendig den Bezug zu den Konstituenten des Gegenstandes. Eine der fatalen Folgen: Der amputierte Realitätsbezug öffnet die Konzepte mehr oder minder dubiosen gesellschaftlichen Verwendungszusammenhängen. Im Vordergrund meiner Darstellung steht die Kritik an den praktisch-strategischen (I) und theoretisch-funktionalistischen (II) Annahmen. Sie soll zeigen, dass diese Annahmen nicht in einem platten Sinne 'falsch' sind, sondern durch eine angemessene Beschränkung ihres Geltungsanspruches ihrer Verzerrungen entledigt und in eine insgesamt angemessene Orientierung integriert werden können.

I.

Die auch von Rousseau - wie gezeigt - ins Auge gefasste Idee der strategischen Formierung von Entwicklungsbedingungen lässt sich zunächst in praktischer Absicht zu einem eigenständigen technokratischen Problemzugang ausbauen. Als wegweisend für eine solche Herangehensweise an das Erziehungsproblem kann etwa John Locke angesehen werden, der 1684 das paradigmatische Konzept einer geradezu machiavellistischen Erziehungskonzeption formuliert. Er sieht bereits klar, dass das Verhalten der Heranwachsenden nicht bloß und nicht einmal in erster Linie von Anweisungen, Ermahnungen, Bestrafungen und sonstigen bewusst zu verarbeitenden Verweisen auf erwünschte Verhaltensweisen und Ordnungsprinzipien abhängig ist, sondern von Einrichtungen und Vorkehrungen, die gleichsam 'unsichtbar' bestimmte Verhaltensweisen nahe legen und andere schwierig oder unmöglich machen. Daher zählt es etwa zu seinen hervorragendsten Empfehlungen, durch Kontaktverhinderung eine 'Ansteckung' mit unerwünschten Handlungsvollzügen zu verhindern, bzw. durch 'Beispiel' erwünschte Verhaltensweisen zu vervielfachen. Als besonders erfolgversprechend erscheint ihm die Strategie der Einübung. Sie bewirke, "dass durch die Wiederholung einer Handlung so lange, bis sie zur Gewohnheit geworden ist, ihre Ausführung nicht vom Gedächtnis oder vom Nachdenken abhängt, den Gefährten der Klugheit und des Alters und nicht der Kindheit, sondern dass sie zur Natur wird." (1714/58) Dabei ist tunlichst zu vermeiden, dass diese Einübung dem Kind als solche zu Bewusstsein kommt:

> "Willfährigkeit und Fügsamkeit des Willens werden Kindern natürlich erscheinen, wenn sie von den Eltern mit stetiger Hand eingeführt worden sind, bevor das Gedächtnis des Kindes so weit entwickelt ist, dass es die Anfänge bewahrt; sie werden in ihnen als etwas Selbstverständliches wirken und jeden Anlass zu Widersetzlichkeit oder Murren verhindern." (ebd./45)

Es ist unschwer zu erkennen, dass Locke hier genau jene 'Verselbständigungen' einrichten möchte, die ich weiter oben als Automatismen dargestellt habe, welche sich 'durch die Subjekte hindurch' realisieren, weil ihr Durchschauen deren Reflexionsfähigkeit überfordert. Locke stellt offensichtlich in Rechnung, was ich als Logik des 'pragmatischen' und 'automatischen Prozesstypus' herausgearbeitet habe und versucht, durch das selektive Einschränken von Handlungsmöglichkeiten die Kinder auf strategisch erwünschte Optionen festzulegen, beispielsweise so:

"Das erste, was sie zu lernen hätten, wäre, dass sie nie etwas bekommen dürfen, weil es ihnen gefällt, sondern weil man es als für sie geeignet hält. ... Was ich meine ist dies: sobald sie nach etwas Verlangen tragen, was sie nicht haben oder tun sollten, weil es für sie ungeeignet ist, sollte es ihnen nicht gewährt werden, ... im Gegenteil, sie sollten wissen, dass man ihnen das, was sie aufdringlich verlangen, *gerade deshalb* abschlägt." (ebd./41, Hvh. hinzugefügt)

Auf diese Weise soll also der mehr oder minder bewusste 'Lerneffekt' entstehen, dass gerade das Äußern von Bedürfnissen nicht zu deren Erfüllung führt. Als Folge davon wird erhofft, dass man den Heranwachsenden dieses Äußern 'abgewöhnt'. Dies erinnert an eine von Rousseau eingeschlagene Strategie, die ich hier in Erinnerung rufen will, um eine einseitige Idealisierung der vorgeführten Protagonisten zu vermeiden[208]:

"Man darf sich nicht mit der Erziehung befassen, wenn man die Kinder nicht durch die beiden Gesetze des 'Möglichen' und des 'Unmöglichen' dorthin zu leiten versteht, wo man sie haben möchte. Da beide Bereiche dem Kind unbekannt sind, kann man sie nach Belieben einengen oder erweitern. Mit dem Band der Notwendigkeit bindet, treibt oder hält man es zurück, ohne dass es murrt. Die bloße Macht der Dinge macht es gefügig und folgsam." (Rousseau 1762/71)

Eine solche Herangehensweise impliziert die Tendenz, die subjektiven Ambitionen des Kindes nicht oder nur unter einschränkenden Gesichtspunkten zur Kenntnis zu nehmen. Im Vordergrund steht die Wahrnehmung von technisch handhabbaren Gesetzmäßigkeiten, wie sie dann später kybernetisch als Prinzip der selektiven Reduzierung von faktisch möglichen Anschlusshandlungen formuliert wird: Entweder wird Faktisches auf 'technische' Weise unproblematisierbar gehalten. (zB: Indem das Kind mit bestimmten Gegenständen gar nicht erst konfrontiert wird und daher nicht weiß, dass es sie gibt, kann es sie auch gar nicht 'wollen'.) Oder es werden operative 'Verselbständigungen' von Entscheidungsstrukturen und Handlungsabläufen strategisch eingerichtet. (zB: Indem das Kind regelmäßig daran gewöhnt wird, aufzustehen, wenn der Lehrer eintritt, vollzieht es dies dann 'automatisch', ohne über die Sinnhaftigkeit dieser Handlung nachzudenken.)

Welch abenteuerliche Folgen sich ergeben können, wenn sich Erziehungskonzeptionen in erster Linie auf die 'systemische' Formierung von Verhalten reduziert, lässt sich an einem weiteren Beispiel zeigen: Ernst Krieck, nach der faschistischen Machtübernahme in Deutschland einer der Leitfiguren der nationalsozialistischen Erziehungswissenschaft, räumt der 'funktionalen Erziehung' eine zentrale Stellung in seiner 'Erziehungsphilosophie' ein. Erziehung wird hier nicht als emanzipationsorientierte Unterstützung von Subjektivität gefasst, sondern als objektiv 'vor sich gehende' Einflussnahme: Der Erziehungsidee unterstehe "*jede* Wirkung von Mensch zu Mensch, welcher Ursache und Absicht sie immer entspringt, sofern sie nur eine Veränderung, Formung und Entwicklung in den Beteiligten hervorruft". (zit. bei Lingelbach/118) Ausdrücklich und ganz in diesem

Sinne hebt Krieck die Bedeutung der "großen Schichten *unbewusster* und *unbeabsichtigter* Erziehungswirkungen" hervor. Und so ist es nicht inkonsequent, wenn er in Auslotung der Möglichkeiten strategisch-erzieherischer Beeinflussung durch die Gestaltung eines entsprechenden formativen Ambientes dann etwa zu folgendem propagandistischen Credo gelangt:

> "Aus einem revolutionären Instinkt heraus arbeitet die nationalsozialistische Agitation vorwiegend nicht mit intellektuellen Beweisen und Argumenten, sondern mit der Urkraft des Rhythmus, der auf der Grenze alles Rationalen und Irrationalen beheimatet ist, und mit allem, was dem Rhythmus verwandt ist und seine erregende Kraft ausströmt. Der Sprechchor ist dieser Art und die ganze Kunst der Beherrschung, der Erregung und Lenkung von Massenversammlungen. Aus demselben Instinkt heraus arbeitet der Nationalsozialismus auch lieber mit dem Symbol und seiner eindringlichen Anschaubarkeit als mit dem rationalen Begriff: Hakenkreuz, Grußformen, Drittes Reich haben die unmittelbare, dem Unterirdischen verwandte Bewegungskraft alles Symbolischen." (Krieck zit. bei Gamm 103)

Die funktionalen Grundlagen einer 'formativen' Verfahrensweise lassen sich von einem Standpunkt 'dritter Person' aus konzeptualisieren (siehe nächster Abschnitt), indem in *beobachtender* Haltung verallgemeinert wird, welche Kombination objektiver Bedingungsfaktoren (empirisch gesehen) am wahrscheinlichsten dazu führt, dass nicht-erwünschtes Verhalten verunmöglicht bleibt. Die Ergebnisse einer solchen Verallgemeinerung können dann zur Konfiguration von Elementen einer strategischen Interaktion mit den Heranwachsenden verwendet werden. Aus pädagogischer Sicht (und damit, wie gezeigt, notwendigerweise in der Perspektive 'erster Person') hingegen werden ihre zweifelhaften Implikationen offensichtlich. Das der Reflexion entzogene oder doch zumindest ferngehaltene bloße *Verhindern* von (unerwünschtem) Verhalten impliziert nämlich zweierlei: Erstens bildet es schlicht eine gegenüber dem Betroffenen nicht ausgewiesene, diesen instrumentalisierende *Einschränkung seiner personalen Handlungsmöglichkeiten*, eine "kausale Nötigung" (Spranger 1962/68). Dies tangiert die *Bedingung der Möglichkeit pädagogischer Verständigung*: Indem eine 'manipulative' Formierung der Handlungssituation die Argumentationsimplikation einer authentischen Auskunft über die kooperationsbestimmenden Intentionen (salopp formuliert: ausreichender 'Ehrlichkeit') nicht erfüllt, blockiert sie die Entfaltung kommunikativer Rationalität und beschädigt damit die pädagogische Interaktionsbasis.[209] Zweitens läuft es auf die *Vorenthaltung von möglichen Bildungsprozessen* hinaus. Von einer Problemstellung systematisch ferngehalten zu werden, bedeutet ja, daran gehindert zu werden, ein eigenständiges begründetes Verhältnis zu ihr zu entwickeln. Damit ist auch beschlossen, dass sie mangels durchschrittener Lernerfahrungen in einem möglichen 'Ernstfall' wahrscheinlich auch nicht eigenständig bewältigt werden kann.

Eine unter diesem Gesichtspunkt 'pädagogischere' Strategie wäre es dann schon, vorgenommene Nötigungen/Behinderungen offen zu legen und argumentativ zu rechtfertigen. (Etwa: Ich habe dir den Sachverhalt x in der Situation y nicht mitgeteilt, weil ich angenommen habe, dass du damit nicht zurecht gekommen wärst.) Erweist sich eine solche Vorgangsweise für ihren Adressaten als plausibel, so kann er daran immerhin noch etwas lernen. Nämlich dass man in Notfällen argumentative Einigungsverfahren auch manchmal aufschieben muss und dass der Erzieher seine überlegene Position nicht in einer Weise ausgenützt hat, die ihn fortan unglaubwürdig macht.

Allerdings ist 'Sozialisation' - also bloße faktische Einfügung ohne reflexive Verarbeitung - ein Phänomen, das auch dann, wenn es nicht 'strategisch' erzeugt wurde, faktisch besteht und das Verhalten der Heranwachsenden beeinflusst.[210] Meine bisherige Darstellung der Eigenheiten des menschlichen Handelns macht ja u.a. offensichtlich, dass die 'systemische' Logik jener Vorgänge, in die jedes menschliche Handeln eingebettet ist und die es selbst als Tatsache zur Existenz bringen, immer bestimmte Anschlussmöglichkeiten definiert und bestimmte andere Möglichkeiten ausschließt, sowie dass diese Möglichkeitsbasis in Prozessen 'pragmatischer' Anpassung ausgelotet und angeeignet und in 'automatischen' Prozessvollzügen umgesetzt werden muss, ohne dass dies vom handelnden Individuum in allen Aspekten bewusst reflektiert werden kann. Erziehende haben demnach nicht die Möglichkeit, pädagogische Situationen zu schaffen, die jeder Sozialisation entbehren, sondern lediglich, sich zwischen Situationen zu entscheiden, die unterschiedliche Sozialisationswirkungen erwarten lassen. Die Kritik an 'strategischen' Interventionen etwa i.S.v. Locke kann also nicht darüber hinwegtäuschen, dass pädagogische Interaktion immer in Situationen vor sich geht, die in kleinerem oder größerem Ausmaß a) von den Erziehenden 'systemisch' gestaltet und b) von den Heranwachsenden nicht zur Gänze reflexiv erreichbar sind.

Solche systemischen Arrangements können aber auch um der Schaffung günstiger Entwicklungsbedingungen willen vorgenommen und anschließend 'pädagogisch gewendet' werden. Meine Darstellung sollte ja auch zeigen, dass die Möglichkeit besteht, diese Sozialisation dem reflektierenden Bewusstsein gegenüber offenzuhalten und ggf. einer intendierten Veränderung zugänglich zu machen. Genau darauf zielt eine in 'subjektiver' Perspektive konzipierte Idee der Bildung, welche damit also keinen unvermittelbaren Gegenpol zur Sozialisation darstellt, sondern quasi deren dialektische Aufhebung. Bildung kann nicht *an die Stelle* der Sozialisation treten, sie muss diese vielmehr als immer schon 'laufende' dem Subjekt sukzessive immer umfassender erschließbar machen und damit 'blind naturhafte' Wirkung in 'bewusst gehandhabte' Wirkung transformieren helfen.

Vom 'subjektiven' Standpunkt aus liegt der entscheidende Punkt bei der bewussten *Erfassung* und kritischen *Bewertung*. Geht man (etwa mit Giddens und Joas) davon aus, dass sich reflexive Prozesse ohnehin immer auf bereits laufendes Verhalten beziehen, so ist *zunächst* nur von Bedeutung, *dass* die Bedingungen des Handelns untersucht und einer rationalen Beurteilung erschlossen werden. Ob es sich dabei um 'natürlich' entstandene oder auf der Grundlage erzieherischer Überlegungen 'intentional' eingerichtete Bedingungen handelt, ist für die Handlungssituation nur von mittelbarer Relevanz. Zu einer (ggf. manipulativen) Entwicklungsbehinderung können sie im einen wie im anderen Fall erst dadurch werden, dass ihr 'faktisches' Wirken unreflektiert und damit ungebrochen bleibt.

Daher ist es notwendig, Absichten und Wirkungsüberlegungen vorangegangener oder aktueller situationsbestimmender 'Vorkehrungen' quasi 'rekonstruktiv einzuführen', der Kritik des Zu-Erziehenden anheimzustellen und in Auswertung dieser

Erfahrung weiterführende Situationsmodifikationen antizipativ zu reflektieren.[211] In diesem Falle nämlich kann der in einem argumentativen Verfahren als 'Unterstützung' der Lernbiografie des Lernenden auszuweisende Beitrag des Lehrenden hinterfragt und ggf. auch als 'überflüssig', 'behindernd', 'unverständlich', 'besserwisserisch' etc. zurückgewiesen bzw. in Hinblick auf die zugrundegelegte Unterstützungsabsicht korrigiert und verbessert werden. Dies ermöglicht nicht nur eine an den Intentionen der Lernenden orientierte Adaption der äußeren Eingriffe, sondern zugleich die reflexive Aneignung von 'Entwicklungswissen' durch die Lernenden. Damit ist ein wichtiges Prinzip pädagogischen Handelns markiert: Nur durch die Aneignung einer reflektierenden Haltung gegenüber der eigenen Entwicklung kann nämlich bei den Lernenden die Ausbildung der Fähigkeit unterstützt werden, in steigendem Ausmaß die eigenen Lernbedingungen selbst zu verändern und zu gestalten und damit den Bildungsprozess in Richtung auf 'selbständige Kontrolle über die eigene Entwicklung' voranzutreiben.

Eine solche Vorgangsweise bildet keinen Widerspruch zum pädagogischen Einsatz 'systemischer' Handlungsfiguren: Zwar ist davon auszugehen (und um der intendierten Folgewirkungen willen zu berücksichtigen), dass pädagogische Interventionen als Geltungsansprüche auftreten müssen und als solche der *freiwilligen einsichtigen Zustimmung* bedürfen. Dies bedeutet jedoch nicht, dass jeder einzelne *operative* Verfahrensschritt das Resultat einer vom Lernenden selbst getroffenen Entscheidung sein müsste. Wenn wir etwa lernen, über eine Sprunglatte zu springen, ohne sie zu berühren, so kann es durchaus hilfreich sein, wenn eine anwesende Sportlehrerin ohne jedesmalige Aufforderung durch uns, also nach einem rekursiven Prinzip, diese Latte immer wieder ein Stück höher legt, um uns mehr und mehr zu 'fordern'. Wir werden diese Interventionen allerdings nur dann als Unterstützung akzeptieren, wenn wir die letzte und in unserer Anstrengungsbereitschaft und Entwicklungsfähigkeit begründete Entscheidung darüber behalten, wie hoch die Latte letztlich gelegt wird. Strukturanalog aber komplexer wäre das Beispiel einer Psychotherapie, in die wir uns begeben und in deren Rahmen wir es geradezu als die gewünschte (und teuer bezahlte) Leistung ansehen, dass der Therapeut ein auf professionellem Niveau systemisch arrangiertes Setting einbringt, das uns ermöglicht, biografisch sedimentierte Problembestände neu zu begreifen und umzuordnen[212], das wir aber als operative Anordnung zunächst in keiner Weise 'durchschauen' können müssen. Auch hier ist lediglich vorausgesetzt, dass wir dem Verfahren insgesamt zustimmen und den Vorgang ggf. jederzeit - sofern wir ihn als nicht hilfreich erfahren - abbrechen können.[213]

Die gesamte dargestellte Problematik des Wechselspiels von sozialisierenden Anschlusszwängen und einsichtsbegründenden Argumentationen kann sowohl im Subjektdiskurs als auch im Systemdiskurs erörtert werden[214]. In handlungstheoretischer Sicht lässt sich dabei ein prinzipieller Unterschied identifizieren zwischen dem Prinzip der Erziehung durch *strategische Einrichtung bewusstseinsferner Systemzwänge*, mit dem Ziel einer *Einpassung* der Subjekte in *vorgegebene* soziale Strukturen[215] und jenem der Erziehung durch *Aufklärung über die systemischen Eigendynamiken von Situationsbedingungen*, mit dem Ziel einer tendenziellen

Aufhebung der Systemzwänge durch *rationale Reflexion* auf die Konstituenten eines *prinzipiell veränderbaren* sozialen Zusammenhangs.

II.

Aus strikt funktionalistischer Sicht lässt sich eine solche Unterscheidung nicht gewinnen, da sie in 'objektiven' Begriffen nicht formulierbar ist. In der Perspektive 'dritter Person' können jedoch die 'technischen' Eigentümlichkeiten und Gesetzmäßigkeiten möglicher Denk- und Ausführungshandlungen untersucht werden. Dieses Unterfangen lässt sich zu einem eigenständigen theoretischen Projekt ausgestalten. Voraussetzung dafür ist die konsequente Aufgabe aller verstehenden Bezugnahmen auf den beobachteten Gegenstand zugunsten einer ausschließlich beobachtenden Einstellung. Ein solches Manöver ist jedoch mit Implikationen behaftet, die nicht aus dem Blick geraten dürfen.

Auf allgemeinster Ebene lässt sich zunächst einwenden: Eine *radikal* 'objektivistische' Herangehensweise, die sich ausschließlich auf in einem strengen Sinne 'beobachtbare' Tatsachen bezieht, kann an einem Feld nur Sinn-freie und damit pädagogisch unspezifische Informationen erheben: Schon die Erfassung der Bedeutung einer geäußerten sprachlichen Mitteilung oder die Bewertung einer Situationskomponente nötigt ja gerade zur Einnahme jener verstehenden Haltung, die man andererseits programmgemäß vermeiden möchte (vgl. dazu die Überlegungen Habermas', die ich in Kap. 1.b referiert habe).[216] Im Ergebnis kommen funktionalistische Studien daher nicht darum herum, hier einen ersten Kompromiss zu schließen und ein Amalgam aus verstehenden und beobachtenden Elementen zu produzieren, etwa, indem sie geäußerte Bedeutungen, Handlungsgründe, interpretative Sinnzuschreibungen etc. zunächst (methodologisch unausgewiesen) 'verstehen' und dann als 'Fakten' in einem 'kausalen' Ereigniszusammenhang behandeln.

Eine weitere Inkonsequenz, die jedoch leichter vermeidbar und daher auch nicht durchgängig anzutreffen ist, besteht in einer Argumentationsstrategie, die ich anhand der Diskussionsbeiträge von Giddens und Joas bereits ausführlich kommentiert habe: Funktionalistische Autoren übergehen regelmäßig, dass alle beobachteten Handlungsereignisse lediglich in der Weise *vor sich gehen, wie sie vor sich gehen* und wie sie *beobachtet* und *beschrieben* werden können. In Konsequenz daraus behandeln sie sie dann als 'gesetzmäßig' eingetretene Ereignisse, die durch die *Beschreibung* bereits als ausreichend *erklärt* gelten können. Dabei wird unterschlagen, dass das Verhalten der beobachteten Personen immer (auch) das Resultat subjektiver Sinnbildungsprozesse darstellt, durch welche die vorfindlichen Bedingungen denkend 'gebrochen' und handelnd intentional 'transformiert' werden und dass sich aus der Einbeziehung einer Rekonstruktion dieser Sinnbildungsprozesse erst eine wirklich plausible Erklärung des Geschehens ergeben würde.

In manchen Argumentationszusammenhängen schließlich wird die Lücke, die durch die nicht verfügbare Bedeutungsebene subjektiver Handlungsbegründungen entstanden ist, durch explizite kategoriale Kurzschlüsse zu kompensieren versucht. Ein paradigmatisches Beispiel zeigt das folgende Zitat: "Da das System 'Unterricht' über diese proximaten Zwecke seine eigene Selbstorganisation konstituiert, kann geschlussfolgert werden, dass alle im Unterricht ablaufenden Prozesse in irgendeiner Form eine Funktion haben. *Jede Handlung hat einen Grund, dass sie selektiert wurde: in irgendeiner Form dient sie der Funktionserfüllung."* (Scheunpflug 1998/193f, Hvh. von mir) Hier tritt offen zutage, was sich sonst oft als bloß implizite Denkfigur durch die Darstellungen zieht: Da es als Mangel empfunden wird, dass die 'subjektive' Dimension der Handlungen nicht erfasst werden kann, werden die 'Gründe' (ursprünglich der Inbegriff der *Abhebung* der intentionalen Bezugnahmen von den faktischen Ursachen) nun in unmittelbare *Resultanten* der funktionalen Konstellation umgewandelt. Dadurch hören sie aber gerade auf, das zu sein, was der Sprachgebrauch dem Begriff 'Gründe' als Bedeutung zuordnet. Gleichzeitig wird (als eine Art Ersatz für die damit verlorengegangene Teleologie) die 'Funktion' - ursprünglich eine Bezeichnung für einen 'toten' faktischen Bedingungszusammenhang - nun zu einer normativen Instanz, die vorgibt, was erfüllt zu werden und der die Handlung zu 'dienen' hat.[217] Oder: "So lassen sich für jede Handlung, die sich als *Lösung eines Problems, nämlich als Erfüllung der Funktion* von Unterricht sehen lässt, auch alternative Handlungsmöglichkeiten, sogenannte funktionale Äquivalente finden." (Scheunpflug aaO., Hvh. von mir) Auch hier bewegt sich die Begrifflichkeit wieder im Niemandsland zwischen System- und Handlungsdiskurs und macht unkenntlich, dass die Funktion von Unterricht einen objektiven Sachverhalt bildet, die Lösung eines Problems aber ein subjektives Anliegen.

Die Vermischung von Elementen des Subjekt- und Funktionalitätsdiskurses verweist indessen bereits auf einen wichtigen Angelpunkt für die Indienstnahme funktionalistischer Denkfiguren zur Legitimation und Verschleierung repressiver Phänomene: *Funktion* wird nicht bloß als das 'theoretisch' vorgeführt, was sich 'objektiv' *beobachten lässt*, sondern immer wieder umgebogen in das, was - in einem normativen Sinne (!) - *erfüllt werden muss*. Damit kann sich - an Stelle einer normativen Prüfung, die einen Bezug zu den Bedürfnissen und Betroffenheiten der Handelnden herstellen müsste - theoretisch abgesegnet und ungehindert die 'normative Kraft des Faktischen' entfalten. Das was ist, erscheint dann als das, was gar nicht anders sein kann: einerseits geworden ohne absichtsvolles Zutun, allein der funktional beschriebenen 'Gesetzmäßigkeit' folgend, andererseits auch nicht wirklich veränderbar, da dies ja quasi einer Außerkraftsetzung der Funktion gleichkäme.

Elaborierte Beispiele dafür liefern etwa schon jene frühen funktionalistischen Beiträge aus dem angloamerikanischen Raum, die dem systemtheoretischen Denken im Zusammenhang mit pädagogischen Fragestellungen entscheidende Impulse gegeben haben. (vgl. etwa Fend 1968b) Als Demonstrationsobjekt möchte ich eine klassische Studie von Robert Dreeben (1968) heranziehen. Sie knüpft an eine grundlegende Arbeit von Talcott Parsons (1959)[218] an und behandelt das schulische Lernen jenseits der offiziellen Lernziele und pädagogischen Absichtserklärungen. Als Ausgangspunkt der Untersuchung Dreebens fungiert die im Lichte meiner bisherigen Argumente durchaus noch mehrdeutige Annahme, "dass Individuen, wenn sie in einer Situation handeln, den Zwängen dieser Situation gehorchen und die von ihr gebotenen Chancen nutzen." (1968/6) Ganz im Sinne der kybernetischen Selektionslogik werden dann die 'Zwänge' keineswegs als 'lineare Determinationen' vorgestellt, sondern als Einschränkung der Handlungsmöglichkeiten, die gleichwohl unterschiedliche Alternativen offen lassen:

"Der Charakter dieser Zwänge und Chancen variiert je nach den Eigenschaften der Situation. Wenn es zum Beispiel Regeln gibt, die das Verhalten in einer Situation, nicht aber in einer anderen vorschreiben, dann müssen Individuen in dieser ersten Situation Wege finden, um sich mit den Regeln auseinanderzusetzen; sie mögen ihnen immer gehorchen, ihnen unter bestimmten Umständen, nicht aber unter anderen gehorchen, sie unterlaufen oder ihnen ausweichen. In der zweiten Situation ensteht das Problem der Auseinandersetzung mit den Regeln erst gar nicht." (ebd.)

Im Ergebnis kann das handelnde Individuum zwar unterschiedliche Varianten realisieren, es kann aber an den vorgefundenen Bedingungen nicht 'vorbei':

"Mit der Zeit lernt das Individuum, sich mit verschiedenartigen Situationen auseinanderzusetzen und sich an sie anzupassen. Je nach Erfolg oder Scheitern bei diesem Bemühen lernt es - implizit oder explizit -, was geht und was nicht geht, und es erkennt die Prinzipien, die diesen Alternativen zugrundeliegen." (ebd.)

Dreeben entwickelt seine Darstellung aus einer minuziösen Ausleuchtung und Vermessung der Bestandteile der schulischen Handlungssituation in Abhebung von ihrem familiären Gegenstück. Er zeichnet somit - wie man sagen könnte - eine präzise Karte der operativen Konstellationen, an die jedes Verhalten der Heranwachsenden zuhause und in der Schule jeweils andocken muss: Grenzen und Umfang der sozialen Situationen, Dauer der sozialen Beziehungen, Zahlenverhältnis von Erwachsenen zu Nicht-Erwachsenen, Zusammensetzung der Merkmale von Erwachsenen und Nicht-Erwachsenen, praktizierte Verhaltensmuster etc. (1968/10ff) Vor diesem Hintergrund beansprucht er dann, verfolgen zu können, wie "die Schüler lernen, Prinzipien des Verhaltens oder soziale Normen zu übernehmen und entsprechend zu handeln." (1968/44)

Dreeben beschreibt zunächst fundamentale Anforderungen, die das gesellschaftliche Leben an die einzelnen Individuen stellt und untersucht dann, wie die Fähigkeiten, diesen Anforderungen zu genügen, in der Schule ausgebildet werden, ohne, dass die Schule genau dies zu einem offiziellen und erklärten Ziel ihres Wirkens macht. Es sind dies die Fähigkeit, selbständig und in eigener Verantwortung zu handeln, Aufgaben aktiv zu übernehmen und nach verallgemeinerten Qualitätskriterien zu erfüllen, sich mit anderen vor dem Hintergrund universalistischer Ansprüche in Beziehung zu setzen und sich gegenüber diesen anderen situationsspezifisch und in Ausgliederung beschränkter kooperativer Anliegen zu verhalten. (vgl. 1968/59) Diese Fähigkeiten würden durch die Prozesse des schulischen Unterrichts - gleich welchen Inhalts - ohne weitere zielgerichtete Vorkehrungen hervorgerufen, indem die Schüler andauernd angehalten (man könnte natürlich auch sagen: gezwungen, sofern ihnen an ihrem biografischen Fortkommen gelegen ist) sind, unter bestimmten vorgegebenen Bedingungen zu agieren, die sich relevant von den Bedingungen familialer Kooperation unterscheiden:
Insgesamt liefert Dreeben ein anschauliches Beispiel für die Stichhaltigkeit meiner Vorhaltungen gegenüber funktionalistischen Analysen: Er münzt die äußerst

präzisen und treffenden *Beschreibungen* der angetroffenen Zusammenhänge relativ umstandslos um in deren *Erklärungen.* Zwar räumt er eingangs - wie gezeigt - ausdrücklich ein, dass man Regeln etwa nicht gehorchen müsse, dies bleibt jedoch theoretisch folgenlos, weil er die subjektiven Prozesse, an die er selbst erinnert, im Zuge seiner Erklärungen nicht mehr ihrem Status gemäß berücksichtigt. Sie erscheinen dort nicht als konstitutives Glied in der Kette Bedingung-Bedeutung-Entscheidung-Handlung, sondern bestenfalls als Ursache einer geringfügigen *Unschärfe* der Aussagen.

Dreeben denkt zuletzt darüber nach, in welcher Weise die schulischen Sozialisationseffekte die Grundlagen dafür schaffen, "dass die meisten Menschen jene Fähigkeiten erwerben, die ein industrielles Berufssystem, ein demokratisches Zwei-Parteien-System und die Integration der Familieneinheit in die öffentlichen Sphären des Berufslebens und der Politik gewährleisten." (1968/107) Die Frage, wie es dazu gekommen ist und wie weiterhin aufrecht gehalten wird, dass die beschriebenen Sozialisationseffekte vor sich gehen, wird nicht gestellt. Es ist eben so. Fallweise passiert Dreeben zwar der verräterische Lapsus, dass er von 'Zielen' der Sozialisation (etwa 1968/144) spricht, was auf die Unterstellung einer absichtsvollen Einrichtung der beschriebenen Strukturen hinauslaufen würde. Insgesamt liest sich seine Darstellung jedoch eindeutig als 'Entdeckung' eines 'naturwüchsigen' Zusammenhangs, der jenseits intentionaler Einflussnahme und daher auch *jenseits zuschreibbarer politischer und pädagogischer Verantwortung für Ist-Zustand und Weiterentwicklung* evolutionär entstanden ist und weiter bestehen wird.

Damit wird die affirmative Implikation eines funktionalistischen Zugangs, der sich bereits als 'die ganze Erklärung' ausgibt, unmittelbar deutlich: Mit der definitiven Ausblendung der Subjektperspektive und der kurzschlüssigen Folgerung von Funktion auf Kausalität beteiligt sich die Theorie an der ideologischen Legitimation gegebener Verhältnisse durch die Inszenierung einer Aura des schicksalhaften Gewordenseins und der unbeeinflussbaren Eigendynamik ihrer Untersuchungsobjekte.

Dabei müsste die Integration funktionaler Einsichten in die theoretische Fassung pädagogischer Probleme nicht von vornherein mit solchen zweifelhaften Perspektiven belastet sein, sofern sie sich der spezifischen Begrenztheit der Reichweite funktionaler Einsichten ausreichend Rechenschaft ablegen würde: Den 'objektiven' Standpunkt konsequent einzunehmen und damit die subjektive Seite des Handelns auszublenden, bedeutet, sich gegenüber einem bedeutsamen kausalen Faktor des Gegenstandsbereiches blind zu machen. Dafür können gute Gründe geltend gemacht werden und meine Darstellung des systemtheoretischen Projekts soll Gründe dieser Art auch nachvollziehbar machen. Sich vollständig - wie Habermas formuliert - auf die 'Perspektive eines unbetroffenen Beobachters' einzulassen, bedeutet aber jedenfalls, mit der in Kauf genommenen 'Blindheit' auch *auf alle Aussagen über Sachverhalte verzichten zu müssen, die allein im Sichtbereich des definitiv nicht eingenommenen Standpunkts liegen.* Objektivistische Theorien können nur dann seriös bleiben, wenn sie eingestehen, über inhaltliche Bedeutungen keinerlei Aussagen treffen zu können und wenn sie sich auf die Registrierung und Vermessung jener objektiven Ereignisse zurückziehen, die das auf der Handlungsebene reflektierte Geschehen 'technisch' konstituieren. Das Ergebnis der äußeren Vermessung der objektiven Vorgänge kann im nächsten Schritt wieder mit dem Ergebnis einer verstehenden Analyse 'gegengerechnet' werden und von diesem Schritt sind wichtige Einsichten zu erwarten.[219] Voraussetzung dafür ist aber, dass die Erkenntnisbestände beider Diskurse unbeschädigt und unverzerrt in diese Gegenüberstellung eingebracht werden.

(b) Systemtheorie und Erziehungsprozess I

Frühe Beiträge zur systemtheoretischen Fundierung von Unterricht schließen unvermittelt an technisch-kybernetische und technisch-informationstheoretische Vorstellungen an und versuchen, die Logik maschinell gesteuerter Prozesse auf Unterricht umzulegen. (I) Auch dort, wo das Systemkonzept pädagogisch unterfüttert wird, unterminiert die unklare Bestimmung des Geltungsbereiches der getroffenen Aussagen deren Triftigkeit. (II)

I.

Erste 'systemtheoretische' Konzepte zur Pädagogik und Didaktik werden im deutschsprachigen Raum bereits in den Sechziger-Jahren vorgelegt. Als federführend profiliert sich zunächst Helmar Frank mit seinen Entwürfen zu einer 'kybernetischen Pädagogik' (vgl. etwa Frank 1962, 1964abc, Frank/Meder 1971, Frank/Hollenbach 1973) Das primäre Anliegen von Frank lässt sich als Versuch umschreiben, Lehr-Lern-Vorgänge theoretisch so zu erfassen, dass ihre Anbindung an maschinell-technische Prozesse verwirklicht werden kann. Ziel dieses Unternehmens ist die Entwicklung von computergesteuerten Lehr-Maschinen, die im Rahmen eines 'programmierten Unterrichts' Teile der traditionellen Aufgaben von lehrenden Menschen übernehmen sollen. (vgl. etwa 1964c)

Vor diesem Hintergrund postuliert Frank ein Modell der 'Erneuerung' der Pädagogik durch eine formallogische und mathematische Rekonzeptualisierung ihrer Grundlagen. Sein Konzept atmet das Pathos der sich gerade breit entfaltenden technischen Umwälzungen im Zeichen der 'dritten technologischen Revolution' (Mandel 1972/171) und ihrer technikoptimistischen Aufbruchsstimmung. Exemplarisch etwa das historische Selbstverständnis[220]: In einem ersten Schritt sei die Menschheit daran gegangen, "geeignete *Werkzeuge* der unmittelbaren Einwirkung auf die ... Wirklichkeit" (Frank/Meder 1991/17) zu entwickeln, in einem zweiten sei die "Objektivierung körperlicher Kraftanstrengungen und Arbeitsvollzüge" (ebd./18) in den Vordergrund gerückt. Im dritten Schritt nun stelle sich eine weitere epochale Aufgabe. Die technischen Einrichtungen die der Mensch sich nunmehr schaffe, "setzen nicht mehr Materie oder Energie um, sondern Nachrichten, Information. ... Wir setzen diese Errungenschaften der kybernetischen Technik als 'informationelle Systeme' den 'materiell-energetischen' gegenüber, die die klassische Technik in noch immer wachsender Leistungsfähigkeit hervorbringt." (ebd./19)

Im Zusammenhang meiner Darstellung ist bemerkenswert, dass Frank - mindestens in seiner grundlegenden Argumentation - den logischen Ort seines Konzepts zunächst recht präzise bestimmt: Im Prozess der eben skizzierten 'Objektivierung' würden "in mehreren Phasen eine einheitliche, absichtsvolle Funktion *vom Subjekt gelöst* und einem System ... übertragen, dem jene *Einheit des Bewusstseins* fehlt, welche wir als Merkmal des Subjekts anzunehmen pflegen."[221] (Frank/Meder 1971/20) Kybernetik sei nun eben die Wissenschaft von diesen subjektlosen Systemprozessen, bzw. wie sich Frank/Meder ausdrücken, von der (insbesondere mathematischen) "Kalkülisierung" der Informationsprozesse. (ebd./21) Und von hier aus wird die Subsumierung der Pädagogik unter den wissenschaftlich-technischen Fortschritt in Angriff genommen:

"Gibt es pädagogische ... Arbeit, die sich maschinentechnisch objektivieren ließe, die also eine Kalkülisierung der Pädagogik rechtfertigen und somit eine Erneuerung der Pädagogik durch die Kybernetik wünschenswert machen könnte? Diese Frage ist zu bejahen: zumindest die Arbeit des Lehrens ist, wie gleich gezeigt werden soll, wenigstens teilweise objektivierbar, und Lehren ist ... ein Hauptgegenstand der Pädagogik". (ebd./22)

Kernstück der kybernetischen Pädagogik ist denn auch ein didaktisches Konzept, das Frank in Anlehnung an das klassische lerntheoretische Didaktik-Modell von Paul Heimann (vgl. etwa 1962/407ff) entwirft: Die 'sechs Dimensionen des pädagogischen Feldes' würden durch die Variablen Psycho- und Soziostruktur des Lernenden, Lehrziel, Lehrstoff, Medium und Bildungsalgorithmus definiert (vgl. Frank/Meder 1971/36). Als Bildungs- bzw. Lehralgorithmus bezeichnet Frank die theoretisch verallgemeinerbaren methodischen Verfahrensweisen des Lehrenden. Der Unterricht selbst wird als informationelle Interaktion zwischen einem Lehr- und einem (oder mehreren) Lernsystem(en) konzipiert. (vgl. ebd./30ff) Über eine entsprechende Kalkülisierung werde Unterricht nun vorausberechenbar. Sein Ergebnis sei analytisch zurückzuführen auf einen Anfangszustand und den Verlauf des Informationsumsatzes. In einfacher Analogie zum traditionellen maschinentechnischen Vokabular werden zwei Möglichkeiten bezeichnet: Im Falle des Vorliegens einer 'Lernsteuerung' verläuft der 'Nachrichtenfluss' (was allerdings noch nicht heißt: der Lernprozess) unabhängig vom Lernsystem, im Falle des Vorliegens einer 'Lernregelung' wird er vom Lernsystem mit festgelegt.

Die weiteren Details des Konzeptaufbaus sind hier von sekundärer Bedeutung. Ich halte jedoch fest, dass das Begriffsmodell über weite Strecken durchaus nicht unplausibel verfährt und dies mag Herwig Blankertz zu freundlicher Rezeption verleitet haben. (s.u.) Betrachtet man das Denkmodell allerdings genau, so fällt auf, dass die Formulierungen unpräzise sind und die getroffenen Aussagen ihren logischen Status wechseln: Passagen einer 'beschreibenden' Modellierung des Prozesses wechseln sich ab mit 'technologischen' Versprechungen. Es ist beispielsweise nicht dasselbe, wenn die Aussage lautet: "Durch die Komponenten *B, M, P* und *S*[222] des Unterrichts, d.h. durch die Komponenten der aufeinander bezogenen Prozesse des Lehrens und Lernens, ist der Unterrichts*ablauf* vollständig zu beschreiben." (ebd./33) Und wenn sie lautet: "Ein Bildungsalgorithmus ... ist also eine vollständige Zusammenstellung von Regeln, *was* dem Lernsystem *in welcher Reihenfolge in Abhängigkeit von welchen zu beachtenden Verhaltensweisen zu vermitteln ist.*" (ebd./47, Hvh. von mir) Im zweiten Beispielsatz werden die den Gegenstandsbereich *ordnenden* Begriffe unversehens zu Handlungsanweisungen, die *kausale* Gesetzesaussagen implizieren.[223] Und genau in dem Augenblick, in dem die begriffliche Ordnung des Problems in eine technologische Anweisung umgebogen wird, arrogiert sich die Formulierung prognostische Kompetenz, die sie nicht haben kann. Sie trifft dann Aussagen, die in der Perspektive dritter Person nicht zu bestimmen sind und vollzieht so das, was ich zuvor als kurzschlüssige Folgerung von Funktion auf Bedeutung charakterisiert habe.

Den Hintergrund dieses Mangels bildet der Umstand, dass sich die kybernetische Vorstellungswelt, die dem Konzept zugrundeliegt, wenn auch unentschlossen, am Modell der (Foersterschen) 'Trivialmaschine' orientiert: Einerseits wird ohne besondere Umstände davon ausgegangen, dass das Lernsystem eine kalkulierbare Größe sei: Bei einer Lernsteuerung müsse man "also nur die Gesetzmäßigkeiten der schrittweisen oder stetigen Zustandsänderung des Lernsystems (inneres Verhalten) unter dem Einfluss der Nachrichtenzufuhr von außen kennen (also insbesondere die Gesetze des Lernens und der Motivation), um aus dem Anfangszustand des Lernsystems und der gegebenen Belehrung den Endzustand ableiten zu können." (ebd./31) Dieser Einschätzung wird allerdings eine Fußnote angehängt, die einschränkend darauf hinweist, dass man, falls man "das Lernsystem nicht als voll determiniert betrachten will oder dies praktisch nicht tun kann", anstelle eines definierten Endzustandes eben nur Wahrscheinlichkeiten möglicher Endzustände erhalte. Im Falle der Lernregelung müsse dann die 'Psychostruktur' des Lernsystems, also: sein Anfangszustand, seine "zustandsabhängige(n) Verhaltensgesetzmäßigkeiten" (ebd./32) sowie seine Komplexität, verstanden als "Art der Zusammensetzung aus Einzeladressaten" (ebd.) bekannt sein. Insgesamt wäre so aus der präzisen Erhebung aller Bedingungen, sowie der Eingabe bestimmter Zielvorgaben der jeweils entsprechende Algorithmus zu bestimmen und als Programm umzusetzen. In weiterer Folge könne dann auch das Programmieren solcher Programme (also quasi die Algorithmierung der Algorithmenbestimmung) einer technischen Vorrichtung übertragen werden.

Felix v. Cube hat (1965) ein Konzept der kybernetischen Didaktik vorgelegt, das den Prämissen und Schlussfolgerungen Franks im wesentlichen folgt. Sein besonderes Anliegen ist es, die mathematische Erfassung von Prozessstrukturen, die er mit der 'Galileischen Wende' in der Physik vergleicht, auch in der Erziehungswissenschaft zur Geltung zu bringen. Sein besonderes Augenmerk gilt dabei der informationstheoretischen Konzeptualisierung von Lernen unter dem Leitgesichtspunkt der 'Redundanz'. Das 'Redundanzprinzip' wird von ihm in folgender Weise eingeführt:

"Der Mensch (und wohl auch jeder andere wahrnehmungs- und lernfähige Organismus) ist bestrebt, die objektive Information der Außenwelt auf verschiedene Weise subjektiv zu verringern. Die Redundanzprozesse ... haben dabei den Sinn, dem Menschen (bzw. dem Organismus) die

Außenwelt so informationsarm zu machen, dass eine Orientierung und ein geordnetes Verhalten darin möglich wird." (1965/99)

Lernen kann damit informationstheoretisch als Prozess des Abbaus von Information bzw. des Aufbaus von Redundanz aufgefasst werden.[224] Am Beispiel des Auswendiglernens eines Texts (vgl. ebd./102f): Liest man den Text zum ersten Mal, enthält er eine bestimmte Information. Liest man ihn zum zweiten Mal, enthält er um jene Information weniger, die man bereits gespeichert ('sich gemerkt') hat oder anders ausgedrückt: Die Redundanz des Texts wurde bereits um eben diesen Wert erhöht. Kann man den Text auswendig, ist seine Information gleich 0 und seine Redundanz gleich 1. Diese Konstruktion reflektiert zwar Aspekte der 'inhaltlichen' Seite des Lernprozesses, jedoch von einem strikt 'beobachtenden' Außenstandpunkt aus. Dieser wird u.a. noch am Beispiel des Erlernens sinnloser Silben verdeutlicht: Sinnlose Buchstabenkombinationen repräsentieren demnach ungleich mehr Information (im hier zugrundeliegenden informationstheoretischen Verständnis), weisen also geringere Redundanz auf. Dass Buchstabenkombinationen sinnvoll (also etwa als 'Wort' oder Wortteil) aufgenommen werden können, bedeutet, dass sie bereits ein 'Superzeichen' (also Informationsverringerung bzw. Redundanzerhöhung) darstellen.[225]

Auch an den Darlegungen v. Cubes kann man an mehreren Stellen den bereits aufgewiesenen Zugang zum Lernen und Lehren nachverfolgen, sich einerseits über die Grenzen einer bloß 'beobachtenden' Untersuchung der Vorgänge informiert zu zeigen, andererseits jedoch auf subjektiv-inhaltliche, etwa prognostische Aussagen nicht zu verzichten. So resümiert v. Cube etwa unterschiedliche Lernbegriffe. Dabei weist er zunächst durchaus problembewusst Definitionen, die sich lediglich an äußerlich beobachtbarem Verhalten orientieren, mit folgender Argumentation zurück:

"Gewiss ist eine Verhaltensänderung das einzig Feststellbare oder gegebenenfalls Messbare, was auf einen vollzogenen Lernprozess schließen lässt ... , es gibt jedoch auch Prozesse, die im Sinne eines Neuerwerbs von Kenntnissen als Lernprozesse zu bezeichnen sind und dennoch keine Verhaltensänderung zur Folge haben müssen. Eine Tätigkeit z.B., die lange Zeit aus Gewohnheit erfolgt, kann plötzlich aufgrund einer eingetretenen Einsicht vollzogen werden." (1965/67)

Die Rekonstruktion der strukturellen Eigenheiten eines Lernvorgangs könnte so durchaus als Versuch gesehen werden, die 'objektiven' kybernetischen Prozesse zu beschreiben, die den phänomenologisch gewonnenen Bestimmungen[226] 'technisch' zugrundeliegen. Beispielsweise sieht v. Cube ein subjektives Widerstandserlebnis im Gefolge einer Handlung als Auslöser des Lernvorganges. Dieses zähle aber noch nicht selbst zum Lernprozess, denn der Handelnde müsste darauf ja nicht mit Lernen reagieren. Wenn hingegen

"das erste Tun eine Konsequenz hat, d.h. ein verändertes zweites Tun hervorruft, können wir vom Beginn eines Lernprozesses reden. In diesem Falle fängt das Lernen tatsächlich mit dem 'Innewerden des Widerstands' an; der erste Lernschritt beruht also schon auf dem allgemeinen Prinzip der Rückkoppelung." (ebd./77)

Der nachfolgende Lernschritt wird nun unter Berufung auf Roth zunächst als "Ringen mit den Schwierigkeiten" (1965/77) beschrieben und ausdrücklich hervorgehoben, dass 'Anpassung' dafür kein treffender Terminus wäre. Er sei dadurch "charakterisiert, dass die vorhandenen Verhaltens- und Wissensbestände blind oder gezielt zur Korrektur des ersten Tuns herangezogen werden." (1965/77f) Diese Sequenz interpretiert v. Cube nun als "trial-and-error-Verhalten" (ebd.) Und hier wird jetzt möglichen Missverständnissen der Boden bereitet: Sofern damit nämlich gesagt sein soll, dass das 'Ringen' *funktional* gesehen sich über die widerständige Handlungssituation quasi 'abtastende' Rückkoppelungs-Schleifen vollzieht, die man aufgrund ihrer Wirkungsweise in metaphorischer Sprechweise als Versuchs-Irrtums-Schleifen bezeichnen kann, ist dagegen nichts einzuwenden. Und auf eine solche funktionale Perspektive ist zumindest die Behauptung v. Cubes festzulegen, Lern*maschinen* vollzögen trial-and-error-Prozesse. (1965/14) Wenn aber diese 'technische' Bedeutung in eins gesetzt wird mit der 'subjektiven' Bedeutung lösungssuchenden und dabei Irrtümer verarbeitenden Handelns, so werden die zwei zunächst auseinandergehaltenen logischen Ebenen vermischt. Genau dies aber schließt v. Cube zumindest nicht aus, wenn er zwei unterschiedliche Arten von trial-and-error-Handlungen so bestimmt: "Die Prüfung der durch die probierenden Akte zustande gekommenen Resultate erfolgt entweder durch automatische Rückkoppelung oder durch bewusste Reflexion." (1965/78) Nun wäre es nicht prinzipiell unmöglich, auch das bewusste Reflektieren unter formalen Gesichtspunkten als eine komplexe Form des 'trial-and-error-Verhaltens' zu bezeichnen. Dies wäre dann aber nicht mehr als eine bloße Namensgebung, böte aufgrund der 'subjektiven' inhaltlichen Dynamik des bewussten Reflektierens dann aber keinerlei *inhaltliche* Auskunft mehr über subjektive Eigenheit und Wahrnehmung des Vorgangs.

Was sich an dieser Stelle noch als unscharfe oder missverständliche Formulierungsweise darstellt, wird dann definitiv zum bekannten 'Kurzschluss', wenn die streckenweise ausgesprochen differenzierte und problembewusste Darstellung wieder mehr oder weniger umstandslos technologisch gewendet und aus der Einsicht in die funktionale Notwendigkeit der Erzeugung von Redundanz ein *redundanzerzeugendes Verfahren* (1965/181) herausimaginiert wird. Ein solches wäre etwa als "Verfahren auf der Basis der Zuflusskapazität des Gegenwartsgedächtnisses" und anderer technischer Daten konzipierbar. (1965/181) In einer solchen Schlussfolgerung kommt wieder die Überforderung einer an sich sinnvollen wissenschaftlichen Einsicht zum Ausdruck, derzufolge man zwar einigermaßen treffsicher berechnen kann, ab welcher Intensität des Zeichenzuflusses das 'Gegenwartsgedächtnis' *überfordert* sein wird (was den Aufbau von Redundanz also ggf. beschränken oder behindern könnte), die aber mitnichten darüber Auskunft geben kann, welches Verfahren dazu geeignet wäre, einen konkreten Vorgang der Hervorbringung von Redundanz (als Sinnbildungs- und Sinnverarbeitungsprozess) nun tatsächlich 'inhaltlich' *auszulösen* und am Laufen zu halten.

So wird aber wieder der Eindruck erweckt, das Wissen um die strukturelle Morphologie der funktionalen Basisereignisse könne direkt in inhaltliche (und das heißt dann natürlich immer: normativ bedeutsame) Entscheidungen umgearbeitet werden. Das einzige, das unter diesen Vorzeichen dann noch in Frage steht, ist die volumenmäßige Optimierung der zu verabreichenden Informationsdosen

(1965/175) und ähnliche technische Details. Dass die beobachteten Prozesse nicht mehr als bloße operative *Trägervorgänge* abgeben für jene subjektiven Sinnbildungsprozesse, die allein den Lernprozess motivieren und inhaltlich ausrichten können und die obendrein *beim Lernsubjekt* (und nicht einfach bei einer *äußeren Steuerungsinstanz*) vor sich gehen müssten, bleibt völlig außerhalb des Denkbaren und die der Ausblendung der subjektiven Aspekte geschuldete 'fehlende' Erklärungsmöglichkeit wird durch Funktions-Bedeutungs-Kurzschlüsse und geradezu magische Wirkungsannahmen substituiert.

Zusätzlich dominiert ein definitiv 'nicht-autonomes' Systemmodell. Zwar wird fallweise der Ausdruck "selbstorganisierende Empfänger" strapaziert (etwa: 1965/126ff), diese Selbstorganisation folgt aber offensichtlich wieder dem bekannten trivialen Modus: "Verfahren der Selbstkontrolle, des individuellen Lerntempos, der Aktivität, der Aufmerksamkeitskonstanz und der Lernverstärkung durch Erfolgserlebnisse" werden als kalkulierbare Größen in lernprozessoptimierender Weise technologisch eingesetzt und "ausgenützt". (1965/179) Alle eventuell möglichen Zugriffsschwierigkeiten auf die Lernsysteme werden durch das Stilmittel des perennierenden Indikativs gebannt: "Der Lernende beantwortet ..." (1965/176) Der Empfänger empfängt, der Lerner lernt, der Prozess prozessiert. Fraglos. Das Subjekt nimmt Teil an einem Vorgang, zu dem es sich - laut Konzeption - in kein wie immer geartetes sinnhaftes Verhältnis setzen kann. Auch 'reinforcement' hat nur mehr die 'objektive' Funktion, die wahren von den falschen Antworten zu trennen, nicht mehr die 'subjektive' von Ansporn oder Bestärkung. (1965/176)

II.

Einen modifizierten Weg schlagen Ernst König und Harald Riedel ein und heben ihn auch terminologisch durch die Bezeichnung 'systemtheoretische' Didaktik ab. Das Programm gibt sich anspruchsvoll (vgl. König/Riedel 1973/1ff): Es sieht vor, die "technische" Komponente, die von der kybernetischen Didaktik ausgearbeitet wurde mit der "ideologischen", beigesteuert durch die bildungstheoretische Didaktik (etwa im Gefolge Wenigers und Klafkis) und der "wissenschaftlichen" (im Sinne von: der empirischen Erforschung zugänglichen) Didaktik (etwa nach Heimann/Otto/Schulz) zu einem integralen Modell zu verbinden. Damit wird die verengende Orientierung auf mathematische Formulierung und maschinelle Organisation des Lehr-Lern-Prozesses und seiner Konstituenten ersetzt durch den Anspruch 'in Systemen zu denken' oder wie eine andere Formulierung dafür lautet: "Die Systemtheoretische Didaktik ... unterwirft Unterricht einer Systemanalyse." (ebd./14) Dies weise über die herkömmlichen Didaktiken hinaus, die sich bislang auf die Bestimmung von 'Elementen' des didaktischen Handelns (zB: Intentionen, Inhalte, Methoden etc.) beschränkt hätten, da somit auch die Erfassung der 'Interdependenzen' dieser Elemente vorgesehen sei und eröffne überdies eine differenzierte und mehrperspektivische Untersuchung der anfallenden Probleme, denn das Systemdenken ermögliche es, "ein und dasselbe Objekt einmal als Element, dann wieder selbst als System oder als Teilsystem eines übergeordneten Systems zu betrachten." (ebd.)

König/Riedel setzen ebenfalls zunächst am Lernbegriff an. Dabei verfahren sie umsichtiger als die 'kybernetischen' Pädagogen. Lernen stellt für sie ein System dar, welches aus einem Lernenden und einer Sache ('Operationsobjekt') besteht. An diesem System registrieren sie zwei Teilfunktionen: Das Operationsobjekt initiiert das Lernen des Lernenden und der Lernende operiert am Operationsobjekt. Damit wird zwar einerseits die alte behavioristisch inspirierte Vorstellung fortgeschrieben, dass Lernen ein prinzipiell *von außen* hervorgerufener Vorgang sei, dennoch rückt so die 'Auslösung' der Aktivität des Lernenden als problematische Größe in das Gedankengebäude ein, wodurch einer hinzukommenden Person, die das Lernen fördern möchte (aufgrund ihrer kybernetischen Funktion als 'Selektionselement' bezeichnet), eine neue Aufgabe erwächst. Bei der 'direkt initiierten Lernsituation' sehe dies etwa so aus:

"Wenn das Operationsobjekt den Lernenden nicht mehr zu Operationen initiiert, die Lernsituation also zu zerfallen droht, wählt das Selektionselement ein geeignetes neues Operationsobjekt aus oder verändert es derart, dass der Lernende wieder vom Operationsobjekt initiiert wird." (Riedel 1973/25)

Riedel veranschaulicht diese Konstellation am Beispiel eines Delphins und der notwendigen 'Abwechslung', die diesem geboten werden muss, um ihn bei Lernlaune zu halten. Insofern ist offensichtlich, dass auf dem Niveau dieser Konstellation noch ein vor-reflexives Verhältnis des Lernenden zum Lerngegenstand angenommen werden muss. In einem weiteren Beispiel einer 'indirekt initiierten Lernsituation' ist es dann die 'Mutter', die ihr Kind zu weiterem Lernen anhalten kann, indem sie zwar nicht das Operationsobjekt verändert (daher: 'indirekt'), dafür aber ein zusätzliches Motiv anbietet, das vom Kind aufgenommen wird. Der Schwenk vom Delphin zum Kind kann jedoch nicht darüber hinwegtäuschen, dass auch dieses in Bezug auf die Konstitution des Lernvorgangs bloßes Objekt einer instrumentellen Anordnung ist. Riedel spitzt diese Sichtweise noch zu, wenn er hervorhebt, dass im Unterschied zur 'direkten' bei "der indirekten Initiierung ... ein großer Unsicherheitsfaktor in Kauf genommen" werde, denn ob der Lernende "die zusätzlich gegebenen Informationen [das zusätzliche Motiv, B.H.] tatsächlich so verarbeitet, dass die vom Selektionselement gewünschte Zustandsveränderung eintritt, ist nicht mit Sicherheit vorherzusagen." (Riedel 1973/29) Bei der 'direkten' Variante soll diese Prognostizierbarkeit damit offenbar unterstellt sein.

Dieser Zugang wird prinzipiell beibehalten, wenn es dann an die Konzeption von Unterricht als System geht. Dieser orientiere sich nun in systematischer Weise an einem 'Soll-Wert', der über das Selektionselement in den Prozess einfließt. Zwar kann man dem Konzept zugutehalten, dass immer wieder eine gewisse Skepsis gegenüber den Möglichkeiten einer technologischen Kontrolle über das Lerngeschehen durchschimmert: "Selbst in der geregelten Lernsituation ist letzten Ende zufällig, welchen Zustand der Lernende nach Abschluss der Lernsituation erreicht." (Riedel 1973/31) Oder wenn König festhält, "dass das wichtigste Teilsystem innerhalb des Gesamtsystems Unterricht die 'zufällige Lernsituation' ist, in der ein Lernender zu einem Objekt Beziehungen herstellt, die vorher nicht geplant wurden." (König 1973/102) Daraus wird aber keine im eigentlichen Sinne theoretische Konsequenz gezogen und so mutet das Konzept fallweise eher hilflos an. Dazu eine längere Passage, aus der das ganze Dilemma dieser systemtheoretischen Didaktik exemplarisch hervorgeht: Aus der Sicht der Systemtheorie läge

"*Spontaneität* dort vor, wo sich der Zustand eines Systems verändert, ohne dass Eingabesignale in das System gegeben werden. Das hat zur Folge, dass das System sich in nicht vorhersehbarer Weise gegenüber der Umgebung verhält. Wird Spontaneität im Zusammenhang mit Unterricht gefordert, so kann nur gemeint sein, dass sich *Lernende* spontan verhalten oder zu verhalten lernen sollen. Aus der oben angegebenen Festlegung des Begriffs kann ein System aber nur dann spontan agieren, wenn seine Aktionen nicht durch zusätzliche Impulse von außen geregelt werden. Folglich kann der Forderung nach Spontaneität nur genügt werden, wenn die Unterrichtssituation auf eine zufällige Lernsitation reduziert wird, also die Elemente *Soll*-Wert und Selektionselement eliminiert werden. Denn das Selektionselement regelt ja durch die Auswahl der Operationselemente das Verhalten des Lernenden. Demnach ist Spontaneität in der Unterrichtssituation nicht möglich." (Riedel 1973/38)

Dass sich ein 'Lernsystem' ohne auf verabreichte Eingabesignale zu warten prinzipiell und andauernd 'verändern' und daher ununterbrochen in nicht vorhersehbarer Weise prozessieren könnte, scheint hier völlig außerhalb des Vorstellungshorizonts. Daher erscheint 'Spontaneität' bloß als argumentativ abwehrbare (bildungspolitische?) Forderung. Auffällig auch hier die schon von Frank und v. Cube bekannte stilistische Strategie des Rückzugs in den Indikativ: Das Selektionselement regelt ...

Vor diesem Hintergrund entwickeln König/Riedel nun ein streng deduktives Planungsverfahren, das bei der Soll-Wert-geregelten Bestimmung der Operationsergebnisse ansetzt und über die Festlegung aller weiteren Elemente fortschreitet und die Aneinanderreihung aufeinander aufbauender Unterrichtssituationen ermöglichen soll. König streicht die 'trivial-kybernetische' Ausrichtung des Ansatzes noch hervor, indem er allfällige Interdependenz-Vorstellungen explizit zurückweist:

"Wechselseitige Abhängigkeit jedoch bedeutet, dass A von B *und* B von A abhängt. Bezogen auf die angeführten Kategorien ist die Interdependenzbehauptung demnach nicht haltbar. ... Es stimmt z.B., dass Verfahren von Inhalten abhängen, insofern als nicht jedes Verfahren auf jeden Inhalt anwendbar ist. Die umgekehrte Behauptung jedoch ist widersinnig". (König 1973/94)

In dieser Anwendung verschwindet der Lernende als aktive Größe dann endgültig und wird bestenfalls noch als passiver Organismus registriert (den man etwa nicht über- oder unterfordern dürfe). Auffällig ist auch, dass die Auffädelung der einzelnen Planungsschritte auf einen als Algorithmus bezeichneten 'roten Faden' im Grunde nicht viel mehr ergibt, als eine Art Check-Liste, die zur Berücksichtigung von durchwegs bekannten Problemen anhält

Die frühen kybernetisch-systemtheoretischen Konzepte haben aufgrund ihrer explizit 'technischen' Anlage zu schroffen Lagerbildungen geführt. Vor allem aus den Reihen einer sich als 'kritisch' oder 'gesellschaftskritisch' verstehenden Erziehungswissenschaft wurden sie als Inbegriff einer technokratischen und subjektfeindlichen Unpädagogik zurückgewiesen. (vgl. etwa Gamm 1972/119ff, rückblickend und zusammenfassend etwa Adam 1988/41ff) Diese Kritik ist zugleich berechtigt und einseitig. Nur wenige Pädagogen zeigen Bereitschaft, sich mit dem 'kybernetischen', später 'systemtheoretischen' Ansatz konstruktiv auseinanderzusetzen, noch weniger finden traditionskompatible Anknüpfungsmöglichkeiten. Exemplarisch *dafür* Herwig Blankertz, der den Geltungsanspruch der Kybernetik bereits mit dem Hinweis auf den "formalen Charakter der Informationstheorie" (1969/54) verteidigt und damit zugleich auf ebendiesen Argumentationshorizont zurechtrückt. Die von der Kybernetik postulierte normative Abstinenz und die Auslagerung 'ideologischer' Fragen an 'andere Instanzen' (etwa: Politik) wird von ihm - entgegen der damals üblichen Kritik an der 'wertfreien Verkürzung' des wissenschaftlichen Zugriffs - ausdrücklich als notwendige Implikation der kybernetischen Ausgangsabstraktion herausgestellt:

"Was immer nun von diesem Ansatz aus zu leisten ist, auf jeden Fall liegt die Kapitänsfunktion[227], also die Instanz, die die zu erreichenden Lernziele angibt, außerhalb des Regelkreises; sie wird vielmehr unter dem Titel der 'normativen Ideologie' benötigt, um sich Prämissen vorgeben zu lassen. Selbstverständlich bedeutet das nicht, der informationstheoretisch vorgehende Didaktiker müsse blindlings jede Zielangabe akzeptieren und dürfe nicht über deren Legitimität nachdenken. Nur: Sofern er das tut, arbeitet er nicht mehr im Rahmen und nach den Regeln seiner Wissenschaft." (1969/55)

Daraus zieht Blankertz bereits die m.E. einzig zulässige Schlussfolgerung, dass der theoretische Gegenstandsbereich der Kybernetik eben ein anderer sei, als der einer Theorie, die sich 'inhaltlich' (in handlungstheoretischer Formulierung: im Subjektdiskurs) auf menschliches Handeln bezieht: "Die von diesen Modellen entwickelten Lerntheorien sind primär formalisierte Theorien ohne pädagogischen anthropologischen, psychologischen oder auch nur physiologischen Gehalt." (56) Wenngleich Blankertz auch nicht sehr deutlich kritisch herausarbeitet, wo die kybernetische bzw. frühe systemtheoretische Didaktik sich nicht an diese Programmvorgabe hält (etwa überall dort, wo sie vorgibt, normative Entscheidungen technologisch bewältigen zu können), so benennt er jedenfalls den neuralgischen Punkt der Konzeptentwicklungen, wenn er ihnen - und wie heute sichtbar ist: zutreffend - voraussagt, dass gerade dies ihre Entfaltungsmöglichkeit hemmen werde, "wenn sie prätendiert, mit den ihr immanenten Prinzipien den ganzen Umkreis menschlichchen Lernens im pädagogischen Verstande und damit den Sinn von Erziehung zu umfassen."[228] (Blankertz 1969/88)

(c) Systemtheorie und Erziehungsprozess II

Auch die rezenten systemtheoretischen Beiträge zur Erörterung von Erziehungsproblemen reproduzieren den bereits ausführlich erörterten Fehlschluss von Funktionsgesetzmäßigkeiten auf Bedeutungsinhalte und zeitigen geringen Ertrag. Dabei zeichnen sich zwei Argumentationstendenzen ab: Niklas Luhmann und Karl Eberhard Schorr etwa konzentrieren sich stark auf erziehungssoziologische und -philosophische Fragestellungen. (I) Manche Rezipienten der Systemidee beschäftigen sich aber auch mit der praktischen Indienstnahme systemtheoretischer Denkfiguren zur Interpretation und Konzeption pädagogischen Handelns. (II) Ich führe wieder nur Beispiele an, um das Prinzip zu veranschaulichen und meinen eigenen Zugang vorzubereiten.

I.

Das Gedankengut der neueren Systemtheorie findet seit geraumer Zeit auch in den Erziehungswissenschaften prominenten Zu- und Widerspruch.[229] Bemerkenswert an der jüngeren systemtheoretischen Diskussion über Erziehungsprobleme im Windschatten Luhmanns ist zunächst, dass sie an ihre dargestellten deutschsprachigen Vorläufer so gut wie nicht explizit anschließt. Bezüge auf die angloamerikanische Tradition (etwa auf Parsons und Dreeben) finden sich hingegen häufig. Auch werden pädagogische oder didaktische Grundvorgänge selbst eher selten thematisiert. Im Vordergrund stehen das gesellschaftliche Erziehungssystem, Probleme der erziehungswissenschaftlichen Begriffsbildung, das prinzipielle 'Technologiedefizit' und ähnliche Fragestellungen.

Ich habe in Kap. 1.2.c bereits auf einige Ungereimtheiten in der 'Anwendung' der (Luhmannschen) Systemtheorie auf pädagogische Problemstellungen hingewiesen. Sie liegen, wie in der Tradition funktionalistischer und systemtheoretischer Positionen schon vorgezeichnet, wieder in der Kontamination von System- und Subjektdiskurs, im unausgewiesenen Wechsel zwischen funktionaler und bedeutungsbezogener Sichtweise. Dies führt dann etwa dazu, dass in Anschluss an die bereits vorgestellte Auffassung von der Autopoiesis psychischer Systeme die Unmöglichkeit von Erziehung im Sinne einer intentionalen Einwirkung auf ihre Adressaten postuliert wird:

> "In der erzieherischen Kommunikation ... können daher psychische Systeme gar nicht erreicht werden. Sie sind zwar über strukturelle Koppelungen mit ihrer Aufmerksamkeit beteiligt, und das hat Effekte, ja nicht selten und vor allem auf Dauer gravierende Effekte für das, was sie aus sich machen. In diesem Sinne ist es unvermeidbar, dass auch die erzieherische Kommunikation sozialisiert. Aber das sind unsteuerbare Außenwirkungen." (Luhmann/Schorr 1992/123)

Als Begründung präsentieren Luhmann/Schorr die - zutreffende wie zunächst überraschende - Einsicht, dass die Dimension der operativen Ereignisse nicht mit jener der Bedeutungsinhalte identisch ist. So würden "psychische Systeme ..., wenn sie sich selbst als Person vorstellen ..., nicht die Operation, die das Vorstellen durchführt" sich vorstellen (1992/123), man könne "sich mit sich selbst nur identifizieren, nicht aber die damit vollzogene Autopoiesis in die Selbstbeschreibung einholen." (ebd.) Daraus wird jedoch nicht der Schluss gezogen, dass es sich hier um zwei Blickwinkel handelt, die nicht ineinander übergeführt werden können, aber dennoch je spezifische und gleichermaßen relevante Zusammenhänge reflektieren, sondern die Bedeutungsebene wird unbeirrt in funktionalen Denkfiguren reformuliert und Fragen, die diese Prozedur nicht überstehen, werden rhetorisch abgeschmettert: Was im eigenen Jargon nicht abgebildet werden kann, existiert nicht, ist bestenfalls "Lebenslüge der Pädagogik", die darin besteht, "die guten Absichten zu loben und die Gestaltbarkeiten der Individuen als deren Freiheit zu feiern."[230] (1992/124)

In ihrem Aufsatz 'Personale Identität und Möglichkeiten der Erziehung' (1982b) stellen Luhmann/Schorr den Identitätsbegriff in Frage, der - so die Auto-

der pädagogischen Auseinandersetzung an die Stelle der 'Individualität' bzw. des 'Individuums' gerückt sei. Der Umstand, dass 'Identität' in Zusammenhang mit 'Sozialisation' in das erziehungswissenschaftliche Vokabular eingeführt wurde, gibt zunächst Anlass zur Vermutung, dass sie als trivialisierendes Gegenstück zu dieser entworfen worden sei, als eine Art psychohygienische Maßnahme angesichts der neu zu entdeckenden vielfältigen 'sozialisierenden' Einflüsse der Welt auf den Zögling und der damit einhergehenden Reduktion der "Wirkungschance des individuellen Praktikers". (1982b/227) U.a. auf Bateson und dessen bereits erwähntes Diktum vom 'Selbst' als einer unzulässigen Reifikation von Systemprozessen verweisend, arbeiten Luhmann/Schorr auf die Formel hin, dass Identität als eine Art Deckbegriff für die notwendige 'Selbstsimplifikation' jedes psychischen Systems anzusehen sei. Ihre Argumentation bewegt sich dabei in erwartbaren Bahnen: Komplexe Systeme hätten mit der Komplexität der für sie prinzipiell realisierbaren Relationen zwischen Elementen zu kämpfen, weswegen Komplexitätsreduktion unabdingbar sei. Jedes psychische System verfüge also prinzipiell über einen funktionalen "Überschuss an internen Möglichkeiten, die es (für sich selbst und für andere) nur selektiv realisieren kann." (236) Im Ergebnis können daher nur einige der vielen prinzipiell möglichen Varianten ausgeprägt werden. Das System sei also "schon aus diesem Grunde zur *Selbstsimplifikation* gezwungen - ganz unabhängig davon, ob es selbst oder andere dies erkennen und bewusstseinsmäßig verarbeiten oder nicht". (ebd.) Diese Selbstsimplifikation kann nun als 'Vorstellung' wieder in das System 'eintreten', also von diesem selbst repräsentiert werden, wodurch jedoch die Tatsache der Selbstsimplifikation keineswegs aufgehoben werden kann. Damit hat sich etwas ausgebildet, das sich nun als 'Identität' wahrnehmen lässt. Identität ist also das Ergebnis eines (notwendigen) Ausschlusses 'überzähliger' Möglichkeiten, Ausdruck der Unmöglichkeit, alle registrierten Außeneinflüsse intern aufeinander zu beziehen: "Die Identität ist also nicht der Zusammenhang der einzelnen Erlebnisse und Handlungen, sie tritt *an Stelle* eines solchen Zusammenhanges in Funktion, wenn bestimmte Bedingungen dies erforderlich machen. *Identität ist der Ersatz für vollständige Interdependenz*". (1982b/237f) Kurz: Identität ist das was übrigbleibt, wenn der Rückzug aus der Komplexität vollzogen ist.

Was ist nun, abgesehen von einigen polemischen Marginalien, der Ertrag einer solchen Reformulierung des Identitätsbegriffs? Luhmann/Schorr versuchen, sie zur Begründung spezifischer schulpädagogischer Schwierigkeiten heranzuziehen. Dazu erläutern sie zunächst eine Auswirkung der strukturellen Differenzierung auf die Identitätsbildung: Heranwachsende seien durch ihre unterschiedlichen Erziehungspersonen "sozialstrukturelle(n) Differenzen" ausgesetzt, die nicht oder nur schwer "intern copiert und entsprechend compartimentiert werden können." (1982b/246) Ein auf Entwicklung der Identität angelegter Unterricht müsse nun solche Differenzen weitertreiben. Luhmann/Schorr fahren also mit ihrer 'technischen' Reformulierung des Problems fort: In der Schulklasse trete

"die Differenzierung von Lehrer und Schülern ganz in den Vordergrund. Sie wird akzentuiert dadurch, dass nur ein Lehrer vielen Schülern gegenübertritt; dadurch dass die Schüler gleichaltrig sind und mit gleichen Erwartungen konfrontiert, also relativ unpersönlich behandelt werden;

vor allem aber dadurch, dass dies in eigens dafür ausdifferenzierten, disziplinierten Sondersituationen mit verschärftem Fehlerbewusstsein geschieht. Hier wird offenbar Identität nicht, wie in der Familie, als immer schon bekannte Person unterstellt, sondern sie wird gefordert - ein Ich unter vielen gleichen, das sich vergleichen muss und verglichen wird, das warten, schweigen, sich melden muss, das Fehler machen kann; und vor allem: das ein differenzerzeugender Faktor für andere werden und dies wissen, also sein Verhalten auch an der Vermeidung von Differenzen ... steuern kann." (1982b/246)

Ich habe diese Stelle so ausführlich wiedergegeben, da ich an ihr deutlich machen möchte, dass die bloße Umformulierung noch keine nennenswerten Erkenntnisse zutage fördert: Da die Ausbildung von Identität ohnehin nur durch den Prozess einer internen 'Auswahl' aus den (immer mehr oder weniger differenzierten) 'Vorlagen' vor sich gehen kann, so würde dies unter anderen, als den hier skizzierten schulischen Praktiken natürlich ebenso der Fall sein. Aber *wie* dies konkret aussehen und mit *welchen inhaltlichen Auswirkungen* verbunden sein kann, ist damit noch keineswegs beantwortet und aus systemtheoretischer Sicht natürlich auch nicht beantwortbar.

Die Dürftigkeit der Ausbeute kann dann auch hinter solch gewichtigen Schlussfolgerungen nicht verborgen werden:

"Jedenfalls kann Identität nicht, wie vielleicht Wissen oder Einstellungen oder Fähigkeiten, durch Übernahme vorgelegter Muster erworben werden; und zwar schon deshalb nicht, weil sie nicht zu Vorhandenem hinzuerworben werden kann, sondern sich bestimmt, indem sie sich voraussetzt. Es kann dabei also nicht um ein Copieren gehen - weder von Personen (Identifikation) noch von Normen (Internalisierung)." (1982b/248)

Mit solchen Behauptungen stürzt das in höchst artifiziellen Linien entworfene Bild nämlich wieder in sich zusammen: Identifikation und Internalisierung sind eindeutig in der Logik des Subjektdiskurses entworfene Begriffe. Sie beschreiben Vorgänge im Kontext von *Bedeutungen*, wie sie für ein Handlungssubjekt erfahrbar sind. Den *technischen* Modus ihrer Realisierung lassen sie hingegen offen. Und so mag der Vorgang der Identifikation technisch als interne Selektion rekonstruierbar sein. Dies steht jedoch keineswegs der Möglichkeit im Wege, Personen zu kopieren oder Normen zu verinnerlichen. So wenig wie Bildschirme über den Ausgang der auf ihnen gezeigten Filme entscheiden.

Der gezeigte Kategorienfehler zieht sich durch die gesamte Argumentation. Abgesehen von einigen pädagogischen und systemtheoretischen Banalitäten, die breit ausformuliert werden, wie auch davon, dass einige Seiten weiter "Sichidentifizieren mit Goethe, Einstein, Nina Hagen" (1982b/252) nun plötzlich doch wieder möglich zu sein scheint, widmen sich Luhmann/Schorr der Subjektivität und bearbeiten sie nach dem gezeigten Muster: Angst ist so ein "psychisches Korrelat von strukturell erzwungener Selektivität". Da sie entstehe, wenn dem Schüler "ein Kontingenz- und Selbstselektionsbewusstsein zugemutet wird, das er nicht selbst aus der eigenen Erfahrung des Schonkönnens entwickelt hat", sei "Angstmachen geradezu eine Aufgabe des Lehrers" (1982b/250) Und als einen der abschließenden Höhepunkte empfiehlt sich das Resümee: 'Die Ablehnung jener Leistung und Angst generierenden Strukturen muss unter diesen Umständen zu aussichtslosen Kontrastprogrammen und dann zu Resignation führen". (1982b/252) Derart hanebüchene Äußerungen sind das Resultat der kurzschlüssigen inhaltlichen Wendung funktionaler Gesetzmäßigkeiten. Anstatt zu fragen, welche Form die interne (Identitäts-) Selektion unter angstfreien Bedingungen annehmen und in welcher Weise jene unter diesen für pädagogisch legitimierbare Zwecke indienstgenommen werden könnte (und genau dazu würde die Systemtheorie vielleicht eine interessante Problemfassung bereitstellen können), beschränken sich Luhmann/Schorr auf Kalendersprüche und Stammbucheintragungen.

Das bereits etwas ausführlicher beleuchtete Thema 'Verstehen' bildet naturgemäß ein besonders sensibles Gebiet in Hinblick auf die dargestellte Problematik. Sie ist vermutlich nicht zuletzt deswegen auch Thema eines eigenen Sammelbandes geworden. Schorr versucht hier einleitend im Durchgang durch die Entwicklung der Pädagogik "den Zusammenbruch zwischen der Unterstellung faktischen Verstehens und der auf dieser Basis entstandenen pädagogischen Semantik" (1986/36) nachzuzeichnen. Dabei bezieht er sich aus einer gegenwärtig-systemtheoretischen Sicht auf historische Beiträge v.a. Schleiermachers und Diltheys, sowie mehrerer Exponenten der in deren Gefolge anzusiedelnden geisteswissenschaftlichen Pädagogik. Dies ermöglicht ihm, einigen Positionen und Formulierungen problematische Implikationen zu attestieren. Da er seine historische Betrachtung mit Hermann Nohl schließt und rezente Beiträge zum Thema zwar erwähnt, aber nicht inhaltlich referiert, kann er zwanglos eine "Remystifizierung des Ganzen" (1986/37) feststellen. Unverständlich muss ihm natürlich bleiben, dass "weiterhin an der Unterstellung festgehalten (wird), dass man verstehen kann." (1986/37)

Luhmann schlägt in seinem Beitrag vor, dem Verstehensproblem ein Konzept selbstreferentieller Systeme zugrundezulegen. Er eröffnet diese Partie, indem er sich gegen "traditionsreiche Vorlagen" (1986b/75) wendet. Dabei entfaltet er eine für meine Darstellung aufschlussreiche Kritik zunächst an der Vorstellung, Selbstreferentialität als 'Selbstgespräch' zu verstehen, die "vor allem im Umkreis des 'symbolischen Interaktionismus'" (ebd.) verbreitet sei:

> "Unbestreitbar dient Sprache auch zur Strukturierung psychischer Prozesse, aber nicht in kommunikativer Funktion. Denn weder behandelt das Ich sich selbst als jemanden, der noch nicht weiß, was er weiß; noch als jemanden, der möglicherweise ablehnt, was er vorschlägt; noch als jemanden, der nur über Codierung und Zeichengebrauch erreichbar ist." (1986b/75)

Diese Argumentation macht wieder offenkundig, dass Luhmann von den 'operativen' Aspekten der 'Selbstverständigung' spricht: Natürlich weiß man, was man weiß, schlägt man nicht ab, was man sich selber vorschlägt und kann sich auch ohne äußere 'Zeichen' mit sich selbst verständigen. Aus der Beobachterperspektive mag daher Gespräch und Selbstgespräch unter den angegebenen 'technischen' Gesichtspunkten strikt zu unterscheiden sein. Dies trifft jedoch nicht das Prinzip der 'inneren Rede', sofern diese in der Subjektperspektive 'inhaltlich' als Medium der Konstituierung von Intentionalität betrachtet wird. Dann nämlich wird an ihr aufweisbar, dass sie jenen Sinn, den das denkende Subjekt als Motiv seines Handelns entwirft, nach einer Logik er- und bearbeitet, der jener eines kommunikativen Verständigungsprozesses mit einem sozialen Gegenüber entspricht. Dass dieses Mit-sich-selber-argumentieren ein 'Gegenüber' *objektiv* gesehen bloß imaginiert, hebt nicht seine *subjektive* Funktion einer Abklärung von Geltungsansprüchen gegenüber einer virtuell präsenten Prüf- und Einspruchsinstanz (etwa dem 'universalen Auditorium' im Sinne Habermas') auf. Die Einnahme einer kommunikativen Haltung erfolgt auf der Ebene subjektiver Bedeutungen und nicht als beobachtbare äußere Ereignissequenz. So mag es insgesamt sinnvoll sein, die Gleichsetzung von *innerem Sprechen* und *Selbstreferentialität* (im systemtheoretischen Verständnis!) zurückzuweisen, dies aber keineswegs, weil ersteres als unhaltbares Konzept zu qualifizieren ist, sondern weil beide Konzepte von vornherein inkompatiblen Diskursformen entstammen.

Luhmann spinnt indessen seine Kritik weiter und bestätigt meine Vorhaltungen erneut, wenn er die Auffassung kristisiert, Selbstreferenz als Selbstbestimmung zu interpretieren und in diesem Zusammenhang die "Illusion Kants" zurückweist (1986b/76), man könne zwischen selbstbestimmtem und fremdbestimmtem Handeln unterscheiden: Sie sei nicht aufrechtzuerhalten, weil ihr "kein objektiver Tatbestand [sic!] zu Grunde" liege, vielmehr wäre offensichtlich, "dass jeder mit sich selbst aushandelt [aha: auf einmal doch!], ob er in bestimmten Kontexten sich als eher selbstbestimmt oder als eher fremdbestimmt verstehen und verstanden wissen möchte." (1986b/76) Selbstverständlich trifft auch hier wieder zu, dass Selbstbestimmung und - systemtheoretisch gefasste - Selbstreferenz nicht das Gleiche sind, weil sie in unterschiedlichen Verallgemeinerungsperspektiven entwickelt werden: Selbstbestimmung referiert auf die subjektive Bedeutungsebene, da sie ex definitione auf ein subjektives Bedürfnis nach einer bestimmten Form ungehindert-expansiver Entfaltung von Handlungsabsichten referiert, während Selbstreferenz eine bestimmte operative Prozesslogik bezeichnet.

Schließlich entwickelt Luhmann Verstehen denn auch 'technisch' als einen Prozess höchst komplizierter operativer Struktur bei dem das verstehende System die vom zu verstehenden System praktizierte System/Umwelt-Differenz beobachtet:

"Es führt (1) in das System dieser Unterscheidung diese Unterscheidung ein, das heißt: es orientiert die eigene Operation in der Differenz des eigenen Systems zu seiner Umwelt (denn sonst würde es sich selbst mit dem zu verstehenden System verwechseln). Es führt aber zugleich (2) in die Umwelt dieser primären Unterscheidung eine zweite System/Umwelt-Differenz ein, nämlich die eines anderen Systems. Es versteht in seiner Umwelt ein anderes System aus dessen Umweltbezügen heraus."231 (1986b/80)

Dass es sich hier quasi um den 'Schaltplan' des Vorgangs und keinen möglichen 'Inhalt' desselben handelt ist offensichtlich und wird noch plastisch unterstrichen durch erläuternde Hinweise, denenzufolge "beide re-entries zugleich oder zumindest kurzfristig oszillierend realisiert" werden müssten, ein "ständiges Hin- und Hergleiten des Schwerpunktes ... eine Art Eigenbeweglichkeit, eine Art Vibration des Verstehensprozesses" (1986b/80) notwendig sei etc. Aus bereits mehrfach dargelegten Gründen ist daher nicht von vornherein plausibel, dass (bzw. wäre erst empirisch zu überprüfen, ob) sich aus der Kompliziertheit dieser Anordnung tatsächlich ergibt, dass sie in sozial anspruchsvolleren pädagogischen Situationen, etwa in Schulklassen aus (wie logisch zu folgern ist: technischem!) 'Kapazitätsmangel' (1986b/85, analog 1986b/104) nicht realisierbar sind. Klaus Prange attestiert der Systemtheorie denn auch m.E. treffend ihre tendenzielle Gegenstandsverfehlung und bezichtigt sie der "Nivellierung des Verstehensthemas" insofern, als der Begriff "Selbstreferenz in dem herkömmlichen Sinne der Selbstverständigung oder Selbstreflexion selber ein Objektives geworden ist" und auf diese Weise gerade nicht das im Verstehensbegriff angezielte "Proprium des Menschen ausdrückt, 'ein' Mensch zu sein." (1986/251) Den analogen Einwand Oelkers' habe ich bereits an anderer Stelle referiert.

Bescheiden (eine halbwegs professionelle Praktikerin würde vielleicht sagen: inferior) dann wieder die Ausbeute an pädagogisch-didaktischen Schlussfolgerungen (1986b/105ff) die Luhmann aus seiner Analyse ableitet. Dem strukturellen 'Verstehensdefizit' des Unterrichts - das überdies lediglich am Verstehen des vorgetragenen Lehrstoffes durch den Schüler und dem Verstehen des solcherart von diesem (ggf. auch nicht) Verstandenen durch die Lehrerin in den Blick gerät - wäre so zu begegnen: Man könne auf 'Intuition' setzen, man könne dem Lehrer mehr Redezeit einräumen, man könne die Klarheit des Vortrags verbessern, man könne auf beobachtetes Nichtverstehen rekursiv reagieren (nachfragen, noch einmal erklären ...) und man könne auf Redundanz setzen.

Die unzulässige In-eins-Setzung der zwei logischen Referenzebenen durchzieht die gesamte Luhmannsche und Schorrsche Argumentation zu pädagogischen Fragen. Exemplarisch etwa auch Luhmanns Behandlung der Forderungen, die das Schulsystem an das politische System stelle:

> "Die Paradoxie besteht darin, dass das Erziehungssystem einerseits auf Selbstbestimmung Wert legt, andererseits aber von der Politik Entscheidungen verlangt, mit denen Fragen der Schulorganisation, der Ressourcenzuweiseung, des relativen Gewichts von Fächern und 'Stoffen' in kollektiv bindender Weise entschieden bzw. solche Entscheidungen, die vorliegen, geändert werden." (1996a/30)

So wird als inhaltlich (!) paradox verbucht, was sich aus formaler Sicht gar nicht inhaltlich dechiffrieren lässt. Forderungen der beschriebenen Art sind natürlich ein Sinn-Problem: Es geht den professionellen Erziehenden naheliegenderweise nicht so sehr um einen Zuwachs an bloß formalen Freiheitsspielräumen, sondern um die Sicherung angemessener Arbeitsbedingungen. Dass diese nicht durch die plumpe Alternative 'autonom' statt 'untergeordnet' geleistet werden kann, arbeiten alle problembewussteren Diskussionsbeiträge zur Schulautonomie in eindeutiger Klarheit heraus. Gerade eine radikale *bloß formal definierte* Autonomie könnte die *pädagogische* Freiheit der Schule sehr schnell zunichte machen. (vgl. Hackl 1995, 1998)

Analog behandelt Luhmann die 'Erziehungsabsicht'. Nachdem er zunächst (allerdings mit Vorbehalten) den binären Code des Erziehungssystems als 'gut/schlecht für die Karriere' (1986/164ff) gekennzeichnet hat, führt er an anderer Stelle nun die 'Absicht' zu erziehen als eine Art Code-Ersatz vor. Sie diene "dem Erziehungssystem anstelle eines eigenen Code als dasjenige Symbol, das Operation mit Operation verknüpft und dadurch die Einheit des Systems symbolisiert." (1992/112) Mich interessiert hier eine Schlussfolgerung, die Luhmann aus seiner

Aufbereitung zieht: Wie generell der Code selbst durch den Code nicht thematisiert werden kann ("Unpraktikabilität der Kommunikation der Codewerte", ebd. 116), wäre nun auch die Erziehungsabsicht (da in der Funktion eines 'Codes') nicht sichtbar zu machen: Es "bleibt die Absicht zu erziehen im System inkommunikabel." (ebd., analog 1996b/287) Man würde schließlich "auch von einem Künstler, den man fragt, was er da macht, nicht die Antwort erwarten: etwas Schönes." (ebd.) Nun mag es plausibel sein, dass - technisch betrachtet - der Code dem Code selbst 'unsichtbar' bleiben muss, da er es ja ist, der die systemeigene Wahrnehmung definiert und sich nicht auf sich selbst anwenden kann. Diese Diagnose lässt sich aber keinesfalls aufblasen zu der Behauptung, dass man innerhalb des Erziehungssystems die Absichtlichkeit des Erziehens nicht zum Thema machen könne. Allenfalls würde aus der technischen Beschreibung folgen, dass man zur Behandlung unterschiedlicher Themen den jeweiligen Code eben wechseln muss.[232] Und das kann natürlich auch innerhalb des Schulsystems geschehen, sofern die Betroffenen dies wollen.

Wieder an anderer Stelle (1987b) behandelt Luhmann die "Sonderparadoxie des Erziehungssystems", die auf die "Intentionalisierung von Sozialisation" zurückzuführen sei. Und wieder lässt sich erkennen, wie sein unermüdliches Bemühen, alle erdenklichen Problemstellungen im Systemjargon durchzudeklinieren, ihn dazu verleitet, sie auf eine entsprechend technizistische Weise aufzubereiten. "Im Prinzip" nehme sich der Erzieher etwas unmögliches vor: "Wie bringt man Freiheit dazu, sich selbst zu steigern? Und vor allem: wie *bringt* man sie dazu, wenn solches Einwirken doch die Möglichkeit, die Einwirkung abzulehnen, ausschließen muss?" (1987b/60f) Wird doch "derjenige, der merkt, dass man ihn erziehen will, in die innere Opposition gedrängt." (1987b/67) Der Eindruck, der Erziehungsvorgang würde sich in der Handlungsperspektive notwendig als schlichtes instrumentelles Zugriffsmanöver darstellen, kann dann schnell weitergedrechselt werden zur Diagnose eines 'strukturellen Defizits' der Erziehung: "Man nimmt ein Können in Anspruch, das man nicht können kann." (1987b/61) Daraus wieder lässt sich die rhetorische Frage ableiten, "ob es nicht in vielen Bereichen einfacher und im ganzen erfolgreicher ist, die Sozialisation so laufen zu lassen, wie sie läuft, und die Belehrung der Welt zu überlassen."[233] (1987b/67) Theorie als Bonmot.

Die selbstkritische Kritik an Luhmann wird sich fragen müssen, ob seine Ausführungen nicht auch schulkritisch, d.h. als Infragestellung der aktuellen oder einer sonst empirisch vorfindlichen Verfasstheit von Schule, gelesen werden könnten. Darauf habe ich keine Hinweise gefunden. Der vorfindliche Zustand der Schule wird zwar zunächst einmal ironisierend angerempelt, dann aber sofort wieder durch die bekannte Strategie der 'funktionalen Erklärung' bekräftigt. Die Systeme seien eben so: "Im Grunde und in der Praxis ihrer Kommunikation" seien "Erziehung und Selektion aneinandergebunden." Und dies hätten sie denn auch zu wissen: "Wer die Aufgabe eines Erziehers übernimmt und dann Beurteilungen verweigert, kommuniziert, wie man sagt, einen performativen Selbstwiderspruch." (1996b/288) Punktum. Die ins Treffen geführten Beispiele wie auch die zwischendurch gewiesenen Alternativen lassen erkennen, dass Luhmann in seiner eigenen technizistischen Logik vor sich hin denkt und dabei nicht sieht, was er nicht sieht: Dass ein Unterstützungsangebot auch gerne angenommen werden kann, sofern es in kommunikativer Vermittlung auf die Bedürfnislage des Adressaten und auf die Freiheit, in der sich diese entfalten kann (und die man nicht 'erzeugen' muss wie eine Sonnenbrille) abgestimmt ist, lässt sich naturgemäß in der formalen Logik systemtheoretischen Denkens nicht ohne weiteres abbilden.

Zugestanden sei, dass sich in der realen Schule, auf die sich Luhmanns Analyse hauptsächlich bezieht, solche im eigentlich Sinne pädagogischen Prozesse selten entwickeln, hingegen der "Schematismus von Erfolg und Misserfolg, insbesondere das Zensurenschema und das organisatorische Prozessieren der Zulassungen, Versetzungen, Abschlüsse" (1987b/67) im Vordergrund steht. Und treffend lässt sich als paradoxe Kommunikation kennzeichnen, dass es um Bewertung des Kenntnisstandes von Personen ginge "nach dem Schema richtig/falsch, das aber überdies Lob oder Tadel impliziert" oder dass "auf der Ebene der expliziten Kommunikation wohlmeinende Absichten zum Ausdruck" kämen, "zugleich aber Verärgerung, Ungeduld oder die Absicht, Schlechtleistungen vorzuführen" mitschwinge. (1996b/280f) Derlei Inkonsistenzen haben aber - wie gezeigt - weniger mit einer paradoxen Implikation des Erziehens zu tun, als viel mehr mit externen Widersprüchen, die die Entfaltung eines pädagogischen Ambientes unter den paradox definierten Bedingungen der gegenwärtigen Schule torpediert: Rückstau der Qualifikationslogik bis in die Grundschule, nach dubiosen Kriterien vollzogene Selektion, die sich auf die Verteilung von Lebenschancen auswirkt etc. Die Aufgabe die 'Freiheit dazu zu bringen, sich selbst zu steigern', zählt nicht zu den Realzielen der Schule. Dies mag man wiederum paradox nennen, aber *diese* Paradoxie ist dann nicht im Rekurs auf Funktionalität zu bestimmen, sondern ausschließlich als inhaltliche Bedeutung einer widersprüchlichen Handlungssituation. Ob sie durch funktionale Konstellationen begünstigt werden, ist eine Frage, die dann erst zu klären ist.

In der skizzierten Art lässt sich über mancherlei räsonieren und manchmal stellt sich ein Effekt der Irritation und Verfremdung gewohnter Sichtweisen ein: Der Anfang etwa ist "das Wirksamwerden von Beschränkungen für anschließendes Operieren" (1990b/76), "Ausschließung des Dritten zur Einrichtung einer systemeigenen Logik." (ebd./86) Inhaltlich formuliert: Sich für etwas zu entscheiden bedeutet schon rein technisch, sich gegen etwas (anderes) zu entscheiden, das es dann nicht ist. Das ist irgendwie logisch, auch ohne Systemanalyse. Es mag dennoch dazu anhalten, Anfänge auch einmal 'verkehrt herum' zu reflektieren: Was ist es nicht, was jetzt beginnt? Auch die Schwierigkeit des Anfangens selber, kann so vielleicht ein wenig entschärft werden: "Der Anfang ist immer dann gleichgültig, wenn ein System zirkulär gebaut ist. Dann kommt es nämlich nicht darauf an, wo man in den Zirkel eintritt und mit den Operationen beginnt. Jede Eintrittsstelle impliziert alle anderen." (1990b/82) Nicht, dass dies - aus inhaltlicher Sicht - bedeuten würde, dass man nicht zu einem bestimmten Zeitpunkt gezielt und mit expliziten Ambitionen etwas beginnen sollte, aber an die funktionale Interdependenz der Bestandsereignisse eines Phänomens erinnert zu werden, mag die Suche nach dem richtigen Zeitpunkt und der entscheidenden Stelle (beide kann es inhaltlich besehen natürlich immer noch geben!) entkrampfen. Was Luhmann (doch irgendwie kritisch gemeint?) als Probleme der 'Homogenisierung' des Schulanfangs diskutiert - "Einerseits muss das Verhalten auf das schulisch Erträgliche und Förderliche reduziert und andererseits in der dadurch entstehenden zwanghaften Stille wieder in Gang gebracht werden." (1990b/92) - lässt sich zwar systemtheoretisch reformulieren, gewinnt jedoch so nicht seine Triftigkeit, denn wieder gilt: Die technischen Notwendigkeiten der beschriebenen Prozesse bilden zwar die 'Basis' des pädagogischen Handelns, sie schlagen sich aber nur sehr vermittelt und indirekt als inhaltliche Probleme des pädagogischen Handelns - etwa als Tendenz zur 'Homogenisierung' - nieder. Selbstverständlich könnte man (und zwar aus Gründen) die Anfangs-Homogenisierungs-Tendenzen der Schule verändern, zurückdrängen, vielleicht sogar völlig beseitigen. (Und man hätte dann noch immer ein Schul*system*.) Kritisch wenden ließe sich die funktionale Erörterung allenfalls dadurch, dass man der Schule (resp. ihrer Organisation und ihren personalen Repräsentanten) in diesem Zusammenhang technisch prozessierende 'Verselbständigungen' ursprünglicher Motive aufweist, doch wären die eben wieder auf einer anderen Ebene zu klären.

Exemplarisch noch ein Satz von Schorr, der die autopoietische Periodisierung der Systemabläufe in der Schule ohne Angabe von Begründungen mit Bedeutung füllt, ein Funktions-Inhalts-Kurzschluss par excellance: "Ausdifferenzierung in der Form einer Periode führt dazu, dass eine besondere Eigenzeit des Systems entsteht. Das heißt einerseits nahezu unvermeidlich: dass die Schule langweilig ist. Andererseits geht für manche manches zu schnell. Sie kommen nicht mit." (1990/115) Und zum anderen Male die Darstellungsform: In Anschluss an eine funktionale Bestimmung werden bekannte inhaltliche Problemstellungen im Systemjargon reformuliert, ohne, dass der Zusammenhang zwischen funktionalen Sachverhalten und handlungsbezogenen Auswirkungen tatsächlich aufgewiesen wird. Er wird im Duktus der spritzigen Erzählung vielmehr zur unterstellten Selbstverständlichkeit und das Verhältnis von Funktion und Inhalt erweist sich bei genauer Betrachtung als bloß rhetorisch bestimmt.

II.

Jürgen Diederich, der zu den langfristig engagierten erziehungswissenschaftlichen Diskussionspartnern von Luhmann und Schorr zählt, eröffnet sein Statement zum Thema 'Technologie und pädagogisches Handeln' mit der Definition, bei Technologien handle es sich "übertragbare Verfahren, die Relevanz-Zeit-Allokationen auf Dauer stellen, gleichgültig, ob es sich um den Umgang mit Materialien oder Problemen handelt." (1982/51) Solche Verfahren erbrächten zum einen Effizienzgewinne, zum anderen verankerten sie strukturellen Konservativismus. Dies lässt sich am Phänomen der 'Vergegenständlichung' solcher Verfahren als physikalische und soziale Installationen demonstrieren, die intendiertes Verhalten ermöglichen, unerwünschtes hingegen verunmöglichen: Das Anbringen von Knöpfen am Stiegengeländer verhindere das Herunterrutschen und erspare Verbote und deren Exekution. Am Beispiel von Verkehrsanlagen wird die zwingende Logik 'technologischer Verhaltenssteuerung' auf den Punkt gebracht:

"Brücken haben vielerorts schienengleiche Bahnübergänge ersetzt, d.h. in diesen Fällen wurde das Problem, dass Zug und Auto aufeinandertreffen könnten, durch Änderung der Umstände einfach abgeschafft. Schräge Einmündungen von Seitenstraßen in Hauptstraßen werden durch T-Kreuzungen ersetzt; nun zwingt die Straßenführung auch den eiligsten Fahrer, seine Geschwindigkeit herabzusetzen, unerwünschtes Verhalten wird erschwert oder ausgeschlossen." (1982/58)

Es ist offensichtlich, dass hier gegenüber der systemtheoretischen Ausarbeitung von Begriffen (im Schema aus dem 1. Resümee: die rechte Würfelseite) wieder die praktische Installierung systemischer Formierungsmaßnahmen (ebd.: das untere Segment) in den Vordergrund tritt. So sinnvoll indessen die prohibitive Verwaltung einer nicht beherrschten Fortbewegungstechnologie sein mag, ihre Übertragung auf pädagogische Situationen wirft die bereits bei Locke und Rousseau zutagegeförderten Probleme auf: die instrumentalisierende Einschränkung von Handlungsmöglichkeiten, die Behinderung von Lernen, die Verweigerung normativer Rechtfertigung. Das Stimmungsbild, das Diederich als Einwand gegen die Rede vom 'Technologiedefizit' der Pädagogik ins Treffen führt, lässt dies zunächst nur indirekt erkennen:

"Die Knöpfe auf dem Geländer sind nur ein besonders merkwürdiges Element einer viel umfassenderen Klasse baulicher Maßnahmen, mit denen Schulen als 'Lehranstalten', als Stätten organisierter Lernprozesse eingerichtet und ausgewiesen werden. Anzahl, Lage und Formate der Fach- und Klassenräume, der Verwaltungsräume und Verkehrsflächen konstituieren einschränkende Bedingungen und günstige Gelegenheiten für Schulleben und Unterricht. ... Die Einrichtung von Schulräumen ist spartanisch bis zweckmäßig; kaum eine Nische entzieht sich natürlicher oder künstlicher Beleuchtung; Tür, Tafel, Handwaschbecken, eventuell Projektionsflächen und Klemmleiste oder Pinwände legen eine dominante Aufmerksamkeitsrichtung fest, die Lehrer allenfalls durch die Anordnung der Stühle und Tische, des Schranks, Regals oder Pults auflockern oder durchkreuzen können. ... Stundentafel und Stundenplan legen fest, wie oft und wann welche Tätigkeiten von den Personen in den Räumen erwartet werden" (1982/61)

Aber auch im 'weicheren' Medium der Unterrichtsmethodik wirke Technologie, des weiteren von der Unterrichtsvorbereitung über das 'vorbildhafte Verhalten' und die schlichten 'Sozialisationseffekte des täglichen Umgangs' bis hin zur Schulpflicht. All diesen Anordnungen lägen spezifische Kausalitätsannahmen zugrunde. Und Diederich bringt auf den Punkt, worin allein ihr Prinzip bestehen kann: Um einen angestrebten Zustand herbeizuführen "müssen *alle* Bedingungen erfüllt sein ... ; um einen unerwünschten Zustand zu vermeiden, reicht es hin, *eine* Bedingung außer Kraft zu setzen." (1982/81) Technologische Anwendung empirischen Wissens sei daher auf den "'negativen' Fall, nämlich als Ausschluss unerwünschter Ereignisse" beschränkt. (1982/83) Damit ist exakt die 'kybernetische' Kausalitätslogik (wie bei Bateson ausgeführt) wiedergegeben.

Bloß auf das Existieren solcher systemischer Technologie zu pochen, legt noch nicht offen, welche Wirkungen sie in pädagogischer Hinsicht zeitigt. Doch genau das wäre zu klären, wenn man über ihre tatsächlichen möglichen Folgewirkungen bescheid wissen möchte. Dies wird sofort deutlich an ihrer handlungstheoretischen Bearbeitung. So akzentuiert etwa Holzkamp (1993/339ff) seine Darstellung der von Diederich beschriebenen schulischen Unterrichts-Landschaft in Anknüpfung an Foucault in etwas kantigeren Strichen. In der von ihm präferierten Perspektive rekonstruiert er die 'Bedeutungsanordnung Schule' als nach systemischen[234] Prinzipien organisierten Handlungskontext, der über spezifische Formen der Eröffnung/Ausschließung, etwa der räumlichen Isolierung, Rangzuweisung, Zeitökonomie, Organisation von Entwicklungen, Überwachung, Sanktionierung, normalisierenden Differenzierung und Leistungsbewertung das Verhalten der Lernenden in einer Weise formiert, dass sich bestehende Machtverhältnisse im Inneren der Institution "quasi durch die Betroffenen hindurch mittels eines flexiblen und wandlungsfähigen Systems wechselseitiger Kontrolle und Überwachung reproduzieren" (1993/349) und so selbstbestimmte Entwicklungsambitionen entschärft oder eliminiert bzw. als sozial unverträgliche Devianzen zur Erscheinung gebracht werden. Im Zentrum der Disziplinierungsstruktur stehen unterschiedlich verankerte Interaktionsmuster und deren subjektive Wahrnehmung, wie etwa die Grunderfahrung des 'Eingekreist-Seins', die Konstituierung 'verdeckter' Interaktionsverhältnisse, die Praktizierung 'defensiven Lernens', die Monopolisierung des Fragens beim Lehrer etc.[235]

Damit wäre in handlungstheoretischer Einstellung wieder aufweisbar, welche 'inhaltlichen' Bedeutungen mit der techno*kratischen* 'Vergegenständlichung' techno*logischen* Wissens verbunden sein können, die einer konsequent funktionalistischen Sicht nicht greifbar werden. Die Schlussfolgerung von der fundamentalen Erkenntnis, dass *jeder* Systembildung spezifische Formen der Ermöglichung/Beschränkung eigen sind auf deren Interpretation als *Angelpunkt strategischer Handlungsplanung* nimmt Entfremdungsphänomene in Kauf oder zielt sie an. Zweifellos ist es möglich, empirische Systemarchitekturen zu entwerfen, die die Möglichkeiten individueller Selbstbestimmung weitgehend einschränken. Dass damit genau jene - inhaltliche - Undurchsichtigkeit, Abgekapseltheit und autistische Borniertheit der betroffenen Subjekte, letztlich vielleicht sogar: die tendenzielle Unmöglichkeit ihrer pädagogischen Betreuung erst *hervorgerufen* wird, die eine dogmatisierende systemtheoretische Analyse als die Natur der Sache verkaufen möchte, ist aus der von ihr eingenommenen Haltung nicht zu erkennen, sondern bedarf der handlungstheoretischen resp. pädagogischen Betrachtung.

Neben technokratischen Bezugnahmen auf Systemtheorie sind in lockerer Anknüpfung an unterschiedliche Varianten ihres Programms auch erste Ansätze eines quasi 'liberal-systemischen' Pädagogikverständnisses formuliert worden. Exemplarisch umreißt Reinhard Voß dieses Unternehmen so: "Das Adjektiv 'systemisch' kennzeichnet eine allgemeine Sichtweise, die nicht unabhängige, voneinander getrennte und klar abgegrenzte Objekte voraussetzt, sondern 'Systeme' zur Einheit ihres Denkens macht, mit denen sie sich konstruktivistisch als Erkenntnisgegenstand befasst." (1997a/8f) Unter diesem Motto versuchen dann mehrere Autoren dem Erziehungsproblem eine systemtheoretisch fundierte Fassung zu geben und auch hier lässt sich wieder nachvollziehen, wie die kritisierte Vermischung unterschiedlicher Argumentationslogiken zu einer Abzweigung in mannigfache theoretische Sackgassen wird.

So stellen Balgo/Voß zurecht den dogmatisch-dirigistischen Zugriff der Erwachsenen auf ihre Nachkommenschaft in Frage. Aber anstatt ihn durch ein Modell der kommunikativen Entwicklungsunterstützung und kooperativen Lösungssuche zu ersetzen, halten sie dem vorauswissenden Welterklärungseifer missionarischer Erwachsener entgegen, dass prinzipiell *alle* Sichtweisen, die von Menschen entwickelt werden, auf 'Konstruktionen' zurückgehen würden, und daher keine Ansprüche auf Wahrheit[236] stellen könnten. Es "scheinen" daher Menschen bloß "'gestört', 'verrückt', 'behindert', 'krank' zu sein" und - im erörterten Falle - der Sonderpädagogik oder Therapie bedürftig und es "scheinen" ebenso "die Kinder die Welt noch 'fehlerhaft' wahrzunehmen" und daher noch erzogen und belehrt werden zu müssen. Ein Mensch aber könne "nicht 'mehr' wissen als ein anderer Mensch" (1997/64), ein Irrtum also sei die überkommene Annahme: Ein "Kind 'weiß (noch) nicht', was 'wahr', 'richtig' und 'gut' ist und muss dies erst lernen." (1997/58)

So plausibel der in den gewählten Formulierungen mitschwingende Einspruch gegen autoritäre Fremdbestimmungsversuche erscheinen mag, er lässt sich so nicht begründen[237]: Wenn alles Wissen auf 'Brillen' (1997/57) zurückführbar ist, die beliebig austauschbar sind, wird jede Verständigung über die Angemessenheit von Auffassungen unnotwendig und zugleich die empathisch proklamierte Anerkennung der 'subjektiven Brille' des Heranwachsenden zu einer inhaltsleeren Geste, da die von diesem geäußerten Geltungsansprüche als Ausdruck seiner bedürfnisbezogenen Selbstverortung in der Welt ohnehin nicht mehr ernstgenommen werden müssen: Es hat ja jeder irgendwie recht, weil jeder das Recht hat, irgendetwas als richtig anzusehen. Damit wird einem Relativismus der Boden bereitet, der jede inhaltliche Auseinandersetzung um Anliegen unnotwendig erscheinen lässt oder in Unkenntnis der Logik diskursiver Verständigung als "Kämpfe um den 'richtigen' Glauben, die 'richtige' politische Ideologie, die 'richtige' wissenschaftliche Theorie, die 'richtige' Lebensweise, Ordnung, Moral" (1997/59) rhetorisch stigmatisiert.

Die Basis für diese Auffassung verdankt sich dem bekannten Motiv: Balgo/Voß verabsolutieren den operativen Modus der 'Konstruktion' individueller Sichtweisen und behandeln diese dann so, als könne man sie nun auch in ihrer inhaltlichen Bedeutung nur mehr als willkürliche Setzungen innerhalb eines evolutionären Bewährungsrahmens ansehen. Da "zwischen Wahrnehmung und Täuschung" nicht unterschieden werden könne (1997/66), seien sie weder wahr noch falsch, sondern lediglich "möglich, gangbar, passend, viabel." (1997/63) Nun mögen bei Akten der Wahrheitsfindung *auf der operativen Ebene* Prozesse der evolutionären Bewährung eine noch so wichtige Rolle für das 'technische' Zustandekommen einer bestimmten Überzeugung spielen, *auf der Handlungsebene* imponieren Behauptungen, Einschätzungen, Auffassungen eben dennoch als wahr oder falsch. Vermutlich schreiben auch Balgo/Voß ihre Aufsätze nicht deswegen, weil sie ihre Position bloß als 'möglich', ihre vorgeschlagenen Lösungswege bloß als 'gangbar' ansehen, denn mögliche Positionen und gangbare Wege sind schon ausreichend viele publiziert worden. Sie mögen die Vorzüge ihrer Sichtweise nicht durch die Worte 'wahr' oder 'richtig' oder 'sinnvoll' ausdrücken wollen, irgendeine analoge

Bewertung werden sie aber wohl dennoch treffen. Und zu guter Letzt kann ein handelndes Subjekt selbst dann, wenn wirklich nur die Einschätzung, ob eine Handlung 'möglich, gangbar, passend oder viabel' ist, ansteht, nicht anders, als diese Einschätzung erst wieder als 'wahr' oder 'falsch' (oder 'vorläufig unentscheidbar') zu klassifizieren. Daher macht es keinen Sinn, die Erkenntnis, dass Sichtweisen 'technisch' in 'konstruktiver' Weise zustande kommen, nun als Einsicht in ihre Wahrheitsunfähigkeit zu inszenieren. Für Balgo/Voß aber sind die Wege der Heranwachsenden "weder 'richtig' noch 'falsch'" (1997/67), sondern lediglich evolutionär bewährt, Wissen allenfalls 'nützlich' für seinen Eigner, nicht jedoch 'verbindlich' für eine Allgemeinheit (so etwa 1997/64).

Auf diese Weise müssten der systemisch-konstruktivistisch geläuterten Erzieherin dann allerdings Karrieren der ihr anvertrauten Heranwachsenden als Crack-Händler, Autodiebe oder Zuhälter gleich lieb sein wie jede andere, denn dies ist ohne Zweifel 'gangbar' und könnte sich, durch bestimmte - 'evolutionär' sich ergeben habende - 'Brillen' betrachtet, ja sogar als durchaus 'nützlich' (etwa für die Akkumulation individuellen Reichtums) erweisen. Gleichermaßen müsste sie darauf verzichten, ihre 'Konstruktionen' argumentierend vorzustellen, denn damit müsste sie auf 'Wahrheit', 'Richtigkeit', 'Wahrhaftigkeit' etc. abheben. Im Grunde bliebe ihr nichts anderes übrig, als eine beliebige Auswahl dessen, was irgendjemand irgendwann einmal irgendwie gedacht hat, als Posten in einer Art Bestellkatalog zu führen und diesen an von Jugendlichen frequentierten Orten zur fakultativen Einsichtnahme aufzulegen. Denkt man den 'systemisch-konstruktivistischen' Zugang zur Erziehungsproblematik konsequent zu Ende, so erweist er sich als intellektuelle Frischzellenkur für die alte antipädagogische These von der strikten 'Nicht-Einmischung' in die Entwicklung der Heranwachsenden.

Papier ist geduldig. Und so finden sich im angeführten Kontext mannigfache Beispiele, an denen man bestenfalls lernt, wie man Theorien durch ihre Anwendung in Verruf bringen kann. Ein in dieser Hinsicht besonders ergiebiges Beispiel liefert Rolf Huschke-Rhein. Sein Umgang mit dem Systemparadigma zeichnet sich v.a. dadurch aus, dass er in einen Fundus bereits ausführlich bearbeiteter Problemstellungen eine bunte Auswahl systemtheoretischer Vokabeln einstreut, ohne, dass dieses Manöver die Erörterung durch irgendeine substanziell neue (oder gar spezifisch systemtheoretische) Einsicht anreichern würde. Daraus nur eine kleine Auswahl: Huschke-Rhein ruft zunächst den Satz 'Nicht für die Schule, sondern für das Leben lernen wir' in Erinnerung und stellt die Frage, was "das unter systemischer Fragestellung heißen" (1997/34) könne. Seine Antwort gibt er in einem Dreischritt, dessen Stationen lauten, Man lerne "fürs *eigene* Leben", man lerne "fürs *spätere* Leben" und man lerne "für das *Leben* überhaupt". (1997/34f) Dabei findet er zu originellen Formulierungen. So etwa: "Wir lernen auf der Schule nicht fürs Lernsystem, sondern für uns selbst, fürs eigene Leben." An dieser Feststellung bleibt mancherlei ungeklärt. So etwa die terminologische Entscheidung, ausgerechnet die 'Schule' als 'das *Lern*system' zu apostrophieren und nicht die operative Anordnung, durch die *das Lernen* der Lernenden in der Schule realisiert wird. Aber selbst wenn man dies akzeptiert: Was ist an diesem Lernsystem systemtheoretisch verstanden, wenn es als eine Instanz auftritt 'für' die 'wir' ggf. lernen können? Entweder betrachten wir auch uns und unser Lernen unter bestimmten Gesichtspunkten *als* Systeme!(und können dann bestimmte 'technische' Eigenheiten von deren Verhältnis zum 'System Schule' studieren) oder wir nehmen 'uns' als Subjekte und 'die Schule' als Gegenstand unserer Lebenspraxis wahr. Es gibt aber keinen logischen Ort, an dem 'wir' als 'Subjekte' uns der Schule als 'System' gegenüberstellen können, es sei denn, wir akzeptieren, dass *dann* 'das Lernsystem' nichts anderes bedeutet, als durch 'die Schule' immer schon ausgedrückt war. Was aber ist dann der Gewinn der neuen Ausdruckswiese?

Dass meine Anfrage keine hermeneutische Unnachsichtigkeit gegenüber einer vielleicht ungeschickt gewählten Formulierung darstellt, zeigt sich an beliebigen anderen Aussagen: "Es geht nicht um die Fremdbestimmung durch ein externes System, sondern um die Selbstbestimmung des Lernenden für sich selbst als System, mit einem üblichen systemischen Terminus können wir auch sagen: um die eigene Autopoiesis ... des Lernenden, d.h. um die Fortsetzung der eigenen Autopoiesis." (1997/34) Auch hier wird wieder vermischt, was logisch nicht verträglich ist: operative Festlegung vs. Autopoiesis ist *ein* Thema, Fremdbestimmung vs. Selbstbestimmung ein *anderes*.

Die Palette der nach diesem Prinzip kreierten impressionistischen Gedankenskizze ist breit: Schule kann so "ein konservatives System in einem ganz neutralen Sinne" (1997/36) sein, als ließe sich die funktionale Konfiguration der Schule auf einer politischen Werte-Skala (deren Logik ich überdies nicht dechiffrieren kann) verorten, es zeigt sich, dass "die Schule in der Moderne auch ein Moment enthält, das ... eine Art autopoietischen Explosivstoff im System darstellt" (1997 /37), wobei gleich so ziemlich alles offenbleibt, nämlich, ob sie nun *vor* der Moderne nicht autopoietisch war, oder ihre Autopoiesis bloß keiner pyrotechnischen Analyse zugänglich, ob die Schule *selbst* oder nur eines ihrer 'Momente' (und: welches?) explosionsgefährdet prozessiert und schließlich: ob sie nun selbst das *Objekt* der drohenden Sprengung darstellt oder vielleicht gar die Gesamtgesellschaft oder noch ein anderes 'System' gefährdet. Die Stringenz der Begriffsverwendung wird in Kurzform in Sätzen wie diesem vor Augen geführt: "Jedes Erkennen ist eine 'Operation' (wörtlich: Tätigkeit), eine Handlung des Systems". (1997/40) Der große Anspruch, "dass wesentliche Probleme des heutigen schulischen Lernens gelöst werden können, wenn wir die Anregungen aufnehmen, die wir aus den systemisch-konstruktivistischen Konzepten erhalten haben" (1997/53) kann so naturgemäß nicht eingelöst werden.

Kersten Reich schließlich bietet an, eine 'allgemeine Zielbestimmung' systemisch-konstruktivistischer Didaktik darzustellen. Dabei garniert er zunächst einen lockeren Rundumschlag gegen allerlei vermeintliche und tatsächliche Missstände in Erziehung und Gesellschaft in bereits von Huschke-Rhein bekannter Weise mit systemtheoretischen und konstruktivistischen Erkennungszeichen und präsentiert wieder ein Konglomerat aus einschlägigem Jargon, einigen unmittelbar einleuchtenden Forderungen, die mit Systemtheorie nicht das Geringste zu tun haben (so etwa jene nach stärkerer Berücksichtigung der Beziehungsebene im Unterricht, 78ff) und mehreren nicht nachvollziehbaren Vereinnahmungen (so etwa von John Dewey, 71 und Célestin Freinet, 80). Eine bemerkenswerte Wendung nimmt die

Darstellung dort, wo das konstruktivistische Diktum von der 'Erfindung' der je eigenen Weltsicht plötzlich nur mehr zur Charakterisierung eines bestimmten *abgegrenzten Typus* von Handlungen verwendet wird. Hier nun "erfinden wir nicht alles neu. Immer mehr Lernzeit wird darauf verwendet, die Erfindungen anderer für uns nachzuentdecken." (84) Und so wird das 'Erfinden' gleichberechtigt ergänzt durch das entdeckende 'Rekonstruieren' und das skeptische 'Dekonstruieren'. Dieses unerwartete Einholen des zuerst so energisch propagierten paradigmatischen Rückgrats wird davon begleitet, dass Strategien für "konstruktivistisch wichtig" [sic!] ausgegeben werden, die im Zeichen systemisch-konstruktivistischen Denkens tatsächlich völlig fehl am Platze sind, nämlich etwa "dass wir in Prozessen der Rekonstruktion *verstehen* lernen, was die damaligen oder jetzigen Beobachter dazu veranlasst haben könnte, ihre Beobachtungen so und nicht anders festzulegen. Wir fragen nach *Motiven* ... " (85, Hvh. von mir)

(2.3) Systemtheoretisch fundierte Interventionskonzepte

Die vorliegenden systemtheoretisch fundierten Beiträge zu erziehungswissenschaftlichen Themen erweisen sich in Hinblick auf meine Ausgangsfrage, ob das Systemkonzept einen sinnvollen Beitrag zu einer erweiterten kategorialen Orientierung pädagogischen Denkens und Handelns leisten kann, sowohl quantitativ wie qualitativ als wenig ergiebig. Vergleichsweise elaborierte Stellungnahmen wurden jedoch zu anderen Anwendungsbereichen entwicklungsorientierter Intervention formuliert, v.a. zur Organisationsentwicklung, zur Beratung und zur Therapie. Ich werde daher im folgenden hauptsächlich auf Argumentationen, Erfahrungsberichte und Fallstudien aus diesen Arbeitsfeldern zurückgreifen, in denen sich die Umrisse des neuen 'Weltbildes' bereits deutlicher abzeichnen und sich als identifizierbare (und kritisch diskutierbare) Argumentationsgestalt zu konsolidieren begonnen haben.[238]

Welche Gründe könnten gegen eine solche Analogisierung von pädagogischen und außerpädagogischen Argumentationszusammenhängen sprechen? Zunächst wurden im Kontext von Beratung und Therapie Interaktionsformen entwickelt, die *anlassbezogen* der fremdunterstützten Beseitigung von aufgelaufenen *Problembeständen* dienlich sein sollen, nicht aber der durchgehenden Förderung eines Entwicklungsprozesses in biografischer Größenordnung. Dieser mögliche Einwand lässt sich indessen entschärfen, wenn man sich einige der voranstehend entwickelten Argumente zu eigen macht und Erziehung nicht als 'Hervorrufung' und kontinuierliche 'Anleitung', sondern als (zumeist ebenfalls anlassorientierte) Unterstützung eines immer schon vor sich gehenden, von einem eigenständigen Subjekt betriebenen, diskontinuierlich über Etappen der Problembegegnung, -erfahrung, und -lösung verlaufenden Selbst-Transformationsprozesses versteht. Eine weitere Schwierigkeit könnte darin bestehen, dass die von mir untersuchten Konzepte sich (auch in therapeutischen Kontexten) nicht primär auf die Förderung der Entwicklung *einzelner Individuen*, sondern von *sozialen Zusammenhängen* beziehen. Diesem Einwand denke ich jedoch mit dem Hinweis gerecht werden zu können, dass pädagogisches Handeln mindestens in Institutionen wie der Schule primär als Intervention in einen *überindividuellen Kontext* anzusehen ist. Und gerade, dass es gleichzeitig deren angestrebtes Ziel ist, die Entwicklung der beteiligten Individuen zu fördern, lässt weitgehende Analogien zur Beratung von Organisationen oder Therapie von Familien durchaus zu.[239]

Das Hauptargument, das mir für meine Vorgangsweise zu sprechen scheint, besteht jedoch darin, dass ich hier nicht ein bereichsspezifisches Methodenarsenal im einzelnen untersuchen, sondern eine methodenorientierende Grundidee herausschälen und kritisch prüfen möchte. Da in einem systemtheoretischen Begriffsrahmen formulierte Interventionskonzepte ja nicht mehr liefern können, als 'technische' Modellvorstellungen, die im Falle ihres praktischen Einsatzes erst mit einer konkreten inhaltlichen Füllung zu versehen sind, halte ich sie für ausreichend universell, dass sie sowohl beraterischen, therapeutischen wie pädagogischen Interventionen zugrundegelegt werden können. Aus diesem Grunde lege ich meine Ausgangsfrage ja auch relativ unspezifiziert als Frage nach dem *Gewinn an begrifflicher Orientierung* an, der von einer *systemtheoretischen Betrachtung sozialer Interventionen* zu erwarten ist. Auf pädagogische Spezifika werde ich im Verlauf der Darstellung nach Bedarf und Möglichkeit Bezug nehmen.

In meiner Darstellung werde ich vor allem zwei (allerdings nicht sehr trennscharf voneinander unterscheidbare) 'Richtungen' berücksichtigen: Autorinnen und Autorengruppen, die bevorzugt in der Tradition Batesons argumentieren und solche, die sich stärker an die Luhmannschen Systemtheorie anlehnen. Zu den ersteren zählen etwa die Mailänder Schule der systemischen Familientherapie, Psychologie und Organisationsforschung[240] (v.a. Mara Selvini-Palazzoli und ihr Team) sowie Eckard König / Gerda Volmer, zu letzteren die österreichische Tradition systemischer Organisationsberatung[241] (etwa Margit Oswald, Rudolf Wimmer, Klaus Scala und Susanne Mingers). Auch der bereits mehrfach zu Wort gekommene Bielefelder Soziologe Helmut Willke ist in erster Linie der Luhmannschen Auffassung verpflichtet. Der Heidelberger Psychotherapeut Fritz B. Simon und der Wiener Soziologe Stefan Titscher beziehen sich, soweit ich das übersehe, gleichermaßen auf beide Traditionslinien.

'Systemisch' argumentierende Autoren heben gerne hervor, dass sich ihre Konzepte einer strikt system*theoret*ischen Annäherung an ihr Thema verdanken. Ich möchte in diesem Teil meiner Ausführungen u.a. zeigen, dass eine puristisch durchgehaltene systemtheoretische Erläuterung interventorischer Denk- und Handlungskonzepte in Schwierigkeiten gerät: Wenn die 'subjektiven' Anteile des Interventionshandelns verschwiegen werden, lassen sich nur relativ wenige formale Schlussfolgerungen gewinnen, die als Handlungsorientierung kaum relevant sind. Die 'Systemiker' lösen dieses Problem zumeist dadurch, dass sie stillschweigend und theoretisch unausgewiesen Hilfskonstruktionen in der Logik der von mir präferierten doppelperspektivischen Sichtweise einführen. Auf dieser Grundlage argumentieren sie dann zumeist strategische Konzepte, die bevorzugt auf eine Instrumentalisierung der systemisch strukturierten operativen Strukturbildungen und Gesetzmäßigkeiten des Handelns aufbauen.

Dabei begünstigt das 'einäugige' Selbstkonzept ganz offensichtlich, dass - in Ermangelung eines geeigneten theoretischen Referenzsystems für die 'inhaltliche' Seite - systemtheoretische Versatzstücke in der bereits mehrfach aufgewiesenen Weise kurzschlüssig auf den intentionalen Bereich übertragen werden. Dies liegt natürlich schon deshalb nahe, weil aufgrund der dogmatischen Abschottung gegenüber handlungstheoretischen Kategorien gar nicht erst erkennbar wird, dass und warum eine solche Übertragung logisch unzulässig ist. Meine nachfolgende Argumentation wird daher v.a. das Grundthema variieren, die Unterscheidung zwischen 'systemisch' und 'systemtheoretisch' gegen das Selbstkonzept der referierten Autoren zur Geltung zu bringen und allfällige Verkürzungen und Verschiebungen aufzuweisen und zurechtzurücken.

(a) Ausgangsannahmen

Im ersten Schritt zeige ich zunächst, dass den 'systemischen' Autoren generell mit einigem Misstrauen in Hinblick auf die Dignität ihrer Argumentationen zu begegnen ist. (I) Dann greife ich den vorgebrachten Argumentationsbestand auf und rekapituliere zunächst, dass aus systemtheoretischer Sicht sowohl eine intervenierende, als auch eine intervenierte Instanz, wie auch die Intervention selbst als Systembildung zu denken ist. Den Modus der operativen Vernetzung der beteiligten Instanzen präzisiere ich anhand der systemtheoretischen Konzepte der 'Beobachtung' und der 'Beobachtung zweiter Ordnung' als informationsvermittelte Bezugnahme autonomer Systeme aufeinander und auf sich selbst. (II) Im nächsten Schritt gehe ich auf die These von der 'Paradoxie' des Interventionsvorganges ein und erläutere, dass diese These durch meine Annahme eines spezifischen Autonomie-Gefälles zwischen subjektiv-reflexiven Vorgängen einerseits und automatisiert-selbstlaufenden Operationen und sozialen Strukturen/Prozessen andererseits hinfällig wird. (III) Diese Wendung untermauere ich mit dem Verweis auf einige paradigmatische Denkfiguren aus dem Programm der Mailänder Schule. (IV) Dann führe ich anhand von Fallstudienausschnitten vor, in welcher Weise puristisch handlungs- und systemtheoretische Interpretationen empirischer Handlungssituationen diese in einem je 'einseitigen' Licht erscheinen lassen (V) und zeige, dass Überlegungen im Subjektdiskurs eine unhintergehbare Notwendigkeit interventorischen Denkens bilden und daher de facto auch dort angestellt werden, wo dies in programmatischen Äußerungen bestritten oder verschwiegen wird. (VI)

I.

Der theoretisch fallweise recht unbedarfte Umgang vieler Autorinnen mit Theorie im allgemeinen und mit dem selbstgewählten Referenzparadigma im besonderen[242] macht es notwendig, die angebotenen Denkmodelle mit Vorsicht zu konsumieren. Zusammenfassend will ich folgende kritische Bemerkung an den Anfang meiner Betrachtung stellen: Die systemtheoretisch orientierte interventionspraktisch argumentierende Literatur enthält einige überaus spannende und wertvolle Hinweise auf Reflexionsperspektiven, die sich tatsächlich und nur auf einen systemtheoretischen Problemzugang zurückführen lassen. Diese Hinweise werden jedoch vielfach überlagert und zugedeckt, manchmal auch inhaltlich verzerrt und beschädigt dadurch, dass die Autoren immer wieder systemtheoretische Begriffe und Argumentationsfiguren in einer bloß 'deklarativen' Weise handhaben und verabsäumen, diese wirklich in die Darstellung als deren kategoriale Fundierung zu integrieren, dabei i.b.

- Banalitäten, Alltagsgewissheiten und Hausverstandspostulate mit Bezeichnungen aus dem Begriffsrepertoire des Systemjargons belegen, solcherart Theoriebezug bloß vortäuschen und damit verdecken, dass die referierten praktischen Wissenselemente jeweils erst substanziell handlungs- und/oder systemtheoretisch zu *interpretieren* und damit theoretisch zu 'lokalisieren' und aufzuschlüsseln wären,
- bereits hinlänglich bekannte und theoretisch ausführlich bearbeitete Probleme im systemtheoretischen Vokabular reformulieren, ohne dass dadurch gegenüber der bereits bestehenden theoretischen Fassung irgendwelche qualitativ neuen Einblicke, Erkenntnisse oder Handlungsmöglichkeiten eröffnet werden,
- schließlich originär handlungstheoretische Auffassungen und Denkmodelle ohne Rücksichtnahme auf argumentationslogische Unverträglichkeiten als 'typisch systemtheoretische' Vorstellungen und Zugänge apostrophieren und damit gerade die in Anschlag gebrachte Spezifik des systemtheoretischen Erkenntnispotentials unkenntlich machen und torpedieren.

So wird - um nur ein Beispiel anzuführen - nahezu überall die Einsicht, dass man Menschen und soziale Gebilde nicht 'direkt' mechanisch steuern kann, als innovative systemtheoretische Erkenntnis verhandelt. Das Phänomen der autonomen Hervorbringung von Sinn und Motivation durch handelnde Subjekte erscheint dann als *der* Beleg für die Triftigkeit der originellen Entscheidung, nun von der Autopoiesis psychischer Systeme zu sprechen. Gruppen, Organisationen und Gesellschaften werden dann definitorisch zu Systemen ernannt, was allerdings nicht daran hindert, sie weiterhin anhand altbekannter (zumeist handlungs-) theoretischer Konzepte zu erläutern. Vielfach werden systemtheoretische Modellvorstellungen auch normativ gewendet. Dann wird es plötzlich zur professionellen *Aufgabe*, 'Unterschiede zu machen, die Unterschiede machen', sich 'als System gegenüber der Umwelt abzugrenzen' oder 'die Autopoiesis fokaler Systeme zu fördern', so als läge es in der persönlichen Entscheidung der Akteure, die funktionalen Grundbestimmungen des Seins qua Willkürakt in Kraft treten zu lassen oder auszusetzen.

Beispielhaft lässt sich der Vorwurf eines 'deklarativen' Umgangs mit dem Systemkonzept etwa an König/Volmer (1993) demonstrieren: Hier wird eine detailreiche Übersicht über praktische Zugänge und methodische Möglichkeiten im Zusammenhang mit Beratung präsentiert.[243] Dabei werden sowohl 'rationale' und 'systemische' Gegenstandsbezüge, wie auch Theorieversatzstücke aus der Perspektive erster und dritter Person bunt ineinandergemischt. 'Systemische' Organisationsberatung ist in dieser Lesart dann nichts anderes, als eine Rekombination bekannter Problemstellungen, Erklärungen und Methoden unter neuer Überschrift. Systemtheorie als spezifische hintergründige Begriffsstrategie dieser Probleme, Erklärungen und Methoden spielt dabei so gut wie keine Rolle.

Zur Veranschaulichung meiner Behauptung zwei exemplarische Details: In Kapitel 6 referieren die Autoren zunächst unter Verweis auf Watzlawick/Beavin/Jackson (1967) die Unterscheidung zwischen 'digitaler' und analoger' Kommunikation. Anschließend führen sie einige Möglichkeiten des Einsatzes 'analoger' Kommunikationsformen im Beratungsprozess vor, ohne dabei jedoch die eingeführte Unterscheidung 'digital/analog' als Kategorialbestimmung zur Kennzeichnung der 'technischen' Dimension menschlicher Kommunikation (noch sonst irgendeine systemtheoretische Denkfigur) in ihrer argumentationslogischen Spezifik zu strapazieren. Derselbe Text ließe sich genausogut (oder schlecht) unter der Überschrift 'einige Methoden nonverbaler Beratungskommunikation' und unter Berufung auf handlungstheoretische Denkmodelle präsentieren. In Kapitel 7 wird der Rückkoppelungsbegriff und das Prinzip des Regelkreises eingeführt, allerdings nicht als *funktionaler* Mechanismus. Vielmehr erscheint 'Rückkoppelung' hier bloß als anderes Wort für 'wechselseitige kommunikative Beeinflussung'. Dass die Möglichkeit besteht, dass sich "mehr oder minder stabile Interaktionsstrukturen ... herausbilden" (1993/169) wird dann nicht weiter systemtheoretisch erörtert, sondern lediglich angemerkt. Die theoretisch unbelastete Argumentation führt dann zu so offensichtlichen kategorialen Unglücksfällen wie etwa dem Begriff der 'negativen Interaktionsstrukturen', dessen Bedeutung hoffnungslos zwischen subjektiven und funktionalen Konnotationen oszilliert.

Von ähnlichem Zuschnitt auch die Darstellung von Häfele (1990), der in seinen Text eine Vielzahl systemtheoretischer Theoriepostulate einstreut, ohne auch nur an einer Stelle zu zeigen, wie die angesprochenen Probleme nun konkret und substanziell systemtheoretisch konzeptualisiert werden können, bzw. welchen erkenntnisförderlichen Effekt die Wahl dieser Begriffskonzeption gegenüber anderen einträgt. Auch Elfgen steuert (1991) ein anschauliches Beispiel für bloße Reformulierung ohne jeden Orientierungsgewinn bei. Der Ertrag seines durchaus akribischen Versuchs, bekannte Phänomene in den Systemjargon einzulesen, besteht in Einsichten, die in ihrer Tiefe die folgende Schlussfolgerung kaum je übertreffen: "Die Erwartbarkeit bestimmter Handlungsbeiträge ist mithin Resultat einer Kombination von sozialen und personalen Gegebenheiten." (ebd. 295) Die Einformulierung andernorts bereits ausführlich reflektierter Problemstellungen wird generell häufig praktiziert. Als ein Beispiel für viele mögliche mag die Behauptung Schobers gelten, einem 'kybernetischen' Verständnis zufolge sei ein Symptom "nicht als Problem, sondern als vorübergehende Problemlösung" (1991/354) zu interpretieren. Abgesehen davon, dass 'Problem' oder 'Problemlösung' sowieso bereits eindeutig 'subjektive' und nicht 'kybernetische' Kategorien sind, haben dieser Denkfigur bereits Generationen psychoanalytischer Psychologen breite Ausführungen gewidmet.

Die populär gewordene Redeweise von der 'systemtheoretischen Fundierung' des 'systemischen Ansatzes' erweist sich immer wieder als Selbstmissverständnis. Der überwiegend deklarative Bezug auf Systemtheorie, wie auch die konkrete

Verwendung des Begriffes 'systemisch' selbst lassen erkennen, dass es den systemischen Interventoren zumeist weniger um die praktische Umsetzung der Erkenntnisse des systemtheoretischen Paradigmas, als um die Realisierung einer Programmidee handelt, die sich in etwa auf folgenden einfachen Nenner bringen lässt: 'Sanftes' Intervenieren im Wissen um die und unter Berücksichtigung der operativen Eigendynamik des Interventionsfeldes.[244] Königswieser/Exner/Pelikan haben diese anspruchsentlastete Formatierung des 'systemischen' Problemzugangs mindestens an einer Stelle in entwaffnender Direktheit ausgesprochen:

"Auf der Ebene des Paradigmas macht es sicherlich einen Unterschied, ob man der systemischen Sichtweise eines 'Gärtners und Kultivators' oder der traditionellen eines 'Machers und Beherrschers' anhängt ... . Wir vertreten die Meinung, dass der systemische Ansatz - bei allen unterschiedlichen Praxisweisen - die Art und Weise ist, wie die Welt wahrgenommen werden sollte. Er ist letztlich eine Haltung." (1998/25)

Das Vokabel 'systemisch' markiert solcherart eine Art 'Lebensgefühl', dessen zweifellos sympathischer Horizont sich durch ein buntes Gemisch von Begriffen wie 'ganzheitliches Denken', 'vernetztes Handeln', 'Berücksichtigen von Wechselwirkungen', 'Vermeiden von personalisierenden Zuschreibungen und punktualisierenden Kausalitätsunterstellungen', 'nicht-hierarchische Organisationsformen', 'Kooperation statt Wettbewerb', 'Qualität statt Quantität', 'Partnerschaft statt Herrschaft' etc. abstecken lässt. (vgl. dazu etwa programmatisch: Königswieser 1990/1ff, Capra/Exner/Königswieser 1990/116ff)

Dass dies alles nicht ausnehmend viel mit Systemtheorie zu tun hat oder haben muss, habe ich mehrfach und ausführlich dargestellt. Schon die eingangs von mir referierten handlungstheoretischen Konzeptionen reflektieren derlei Anliegen gleichermaßen eindringlich. Am Beispiel einiger pädagogisch relevanter Fragestellungen habe ich gezeigt, dass sie zum Kernbestand handlungstheoretischer Theoriebildung zählen und als *praktisch-inhaltliche* Probleme auch allein auf deren Basis angemessen konzeptualisierbar sind: Personale Autonomie als Subjektivität von Akteuren (1.1), Entwicklungsunterstützung als intentional gesteuerte intersubjektive Koordination (2.1.b), Verstehen als kommunikative Perspektivenverschränkung (2.1.c) etc. Lediglich die *'technische'* Dimension dieser Problemstellungen eröffnet systemtheoretischen Erkärungsansätzen ein sinnvolles Aktionsfeld. Eine Verwechslung dieser Zuständigkeitsbereiche muss zwangsläufig zu theoretischen Ungereimtheiten führen.

Der doppelbödige Charme der 'systemischen' Botschaft verdankt sich indessen zu einem Gutteil gerade dem Jonglieren mit Bedeutungen, die aus derlei Verwechslungen bezogen werden. So wird einerseits an traditionsreiche und plausible Intuitionen der motivationalen Selbstbestimmung, schöpferischen Sinnfindung, sozialen Integration sowie und vor allem einer kollektiven ressourcenschonenden, verträglichen Weltgestaltung appelliert und selbstverständlich ist den Protagonisten des 'systemischen Ansatzes' zuzuerkennen, dass sie sich derlei Zielen auch tatsächlich subjektiv verpflichtet fühlen. Andererseits jedoch schneiden sie sich selbst den Zugang zu deren Verwirklichung überall dort schon konzeptionell ab, wo sie funktionalistische Denkmodelle zur Erklärung des 'ganzen' Problems bemühen. So führt der zwanghafte Versuch, einerseits Handlungssituationen 'systemtheoretisch' zu analysieren und andererseits Interventionen 'systemisch' anzulegen, zu typischen und tendenziell zynischen Verkürzungen und 'Entsubjektivierungen'.

Der Familientherapeut Simon etwa präsentiert eine Fallstudie über die Reorganisation eines Krankenhauses, die folgendes Detail der zunächst bestehenden Organisation zeigt:

"Jeden Morgen brachte von jeder Station eine Krankenschwester oder einer der Pfleger die Blut- und Urinproben in das im Keller befindliche Labor. Um ins Labor zu gelangen, mussten sie den Fahrstuhl oder aber - was erheblich länger dauerte, aber merkwürdigerweise dennoch sehr beliebt war - die Treppe benutzen. Nach einigen Minuten Fußweg erreichten sie so das unter einem Nebengebäude lokalisierte Labor. Hier gaben sie jemandem vom Laborpersonal die Proben mit den jeweils beigefügten Laborzetteln, auf denen vermerkt war, welche Untersuchungen angefordert wurden. Im allgemeinen war die Übergabe der Proben mit einem weniger formalisierten Austausch von Informationen verbunden. So gab das Pflegepersonal Hintergrundinformationen über die Patienten, denen die Untersuchungen galten: von der Anamnese über den aktuellen Gesundheitszustand, den Verlauf der Krankheit, bis hin zu den Schwierigkeiten, die der behandelnde Arzt mit diesen Patienten hatte. Daneben wurde Klatsch getauscht. Meist vergingen fünf bis zehn Minuten (eine 'Zigarettenlänge'), bis die Übergabe der Proben beendet war. Insgesamt dauerte es etwa 20 bis 25 Minuten, bis die Pflegekraft, die ins Labor gegangen war, wieder auf der Station war." (Simon 1990b/190)

Im Zuge baulicher Veränderungsmaßnahmen wurde diese 'unproduktive' Vernutzung von Zeit dann durch die Installation einer Rohrpostanlage abgestellt. Dies führte nun zu unerwarteten Friktionen: Unzufriedenheit, Krankenstände, Zeitverzögerungen, Qualitätseinbußen, sogar Kündigungen traten auf, allerdings ohne dass sie der Reorganisationsmaßnahme unmittelbar zugerechnet werden konnten. Schließlich ergab eine Befragung der Personen, die gekündigt hatten, dass sie die Einführung der Rohrpost als unakzeptable Verschlechterung ihrer Arbeitssituation empfunden hatten:

"Vorher waren sie wichtig und hatten das Gefühl, in einer direkten Beziehung zur Krankenversorgung zu stehen. Auch wenn sie die Patienten nicht oder nur selten persönlich kannten, so wußten sie doch einiges über sie. Vor allem hatten sie eine Vorstellung davon, wozu die angeforderten Untersuchungen nötig waren und welchen Wert die eigene Arbeit für den Patienten und alle diejenigen, die an seiner Behandlung beteiligt waren, hatte." (ebd. 190f)

Offensichtlich, dass in diese Darstellung bereits eine Reihe substanzieller Verstehensleistungen eingeflossen sind, die keineswegs mittels funktionaler Betrachtung zustandegekommen sein können. Gewürdigt werden dürfen sie als solche programmgemäß nicht, ganz im Gegenteil: Der Vorfall wird im Jargon 'technisch' reformuliert, und zwar dergestalt, dass "die Einführung der Rohrpost der Unterschied war, der den Unterschied zwischen einer gut und einer schlecht funktionierenden Laborabteilung machte". (ebd.) Und anstatt den 'verstehenden' Schritt zuendezubringen und (etwa im Gespräch mit den Beteiligten) die subjektiven Betroffenheitsfiguren konkret zu rekonstruieren (etwa als bürokratische Eliminierung von Möglichkeiten, aus den geleisteten Arbeitsbeiträgen subjektiven Sinn zu beziehen), wird das Problem der Betroffenen zur Seite geschoben und paradigmenkonform auf 'Intransparenz' erkannt. Übrig bleibt die lapidare Feststellung: Der

"Wandel der organisatorischen Struktur der Klinik führte beim Laborpersonal zu einer Änderung der Wirklichkeitskonstruktion - das heißt des Bildes von Klinik und Labor und von sich selbst -, die weitreichende Wirkungen auf der Verhaltensebene hatte." (ebd. 191)

Die latente Gefahr einer bloß technokratischen Orientierung des 'systemischen' Konzepts wird dort manifest, wo es seinen Protagonisten definitiv *nicht* mehr um die interessengeleitete Einbeziehung der Betroffenen geht, sondern bloß um deren reibungsverlustarmes Management. Darin unterscheidet sich ein moderner 'systemischer Liberalismus' von seinen alten funktionalistischen Vorläufern, denen es noch um den punktgenauen direktiven Einsatz von Anschlusszwängen gegangen war. In Ermangelung einer theoretischen Perspektive, die den Blick für subjektive Anliegen freilegen könnte, werden nicht die Anliegen und Probleme der beteiligten Personen aufgegriffen und zum Angelpunkt der Problemlösung gemacht (in welche natürlich *auch* Einsichten in die jeweils unhintergehbaren systemischen Eigengesetzlichkeiten der personalen und situationalen Gegebenheiten als zu berücksichtigender Faktor eingehen sollten), lediglich ein neuer Systemzustand wird angepeilt, in dem sich alles irgendwie anders 'einrenkt'. Ob die damit im Grunde sozialdarwinistisch herbeigeführte Alternative dann wirklich *für alle Betroffenen* besser funktioniert, oder nur für jene, die zuvor die Möglichkeit gehabt hatten, ausreichend für 'Dysfunktionalität im System' zu sorgen, ob es die Durchsetzung der Mächtigeren oder eine sich ausbreitende Resignation war, die zur 'Befriedung' des sozialen Zusammenhangs geführt haben, bleibt systematisch ausgeblendet.[245] Als 'systemische' Einsicht in den dargestellten Fall bleibt so das Wissen um die bedingte Kalkulierbarkeit der Menschen übrig:

"Ob die Kosten-Nutzen-Analyse dieser aus der Außenperspektive des Planers vorgenommenen Rationalisierungsmaßnahme langfristig ein positives Ergebnis ausweist, soll hier nicht diskutiert werden. Sie kann aber als Beispiel dafür dienen, dass bei derartigen Eingriffen in ein organisatorisches Gefüge nicht so ohne weiteres von den Wirklichkeitskonstruktionen derer, die diese Veränderung aus der Innenperspektive erleben, abstrahiert werden kann." (ebd. 191)

Ultimativ auf den Punkt gebracht erscheint die Desorientierung in den unübersichtlichen Revieren perspektivenspezifischer Argumentationslogiken in der originellen Metapher vom 'Verhalten als Ware', die von Simon in Zusammenarbeit mit der Beratergruppe Conecta (1992) kreiert wurde. Hier wird der bemerkenswerte Versuch unternommen, die systemischen Selbstregulationsprozesse des Marktes zur Modellvorstellung für psychische und soziale Prozesse zu erheben: "Wer handelt, der handelt. Das heißt, wer Handlungen setzt, betreibt damit auch immer Handel. Oder anders: Menschliche Verhaltensweisen lassen sich als Waren betrachten, die bewertet und getauscht werden." (ebd. 16) Paradigmatisch formuliert: "Alle Interaktion zwischen Menschen, ja das ganze Leben, lässt sich so - ganz radikal - unter der marktwirtschaftlichen Perspektive sehen." (ebd. 41)

Aus einer solchen Grundsatzentscheidung lassen sich dann entsprechende Schlussfolgerungen ziehen, etwa dergestalt:

" Jeder führt Konten über Geben und Nehmen aller Interaktionspartner (sein eigenes und das der anderen) in seiner privaten, nicht konvertiblen Währung. ... Konkrete Interaktionsmuster entstehen gemäß der individuellen Wertsysteme der Beteiligten und ihrer Methode der Kontenführung. ... Auch 'Persönlichkeit', 'Charakter' und 'persönliche Identität' lassen sich als Funktion der Unterschiede individueller Kontoführungspraktiken erklären." (ebd. 17)

In der Terminologie meiner bisherigen Ausführungen bedeutet dies, dass der Anspruch, verselbständigte und daher eingeschränkt rationale oder irrationale soziale Automatismen (wieder) unter rationale Kontrolle (im umfassend 'kommunikativen' Sinne, wie er natürlich systemtheoretisch nicht reflektiert werden kann) zu stellen, nicht nur endgültig verabschiedet wurde, die Autoren gehen vielmehr umgekehrt daran, diese rationale *Kontrolle selbst* als Produkt 'selbstorganisiert' laufender, d.h. unkontrolliert vor sich hinprozessierender Vorgänge anzulegen. So wird zur Tugend befördert, was vormals noch als Not benannt werden konnte. Der Marktmechanismus taugt ja - wie von Habermas gezeigt - lediglich dazu, Handlungsereignisse 'blind' über die funktionale Vernetzung von Handlungsfolgen auszuponderieren, anstatt sie an normativ reflektierten Entscheidungen zu orientieren. Um diese Einsicht auf den Kopf zu stellen, müssen Simon/Conecta daher ihre Begriffsschöpfung durch eine entsprechende Fassung des Rationalitätsbegriffs abstützen:

" Jeder Teilnehmer am aktuell ablaufenden Tausch von Verhalten verhält sich stets so, wie es seiner eigenen internen Bewertung der zu zahlenden und zu erhaltenden Verhaltensweisen (=Waren), das heißt seiner Sicht von Angebot und Nachfrage, entspricht: Jeder Mensch verhält sich in diesem Sinne immer und überall ökonomisch-rational. ... Aus der Innenperspektive dessen ..., der ständig neue Entscheidungen über sein Verhalten treffen und eine Auswahl unter den ihm verfügbaren Möglichkeiten treffen muss, sind sie immer rational. Er handelt aktuell stets so, wie es gemäß seiner aktuellen und situationsabhängigen Einschätzung und Kenntnis der Marktlage nach ökonomisch optimal ist." (ebd. 42f)

Das solcherart um seine normative Reflexionsfähigkeit erleichterte menschliche Denken ist das konsequent zuendegebrachte Ergebnis der bereits ausführlich dargestellten Kontamination von System- und Subjektperspektive: Indem 'technische' Vorgänge begrifflich so behandelt werden, als wären prinzipiell sie es, die die Bedeutungsinhalte konstituieren (anstatt sie bloß zu transportieren), empfiehlt es sich der vordergründigen Betrachtung, empirisch vorfindliche handlungsregulierende Selbstorganisationsvorgänge - wie etwa marktförmige Warenaustauschprozesse - gleich als Modell zur Bestimmung inhaltlicher Entscheidungen vorzusehen. Mit diesem Manöver befördern Simon/Conecta allerdings den Bock der neoliberalen Weltaufteilungsideologie und ihres zivilisatorisch depravierten Vergesellschaftungsmodells zum Gärtner der sozialen Welt und lassen spontan nachvollziehbar werden, was kritische Kommentatoren wie Ulrich Beck im Auge haben, wenn sie der Systemtheorie die Grundlegung 'allgemeiner Komplizenschaft und Verantwortungslosigkeit' vorwerfen. (vgl. 1.3.a.1)

Ungeachtet mangelnder Tiefgänge der skizzierten Art besteht die zu prüfende Annahme dieses Kapitels jedoch darin, dass die *systemtheoretische Betrachtung* der *systemischen Prozesse* einen wichtigen Beitrag zur Erhellung *einiger* im Kontext 'gärtnerisch-kultivierender' Einflussnahme anfallender Problemstellungen leisten und denk- und handlungsorientierende Informationen über deren Eigendynamik liefern kann, die der handlungstheoretischen Analyse verschlossen bleiben. Insbesondere ist nach meiner bisherigen Darstellung zu erwarten, dass sie einen *angemessenen Zugang zu den objektiven Ermöglichungsbedingungen von Handlungen generell* eröffnet und dass sie *im Falle dominant 'systemischer'* (also stark von Automatismen und Anschlusszwängen geprägter) *Handlungsverläufe* in angetroffenen Handlungssituationen eine *hohe Prognosesicherheit* bietet. Dies lässt sich an einigen Texten, die sich des systemtheoretischen Paradigmas ernsthaft und substanziell annehmen, beispielhaft zeigen.

II.

Im Zentrum einer systemtheoretisch inspirierten Auffassung von Interventionen stehen keine isolierten Einheiten (etwa 'Personen'), sondern jener Gesamtzusammenhang von Systembildungen, der für eine zu verändernde Gegebenheit konstitutiv ist.[246] Mara Selvini-Palazzoli führt diese Überlegung am Beispiel therapeutischer Konzepte so ein: Ursprünglich wäre die ältere Psychologie davon ausgegangen, dass psychische Probleme auf somatische Ursachen rückführbar seien. Die moderne Psychologie habe diese Vorstellung weitgehend aufgegeben, nehme aber immer noch an, "dass man einen Menschen vor sich hat, der Träger einer Krankheit ist und dessen psychische Funktionen dysfunktional sind".[247] (1991/48, analog: Simon 1990/72) Die von ihr präferierte Sichtweise hingegen gehe davon aus, dass die problematischen individuellen Dispositionen die Folge einer funktionalen Entsprechung zu bestimmten äußeren Bedingungen und nicht das Ergebnis einer Konstellation von statischen individuellen Eigenheiten der Person seien. In diesem Sinne werde "das Symptom nicht als äußere Manifestation einer innerhalb des einzelnen Menschen angesiedelten Krankheit untersucht, sondern seine kommunikative Bedeutung[[248]] im Rahmen dieses Systems von Beziehungen." (1991/49, ähnlich: König/Volmer[249] 1993/11ff) Eine solche Sicht auf psychische oder soziale Gegebenheiten richtet ihr Augenmerk also nicht auf deren einzelne Bestandteile, sondern auf das gesamte Netzwerk jener Prozesse, die in ihrem Zusammenwirken die Gegebenheiten (die zunächst als isoliert wahrnehmbare Phänomene auftreten) konstituieren.

Diese Überlegungen leiten weiter zur Konsequenz, auch die Interventionen selbst als Systeme zu konzipieren, die in einem angepeilten System interne Wirkungen auslösen sollen. Luigi Anolli verwendet für diese interventive Systembildung in seinem Problemkontext etwa die Formulierung von einem "Suprasystem 'Psychologe - Organisation'" (1981/220). Wimmer/Oswald erläutern die Etablierung eines 'Beratungssystems', in dem das System des Beraters sowie das System der Klienten als Subsysteme plaziert sind. (1987/136f, analog König/Volmer 1993/62, Königswieser/Exner/Pelikan 1998/19, Titscher 1997/23)

Die dargelegte Auffassung vom theoretischen Objekt von Erkundungs- und Veränderungsbemühungen ist in Analogie auf das pädagogische Feld übertragbar. Hier wären dann Begriffe wie 'Krankheit' und 'Symptom' zu ersetzen durch Begriffe wie 'Wissensstand', 'Problemzugang', 'Haltung' o.ä. Als Objekt der pädagogischen Interventionen wäre dann jene Verkettung von Ereignissen zu bestimmen, mittels welcher die Lebenssituation von Heranwachsenden von diesen und von deren Lebensumwelt reproduziert wird. Das pädagogische Handeln selbst wäre (unter systemtheoretischem Blickwinkel) desgleichen als eine Systembildung zu begreifen und nach Maßgabe allgemeinerer Einsichten in die notwendigen Bestandsbedingungen von Systemen (s.u.) zu entwerfen.

Die Umsetzung dieses Programms verspricht durchaus erhellende Einsichten. Allerdings nur dann, wenn klar bleibt, auf welche Gegenstandsaspekte die funktionale Perspektive sich notwendigerweise beschränken muss. Leider ist dies bei den Ausführungen der 'systemischen' Therapie- und Beratungsliteratur häufig nicht der Fall. So diskutiert etwa Susanne Mingers (1996/33) ein 'Interventionssystem' in der folgenden Weise. Unter Berufung auf Batesons systemtheoretisches Diktum vom 'Unterschied der einen Unterschied macht', stellt an einem Fallbeispiel folgende Vermutung auf: "Lässt die Geschäftsleitung etwa jede Woche verkünden, dass Leistungsteigerungen notwendig sind, so wird die Mitteilung keinen Unterschied machen und damit nicht als relevante (orientierende) Information angesehen und ernstgenommen werden." - Faktisch mag diese Prognose zutreffen, die theoretische Erklärung ist mindestens uneindeutig: Sie würde nur greifen, wenn die Angesprochenen die Mitteilung (wie etwa das Ticken einer Uhr) tatsächlich nicht mehr 'wahrnehmen' würden. Meine konkurrierende Vermutung wäre hingegen, dass sie die Mitteilung sehr wohl vernehmen (der Unterschied also *operativ* sehr wohl einen Unterschied macht), sie jedoch *subjektiv* so bewerten, dass 'Ignorieren' ihnen als die *am besten begründete Reaktion* erscheint. Dann läge es aber nicht am 'technischen' Nichtzustandekommen der Information, sondern an ihrer subjektiven Verarbeitung. Zur deren Klärung, etwa zur Rekonstruktion der Motive, aus denen etwas "ernstgenommen" (wie es im Zitat von Mingers ja heißt) wird, kann die systemtheoretisch angeleitete Analyse aber nichts Erhellendes beitragen. Natürlich wird man auch im Kontext der 'denkenden' Verarbeitung der Information wieder 'systemisch' prozessierende Automatismen identifizieren können. Ob und wieweit jedoch das 'Ignorieren' allein oder primär auf deren Wirken oder auf rationale Gründe zurückzuführen ist, bildet - wie gezeigt - eine empirische Frage, über die nicht durch die Anlage des Interpretationsrahmens bereits vorentschieden werden darf.

Nichtsdestotrotz ist jede erfolgreiche Intervention natürlich an die funktionale Eigenlogik des Systems gebunden, welches als 'Interventionsaddressat' fungiert, zunächst weil die Intervention überhaupt systemintern 'wahrgenommen', dann weil systemintern auf die Wahrnehmung reagiert werden muss. Dies schränkt die Möglichkeiten direktiv-instrumenteller Anordnungen schon auf der 'technischen' Ebene ein. Gleichzeitig können Interventionsoperationen nie als 0-Punkte des (zeitlich) nachfolgenden Geschehens angesehen werden, sondern immer nur als funktionale Erweiterungen einer bereits bestehenden zirkulär bestimmten Entwicklungsgeschichte. Wenn die Interaktion zwischen Interventor und Interventionsadressaten (also etwa zwischen intentional reflektierenden Lehrern und Schülern) als System beschrieben wird, so impliziert dies ferner, dass jede empirisch festgestellte lineare Wirkungs*richtung* quasi als 'Ausschnittvergrößerung' aus einem übergreifenden rekursiven Zusammenhang anzusehen ist: Die Einflussnahme verläuft nicht bloß vom Inventor auf den Adressaten, sondern (da jede erzielte Veränderung eine Modifikation der operativen Bedingungen der weiteren Intervention impliziert) ebenso vom Adressaten auf den Inventor. (vgl. etwa Selvini-Palazzoli u.a. 1976/62f, Simon 1993/37ff)

Diese systemtheoretische Beschreibung bedeutet jedoch zunächst wieder nur, *dass* die 'objektiven' Ursachen und Wirkungen ineinander verschränkt sind, nicht jedoch, dass *deswegen* schon *bestimmte 'kreisförmige' Bedeutungen* entstehen würden, wie dies etwa im folgenden Beispiel zu beobachten ist, in dem ein 'Chef' seinen Untergebenen zur Leistung ermahnt, dieser sich aber 'taub' stellt: "Während der Mitarbeiter seine geringe Motivation mit dem permanenten Leistungsdruck seitens seines Vorgesetzten erklärt, rechtfertigt der Chef sein Antreiben und Drängen mit der Motivationslosigkeit des Mitarbeiters." (Mingers 1996/68f, analog König/Volmer 1993/169ff) Zweifellos lässt sich hier die *Form* eines 'Zirkels' *beschreiben*. Dies hat aber keinerlei *Erklärungs*wert. Käme es zu einer rationalen Kommunikation (im früher dargelegten handlungstheoretischen Sinn), so würde dies die Grundlage des stereotypen Verlaufs der Interaktion sofort in Frage stellen. Und selbstverständlich würde auch eine solche rationale Verständigung, die eine Lösung der verfahrenen Situation mit sich brächte, funktional gesehen, noch immer über einen 'Zirkel' realisiert werden.

Wenn es also auf der Bedeutungsebene *inhaltlich* zu einer 'Kreisbildung' kommt, so nicht deshalb, weil sich die Beziehung zwischen Vorgesetztem und Untergebenem als ('technisch' notwendig rekursive) Systembildung konstituiert hat, sondern, weil sich aufgrund einer spezifischen *Verselbständigung von* (ursprünglich intentional konzipierten) *operativen Handlungsautomatismen* (etwa Bewertungs- und Reaktionsmuster als Reaktion auf bestimmte 'Schlüsselereignisse' ...) ein Mechnismus 'ohne Ausweg' ergeben hat, der nun nach einem stereotypen Muster vor sich hinprozessiert. So zeigt sich wieder, dass die dogmatische Beschränkung auf die funktionale Perspektive wichtige Dimensionen des Geschehens unsichtbar macht und damit unzulässige Schlussfolgerungen von beobachteten 'technischen' Formen auf inhaltliche Kausalität nahe legt.

Intervention bedarf zunächst, wie jedes Handeln, der Orientierung. Nicht nur Informationen über Vorgeschichte und status quo der äußeren Komponenten der Handlungssituation sind zu gewinnen, auch und vor allem über die präsumtiven 'Objekte' der Einwirkung, müssen mannigfache Informationen gewonnen und vor dem Hintergrund der je vorhandenen Interventionsabsichten ausgewertet werden. Was ist aus der systemtheoretischen Analyse der funktionalen Basisereignisse dieser Orientierung für diese zu gewinnen?

Der Prozess der Informationsgewinnung lässt sich in systemtheoretischer Perspektive als 'Beobachtung' verallgemeinern, ungeachtet der Unterscheidung, ob er nun heimlich oder offen, lediglich 'beobachtend' i.e.S. oder mittels wechselseitig intendierter kommunikativer Prozesse vor sich geht. Beobachtung wird als 'basale Operation' eines komplexen Systems angesehen. In Anschluss an die Batesonsche Formel, dergemäß eine Information ein Unterschied ist, der einen (weiteren) Unterschied produziert, wird Beobachten als "Feststellung eines bedeutsamen Unterschiedes" gefasst. (Willke 1994/12) Diese Operation setzt ein bestimmtes Entwicklungsniveau voraus: Sie ist einem solchen System vorbehalten, das "fähig ist, über den Kunstgriff eines *Gedächtnisses* Zustände festzuhalten, an denen gemessen sich etwas als vergleichsweise anders feststellen lässt." (Willke 1994/14)

Die Operation des Beobachtens erweist sich so als die 'andere Seite' der autopoietischen Selbstreproduktion: Der selbstreferente Operationsmodus hat nur mehr (bzw. benötigt immer noch wenigstens) eine 'informative' Beziehung zur Außenwelt, die er über Beobachtung herstellt, Sich-selbst-Regulieren *bedeutet,* sich nur mehr auf der Grundlage von 'Informationen' auf die Umwelt einzustellen, nicht aber durch 'Eingriffe' auf sie eingestellt zu werden: "Die Strukturen eines lebenden Systems lassen sich generell als kognitive Strukturen betrachten." (Simon 1993/83).[250] Was der Intervent als Einflussnahme konzipiert, muss der Interventionsadressat daher als Einfluss realisieren (sofern etwas passieren soll), oder mit Bateson ausgedrückt: Der Unterschied macht nur einen Unterschied, wenn er vom System als bedeutsamer Unterschied registriert wird. Willke formuliert dies als den Umstand, dass externe Intervention in ein autopoietisches System "darauf angewiesen ist, sich als Ereignis im Bereich der möglichen Perzeption des intervenierten Systems darzustellen und als Information in die operativen Kreisläufe dieses Systems eingeschleust zu werden." (Willke 1994/116) Was diese Bedingung nicht erfüllt, bleibt für das 'Handlungssystem' des Interventionsadressaten bloßes 'Rauschen', diffuse 'Umwelt', die im System keine entsprechenden Reaktionen auslöst.

Den Ausgangspunkt jeder Beobachtung bildet also die Festlegung eines Referenzsystems, in dessen Vordergrund bedeutsame Unterschiede sichtbar werden können. Diese Festlegung liegt beim beobachtenden System (oder präziser: bei dem System, das den Beobachtungsvorgang als weitere Systembildung konstituiert). Es 'entscheidet' daher darüber, was beobachtet wird, indem es 'definiert', nach welchem Kriterium (verfasst im 'Code') mögliche Informationen gewonnen und verarbeitet werden. Dies bedeutet, dass jede Beobachtung *im* System nach *systemeigenen* Präferenzen gesteuert wird: Beobachtung ruht auf der vorgängigen Festlegung von Prinzipien der Selektion von Informationen und sie vermittelt daher einen 'perspektivischen' Eindruck vom beobachteten Gegenstand, der sich *formal* gesehen in keiner Weise vor anderen perspektivischen Eindrücken durch größere Objektivität, Unabhängigkeit oder Überprüfbarkeit auszeichnet. In diesem Sinne kann Luhmann hervorheben, dass es sich um "eine in bezug auf Umwelt kontaktunfähige und in diesem Sinne blinde Operation handeln muss". (zit. bei Willke 1994/16[251])

Diese Denkfigur wird in der systemischen Beratungsliteratur häufig wiedergegeben und führt dann etwa zu der Behauptung, ein selbstreferentielles System nehme "in seinem gesamten Erleben und Handeln in erster Linie Bezug auf sich selbst." (Mingers 1996/42) Träfe dies nun allerdings tatsächlich zu, so würden sich die Menschen völlig autistisch verhalten und ihr Zusammenleben wäre kaum erklärbar. Zwar ist es nicht prinzipiell unrichtig zu sagen: "Nicht der Gegenstand der Beobachtung, sondern der Beobachter selbst, seine Art und Weise auf die Welt zu schauen, Unterscheidungen zu treffen und Bedeutungen zuzuweisen, definieren das Bild, das vor dem Auge des Beobachters erscheint." (ebd./65) Diese

Feststellung über die 'technische' Art und Weise seines Zustandekommens lässt jedoch noch keinen Rückschluss darüber zu, ob das Bild *so* definiert wird, dass es mit dem Gegenstand so viel zu tun hat, dass es zur Grundlage erfolgreichen Handelns mit diesem Gegenstand genommen werden kann. Aus inhaltlicher Sicht gibt es daher also immer noch 'zutreffendere' und 'weniger zutreffende' Bilder.

Fallweise werden Differenzierungen vorgenommen, die sich auch als Hinweise auf eine differenziertere Sichtweise und Unterscheidung der logischen Referenzebenen lesen lassen: "Die Existenzsicherung eines Systems im Austausch mit seiner Umwelt setzt somit sowohl die Erhaltung der Autopoiese (und damit *operationaler Inkongruenz* [zwischen System und Umwelt, B.H.]) sowie die Erhaltung der Anpassung (und damit *struktureller Kongruenz*) voraus" (Mingers 1996/54, Hvh. v. mir), dies zumeist jedoch ohne damit weiterreichende argumentative Konsequenzen vorzubereiten.

Exemplarisch lässt sich auch an der Argumentation Fritz B. Simons zeigen, dass es die unreflektierte Überziehung des selbstgesteckten Geltungsrahmens ist, die den gekennzeichneten Kategorienfehler nahe legt. In seinem zum einschlägigen Kultbuch avancierten Werk 'Meine Psychose, mein Fahrrad und ich' empfiehlt er in wirklich überzeugender Formulierung eine 'doppelperspektivische Sichtweise', wie ich sie in dieser Arbeit zu begründen versuche (vgl. das Zitat zu Beginn von 1.3.a). Aber schon eine Seite weiter beginnt er geradezu eifernd auf der Unwahrheit der 'gegnerischen' Auffassung bestehend, gegen den 'phänomenalen' Standpunkt 'erster Person' zu polemisieren, ganz so, als wisse er nicht um die unterschiedliche Logik der beiden Zugänge: Stillschweigend und zu unrecht vorausgesetzt werde, so Simon, "dass Informationen von einem Sender zu einem Empfänger übertragen werden könnten. Die äußere Wirklichkeit ist dann der Sender, der Mensch der Empfänger; und mehrere Personen, die miteinander kommunizieren, sind wie Telefonapparate abwechselnd Sender und Empfänger. Verrücktheit wird zum Ausdruck einer Störung der Informationsverarbeitung, das Gehirn das Menschen, der sich verrückt verhält ... zum Fernsehapparat, in dem Filme gezeigt werden, die gar nicht gesendet werden." (1990/76)

Simon ignoriert hier nicht nur, dass im Diskurs erster Person durchaus 'Sender' und 'Empfänger' eine Rolle spielen, mithin auch ggf. gelungene, misslungene, gestörte, unterbrochene etc. Übertragungen von Informationen vorkommen können, sondern auch, dass eine derartige 'inhaltliche' Diagnose überhaupt erst das Problem formulierbar macht, auf welches seine - Simons - Konzeption eine Antwort geben will: Gäbe es nämlich keine - in der Handlungsperspektive identifizierbare - Störung, Unterbrechung, Verfälschung etc. der Informationsübertragung oder eines analogen Vorgangs, würden also nicht mancherorts Personen - um im vorgegebenen Bild zu bleiben - sich wie 'Fernsehapparate' verhalten, in denen 'Filme gezeigt werden, die gar nicht gesendet werden', so gäbe es weder den Begriff 'verrückt', noch das Phänomen, das er bezeichnet[252] und Simon hätte dazu auch kein Buch schreiben können. Hätte er seiner eigenen Proklamation etwas mehr Gehör geschenkt, so hätte er sich und seiner Anhängerschaft erschließen können, dass das Spannende an der systemtheoretischen Sichtweise gerade darin besteht, die Frage formulierbar zu machen, wie die Übertragung von Informationen vor sich gehen kann *unter der Bedingung*, dass technisch gesehen kein direkter 'Transfer von Systemzuständen' möglich ist. Da er diese Bedingung aber nicht *als solche* behandelt, sondern bereits kurzschlüssig als Rekonstruktion der ganzen zu erhellenden 'Wirklichkeit' ausgibt, trivialisiert er die Problemstellung und verspielt damit zugleich den Gewinn an Orientierung, der durch den Einsatz systemtheoretischer Denkmodelle erzielbar wäre.

Analog argumentiert Willke: Beobachtung realisiere sich funktional über "beliebig komplexe (interne) BOTBOT-Schleifen (Beobachtung-Operation-Test-Beobachtung-Operation-Test)", also im "trial-and-error-Verfahren". (Willke 1994/16) Beobachtende Systeme "konstruieren nicht planvoll interne Realitäten, sondern bauen sie evolutionär und inkremental in Serien von Experimenten auf." (ebd.) Was Willke unthematisiert lässt, ist der bedeutsame Sachverhalt, dass der von ihm beschriebene Vorgang noch keinen Beobachtungs*inhalt* festschreiben kann. Das trial-and-error-Verfahren impliziert ja logisch, dass nach jedem Versuch erst die Entscheidung getroffen (oder verweigert) werden muss, dass nun tatsächlich ein 'Irrtum' vorliegt. Und diese Entscheidung kann nicht tautologisch aus dem technischen Vorgang selbst erwachsen, sondern bedarf eines wie immer gearteten inhaltlichen Kriteriums (etwa eines erfüllten/unerfüllten 'Bedürfnisses'), das vom Betreiber dieses trial-and-error-Verfahrens auf das vorliegende Ergebnis angewandt wird. 'Error' wird wohl für einen Selbstmörder etwas anderes bedeuten, als für jemanden, der gerade um sein Leben läuft und dieser Unterschied lässt sich vom Standpunkt 'dritter Person' aus eben nicht erschließen.

Das Konzept der 'Beobachtung' lässt sich nun konzeptionell erweitern: Beobachtungsoperationen können ihrerseits zum Gegenstand von Beobachtung werden. Diese richtet sich dann auf eine Systembildung (etwa auf das 'Handlungssystem' eines Lernenden), die selbst die Aktivität des Beobachtens produziert und wertet Unterschiede aus, die im Kontext der Auswertung anderer Unterschiede durch andere Systeme produziert werden. Damit ergibt sich eine 'Beobachtung zweiter Ordnung'. Für diese 'Beobachtung der Beobachtung' gilt zunächst wieder dasselbe, was für jede Beobachtung gilt. Auch sie ist eine basale Operation autopoietischer Systeme.

Die 'Beobachtung zweiter Ordnung' ermöglicht u.a., dass die beobachtungsleitenden Codes von beobachtenden Individuen und sozialen Einheiten erfasst werden können. Der je eigene Code ist einem System ja - wie gezeigt - in der Anwendung unsichtbar, weswegen er vielfach auch als der 'blinde Fleck' der systemeigenen Wahrnehmungsoperationen bezeichnet wird. In Anknüpfung an diese Denkfigur empfiehlt Rudolf Wimmer jedem systemischen Berater "herauszufinden, wie in einer Organisation beobachtet wird, was in ihr und ihrer Umwelt geschieht, und auf welche Weise diese Beobachtungen intern zu Informationen verarbeitet werden". (1991/117, analog Mingers 1996/63, Scala 1997/66ff) Dabei ist aber jedenfalls wieder zu beachten: Eine solche Analyse der wahrnehmungsleitenden Unterscheidungen macht die Wahrnehmungen nicht 'verstehbar', sie gibt nur Auskunft über den Prozessmodus, dem sie ihre Entstehung verdanken. Dies verbessert zunächst die Möglichkeiten, sie instrumentell zu 'kalkulieren' und erlaubt im weiteren, die 'technischen' Vorgänge zum Gegenstand genauerer Überprüfung ihrer Zweckmäßigkeit, Widersprüchlichkeit und Kontrolliertheit zu machen. Auch legt das systemtheoretische Denkmodell der Beobachtung der Beobachtung eine systematische Gegenüberstellung von Realitätskonstruktionen nahe, die von unterschiedlichen 'blinden Flecken' beeinflusst sind (vgl. etwa Luhmann 1990/240ff).

Das Konzept kann auch der Beobachter *auf sich selbst* anwenden. Ganz in diesem Sinne wird den systemischen Interventoren anempfohlen, das je eigene Agieren einer Untersuchung unter den angegebenen Vorzeichen zu unterziehen. Unter dem Gesichtspunkt, dass "der Psychologe aber auch das Werkzeug seiner eigenen Tätigkeit" sei, plädiert etwa Anolli (1981/223) dafür, sich die eigenen Interventionsmöglichkeiten dadurch zu sichern, dass man sich ihrer habituellen Eigentümlichkeiten vergewissert (ähnlich Jarmai/Königswieser 1990/20). Der Psychologe (resp. Berater, Forscher oder eben auch Erzieher) könne dies dadurch erreichen, dass er das eigene Verhalten genau studiert: "Er erwirbt diese Kenntnis in erster Linie dadurch, dass er die Kommunikationsstrategien, die er am häufigsten anwendet, ständig beobachtet und bewusst analysiert." (Anolli a.a.O./225) Dabei ginge es keineswegs um 'introspektive Selbstanalyse', Empfindungen, Bedürfnisse, Überzeugungen, Werthaltungen o.ä., sondern um eine 'funktionale Bestandsaufnahme' von Kommunikationsgewohnheiten, die zuletzt sogar in "einer Art 'Landkarte' jener Beziehungsmodelle, wie sie für den Psychologen charakteristisch sind und von ihm unter bestimmten Gegebenheiten am häufigsten angewandt werden" (ebd. 227) festgehalten werden könnten.[253]

Wenn nun darüber Klarheit geschaffen werden kann, welche Wahrnehmungs- und Verarbeitungscodes der Beobachtung zugrundeliegen und in welcher Weise ihr Verlauf damit präjudiziert worden ist, lässt sich ermessen, welche Informationen (möglicherweise) technisch ausgeblendet oder weggefiltert worden sind. Hier trifft dann tatsächlich zu, was systemtheoretisch lautet: "Phänomene der Realität, die nicht in den Relevanzbereich des beobachtenden Systems fallen, werden nicht gesehen." (Mingers 1996/66) Auf diese Weise werden dann etwa immer wieder 'fleißige' und 'faule' Schüler registriert, weil bestimmte subjektive Wahrnehmungen mit einem Code programmiert sind, der bestimmte Ereignisfolgen in der Umwelt des 'Wahrnehmungssystems' in einer Weise filtert, dass sie nur auf der Skala 'fleißig-faul' verarbeitet werden können. Pragmatisch gesehen kann dies dann nahe legen, einen systematischen Wechsel der Codes vorzusehen ("Was kommt dabei heraus, wenn wir eine andere Unterscheidung probieren?") oder etwa die Beobachtung auf mehrere Personen zu verteilen und diesen den Einsatz unterschiedlicher Kriterien aufzutragen.

An dieser Stelle ist wieder darauf hinzuweisen, dass die *inhaltliche* Seite dieser Wahrnehmungs-Einrichtung (etwa die Gründe für die Entscheidung 'fleißig/faul' zu verwenden anstatt etwa 'klug/dumm' oder einen dieser beiden anstatt eines pädagogisch anspruchsvolleren) der systemtheoretischen Analyse natürlich unzugänglich ist. Von dieser kann nicht mehr bezogen werden, als das Wissen, *dass* es selektive Wahrnehmung schon aus objektiven Gründen immer geben muss und damit ein prinzipieller Vorbehalt gegenüber allen Beobachtungsergebnissen.

In besonders elaborierter Weise kann die skizzierte 'praktische Anwendung' m.E. eingesetzt werden, wenn das (immer ansatzweise 'forschend-experimentelle') Handeln im pädagogischen Feld zu einem Konzept pädagogischer Handlungsforschung verdichtet und ausgebaut wird.[254] Dieses wäre dann *im hier zu erörternden Aspekt* als besonderer Fall reflexiver Bezugnahme auf die systemischen Basisereignisse der untersuchten Handlungen verstehen. Hier ginge es dann i.b. darum, Handlungsverläufe unter dem Aspekt ihrer 'technischen' Voraussetzungen und Entwicklungsdynamiken, die 'an mir ablaufen' zu untersuchen. Diese bilden dann einen Teil jener 'objektiven Welt', auf die der Blick 'durch die Augen des Betroffenen' gerichtet werden muss, um deren subjektive Handlungskontrolle zu erweitern. Ich habe andernorts den Handlungsforschungsprozess in seiner allgemeinen Struktur als Durchlaufen eines heuristischen Zyklus erläutert (1994c/77ff) und dort prinzipielle Einwände gegen jede systemtheoretische Interpretation des Forschungsfeldes erhoben (128ff). Diese Absage möchte ich angesichts der in der vorliegenden Arbeit aufbereiteten Argumente revidieren und meine Interpretation des Forschungszyklus dahingehend abändern, dass in allen Etappen dieses Zyklus funktionale Ermöglichungs-/Verhinderungskonstellationen sowie verselbständigte nach kybernetischen Prinzipien gesteuerte Abläufe in Rechnung zu stellen sind und mittels systemtheoretisch angeleiteter Interpretation und Analyse untersucht werden können:

In der *ersten Phase* der Darstellung des (problematischen) Ist-Zustandes werden so nicht nur subjektive Einschätzungen, Bedürfnisse und Begründungen explizierbar, sondern auch die 'technische' Eigendynamik (möglicher) systemisch induzierter (in traditioneller Formulierung: 'strukturell' verankerter) Ereignisse, die sich durch die Subjekte hindurch und über ihre bewusst eingenommene Haltungen hinweg durchsetzen. In der *zweiten Phase* der Entwicklung von Hypothesen über alternative Handlungsweisen werden nicht nur Annahmen über neugeordnete subjektive Dispositionen möglich, sondern sie werden in ihrer Realitätshaltigkeit angereichert durch 'technische' Annahmen über (neue oder wiederkehrende, 'eigene' oder 'fremde') Automatismen und Systemimperative, sowie durch ebensolche über einen intentionsadäquaten 'strategischen' Umgang mit ihnen. In der *dritten Phase* der Umsetzung der alternativen Handlungsstrategie kann die Widerständigkeit des technischen Eigenlebens der eigenen und fremder Handlungen auch funktional interpretiert werden und in der *vierten Phase* der Auswertung der in der dritten Phase gemachten Erfahrungen können v.a. fehlgeschlagene Handlungen oder Handlungsstrategien auch vor dem Hintergrund kybernetischer Eigendynamiken und unhintergehbarer Systemnotwendigkeiten interpretiert und einer weiteren Analyse zugänglich gemacht werden.

III.

Die mögliche 'Mächtigkeit' von Interventionsvorgängen wird unterschiedlich beschrieben. Selvini-Palazzoli u.a. etwa lassen in ihrer Formulierung ein eher 'trivial-kybernetisches' Verständnis durchklingen: "Hat man erkannt, dass die Symptome ein Teil der diesem System eigentümlichen Transaktionen sind, so bleibt, wenn man die Symptome verändern will, nur der Versuch übrig, die Regeln auszuwechseln." (1975/13)[255] Willke sieht dies weniger technologisch, im Prinzip jedoch ähnlich: "Es müssen systemische Operationsweisen des jeweiligen sozialen Systems selbst beeinflusst werden, um kalkulierbare Wirkungen in diesem System zu erzielen." (1994/52) Dabei ergibt sich - aus der Sicht vieler einschlägig argumentierender Autorinnen - jedoch eine Schwierigkeit: Die pädagogische Intervention stößt auf die *autopoietische Qualität* der angepeilten Systeme. Wie von Willke in Erinnerung gerufen, besteht die selbstreferentielle Geschlossenheit der Systeme ja gerade darin, dass "die Regelstruktur der Operationsweise eines Systems" als dessen von außen unbestimmbarer autonomer Kern anzusehen sei. (vgl. Willke 1993/72). Eine solche Autonomie wird sowohl psychischen als auch sozialen Systemen zuerkannt, da "ein beliebig großes Netzwerk von rekursiv vernetzten nicht-trivialen Maschinen so behandelt werden kann, als wäre es eine einzige, rekursiv operierende nicht-triviale Maschine" (Foerster 1993/27). Um abzuschätzen, welche faktischen Implikationen dieser Sachverhalt im Kontext intersubjektiver Einflussnahmen haben kann, bedarf die Bedeutung des in der 'systemischen' Szene populär gewordenen Zitats von der Autopoiesis psychischer und sozialer Systeme einer spezifischen Präzisierung.

Ein Großteil der jüngeren systemtheoretisch inspirierten Ausführungen zu therapeutischen oder beraterischen Interventionsstrategien enthält eine relativ stereotype Einleitungsfloskel der Art: "Interventionen zu setzen bedeutet das paradoxe Unterfangen, autonome Systeme gezielt zu beeinflussen." (Scala 1997b/95) Unter diesem Motto wird dann unter Berufung auf Begriffe wie *Autopoiesis* (etwa i.S.v. Luhmann), *Autonomie* (etwa i.S.v. Varela) oder *nicht-triviale Maschine* (etwa i.S.v. von Foerster) zu belegen versucht, dass gezielte Interventionen in ein autopoietisches, autonomes oder nicht-triviales System aufgrund dessen selbstreferenter Operationsweise im Grunde gar nicht möglich seien.[256] Ich möchte mich hier nicht mit dem Widerspruch beschäftigen, in den sich manche Autoren begeben, indem sie in Anschluss an dieses Bekenntnis dann sogleich ausführlich darlegen, welche Methoden sich zur erfolgreichen Intervention am besten eignen, sondern die Frage in den Vordergrund heben, welchen Sinn die Aussage dieser beliebten Einleitung überhaupt beanspruchen kann.

Ich habe schon weiter oben darauf hingewiesen, dass die Paradoxie-Behauptung (in ihrer systemtheoretischen Variante, wie sie hier von 'systemischer' Seite vorgebracht wird) häufig bloß das uneingestandene Eingeständnis der Vermischung von Handlungs- und Systemlogik darstellt und dass die in funktionaler Sicht gestellte Diagnose der Autopoiesis keinerlei Hindernis für eine in der Subjektperspektive zu identifizierende *kommunikativ-rationale* Einflussnahme darstellt. Sofern es sich bei einer Intervention der hier in Rede stehenden Art also um ein solche handelt, kann ich mich hier mit dem wiederholenden Hinweis begnügen, dass sie selbstverständlich nicht als paradox zu charakterisieren ist, sondern den dargelegten Regeln rationaler Verständigung folgt.

Sofern sie allerdings eine *zweckrationale* Einflussnahme auf Bestände der eigenen 'automatisierten' Verhaltensbasis, auf eingerichtete soziale Organisationsstrukturen o.ä. oder eine *strategische* Einflussnahme (etwa auf 'fremde' Automatisierungen o.ä.) sein soll, kann ich an dieser Stelle an meine allgemeineren Argumente zum Thema Autopoiesis und Autonomie in 1.3.c.II (unterschiedliche Autonomie geschlossener Systeme) anknüpfen und zeigen, dass die Problematik einer solchen Intervention in psychische und soziale Vorgänge nicht 'Autopoiesis' heißt, sondern als Bestimmung des Verhältnisses zwischen 'rationalen' und 'systemischen' Dimensionen des Ereigniszusammenhangs[257] aufzuschlüsseln ist.

Im bereits angeführten Argumentationskontext (Scala 1997b) heißt es dazu:

"Nicht-triviale Systeme ... reagieren auf Interventionen von außen in einer Weise, die von der internen Struktur und den jeweiligen Zuständen des Systems determiniert ist. Zustände hängen von der Vergangenheit ab und ändern sich mit jeder Operation des Systems. Ob Interventionen überhaupt wahrgenommen werden und wie das System darauf reagiert, kann von außen weder bestimmt noch prognostiziert werden. Man spricht daher in der neueren Systemtheorie auch von *autonomen Systemen*, ohne dabei die Abhängigkeit von der Umwelt zu leugnen. Zu diesem Systemtypus gehören Organismen *(lebende Systeme)*, Personen *(psychische Systeme)*, und *soziale Systeme*, sei es, dass es sich um eine Gruppe, eine Organisation, eine Regierung, eine Nation oder andere komplexe Subsysteme der Gesellschaft handelt". (ebd./96)

Nun macht die hier gebotene Zusammenstellung schon selbst darauf aufmerksam, dass auch *bloß lebende* Systeme einen autopoietischen Operationsmodus aufweisen. (An solchen wurde das Prinzip ja auch ursprünglich von Maturana und Varela gewonnen.) Damit sind also etwa auch Kirschbäume und Regenwürmer autopoietische Systeme. Offensichtlich trifft für diese das vom Autor postulierte Interventionsparadox[258] (siehe oben) aber in keiner Weise zu: Kirschbäume lassen sich veredeln und selbst höchstentwickelte Primaten lassen sich dressieren, was präzise entgegen der aufgestellten Behauptung bedeutet, dass ihr Wachstum bzw. Verhalten von außen determiniert und prognostiziert werden kann.

Was ließe sich daran als paradox beschreiben? Systemtheoretischer Auffassung zufolge 'emergieren' Systembildungen als 'autopoietische' dadurch, dass die vielschichtige Vernetzung der Teil-Beiträge zu einem unkontrollierbaren rekursiven Wirkungsgefüge führt: "Die emergenten Eigenschaften beruhen zunächst auf der Verdichtung eines Entscheidungszusammenhangs. Jede Entscheidung des Systems gewinnt ihren eigenen Sinn dann durch Bezugnahme auf andere Entscheidungen des Systems ... Das System pumpt sich selbst dadurch, dass es Entscheidungen trifft, immer wieder mit Entscheidungsmöglichkeiten auf. Jede Entscheidung schafft, indem sie Kontingenz transformiert, wiederum offene Entscheidungsmöglichkeiten. Es wird also nicht etwa, wie beim Lösen eines Kreuzworträtsels, ein begrenzter Alternativraum abgearbeitet in einem Prozess, an dessen Ende ein Resultat steht." (Luhmann 1988b/171f) Nun ist das aber in Handlungszusammenhängen nur dann von Bedeutung, wenn dieses im einzelnen 'selbständig' agierende Wirkungsgefüge *in der Summe seiner Effekte* nicht dem angestrebten Ziel entspricht. Es ist zunächst relativ unerheblich, wie etwa in einer Organisation die einzelnen Menschen zusammenwirken, solange sie so zusammenwirken, dass die Organisation den Zweck erfüllt, zu dem sie eingerichtet wurde. Und solange *dies* von irgendeiner Instanz gesteuert werden kann, hat es wenig Sinn, die Organisation als 'autonom' (gegenüber dieser Instanz) zu bezeichnen. Ebensowenig, als würde ich meine Hand, die ich hebe, als 'autonom' ansehen, weil die physiologischen und psychischen Prozesse, die zu diesem Heben führen, meinem intentionalen Zugriff zu einem großen Teil völlig unzugänglich sind und 'sich selbst' organisieren. Ein häufig beanspruchtes Argument ist hier offensichtlich irrelevant: "Das Evolutionsprinzip der operativen Geschlossenheit und die damit einhergehende, zunehmende Independenz sozialer Systeme verbieten jegliche Formen *direkter zentraler Steuerung*." (Mingers 1996/77) *Dieser* Sachverhalt, nämlich dass operativ geschlossene Systeme nicht direkt-linear steuerbar sind, bedeutet ja nur, dass man ihren inneren Bewegungsmodus nicht außer Kraft setzen kann, nicht aber, dass das *Resultat* der Bewegung nicht kalkuliert bzw. kontrolliert werden kann. Überall dort, wo psychische oder soziale Systeme also lediglich 'operativ geschlossen' sind, bedeutet das noch keineswegs, dass man in sie nicht mit Aussicht auf Erfolg intervenieren könnte.

Luhmann selbst liefert fallweise Material zur Untermauerung meiner Auffassung von den unterschiedlich 'autonomen' Systemprozessen oder anders formuliert von der 'trivialen' Ausrichtung, der Handlungsverläufe *auch* folgen können:

> "Eine bestimmte Logik bewirkt zum Beispiel, dass ich eine Bestellung aufgebe, weil das Lager erschöpft ist, aber ich ziehe bestimmte Beschlüsse aus Berichten, die die Untergebenen mir vorlegen. Sie sagen zum Beispiel: 'Der Markt nimmt dies nicht mehr ab.' Also ändere ich die Produktion. *Was würde in dieser Situation nicht jeder andere genauso machen? Was ist daran nicht einfach nur die Fortsetzung der Kommunikation, entsprechend den Konditionen einer bestimmten Position?*" (Luhmann 1990c/103, Hvh. von mir)

Zwar *könnte* die dargestellte Person zweifelsohne auch anders handeln. Aber sie agiert unter bestimmten Bedingungen (wie schon in Batesons Puzzle-Beispiel) in bloß 'programmgemäßer Erfüllung' oder 'Vollstreckung' bestehender situationaler 'Vorgaben'. Und sofern sie dies nicht in bewusster Absicht, sondern 'automatisiert' tut, ist die beschriebene Handlungssequenz von einem außenstehenden Beobachter durchaus kalkulierbar. Luhmann hebt die 'mechanische' Logik einer solchen Ausrichtung noch durch eine explizit technische Metapher hervor:

> "Eine ganz andere Frage ist aber, wie man überhaupt Steuerung verstehen soll. Das normale Verständnis ist, dass man irgend etwas bewirkt, was man bewirken will. Die kybernetische Herkunft des Begriffs 'Control' deutet aber darauf hin, dass es eigentlich immer um die Verringerung einer Differenz geht, um die Verringerung einer Spanne zwischen dem Zweck und dem Zustand, der eintreten würde, wenn man nichts täte. Dahinter steht also das Thermostatmodell: Die Temperatur wird konstant gehalten in einer gewissen Variationsbreite, und die Differenz wird immer wieder vermindert, wenn es nötig ist." (Luhmann ebd.)

Wie es zu erklären ist, dass menschliches Verhalten einem so einfachen Prinzip folgt, habe ich in 1.3.c ausführlich dargelegt. Dabei habe ich auch herausgearbeitet, dass menschliches Handeln zu einem erheblichen Anteil aus dem selbstregulierten 'Laufen' automatisierter Steuerungsprogramme besteht. Insofern beruht unser Handeln tatsächlich auf einer systemisch prozessierenden Grundlage und diese Grundlage 'verhält' sich daher tatsächlich 'selbständig'. Aber gerade diese Selbständigkeit kann nicht als 'Autonomie' (etwa gegenüber Interventionen) geltend gemacht werden, denn ihre Bestandteile sind ja ihrerseits zu bestimmten Zwecken als abhängige Durchführungsmechanismen installiert worden und diese folgen - technisch gesehen - einem trivialeren Modus als jene Instanzen, die diese Installation vorgenommen haben.

Ich kann also zunächst noch einmal zusammenfassen: Evolutionsgeschichtlich gesehen sind alle vormenschlichen Lebensformen dadurch charakterisierbar, dass sich ihr 'Verhalten' nach kybernetischen Gesetzmäßigkeiten aus den jeweiligen davorliegenden Zuständen 'von selbst' ergibt, weil ihnen jene 'reflexive', 'rationale', 'sinnhafte', 'normative' oder wie immer zu benennende 'subjektive' Steuerungsinstanz abgeht, die für menschliches Verhalten charakteristisch ist.[259] Damit können 'inhaltliche Entscheidungen' (etwa: der Löwe frisst den Dompteur oder nicht) tatsächlich aus objektiven (und offensichtlich berechenbaren und technologisch manipulierbaren) Bedingungen hergeleitet werden. Natürlich bleibt der Löwe *in dem eingeschränkten Sinne* 'autonom', dass er selbst es ist, der das Nicht-Fressen quasi 'aus eigenem durchführt', es kann aber die Bandbreite der ihm psychisch verfügbar bleibenden Möglichkeiten durch Maßnahmen einer externen Instanz so begrenzt werden, dass die Option 'den Dompteur Fressen' oder 'nicht durch den brennenden Reifen springen' eliminiert wird, obwohl sie rein physikalisch im Bereich des Möglichen läge.

Überträgt man nun die Logik der in der Evolution entstandenen Regulationsprinzipien (die in den menschlichen Lebensaktivitäten in unterschiedlicher Weise wieterbestehen) auf psychisches oder soziales menschliches Handeln, so lassen sich analoge Gesetzmäßigkeiten aufweisen. Physiologische Prozesse repräsentieren dann das Autonomie-Niveau pflanzlicher Lebensaktivität, operative Prozesse jenes der psychisch vermittelten tierischen Lebensaktivität[260] und reflexive Prozesse das spezifisch menschliche. Und hier gilt nun: *Reflexive* Instanzen können *nicht-reflexive* zielgerichtet beeinflussen, indem sie deren 'natürliches Verhalten' beobachten, daraus (was offensichtlich prinzipiell möglich ist) den Algorithmus der 'trivialeren' Systemprozesse erschließen und diesen dann technologisch ausnützen um gezielte Eingaben mit berechenbaren Auswirkungen zu plazieren. An anderen *reflexiven* Instanzen lässt sich dieses Verfahren hingegen offensichtlich nicht anwenden, da diese ein solches Verfahren via eigener Reflexionskapazität außer Kraft setzen können. So lassen sich Menschen im Gegensatz zu Löwen eben nicht dressieren.

Damit scheint ein Ansatz gewonnen, der das charakterisierte (tatsächliche) Paradoxon *der systemtheoretischen Selbstinterpretation* systemischer Praxis hinfällig macht. Er lässt etwa die eingangs angeführten Zitate von Selvini-Palazzoli und Willke in einem neuen Licht erscheinen: In einem System 'die Regeln auszuwechseln' oder an diesem 'systemische Operationsweisen zu beeinflussen' wäre ja zunächst ein Vorgang, der der systemtheoretischen Konzeption eines autopoietischen Systems widerspricht. Tatsächlich lässt sich ein solcher Vorgang von reflexiver Instanz zu reflexiver Instanz nicht vorstellen. Geht man jedoch davon aus, dass eine reflexive Instanz die Auswechslung der Regeln plant und einleitet und eine nach einem weniger autonomen Prinzip prozessierende operative Instanz als Objekt dieser Aktivität fungiert, so besteht *dieser* Widerspruch nicht. Und wie gezeigt, erscheint auch die Einflussnahme der reflexiven Instanzen aufeinander nicht paradox, sobald man sie als kommunikative Einwirkung versteht.

Das Konzept lässt sich nun sowohl auf psychische wie auf soziale Zusammenhänge beziehen:

Bildet das aktuelle 'Zielobjekt' der Intervention eine *Person,* so wäre zwischen deren bewusstem Reflektieren und dem Prozessieren jener operativen Automatisierungen und Verselbständigungen zu unterscheiden, die diese Reflexivität zugleich ermöglichen und beschränken. Damit ergeben sich genau zwei logische Möglichkeiten. Erstens: Die Beraterin, Therapeutin oder Pädagogin kann ihre Interventionen nach technologischen Prinzipien 'direkt' bzw. 'von außen' auf die nichtreflexiven Automatismen des Verhaltens eines Klienten, Patienten oder Lernenden richten. Damit würde sie eine *strategisch* zu charakterisierende Vorgangsweise wählen. Zweitens: Sie kann gemeinsam mit ihrem Klienten, Patienten oder Lernenden nach rationalen Prämissen reflektieren und damit eine *kommunikative* Vorgangsweise einschlagen. Dabei kann sie allfällige Automatismen *zum Gegenstand* der Kommunikation machen und ihrem Gegenüber damit helfen, seinerseits Strategien der 'technologischen' Beherrschung seiner eigenen Verhaltensbasis zu entwickeln.

Im zweiten dargestellten Fall würde sich die Rollenverteilung zwischen den beteiligten Instanzen in der Weise gestalten, dass die Beraterin, Therapeutin oder Pädagogin im Klienten, Patienten oder Lernenden quasi einen Ko-Interventen (also nicht schon das eigentliche Interventions*objekt*) findet, mit dem sie nach Maßgabe einer gemeinsamen Diagnose gemeinsam interveniert. Eine explizite Selbstbeschreibung dieser Art habe ich in der 'systemischen' Literatur nicht gefunden, wenngleich indirekte Hinweise auf entsprechende Phänomene häufig sind.[261] Dies mag auch damit zu tun haben, dass empirische Interventionsvorgänge immer wieder stark im Zeichen 'strategischer' Überlegungen in Bezug auf Widerstände gegen Veränderungen angelegt werden.[262] Allerdings sind hier - wie anhand der Erziehungssituation bereits gezeigt - Kombinationen beider Prinzipien denkbar: Das Bild des Ko-Interventors impliziert ja keinesfalls die Vorstellung, der Interventionsadressat könne nun auf der Basis externer Unterstützung die gesamte Struktur der Organisation seiner Handlungsabläufe 'bewusst' überschauen und neu konfigurieren, sondern lediglich, dass er (wie die Beraterin, Therapeutin oder Pädagogin) in Verfolgung bestimmter Veränderungsziele relativ punktuelle 'systemische' Maßnahmen setzt oder zulässt und dann auf das 'selbständige' Einpendeln eines neuen Fließgleichgewichts (das dann eben gleichsam 'an ihm selbst' oder 'durch ihn selbst hindurch' abläuft) angewiesen ist. Im Grenzfall beschränkt sich die Ko-Intervention des Klienten, Patienten oder Lernenden sogar auf die bloße Zustimmung zu Maßnahmen, deren innere (ggf. durchaus 'strategische') Logik er gar nicht nachvollziehen kann.

Auch im Falle eines zu intervenierenden *sozialen Systems* ergäbe sich aus der skizzierten Auffassung eine stimmige Möglichkeit, das Interventionshandeln theoretisch zu präzisieren. Ich möchte dies zunächst am Beispiel von *Organisationen* (als einem Spezialfall sozialer Systeme) exemplarisch demonstrieren.

Unterstellt, dass nur menschliche Individuen über die Fähigkeit der 'bewussten Reflexion' verfügen und dass - wie weiter oben ausführlich diskutiert - soziale Konstellationen als auf Dauer gestellte Handlungsnormen fungieren können, ließen sich Organisationen ebenfalls als nicht-reflexiv-autonome - in meiner Terminologie also 'anspruchsvolle' (vgl. 1.3.c.II.) - Systeme bestimmen. Damit wäre einerseits berücksichtigt, dass sie vom Menschen nach Maßgabe bestimmter Zwecke eingerichtet wurden[263], zugleich aber auch andererseits aufgrund ihrer 'selbststeuernden Konstruktion' über ein entsprechendes prozessuales Eigenleben verfügen.

Die mindere Autonomie zweckorientierter sozialer Installationen lässt sich am Beispiel der häufig zitierten systemtheoretischen Denkfigur von der 'lernenden Organisation' gut veranschaulichen: Betrachtet man etwa ein Wirtschaftsunternehmen aus funktionaler Sicht, so wird man einer Abteilung für Marktforschung die Funktion eines 'Wahrnehmungs-/Denkorgans' des Unternehmens zusprechen dürfen. Gleichzeitig ist offensichtlich, dass es individuelle Menschen sind, die die Informationsverarbeitungsaktivität dieses Organs faktisch durchführen. Damit generiert die kategoriale Unterscheidung von 'lernenden Organisationsmitgliedern' und 'lernender Organisation' natürlich nur dann Sinn, sofern die Personen, die dieses Lernen *auf Organisationsebene* realisieren, *anders* und *anderes* lernen, als sie es als individuelle Personen tun würden. Und dies ist auch der Fall. Sie haben ja ein vorgegebenes *Programm* zu realisieren: nämlich nach einem *organisationsspezifischen* Code, etwa 'absatzfördernd/absatzbehindernd', zu denken. Die Menschen bilden so also quasi die *operativen Vollzugsorgane* des Lernens *der Organisation*. Auf diese Weise liegt es dann beispielsweise definitiv außerhalb des Programms, allfällige umweltbezogene oder soziale Folgewirkungen zu erforschen, es sei denn, sie würden sich wieder in einen Code der Art 'absatzfördernd/absatzbehindernd' 'einlesen' lassen. Ebenso 'undenkbar' (und zwar qua Auftrag der Organisation, ein bestimmtes Programm *organisationalen* Lernens zu realisieren) wäre es, die Sinnhaftigkeit der übertragenen Marktforschung in Zweifel zu ziehen, also das eigene Lernen (anders als im vordefinierten Sinne) zu thematisieren und in Frage zu stellen. Natürlich kann nicht verhindert werden, dass Menschen an allen Orten denken, was ihnen in den Sinn kommt. Das tun sie dann aber eben gerade nicht 'auf Organisationsniveau' sondern als intellektuelle Privatiers, und tun sie dies zu oft und gründlich, werden sie wahrscheinlich auch hinausgeworfen.

Damit wird der Unterschied zwischen dem Lernen der *Organisation* und jenem der individuellen *Subjekte* unmittelbar evident: Ersteres folgt keinem 'reflexiven' - also 'autonomen' - Modus (im dargestellten Sinne), sondern einem Modus, dessen Algorithmus erkundbar (da ja schließlich auch von Menschen eingerichtet und mit einem - wie immer zureichend berechneten - Programm versehen) und dessen Prozessverlauf technologisch beeinflussbar ist. Insofern muss die 'autopoietische Qualität' der Systembildung, die die Personen als Lernen *der Abteilung für Marktforschung* realisieren, notwendig eine Stufe tiefer liegen als die jener Menschen, die diese Abteilung eingerichtet haben.

Für eine gezielte Intervention in eine Organisation folgt daraus, dass hier abermals keine wie immer geartete Paradoxie vorliegt, sofern man (wie Beratung dies ja etwa auch tut) die dort vorfindlichen Menschen konsensorientiert als Ko-Interventoren anspricht und mit ihnen rational kommuniziert und dabei sowohl die generellen technischen Ermöglichungsbedingungen des Handelns wie auch die mehr oder minder 'programmgemäß' selbstregulativ laufenden 'Systeme' als

Gegenstand der gemeinsamen Reflexion ansieht, die es 'technologisch' zu bewältigen und zu bändigen gilt. Darüber hinaus sind hier natürlich auch wieder 'strategische' Herangehensweisen bzw. allfällige Misch- und Grenzformen der zuvor charakterisierten Art vorstellbar.

Die dargestellte Sichtweise macht zugleich deutlich, dass Organisationen tatsächlich auch 'autonom' prozessieren *können*, genau dann nämlich, wenn sich die in ihr organisierten Individuen aus welchen Gründen auch immer nicht oder nicht mehr an den 'anspruchsvollen' (oder ggf. 'trivialen') Algorithmus halten, der durch den Organisationszweck definiert ist und sich etwa wie kriegführende Parteien gegeneinander strategisch bekämpfen. Allerdings behindern sie sich dann genau damit wechselseitig bei der Realisierung jener gemeinsamen Zwecke, die durch das 'organisierte' Handeln hätte bewerkstelligt werden können

IV.

Das voranstehend argumentierte Problemverständnis findet sich als (mindestens implizite) Voraussetzung vieler praktischer 'systemischer' Interventionskonzepte wieder, wie sie in theoretischen Selbstbeschreibungen und Fallstudien zum Ausdruck kommen. Ich versuche, dies zunächst am Beispiel der Interventionsstrategien der Mailänder Schule zu zeigen, die für die gesamte sich 'systemisch' apostrophierende Praktikergemeinde zum Kernbestand ihres eigenen methodischen Selbstverständnisses zählen.[264] Sie lassen sich auf drei Grundfiguren zurückführen, die sich im Ausmaß ihrer Rigidität unterscheiden: das Stellen von *Fragen*, das *Kommentieren* von Äußerungen und Handlungen und das *Anordnen* von Handlungsweisen.[265]

Zu diesen drei Interventionsformen wurden einige typische methodische Konzepte erarbeitet. Sie sind so angelegt, dass sie als *gezielte operative Eingriffe* in die verselbständigten Automatismen der Handlungsregulation beschrieben werden können. Ferner ist ihnen gemeinsam, dass sie nicht das Ziel haben, auf seiten der intervenierten Personen oder Sozialkontexte Prozesse des analytischen Durchleuchtens oder des bewusst-rationalen Entscheidens anzusteuern, sondern zunächst lediglich einen (operativ definierten) Irritationsprozess hervorrufen und in weiterer Folge zu einer Umstrukturierung der handlungsbestimmenden Regelmäßigkeiten (ggf. auch unter Ausschluss jedes subjektiven 'Verstehens' und jeder rationalen Reflexion) führen sollen. Es handelt sich also um *systemische* Interventionen im Sinne meiner bisherigen Ausführungen.

Das *Stellen von Fragen* wird hauptsächlich nach dem Konzept des *'zirkulären Fragens'* (vgl. etwa Selvini-Palazzoli u.a. 1985c, ausführlich erläutert bei Simon 1993/273ff) gestaltet. Sein Ausgangspunkt ist die Anweisung an den Therapeuten, sich bei seinen Fragen "vom Feedback leiten zu lassen, das sich ihm aus dem Verhalten der Familie darbietet, wenn er um Informationen über ihr Verhältnis untereinander, d.h. über Unterschiede und Veränderungen bittet." (Selvini-Palazzoli u.a. 1985c/282f) Als zirkulär wird sie bezeichnet, weil sie die lineare Fragerichtung Therapeut => Familie aufhebt und durch eine rekursive Eingabelogik ersetzt. Zu den typischen Verfahrensweisen des zirkulären Fragens zählt etwa:

"Man bittet jedes Familienmitglied, sich darüber zu äußern, wie es das Verhältnis zwischen zwei anderen [anwesenden, B.H.] Angehörigen der Familie sieht. Es handelt sich hier also um die Untersuchung einer dyadischen Beziehung, so wie diese in den Augen einer Drittperson erscheint." (ebd. 284)

Es ist naheliegend, dass eine solche Taktik zu einer "Sturzflut von Reaktionen" (ebd.) führt. Damit wird beobachtbar, in welcher Weise die 'thematisierten' Personen auf die ausgesprochenen Zuschreibungen und Infragestellungen reagieren. Man könnte die dahinterliegende Grundidee salopp so formulieren: Je mehr die Situation in Bewegung kommt (unterschiedliche Standpunkte angesprochen, Perspektiven gewechselt, Reaktionen hervorgerufen werden etc.), desto mehr Informationen können gewonnen werden. So ist es etwa von erheblicher Bedeutung, ob in einer solchen Gruppensituation "die beiden anderen Personen sich verwirrt zeigen oder beide gleich reagieren oder nur der Vater aufgebracht dagegen protestiert, während die Schwester mit unbeweglicher Miene dasitzt ..." (ebd.) Die Autoren heben besonders hervor, dass gemäß Watzlawicks Analyse der Kommunikationspragmatik auch jede vermiedene Regung selbstverständlich eine Reaktion darstellt, aus der entsprechende Interpretationen abgeleitet werden können.

Die Informationen, die auf diese Weise gewonnen werden können, scheinen in der Wahrnehmung von Selvini-Palazzoli und ihrem Team relativ verlässlich zu sein:

"Auf diese Weise können wir, ungeachtet der uns durch Sprache und kulturelle Konditionierung aufgezwungenen Beschränkungen, der Triade an sich und der Summe der verschiedenen Triaden innerhalb der Familie beikommen. So gleitet der Schuss durch die Kette, bis das Muster des Gewebes klar zum Vorschein kommt ..." (ebd. 284)

Mindestens den 'analogen' (= nonverbalen) Inszenierungsoperationen der Menschen scheint hier also ein recht berechenbares und technologisch manipulierbares Schema zugrundegelegt.

Das *Kommentieren von Äußerungen und Handlungen* folgt unterschiedlichen Konzepten. Es handelt sich jedoch immer um kontraintuitive Akzentuierungen und Zuschreibungen, die primär keinen 'reflexiven' Effekt haben, sondern lediglich die Funktionsweise eines bestehenden 'Systems' außer Kraft setzen soll. Dies lässt sich etwa an der Methode des *'paradoxen Kommentars'* zeigen, die häufig in Form der *'positiven Konnotation'* angewandt wird. Matteo Selvini führt an einem Fallbeispiel vor, wie eine anorektische Patientin dadurch zur Aufgabe ihrer Nahrungsverweigerung gebracht wurde, dass die Therapeuten sie mit einer Interpretation konfrontierten, derzufolge sie sich in bewundernswerter Weise aufopferte, um der Mutter ein sinnerfülltes Leben zu gewähren, indem sie sich selbst Leid zufügte. Diese Interpretation wurde der Mutter in einfühlsamen Worten mitgeteilt und als Effekt ergab sich eine spezifische Verhaltensänderung der Mutter, die wiederum eine ebensolche bei der Tochter auslöste.

Dass die beschriebe Eingabe eindeutig 'strategisch' konzipiert wurde, ergibt sich schon daraus, dass ihr Inhalt natürlich keineswegs mit der Auffassung der Therapeuten identisch war:

"Pias Anorexie ist daher auf der Strategie-Ebene ein [selbstverständlich unbewusster, B.H.] Zug, der durch ihren Zorn wegen der Steine, die ihr in den Weg gelegt sind, inspiriert ist, um die Partie, die Mutter 'unterzukriegen', zu gewinnen. Sie verwendet das gleiche Schema - 'nicht ich bin es, sondern eine Macht, die größer ist als ich" - das sie bereits den Vater mit Erfolg hat anwenden sehen. Wenn das die Hypothese ist, so ist klar, dass die Intervention sie ganz und gar nicht ausdrückt, sondern sich aus ihr ableitet und darauf zielt, die Bedeutungen, welche die Akteure ihren Verhaltensweisen zuschreiben, neu zu interpunktieren und sie auf diese Weise in Frage zu stellen und lächerlich zu machen.

Es ist deutlich, dass die Therapeuten gar nicht daran denken, dass Pia sich für die Mutter opfern will! Die Intervention ist ein paradoxer Kommentar, dessen Zweck ist, die von Pia der Mutter gegenüber erlebten hartnäckigen Widerstände auszunutzen und die Bedeutung, die alle der Anorexie zuschreiben, umzukehren." (Selvini 1985b/122)

An Beispielen wie diesem zeigt sich zweierlei: Zum einen wird sichtbar, dass die Intervention zielgerichtet und instrumentell geplant ist. Zwar wird das System nicht eigentlich 'umprogrammiert', sondern - wie bei Systemen ab dem 'physiologischen' Organisationsniveau ja selbstverständlich - lediglich 'stimuliert'[266], entgegen manch fundamentalistisch-systemtheoretischer Selbstinterpretation wird die Wirkung dieser Irritation jedoch vorab präzise kalkuliert und die Vorgehensweise minutiös geplant, was darauf hinweist, dass die Therapeuten keineswegs von einem 'autonomen' (im mehrfach charakterisierten Sinn) sondern von einem berechenbaren, mithin bloß 'anspruchsvollen' oder gar 'trivialen' Prozessmodus des angezielten Zusammenhangs ausgehen. An manchen Stellen wird dies auch ganz direkt ausgesprochen: "Wie ich bereits in anderen Schriften gesagt habe, wird diese Art Familie [mit einer jugendlichen Anorektikerin, B.H.] von so fixierten Regeln geleitet, dass man sie mit einer programmierten kybernetischen Maschine vergleichen kann." (Selvini-Palazzoli 1985/117)

Mit der 'positiven Konnotation' wird noch ein weiterer taktischer Zweck verfolgt: Sie besteht ja darin, "alle Verhaltensweisen des Indexpatienten und der anderen Familienmitglieder, speziell jenen, die für pathologisch gehalten werden, Anerkennung zu spenden."[267] (Selvini-Palazzoli/Boscolo/Cecchin/Prata 1985/137) Sofern sie nicht - wie in obigem Beispiel - als paradox zurückgewiesen wird, wird der Effekt erzielt, die konstruktive Mitarbeit an der Veränderung sicherzustellen: Kritik oder auch nur die Kommunikation von 'Veränderungsbedarf' würde umgehend - und offensichtlich wieder sehr klar vorausberechenbar - "zu einer nahezu monolithischen Koalition führen, die darauf gerichtet ist, jede unserer Anstrengungen zunichte zu machen." (ebd. 138) Daher wird ein Bekenntnis zur Verbündung mit den 'homöostatischen' (also wieder in 'paradoxer' Einstellung mit den veränderungs*feindlichen*) Tendenzen in der Familie abgegeben, "und wir tun dies genau in dem Augenblick, in dem sich die Familie am meisten bedroht fühlt." (ebd.)

Das *Anordnen von Handlungsweisen* schließlich wird als *'Symptomverschreibung'* oder *'Ritualverschreibung'* praktiziert. Dabei werden präzise Anweisungen über zu befolgende Handlungsweisen erteilt. Im ersten Fall handelt es sich darum, genau jene Handlungen durchführen zu *müssen*, die von den Betroffenen als symptomatisch wahrgenommen werden, im zweiten Fall sind Handlungen zu setzen, die in spezifischer Weise die Muster der pathologischen oder pathogenen Systembildungen außer Kraft setzen. Eine besondere Wirkung wird hier den 'analogen' (nicht-sprachlichen) Effekten auf das Gefüge der Interaktionssysteme zugeschrieben: Die Familie müsse dazu gebracht werden, "zu tun statt zu verstehen". (Selvini 1985b/124)

Bei der Verschreibung handelt es sich gemäß der eigenen Interpretation um ein 'Auswechseln der Regeln' der familiären Interaktion dadurch, dass der Klientenfamilie vom Therapeutenteam die regelmäßige Abführung einer minutiös vorgeschriebenen geänderten Handlungsweise aufgetragen wird[268], die durch die Außerkraftsetzung der alten 'Regeln' neue Handlungsmöglichkeiten freisetzt, wiederum ohne diese bewusst zu machen: "Das Familienritual ist ... die ritualisierte Verschreibung eines Spiels, dessen neue Normen *stillschweigend* die vorhergehenden ersetzen." (Selvini-Palazzoli/Boscolo/ Cecchin/Prata 1975/99, Hvh. von mir) Ein solches Auswechseln einer "fundamentale(n) Regel" führe zu der Erfahrung, dass "tatsächlich völlig überraschende Ereignisse von einschneidender Bedeutung eintreten" würden. (ebd. 14)

Am folgenden Beispiel einer 'ritualisierten Verschreibung' (bei welcher im Gegensatz zur 'Ritualverschreibung' nur die formalen Aspekte des Verhaltens angegeben werden), die einer Familie erteilt wurde, in der Vater und Mutter einander gegenseitig in ihren Erziehungsbemühungen systematisch in den Rücken fielen, lassen sich wieder einige allgemeinere Prinzipien zeigen:

"An den geraden Tagen der Woche: Dienstag, Donnerstag, Samstag, von morgen an beginnend, bis zur nächsten Sitzung soll in der Zeit zwischen ... Uhr und ... Uhr (vorher ausgemachte Zeit, in der die gesamte Familie zu Hause ist), was immer X tut (Name des Patienten gefolgt von einer Aufzählung aller seiner symptomatischen Verhaltensweisen), ausschließlich der Vater dafür zuständig sein, darüber zu entscheiden, was mit X zu geschehen habe. Die Mutter muss sich so verhalten, als sei sie nicht anwesend. An den ungeraden Tagen: Montag, Mittwoch, Freitag, ist zur selben Uhrzeit ausschließlich die Mutter verantwortlich und hat zu entscheiden, was mit X zu geschehen hat. Der Vater muss sich so verhalten, als sei er nicht anwesend." (Selvini-Palazzoli/Boscolo/Cecchin/ Prata 1985b/190)

Aufschlussreich wieder der Kommentar der Therapeuten:

"Das erste Ziel ist, die Regeln des Spieles, das im Gange ist, zu durchbrechen, d.h. Interferenzen [zwischen den Erziehungsstrategien der beiden Eltern, B.H.] zu unterbinden, ohne dies ausdrücklich zu sagen. Der Familie, die die Verschreibung befolgt, wird dadurch, dass die üblichen Kommunikationsweisen blockiert werden, eine ungewöhnliche Erfahrung vermittelt.

Als zweites versucht man, aus dem möglichen Wettstreit der Eltern im Verhältnis zu den Therapeuten therapeutischen Nutzen zu ziehen. Jeder Elternteil wird sich nämlich hervortun in dem Bemühen, 'der Bessere zu sein'. Das aber wird die Aufmerksamkeit vom Beziehungsproblem, nämlich 'Einmengung in die Initiativen des anderen' ablenken und dem Problem 'was muss ich an den Tagen, die mir zugeteilt sind, tun, um ein lobenswürdiges Ergebnis zu erzielen', zuwenden. Als Drittes wird aufklärendes Feedback dadurch gewonnen, ob die Familie die Verschreibung ausführt, oder ob sie dies nicht tut." (ebd.f)

Offensichtlich tritt hier wieder die strategische Anlage der Intervention, das präzise Kalkül und das mindestens implizit als bloß 'anspruchsvoll' veranschlagte Organisationsniveau der problemgenerierenden Systembildung zutage. Eine solche

Auffassung ist indessen keineswegs auf die Mailänder Gruppe beschränkt. Dazu nur eines von vielen möglichen Beispielen:

"Ich glaube, dass das Spezielle bei der systemischen Intervention darin besteht, dass man sie dem Klienten nicht explizit erklärt. Die Leute müssen nicht rational begreifen, worum es geht, denn ich versuche als Berater, Veränderungsfaktoren einzubauen, und das hat nicht unbedingt mit Rationalität zu tun. ... Es gibt am Anfang meistens eine lineare Anfrage. Wenn wir davon ausgehen, dass diese Anfrage beziehungsweise dieses Problem in rigiden Schleifen eingebettet ist, dann geht es darum, diese Schleife in Bewegung zu bringen." (Hirsch 1990/91)

Offensichtlich handelt es sich bei den 'rigiden Schleifen' hier wieder um selbstregulative Prozesse, die aber - was schon ihre Charakterisierung als 'rigid' ausdrückt - nach stereotypen, also mehr oder minder 'trivialen' oder 'anspruchsvollen' Mustern ablaufen und durch präzise Beobachtung lokalisierbar und durch geschickte Intervention modifizierbar sind. Auch hier fungiert also wieder das von mir vorgeschlagene Denkmodell von der unterschiedlichen Autonomie der handlungskonstituierenden Systembildungen als implizite Grundlage des Interventionskonzepts.

Meine Redeweise vom Klienten, Patienten oder Lernenden als 'Ko-Inventor' bedarf in Zusammenhang mit dem dargestellten Verständnis der Mailänder Gruppe noch einer präzisierenden Konkretisierung: Beratung, Therapie und pädagogisches Handeln unterscheiden sich ja u.a. in der Reichweite der reflexiven Anteile der Lern- und Bewältigungsanstrengungen der 'Problembetroffenen'. Dies begünstigt im Falle des Mailänder Modells, das in einem *therapeutischen* Kontext erarbeitet wurde, natürlich eine eher 'strategisch' konzipierte Methodik. Dennoch lässt sich auch an den hier vorgestellten Fallberichten ein Restbestand der Funktion eines 'Ko-Interventors' identifizieren. Sie besteht darin, dass immer noch Therapeuten ausgewählt und aufgesucht und im noch eingeschränkteren Falle (etwa einer 'Überweisung') deren Interventionen angenommen und Anweisungen befolgt werden müssen. Dies kann nur funktionieren auf der Basis einer (wie immer eingeschränkt) subjektiv-reflexiv gewonnenen Entscheidung, diese Schritte als Beitrag zur intendierten Reinstallation der eigenen Handlungskontrolle anzusehen und absichtsvoll durchzuführen. Therapeuten pflegen so etwas daher auch treffenderweise als 'Arbeits*bündnis* zu apostrophieren.

Darüber hinaus muss ich der Vollständigkeit halber anmerken, dass nicht alle 'systemischen' Ansätze so 'direkt' auf die Beeinflussbarkeit von Patienten und Klienten hinargumentieren. Nicht zufälligerweise herrscht im *Beratungs*genre häufig ein etwas anders akzentuiertes Selbstverständnis vor. Als exemplarisch mögen die Ausführungen Wimmers gelten, der die Eigenständigkeit intervenierter Systeme immer wieder wortreich herausarbeitet. So distanziert er sich etwa scharf vom "vorherrschenden Interventionsverständnis". Dieses besitze

"diese zwei wichtigen Implikationen: es geht um das gezielte Eingreifen ins Klientensystem (das heißt, in diesem etwas Bestimmtes zu tun und damit auch etwas Bestimmtes zu bewirken) und es geht um eine Art von Technologie, um ein Repertoire um bewährten, beraterischen Aktions- und Reaktionsmustern, die einem als Berater für dieses Eingreifen zur Verfügung stehen." (Wimmer 1992/82)

Ein solches Verständnis ist Wimmer zufolge problematisch, denn die Vorstellung des 'Eindringens' lasse sich nicht in die Realität umsetzen:

> "Folgt man den Grundannahmen einer Theorie operational geschlossener, autopoietischer Systeme, so ist diese Vorstellung nicht zu halten. Lebende Systeme operieren grundsätzlich innerhalb ihrer Grenzen, wobei gerade die Aufrechterhaltung dieser Grenzen zu den grundlegenden lebenserhaltenden Mechanismen zählt." (Wimmer 1992/82)

Es bleibt hier (wie an vielen anderen Stellen) zunächst offen, ob Wimmer mit seinem Verweis auf die 'Autopoiesis' psychischer und sozialer Systeme bloß eine spezifische 'technische' Eigenheit von Interventionen - als deren zu berücksichtigende Bedingung - in Erinnerung rufen möchte oder ob die Plazierung gezielter wirkungsvoller Interventionen nun *tatsächlich unmöglich* sein soll. Ich vermute, dass wohl ersteres intendiert sein dürfte, da es an anderer Stelle dann heißt, es lohne sich, "darüber nachzudenken, wie dieses spezifische soziale System, das das Klientensystem und die Berater während eines Beratungsprozesses miteinander bilden, so gestaltet werden kann, dass *gezielte Wirkungen* im Klientensystem stimuliert werden ..." (ebd. 84, Hvh. v. mir) In diesem Fall aber macht die operational geschlossene Funktionsweise (zweites Zitat) die Auffassung, man könne in einem intervenierten System 'etwas Bestimmtes tun und damit auch etwas Bestimmtes bewirken' (erstes Zitat) allerdings keineswegs irrig und würde etwa auch zum Konzept der Mailänder Schule in keinerlei Widerspruch stehen.

V.

Nachdem ich nun einzelne systemtheoretische Konzeptbausteine, die von 'systemischer' Seite als maßgeblich für die Interventionsproblematik ausgegeben werden, untersucht und ihren Erklärungswert eingegrenzt habe, will ich mich der Frage zuwenden, welcher Stellenwert der systemtheoretischen Sichtweise bei der Konzeption von Interventionen generell zuzuschreiben ist. Ich unterlege dieser Frage die Annahme, dass die Entscheidung für ein bestimmtes theoretisches Referenzsystem nicht nur in Hinblick auf die *Interpretation* beobachteter Ereignisse von Belang ist, sondern dass es sich auch auf die *Gestaltung* intendierter empirischer Prozesse auswirkt, auf welche Weise diese begrifflich angesteuert wird und versuche zunächst, die Implikationen unterschiedlicher Bezugstheorien für die Interpretation von konkreten empirischen Handlungsweisen und sozialen Zusammenhängen zu verdeutlichen.

Dazu möchte ich auf zwei Arbeiten Ute Osterkamps und Mara Selvini-Palazzolis zurückgreifen. Es ist zu erwarten, dass die beiden Forscherinnen aufgrund ihrer 'paradigmatischen' Haltung genau jene unterschiedlichen Sichtweisen repräsentieren, die ich im Kontext meiner Argumentation voneinander abzuheben versuche. Sie bieten sich u.a. auch deswegen für einen Vergleich an, da die Anwendungen 'theorienahe' vorgenommen wurden, allfällige Fehlinterpretationen von theoretisch unbedarften Praktikern also nicht in Rechnung zu stellen sind. Ich ziehe für meinen Vergleich von den genannten Autorinnen selbst erstellte Fallstudien heran, die sich dem Thema 'Probleme des Handelns in Organisationen' zuordnen lassen.

Ute Osterkamp konzentriert sich auf der Grundlage ihres handlungstheoretischen Problemzuganges - wie zu erwarten - auf den Zusammenhang jener *subjektiven Betroffenheiten*, die die Individuen dazu veranlassen, bestimmte Handlungen auszuführen oder zu unterlassen. Sie registriert also primär Absichten, Zwecke, Begründungen, Entscheidungen, Enttäuschungen, Bewertungen und ähnliches mehr und versucht damit Licht in die 'black box' der betroffenen Akteure zu bringen:

"So würden, wie ein nichtdeutscher Heimleiter berichtete, die einheimischen MitarbeiterInnen ausrasten, wenn die Flüchtlinge Granini-Saft verlangen, der jeden Abend im Fernsehen angepriesen wird. Das Standard-Argument sei: Das könnten sie sich selbst, zumindest aber viele einheimische Sozialhilfeempfänger, auch nicht leisten. Granini-Saft steht jedoch keineswegs nur für ein Getränk, sondern zugleich auch für die Teilhabe an den gesellschaftlichen Möglichkeiten. Sich keinen Granini-Saft leisten zu können, heißt, dass man jemand ist, für den Dinge, die für andere problemlos zur Verfügung stehen, nicht erreichbar sind. Die Tatsache, dass man sich selbst keinen Granini-Saft leisten kann, verweist somit immer auch auf die Randständigkeit sowie Bedeutungslosigkeit und damit auch auf die prinzipielle Ungesichertheit der eigenen Existenz. Granini-Saft steht somit für sehr viel mehr: nämlich für den Wunsch nach gesellschaftlicher Akzeptanz und Integration. Je mehr diese gegeben sind, umso mehr kann man im Zweifelsfall auf Granini-Säfte verzichten - dies umso mehr, als solche Säfte ohnehin nicht sonderlich gesund sind. Ich leide also nicht primär an der Tatsache, dass ich nicht Granini-Säfte trinken kann, sondern daran, dass ich in einer Situation bin, in der man mir Granini-Säfte vorenthalten kann bzw. in der man mir das Recht, Granini-Säfte zu trinken, abspricht. Dadurch werde ich zum Menschen zweiter Klasse gemacht, von dem man sich notfalls befreien kann. Der Wunsch nach Granini-Säften ist dann aber eine symbolische Auflehnung gegen die allgemeine Entrechtung, Bevormundung und Isoliertheit, die sich jedoch in einer Form äußert, dass die Zurückweisung, die man erfährt, nachträglich wiederum gerechtfertigt erscheint." (Osterkamp 1992a/275)

Selvini-Palazzoli richtet ihr systemtheoretisch geschärftes Auge stärker auf *faktische Merkmale* der untersuchten Situation, i.b. solche, die sich entlang der funktionalen Logik von Systembildungen interpretieren lassen. Daher identifiziert sie bevorzugt Verlaufsstrukturen, Muster, verfahrenstechnische Zusammenhänge, funktionale Unmöglichkeiten, widersprüchliche Organisationsgebilde, subjektiv unerkannte Automatismen und ähnliches mehr:

"Es ist völlig klar, dass diese Struktur jede Möglichkeit der wechselseitigen Kontrolle in den Bereichen verhindert, die jeweils nur von einem der beiden Firmenchefs geleitet werden. Der Präsident kann den Bereich, den sein Sozius leitet, nicht kontrollieren, weil der Sozius als gleichberechtigtes Mitglied der Geschäftsleitung die Einmischung des Präsidenten jederzeit zurückweisen kann. Der Präsident seinerseits räumt dem Vize kein Mitspracherecht bei der Gestaltung der wirtschafts- und finanzpolitischen Aspekte ein. Allerdings fällt es dem Vize nicht allzu schwer, sich mit dem Gedanken abzufinden, dass er offiziell nichts mit der Gestaltung der Grundziele des Unternehmnes zu tun hat, denn er hat ja *de facto*, nämlich als Chef der Produktion, einen gewissen Einfluss darauf. Er ist nämlich befugt, die vom Präsidenten gutgeheißenen Strategien zu kontrollieren, weil ihm die Produktion direkt untersteht. Auf diese Weise wird das 'natürliche' hierarchische Gefälle zwischen Stab und Linie gerade umgekehrt, das heißt die Linie kann, da sie selbständig über die Produktion entscheidet, auf die globale Politik des Unternehmens Einfluss nehmen und die Geschäftsleitung zwingen, ihre Zielsetzungen zu ändern.

Jetzt zeigt sich die eigentliche Bedeutung der Zusatzbemerkung zum Organigramm, und es wird auch klar, warum dem Präsidenten so sehr an seiner Kontrollbefugnis gegenüber dem Vize gelegen ist. Diese Zusatzbemerkung konfrontiert uns, kurz gesagt, mit einer paradoxen Aussage, denn das, was auf der einen Ebene (auf der hierarchisch-formalen) seine Bestätigung erhält, wird auf einer anderen (nämlich auf der funktionalen) Ebene wieder geleugnet." (Selvini-Palazzoli 1981/53f)

Aber auch Osterkamp beschränkt sich nicht auf bloße 'Betroffenheiten', sondern erhebt ebenfalls strukturelle, 'objektive' Phänomene, doch bleiben diese stark 'subjektiv gefärbt', werden gleichsam von der subjektiven Wahrnehmung des Handelnden her angepeilt (siehe ebendazu auch programmatisch: Osterkamp 1990/144). Die innere 'technische' Logik der Zusammenhänge wird nicht angesprochen. An den objektiven äußeren Bedingungen oder 'verselbständigten Automatismen' werden eher die initialen 'Gründe' für deren 'Programmierung' und deren subjektive Anerkennung und moralische Bewertung durch Betroffene registriert, als ihre objektiven Implikationen, Auswirkungen und Verlaufslogiken:

"Die Tatsache, dass auch HeimleiterInnen in bestimmte Strukturen eingebunden sind und in ihrem Verhalten im großen und ganzen noch schärferen, wenn auch möglicherweise weniger auffälligen Kontrollen als die übrigen Mitarbeiter unterworfen sind, wird - so die Aussage eines Heimleiters - dabei von vielen MitarbeiterInnen übersehen. Oder genauer: sie würden dies nicht sehen wollen, weil sie sich damit die Möglichkeit nehmen würden, sich auf Kosten der Heimleitung subjektiv zu entlasten. ...

Allgemein muss sich jede Leitung gegen den mehr oder weniger explizit geäußerten Vorwurf verteidigen, gemeinsame Sache mit den 'oberen' zu machen bzw. sich nicht hinreichend gegen bestimmte Maßnahmen zur Wehr zu setzen. Nach solchen Vorstellungen hätte z.B. ein Heimleiter kraft seiner Position alle Widerwärtigkeiten von den ihm unterstellten MitarbeiterInnen abzuwenden, denen sie sich selbst ausgeliefert fühlen - und dies auch dann, wenn sie sich ihm an Bildung und Kompetenz durchaus überlegen dünken. Die Erfahrung, dass man sich selbst um der Existenzsicherung willen den gegebenen Bedingungen immer wieder beugt, erhöht dabei offensichtlich keineswegs das Verständnis für die auch von anderen praktizierte Anpassung, sondern führt eher dazu, dass man die Widerständigkeit, die man selbst nicht aufbringt, quasi ersatzweise von den jeweils anderen verlangt." (Osterkamp 1992a/279ff)

Umgekehrt bezieht Selvini-Palazzoli auch das subjektive Innengeschehen der Handelnden breit in ihre Darstellung mit ein. Wie in der funktionalistischen Tradition üblich, wechselt sie immer wieder zwischen einer systemische Zusammenhänge 'beobachtenden' und subjektive Äußerungen 'verstehenden' Haltung hin und her:

"Zu den Kündigungen der 'Neuen' kommt es in der Regel deshalb, weil sich ein befriedigendes Verhältnis zum Betrieb einfach nicht einstellen will; die Mitarbeiter fühlen sich durch die Ziele der Geschäftsleitung eingeengt, fremdbestimmt und ausgenutzt, und im übrigen bleiben diese Ziele vollkommen im dunkeln. Die Missstimmung ist so ausgeprägt, dass es unter den leitenden Mitarbeitern zur echten symmetrischen Eskalation kommt und sie einander zunehmend als Konkurrenten begegnen. ...

Anlass zur Klage ist für die Führungskräfte auch der Umstand, dass ihre Verantwortlichkeiten nicht genau festgelegt sind, so dass keiner von ihnen eigentlich weiß, wie groß sein Spielraum ist und wo die Grenzen seiner Autorität liegen. Und schließlich klagen sie über die fehlende Koordination zwischen der Geschäftsleitung und den einzelnen Abteilungen. Wenn hier eine befriedigende Koordination gegeben wäre, so meinen sie, dann würde das zweifellos den Fluss der Kommunikationen begünstigen und ihnen damit die Entscheidungsfindung erleichtern." (Selvini-Palazzoli 1981/55f)

An den Textausschnitten lässt sich noch einmal die Unterscheidung zwischen 'handlungstheoretisch' und 'systemtheoretisch' (als Analysekonzepte) und 'rational/subjektiv' und 'systemisch/operativ' (als Konzepte zur Unterscheidung unterschiedlicher 'Realphänomene') verdeutlichen: Ute Osterkamp registriert an der von ihr dargestellten Situation sowohl *rationale* (vgl. erster Textausschnitt: Begründung der subjektiven Betroffenheit der Beteiligten) wie auch *systemische* Prozesse (vgl. zweiter Textausschnitt: objektive Strukturen der Situation, Stereotypen des Verhaltens), beides unter einem *handlungstheoretischen* Blickwinkel und erfasst sie daher primär in ihrer subjektiven Bedeutung für die Betroffenen. Mara Selvini-Palazzoli beobachtet ebenso rationale wie systemische Vorgänge. Dabei wechselt sie ihre 'kategoriale' Position: systemische Vorgänge interpretiert sie 'beobachtend' (vgl. erster Textausschnitt: Strukturen der Organisation, Anschlussmöglichkeiten von Handlungen), subjektive Vorgänge hingegen erschließt sie 'verstehend' (vgl. bereits im ersten Textausschnitt ansatzweise: Handlungsgründe des Präsidenten, zweiter Textausschnitt: subjektive Betroffenheiten der Mitarbeiterinnen, 'begründend' auf die systemischen Gegebenheiten gerichtet).

Die solcherart identifizierbaren interpretationslogischen Parallelen in den beiden Textproben kann auch als Hinweis darauf gelesen werden, wie unplausibel die strikte Vermeidung einer doppelperspektivische Annäherung an den Gegenstand ist: Um die Bedeutung einer beobachteten Handlung oder Handlungskonstellation nachvollziehen zu können, ist es (aus ausführlich dargelegten Gründen) kaum sinnvoll, sich *ausschließlich* aus der Perspektive 'dritter Person' auf die 'objektiven' Sachverhalte zu stützen. Daher ist es nicht nur spontan naheliegend, sondern im Grunde nahezu unumgänglich, mindestens 'zwischendurch' gegenüber den Äußerungen des jeweiligen Kommunikationspartners oder der jeweils beobachteten Person immer wieder den Standpunkt 'erster Person' einzunehmen, es sei denn, man wollte sich auf die tatsächlichen *äußeren* (Folge-)Ereignisse beschränken und diese in einem *ausschließlich technischen* Zusammenhang mit der beobachteten äußeren Situation interpretieren.

Anhand der vorgeführten Textbeispiele wird überdies noch einmal konkret nachvollziehbar, dass der Bezug auf handlungs- *und* systemtheoretische Rahmenkonzepte zu keinen völlig inkompatiblen Wahrnehmungen führen muss. So lassen die hier vorgeführten Fallstudientexte resp. die Interpretationen, die in sie eingeflossen sind, nicht nur die Auffassungs*unterschiede* zwischen handlungs- und systemtheoretischer Sichtweise erkennen: In Entsprechung zu den jeweiligen kategorialen Konzepten werden von *beiden* Seiten Gegebenheiten nicht als statische Entitäten aufgefasst, eingenommene Haltungen nicht als Eigenschaften von Personen angesehen, Handlungen nicht 'moralisierend' bewertet und die Logik von Ereignissen nicht 'kausalistisch', sondern als Resultat der eigensinnigen Binnenrationalität der jeweils agierenden Instanzen gedeutet. Viele 'praktische' Rezipienten der systemtheoretischen Interpretationsvorlage nehmen in Unkenntnis der Sachlage jedoch häufig gerade Postulate dieser Ausrichtung als besondere Qualität der *systemtheoretischen* Herangehensweise und argumentieren *damit* deren Überlegenheit gegenüber handlungstheoretischen Positionen. Meine ausführliche Darstellung deren aktueller Diskussionslage sollte u.a. auch nachvollziehbar machen, dass eine Abgrenzungsrhetorik *dieser Art* hinfällig ist und dass gerade 'Übereinstimmungen' der gezeigten Art Handlungstheorien und Systemtheorien in besonderer Weise aufeinander beziehbar machen.

VI.

Denkt man die unterschiedlichen *Interpretations*perspektiven nun um in analoge *Konstruktions*perspektiven, so tritt das Problem der 'subjektiven Blindheit' des Systemstandpunktes unmittelbar hervor: Es bildet eine logische Implikation des Handelns, dass es sich nicht unter Ausblendung der Handlungsperspektive entwickeln lässt. Dort, wo 'Systemiker' diesen Sachverhalt rhetorisch negieren, schlägt sich dies in der Gestalt von argumentativen Bruchstellen zu Buche.

Dafür zunächst ein Beispiel, in welchem der Topos der 'Latenz' als argumentationslogischer Stolperstein fungiert. Als Latenz wird in der einschlägigen Diskussion das Phänomen bezeichnet, dass in einem sozialen Kontext bestimmte Gegebenheiten - ähnlich wie beim individuellen 'Verdrängen' - zunächst aus 'Gründen', dann aber 'automatisiert', systematisch außerhalb des Blickfeldes der Handelnden verwahrt bleiben. Diese Latenz ist für praktische Interventionen natürlich von zentraler Bedeutung, da sie den aktuellen Status der Handlungssituation gegenüber Außeneinwirkungen abschirmt: "Latenz schützt das System, indem zentrale Aspekte unhinterfragt bleiben." (Exner/Königswieser/Titscher 1990/216)

Eine solche Begriffsanlage müsste den systemtheoretisch geläuterten Berater schon zur Vorsicht mahnen: Mit dem Konstrukt 'Latenz' werden offensichtlich Abwehrmechanismen in Rechnung gestellt und zwar in ihrer inhaltlichen Bedeutung, die jedenfalls 'verstehend' erschlossen werden muss: Sich mittels Latenz zu *'schützen'*, impliziert ja die antizipierende Wahrnehmung eines Ereignisses, dessen Eintritt subjektiv als 'Schaden' oder 'Bedrohung' bewertet wird. Und dies kann nur in der Perspektive erster Person nachvollzogen werden.

Unweit der zitierten Textstelle trifft das Latenzbewusstsein der systemischen Berater dann auf die selbst proklamierte Referenztheorie in Gestalt ihres eigenen Vordenkers und - kollidiert unsanft mit den abstrakt so hochgehaltenen Ausgangspostulaten:

Interviewer: Aber es gibt doch so etwas wie 'Latentes' - im Gegensatz zu 'Manifestem'. Und über Latentes kann man ja nicht kommunizieren - zumindest über ganz bestimmte Kernbereiche des Latenten - weil das System sich ja mit der Latenz selbst schützt.

Luhmann: ... Der eine sagt etwas, da möchte ein anderer reagieren, aber ein dritter sagt etwas anderes, und dann kann man es nicht mehr anbringen. So erzeugt allein die selektive Haltung des Prozesses im autopoietischen System etwas, was nicht oder nur mit Mühe wieder thematisiert oder bewusst intendiert werden kann. Aber ich sehe nicht, dass das Latente eine Eigenqualität in einem solchen System hätte - es sei denn in der Beschreibung eines Beobachters.

Interviewer: Das ist für einen Führungsberater aber schon wichtig!

Luhmann: Ja, aber was sieht ein Berater, wenn er sieht, dass in einer Firma über bestimmte Dinge nicht gesprochen werden kann? - Dass diese Dinge nicht in den autopoietischen Prozess hineingehen. Was ist das anderes als eine Konstruktion des Beraters? Er sieht, wenn man darüber spräche, würde etwas passieren. Für den Betrieb hat das, solange nicht darüber gesprochen wird, keine Realität.

Interviewer: Das finde ich sehr gewagt. Wenn ich Sie richtig verstehe, ist die Idee der Latenz schlichtweg eine Kategorie des Beobachters, der immer eine Form vor sich hat, wie etwas sein müsste, die aber irrelevant ist, solange sie nicht entdeckt worden ist ...

Luhmann: ... Das worüber nicht gesprochen wird, kann das, was gesprochen wird, nicht determinieren. Nur das was gesagt wird, kann die Antwort oder die Frage, das Nein oder das Ja stimulieren. Das System ist geschlossen in der Sequenz seiner positiven Operationen. ... (Luhmann 1990c/101f)

Der dokumentierte Wortwechsel kann nicht weiter verwundern, denn aus der *Systemperspektive* geschieht, was geschieht und was nicht geschieht, ist inexistent. Dass etwas absichtlich 'verborgen' wurde und dass dieses Unsichtbare dann gar noch etwas bewirken soll, lässt sich vom Standpunkt 'dritter Person' aus nicht rekonstruieren. Und wer der Meinung ist, *allein* von diesem Standpunkt aus ließe sich schon die ganze Problematik erfassen, der muss natürlich zu kürzschlüssigen Schlussfolgerungen von beobachtbaren auf tatsächliche Ereignisse und damit zu unsinnigen Kausalitätszuschreibungen greifen. (Etwa: Das worüber nicht gesprochen wird, kann das, was gesprochen wird, nicht determinieren.)

Die Praxis straft solche Problemverkürzungen jedoch umgehend Lügen. Daher wird der Interviewer trotz des irritierenden theoretischen Verdikts wohl weiterhin mit dem Konstrukt 'Latenz' arbeiten und eine solche Insubordination lässt sich auch gar nicht verhindern. Das systemtheoretisch verordnete Ausblenden der 'subjektiven' Seite der Subjekte würde dem professionellen Agieren der Praktiker nämlich erhebliche Orientierungsdefizite auferlegen. Sie müssen sich ja mit faktischen Menschen über gegebene Probleme verständigen und eine strikte Abstraktion auf 'Systeme' würde diesen Verständigungsprozess verunmöglichen.

Am folgenden Beispiel eines Gesprächs zwischen einem sich 'systemisch' verstehenden Therapeuten und einer Klientin lässt sich abermals exemplarisch nachvollziehen, in welcher Weise die Einnahme eines Standpunkts 'erster Person' zu den unhintergehbaren Notwendigkeiten interpersoneller Verständigung und damit auch therapeutischer, beraterischer oder pädagogischer Intervention zählt.

T: Was alles beherrscht denn Schuld bei dir?
K: Fast alles.
...
T: Woher hast du diese so starke Schuld; wer hat sie dir gegeben?
K: Wohl meine Eltern. Sie gönnen sich auch kaum etwas.
T: Wollen wir also untersuchen, wie sich Schuld auf die Beziehung zu deinen Eltern auswirkt?
K: Ja.
T: Zum Beispiel, wie mischt sie sich in die Beziehung zu deinem Vater, was ermöglicht sie, was verhindert sie?
K: Sie verlangt, dass ich alles tue, damit Papa nicht traurig ist.
T: Und was ermöglicht sie?
K: Harmonie, dass ich seine kleine Tochter bleibe.
T: Und was verhindert sie?
K: Dass wir beide wachsen, dass jeder für sich ist, und dass wir doch eine gute Beziehung zueinander haben, eine andere, eine erwachsene Beziehung.
T: Das hießt, Schuld bekämpft und unterdrückt Wachsen? Kannst du dich aber erinnern, wann Wachsen in der Beziehung zu deinem Vater in letzter Zeit gegen Schuld gesiegt hat?

K: Ja, ich war in letzter Zeit häßlich zu Papa und er war traurig. Es ging aber dann vorbei. Da war Wachsen gegen Schuld erfolgreich.
T: War es gut oder schlimm?
K: Es war gut.
T: Und wie wirkt Schuld in die Beziehung zu deiner Mutter hinein?
K: Früher hat Mama immer gesagt, ich sei nicht schuld.
T: Und jetzt?
K: Wenn ich nicht zunehme, dann sagt Mama, es sei meine Schuld.
T: Könnte das heißen, dass Magersucht deine Verbündete ist, die dafür sorgt, dass Schuld deine eigene ist? Dass sie dir hilft, dir deine eigene Schuld zu erobern und sie deiner Mutter abzunehmen?
K: Hm.
T: Das klingt sehr sinnvoll. Denn als Kind hat man meistens noch keine eigene Schuld; sie wird von den Eltern verwaltet. Das heißt, du wüsstest, dass du erwachsen bist, wenn du eine eigene Schuld hast? Klingt das für dich auch sinnvoll?
K: Ja.
T: So gesehen, wäre es dumm, wenn du zu schnell auf Magersucht verzichtest, oder?
K: Das könnte sein.
T: Kannst du dich erinnern, wann du zuletzt schuldig warst gegenüber deiner Mutter?
K: Ja, zu Weihnachten. Da habe ich Mama gekränkt ...
T: Woran wirst du erkennen, dass Schuld deine eigene ist in bezug auf deine Mutter?
K: Wenn sie wütend ist auf mich. Das kommt aber selten vor, nur jetzt, wegen der Magersucht.
T: Also Magersucht ist deine Verbündete, um deine Mutter zu ärgern, damit sie dir deine Schuld überlässt?
K: So sieht es aus.
(Ludewig 1992/192ff)

Der Therapeut bezieht sich hier offensichtlich auf die unerkannte kybernetisch verlaufende Regelmäßigkeit, mit der die Klientin mittels einer selbstzerstörerischen Handlungsweise auf ihre familiäre Situation reagiert. Dabei geht es weniger um den (vordergründigen) Inhalt der eigenen Unterversorgung mit Nahrung (der so betrachtet ja 'irrational' wäre), sondern um einen zunächst noch unbekannten kontextabhängigen Metainhalt. Die Intervention des Therapeuten folgt nun *insofern* einem systemischen Selbstverständnis, als sie sich auf die Rekonstruktion der objektiven Bedingungen und Verlaufsformen dieses operativen 'Automatismus' konzentriert. Gleichzeitig muss der Therapeut allerdings in 'verstehender' Haltung und damit gänzlich außerhalb des Anwendungsbereiches systemtheoretischer Denkfiguren Hypothesen über die subjektiven Motive der Klienten aufstellen. So fragt er offensichtlich entlang der Überlegung, dass die selbstzerstörerische Handlungsweise ja auch in einem starken *vernünftigen Handlungsgrund* fundiert sein müsse und versucht, durch Spekulationen, die nur von einem Standpunkt 'erster Person' aus vollziehbar sind, solche Gründe zu 'ertasten'. Auch um seine Hypothesen kommunikativ 'anzubingen', ist er darauf angewiesen, sich virtuell in den 'subjektiven' Standpunkt seiner Klientin zu versetzen: Sein Ziel ist es ja, eine Bestätigung durch die Klientin zu erhalten. Dabei führt er sogar explizite Argumente vor, die von ihrem Standpunkt aus entworfen sind: "So gesehen wäre es dumm ..." Insofern zeigt er nicht nur die Eigengesetzlichkeit der systemisch festgefahrenen Handlungsweise auf, sondern reinterpretiert diese auch gemeinsam mit der Klientin (als 'Ko-Interventin') nach subjektiv-rationalen Kriterien und sucht so nach einerseits machbaren und andererseits wünschenswerten alternativen Handlungsmöglichkeiten.

Der Widerstand, den menschliche Handlungen ihrer Reduktion auf bloß objektive Ereignisbeschreibungen entgegensetzen, ist in der 'systemischen' Literatur in verschiedener Weise thematisiert worden, zunächst als vermeintlich subjektive Voreingenommenheit des Betrachters: Die systemtheoretische Sichtweise kollidiere mit kulturellen Gewohnheiten. Unser aller Denkprozesse seien von den uns zur Verfügung stehenden sprachlichen Mustern präformiert[269] und es leite uns "das linguistische Modell ... , demzufolge das Prädikat, das wir einem Subjekt zuordnen, eine Eigenschaft ist, die diesem *innewohnt* - zumindest zu dem Zeitpunkt, an dem wir es ihm zuordnen -, und nicht eine Funktion der Beziehung." (Selvini-Palazzoli/Boscolo/Cecchin/ Prata 1975/33) Diese Konditionierung ist indessen keineswegs so zwingend, wie die Mailänder Gruppe uns hier vor Augen führt. Der sprachlichen Gewohnheit kann durchaus mit den verfügbaren sprachlichen Mitteln entgegengewirkt werden und gerade Selvini-Palazzoli und ihr Team demonstrieren dies ja in ihren Abhandlungen überzeugend.

Zwar ist offensichtlich, dass spontane *personalisierende* Interpretationen zu relativieren sind (ein Anliegen, das aus handlungstheoretischer Sicht durchaus zu teilen ist):

"Wir mussten uns dazu zwingen, das Verbum *sein* [bei der Interpretation von Beobachtungen, B.H.] systematisch zu vermeiden und es durch das Verb *scheinen* zu ersetzen. Wenn also z.B. der Vater, Herr Bianchi, in der Sitzung traurig erschien, mussten wir uns richtig anstrengen, um nicht zu sagen, dass er traurig *war* (obgleich sich das nicht ohne weiteres entscheiden ließ), und um nicht am Warum interessiert zu sein." (ebd. 1975/33)

Doch ist die Einnahme einer strikt 'objektivistischen' Beobachterposition nur als Teilschritt einer insgesamt weiterreichenden Beobachtung möglich und wird daher auch als entsprechend 'künstlich' erlebt:

"Noch länger dauerte es, bis wir begriffen, dass es ein großer Fehler war, aus dem Verhalten der Mutter - die während eines wütenden Wortwechsels zwischen ihrem Mann und ihrem Sohn gelangweilt und distanziert schien - auf ihre tatsächliche Stimmung zu schließen, diese aufzudecken, bewusstzumachen und uns um ein Verständnis der Motive zu bemühen. Statt dessen mussten wir uns still darauf konzentrieren, die *Wirkungen* zu beobachten, die ein derartiges Verhalten bei den anderen hervorrief, uns selbst mit eingeschlossen." (ebd.)

Das Forschungsteam versucht hier also, bei der Beobachtung die 'subjektive' Handlungsperspektive zugunsten der 'objektiven' Funktionalitätsperspektive abzulegen. Dieser Aspekt ist es ja auch, der im Rahmen der begleitenden theoretischen Ausführungen hervorgehoben und begründet werden soll. Nichtsdestoweniger 'passiert' es den Beobachtern immer wieder (und zwar viel häufiger, als dies von den Autoren selbstkritisch angemerkt wird), dass sie in die 'verstehende' Haltung zurückrutschen und Betroffenheiten, Gefühle, Motive, Stimmungen etc. nachvollziehen. So werden etwa Überlegungen der folgenden Art präsentiert, ohne dass der genannten 'Fehler' angemerkt (oder *be*merkt?) wird[270]:

"Welche Angst veranlasst alle Mitglieder einer Familie mit schizophrener Transaktion dazu, sich in einer bestimmten Weise zu verhalten? Was macht sie alle miteinander zu Komplizen? Vielleicht die Angst, die anderen als Personen zu verlieren? Plötzlich allein und ohne Halt gelassen zu werden in einer Welt, die man als treulos und feindlich empfindet?" (ebd. 1975/35)

Derlei 'subjektive' Fehltritte passieren nicht nur im Zusammenhang mit der Auslegung empirischer Daten, sondern auch im Bereich theoretischer Argumentationen. Als eines von vielen möglichen ein Beispiel aus dem Œuvre der Mailänder Gruppe: Anolli plädiert zunächst für die - systemtheoretisch einwandfreie[271] - Sichtweise, "dass jedes lebende System in jedem Augenblick seiner Existenz die beste 'Erklärung' seiner selbst darstellt." (Anolli 1981/230) Die Rekonstruktion seiner Genese würde dazu keine relevanten Informationen zutage fördern.[272] Ungeachtet der eigenen Festlegung, derzufolge "die augenblickliche Situation eines bestimmten Systems zum Zeitpunkt t ... durch den Rückgriff auf vergangene Geschehnisse und 'alte Ursachen' nicht 'darstellbar' im Sinne von 'erklärbar'" sei (Anolli 1981/230f), wird die Vergangenheit aber dann plötzlich doch als Erklärungsmoment reinauguriert: Das lebende System sei deswegen die beste Erklärung seiner selbst, "weil es in jedem Augenblick seine gesamte Vergangenheit mit ihren unzähligen Wandlungen in sich trägt." (ebd. 231) Nun ist es aus funktionalistischer Sicht nicht unlogisch, zu behaupten, die Vergangenheit sei in der gegenwärtigen Konfiguration des Systems aufgehoben. Die von Anolli vorgetragene Interpretation überschreitet jedoch die systemtheoretische Logik eindeutig, wenn er ausführt: "Aber die Gegenwart enthält die vergangene 'Geschichte' nicht nur in sich, sondern sie beleuchtet sie auch noch, ... Man könnte auch sagen, dass *die Gegenwart über die Vergangenheit metakommuniziert*". (ebd. 231) Unter 'technischen' Gesichtspunkten ist die Genese jedoch *inhaltlich gegenstandslos*, da sie Bedeutungen nicht kennt, aus deren Konstellation die Geschichte einen subjektiv nachvollziehbaren Zusammenhang erhielte. Damit ist dem Systemprozess auch verwehrt, seine eigene Vergangenheit inhaltlich zu interpretieren. Anolli vollzieht hier also ohne es selbst zu reflektieren einen Schwenk von der systemlogischen zur subjektlogischen Betrachtung, den er auch hier noch einmal deutlich erkennen lässt: "Denn die Gegenwart, verstanden als historische Äußerung des Individuums zu einem ganz bestimmten Augenblick, ist jener Zustand, der das Höchstmaß an möglicher Information in sich schließt. Von dieser Position aus hat das Individuum also die bestgeeigneten Kriterien in der Hand, um seine Vergangenheit zu 'lesen' bzw. zu 'verstehen'. (ebd. 232)

Auch die im vorigen Abschnitt gezeigten Beispiele und Argumente belegen eindeutig, dass die Autoren zwischen system- und handlungsperspektive hin- und herschwanken: Das *'zirkuläre Fragen'* bedient sich mehr als offensichtlich hermeneutischer Techniken,[273] das 'Zirkulieren' der Wortmeldungen bildet lediglich eine formale Eigenschaft des Gesprächs, seine Inhalte sind aber Bedeutungen, die verstehend erschlossen werden müssen. Vor dem Einsatz *'strategischer' Eingaben* wird u.a. überlegt, welche subjektiven Bedeutungen die Intervention bei der Interventionsadressatin auslösen werden und diese Bedeutungen werden - wie auch den Falldarstellungen ausführlich zu entnehmen ist - qualitativ-inhaltlich und vielfach durchaus sehr einfühlsam vorwegphantasiert. Zwar werden die Patienten nicht 'rational' bearbeitet, 'aufgeklärt' oder einem 'Bewusstwerdungprozess' unterzogen[274] (insofern handelt es sich ja auch um 'systemische' Interventionen[275]), ohne systematischen Einsatz der subjektiven Logik 'erster Person' sind die Interventionen jedoch keinesfalls angemessen reflektierbar. Dies lässt sich wieder anhand eines Beispiels zeigen, an dem deutlich wird, wie sehr das 'Verstehen' der subjektiven Handlungsgründe des Klienten zur Orientierungsgrundlage der strategischen Intervention wird: In einem Fall

"führte der Therapeut folgende Intervention durch. Von den konkreten, ihm vom Klienten übermittelten Daten ausgehend, stellte er den Respekt und die Sensibilität, die der seinen Eltern gegenüber gezeigt hätte, heraus und konnotierte sie positiv. Er müsste bereits von klein auf geahnt haben, wie lebenswichtig es für seine Mutter gewesen sein musste, sich von einem Kind gebraucht zu wissen, das ein wenig schwächlich war und der Führung bedurfte. Als er dann größer geworden sei, habe der Jugendliche, vielleicht unbewusst, gespürt, wie auch sein Vater, der mittlerweile wirtschaftlich erfolgreich war, das Bedürfnis hatte, sich als wahrer Vater zu fühlen und dies auch zu sein, indem auch er endlich etwas für seinen Sohn tun konnte. Und nun der aktuelle, völlige Zusammenbruch, mit dem Lorenzo darauf abziele, allen zu helfen. [Lorenzo hatte plötzlich seine Fähigkeit der Orientierung in Bezug auf die Bedeutung von Worten und Sinnzusammenhängen verloren. B.H.] ... Es sei daher von grundlegender Wichtigkeit, dass Lorenzo für den Augenblick das aktuelle Verhalten beibehalte. Eine Veränderung bedeute das Risiko, eine Dekompensation der gesamten Familie heraufzubeschwören.
Diese Intervention provozierte bei dem jungen Mann eine intensive Entrüstung: 'Aber Herr Doktor, sie wollen mich verdammen! Ich kann nicht mehr ... Ich bin hier, um etwas für mich selbst zu tun!" (Selvini-Palazzoli 1985b/175)

Nun ist die Existenz des Standpunkts 'erster Person' in 'systemischen' Abhandlungen auch verschiedentlich zur Kenntnis genommen worden. In diesem Zusammenhang ist die Position Simons bemerkenswert, da an ihr eine theoretische Figur nachvollziehbar wird, die möglicherweise vielen 'systemtheoretischen' Argumentationen in dieser Frage implizit zugrundeliegt. Einerseits bekräftigt er ausdrücklich an mehreren Stellen die Eigenständigkeit des Standpunkts 'erster' und 'dritter' Person:

"Das kann aber keineswegs heißen, dass aus der Außenperspektive und mit dem Konzept der Selbstorganisation die Wirklichkeit *richtiger* erfasst würde, als aus der Innenperspektive mit dem Konzept des freien Willens. Beide haben ihre Berechtigung, beide erfassen Unterschiedliches. Wie bei unserem Sehen mit zwei Augen aus zwei zweidimensionalen Bildern das plastische, dreidimensionale Sehen hervorgeht, so besteht auch bei der doppelten Beschreibung der Innen- und Außensicht die Chance, eine neue Dimension des Sehens zu erzeugen, die den Bedingungen der menschlichen Existenz besser gerecht wird, als jede der beiden Sichtweisen für sich alleine." (1990/74)

Wie im folgenden (und noch an weiteren Aussagen) zu belegen, verabsäumt es Simon jedoch, aus diesem Bekenntnis theoretisch folgenreiche Schlüsse zu ziehen. Ein möglicher Grund dafür lässt sich an einer Stelle[276] rekonstruieren, an der er den Unterschied der zwei Pespektiven zu entwickeln versucht (1993/108ff). Er tut dies, indem er Verhalten als Befolgung von 'Spielregeln' interpretiert und diese mit der Teilnehmer- und der Beobachterperspektive in Beziehung setzt. Dabei charakterisiert er *letztere* völlig zutreffend als orientiert an der Formulierung von Gesetzmäßigkeiten in einem 'deskriptiven' Sinne. Der Beobachter könne "sich damit begnügen, die Relationen von Ereignissen zu beschreiben", im Blickfeld lägen "Funktionen" (ebd. 111). Die Darstellung der *Teilnehmerperspektive* gerät hingegen merkwürdig inkonsequent. Die möglichen "Aussagesätze über das Spiel (diese Welt)" (ebd. 108) werden hier zunächst und ohne weitere Begründung auf "Wenn-dann-Sätze" (ebd. 109) eingeebnet. Diese werden dann aus nicht nachvollziehbaren Gründen als "logische Verknüpfung zweier Ereignisse" (ebd.) klassifiziert und anschließend mit einem Beispiel versehen, in dem es weder um *empirische* (was unter 'wenn-dann' wohl am ehesten zu erwarten gewesen wäre), noch um *logische* (was explizit behauptet wurde), sondern um *konstitutive* Regeln (wie sie tatsächlich in 'Spielen' Anwendung finden[277]) geht: "Wenn der Ball über die Seitenlinie rollt, so muss er mit den Händen eingeworfen werden." (ebd.) Um die Argumentationspirouette zu vollenden, wird noch folgende Behauptung angehängt: "Für den Spieler jedoch, der Handlungsanweisungen sucht, ist es heuristich durchaus nützlich, diese logische Verknüpfung im Sinne einer kausalen Ursache-Wirkungs-Beziehung zu lesen." (ebd.) Dann könne er sich nämlich "egozentrisch zur *Ursache* der Geschehnisse" (ebd.) ernennen.

So unplausibel die Argumentation, so nachvollziehbar ihr Effekt: Der Handelnde denkt die Welt zwar prinzipiell als 'Betroffener', indem er aber alle Regelhaftigkeiten (seien sie nun das Resultat von waltenden Naturgesetzen, instrumentellen Strategien, moralischen Normen oder kontext-konstitutiven Vereinbarungen) sich selbst als 'kausale Ursache-Wirkungs-Beziehungen' zurechtlegt, denkt er sie nicht nach einer 'standpunktimmanenten' Logik. Er orientiert sich an bloßen 'Fakten' und realisiert damit genau jenes Segment möglicher rationaler Weltbezüge, dessen Logik für den (verallgemeinerten) 'Außenstandpunkt' konstitutiv ist. Der Unterschied zwischen der 'subjektiven' und der 'beobachtenden' Perspektive gerät damit zum Unterschied zweier Denkstrategien, die *beide gleichermaßen der 'beobachtenden' Logik verpflichtet sind*: Der Handelnde observiert sich dann selbst in Kategorien des sich selbst äußerlichen Beobachters. Ist diese Hürde erst einmal genommen, sind es dann - in strikt beobachtender Haltung - jedenfalls nur mehr "Propositionen", die sich zur Erfassung der 'Außensicht' bzw. der 'Innensicht' unterscheiden lassen. Erstere können dann als 'Beschreibung erster Ordnung' (= Beschreibung von faktischem *Verhalten*), letztere als 'Beschreibung zweiter Ordnung' (= Beschreibung der bereits sprachförmigen *Beschreibung* von Verhalten) dem systemtheoretischen Denkmodell einverleibt werden (ebd. 117f). Damit sind die normativen Aspekte der subjektiven Weltbegegnung als bloße *Tatsachen* rekonzeptualisiert und es lässt sich gegen die gar nicht erst zur Kenntnis genommene Logik des Subjektstandpunkts trefflich mit funktionalistischen Argumenten 'rechthaben'.[278]

Wesentlich klarer als Simon haben die Mailänder in einem jüngeren (hierzulande, so weit ich sehe, so gut wie nicht wahrgenommenen) Diskussionsbeitrag den Standpunkt 'erster Person' in seiner theoretischen Bedeutsamkeit hervorgehoben. Dies nicht zuletzt dadurch, dass sie ihre vormalige ausschließlich 'systemtheoretische' Position klar als Fehlentwicklung charakterisiert und ausdrücklich und unter Angabe klarer Argumente revidiert haben. Dabei kommt i.b. deutlich zum Ausdruck, dass die dogmatische Eliminierung des Subjektstandpunktes und der damit verbundene Verlust von Teilen des Gegenstandes eine 'stille Subjektivierung' der Systeme nahelegt:

"Nach einigen Jahren wurde uns klar, dass wir vom Regen in die Traufe geraten waren, d.h. von jenem psychoanalytischen Reduktionismus, der das Individuum losgelöst von seinen Interaktionen betrachtet, zu jenem holistischen Reduktionismus, der das System (die Familie) abgetrennt von seinen individuellen Mitgliedern am Werke sieht. Wir hatten seinerzeit in der Tat eine derart große Scheu davor entwickelt, dem einzelnen mit seinen ureigensten Absichten und Zielen explizit Rechnung zu tragen, dass wir uns schließlich in Ermangelung echter, lebender Personen gezwungen sahen, das System zu personifizieren. Dem zur Person erhobenen System 'Familie' unterstellten wir eben jene Motiviertheit und Zielgerichtetheit, die wir dem Individuum abgesprochen hatten. Und so war es dann für uns das *System*, das um Therapie nachsuchte, das sich einer Veränderung widersetzte usw." (ebd. 368)

Um diese Verkürztheit des Problemzugangs zu beheben, wird nun dafür plädiert, "über das systemische Modell hinauszugehen", eine "multidimensionale Denkweise" zu entwickeln (Selvini-Palazzoli u.a. 1988/367) und "dem subjektiven Faktor wieder Raum zu geben." (ebd. 369) Die genaue Betrachtung der Argumentation, mit der dieses Programm begründet werden soll, hinterlässt allerdings abermals einige Zweifel. So wird zwischen 'System' und 'Individuum' in einer Weise begrifflich unterschieden, die zunächst nur offensichtlich macht, dass mit 'System' das *soziale* System gemeint ist. Offen bleibt, ob 'Individuum' nun tatsächlich als 'Subjekt' (im handlungstheoretischen Verständnis) oder doch wieder nur als 'psychisches System' (gemäß systemtheoretischer Lesart) aufgefasst werden soll. Zwar wird *einerseits* die "multidimensionale Sehweise" völlig unzweideutig so charakterisiert:

"Wenn wir verstehen wollen, welche Absichten und Gefühle die einzelnen Personen in einer bestimmten interaktiven Situation bewegen, müssen wir uns in sie hineinversetzen und wieder lernen, sie als handelnde Subjekte zu begreifen. Gleichzeitig müssen wir jedoch an unserer Grundüberzeugung festhalten, dass es letztlich entscheidend auf die zwischenmenschlichen Austauschprozesse ankommt." (ebd. 373)

Gleichzeitig wird *andererseits* unter der Überschrift 'Gesucht: Eine wissenschaftliche Theorie des Subjekts' wieder zu Denkfiguren Zuflucht genommen, die genau diese Theorie in bereits bekannter Weise verfremden. Als Ausgangspunkt wird "jener von seinen biologischen Wurzeln nicht zu trennende Auto-Egozentrismus" markiert, "der das primäre grundlegende Kennzeichen der Subjektivität ist." (ebd. 384) Dem wohlmeinenden Rezipienten lässt dieser Satz noch unterschiedliche Lesarten offen: Er kann ihn entweder utilitaristisch als 'inhaltlich egoistische' oder im Sinne Holzkamps als zwar selbstbezogene aber gleichwohl von der Spannung zwischen 'sinnlich-vitalen' und 'produktiven' Bedürfnissen bestimmten Orientierung weiterdenken. Im Banne der bereits diskutierten funktionalistisch interpretierten Spielmetapher werden jedoch mindestens präzisierungsbedürftige Vorstellungen entwickelt:

"Wir haben es also mit Strategen zu tun, die völlig unfähig sind, ihre Strategien zu beschreiben - mit Spielern, die, wenn wir ihnen eröffnen, welches Spiel sie spielen, erst einmal sehr geschockt reagieren, bevor sie unsere Eröffnung bestätigen." (ebd. 373)

Wäre hier - im Sinne meiner Argumentation - 'Strategen/Spieler' durch 'rational reflektierende Akteure' und 'Strategien/Spiele' durch 'automatisierte Verhaltensmuster' ersetzt, so ließe sich der problemgenerierende Zusammenhang wahrscheinlich weniger missverständlich in einer 'binokularen' Sicht rekonstruieren.

(b) Beispiele

Bisher habe ich Handlungs- und Systemtheorie in einem relativ abstrakten Argumentationszusammenhang gegenübergestellt und in Hinblick auf einige interventionsrelevante Problemstellungen konkretisiert. Überlegungen dieser Art lassen sich nicht ohne spezifische Vermittlungsschritte auf praktische Handlungsanweisungen umlegen. Eine kürzschlüssige 'Konkretisierung' würde gerade zum Verlust jener produktiven Spannung zwischen Gegenstandslogik und Erscheinungsform führen, um deretwillen die begriffliche Anstrengung überhaupt vorgenommen wird und die tiefere Einsichten auch in die empirischen und praktischen Phänomene erst ermöglicht.[279] Wenn man jedoch davon ausgeht, dass in kategorialen Argumentationen die jeweilige Eigenlogik bestimmter Gegebenheiten unter einem systematischen Blickwinkel rekonstruiert wird, so bedeutet dies, dass die dabei gewonnenen Bestimmungen als Grundlage einer je spezifischen Orientierung im handelnden Umgang mit den empirischen Gegebenheiten verwendet werden können, mindestens deswegen, weil die unterschiedlichen kategorialen Konzepte an den Handlungssituationen je *unterschiedliche Aspekte und Dimensionen mehr oder minder deutlich hervortreten lassen und zuerst der planenden, dann der beobachtungs- oder handlungsbegleitenden Reflexion zugänglich machen.*[280] Vor genau diesem Hintergrund können ja auch Handlungs- und Systemtheorien beanspruchen, nicht nur auf denkerische Erbauung abzuzielen, sondern je spezifische denkende *und* handelnde Weltzugänge zu eröffnen.

Meine bisherige Auseinandersetzung mit systemtheoretisch inspirierten Konzepten sollte nun - wie bereits mehrfach angemerkt - nicht darauf gerichtet sein, die systemtheoretische Variante einer solchen Orientierung als unnötig oder unhaltbar zu qualifizieren, sondern vielmehr darauf, ihre Möglichkeiten angemessen zu präzisieren. Welche theoretischen Überlegungen dafür aus meiner Sicht in Anschlag zu bringen sind, habe ich dargestellt. Im nächsten Schritt möchte ich an drei (von vielen möglichen) Beispielen zum Thema Intervention vorführen, in welcher Weise systemtheoretische Kategorialbestimmungen in der von mir vorgeschlagenen Weise in ihrem Einsatzgebiet beschränkt und dadurch zugleich in ihrem Erkenntnispotential aufgewertet werden können.

Ich zeige zunächst, wie in Kenntnis einiger elementarer Systemeigenschaften entsprechende planmäßige Vorkehrungen für eine faktisch gelingende Intervention getroffen werden können. (I) Dann referiere ich ein evolutionäres Stufenmodell, in dem die jeweils vorauszusetzenden Bestandsprozesse von Systemen sichtbar gemacht werden. Dieses Modell kann (in spezifisch reinterpretierter Form) auf die Etablierung von Handlungssystemen angewandt werden. (II) Schließlich verweise ich auf Möglichkeiten, beabsichtigte Interventionen unter Zuhilfenahme systemtheoretischer Überlegungen zielgerecht zu plazieren und einzugrenzen. (III)

I.

Willke resümiert (1994/72ff) folgende funktionale Eigenschaften komplexer Systeme, die deren Fortbestand sichern sollen und sich als eine Art 'Immunsystem' gegenüber externen Einflüssen auffassen lassen:

- Sie seien operativ geschlossen. Dies bedeute, dass ihr Verhalten von einer "Trennung zwischen Reizwahrnehmung (Umweltkontakt) und Reaktion (Handlung) durch die Zwischenschaltung vermittelnder Instanzen" geprägt sei.
- Sie seien "nicht-linear vernetzt". Dies bedeute, dass Ursachen und Wirkungen nicht eng und eindeutig miteinander verbunden sind, sondern in allen Dimensionen multiple Wechselwirkungen bestünden.
- Sie seien durch ein hierarchisches Netzwerk von Regeln und 'Metaregeln' gesteuert. Abgeänderte Regeln könnten langfristig durch die Wirkung der Metaregeln reinstalliert werden.

Diese funktionale Charakteristik ergibt folgende phänomenale Eigenschaften:[281]

- Sie seien bestimmt durch eine "kontra-intuitive Zeitdynamik". Dies bedeute, dass ihre Verlaufsgesetzlichkeit durch spontane Interpretationen nicht rekonstruierbar sei.
- Sie seien gegenüber der Veränderung vieler Systemparameter relativ unempfindlich. Diese Veränderungen würden intern kompensiert. "Aus der Sicht des Beobachters scheint es, *als sei das System träge"*.
- Sie seien jedoch gegenüber der Veränderung weniger ausgewählter Systemparameter relativ empfindlich. Veränderungen in diesen Bereichen können offensichtlich nicht intern kompensiert werden.

Wie gezeigt ist ein solches 'Immunsystem' keinesfalls mit 'Autonomie' im Sinne von 'Subjektivität' oder 'Reflexivität' gleichzusetzen: 'Autopoiesis' darf nicht als *gezielte* 'Abwehr' des Systems interpretiert werden (denn eine solche würde lediglich die 'subjektive' Frage nach den dafür maßgeblichen Motiven aufwerfen), sondern als spezifische bei jeder Intervention zu berücksichtigende 'technische' Eigendynamik des Vorgangs, als ein prozessualer 'Filter', den sie passieren müssen.

Zunächst stellt sich bei der Durchführung von psychischen oder sozialen Interventionen also lediglich die Frage der *rationalen Kommunikation mit* dem/den betroffenen Individuum/Individuen, damit die Frage der Entschlüsselung von subjektiv intendierten *Bedeutungen*. Über diese kann dann eine *inhaltlich begründete* Abwehr von Interventionen aufgeschlüsselt werden, die der von mir dargelegten Auffassung zufolge sowohl diagnostisch wie prognostisch *nicht* als Teil des 'systemischen Immunsystems' zur Geltung gebracht werden kann. (Dies schließt allerdings nicht aus, dass auch sie systemtheoretisch als Systembildung *beschrieben* werden kann.) Als Anwendungsgebiet einer 'systemischen' Analyse verbleibt demnach der Bereich der *technisch-funktionalen Möglichkeitsbedingungen* der Intervention und des intervenierten Handelns (des angeführten prozessualen 'Filters' also). Sie bilden aber keine ausreichende Basis für 'technologische' Voraussagen oder Einflussnahmen.

Im Beispiel: Eine durch eine externe Intervention angestoßene Veränderung eines Handlungssystems kann etwa entweder daran scheitern, dass die angestrebte Systemgestalt mit den 'umliegenden' Bestandteilen der gesamten Systemarchitektur nicht kompatibel ist[282] oder vollzogen werden, wenn es gelingt, eine 'Trennung' der unvereinbaren Systeme oder eine Neuanpassung der Umgebung herbeizuführen. An einer pädagogischen Thematik noch weiter konkretisiert: Ein Schüler beschließt aufgrund eines in der Schule initiierten Lernprozesses, sich in allen Unterrichtsfächern häufiger und entschiedener einzubringen. Wenn er dies nun auch wirklich tut, so ergeben sich unterschiedliche operative Möglichkeiten: Seine Lehrer und Mitschüler verzichten auf Redezeit, der Unterricht wird anders organisiert, sodass alle Beteiligten mehr reden können oder der Schüler wird als 'Störenfried' behandelt und am vermehrten Reden gehindert. In jedem Falle kann er seine Ambitionen nicht ohne funktionale Folgewirkungen umsetzen.

Diese Überlegung beschreibt das Problem jedoch nur im idealtypischen Fall reinen reflexiven Handelns hinreichend. Denn es wird - wie gezeigt: um die beschränkte Kapazität des 'bewussten' Denkens für seine eigentlichen Aufgaben freizuhalten - das menschliche Verhalten insgesamt von einer umfassenden Basis selbstregulativ steuernder (wenngleich großteils intentional eingerichteter) Mechanismen getragen. Beispiele dafür wären 'Handlungsautomatismen', wie etwa das Gehen oder das Bedienen eines Autos während eines inhaltlich bedeutsamen Gesprächs, die klassischen 'Verdrängungsmechanismen', wie sie von der Psychoanalyse beschrieben worden sind, aber auch 'Denkautomatismen', wie das grammatisch richtige Formulieren von Sätzen, das 'Erinnern' von Wissensbestandteilen oder das Fokussieren der Aufmerksamkeit auf die bedeutungsrelevanten Aspekte kommunikativer Äußerungen während einer Argumentation. Hier organisieren untergeordnete *nicht-reflexive* Systembildungen einen erheblichen Anteil der tatsächlichen Ereignisse, aus denen sich das Denken/Handeln der Menschen zusammensetzt.

Aus eben diesem Grund ist das hier in Rede stehende 'Immunsystem' auch für Interventionen in prinzipiell *reflexiv kontrollierte* Handlungssysteme von erheblicher mittelbarer Bedeutung: Jene untergeordneten operativen Automatisierungen, die sich dem handelnden Subjekt selbst als 'technisch' zu kontrollierender 'objektiver' Zusammenhang präsentieren, können sich der intentionalen Orientierung gleichsam in den Weg stellen und nicht nur gegenüber dem Aktor, sondern auch gegenüber einem externen Interventor 'Immunreaktionen' produzieren.

Die genaue Beobachtung der *systemischen Eigendynamik* der selbstregulativ 'ausführenden' kybernetischen Subkonstellationen eines intervenierten Handlungssystems ('Entschlüsselung des Immunsystems') bildet daher immer *eine* wichtige Voraussetzung zu einer erfolgversprechenden Intervention. Dass dies noch keine Aussage über die tatsächliche Schwierigkeit oder Unmöglichkeit der Intervention impliziert, kommt übrigens auch in der letzten von Willke ins Treffen geführten Eigenheit mindestens indirekt zum Ausdruck: Wenn man die wenigen ausgewählten Systemparameter findet, über die das System ansprechbar ist, steht einer erfolgreichen Intervention offensichtlich nichts im Wege. In der Diktion meiner bisherigen Ausführungen formuliert: Die konkreten angesichts bestimmter Intentionen benötigten operativen Vornahmen ausfindig zu machen, ist im Falle nicht-reflexiver operativer Systeme eben nur eine Frage der genauen *Beobachtung* und Entschlüsselung des 'objektiven' *Funktionsmodus* (siehe 'Dressur'). Dessenungeachtet ist eine solche natürlich nicht als direktive Außensteuerung, sondern als 'kontextuelle Intervention' anzulegen, durch welche "ein System bei Prozessen der Selbststeuerung angeleitet (wird), indem seine Umwelt- bzw. Rahmenbedingungen formiert werden." (Mingers 1996/78)

Insgesamt ergeben sich so also die zwei bereits bekannten Anwendungsbereiche der systemtheoretischen Analyse von Handlungssituationen nun auch als Einsatzfelder der interventionsvorbereitenden Diagnose und -begleitenden Beobachtung: die Analyse der 'anspruchsvollen' *operativen* Prozesse, auf denen der zu intervenierende Systemprozess aufruht und die Analyse der formal-funktionalen Ermöglichungsbedingungen der 'autonomen' *rationalen* Prozesse, welche die 'anspruchsvollen' Prozesse kontrollieren. Zum zweiten Aspekt hat Willke im angeführten Argumentationskontext - ohne sich allerdings auf eine analoge Unterscheidung zu beziehen - einige interessante Überlegungen bereitgestellt. Er empfiehlt die Untersuchung einiger elementarer bestandsrelevanter Verhältnisbildungen, i.b. der Wechselwirkung von Stuktur und Prozess, der Wechselwirkung von Teil und Ganzem und der Wechselwirkung von Differenzierung und Integration (1994/70ff).

Als *Verhältnis von Struktur und Prozess* wird die Beziehung von stabileren und instabileren Anteilen des Systems bezeichnet ('Systemarchitektur' + 'Systemchoreografie'). Ihre Funktion kann als 'doppelte Selektivität' charakterisiert werden. Aus den (zunächst) vorhandenen Möglichkeiten werden sowohl über Struktureigentümlichkeiten, als auch über Prozesseigentümlichkeiten Möglichkeiten ausgeschieden: Bestimmte Strukturen ermöglichen/verhindern bestimmte Prozesse (etwa: Unterricht in Fünfzig-Minuten-Einheiten erlaubt keine durchgehende Realisierung längerdauernder Arbeitssequenzen, damit: längerdauernde innere Zuwendung, damit ggf: bestimmte Entfaltungsprozesse), bestimmte Prozesse ermöglichen/verhindern bestimmte Strukturen (etwa: Die kontinuierliche vorsorgliche Lösung aller lernorganisatorischen Probleme durch die Lehrerin verhindert die Ausbildung möglicher Anlässe für lernorganisatorische Lernprozesse auf Seiten der Schüler). Für Intervention bedeutet dies eine differenzierte Problemstellung: Sollen die Strukturen verändert werden, können die Prozesse 'Widerstand' leisten, sollen die Prozesse modifiziert werden, zeigen sich die durch die Strukturen gebildeten Grenzen. Es besteht aber auch die Möglichkeit, das je vorfindliche Verhältnis von Strukturen und Prozessen insgesamt in Frage zu stellen. Entwicklungsmöglichkeiten können dabei etwa durch die Anfertigung von Organigrammen, System-Umwelt-Analysen, Aufbau- und Ablaufdiagrammen, Szenarien etc. sichtbar gemacht werden.

Das *Verhältnis von Teilen zum Ganzen* ist insofern von Bedeutung, als sich letzteres zwar in gewisser Weise aus ersteren zusammensetzt, gleichwohl aber andere Eigenschaften besitzt als die einzelnen Teile bloß additiv zusammengenommen. "Systemische Komplexität manifestiert sich insbesondere dadurch, dass das Ganze Qualitäten und Merkmale besitzt, die nicht in den isolierten Teilen gefunden werden und entsprechend dadurch, dass die Teile Qualitäten und Merkmale besitzen, die infolge der organisatorischen Zwänge des Systems verschwinden." (Morin zit. bei Willke 1984/83) Diese aus der Systemintegraton der Teile resultierenden neuen Eigenschaften des Systems werden als 'emergente' Eigenschaften bezeichnet. Analysiert man nun ein System, so macht es einen Unterschied, ob man bei der Analyse 'vom System her' oder 'vom Teil her' denkt. Die Logik der Teile *als solche* (die natürlich ihrerseits Systeme sind) lässt sich nicht auf die Logik der Teile *als Bestandteile eines Systems* verrechnen. So mag etwa eine Gruppe von Schülerinnen, die gerne viel erzählen, im Kontext einer gemeinsam gebildeten Situation, in der dann nicht alle gleichzeitig etwas erzählen können, da sonst niemand den Erzählungen zuhören kann, gezwungen sein, ihre Vorlieben den gegebenen Möglichkeiten in irgendeiner Form anzupassen.

Bei der *Wechselwirkung von Differenzierung und Integration* handelt es sich gewissermaßen um die 'Zellteilung' des Systems. Jedes System kann nicht nur eine interne Reorganisationen vornehmen, sondern es kann auch neue (Sub-) Systeme hervorbringen. Dabei stehen mehrere Möglichkeiten offen. Willke stellt für die Interventionsproblematik drei Typen in den Vordergrund: segmentäre Differenzierung (in funktional gleichgestellte Einheiten), hierarchische Differenzierung (in über-/untergeordnete Einheiten) und funktionale Differenzierung (in 'komplementäre' einander ergänzende Einheiten). Beispiele wären etwa: Die Klassen einer Schule (segmentär), Schulaufsicht, Schulleitung und Lehrende (hierarchisch), Administratorinnen, Klassenvorstände, Kustoden, Lehrer mit *unterschiedlichen* Fachkompetenzen (funktional) oder innerhalb des Unterrichts: Alle Schüler arbeiten das Gleiche (segmentär), die Klasse wird gegliedert in 'Führungspositionen' und 'Untergeordnete' (hierarchisch), die Schülerinnen gehen - etwa in einem Projekt - arbeitsteilig vor (funktional). Ausdifferenzierung in Subsysteme nötigt parallel zu *integrativen* Vorkehrungen, um das Auseinanderbrechen des Gesamtsystems zu verhindern. Differenzierung und Integration müssen sich also in einem je spezifischen Gleichgewicht befinden. Interventionen können auch einen Prozess der Evolvierung von neuen Systembildungen hervorrufen. Es besteht aber auch die Möglichkeit der Systemzerstörung, sofern die Intervention nicht gleichzeitig auf eine Sicherung der integrativen Strukturen und Vorgänge abstellt.

Die drei Verhältnisbestimmungen bilden zunächst einmal eine erste Grundlage für die Analyse erwartbarer bzw. auftretender 'Immunreaktionen', indem sie objektive funktionale Inkompatibilitäten identifizierbar machen. Überlegungen dieser Art verdichtet Willke dann zu einem Fragenkatalog (vgl. 1994/91), den ich aufgrund von Unübersichtlichkeiten (die mir aus einer unklaren Handhabung unterschiedlicher logischer Ebenen und Reihenfolgen zu resultieren scheint) geringfügig modifiziert habe. Zur interventionsvorbereitenden Diagnose wäre demnach zu klären:

- Wie lässt sich der *Funktionszusammenhang des Systems* beschreiben? Bei dieser Fragestellung wäre zunächst (möglichst nicht-reduktiv) zu untersuchen, wie das System in seiner 'Ganzheit' prozessiert (also etwa: 'evolutionäres' Stadium, relevante Bezugnahmen auf seine Umwelt, Struktureigenschaften und Prozessdynamik, Differenziertheit und Integrationsstrategien etc.).
- Wie arbeitet die basale Zirkularität des Systems? Im Kontext dieser Frage wäre zu identifizieren, worin jene 'Grundsubstanz' an Eigenheiten ('basale Zirkularität') besteht, die nicht ohne Systemzerstörung verändert werden kann.

Zu den Interventionsschritten selbst wäre zu klären:

- Gibt es *Äquivalente oder Alternativen* für die Art der Erhaltung dieser basalen Zirkularität? Diese Frage richtet sich auf eine Veränderung des Systemgeschehens bei gleichzeitiger Sicherung des basalen Systembestands (bzw. 'Nichtaktivierung' des 'Immunsystems'). Anders formuliert: Nur in die Richtung solcher 'Äquivalente' kann sich das System entwickeln, ohne seinen Bestand zu gefährden.
- Wodurch werden jene Prozesse gesteuert, die nicht der 'basalen Zirkularität' zuzuordnen sind?[283] Mit dieser Frage sollen schließlich jene Systemeigenheiten, die als potentiell veränderbar identifiziert wurden, nach einer 'Zugriffsmöglichkeit' untersucht werden.
- Was sind die Bedingungen einer *optimalen Integration des Systems* und in welchem Ausmaß sind sie erfüllt? Hier wird nach 'Ungleichgewichten' gesucht, deren Veränderung auf eine interne Verbesserung des funktionalen Status des Systems hinauslaufen und daher eine Entwicklungsrichtung weisen könnten, die ohne Auslösung von Mechanismen der Interventionsabwehr oder -neutralisierung eingeschlagen werden kann.

In dieser Zusammenstellung[284] wären nun jene Faktoren angesprochen, die man in Hinblick auf eine bevorstehende Intervention in die bestehende operative Konfiguration eines Systems berücksichtigen muss. 'Qualitativ-inhaltliche' Problemstellungen hilft sie nicht zu klären: So kann man etwa - aus bereits ausführlich erläuterten Erwägungen - unter dem Stichwort 'basale Zirkularität' nicht erheben, was nun die 'Identität' eines bestimmten Schülers ist, die man fördern und nicht 'zerstören' möchte. Um eine solche festzustellen, müsste man von vornherein nach Kriterien vorgehen, die nach 'subjektiven' Gesichtspunkten erstellt wurden.[285]

Was es bedeutet, ein solches Konzept bloß auf die operative Ebene von Systembildungen anzuwenden, lässt sich noch einmal anhand einer Argumentationssequenz von Titscher veranschaulichen: Er referiert zunächst relativ breit ein dem Willkeschen ähnliches - von Schiepek (1986) vorgestelltes - Verfahrensmodell und kommentiert es dann kritisch mit dem Hinweis, es beinhalte "entgegen der in diesem Artikel vertretenen Ansicht - ganz deutlich einen Veränderungsanspruch." (1991/327)[286] Tatsächlich lässt das Konzept ein eindeutig 'strategisches' Selbstverständnis erkennen und präsentiert dem flüchtigen Blick damit wieder ein Indiz für das vermeintliche Dilemma jedes Interventors, eine Veränderung hervorbringen zu sollen, ohne auf deren Protagonisten zielgerichtet einwirken zu können. Dieses Dilemma läge auch vor, würden sich die empfohlenen Maßnahmen auf eine intentionale Instanz richten, würde man also etwa die Beraterin als Person verstehen, die *für sich* solche strategischen Überlegungen anstellt, um *ihre Klienten* in irgendeiner Weise 'herumzukriegen'. In diesem Falle wären die Bedenken Titschers aus den bereits mehrfach erörterten Überlegungen unbedingt berechtigt: Eine strategisch-systemische Intervention in ein 'autonomes' System wäre ja eine konzeptionell unsinnige Vorstellung. Weist man der Beraterin aber jene Position zu, wie ich sie in 2.3.a.III umrissen habe, nämlich jene einer reflexiven Instanz, die *gemeinsam mit anderen reflexiven Instanzen* (hier etwa: ihren Klienten) die Möglichkeiten der strategischen Beeinflussung *untergeordneter 'trivialerer' Systembildungen* (etwa: der operativen Automatismen des individuellen Handelns der Klienten, der operativen Automatismen einer Organisation o.ä.) bearbeitet, so kann ein Diagnosekonzept der hier in Rede stehenden Art zweifellos einen sinnvollen Platz einnehmen.

Derlei operative Verfahrensmodelle geben - wie ausgeführt - keinerlei Auskunft darüber, ob es in tatsächlichen Fällen leicht oder schwer gelingt, angezielte Wirkungen zu erzielen. Sie machen aber wieder anschaulich, dass und warum es aus funktionalen Gründen äußerst unwahrscheinlich ist, dass eine Intervention sich eines *direkten* technologischen Zugriffs auf Individuen oder soziale Zusammenhänge bedienen kann: Die Erfolgsaussichten von Interventionen, die ihre Adressaten *auf bestimmte operative Vollzüge zur Bewältigung bestimmter Anforderungen* präzise festlegen wollen, sind nämlich gering: Nur indem der Intervent dem intervenierten System die Ausformung einer neuen Systemkonfiguration quasi 'in Eigenregie' überträgt (und sie nicht selbst vorwegnimmt), kann er eine einigermaßen angemessene Veränderung bewirken[287]. Angesichts der hohen Komplexität der die Situation des Interventionsadressaten bestimmenden System-Bildungen kann *nur dieser selbst* über TOTE-Schleifen (also Versuch- und Irrtums/Erfolgs-Informationen) *anschlussfähige* Neukonfigurationen ausbilden. An einem pädagogischen Beispiel demonstriert: Was einem Schüler als bereits vorgefertigte Einsicht, Erkenntnis oder Fertigkeit aufoktroyiert wird, passt zumeist nicht auf die Systemkonfiguration von dessen Lernsituation und kann daher nicht oder nur unzureichend operativ reproduziert werden. Das jeweils intervenierte System kann - wie Willke formuliert "mit dem Risiko besser umgehen und es gering halten, weil es im Vollzug seiner Operationen eher solche Regeln generiert, die der Eigenart seiner autonomen Operationsweise angemessen sind." (Willke 1994/118) Dies macht vielleicht die inzwischen - in der pädagogischen wie anderen sozialen Professionen - weit verbreitete Einsicht interpretierbar, dass wenige klare umgreifende Vorgaben, Anweisungen und/oder ggf. auch Befehle verbunden mit dem Auftrag ihrer selbstregulierten Umsetzung zumeist wesentlich wirksamer sind, als ein ausführliches Konvolut von Detailanweisungen, deren vollständige Befolgung die Ausführenden möglicherweise in Widersprüche manövrieren würde. Es ist also sinnvoll, offene Situationen zu schaffen, deren operative Anschlussmöglichkeiten eine probierende/evaluierende Annäherung an die Konfiguration erfolgreicher Handlungsweisen *nicht vorwegnehmen* bzw. *verunmöglichen*. Dies alles ist ein Problem der operativen Konstellation und schränkt - wie im Sinne meiner Argumentation hervorzuheben und angesichts empirischer Phänomene evident ist - die Möglichkeiten autoritären Machtverhaltens oder repressiver Erziehungsmaßnahmen keinesfalls ein. Unterdrückung ist nicht auf operativem Niveau zu fassen, sondern nur auf intentionalem und sie ist nicht gebannt, wo lediglich die Konfiguration der *Ausführungs*ereignisse freigestellt ist.

II.

Systembildungen entstehen durch Evolution. Das heißt: Sie entwickeln sich aus vorgängigen Systemen und Systemzuständen und müssen bestimmten Anforderungen genügen, um bestehen zu können. Die dabei zu erbringenden Leistungen werden durch die Ausbildung bestimmter Regelstrukturen sichergestellt und lassen sich in einer logischen Entwicklungsreihe anordnen, deren Etappen die 'Biografie' einer Systembildung ausmachen. In der Darstellung von Willke (vgl. 1993/87ff) lassen sich die nachstehenden 'überlebenssichernden' Funktionen eines Systems identifizieren, die jeweils einen bestimmten Aspekt der Problemstellung 'Bewältigung von Komplexität' leisten müssen und dadurch zugleich selbst einen neuen Aspekt dieser Problemstellung generieren.

- Durch *Grenzbildung* ordnet sich eine Anzahl von Einheiten dem System zu. Dadurch konstituiert sich das System gegenüber seiner Systemumwelt (bzw. erhält es, einmal konstituiert, sein Minimalbestimmungsmoment). Durch die Grenzziehung zwischen System und Umwelt wird ein Bereich als 'Innenleben' des Systems definiert und es entsteht die Problematik der Sicherung des Bestandes dieses Innenlebens (=> 'sachliche Komplexität').
- Durch *Ressourcengewinnung* bewältigt das System diese 'sachliche Komplexität'. Es acquiriert die zu seiner Aufrechterhaltung notwendigen Substanzen, Medien, Außenleistungen, Zugriffsmöglichkeiten, Reserven etc. Dadurch nimmt das System seine Bestandserhaltungsaktivitäten auf, indem es sich zunächst einmal gleichsam das ideelle und materielle 'Rohmaterial' zuführt und für eine funktionsadäquate interne Allokation sorgt. Aus den somit 'angehäuften' Ressourcen ergibt sich nun das Folgeproblem der Koordination ihrer 'Benützung' (=> 'soziale Komplexität').
- Durch *Strukturbildung* antwortet das System auf diese 'soziale Komplexität', indem es eine innere Ordnung entwickelt, die die 'arbeitsteilige' Anwendung der Ressourcen gewährleistet. Durch diese Funktion bildet (erhält) das System eine funktionsfähige Binnengestalt. Es muss also ein Netzwerk von Instanzen installiert werden, die in ihrem Zusammenwirken den Bestand des Systems gewährleisten. Dieses Netzwerk bildet die Grundlage für den eigentlichen Systemprozess. Ist dieser einmal in Gang gesetzt, stellt sich das nächste Folgeproblem der Synchronisierung der Teilfunktionen (=> 'zeitliche Komplexität').
- Durch *Prozesssteuerung* sichert das System die Ordnung seiner Bestandsprozesse, sowie deren sachliche, soziale und zeitliche Koordination. Damit wird der Verlauf des Systemprozesses sowohl auf die inneren als auch äußeren Notwendigkeiten abgestimmt.

Wenn Systeme einen so differenzierten Organisationsgrad ausgebildet haben, dass sie auch bereits über eine angemessene zeitliche Steuerung verfügen, besteht die evolutionäre Möglichkeit, interne Rückkoppelungsprozesse zu installieren, die auf Umweltinformationen mit der Konstruktion alternativer Zukunftsprojektionen reagieren können, deren Elemente aus den Umweltinformationen extrapoliert wurden. Damit können unterschiedliche Verläufe des Systemprozesses vom System selbst aktiv 'ausgewählt' werden und

es ergibt sich das Folgeproblem der Entscheidung zwischen Alternativen (=> 'operative Komplexität'). Dieses Entwicklungsniveau erreichen lediglich psychische und soziale Systeme.

- Durch *(Selbst-)Reflexion* verortet der Systemprozess diese alternativen Möglichkeiten. Indem er spezifisch geordnete 'Erfahrung' sammelt und seine Aktivitäten an dieser bemisst, bildet das System eine je spezifische 'Identität' aus. Nun ergibt sich das Folgeproblem der Ordnung, Speicherung, Verwaltung und Anwendung des durch die Reflexion produzierten 'Wissens' (=> 'kognitive Komplexität').
- Durch *Genese* setzt das System seine Erfahrung um. Es baut seine Strukturelemente aktiv aus, modifiziert und differenziert sie. Es generiert neue Ausprägungen seiner Grundfunktionen. Dadurch gewinnt das System weiter an organisierter Komplexität. Diese Genese bedeutet nicht nur eine Erhöhung der Lebensfähigkeit des Systems, sondern zugleich eine erweiterte Problematik der Bewältigung dieser sich ausdifferenzierenden Identität (=> 'Systemkomplexität). Diese Problematik kann zu erneuten Grenzziehungen und damit zur Ausdifferenzierung weiterer Systeme führen.

Die je konkrete Ausprägung der dargestellten Funktionen macht die je konkrete Qualität eines Systems aus. Diese orientiert sich an 'inneren' und 'äußeren' Notwendigkeiten: zum einen an den Möglichkeiten, wie sie durch die gegebenen internen Grenzen, Ressourcen, Strukturen, Steuerungsimpulse, Selbstthematisierungen und Entwicklungen eröffnet werden, zum anderen an den Möglichkeiten, wie sie durch externe Einwirkungen auf ebendiese Faktoren abgesteckt werden. Dies bedeutet, dass unter vergleichbaren empirischen Rahmenbedingungen (die ihrerseits wieder als Systembildungen anzusehen sind), mit hoher Wahrscheinlichkeit mit spezifischen *typischen Systemkonfigurationen* zu rechnen ist, die den je spezifischen inneren/äußeren Möglichkeiten entsprechen.

Ich lasse dahingestellt, wie allgemein der Anspruch sein kann, den diese Interpretation für eine Erklärung von Systembildung stellen kann. Insbesondere scheint mir nicht ausreichend berücksichtigt, dass die Verarbeitung von Erfahrung und die daraus resultierende Weiterentwicklung in zwei unterschiedlichen Qualitäten gefasst werden müsste: als Reorganisation des Systemprozesses einmal auf der Grundlage alternativer Zukunftsprojektionen (adaptives Lernen etwa auf tierischem Niveau) und einmal auf der Basis der Fähigkeit, das Entwickeln alternativer Zukunftsprojektionen selbst zu thematisieren (reflexives Lernen auf menschlichem Niveau). Daraus würden dann unterschiedliche Formen der Genese resultieren.

Das Modell scheint jedenfalls auf die Etablierung von Handlungssystemen nicht beziehbar: Da aus ausführlich dargelegten Gründen die Annahme nicht akzeptabel ist, dass menschliche Handlungen ohne ihnen zugrundeliegende intentionale Reflexion sich einfach aus vorausgehenden Systemkonstellationen in einem teleonomen Sinne 'ergeben', muss ein Modell der Etablierung eines Handlungssystems eine Instanz vorsehen, die *auf allen Stufen* seiner Ausbildung diese Reflexion betreibt. Das 'Evolutionsmodell' Willkes sieht aber erst auf der fünften Stufe '(Selbst-)Reflexion' vor, zu einem Zeitpunkt, an dem bereits so hochkomplexe Leistungen wie etwa 'Prozesssteuerung' erbracht worden sind, die demnach also nicht-reflexiv verlaufen sein müssten. Zudem wird diese '(Selbst-)Reflexion' als Aktivität *des sich entwickelnden Systems* beschrieben. Es kann sich dabei also gar nicht um eine vorausgehende *antizipierende* Reflexion einer 'Bewusstseinsinstanz' handeln, sondern nur um eine spezifische Informationsverarbeitungsaktivität *des sich etablierenden Systems selbst.*

Ich sehe auf der Grundlage meiner Argumente dennoch eine Möglichkeit, das Modell auch auf Handlungssysteme anzuwenden: Sie besteht darin, dass man es nicht als Modell der evolutionären 'Selbsterschaffung' ansieht, sondern quasi als durchzuführenden 'Bauplan' von Handlungssystemen reinterpretiert. In diesem Sinne kann es dann durchaus als *Beschreibung der genetischen Entwicklungsetappen der operativen Ebene von Handlungssystemen* (also von untergeordneten 'trivialen' oder 'anspruchsvollen' Systembildungen) gelten. Dann nämlich zeigt es in systematischer Anordnung alle jene Operationen, die - ggf. vorgängig reflektiert und begleitend kontrolliert - vollzogen werden müssen, damit ein intendiertes Handlungssystem tatsächlich bestehen kann. Es wäre den in ihm beschriebenen Entstehungsstufen also lediglich eine Stufe voranzustellen bzw. funktional überzuordnen, in der von einer reflexiven Instanz festgelegt wird, aus welchen Gründen die 'Grenzbildung' wo verlaufen soll, welche Ressourcen gewonnen, welche Strukturen gebildet werden sollen etc.

So müssten dann etwa auch Gegebenheiten in pädagogischen Handlungssituationen, die als Systembildungen interpretierbar sind, durch die beschriebenen operativen (Re-)Produktionsvorgänge etabliert werden können. Es wäre dann einerseits als Aufgabe des pädagogischen Handelns präzisierbar, auf den durch die beschriebenen Funktionen kontrollierten Evolutionsprozess von 'Lern-Systemen' (genauer: Systembildungen, die die operative Basis des Lernens eines Lernenden bilden) einen zielgerichteten Einfluss zu nehmen. Andererseits wäre die Intervention selbst (antizipierend oder retrospektiv) als eigene Systembildung ('Unterrichts-System') zu reflektieren, die das 'Lern-System' und das 'Lehr-System' als Subsysteme umfasst. Eine solche Reflexion auf das übergreifende 'Interventions-System' lässt sich durch ihre beispielhafte Anwendung auf 'Unterrichts-Systeme' und eines 'Schulentwicklungs-Systeme' veranschaulichen:

Grenzbildung: Eine pädagogische Interaktion, eine Schulklasse, ein Lehrerkollegium oder ein gesamtes staatliches Schulsystem[288] sind zunächst dadurch als solche 'hergestellt', dass definiert wird, wer ihnen jeweils angehört und wer nicht. Zur Grenzbildung im Rahmen der Etablierung eines pädagogischen oder 'schulreformatorischen' Interventionssystems wäre vorab zu klären, wer Teil dieses Systems ist und wer davon ausgeschlossen wird. Beteiligung heißt in diesem Falle: Einbeziehung in das gemeinsame Reflexionsverhältnis nach den Standards kommunikativer Rationalität. Ausschluss heißt: Nicht-Einbeziehung in diese Kommunikation. Ausgeschlossene(s) bilden(t) dann 'Umwelt'. Für herkömmliche Unterrichtsprozesse mag dies auf den ersten Blick von geringer Brisanz scheinen: Die Grenze bilden die Mauern des Klassenzimmers, für die Erörterung des Ablativs bilden alle jene 'Umwelt', die an ihr nicht teilnehmen. Wie erheblich die *inhaltlichen* Konsequenzen einer solchen 'technischen' Entscheidung werden können, zeigt sich am zweiten Beispiel: Wer aus den Beratungen über Schulentwicklungsvorgänge ausgeschlossen (und damit zur lediglich unter strategischen Gesichtspunkten instrumentell zu kalkulierenden Fremdinstanz erklärt wird), wird sich vielleicht in 'faktischer' Weise bemerkbar machen, etwa, indem er nichts beitragen kann, weil er von Aktionen keine Kenntnis hat, oder indem er den Veränderungsprozess boykottiert, unterwandert, bekämpft etc. Hier sind also Entwicklungsbeschränkungen abzuschätzen, die durch spezifische *operative* Konstellationen möglich oder unmöglich werden. Grenzbildung zählt für 'Schulentwicklungs-Systeme' zu den durchaus brisanten Entscheidungsvorgängen. Vor diesem Hintergrund lassen sich natürlich auch für das 'Unterrichts-System' inhaltlich relevante Beispiele finden: Die Entwicklung eines Unterrichtsprojekts kann durchaus in analoger Weise daran scheitern, dass etwa die Schuldirektion aus einem intendierten gemeinsamen Lernprozess ausgeschlossen wird.

Ressourcengewinnung: Eine pädagogische Interaktion, eine Schulklasse, ein Lehrerkollegium oder ein gesamtes staatliches Schulsystem beginnen erst dann wirklich zu existieren, wenn sie über Ressourcen verfügen, je nach Beispiel: einen ausreichend zweckentsprechenden Ort, ausreichende Legitimationen, finanzielle

Mittel, in welcher Form auch immer aufbereitetes Wissen, Klientel etc. und sich dies alles dort befindet, wo es benötigt wird. Für traditionelle Unterrichtsvorgänge lässt die Ressourcengewinnung wieder eher wenig Entscheidungsaufwand erwarten: Unterrichtsraum, Unterrichtsmittel, Unterrichtsstoff und andere Zutaten sind amtlich beigestellt. Doch anspruchsvollere Organisationsformen stellen schnell höhere Ansprüche: Unterrichtsprojekte scheitern häufig bereits an der Ressourcenaufbringung: Wer bezahlt Fahrtkosten, Referenten, Arbeitsmaterialien, woher nimmt man Gruppenräume, Flipcharts, Aufsichtslehrer, wer verfügt über ausreichendes know-how über Projektorganisation, wer weiß bescheid über das gewählte Projektthema? Im Falle der Schulentwicklung sind 'objektive' Beschränkungen aufgrund fehlender Ressourcen gewöhnlich noch drängender: Wer finanziert die Supplierungen, das Tagungsquartier, die Supervisorin, wie importiert man das notwendige methodische Wissen, wie kommt man an die Unterstützung der Schulbehörde und des Elternvereins, wie an eine Begleitforschung, wer wird das Schulgebäude umbauen? Fragen, die vorab oder im Laufe des Geschehens bedacht sein wollen.

Strukturbildung: In einer Schule müssen Schulklassen, ein Lehrerteam, eine Schulleitung und alle anderen üblicherweise anzutreffenden Teilfunktionen eingerichtet und zur Aufnahme ihrer je spezifischen Aktivitäten veranlasst werden. Der Prozess der Strukturbildung bedeutet die Etablierung einer operativen Binnengliederung. Im einfachen Fall einer schlichten Vortragsstunde sind die Funktionen klar verteilt: Einer spricht und die anderen hören zu. Projektorganisation stellt wieder höhere Ansprüche: Eine sinnvolle Untergliederung in Teilfunktionen erweitert die Lernmöglichkeiten. Arbeitsgruppen, eine Steuergruppe, eine Beobachtungsgruppe produzieren Wissen in unterschiedlichen Perspektiven, das allen zugute kommen kann, tragen zu einem erfolg- und ertragreichen Verlauf bei. Schulentwicklungsvorhaben stellen ähnliche Anforderungen, wenngleich es hier andere Instanzen sind, die unterschieden bzw. erst installiert werden müssen: Eine engagierte Direktorin, eine OE-Gruppe, ein Finanzierungsausschuss, ein Kontaktkomitee zur Einbeziehung einer kooperationsbereiten Firma, Verantwortliche für Spezialaufgaben, die 'Basis'.

Prozesssteuerung: In der Schule müssen nicht nur Instanzen geschaffen werden, die für Teilvorgänge 'zuständig' sind, sondern diese müssen sich nun auch einer terminlichen Ordnung unterwerfen. Um sich auf andere Teilvorgänge ihrer Umgebung zeitlich abstimmen zu können, müssen sie eine mit diesen abgestimmte Binnenzeit ausbilden. Prozesssteuerung projiziert das Geschehen also in die zeitliche Dimension. So müssen sich etwa die einzelnen Klassen und in ihnen die einzelnen Lehrer, Schüler, ggf. auch deren Eltern etc. an dieser Zeitstruktur (Schulbeginn, Stundeneinteilung, Sprechstundentermine, Konferenztermine etc.) orientieren. Im Normalunterricht wieder überschaubare Reflexionsaufgaben: Nach fünfzig Minuten läutet es. Dazwischen fünf Minuten 'Unterrichtseinstieg', dreißig Minuten 'Erarbeitung', der Rest offene Fragen, Hausaufgaben. Projektorganisation verlangt intensivere Planung: Der Zeitaufwand von Teilarbeiten will kalkuliert und Arbeitsphasen müssen abgestimmt sein. Das Plenum sollte so angesetzt werden, dass es keinen Durchhänger gibt. Die Exkursion muss nach dem

Referat aber vor der ersten Präsentation über die Bühne gehen. Zeitliche Verzahnungen mit der Außenwelt werden unumgehbar. Der Präsentationstermin muss eingehalten werden. Balkendiagramme, Netzpläne und Ordnungsrufe werden eingesetzt. Noch aufwendiger wieder, bei struktureller Analogie, die Schulentwicklung: In Rechnung zu stellen sind etwa: Zeitplanungen unterschiedlicher interner und externer Instanzen, Ablaufrhythmen des Schulalltags etc.

Mit der *(Selbst-)Reflexion des Systems* macht sich dieses selbst zum Gegenstand seiner Informationsverarbeitung (*seiner,* denn, wie ich soeben zeige, wird das ganze Unternehmen ja schon von seinem Anfang an von einer anderen, nämlich einer vorgeordneten intentionalen Instanz reflektiert). Das 'schlichte' Unterrichtssystem praktiziert so etwas zumeist nur akzidentiell. In Projekten lässt sich Lernen auf 'sozialem' Systemniveau[289] hingegen schon eher systematisch einrichten: Die Berichte einer Beobachtungsgruppe, die mit Erkundungsaufträgen der Gesamtgruppe agiert, eine Erfahrungsdokumentation, in die die Ergebnisse von Gruppenreflexionen eingehen, die gemeinsame Ortung weiterer gemeinsamer Entwicklungsaufgaben etc. bilden Einstiege in eine Form der metasubjektiven Wissensakkumulation, die dann in Schulentwicklungsprozessen professionell betrieben werden kann: das gemeinsam beschlossene langfristige Reformkonzept, die nach überindividuellen Kriterien erstellte Forschungsdokumentation, die Beiziehung einer Supervisorin zur Weiterentwicklung des Schulprofils. An den Beispielen wird aber auch sichtbar: Die Trennung der insgesamten begleitenden quasi 'eigentlichen' Reflexion von seinem operativen Ableger ist eine relativ abstrakte analytische Bestimmung, denn was in *eingerichteten* 'funktionalen Organen des Handlungssystems' nach einem *aufgetragenen* Programm gedacht wird, wird im Zuge der internen Kommunikation der Projektbetreibenden auch in die *intentional autonome* Projektplanung eingehen[290].

Ähnliches trifft für die *Genese* zu: Sie bildet die logisch letzte und anspruchsvollste Dimension.[291] Die '(Selbst-)Reflexion' kann Ergebnisse zeitigen, die auf rekursivem Weg Veränderungen im Unterrichtsaufbau hervorrufen: Die Beobachtungsgruppe erhält den Auftrag, Koordinationsprobleme zu erkunden, zu deren Behebung die Steuergruppe bereits abgeklärte Strategien parat hat und umsetzen soll. Eine solche Selbstveränderung *des Systems*, die in seiner operativen Konstellation eingerichtet wurde, bildet wieder einen 'nachgeordneten' Appendix jener intentional gesteuerten Genese, die im Durchlauf durch *alle* Stufen vollzogen wird. Schulentwicklung zeigt wieder analoge Möglichkeiten: die Ausarbeitung und Installierung von Maßnahmen durch eine Arbeitsgruppe nach aufgetragenen Kriterien, die 'programmierte' Durchführung von Experimenten etc.

Die Unterscheidungen der beiden letzten Stufen mögen auf den ersten Blick spitzfindig anmuten. Doch machen sie die Grundstruktur einer anspruchsvollen Planung von Interventionsvorgängen deutlich. Solche beschränken sich nicht auf die schlichte Zweistufigkeit 'Entwurf-Umsetzung', sondern versuchen ihre Wirkung dadurch zu verstärken, dass sie rekursive Mechanismen etablieren, der ihrerseits 'selbständig' operativ weiterbetreiben, was ursprünglich von außen an sie herangetragen wurde: Das System wird als selber weiterplanendes geplant und als sich selbst weiter einrichtendes eingerichtet, aber - wie im letzten Abschnitt gezeigt - natürlich *im Sinne der ursprünglichen Intention*, also in einem gegenüber der reflexiven Steuerung abhängigen Modus. Dies bedeutet natürlich keineswegs, dass sich nicht auch Selbstreflexions- und Selbstmodifikationsmechanismen ausbilden können, die dieser Einschränkung nicht unterliegen. Dann allerdings sprengen sie - idealtypisch betrachtet - den Rahmen des jeweiligen Handlungssystems und konstituieren ein neues.

III.

Betrachtet man jene Prozesse, die einen Handlungszusammenhang konstituieren, in ihrer 'objektiven' Dimension, so zeigen sich mannigfache Wechselbeziehungen in einem funktionalen Netzwerk von System- und Subsystembildungen. Diese können nach unterschiedlichen Gesichtspunkten geordnet und zueinander in Beziehung gesetzt werden. So ließe sich eine häufig praktizierte Unterscheidung über die Metapher 'horizontale' vs. 'vertikale' Ausdifferenzierung von Teilsystemen anpeilen. An einem Beispiel erläutert: In der Schule ergäbe sich eine *vertikale* Auffächerung von Schülern, Klassen, Schulen, Schulsystem, eine *horizontale* in unterschiedliche Schüler und Schülerinnen, unterschiedliche Lehrer und Lehrerinnen etc. Dessenungeachtet können an jeder einzelnen Schülerin, an jedem Lehrer wieder Verbindungen zwischen bewussten und unbewussten, zwischen 'strategischen' und 'taktischen', zwischen psychischen, biologischen, sozialen etc. Systembildungen aufgewiesen werden. An diesem einfachen Beispiel wird offensichtlich, dass die Möglichkeiten empirischer Systembildungen und systembezogener Analyseperspektiven unermesslich vielfältig sind.

Die Mailänder Forschungsgruppe illustriert dies am Beispiel der Kommunikation zwischen drei Personen: Jede scheinbar bipolare Kommunikation zwischen einem Sender und einem (explizit angesprochenen) Empfänger bezieht sich zusätzlich (implizit) auf weitere (anwesende) Adressaten. In Analogie zu einem bekannten Axiom der Kommunikationstheorie, demzufolge man nicht nicht kommunizieren könne (Watzlawick/Beavin/Jackson 1967/50), ist diese erweiterte Bezugnahme nicht bloß 'möglich', sondern in jedem Falle gegeben. Berücksichtigt man ferner das weitere Axiom der Kommunikationstheorie, demzufolge jede Kommunikation nicht nur eine explizite Mitteilung, sondern auch eine implizite Aussage über die Beziehung zwischen den Kommunikationsteilnehmern (Metamitteilung über Kontext sensu Bateson) enthält, lässt sich der Kommunikationszusammenhang noch um den Aspekt anreichern, dass mit jeder kommunikativen Handlung auch noch implizite Aussagen über Beziehungen zu weiteren (anwesenden oder nicht anwesenden) Bezugspersonen getroffen werden. Damit ergibt sich eine komplexe Verweisungsstruktur auch für scheinbar einfache Kommunikationen zwischen zwei Kommunikationspartnern und schon "mit der Hereinnahme eines einzigen weiteren interagierenden Mitglieds (Triade) kommt es zum nicht mehr arithmetischen, sondern vielmehr geometrischen Anwachsen der Komplexität ..." (Ricci 1981/270) Die unterschiedlichen (und nur empirisch feststellbaren) aufeinender referierenden Systemebenen bilden ein 'erweitertes Kommunikationssystem' (ebd. 273), das nun nicht ohne Verlust an Aussagekraft auf *einzelne* vordergründig als für bestimmte Ereignisse konstitutiv erscheinende Austauschprozesse reduziert werden kann.[292]

Das Problem heißt also: Komplexität und diese Komplexität erfordert eine entsprechende Orientierung. Ein für die Plazierung (und damit: Planung, Vorbereitung und Durchführung) von Interventionen in soziale Systeme mögliches und hier wieder nur beispielhaft zu analysierendes Orientierungsschema bildet die Kartografie der funktionalen Gliederung des Gesellschaftssystems. In der Lesart Willkes (vgl. etwa 1994/53, ähnlich Luhmann 1975/21ff) lassen sich diesem zufolge die nachstehenden 'Ebenen' unterscheiden: Interaktion, Gruppe, Organisation, gesellschaftliches Subsystem und Gesellschaft. Diesen Ebenen werden je spezifische Bestandsprozesse zugeschrieben. Übernimmt man dieses Modell zur interventionsbezogenen operativen Differenzierung pädagogischer Handlungssituationen, so lässt es sich etwa für das Handlungsfeld Schule in nachstehender Weise beispielhaft verdeutlichen:

- Die unterste Ebene bilden (in Willkes Aufstellung *sozialer* Systemeebenen nicht angeführte) *psychische Systeme*, die den einzelnen in der Schule handelnden Individuen zuzuordnen sind: Schülerinnen, Lehrer, Eltern, Direktorinnen, Schulwarte etc.
- Die nächsthöhere Ebene bilden als *Interaktionen* bezeichnete soziale Systembildungen, in die die kommunikativen Handlungen zweier (oder mehrerer) jeweils unmittelbar aufeinander bezugnehmender Personen einbezogen sind: Zwei Schülerinnen, ein Lehrer und ein Schüler etc.
- Die dritte Ebene der *Gruppe* konstituiert sich auf dem Aggregationsniveau der 'Schulklasse' bzw. analoger Gruppierungsformen (wie etwa Projektgruppen, Leistungsgruppen, Neigungsgruppen, Skikurs-Gruppen, Schülerversammlungen, Lehrerkonferenzen etc.)
- Die vierte Ebene wird als *Organisation* bezeichnet und in meinem Beispiel durch die 'Einzelschule' als selbständig agierende abgeschlossene gesellschaftliche Subeinheit repräsentiert.
- Die fünfte Ebene bildet das *gesellschaftliche Subsystem*, wie es innerhalb einer begrenzten staatlichen Organisationsstruktur verfasst ist, in unserem Beispiel das 'Schulsystem'.
- Als oberste Ebene fungiert das *Gesellschaftssystem* als Gesamtes.

Soziale Systeme prozessieren Kommunikation. Sie bilden "semantische Strukturen und darin eingebaute Operationsregeln" aus, "welche die in ihnen ablaufenden kommunikativen Operationen auf selbstreferente, rekursive Laufbahnen zwingen." (Willke 1994/61) Differenzierungen sozialer Systeme beziehen sich auf diese Strukturen und Operationsregeln: Qualitativ unterscheidbare Systemtypen sind dadurch bestimmt, dass sie je typische Semantiken und Prozessregelhaftigkeiten ausbilden. Die dargestellte Aufgliederung unterschiedlicher 'Ebenen' bildet daher zunächst eine Folie zur Rekonstruktion unterschiedlicher Binnenlogiken intervenierter wie intervenierender Systeme. Untersucht man diese Binnenlogiken am Beispiel der Institution Schule, so ergeben sich u.a. folgende Ausgangspunkte:

Die Ebene des *psychischen Systems* bildet die eigentliche 'Zielgröße' des pädagogischen Handelns: Der Bildungs-/Formierungsprozess der einzelnen Schülerinnen und Schüler ist jener Auftrag gesellschaftlicher Instanzen an die Schule um deretwillen sie veranstaltet wird. Die psychischen Systeme konstituieren sich als bewusste und unbewusste Vorgänge, die in den einzelnen Individuen vor sich gehen. Einige Aspekte dieser Vorgänge wurden weiter oben bereits ausführlich erläutert.

Auf der Ebene der *Interaktion* werden direkte Bezugnahmen zwischen Personen vollzogen. Dabei können 'gleichrangige' (Schüler-Schüler, Lehrer-Lehrer etc.) oder 'hierarchische' Interaktionen (Schüler-Lehrer, Lehrer-Direktor etc.) auftreten. Für eine Intervention, die auf dem Niveau der Interaktion gesetzt wird, bedeutet dies etwa folgende operative Implikationen: Die Interaktionspartner sind simultan materiell präsent. Sie fokussieren ihre Aufmerksamkeit wechselseitig aufeinander und nehmen durch persönliche Ansprache und durch eine Folge von Rede und Gegenrede direkt und individuell aufeinander bezug. Der funktional gleichartige Bezug beider Interaktionspartner aufeinander ermöglichst eine weitgehende intuitiv 'verstehende' Erschließung der 'fremden' Interaktionshandlungen.

Auf der Ebene der *Gruppe* zeichnet sich eine erste Entkoppelung zwischen Gesamtheit und Einzelpersonen ab: Ihre Mitglieder können (aber müssen nicht) vollständig anwesend sein. Kommunikative Bezugnahmen erfolgen nicht gegenüber bestimmten einzelnen Mitgliedern der Gruppe, sondern gegenüber der (virtuellen oder aktuell tatsächlichen) Gesamtheit: Es gibt i.a. keine 'persönliche', sondern nur eine 'allgemeine' Anrede. Für den (einzelnen) Interventor bedeutet dies, dass er sich an niemanden als einzelnen richtet, dass er also zunächst einmal eine 'Stelle' finden muss, an der er überhaupt an die Gruppe 'andocken' kann. Daher schaut die Lehrerin auch zumeist entweder 'über die Köpfe hinweg', an die Tafel, in ihr Notizbuch oder sie wechselt von Blickkontakt zu Blickkontakt und versucht so, die Gruppe in schnell aufeinanderfolgende Pseudo-Interaktionen aufzulösen. Dies geschieht auch bei der Veranstaltung von Rede und Gegenrede: Die Gruppe kann *als solche* nur mehr 'reden', wenn sie dazu ein funktionales Organ ausbildet: einen Gruppensprecher etwa, der dann nicht mehr 'frei' sprechen kann, sondern seinem Mandat folgen muss. Lobt oder kritisiert sie die Klasse als Ganzes, so muss sich niemand als Einzelner angesprochen fühlen und niemand ist dafür als Einzelner 'persönlich' verantwortlich, Zustimmung oder Widerspruch auszudrücken.

Für die Ebene der *Organisation* ist charakteristisch, dass sie bereits relativ 'abstrakt' in Erscheinung tritt. Eine Schule (als Gesamtheit der Systemprozesse durch die ihre Mitglieder an ihr teilhaben) ist in der Wahrnehmung eines Einzelnen immer nur ausschnitthaft präsent. (Im vorstellbaren Ausnahmefall einer Vollversammlung aller Beteiligten würde sie kurzfristig die Form einer Gruppe annehmen.) Der 'Ort' des Systems befindet sich zwar innerhalb eines persönlich 'überschaubaren' Areals, kann aber nicht mehr als Ganzes erfahren, sondern nur noch als Aneinanderreihung unterschiedlicher Lokalitäten 'abgegangen' werden. Funktionale Organe bilden für die Organisation bereits eine conditio sine qua non: Personen oder Gruppen, die für Steuerungsangelegenheiten zuständig sind (zB: Direktion, Administration, Lehrerkonferenz, Personalvertretung, Organisationsentwicklungsgruppe), 'Boten' (Verlautbarungen, Meldungen) und 'Medien' (Aushänge, Schulordnungen, Schülerzeitungen), über welche Informationen indirekt weitergeleitet werden, 'Delegationssysteme' zur Realisierung von Zustimmung und Widerspruch. Für den (internen oder externen) Interventor bedeutet dies, dass er nicht mehr in 'die Organisation', sondern nur mehr in einen ihrer (zu einem Zeitpunkt an einem Ort auffindbaren) funktionalen Teile intervenieren kann und die Wirkung der Intervention auf die Organisation als Sekundärwirkung seiner

Einflussnahme auf diesen 'erreichbaren' Teil konzipieren muss (zB. als interne Folgeintervention von Organisationsmitgliedern).

Für *gesellschaftliche Subsysteme* kann gelten: Sie sind nur mehr in einem so kleinen Ausschnitt präsent, dass der 'Ort' des jeweiligen Systems nicht mehr durch konkret-individuelle Wahrnehmungsvorgänge erfassbar bzw. Interaktionsvorgänge 'tangierbar' ist. Bezugnahmen erfolgen anonym und mittels 'professionalisierter' und selbst als komplexe Systeme ausgeformter Delegationen und Medien (Schulbehörden, Gewerkschaft, Gesetze, Erlässe, Zeitschriften etc.) Entspechend gestalten sich die Möglichkeiten der Intervention, die mit längerfristigen Wirkungen kaum mehr anders als von anderen gesellschaftlichen Subsystemen aus möglich ist (Politik, Ökonomie, Justiz etc.)

Die Unterscheidung der 'Ebenen' eröffnet nicht nur einen Zugang zu den spezifischen Eigendynamiken des Interventionsfeldes als Resultat 'lokaler' funktionaler Konstellationen, sondern ermöglicht auch eine adäquate Bemessung der 'strategischen' Reichweite von Interventionen. Sofern die ihr zugrundeliegende Differenzierung als Erscheinungsform eines intern vernetzten Aufbaus von Anschlussmöglichkeiten für weitere Entwicklungen begriffen wird, kann daraus abgeleitet werden, dass eine Intervention in einen begrenzten Feldausschnitt Folgewirkungen an anderen Stellen impliziert. Solche Folgewirkungen müssen kalkuliert werden, soll die Intervention Erfolg versprechen. Die dargestellte Ebenengliederung ermöglicht also, die unter dem Stichwort 'Komplexität' ganz allgemein thematisierte Problemstellung anzugehen. Sie lässt sich in die Form der Frage bringen: Welcher 'Teil' des Feldes ist durch einen Eingriff wie weitgehend und in welcher Richtung veränderbar, ohne dass dadurch das gesamte Systemgefüge auf eine Weise 'reagiert', die den Eingriff wirkungslos macht? Die Frage impliziert, dass es prinzipiell möglich ist, Subsysteme soweit aus ihren System-Bezügen zu lösen, dass eine partielle Veränderung eines Ausschnitts der gesamten Systemlandschaft stattfinden kann. Dies ist deshalb prinzipiell denkbar, weil - wie vor allem die jüngere Systemtheorie unter dem Begriff 'lose Koppelung' immer wieder hervorgehoben hat - der funktionale Bezug der einzelnen Systeme und Subsysteme aufeinander nicht den Charakter eines Determinationsverhältnisses haben muss: Die Änderung eines Teilbereichs ist dann möglich, wenn sie nur solche Systembildungen betrifft, die nicht an andere 'strukturell gekoppelt' sind. Ist dies hingegen der Fall, so können sie nicht 'isoliert', sondern nur gemeinsam mit jenen verändert werden.

Die Beziehungen zwischen den dargestellten 'Ebenen' sind hier von besonderer Bedeutung, da sie gleichsam *mögliche* natürliche 'Bruchstellen' bilden. Im Einzelfall ist also zu klären, ob bzw. wieweit Systembildungen einer 'Ebene' mit solchen einer anderen determinativ verbunden sind. Ergibt die konkrete Analyse etwa, dass Elemente des *Klassengeschehens* die verändert werden sollen, funktional in der *Organisation der Schule* verankert sind, kann eine Veränderung der Klassensituation unter gleichzeitiger Beibehaltung des kybernetischen Regelwerks der Schule nicht durchgeführt werden. In diesem Falle ist eine erfolgreiche Intervention davon abhängig, die *gesamte* höhere Systemebene in den Veränderungsprozess einzubeziehen. (vgl. etwa Hackl 1994c/137ff) In der Aufstellung werden damit also Hinweise gegeben, die eine angemessene Plazierung und Dimensionierung von Interventionen abschätzbar machen sollen.

Vor diesem Hintergrund lässt sich noch einmal spezifizieren, was weiter oben bereits unter dem Stichwort 'Grenzbildung' erläutert wurde: Es ist i.b. abzuklären, welche funktionalen 'Ebenen' in das Interventionsfeld einzubeziehen (und damit: welche aus ihm auszugrenzen) sind. In der 'systemischen' Beratungsliteratur wird dieser Entscheidung große Bedeutung beigemessen (vgl. etwa Schober 1991/349): Für die Etablierung eines 'Beratungssystems' (welches, wie erinnerlich, aus Beratersystem und Klientensystem zusammengesetzt gedacht wird) sei es konstitutiv, definitiv abzuklären, ob einzelne Personen, Gruppen oder etwa eine gesamte Organisation (ev. repräsentiert durch 'funktionale Organe') als Klientel anzusehen ist und wer zur 'Umwelt' des Beratungsverhältnisses zu zählen ist, damit als 'Umweltfaktor' definiert und in der Folge nach instrumentell-strategischen Gesichtspunkten kalkuliert werden soll.
So sehr die praktische Sinnhaftigkeit dieser Klärung unmittelbar einleuchtet und sich praktisch bewährt haben mag, so wenig ist sie jedoch im Grunde wieder mit systemtheoretischen Denkmitteln allein erreichbar. Systemtheoretisch sichtbar gemacht werden kann das *technische Prinzip* der unterschiedlichen (nach funktionalen Gesichtspunkten unterscheidbaren) 'Ebenen', das bei der Überlegung, wen man zweckmäßigerweise ein- bzw. ausschließen soll, berücksichtigt werden kann. Aber schon *deren phänomenologische Ausleuchtung*[293] und natürlich dann die *Reflexion der konkreten Ein-/Ausgrenzungsentscheidung* ruht wieder auf einem (handlungstheoretisch zu fassenden) Verständnis von den Notwendigkeiten reflexiver Verständigung auf, da ja zu entscheiden ist, wer (als Repräsentant welcher 'Ebene') unter *Berücksichtigung welcher normativen Überlegungen* in den 'Innenbereich' der Intervention aufzunehmen ist, welcher wiederum nach den *Prinzipien verallgemeinert-kommunikativer Rationalität* gestaltet werden muss.

(2.4) Zweites Resümee

I.

Ich habe im zweiten Hauptkapitel in Umrissen dargestellt, in welcher Weise die pädagogische Fragestellung ihren Ausgang bei der Problematik nimmt, auf eigenständige Subjekte zielgerichteten Einfluss zu nehmen. Dies drängt sie von Anfang an in eine performative Haltung gegenüber den Erziehungsadressaten und damit in eine theoretische Einstellung 'erster Person'. In der historischen Entfaltung der dafür maßgeblichen Argumente werden die disziplinäre Ausgangskategorie der Bildung und der in ihrem Zeichen zur Erfassung empirischer Erziehungsprozesse spezifische hermeneutische Methode ausgearbeitet. In der rezenten Diskussion wird diese theoretische Orientierung explizit handlungstheoretisch gewendet. Dazu habe ich an einigen Beispielen unter Bezugnahme auf Holzkamp, Osterkamp,

Habermas, Giddens und Joas einige mir plausibel erscheinende Akzentuierungen herausgearbeitet.

Zunächst habe ich vorgeschlagen, die *Integrität der Heranwachsenden* im pädagogischen Prozess schon auf begrifflicher Ebene grundsätzlicher als üblich zu wahren: Sie als Subjekte ihrer Entwicklung aufzufassen, bedeutet anzuerkennen, dass immer und ausschließlich *sie selbst es sind*, die auf der Grundlage ihrer jeweiligen Bedürfnisse ihre eigene Entwicklung betreiben. Da sie diese in Verfolgung ureigener Interessen vollziehen, brauchen sie dazu nicht von einer Außeninstanz angehalten zu werden. Die im Kontext der Bildsamkeitskategorie gebräuchliche Rede von der 'Mitwirkung' der Heranwachsenden an ihrem Selbstveränderungsprozess ist zumindest insofern missverständlich, als sie den 'Beitrag' der Entwicklungssubjekte als bloß einen unter anderen kennzeichnet. In der Formulierung ist zwar zutreffend erfasst, dass dem Lernprozess auch äußere Bedingungen vorausgesetzt sind, die ggf. bereitgestellt werden müssen, gleichzeitig bringt sie jedoch unzureichend zum Ausdruck, dass das Bereitstellen dieser Bedingungen den Vollzug der Entwicklung nicht konstituiert, sondern lediglich ermöglicht oder erleichtert oder mit je bestimmten Einschränkungen versieht. Vor diesem Hintergrund ergibt sich auch keine Notwendigkeit, von einer paradoxen Logik der pädagogischen Hilfestellung zu sprechen. Gleichwohl ist in *empirischen* Erziehungsprozessen häufig eine solche Paradoxie zu beobachten. Diese geht auf den Versuch zurück, die Entwicklungswege der Heranwachsenden in direktiver Weise zu formieren, ihnen also *andere* Lernprozesse aufzunötigen, als sie selbst in Ansehung ihrer jeweiligen Bedürfnisse, Einsichten und äußeren Gegebenheiten anstreben.

Als nächstes habe ich zu zeigen versucht, wie das Problem des *Verstehens* in Hinblick auf pädagogisches Handeln von unproduktiven Anspruchslasten befreit werden kann. Vor dem Hintergrund einiger handlungstheoretischer Überlegungen habe ich Verstehen als Entschlüsselung von Geltungsansprüchen interpretiert. Diese basiert auf einer gedanklichen Perspektivenverschränkung und einem dadurch möglichen transsubjektiven Bezug auf die jeweiligen Motive 'fremder' Äußerungen und Handlungen: Der virtuelle Wechsel in die Perspektive des 'anderen' als 'einen wie ich', dessen Bedürftigkeit der meinen prinzipiell analog ist, ermöglicht mir die Rekonstruktion seiner Orientierung als in dieser 'geteilten' Bedürftigkeit begründet. Damit kann ich die von ihm produzierten Bedeutungen als Ausdruck der Begründetheit seiner Entscheidungen nachvollziehen. So aufgefasst, richtet sich das Verstehen nicht mehr auf die Totalität einer fremden Individualität, die es - dann notwendig spekulativ - umfassend ausleuchten soll, sondern beschränkt sich auf die Identifizierung von Handlungsmotiven und aus diesen plausibilisierbaren Begründungsfiguren.

Schließlich habe ich untersucht, wie Strukturen der organisationalen und didaktischen Handlungskoordination vor einen (theoretisch wie praktisch bedeutsamen) Hintergrund logisch verträglicher Rationalisierungsperspektiven gestellt werden können. Dazu habe ich normorientierte und zweckorientierte Überlegungen aus ihrem vermeintlichen Ausschließungsverhältnis herausgelöst und als eigenständige logische Dimensionen dargestellt: *Normative* Überlegungen beziehen sich auf die innere Ordnung der *handlungsleitenden Motive* und *zweckrationale* Überlegungen auf die *operative Effizienz von Strukturen der Handlungsdurchführung.* Beide widersprechen einander nicht, sondern ergänzen einander zu einer umfassenden kommunikativ-rationalen Orientierung, in welcher die subjektiven Absichten mit den objektiven Möglichkeiten ihrer Verwirklichung verknüpft werden.

Welche Bedeutung einer solchen Sichtweise für konkrete pädagogische Prozesse zukommen kann, habe ich am Beispiel des Projektunterrichts zu illustrieren versucht: Dabei habe ich die Projektmethode als Alternativkonzept zur Vortragsmethode argumentiert, und zwar als didaktische Organisationsform, bei der das Lernen im Medium pragmatischer Begriffe (also: der Verallgemeinerung operativer Konstellationen) im Vordergrund steht. Im Gegensatz dazu bewegt sich die Vortragsmethode schwerpunktmäßig im Medium theoretischer Begriffe. Lernprozesse im operativen Bereich kann sie anspruchslos halten, da sie die Aufgabe der Strukturierung und Steuerung des Lernens zu einem großen Teil selbst als externe Funktion übernimmt.

In der Logik meines dreidimensionalen Schemas aus dem ersten Resümee lässt sich diese Unterscheidung so darstellen: Abb. 17 und 18 (nächste Seite)

Lernen im Medium 'pragmatischer Begriffe' kann in einem bestimmten *Sachbereich* (unter Einsatz von Methoden und Techniken) vor sich gehen, es können aber auch diese *Methoden* und *Techniken* selbst thematisch - also zum Gegenstand expliziten Lernens - werden. Letzteres bildet eine zentrale Dimension des allgemeinen Bildungspotentials der Projektmethode: Der sukzessive Aufbau methodischer Kompetenzen bei den Lernenden bildet die Grundlage für die effektive Erbringung der operativen Organisationsleitungen anspruchsvoller kollektiver und selbstbestimmter Lernprozesse und sichert damit die Verwirklichung jener hohen pädagogischen Ansprüche, mit welchen sich die Projektmethode zu empfehlen pflegt.

Neben der 'klassischen' subjektbezogenen Annäherung an Erziehungsprozesse lässt sich auch ein objektivistischer Zugang zu pädagogischen Vorgängen nachvollziehen. Diesen habe ich in 2.2 dargestellt. Hier wird theoretisch versucht, *funktionale Prozessimplikationen*, wie sie sich in beobachtender Einstellung erheben lassen, zu verallgemeinern und von diesen auf kausale Erklärungen zu schließen. Einer solchen Strategie sind jedoch prinzipielle Beschränkungen auferlegt: Indem sie die kausal relevante Dimension der *subjektiven Handlungsgründe* der Beteiligten, v.a. der Heranwachsenden, ausblendet, kann sie nur dort triftige Aussagen formulieren, wo solche subjektiven Begründungen für das tatsächliche Geschehen *nicht* konstitutiv sind. Dies trifft auf den Bereich der von ihren ursprünglichen intentionalen Vorgaben abgekoppelten psychischen und sozialen Automatismen zu.

Praktisch gewendet sollen die in funktionalistischer Perspektive gewonnenen theoretischen Einsichten dann Auskunft über konkrete Realisierungsbedingungen und Anschlusszwänge geben, die einer technologischen Anwendung auf psychische und soziale Prozesse verfügbar gemacht und zur Herbeiführung erwünschten Verhaltens eingesetzt werden können.

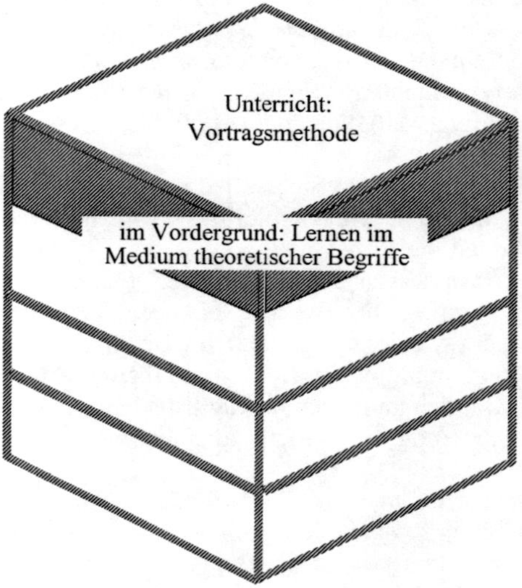

Abb. 17: Schwerpunkt der Lernaktivität bei der Vortragsmethode

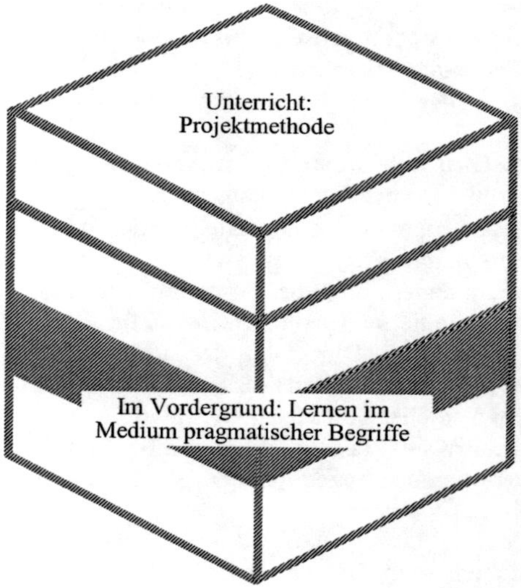

Abb. 18: Schwerpunkt der Lernaktivität bei der Projektmethode

Aufgrund der skizzierten Einschränkungen können solche Technologien jedoch nur in zwei Fällen wirksam werden: *Entweder* gelingt es, die den herbeizuführenden Verhaltensweisen zugrundeliegenden Automatismen so zu steuern, dass diese Einflussnahme der bewussten Reflexion der betroffenen Akteure verborgen bleibt. Diese Variante bedeutet die partielle praktische Ausschaltung der (in den funktionalistischen Konzepten *theoretisch* ohnehin ausgeblendeten) reflexiven Komponente des Handelns und impliziert in pädagogischen Kontexten eine begriffslose Anpassung und Abhängigkeit der Lernenden und damit die Behinderung von Bildung. *Oder* die Akteure werden einer systemischen Installation von Anschlusszwängen ausgesetzt, die von ihnen zwar durchschaut werden kann, deren Negation jedoch Sanktionen nach sich ziehen würde, die ein Ausscheren aus der Installation nicht anstrebenswert erscheinen lassen. Diese Variante bedeutet expliziten repressiven Zwang und lässt im pädagogischen Verhältnis den Lernenden immerhin die Alternativen bewusster instrumentell-strategisch motivierter Anpassung und/oder subversiven Lernens offen.

In mein dreidimensionales Schema aus dem ersten Resümee lässt sich die solcherart in einem ersten Argumentationsschritt getroffene Unterscheidung von Erziehung und Formierung in folgender Weise eintragen:

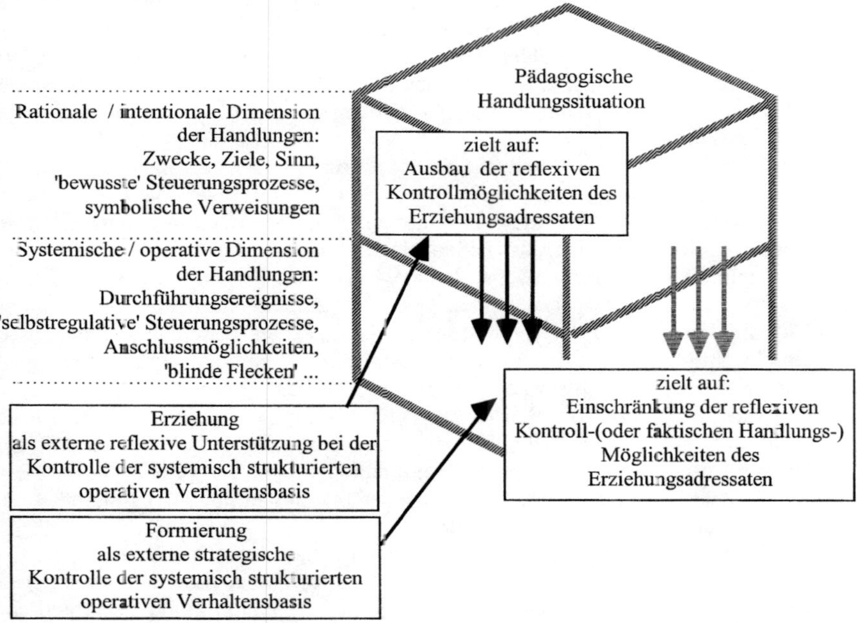

Abb. 19: Pädagogische Handlungssituation und idealtypische Interventionsmöglichkeiten

Dessenungeachtet war jedoch festzuhalten, dass *jede* Erziehung unter Voraussetzungen stattfindet, die das Vermögen der Zu-Erziehenden überfordert, *alle* Aspekte und Implikationen ihrer Handlungssituation ex ante reflexiv auszuleuchten. Daher kommen Erziehende nicht umhin, Erziehungssituationen immer *auch* in 'systemischer' Perspektive einzurichten (oder darauf zu verzichten, was jedoch nichts an der systemischen Wirkmächtigkeit der *je bestehenden* Situation ändert). In diesem Sinne ließe sich - in Umkehrung des Bennerschen Diktums von der Mitwirkung der Heranwachsenden an ihrem Entwicklungsprozess - von einer nicht bloß argumentativ-rationalen, sondern einer zugleich faktisch-kausalen 'Mitwirkung' der Erzieher am Entwicklungsprozess der Heranwachsenden sprechen. Letztere kann unter pädagogischen Gesichtspunkten aber legitimiert werden, indem gemeinsam mit den Erziehungsadressaten zurückliegende (bzw. vor sich gehende) pädagogische Situationen reflektiert und deren 'objektiven' Voraussetzungen und Auswirkungen geprüft und nach Maßgabe der (gemeinsamen) Handlungsintentionen und der gegebenen Möglichkeiten verändert werden. In diese Reflexion sind alle in entwicklungsförderlicher Absicht gesetzten 'strategischen' Maßnahmen der Erziehenden einzuschließen.

Die Logik dieser Auffassung habe ich im Durchgang durch einige Handlungskonzepte 'systemischer' Beratungs- und Therapieansätze konkretisiert und differenziert. Auch hier zeigt sich wieder die 'Zweigeleisigkeit' entwicklungsförderlicher Interventionen: Zum einen wird in *rationaler Kommunikation* auf den systemisch strukturierten operativen Unterbau des Handelns *reflexiv Bezug genommen*, zum anderen wird in *strategischer Einstellung mit diesem 'direkt' instrumentell-kausal interagiert.*

In die Logik meiner Veranschaulichungsskizzen übersetzt, lässt sich dies so darstellen: Abb. 20 (nächste Seite)

Ob es sich bei der 'kausalen' Einflussnahme auf die operative Dimension des Handelns jeweils um eine Entwicklungsunterstützung oder -behinderung handelt, lässt sich nur in der theoretischen Perspektive 'erster Person' reflektieren, da aus funktionaler Sicht zwischen beiden kein Unterschied festgestellt werden kann. Wird diese 'normative Blindheit' der Perspektive 'dritter Person' nicht angemessen berücksichtigt, so führt dies zu 'technizistischen' Reduktionismen, die pädagogisches Handeln nur fiktiv orientieren können, zu banalisierenden Reformulierungen, die keine substanziellen neuen Sichtweisen eröffnen und zu paradoxen Schlussfolgerungen, deren ernsthafte Berücksichtigung Erziehende in gleichermaßen zynische wie hilflose Haltungen drängen würde. Solche habe ich in 2.2 an frühen funktionalistischen Konzepten wie an älteren und jüngeren systemtheoretischen Ansätzen aufzuweisen versucht.

Im letzten Teil des voranstehenden Abschnitts habe ich schließlich jüngere systemtheoretisch inspirierte Handlungskonzepte ausgewertet, die zum überwiegenden Teil auf die außerpädagogischen Kontexte der Beratung und Therapie bezogen sind. Dabei habe ich festgestellt, dass die systemtheoretische Rekonzeptualisierung des Gegenstandsbereiches 'Intervention' zwar zu einem eigenständigen Denkmodell führt, dass dieses Unterfangen jedoch für praktisches Handeln zunächst Ergebnisse geringer Relevanz einträgt: Die praktisch zu lösenden Probleme werden lediglich unter einem spezifisch 'technischen' Blickwinkel benannt und geordnet. Insbesondere gibt die systemtheoretische Beschreibung reflexiv strukturierter Vorgänge keinen Aufschluss über deren faktische Verlaufsdynamik, der über das Diktum von ihrer Nicht-Prognostizierbarkeit wesentlich hinausgeht.

Ferner habe ich gezeigt, dass die Einnahme einer strikt system*theoretischen* Reflexionsposition dazu führt, dass das eigene und fremde Handeln in seiner subjektiven Dimension notwendig unbegriffen bleibt. Die Erfordernisse einer ganzheitlichen Erfassung des praktischen Handelns setzen sich jedoch gegenüber der restringierten Selbstbeschreibung der Akteure durch und es kommt zu Widersprüchen zwischen dieser und dem tatsächlichen Handeln, fallweise auch zum uneingestandenen Wiedereintritt subjektiver Denkfiguren in das zunächst objektivistische Vokabular.

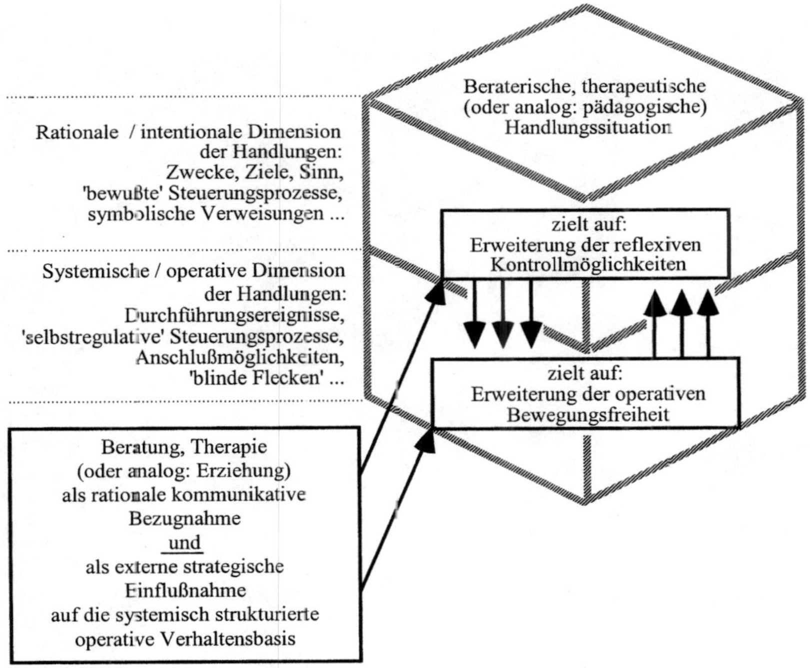

Abb. 20: Beratung, Therapie, Erziehung als Kombination rationaler und systemischer Interventionen

Die aus dieser Kritik resultierende Auffassung habe ich dann am Beispiel dreier Modelle zur Ordnung empirischer Phänomene im Gegenstandsbereich 'Intervention' konkretisiert: Es waren dies die Konzepte zur 'interventionsvorbereitenden

Diagnose', zur 'Systemevolution' und zur 'strategischen Plazierung von Interventionen'. Da diese Modelle zunächst nicht im Sinne meiner vorausgehenden Einschränkung auf 'minder autonome Systembildungen' entworfen wurden, habe ich sie entsprechend reinterpretiert, um sie von jenen Widersprüchlichkeiten und Uneindeutigkeiten zu befreien, die ihre Anwendung auf reflexiv-intentionale Systembildungen sonst mit sich brächte. Modelle dieser Art können als Ausgangspunkte einer systemtheoretischen Reflexion von Interventionsproblemen fungieren, die mit einer handlungstheoretischen Reflexion zu dem von mir propagierten 'binokularen' Problemzugang verknüpft werden können.

In Bezug auf die von mir in 2.1 ausführlicher diskutierte Projektmethode ergäben sich damit beispielsweise folgende Analysemöglichkeiten:

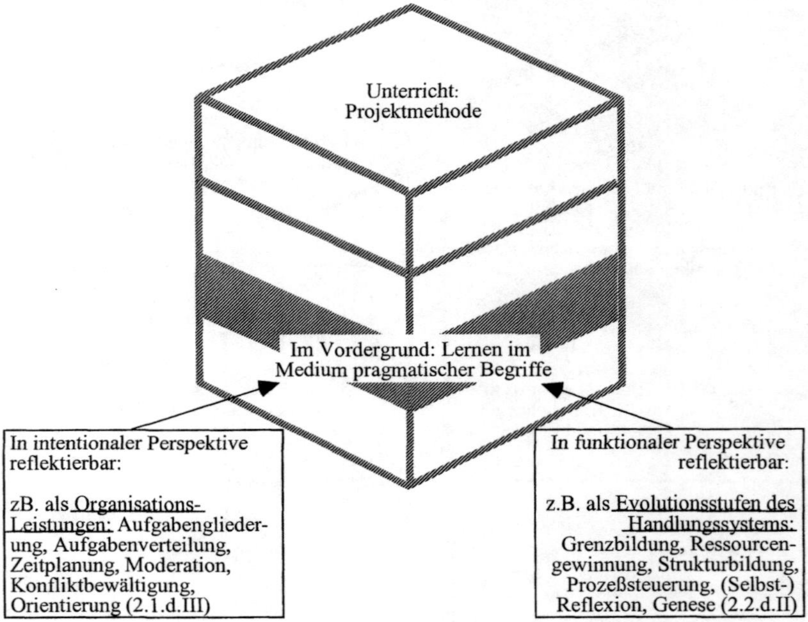

Abb. 21: Theoretische Reflexion des Projektunterrichts in doppelter Perspektive (Bsp.)

II.

Beraterische Interventionen werden in einem zumeist völlig 'freien' Verhältnis 'nachgefragt'. Daraus ergibt sich, dass hier die Installierung von Machtverhältnissen relativ schwierig ist. Therapeutische Interaktion wird entweder 'freiwillig' nachgefragt oder durch ärztliche Überweisung nahegelegt (ist dann aber - soll sie nicht scheitern - ebenfalls aus freien Stücken mitzutragen). Erziehungsverhältnisse werden demgegenüber i.a. nicht qua freier Entscheidung eingegangen, sondern ergeben sich in den meisten Fällen mehr oder minder 'natürlich' aus dem Umstand biologischer und sozialer Nachkommenschaft oder durch familiale oder staatliche Entscheidung. Dadurch ist ein einseitiges 'Machtverhältnis' in gewisser Weise bereits strukturell angelegt. Allen drei Formen ist aber gemeinsam, dass sie nur auf der Grundlage relativ autonomer interaktiver Beteiligung vor sich gehen können und ihr Gelingen die Unterstellung der Rationalitätsbindung der Interaktionsbeiträge - also quasi die 'Aussetzung' von Verfügung durch Gewaltausübung - voraussetzt. Dies macht sie unter interventionslogischen Gesichtspunkten vergleichbar.[294]

Dennoch bleibt die Frage relevant, welche systemtheoretischen Spezifizierungen der Interventionsproblematik möglich sind, sofern man eine Intervention von vornherein als *pädagogische* anlegen möchte. Den Horizont dieser Problemstellung möchte ich abschließend am Beispiel des Schulunterrichts abstecken. Ich skizziere damit in groben Strichen die Ausgangspunkte eines Projekts, das ich andernorts weiterverfolgen muss: die Integration der von mir vorgebrachten handlungstheoretischen und (mit diesen in der dargestellten Weise 'binokular' verknüpften) systemtheoretischen Argumente in eine theoretisch mehrdimensionale und dennoch zugleich nicht eklektizistische Auffassung von Unterricht.

Betrachtet man die durch pädagogisches Handeln angestrebten Bildungsprozesse im Sinne meiner Darstellung, so lässt sich sowohl dem handlungstheoretischen wie dem systemtheoretischen Konzept ein angemessener und zugleich spezifisch eingegrenzter Platz zuweisen und dadurch die Hypostasierung einer der beiden Sichtweisen vermeiden. Im Gegensatz zu strikt objektivistischen Auffassungen, denenzufolge Lernen "als die Frage der Herstellung von Anschlussfähigkeit (und nicht der Implementierung von etwas Neuem)" (Scheunpflug 1998/182) verstanden werden sollte, lässt sich das Problem dann auf die Annahme hin zentrieren, dass Lernen einen Aufbau von etwas Neuem *auf der funktionalen Grundlage* der Herstellung von Anschlussfähigkeit darstellt. In dieser Sichtweise lassen sich als Voraussetzung von Lernen also zwei gleichermaßen wichtige Gegebenheiten beschreiben: einmal ein dieses Lernen (inhaltlich) *orientierender Handlungszusammenhang* und einmal eine (operativ) *entwicklungsoffene Systemkonfiguration.*

Sofern Unterrichten auf eine Optimierung dieser Voraussetzungen[295] (und nicht auf die Fremdsteuerung von Lernen) abzielt, so lässt es sich als die Durchführung von Handlungen beschreiben, die auf drei einander wechselseitig ergänzende, aber zugleich logisch unterscheidbare Ziele orientiert sein müssen. Diese lassen sich dann wieder in der Perspektive 'erster' und 'dritter Person' beschreiben:

• *Sicherung eines lernangemessenen Entfaltungsraums:* Unterricht muss eine Situation herstellen, die es ermöglich, dass Lernende "selbsttätig am Erkennen und Begreifen ihrer Lebensbedingungen (arbeiten) und ... ihre gewonnenen Erkenntnisse zu Wertungen, Motivationen und Begründungen um(arbeiten), die für ihr Lernen handlungsleitend werden." (Zimmer 1989/56) Dazu muss die Situation zunächst 'subjektiv' als geeignet erfahren werden können. Aus diesem Grund setzt Unterricht ein 'entspanntes Feld' voraus, in dem Prozesse aktiver Selbstveränderung *unter entwicklungsbezogenen Gesichtspunkten* stattfinden können. Dies bedeutet, dass Probe-, Fehl- und Übungshandlungen, Umwege, 'Hypothesenprüfungen' etc. mit entschärften Konsequenzen belastet sind und daher unter reduziertem Erfolgsdruck durchgeführt werden können. Ein solcherart gesicherter Entfaltungsraum bietet ein ausreichendes Maß an verfügbarer Zeit, gestaltbarem Raum und sozialer Integration, an Schutz vor existentiellen Bedrohungen, Musse und gewahrter Integrität. Damit sichert er eine ausreichende Distanz zu den Phänomenen, die 'lernend' erschlossen bzw. reflexiv durchdrungen werden sollen.

Die 'subjektiven' Hauptaspekte eines solchen 'Schonraums' bilden die Möglichkeit zur Entwicklung der inneren Bereitschaft, sich auf 'Lernkrisen' einzulassen, d.h. alte Handlungsstrategien in Frage zu stellen und aufzugeben, noch bevor neue an ihre Stelle getreten sind und sich als 'bessere' bewährt haben, sowie die Möglichkeit zur Entfaltung eines psychischen Umstrukturierungsvorgangs, den Holzkamp (1993/324ff) in Anlehnung an Frank Gallikers (1990) Konzept der Erinnerung in 'affinitiven Sätzen' als 'affinitives Lernen' bezeichnet hat. Dieses sei kennzeichenbar durch "einschließende Herangehensweise, ein 'Kommen-Lassen' von gegenständlichen wie sprachlichen Bedeutungsverweisen, ein 'Sich-Zurücklehnen', Übersicht-Gewinnen, ..." (Holzkamp 1993/328) und bilde einen notwendigen Bestandteil der lernenden Weltbegegnung, zugleich eine psychische Aktivität, die tatsächlich weitgehend verselbständigt, 'autonom', nicht-intentional gesteuert (wenngleich aufgrund der sprachlichen Strukturiertheit nicht 'Sinn-los') vor sich gehe.

Der handlungstheoretischen Analyse sind dabei im besonderen jene intentionalen Phänomene zugänglich, die ich soeben skizziert habe. (Vgl. dazu auch noch einmal Abb. 11, 1. Resümee) Die systemtheoretische Betrachtung hingegen eignet sich bevorzugt zur 'technischen' Sichtbarmachung jener Bedingungen, unter denen in einem autonom gesteuerten Prozess anschlussfähige Ereignisketten evaluiert und damit Transformationsprozesse faktisch realisierbar gemacht werden. Letzteres wird erreicht durch die teilweise Abkoppelung des 'Lernsystems' aus den im Kontext des 'Ernsthandelns' wirksamen Anschlusszwängen und die damit verbundene Reduktion jener Komplexität, die unter durchschnittlichen Existenzbedingungen durch das psychische System zu bewältigen wäre. Damit wird operative Kapazität zur Bewältigung *anderer* Komplexität (im Rahmen von Lernen) freigestellt. Einen besonderen Aspekt dieser notwendigen Abkoppelung bildet der Verzicht auf lineare Außendeterminationsversuche. Dadurch wird verhindert, dass die 'autopoietische' Logik der psychischen Systemprozesse auf unzulässig eingeschränkte Bewegungsalternativen festgelegt und in Hinblick auf die internen (Re-) Organisationsmöglichkeiten notwendigkeitsfremd strukturiert (also quasi 'überdeterminiert') wird.

• *Problematisierung bestehender Orientierungen:* Unterricht muss durch spezifische Kommunikationsangebote Bedürfnisse wecken und stimulieren, die den je etablierten Stand 'subjektiver' Weltbegegnung der Lernenden als erweiterungsbedürftig erfahrbar machen. Dazu muss er die Zufälligkeiten der biografisch bereits durchlaufenen Lernsituationen (soziale Herkunft, lebensweltliche Umstände etc.), die Willkürlichkeiten nicht-pädagogischer Einflussfaktoren (peer-groups, Medien etc.) und die Borniertheiten individueller Dispositionen (Gewohnheiten, etablierte Sichtweisen etc.) mit der Perspektive der Problematisierung, Erweiterung, Abwandlung etc. in Frage stellen. Frigga Haug hat - unter Bezugnahme auf kritisch-psychologische Auffassungen - diesen Aspekt so beschrieben: "Einen Lernprozess organisieren heißt Erfahrungen in die Krise führen. Dafür benötigen die Schüler ihre Lehrer - diese organisieren Verunsicherung, damit das Sich-Einrichten vermieden werden kann. Sie zerstören die friedliche Koexistenz widersprüchlicher Erfahrungen in den harmonisierenden Bemühungen der Schüler. Sie richten Erfahrung gegen Erfahrung."[296] (1981/73) Beispiele dafür wären vielfältige und anregungsreiche Umgebungen, die Konfrontation mit gesellschaftlich relevanten Fragestellungen sowie das argumentative Stellen aller Arten von rationalen Geltungsansprüchen als Provokationen gegenüber homöostatischen Tendenzen der sich entwickelnden Weltorientierung.

Aus systemtheoretischer Sicht ließe sich hier wieder ein funktionales Analogon formulieren. Dieses beschriebe etwa die Auslösung von 'technischen' Veränderungen, die systemintern das Ausformen neuer Organisationsprinzipien und die Etablierung neuer struktureller Koppelungen an modifizierte Umweltgegebenheiten funktional begünstigen. Vielfach wird die Eingabe solcher Veränderungen als 'Irritation etablierter Systemprozesse' etikettiert. Diese gebräuchliche Redeweise ist jedoch nur sinnvoll, sofern alle Konnotationen des Begriffes 'Irritation' in Richtung auf die 'Verfremdung' *subjektiver Bedeutungen* ausgeschlossen werden. Vorstellbar wäre hingegen die funktionale Blockierung oder Erschwerung von 'automatisierten' operativen Sequenzen des Denkens und Handelns, die ggf. auch ganz ohne reflexive Bearbeitung zu einer Rekonfigurierung (von Teilen) des Systemprozesses führen kann.

• *Bereitstellung problemlösungsadäquaten Wissens.* Unterricht muss drittens Möglichkeiten der Aneignung von 'subjektiven' Zugängen zu historisch akkumulierten gesellschaftlichen Erfahrungen schaffen. Dies kann er nur leisten, indem er nachvollziehbar werden lässt, dass Wissen als sinnvolle Lösung von Problemstellungen entwickelt wurde und als solche wieder eingesetzt werden kann. Dazu muss dieses Wissen problembezogen abrufbar zur Verfügung gehalten (und nicht - wie im herkömmlichen Unterricht häufig - problemferne aufgedrängt) werden, um zu ermöglichen, dass die Lernenden im Zuge der selbsttätigen Entfaltung ihrer Lernambitionen selbständig auf es zugreifen und es als Mittel zur Bewältigung der dabei entstehenden Lernproblematiken einsetzen können. Eine besondere Bedeutung hat in diesem Kontext die Aneignung kategorialen Wissens (etwa i.S.v. Klafki 1991d/144), das geeignet ist, die allgemeinen Strukturen bestimmter Gegenstandsbereiche aufzuschließen sowie die Aneignung von Wissen über den Erwerb von Wissen ('Lernen über Lernen').

In systemtheoretischer Sicht könnte hier etwa die Schaffung von 'technischen' Möglichkeiten des 'Ankoppelns' in den Vordergrund rücken, diesmal allerdings fokussiert auf die externen Bedingungen, v.a. auf in die Handlungssysteme importierbare Muster von Strukturen/Prozessen (als 'objektive' Dimension der Bestände des gesellschaftlichen Erfahrungsspeichers). Die Aufgabe besteht hier darin, die informationale Systemumwelt der 'Lernsysteme' so zu gestalten, dass Anschlussbildungen funktional möglich sind. Um eine (inhaltlich gesehen) möglichst breite und vielfältige Anregung auch tatsächlich zu realisieren und weiterführende Entwicklungen zu ermöglichen, ist es zunächst sinnvoll, möglichst viele faktische Anschlussmöglichkeiten zu schaffen. Dabei ist jedoch zu berücksichtigen, dass eine allzu komplexe, dichte oder schnell wechselnde Folge von Eindrücken zu einer operativen Überforderung führen kann und sich als Folge nur mehr 'Rauschen' einstellt (vgl. Scheunpflug 1998/178f).

Die drei Funktionsbestimmungen einer didaktischen Handlungssituation und entwicklungsoffenen Systemkonfiguration lassen sich zusammenfassend in folgender Übersicht darstellen:

Dimensionen	Handlungstheoretische Interpretation der intentionalen Ebene	Systemtheoretische Interpretation der operativen Ebene
Entfaltungsraum sichern	Situation kommunikativ an Bedürfnisse adaptieren ⇨ Lernbereitschaft ermöglichen	Allgemeine Komplexität der Systemumwelt reduzieren ⇨ Verarbeitungskapazität freisetzen
Entwicklungen anregen	Vorhandene Deutungsmuster in Frage stellen ⇨ Problembewusstsein provozieren	Etablierte Systemprozesse technisch irritieren ⇨ Strukturfortschreibung erschweren
Erfahrungen bereitstellen	Wissen argumentativ / Können explikativ vorführen ⇨ Lösungsmöglichkeiten anbieten	Anschlussfähige Informationsbestände in der Systemumwelt deponieren ⇨ Musterimport ermöglichen

Abb. 22: Funktionsbestimmungen einer didaktischen Handlungssituation aus unterschiedlichen Theorieperspektiven interpretiert

Ungeachtet aller weiteren notwendigen Differenzierungen dieser Ausgangsbestimmungen lässt sich hier bereits erkennen, dass und warum Unterrichtshandlungen nicht auf vorweg feststehende sondern auf in zentralen Aspekten unbestimmte und 'interaktionsoffene' Ziele orientiert sein müssen. Als fixes Ziel lässt sich lediglich die möglichst weitgehende Verfügung über die Grundlagen der Entfaltung von Subjektivität formulieren.

Alle Pädagogik ist der Aufgabe verpflichtet, sich selbst überflüssig zu machen. Diese Aufgabe impliziert die perspektivische Übertragung der in den sechs Funktionsbestimmungen umrissenen Lern-Unterstützungsleistungen *an die Lernenden selbst.* Es kann dort als erreicht gelten, wo lernende Individuen in der Lage sind, sich gemäß ihren sich jeweils einstellenden Entwicklungsbedürfnissen individuelle und kollektive Lernprozesse zu organisieren und sich dabei die notwendigen Entfaltungsräume herzustellen, bisherige Gegebenheiten angemessen zu relativieren und von sich aus auf gesellschaftliche Erfahrungsbestände zuzugreifen[297].

Die Übernahme der Verantwortung für die zuvor pädagogisch erbrachten Unterstützungsleistungen durch die Lernenden selbst setzt voraus, dass die äußeren und inneren Lern*bedingungen* und ihre mögliche Modifizierbarkeit zum Gegenstand der bewussten Analyse und Kontrolle gemacht werden. Dulisch hat "das metakognitive Wissen des Lerners über die Funktionsweise des menschlichen Gedächtnisses, über die Besonderheiten des eigenen Gedächtnisses und über die situations- und aufgabenspezifische Effizienz bestimmter Lernstrategien und -taktiken" als Grundlage für die "antizipativen Kontrollprozesse", die eine reflektierte Handhabung des eigenen Lernens strukturieren, hervorgehoben. (Dulisch 1986/240) Ein solches explizites 'Lernen über Lernen' wäre im Sinne meiner Darstellung zunächst wieder auf jene Einstellung verwiesen, die ich als 'handlungstheoretisch' diskutiert habe, es wäre sinnvollerweise jedoch zu erweitern um die Untersuchung der externen und internen systemischen Voraussetzungen und Implikationen des Lernens, wie sie u.a. durch systemtheoretische Theoriekonzepte geordnet und dem Denken und der (Selbst-)Beobachtung in der Perspektive 'dritter Person' zugänglich gemacht werden können.

Anmerkungen

1 Da ich einerseits das Anliegen unterstützenswert finde, entgegen den überkommenen grammatischen Traditionen den jeweils weiblichen Anteil an sprachlich bezeichneten Personengruppen sichtbar zu machen, mir aber andererseits keine dazu geeignete Formulierungsstrategie bekannt ist, die nicht Raubbau an Sinn und Stil betreibt, nehme ich Zuflucht zu einem Kompromiss: Ich wechsle fallweise männliche und weibliche Endungen ab und führe fallweise beide Formen an.

2 Dazu habe ich unter Bezugnahme auf einige methodologischen Fragen empirischer Forschung in Hackl 1994c/61ff ausführlicher Stellung genommen.

3 Vgl. etwa Popper 1959, Adorno 1962, Wellmer 1969, Habermas 1970, Habermas/ Luhmann 1971

4 Zum ideengeschichtlichen Verhältnis zwischen Behaviourismus und Systemtheorie vgl. etwa Hörmann 1994, im Kontext pädagogischer Fragstellungen auch: Blankertz 1969/56ff.

5 Gegenüber meiner Formulierung, subjektive Handlungsgründe seinen die "realen Ursachen menschlichen Handelns" (etwa 1994c/95) sind mehrfach Bedenken geäußert worden. Ich bin mir dessen bewusst, dass man auch gute Argumente gegen eine solche Formulierung ins Treffen führen kann. Ohne dies hier im Detail zu erörtern, möchte ich sie (vorbehaltlich der im vorliegenden Text vorzunehmenden Differenzierungen) in einem spezifischen sprachlichen Sinn rechtfertigen: Der Begriff Ursache soll an dieser Stelle nicht bedeuten: alleiniges Determinans. Vielmehr soll hier als 'Ur-Sache' qualifiziert werden, was das Auslösende eines Vorganges darstellt. Und ohne Gründe käme es zu keinem als Handlung beschreibbaren Vorgang. Dass dessen ungeachtet mannigfache weitere Einflüsse auf diesen Vorgang festzustellen sind, die seine konkrete Erscheinungsform mitbedingen, ist etwas, das erst auf jener Grundlage überhaupt existent wird und dem daher nicht in gleicher Weise Ur-Sächlichkeit zugeschrieben werden kann. Einer solchen Sichtweise scheint auch Anthony Giddens nicht abgeneigt: "Gründe sind Ursachen von Aktivitäten, die das Individuum als immanente Eigenschaft eines Handelnden 'geschehen macht'." (1988/403)

6 Da von der Kritischen Psychologie, an die ich verschiedentlich anschließen möchte, der Begriff der 'subjektiven Funktionalität' von Entscheidungen und Handlungen eingeführt wurde, kann ich auch den gebräuchlichen Terminus 'funktional' nicht mehr eindeutig zur Charakterisierung der Logik von Ereignissen vom 'Drittstandpunkt' aus verwenden.

7 Da der Begriff 'technisch' auch zu missverständlichen Auslegungen Anlass geben könnte und um den Umstand seiner metaphorischen Verwendung präsent zu halten, werde ich ihn in weiterer Folge immer zwischen Anführungszeichen setzen.

8 So verwendet Habermas etwa schon andere Begriffe zur Bezeichnung seines Ansatzes, als die Kritische Psychologie: Seine Bezeichnungen 'Kommunikationstheorie' und 'Handlungstheorie' stecken ein Terrain ab, das sich vielfältig mit jenem der kritisch-psychologischen 'Subjekttheorie' überschneidet. Diese ist aber nicht gleichzusetzen mit der (älteren) 'Subjektphilosophie' i.S.v. Habermas. Zu dieser Problematik vgl. etwa Habermas 1985a+b, wo dieser Umrisse seiner Vorstellung einer 'Überwindung der Subjektphilosophie' vorstellt oder Braun 1992, wo dieser versucht, die Position Habermas' 'subjekttheoretisch' (im Sinne der Kritischen Psychologie) zu reinterpretieren.

9 Vgl. etwa die Darstellung der historischen Herausbildung des Subjektbegriffs unter dem Aspekt ihrer selbstwidersprüchlichen technokratischen Implikationen bei Adam (1988/120ff).

10 Diesen 'Geburtsakt' des Menschen hat Stanley Kubrick in den Eröffnungsszenen seines Filmes '2001 - Odyssee im Weltraum' in ästhetisch eindrucksvoller Weise interpretiert: Ein Hominide schlägt immer wieder mit einem gefundenen Knochen auf einen Haufen anderer Knochen und beobachtet fasziniert die Wirkung seiner Aktion.

11 Damit haben sich drei Mechanismen der Speicherung von 'Erfahrung' im entwicklungsgeschichtlichen Prozess etabliert: 1. 'Erfahrungs'-Kumulation durch evolutionäre Differenzierung der genetischen Ausstattung (über den Mutations-Selektions-Mechanismus), 2. 'Erfahrungs'-

Kumulation durch biografische Differenzierung der modifizierbaren Verhaltensgrundlage (über Lernprozesse), 3. 'Erfahrungs'-Kumulation durch historische Differenzierung des kulturellen Wissensreservoirs (über die Vergegenständlichung individueller Erfahrungen)

12 Zur Diskussion um den Begriff der 'gesellschaftlichen Natur des Menschen' vgl. die Auseinandersetzung Ute Osterkamps mit den Auffassungen von Konrad Lorenz (Osterkamp 1975/ bes. 63ff u. 339ff) und Lucien Seve (Osterkamp 1976/150ff).

13 Vgl. dazu auch die Argumentationen von Habermas, wie ich sie in 1.1.b.I+II und 1.3.b.I darstelle und jene von Giddens und Joas in 1.3.a.III, in welchen diese Auffassung in unterschiedlichen Aspekten weiter entfaltet wird.

14 Insofern steht Holzkamp eindeutig in der Tradition des von Jürgen Habermas kritisierten 'Produktionsparadigmas', das wiederum Hans Joas auch als 'Praxisphilosophie' (unter welche er auch Anthony Giddens und seine eigenen Bemühungen einreiht) bezeichnet und gegen die Habermassche Kritik (wenn auch nicht in allen Aspekten) verteidigt. Damit sind die im folgenden dargestellten Protagonisten der Handlungstheorie ansatzweise verortet. Die Diskussion ist jedoch in ihren allgemein-philosophischen Weiterungen für mein Untersuchunganliegen nicht von zentraler Bedeutung und ich verweise daher lediglich auf einschlägige Diskussionsbeiträge, etwa: Habermas 1985c, Joas 1996/128ff, Holzkamp 1973/107ff. Siehe dazu auch die nächsten Kapitel.

15 Bei der Jäger-Treiber-Koordination versucht der 'Treiber' nicht, die Jagdbeute selbst zu erlegen, sondern treibt sie von sich weg und zu den 'Jägern' hin. (vgl. auch Leontjew 1973/203ff)

16 Eine Art indirekter 'Übersicht' über die Grundbestimmungen seines Handlungsbegriffes liefert Holzkamp bei der Darstellung der Grundbestimmungen der menschlichen Ontogenese, die er als logisch angeordnete individuelle Aneignung und Ausdifferenzierung von Dimensionen entfalteter menschlicher Handlungsfähigkeit rekonstruiert. (1983/417ff)

17 Dieses 'Herstellen' hat natürlich einen je nach individueller Biografie unterschiedlichen Stellenwert. Aber auch für Menschen, die in ihrem Leben keine 'Hersteller' im engeren Sinne sind, veranschlagt Holzkamp ein zumindest exemplarisches 'Herstellen' bereits in frühen Phasen der ontogenetischen Entwicklung. (vgl. etwa 1983/450ff)

18 Die zentrale Bedeutung der menschlichen Existenzreproduktion für die genetische Rekonstruktion der Bestimmungsmomente des Handelns zieht sich durch alle Begriffsbestimmungen. So auch durch die Bestimmung des 'verallgemeinerten Anderen', den Holzkamp nur terminolgisch, nicht aber inhaltlich in die Nähe von George Herbert Mead rücken möchte, da dieser von ebendiesen materiellen Existenznotwendigkeiten völlig abstrahiere. (1983/292, Fn. 2)

19 Wenngleich im Zeitalter von cyber-sex und sexueller Befriedigung im Kontext virtueller sexueller Realitäten möglicherweise neu zu erörtern.

20 Ganz im Sinne der Unterscheidung von 'produktiven' und 'sinnlich-vitalen' Bedürfnissen begründet Heydorn die 'Askese', die der Bildungsprozess dem Einzelnen abfordert, in der knappen Sentenz: "Lust wird verschenkt, Glück nicht." (1972/176)

21 Selbstverständlich sind mit dieser Kategorisierung noch keine 'konkreten' Bedürfnisse gemeint, die sich erst in der Begegnung mit realen Objekten ontogenetisch herausbilden. In genau diesem Sinne kann Leontjew etwa sagen: "Vor seiner ersten Befriedigung 'kennt' das Bedürfnis seinen Gegenstand nicht, er muss erst noch entdeckt werden." (1977/181)

22 Habermas verwendet hierfür den Begriff der 'Lebenswelt' (s.u.)

23 Eine solche lässt sich allerdings nur in einem abstrakt-analytischen Sinne identifizieren. Klaus Holzkamp hat in diesem Zusammenhang immer wieder darauf hingewiesen, dass sich das Begriffspaar restriktive/verallgemeinerte Handlungsfähigkeit nicht dazu eigne, empirisch eingenommene Haltungen (und damit vielleicht sogar noch die betroffenen Subjekte selbst) als restriktiv bzw. verallgemeinert zu klassifizieren, sondern nur dazu, die interne Widersprüchlichkeit solcher Haltungen erschließbar zu machen.

24 Insofern lassen sich diese Bestimmungen auch vom Leser unmittelbar aus der je eigenen 'Lebenserfahrung' auf ihre Plausibilität hin nachprüfen, worauf Holzkamp mehrfach hinweist.

25 Luhmann hat gegen die Auffassung vom Denken als 'inneres Reden' unter Berufung auf Husserl eingewandt, dass "'innere Rede' Zeichengebrauch erfordern würde und das sich selbst präsente Bewusstsein darauf gerade nicht angewiesen ist." (Luhmann 1984/367f, Fn. 33) Festzuhalten wäre dazu zunächst, dass es hier nicht um ein permanentes handlungsbegleitendes 'Reden' (unter Verwendung von Begriffen) geht, sondern um das Prinzip der inneren (Re-)Konstruktion von rationalen Begründungen als argumentationsförmiges Abwägen von Geltungsansprüchen in Entscheidungssituationen. Dazu sind tatsächlich symbolische (wenn auch nicht unbedingt sprachliche) Repräsentationen notwendig (vgl. dazu auch Kap. 1.3.c). Wollte man, der Einwendung Luhmanns folgend, die sprech-analoge (wenn auch vielleicht spezifisch 'verkürzte') Verwendung solcher Repräsentationen im Denken tatsächlich generell bestreiten, bliebe diesem nur noch spontanes Reagieren, Halluzinieren oder geistesabwesendes Dösen.

26 Vgl. auch Habermas 1981b/163: "Der utopische Entwurf einer idealen Kommunikationsgemeinschaft führt in die Irre, wenn man ihn als Anleitung zu einer Philosophie der Geschichte missversteht und den begrenzten methodischen Stellenwert, den er sinnvollerweise nur haben kann, verkennt. Die Konstruktion des unbegrenzten und unverzerrten Diskurses kann man den uns bekannten modernen Gesellschaften allenfalls als eine Folie mit der Absicht unterlegen, undeutliche Entwicklungstendenzen in grelleren Konturen hervortreten zu lassen."

27 Aus handlungstheoretischer Sicht ergibt sich Verhalten auf vormenschlichem Niveau in einem Prozess der funktionalen Selektion als Folgeerscheinung vorangegangener Konstellationen quasi 'von selbst', während menschliches Handeln durch bewusste antizipatorisch reflektierte Entscheidungen auf der Basis von subjektiven Gründen vollzogen wird. Ersteres lässt sich nach der Logik einer 'Wenn ... (Ausgangsereignis), dann ... (Folgeereignis)' -Relation beschreiben, letzteres hingegen muss als 'Um ... (Ziel) zu erreichen, tue ich ... (Hinführungshandlung)' -Relation gefasst werden. Damit ergeben sich zwei unterscheidbare für das Zustandekommen von Verhaltensereignissen konstitutive Logiken, deren letztere nur dem dargestellten 'verstehenden' Standpunkt zugänglich ist.

28 Die Darstellung lässt auch deutlich erkennen, dass es sich beim 'Verstehen' keineswegs um eine nicht näher begrifflich fassbare 'Einfühlung' in eine andere Person handelt. Darauf werde ich in Kap. 2.1.c ausführlich zurückkommen.

29 Allerdings können die gewöhnlich in Bewegungen und Operationen vollzogenen Aktionen dann die Form von Handlungen annehmen, wenn von einem Subjekt intendiert wird, diese Aktionen gezielt vorzuführen oder zu erlernen oder zu üben.

30 Habermas hat in späteren Ausführungen (etwa 1991/137ff) zwischen 'Begründungsdiskursen' und 'Anwendungsdiskursen' unterschieden. Erstere hätten demnach die Aufgabe, allgemeine Richtlinien zu erörtern, in denen die verallgemeinerten Interessen aller möglicherweise Betroffenen berücksichtigt sind, letztere wären dafür zuständig, zu prüfen, inwieweit die Konsequenzen aus der Anwendung dieser Regel in Ansehung der (bei ihrer Formulierung noch nicht absehbaren) konkreten Anwendungssituation als angemessen zu beurteilen sind.

31 Ein Gedanke, der auch in den Konzeptionen Holzkamps und Habermas' stark verankert ist, etwa überall dort, wo herausgearbeitet wird, dass individuelle Handlungsfähigkeit die Aneignung gesellschaftlicher Bedeutungsstrukturen zwingend voraussetzt.

32 Vgl. 'instrumentelles Handeln' und 'soziales Handeln' i.S.v. Habermas (siehe Kap. 1.1.b.III)

33 Joas unterscheidet in diesem Argumentationszusammenhang nicht zwischen Zielen und Zwecken.

34 Diese Position nimmt (ohne dass beide einander rezipiert hätten) wesentliche Anliegen der Kritischen Psychologie und ihres Motivationskonzepts auf. So hat etwa Ute Osterkamp (1976/139ff) das Handlungsmodell Leontjews ausführlich in folgender Weise kritisiert: Leontjew sieht in Abweichung von den bereits dargestellten Konzepten ('Handlungen/Operationen', 'Handlungen/Operationen/Bewegungen') die Elemente Operationen, Handlungen und Tätigkeiten vor. Diese Konstruktion ermöglicht es, die Motive von den Handlungen zu den - diesen noch einmal übergeordneten - Tätigkeiten zu verschieben. Dadurch werden Handlungen mit Zielen verknüpfbar, ohne dass diese Ziele die Handlung selbst schon motivieren (müssen), da

die Motive den Tätigkeiten zugeordnet sind und es wären 'motivationslose' Handlungen die Basis der (motivierten) menschlichen Tätigkeiten. Osterkamp hält dem nun das Konzept der 'produktiven Bedürfnisse' entgegen und führt die Auffassung Leontjews auf eine ungenaue Verarbeitung biologischer Befunde und das daraus resultierende Fehlen einer adäquaten Auffassung von der 'gesellschaftlichen Natur des Menschen' zurück. I.b. kritisiert sie, dass Leontjew davon ausgeht, dass menschliche Handlungen bloß durch 'sinnlich-vitale' Bedürfnisse angeleitet werden, deren Befriedigung 'am Ende' der Handlungskette ('Tätigkeit' i.S.v. Leontjew) den 'Lohn' für die ihrerseits motivationslose Mühe ('Handlungen' i.S.v.Leontjew) darstellt. Sie hält dem entgegen, dass - wie in Kap. 1.1.a.III gezeigt - das Vollziehen der Handlungskette selbst 'produktive' Motivation auslösen kann, sofern sie der Verfügung des Handlungssubjekts untersteht. Die von Joas ins Treffen geführte Veränderbarkeit der Ziele wäre dann ein unmittelbarer Ausdruck 'produktiver' Motivation, denn diese modifiziert sich an den durch sie selbst hervorgerufenen Effekten in rekursiver Weise (und diese Modifikation schließt auch die Revision der Ziele selbst ein), wohingegen unveränderliche Ziele besser in ein Konzept nach dem Leontjewschen Muster integrierbar wären, da hier die rekursive Modifikation der Motivation die Ziele nicht tangiert.

35 Dies eine nicht näher ausgeführte Differenz zu Giddens, der dem praktischen Bewusstsein ja auch reflexive Qualität zuspricht.

36 Holzkamp trägt zu diesem Thema eine differenziert ausgearbeitete Studie über 'affinitives' Lernen bei. (vgl. etwa 1992/103f, 1993/324ff)

37 Indem Joas am Lachen und Weinen gerade den "Verlust an jener Distanz, die intentionales Handeln ermöglicht" (1996/250) herausstreicht, enthebt er es m.E. gerade dem Zusammenhang, als dessen besonderen Fall er es vorführen möchte. Es ist unter diesem Gesichtspunkt dann eben nicht mehr als 'Handeln' anzusehen. Überzeugender hätte ich gefunden, das intentionale Verhindern des aufsteigenden Lachens/Weinens zu betrachten. An diesem ließen sich wieder Züge einer dem intendierten Einschlafen analogen 'gebrochenen' Körperverfügung aufweisen.

38 Dabei spricht Joas unter Hinweis auf Merleau-Ponty und dessen Begriff der 'intercorporéité' auch das "über Haltung, Gebärde und Stimme geführte mütterliche Betreuungsverhalten, das dem Kind den Weg aus der ursprünglichen Undifferenziertheit in eine ich-hafte Weltbeziehung ermöglicht" (1996/264) an, ohne es jedoch weiter zu untersuchen. Vgl. dazu die Kategorie der 'ikonischen Begriffe' in Kap. 1.3.c

39 Diese Erklärung steht in Widerspruch zu der Annahme Holzkamps, dass die ontogenetische Ausbildung der Wahrnehmung fremder Subjektivität auf den genau umgekehrten Vorgang zurückgeht, dass nämlich das Kinde andere Personen als durch die vom Kind zunächst praktizierten 'gegenständlichen' Verfügungsversuche als nicht ausreichend beeinflussbar erkennt werden und aus diesem Grund die 'Intentionalität' seines Gegenübers realisiert. (1983/428ff)

40 Dies lässt sich m.E. besonders deutlich an Michel Foucault zeigen, auf den Giddens mehrfach verweist: Foucault beschreibt die inneren Ordnungsstrukturen von Institutionen als repressiv-disziplinierende Maßnahmen der Herrschaftssicherung. (vgl. 1975) Seine normativ aufgeladene Begrifflichkeit verweist ebenfalls wieder auf den Versuch, 'systemische' Vorgänge aus der subjektiven Perspektive der Betroffenheit von diesen Veränderungen zu erfassen. Dabei wäre genauer zu untersuchen, wie weit eine solche Kritik der Rückfrage nach den funktionalen Ermöglichungsbedingungen institutionell koordinierten Handelns standhalten könnte. Ich vermute - ohne dies hier belegen zu können - dass Foucault es verabsäumt, zwischen Erscheinungen der steigenden organisierten Komplexität aller gesellschaftlicher Vorgänge und ihren repressiven Zügen bzw. ihrer repressiven Indienstnahme zu unterscheiden. Damit scheint Foucault jede Anerkennung der funktionalen Notwendigkeiten abhanden zu kommen, ohne deren Berücksichtigung aber auch die emanzipatorischeste Organisationsform von Spitälern, Schulen etc. nicht denkbar ist.

41 Jürgen Oelkers argumentiert hier umgekehrt: Unter Verweis auf unterschiedliche handlungstheoretische Ansätze kommt er zu dem Ergebnis, dass gerade die Gründe nicht direkt auf

die Handlungen verweisen (1982/152ff). Dies scheint jedoch eher ein sprachliches Festlegungsproblem zu sein, als ein Dissens in der Sache selbst: Das Argument etwa, es wäre möglich, 'falsche' Gründe anzugeben, verweist darauf, das Oelkers unter 'Gründen' vorgebrachte Zusammenhänge zwischen Intentionen und Handlungen versteht, nicht aber tatsächlich handlungsrelevant gedachte. In diesem Sinne könnte Giddens daher gegen ihn darauf insistieren, dass die 'falschen' Gründe eben nicht die Gründe des Handelns seien. Vgl. dazu auch Schwemmer, der davon spricht, dass man sich über die eigenen Gründe auch täuschen könne. (1979/23ff)

42 Bzw. Operationen und Bewegungen i.S.v. Habermas

43 Aus der Sicht einer wissenschaftstheoretisch informierten Handlungstheorie spräche sogar sehr viel dafür, dies in jedem Falle zu tun.

44 Wie ich in Kap. 1.3 noch deutlich machen möchte, ist eine solche Erklärung keineswegs auszuschließen. Ich halte es lediglich für einen Fehler, sie an die Stelle der Freudschen Interpretation setzen zu wollen.

45 Ich vermute an dieser Stelle, dass sich wahrscheinlich auch Giddens diesen Behauptungen anschließen könnte. Meine Argumentation sollte lediglich aufweisen, dass (v.a.) Giddens das Thema nicht stringent genug durchkomponiert hat und daher Improvisationen begünstigt.

46 In welchem Ausmaß solche Beliebigkeiten denkbar sind, wird von den einzelnen Ansätzen unterschiedlich interpretiert. Generell neigen jüngere Positionen dazu, den Spielraum größer anzusetzen.

47 Als Beispiel zur Veranschaulichung: In der Kybernetik gilt als "Befehl eine Information, welche die Ausführung einer Aktion (oder eines Teilaktes) auslöst." (Couffignal o.J./29, Hvh. von mir) Damit ist der Begriff 'Befehl' - im Gegensatz zu seiner üblichen Verwendungsweise - streng technisch-operational bestimmt und aller normativen Konnotationen entledigt.

48 Im übrigen verweise ich auf die Übersichtsdarstellungen und ausführliche Diskussion bei Habermas 1979 und 1981b/295ff.

49 Eine Denkfigur, die immer wieder als Ausgangspunkt systemtheoretischen Theoretisierens herausgestrichen wird. So etwa auch bei Fritz B. Simon: Die modernen Wissenschaften "zeigen die Welt nicht als eine, irgendwann einmal geschaffene Maschine, die aus statischen Objekten zusammengebaut ist, sondern als einen Tanz sich dynamisch wandelnder und sich im Rahmen von Selbstorganisationsprozessen entwickelnder Ereignisse. Das große Rätsel, das die Natur aufgibt, ist die Entstehung, Aufrechterhaltung und Veränderung von Ordnung." (1993/40)

50 Das Anliegen ist allerdings plausibler als die Begründung: Man kann durchaus auch aus der Sicht subjektiv-intentionaler Kommunikation das von ihm ins Treffen geführte Ausbleiben eines (kommunikativen) Ereignisses als 'Information' interpretieren, nämlich als beabsichtigte Unterlassung einer expliziten kommunikativen Handlung (und dies bildet eben auch einen kommunikativen Akt mit 'Bedeutung').

51 Womit er genau das täte, worauf das Holzkampschen Diktum von der 'evolutionären Selbstaufhebung' des selbstregulativen Prinzips der zufälligen Variation und gerichteten 'Auslese' des funktional bestangepaßten Variationsergebnisses durch selektive Eliminierung ihrer weniger angepaßten 'Konkurrenten' (am Ende des Tier-Mensch-Übergangsfeldes) theoretisch abzielt. Bateson muss dies entgehen, da er diesen 'prinzipiellen' Veränderungssprung im phylogenetischen Entwicklungsprozess - systemtheoretisch - nur als bloße 'technische' Komplexitätssteigerung durch eine neu dazugekommene 'Systemebene' behandeln kann und die 'qualitativen' Auswirkungen dieser Veränderung ignorieren muss.

52 Es wäre reizvoll, der Frage nachzugehen, wieweit ein Großteil der Debatte pro und contra Konstruktivismus, auf welchen sich 'systemische' Positionen vielfach berufen, nicht auch als ein Aneinander-Vorbeireden auf kategorialer Ebene aufgeschlüsselt werden könnte. Analog zur hier vollzogenen Unterscheidung Geist-Regelkreis beziehen sich die unterschiedlichen Aussagen 'Ich erkenne die Wirklichkeit' und 'Ich konstruiere ein Bild von der Wirklichkeit' m.E. bloß auf jene unterschiedlichen logischen Referenzebenen, die ich meiner Unterschei-

dung von Handlungs- und Systemtheorie zugrundelege. Es bildet ja keinen Widerspruch, mittels eines (aus 'technischer' Sicht) konstruktiven Vorgangs die wesentlichen Eigenheiten der objektiven Welt so zu verarbeiten, dass eine erfolgreiche Orientierung in ihr möglich wird und genau dies dann (aus 'subjektiver' Sicht) als 'erkennen' zu bezeichnen. Zur Illustration hierfür zwei kurze Diskussionsbeiträge: "Offensichtlich stützt die Semantik Kind sich auf leicht erkennbare Besonderheiten dieser Wesen im Unterschied zu Erwachsenen. Ohne diesen Unterschied ... gäbe es keine Kinder. Kinder sind das Konstrukt einer Unterscheidung." (Luhmann 1991/24) Dagegen wendet Klaus Prange ein, "es gibt Kinder, sie sind kein Konstrukt einer Unterscheidung ... Es wäre ja auch seltsam und gar zu schön, wenn aus Zuschreibungen schon Sachverhalte entstehen könnten ... Man brauchte dann nur statt: 'Ich habe entsetzliche Zahnschmerzen' zu sagen: 'Sie sind ganz erträglich', und schon wäre der Schmerz vergangen." (1992/75) Mein Lösungsvorschlag: Die Operation der Ausgliederung der Bedeutungskonstellation 'Kind' in einem Wahrnehmungsfeld setzt (die) Operation(en) der verallgemeinernden Zusammenfassung von Unterscheidungen zu einem 'Konstrukt Kind' voraus. Insoferne kommt es (im Kopf der Menschen) ohne 'Konstrukt' zu keinem 'Kind'. Dies sagt jedoch absolut nichts darüber aus, ob der Bedeutungsinhalt 'Kind' eine angemessene Entsprechung in durch ihn bezeichneten Realphänomenen hat, die selbstverständlich völlig unbeeinflusst von der Konstruktionsbildung auf der operativen Ebene der Wahrnehmung bzw. des Denkens existieren oder nicht existieren. Insoferne gibt es (soferne dies der Fall ist) tatsächlich dieses Etwas, das wir als Kind bezeichnen und dieses Etwas ist natürlich kein 'Konstrukt einer Unterscheidung'.

53 Ähnlich pessimistisch etwa auch 1968/557ff, wo er das 'zwecksetzende' Denken des Menschen als beklagenswerte Fehlentwicklung darzustellt und eine recht defätistisch komponierte 'systemische Weisheit' propagiert.

54 Als Ergebnis dieser Arbeit entwickelt er die bekannte These von der 'double-bind'-Situation als pathogener Ausgangssituation für Schizophrenie.

55 Hier wie auch an weiteren Stellen wird deutlich, dass Miller/Galanter/Pribram in ihrer Argumentation einerseits mit zentralen Annahmen der bereits dargestellten systemtheoretischen Auffassungen übereinstimmen (hier etwa: 'Signal' und 'Etikett' bei Bateson), sie andererseits aber wesentlich konkreter aus ihrer einzelwissenschaftlichen Fragestellung heraus entwickeln und mit empirischen Befunden verknüpfen.

56 Eine Formulierung, die (wie auch schon Batesons Interpretation der Funktionsweise der Retina) bereits auf das Konzept der 'operativ geschlossenen Systeme' (siehe 1.2.c) verweist.

57 Was im Sinne Batesons Diktum vom 'Unterschied, der einen Unterschied macht' allerdings auch als 'Information' gelten kann.

58 Vgl. 'Code und Programm' in 1.2.c.II

59 Dies entspricht der Auffassung von der Aufhebung der primitiveren Formen in den höheren, wie sie etwa auch Holzkamp in seiner Evolutionsdarstellung vertritt. (vgl. etwa 1983/48ff) Überdies machen solche Verknüpfungen künstliche Imitationen natürlich entstandener Systeme von solchen selbst unterscheidbar: Ein höchstentwickelter Computer, der etwa bereits Lernprozesse 'laufen lassen' kann ('künstliche Intelligenz'), ist - im Gegensatz etwa zu einem Menschen - über den 'Schalter' mit einem höchst trivialen System verkoppelt, mittels dessen man ihn aus- und einschalten und absolut 'direktiv' steuern kann.

60 Auch bei diesem Beispiel ist wieder in Rechnung zu stellen, dass die von mir gewählte Benennung der konkreten Instanzen möglicherweise unzulässige Verkürzungen enthält. Mir geht es hier aber lediglich um die prinzipielle Logik der Sichtweise, die durch solche Konkretisierungen veranschaulicht werden soll.

61 Und wiederholt damit, und zwar aus zunächst plausiblen Gründen der Gewinnung einer zusätzlichen Sichtweise, in abgewandelter Form den Fehler Batesons, zwei Analyseperspektiven in einer zusammenzuschmelzen. Diesen Vorwurf muss man in ähnlicher Weise natürlich an alle funktionalistischen Theorien richten, die versuchen, die Inhalte psychischer, sozialer und historischer Entwicklungen aus funktionalen Gesichtspunkten zu erklären. Ich komme in Kap. 1.3 und 2.2 ausführlich darauf zurück.

62 Die Hackersche Auffassung entspricht hier dem generell am traditionellen marxistischen Denken kritisierbaren subjektverleugnenden 'Kurzschluss' zwischen gesellschaftlichem und individellem Sein. (Vgl. dazu etwa die Kritik Zdarzils an der Gleichsetzung des 'naturrechtlichen Postulats' der Willensfreiheit mit einer generellen Legitimation der Durchsetzung von 'Herrschaftsfreiheit', 1981/160) Diese theoretische Verkürzung wurde für die Kritische Psychologie (die sich ja auch auf marxistische Wurzeln bezieht) durch das bereits referierte Subjektivitäts-Konzept definitiv zurückgewiesen. Neben der bereits dargestellten Kritik Ute Osterkamps am (von Hacker bevorzugten, vgl. etwa 1986/72f) Handlungsmodell Leontjews nimmt auf diese Problemstellung etwa der programmatische Aufsatz 'Kritische Psychologie und phänomenologische Psychologie' explizit Bezug, in welchem der kritisch-psychologische Zugang u.a. dadurch charakterisiert wird, dass "hier nicht in irgendeiner Form objektive Zusammenhänge zwischen gesellschaftlichen und individuellen Lebensnotwendigkeiten als subjektive Erfahrungstatbestände hypostasiert werden", vielmehr diene die "gewonnene Begrifflichkeit ... dazu, vorfindliche Formen der Handlungsfähigkeit/ Befindlichkeit, so wie sie jeweils konkret in Erscheinung treten, daraufhin durchdringbar zu machen, wie sie unter den gegebenen gesellschaftlichen Lebensverhältnissen für das Indiviuum als subjektiv funktional erfahren werden können ..." (Holzkamp 1984/32, Hvh. entf.)

63 Genau an dieser 'Stelle' habe ich Giddens kritisiert. Hacker vervollständigt also im Grunde nur, wofür auch Giddens durch seine Abtrennung der Handlungen von den Motiven zumindest anfällig bleiben muss.

64 Selbstverständlich wären hier auch noch andere Traditionen zu nennen, v.a. Parsons, auf den sich Luhmann in vielfältiger Weise bezieht.

65 Damit ist hier selbstverständlich nicht mehr (bloß) die biologische Evolution gemeint, sondern (ebenso) etwa das 'Entstehen' von Handlungen und sozialen Konstellationen.

66 Luhmanns Bielefelder Kollege Helmut Willke hat sich v.a. als einer der Hauptinterpreten des umfangreichen Luhmannschen Werkes einen Namen gemacht. Wenn man davon absieht, dass er wesentlich weniger Wert auf eine - im Sinne der eigenen Theorie - stringente Argumentation legt, so haben seine Ausführungen dennoch oft den Vorzug größerer sprachlicher Eindeutigkeit. Aus diesem Grunde zitiere ich seine Aussagen hier und in der Folge auch als Belege für die Systemtheorie Luhmannscher Herkunft.

67 Insoferne stellt der Begriff der operationalen Geschlossenheit nur eine andere Formulierung für die System-Umwelt-Unterscheidung dar.

68 Ob dieser Vorschlag tragfähig, oder doch eher als vorschnelle Analogie zu werten ist, muss m.E. einer weiteren Diskussion vorbehalten bleiben. Kein Geringerer als Varela selbst insistiert etwa darauf, dass es sich bei einer solchen Übertragung um einen Kategorienfehler und eine Verwechslung von Autopoiese und Autonomie handle. (vgl. 1981/121ff)

69 Von der Konkurrenz wird durchaus kritisiert, dass Luhmann seine Auffassung von Sinn von einer vormals "inhaltlich bestimmten Sinnkonzeption" zu einem "inhaltsleeren Begriff" (Mühlfeld 1994/130ff) weiterentwickelt habe. Diese Aussage müsste im Sinne meiner Lesart jedoch nicht als Vorwurf genommen werden.

70 Eine Festlegung, die 'biologischen Sinn' (etwa i.S.v. Leontjew 1973/156) von 'subjektivem Sinn' noch nicht unterscheidbar macht. Vgl. dazu auch Kap. 1.1.b.I

71 Analog weiterzuführen: das Rechtssystem 'gerecht/ungerecht', das Wirtschaftssystem 'rentabel/unrentabel' etc.

72 Womit ich natürlich keinesfalls ausdrücken möchte, dass der binäre Code der Computertechnik ein direktes Modell der Funktionsweise des binären Codes psychischer oder sozialer Systeme abgibt.

73 Nicht zufällig trägt etwa eines seiner meistzitierten Referenzwerke den bezeichnenden Titel 'Laws of Form' (Spencer-Brown 1969)

74 Den wahren Theoretiker, schreibt Koyré, "schert der Einspruch des gemeinen Menschenverstands wenig. Stößt er auf eine 'Tatsache', die nicht in seine Theorie paßt, so leugnet er sie. Und wenn er sie nicht leugnen kann, erklärt er sie." (1943/37f) Luhmann wählt im Gegensatz

zu Bateson genau diese Variante. Besonders aufschlussreich dazu sind Textstellen, an denen er den Handlungsbegriff selbst von einem konsequenten Standpunkt 'dritter Person' aus diskutiert. (vgl. etwa Luhmann 1979/38f)

75 "So kann das Teilsystem sich durch die Voraussetzung entlastet fühlen, dass viele Erfordernisse der Gesamtreproduktion anderswo erfüllt werden." (1984/262)

76 Weitere näher ausgeführte Beispiele im Kontext der Erziehungsproblematik in Kap. 2.2.c

77 Ein besonders aufschlussreiches Beispiel (den Topos 'System als Akteur') diskutiere ich in Kapitel 1.3.d, weil ich dort erst jene Argumente entwickelt habe, die mir eine fundierte Auseinandersetzung mit diesem Beispiel möglich machen.

78 Und natürlich dem Erzieher. Vgl. etwa Luhmann 1987b/59ff

79 Nicht so etwa Selvini-Palazzoli, die den Paradoxiebegriff duchaus in 'kritischer' Absicht verwendet (paradigmatisch etwa 1975).

80 Willke übersieht vielfach, dass er sich außerhalb des systemtheoretischen Argumentationshorizonts begibt, etwa wenn er zur Rekonstruktion von Systemeigenschaften 'verstehende Methoden' empfiehlt (1994/90) oder seinem System "aufgrund eines verspürten Leidensdrucks" plötzlichen Veränderungswillen zuschreibt (1994/95). Manch 'systemischer' Praktiker baut derlei System-Re-Anthropomorphisierungen dann weiter aus und konstatiert dann "erwachsene psychische Systeme" (vgl. Fürstenau 1992/49), verlegt sich auf "Autopoiesis-Förderung" (ebd. 50) oder weiß davon zu berichten, dass "ein solches System mit einer Frage zum Berater kommt". (Hirsch 1990/86)

81 Genau diesen Vorwurf habe ich selbst an anderer Stelle gegenüber systemischen Auffassungen erhoben: "So plausibel dieses Denkmodell etwa evolutionäre oder biologische Vorgänge konzeptualisieren mag, so zweifelhaft sind die Ergebnisse seiner Übertragung auf menschliches Handeln. Reduziert man auch dieses auf den Vollzug von Adaptionsleistungen, verfällt es einer eigentümlichen autistischen Hilflosigkeit. Die dem gemeinsamen Handeln vorausgesetzte Kommunikation ist dann nicht mehr rationales Instrument der kooperativen Entfaltung und Koordination menschlicher Subjektivität und Bedürfnisse, sondern nur mehr blindes Funktionselement eines mechanischen Regelkreislaufs." (1994/132)

82 So etwa Horst Holzer explizit, wenn er der Systemtheorie vorwirft, dass sie "gleichermaßen inhaltsleer ... soziale Systeme formalistisch, ohne gegenständlichen Bezug in komplexitätsreduzierende 'Sinnsynthesen' umdeutet." (1982/85)

83 Aufschlussreich dazu etwa Berger (zit. bei Holzer 1982/66f), der die im Marxschen Denken angelegte Verknüpfung von 'handlungstheoretischen' und 'systemtheoretischen' Argumentationslinien herausgearbeitet hat.

84 Manche Rezipienten konstatieren ja bekanntlich einen Bruch des 'jungen' (subjekttheoretischen) mit dem 'alten' (stärker funktionalistischen) Marx, eine Deutung, die die biografische Hinwendung Marx' zur theoretischen Erfassung 'systemischer' Phänomene im Auge hat. Derlei Interpretationen übersehen jedoch vielfach, dass Marx in seinem Spätwerk nicht einfach die Analyseperspektive wechselt, sondern (und in diesem Zusammenhang für mein Untersuchungsanliegen durchaus 'vorbildlich'), subjektiv-inhaltliche und funktional-formale Dimensionen des gesellschaftlichen Seins der Menschen klar analytisch auseinanderhält. So etwa exemplarisch in seiner Analyse der Warenform als widersprüchlicher Einheit von Gebrauchswert und Tauschwert: "Die Ware ist zunächst ... ein Ding, das durch seine Eigenschaften menschliche Bedürfnisse irgendeiner Art befriedigt ... Die Nützlichkeit eines Dings macht es zum Gebrauchswert. ... Der Tauschwert erscheint zunächst als das quantitative Verhältnis, die Proportion, worin sich Gebrauchswerte einer Art gegen Gebrauchswerte eine anderen Art austauschen ... Als Gebrauchswerte sind die Waren vor allem verschiedner Qualität, als Tauschwerte können sie nur verschiedner Quantität sein, enthalten also kein Atom Gebrauchswert." (1867/49ff) Dennoch finden sich bei Marx auch Tendenzen jenes bereits kritisierten Versuchs, aus funktionalen Konstellationen inhaltliche Gesetzmäßigkeiten herzuleiten. (vgl. dazu auch den übernächsten Abschnitt und die dort referierte Funktionalismus-Kritik von Giddens und Joas, die sich ausdrücklich auch auf die funktionalistische Seite von Marx bezieht)

85 Insofern halte ich die herbe Klassifizierung als "Luhmann-Sekundärliteratur" (Reese-Schäfer/16), "in der nichts verstanden, aber alles widerlegt wird", für wesentlich überzogen.

86 Ich halte es für problematisch, diese Feststellung - wie immer wieder geschehen - als Antihumanismus zu kennzeichnen. Ein analoger Abstraktionsvorgang ist ja auch für den Subjektbegriff in Rechnung zu stellen: Wie der Mensch kein System ist, ist er auch kein Subjekt. Der Sinn eines solchen Abstraktionsschrittes tritt unverdächtiger zutage, wenn man ihn auf andere Erkenntnisobjekte umlegt: Was konstituiert zB. eine Fabrik? Die menschlichen Körper, die in ihr aktiv sind? Die Mauern des Gebäudes? Der rote Lack an den Fenstern? Die betonierte Auffahrt? Die 'Fabrik' wäre als theoretische Kategorie zweifellos ebenso unbrauchbar und zu ersetzten durch bzw. zu spezifizieren als spezifisch miteinander koordinierte Vorgänge der Organisation, des Gütereinlaufs, der Güterverarbeitung, des Güterabtransports, der Überwachung der Dienstzeiten, ferner der ökonomischen Planung, des Kapitaleinsatzes, des Marketing, der Konkurrenz mit anderen Einheiten der gleichen Branche etc. Erst solcherart 'abstrakte' Begriffe würden jenes Geschehen theoretisch durchdringbar machen, das man der Fabrik alltagssprachlich zuordnet.

87 Derlei Verwechslungen passieren auch zustimmenden Rezipienten. So etwa Oelkers/Tenorth, die in Anschluss an eine Darstellung des Maturanaschen Konzeption der homöostatischen Dynamik der Gleichgewichtserhaltung der Systeme folgende Schlussfolgerung ziehen: "Die pädagogische Einwirkung ... wäre demnach zu begreifen als 'Quelle [vom Erziehungsaddressaten, B.H.] zu kompensierender Deformation', als 'Störung' einer homöostatischen Organisation, die darauf unter Wahrung der existentiellen Grenzen eingestellt ist. Die harmlosen pädagogischen Modelle einer 'Hilfe zur Selbsthilfe' oder der 'Anreicherung' im Lehr-Lernprozess wären damit in Frage gestellt." (1987/39) Als wie 'harmlos' man eine Hilfe zur Selbsthilfe auch immer anlegen oder qualifizieren mag, dass sic - funktional gesehen - nicht über eine 'Deformation des Systemprozesses' und darauffolgender 'kompensierender' Reaktionen' zu bewerkstelligen wäre, ist in keiner Weise evident: Ob bzw. inwieweit ein Vorgang der technisch als Systemirritation beschreibbar ist, geeignet ist, eine Bedeutungskonstellation zu transportieren, die von ihrem Adressaten subjektiv als Hilfe zur Selbsthilfe erfahren wird, wäre erst einer eigenen Beweisführung bedürftig.

88 Ähnlich argumentiert Carl F. Graumann in Hinblick auf das Verhältnis phänomenologischer und experimenteller Analyse. (vgl. 1985/54ff)

89 Eine so fundamentalistische Haltung wird nicht von allen Vertretern der Kritischen Psychologie eingenommen. Siehe etwa Rainer Seidel 1994/122ff.

90 Ein Ausgangspunkt der m.E. missglückten Beweisführung scheint mir schon in der hier vorgenommenen Vorhaltung zu liegen: Selbstverständlich sagen kategoriale Konzepte nichts über 'tatsächliches' Handeln aus.

91 Eine solche Kritik würde von systemtheoretischer Seite übrigens in recht ähnlicher Weise formuliert werden.

92 Ein Begriff, der m.E. keinerlei Sinn ergibt, denn Gründe sind per se nicht 'regulatorisch', sondern 'inhaltlich', B.H.

93 Auch Jörg Ruhloff problematisiert, dass Geltungsfragen in der systemtheoretischen Betrachtung zu evolutionären Bewährungsproblemen trivialisiert würden. Dies werfe jedenfalls das Problem auf, dass ein solcher Zugang zu Wahrheit/Falschheit "nicht auf solche Argumente gestützt werden (könnte), die die Unterscheidung wahr/falsch geltend machen." (1996/67) Dies sei argumentativ nicht begründbar, da der Hervorbringungsmodus etwa einer Handlung die hervorgebrachte Handlung nicht definiere: "Man muss bereits die Frage, wie etwas gelingen bzw. 'sich bewähren' kann, von der Frage, was da gelingen kann oder sollte, abgekoppelt und der letzterenvorgeordnet haben, um das Bewährungsprinzip als das letztlich ausschlaggebende Maß anerkennen zukönnen. Der Beweis für die objektive Präferenz der (operativen) Wie-Frage vor der Was-Frage bestünde darin, zu zeigen, dass die Kategorie, 'was' (etwas sei), restlos aus der Kategorie, 'wie' (etwas möglich und zu konstruieren sei), hergeleitet werden könne." (1996/67) Dies sei aber nicht begründbar. Vielmehr sei jede Wie-Frage logisch gleichrangig

mit einer Was-Frage verbunden, ihr aber keineswegs vorgeordnet. Welch skurrile Ergebnisse die Vermischung von Geltungs- und Bewährungsfragen zeitigen kann, führt etwa Giddens am Beispiel Parsons' vor, der u.a. zu dem 'evolutionstheoretischen' Ergebnis gekommen ist, dass die (zu seiner Zeit) gegenwärtige Gesellschaft der USA die Spitze der evolutionären Entwicklung der Menschheit repräsentiere. (vgl. Giddens 1984/328)

94 Zweifellos entstehen auch menschliche Handlungsweisen im Rahmen einer 'Evolution', die sich eines Variations-Selektions-Verfahrens bedient. Der Unterschied zur biologischen (oder einer analogen technisch installierten) Evolution besteht aber darin, dass der Selektionsvorgang nicht 'von selbst' als 'naturförmiger' Ausscheidungsprozess (analog dem 'Aussterben' einer zu wenig umweltangemessen ausgestatteten Spezies oder dem Nicht-Stattfinden eines technisch unmöglichen Ereignisses) vor sich geht, sondern auf der Grundlage einer nach subjektiven Präferenzen vollzogenen prinzipiell rational begründeten Bewertung der 'Umweltangemessenheit' der Handlungen. Vgl. dazu auch die Ausführungen Holzkamps über den Entfall der Voraussetzungen 'funktionaler' Verhaltenserklärung an der Schwelle zur evolutionären Menschwerdung am Ende des Tier-Mensch-Übergangsfeldes. (Kap. 1.a.I)

95 Analog argumentiert Holzkamp: Die Kritik, die er an der Verwendung der Computer-Metapher in psychologischen Zusammenhängen übt, läuft auf die Zurückweisung einer 'funktionalen' Konzeptualisierung des gesamten Handelns und auf eine Gegenüberstellung von subjektiven und systemischen Steuerungsprinzipien hinaus: "Wenn nun aber der Computer als Modell menschlicher Kognitionsprozesse verwendet wird, so ergibt sich daraus die naheliegende ... Tendenz, auch den Anwender des Computers in Termini des 'Systems' zu modellieren. Damit geht aber sein Platz außerhalb des Systems verloren und das System wird so quasi zum 'Subjekt' seiner eigenen Anwendung. Anders Sofern hier das individuelle Subjekt so betrachtet wird, als ob es ein Computer sei, kann es nicht gleichzeitig als Benutzer, Programmierer, Hersteller des Computers abgebildet werden." (Holzkamp 1993/135)

96 Diese Idee verfolgt ja grundsätzlich auch Giddens mit seinem Postulat von der 'Beschränkung und Ermöglichung durch Struktur'.

97 Diese Lesart scheint Joas nicht prinzipiell ausschließen zu wollen, wenn er etwa feststellt: "Funktionalistische Sätze gelten für die Kritiker als zulässig nur im Sinn kontrafaktischer Aussagen über notwendige Bedingungen für mögliche Folgen." (1996/307) Umgekehrt deuten auch manche systemtheoretische Beiträge eine ähnliche Begrenzung der Geltungsansprüche an: "Aus systemtheoretischer Sicht können die unverwechselbaren physischen und psychischen Eigenheiten des Menschen als charakteristische Merkmale der Umwelt von Erkenntnis-, Interaktions- oder Kommunikationssystemen betrachtet werden, die ihre Entwicklungsmöglichkeiten einschränken. Sie bestimmen, welche Form der Erkenntnis, Interaktion und Kommunikation nicht möglich ist, nicht jedoch, welche Form Wirklichkeit wird." (Simon 1990/74)

98 Als weiteren 'systemischen' Mechanismus identifiziert Habermas dann die Sphäre politischer Macht. (vgl. Habermas 1979)

99 Diese Überlegung korreliert mit dem dargestellten Begriff der 'produktiven Bedürfnisse' (1.1.a.III)

100 Natürlich immer im Sinne der in 1.1.b.II dargestellten Spezifizierungen.

101 Dies hat auch methodologische Konsequenzen: Die unterschiedlichen Mechanismen bedürfen unterschiedlicher methodischer Zugänge (vgl. dazu ausführlicher Habermas 1970, 1981a/152ff).

102 Insofern scheint mir die Ansicht Joas', auch Habermas sei einem 'essentialistichen' Systembegriff verpflichtet (1996/320), nicht wirklich plausibel.

103 Rudimente eines solchen 'Blicks über den Zaun' lassen sich m.E. fallweise auch bei Luhman finden. In einem von mehreren möglichen Beispielen führt dieser etwa "den Standpunkt eines Beobachters" ein, "der sich über das System informieren möchte" (1988b/174), der also offensichtlich als interessierter Betroffener agiert, und entwickelt aus diesem Standpunkt Begriffe wie 'Redundanz' oder 'Varietät', letzteres als "Verschiedenartigkeit der Entscheidungen" (ebd.), ein Phänomen das aus funktionaler Sicht nur schwer kategorisierbar sein kann: Ob et-

was 'verschiedenartig' ist, impliziert ja ein Kriterium, das nur aus einem subjektiv eingenommenen Standpunkt entwickelbar ist. (Etwas kann nur 'in Hinblick auf ...' verschiedenartig sein.) Der Zweck der solcherart gewonnenen Begriffe liegt denn auch in ihrer 'Anwendung' in der Handlungsperspektive: So kann Luhmann etwa davon ausgehen, "dass Entscheidungsarbeit im System dazu tendieren wird, ... die Redundanz des Systems zu erhöhen. Man gewinnt dadurch eine bessere Übersicht über das, was im System (noch) möglich ist." (ebd., Hvh. verändert)

104 Etwa im Bereich der Jungenaufzucht, des 'sozialen Komfortverhaltens' oder des 'Jäger-Treiber-Verhaltens bei höheren Primaten. (vgl. Holzkamp-Osterkamp 198ff)

105 Etwa der 'Warnruf' bei 'Flüchtern', der den Warnenden einem höheren Tötungsrisiko aussetzt als die Gewarnten.

106 Dies der Grund für die von Durkheim aufgezeigte Notwendigkeit einer normativen Integration.

107 Eine Auffassung, die durch das dargestellte Bedürfniskonzept der Kritischen Psychologie erleichtert wird.

108 Und dies ganz in Übereinstimmung mit der Giddensschen Auffassung von Struktur als Ermöglichung von Subjektivität, die ja auch 'bewusst' praktiziert werden kann.

109 In anderem Zusammenhang arbeitet Habermas die Ansicht aus, dass die gesellschaftlich institutionalisierte Einrichtung von Gesetzen und die auf sie bezugnehmende Rechtssprechung (mindestens unter demokratischen Vorzeichen) von einer entsprechenden diskursiven Konsensbildung abhängig bleibt. (1992)

110 Auf diese Implikation weist etwa Giddens ausdrücklich hin. (vgl. z.B. 1984/231)

111 Ich habe bisher unterschiedliche Verwendungsweisen des Begriffes 'Operationen' referiert. Ab nun werde ich mich nur mehr der Unterscheidung von Handlungen (als Inbegriff der gesellschaftlich vermittelten intentionalen Orientierung des Aktivitätsvollzugs) und Operationen (als Inbegriff der individuell-regulatorisch vermittelten Durchführung des Aktivitätsvollzugs) bedienen, da mir dies als die am ehesten 'kompatible' Begriffszuordnung erscheint: Sie subsumiert die 'Bewegungen' (i.S.v. Habermas) unter den Begriff der 'Operationen'.

112 Darin eingeschlossen: das Weiterentwickeln in Richtung auf die Kreation 'neuer' Bedeutungen.

113 Bense bezeichnet Zeichen als 'Metaobjekte', also 'Objekte über Objekte'. Vgl. dazu auch die weiteren Hinweise auf die formal-funktionale Seite von kommunikativen 'Bedeutungen' in Kap. 1.2

114 Giddens hat in diesem Zusammenhang bekanntlich von praktischem Bewusstsein gesprochen. Diese Formulierung bringt jedoch uneindeutige Implikationen mit sich, da Bewusstsein eine Distanz impliziert, die hier gerade nicht vorliegt. Ich werde daher im weiteren von unterschiedlichen Prozesstypen des Denkens oder Funktionstypen des Denkens sprechen. Gemeint ist damit jeweils das Denken in symbolischen oder praktischen Verallgemeinerungen.

115 Die hier entwickelten Bestimmungen dürfen selbstredend auch mit Blick auf das in der Vorbemerkung angesprochene Theorie-Praxis-Verhältnis gelesen werden: Wissenschaftliches Denken kann nichts anderes bilden, als eine elaborierte und spezialisierte Ausprägung des Denkens in theoretischen Begriffen. Daraus lässt sich einerseits der spezifische Charakter sowohl der Aufeinander-Bezogenheit als auch der Distanz zwischen (wissenschaftlicher) Theorie und (gesellschaftlicher) Praxis erklären, andererseits aber auch - bei aller unabweisbaren Differenzierung - die genetische und strukturelle Verwandtheit von wissenschaftlicher und handlungsbezogener Reflexion. Allerdings ist zu beachten: 'Synthetisieren' bzw. 'umsetzbar machen' (in obigem Satz) ist hier in der Perspektive erster Person formuliert und bedeutet selbstverständlich nicht, dass die diskursiven Prozesse - aus der Sicht eines äußeren Beobachters - gleichsam in praktische 'umgebaut' oder 'umgegossen' werden könnten. Dazu genauer weiter unten 1.3.c.II und III, vgl. auch 2.3.a.III

116 Holzkamp hat diese Widerständigkeit aus der Subjektperspektive am Beispiel des Lernens unter dem Begriff der 'körperlichen Situiertheit' (vgl. 1995/253) ausführlich diskutiert und theoretisch aufschlussreich dargestellt. Gleichzeitig lässt sich an diesem Beispiel wieder ablesen,

dass einem konsequent durchgehaltenen Standpunkt erster Person die 'objektiven' strukturellen Eigenheiten psychischer/sozialer Phänomene nicht zugänglich sind.

117 Insofern ebnet Bateson den Unterschied zwischen der 'reflexiven' Mitteilung des Kunstwerkes und der 'unmittelbaren' des Tieres ein, wenn er sich der Formulierung bedient, "dass die Charakteristika des Primärprozesses, wie sie oben beschrieben wurden, die unausweichlichen Charakteristika jedes Kommunikationssystems sind, die ausschließlich bildliche Kommunikation verwenden müssen. Dieselbe Einschränkung ist auch charakteristisch für den Künstler, für den Träumenden und für das vormenschliche Säugetier oder den Vogel." (197f) Im Falle vormenschlicher Lebensformen, aber auch im Falle 'spontaner' körpersprachlicher Kommunikation unter Menschen kommt es zu keiner Loslösung der Bedeutungen vom unmittelbaren Geschehen und zu einer 'sekundären' Vergegenständlichung in Symbolen.

118 Luhmann hat den logischen Status von Autopoiesis (synonym mit Autonomie) unter Berufung auf Maturana durch eine eindeutige Analogie charakterisiert: "Eine Frau ist schwanger oder sie ist nicht schwanger aber sie kann nicht ein bißchen schwanger sein." (1991b)

119 Präziser, wenn auch leseunfreundlicher, müsste es natürlich heißen: den charakteristischen Merkmalen von Systemen, die die Bestandserhaltungsvorgänge unbelebter, lebender, psychisch regulierter und reflexiv regulierter Materie konstituieren.

120 Ich rufe aus Anschaulichkeitsgründen einige typische Beispiele in Erinnerung: der Stein, der vom Wasser 'direkt' bewegt wird ...

121 das Pflanzenblatt, das vom Sonnenlicht nur mehr gebrochen durch den physiologischen Verarbeitungsmechanismus der Pflanze gedreht wird ...

122 die Katze, die von der eigenständig verarbeiteten Information 'Maus' nur bei Vorliegen von 'Jagdstimmung' zu einschlägigen Anstrengungen animiert wird ...

123 der Mensch, der die eigenständig verarbeitete Information 'Sachertorte' diese auch bei Vorliegen von 'Eßstimmung' erst nach reflexiver Prüfung (etwa seines aktuellen Kalorienhaushaltes) zu sich nimmt.

124 Natürlich entgegen den Intentionen seines Urhebers (vgl. etwa Foerster 1993/20ff) Gleichzeitig zeigt von Foerster aber auch, dass ein rekursiver Funktionsmodus alleine noch keine unbeschränkten 'Freiheitsgrade' des Systems impliziert. So stehen etwa dem von ihm selbst als Beispiel angeführten selbstbezüglichen Satz 'In diesem Satz zählen wir ... Buchstaben' nur drei (!) Optionen offen. (vgl. ebd. 26f)

125 Dies kommt ja eben auch darin zum Ausdruck, dass - wie Habermas gezeigt hat - die Operationsregeln nicht erklärbar machen, warum eine Operation stattfindet, sondern nur wie.

126 Ohne dies besonders überzeugend auszuführen. zB: "Das Konzept des 'Vorbewussten' ist vielleicht der Begriff, der im Reservoir der Psychoanalyse dem praktischen Bewusstsein am nächsten kommt, doch meint er, so wie er üblicherweise gebraucht wird, eindeutig etwas anderes." (1984/58) Joas zieht es demgegenüber - wie gezeigt - vor, von 'vor-reflexiven Gewissheiten' zu sprechen. In dieser Unstimmigkeit kommt vielleicht gerade zum Ausdruck, dass praktische Begriffe nur in einem sehr restringierten Sinne als reflexiv angesprochen werden können.

127 Genau dies unterscheidet ihn vom ikonischen Begriff, der auf den ersten Blick die gleiche Erscheinungsform haben mag. Auch im ikonichen Typus haben die 'Begriffe' die äußere Form von sinnlich-konkreten Ereignissen oder Gegenständen. Doch ist Othello kein tatsächlicher Ehekrieg. Man könnte daher auch sagen: Othello ist nicht bloß ein Ereignis, sondern ein Ereignis über ein Ereignis. Im 'Bild' erscheint der Gegenstand nicht mehr schlicht 'wie er ist', sondern bereits interpretiert. Selbst Duchamps Flaschenständer verweist, sobald er zum Kunstwerk deklariert ist, nicht mehr (nur) auf sich zurück, sondern auf etwas außerhalb ihm selbst Befindliches.

128 Vgl. Holzkamp: 'Aktivitäts-Wirkungs-Relation' bei Tieren bzw. beim Menschen: 'Aktivitäts-Ursache-Relation' (als erster Teil der 'Aktivitäts-Ursache-Wirkungs-Relation'), bzw Habermas: 'implizites Regelbewusstsein'

129 Vgl. ders.: 'Ursache-Wirkungs-Relation' (als zweiter Teil der 'Aktivitäts-Ursache-Wirkungs-Relation'), bzw. Habermas: 'explizites Regelbewusstsein'

130 Dies der Grund, warum empirische Handlungen nie nach trivial-kybernetischen Modellen rekonstruiert werden können, obwohl das Prozessmuster automatisierter Handlungen, aus denen sie sich großteils zusammensetzen, selbst ein 'triviales' ist.

131 Zur Unterscheidung 'analoger' und 'digitaler' Codierung vgl. etwa die systematischen Ausführungen von Watzlawick 1977/18ff

132 Hier ist zur Vermeidung von Missverständnissen auf alle Fälle anzumerken, dass der Begriff 'normativ' in der Verwendung von Willke (wie in der systemtheoretischen Tradition üblich) nicht wie in der von mir bisher praktizierten handlungstheoretischen Weise die inhaltlichen Dimensionen subjektiver Rationalität bezeichnet, sondern als bloß objektive Klassifizierung des Phänomens vom Außenstandpunkt zu lesen ist.

133 Willke beruft sich in diesem Zusammenhang völlig zu unrecht auf Marx mit dem Argument, dessen Hauptwerk heiße ja schließlich nicht 'Die Kapitalisten', sondern 'Das Kapital', da es dort um die Analyse der Operationsweise eines Systemzusammenhangs, nicht aber um Aktionen einzelner Personen gehe. Hätte Willke im Original geblättert, könnte er jedoch wissen, dass Marx diesen Systemzusammenhang aus der Perspektive der von ihm betroffenen gesellschaftlichen Subjekte kritisierbar machen wollte und gerade jene scheinbar 'natürlichen' Eigendynamiken, deren Erfahrung Willke als kategoriale Erkenntnis der Systemtheorie herausheben möchte, als 'Fetische' charakterisiert hat: Wie etwa in der "religiösen Welt ... die Produkte des menschlichen Kopfes mit eignem Leben begabte, untereinander und mit den Menschen in Verhältnis stehende selbständige Gestalten" zu sein scheinen, so "in der Warenwelt die Produkte der menschlichen Hand." (1867/86)

134 Es wäre reizvoll, der Frage nachzugehen, inwieweit ein Großteil des Action-Genres seine bedrohliche Motivik aus der ästhetischen Verarbeitung außer Kontrolle befindlicher Systemprozesse bezieht und damit die ordnungsbedürftigen Realerfahrungen der Konsumenten nur thematisch ein wenig verfremdet: Undurchsichtige Kriminalität, Agentensyndikate, außerirdische Wesen, übernatürliche Mächte und vieles mehr bedrohen die Menschen und nicht zufällig fungieren als Helden dann jene Figuren, die diese bedrohlichen Verselbständigungen wieder einer einigermaßen vernünftigen Aufsicht unterstellen.

135 Und nur in diesem Sinne könnte die Äußerung Willkes Sinn gewinnen, dass das Kosten-Nutzen-Kalkul unübersichtlich sei. Dies ist aber im Grunde eine handlungstheoretische Überlegung. Nicht zufällig hat ja auch Giddens, der gerade betont antifunktionalistisch argumentiert, sein handlungstheoretisches Konstrukt der 'nicht-intendierten Handlungsfolgen' mit diesem Argument begründet.

136 Die Beantwortung der Frage, ob ein solches Anliegen absichtsvoll verdeckt oder aktuell unbewusst verfolgt wird, entscheidet darüber, ob es sich um ein strategisches Gespräch handelt, bei dem mindestens ein Gesprächspartner bewusst gegen die Prinzipien der (normativen) Richtigkeit und der (expressiven) Authentizität verstößt oder um ein pathologisches Gespräch, bei dem dies ohne bewusste Absicht geschieht.

137 Vgl. dazu wieder die Logik des 'strategischen' Handelns bei Habermas.

138 Ein 'Subjekt', das man in weniger aufgeklärten Zeiten - und hierin zweifellos radikaler als Willke - gleich als 'Teufel' repersonalisierte und mittels Weihwasser und anderer spiritueller Zutaten auszutreiben versuchte.

139 Dazu dann ausführlicher in Kap. 2.2.c

140 Allerdings präsentierte sich für Parsons die 'Handlungsperspektive' als "in a fundamental sense logically prior to that of social system". (zit. bei Habermas 1979/72)

141 Ich bin mir der Gefahr bewusst, dass das Schema mannigfache reifizierende Vorstellungen (etwa vom Handeln als 'Gegenstand', der zwei 'Seiten' hat o.ä.) nahe legt. Ich verwende sie aufgrund ihres hohen Veranschaulichungswerts für das Verhältnis der beiden Theorieperspektiven zueinander dennoch, weise aber ausdrücklich darauf hin, dass der Würfel keinesfalls mehr an Aussage leisten soll, als dies von einer ins Räumliche gebogenen Kreuztabelle zu erwarten ist.

142 Ein besonders elaboriertes und darum, wie mir scheint, besonders aufschlussreiches Exempel für dieses liefert Fritz B. Simon. Er geht ebenfalls von einer klaren Unterscheidung zwi-

schen theoretischen Manövern vom Standpunkt erster und dritter Person ('verstehen' vs. 'erklären') aus und auch er versucht einen Brückenschlag, m.E. jedoch in unplausibler Weise: Sowohl 'Intentionalität' wie 'Kausalität' müssten "soll Wissenschaftlichkeit gewahrt bleiben, durch die Betrachtung von Funktionen ... ersetzt werden." Genau dies sei der kybernetisch-systemische Weg und auf diese Weise hebe "sich der Gegensatz zwischen Erklären und Verstehen, zwischen deskriptiven und präskriptiven Gesetzen auf." (1993/36) Diese Festlegung zeitigt implikationenreiche Auswirkungen, etwa wenn Simon dann an anderer Stelle sowohl die - wie er selbst klar formuliert - beobachtend erschließbare 'physiologische' und die hermeneutisch zu untersuchende 'semiotische' Ebene rhetorisch dem Zuständigkeitsbereich der Systemtheorie einverleibt, indem er sie einfach als "zwei Systemebenen (bzw. Systeme)" apostrophiert, "deren Eigenschaften nicht auseinander abgeleitet oder aufeinander reduziert werden können." (1993/49) Demgegenüber möchte ich daran festhalten, dass die Betrachtung von Funktionen keineswegs zwischen Erklären und Verstehen vermittelt, sondern lediglich eine anspruchsvollere Art des Erklärens (also Beobachtens aus dem 'Drittstandpunkt') darstellt. Aus diesem Grund halte ich es für unabweisbar, 'Intentionalität' und 'Kausalität' für sowohl 'subjektiv' als auch 'funktional' untersuchbar anzusehen und nur letzteres als Betätigungsfeld systemtheoretischer Ambitionen anzuerkennen. Nur so kann m.E. jenen traditionell-funktionalistischen Kurzschlüssen vorgebeugt werden, für die sich auch Simon - wie ich noch an mehreren Stellen zeigen werde - als höchst anfällig erweist.

143 Im zweiten Teil meiner Arbeit werde ich zeigen, dass derlei Vorwürfe, die in Bezug auf die kategoriale Anlage des Systemkonzepts zurückzuweisen waren, im Zusammenhang mit der Anwendung des Konzepts auf die Interpretation empirischer Phänomene zu recht erhoben werden.

144 Diese Formulierung schließt hier menschliche Verhaltensvorgänge auf bloß 'biologischem' oder 'vorreflexivem' psychischem Regulationsniveau ein.

145 Eine der wenigen systemtheoretisch zugeschnittenen Aussagen, die diesen Umstand präzise und in angemessener Beschränkung auf einlösbare Geltungsansprüche bezeichnen, findet sich bei Simon (1990/74): "Aus systemtheoretischer Sicht können die unverwechselbaren physischen und psychischen Eigenheiten des Menschen als charakteristische Merkmale der Umwelt von Erkenntnis- Interaktions- oder Kommunikationssystemen betrachtet werden, die ihre Entwicklungsmöglichkeiten einschränken. Sie bestimmen, welche Form der Erkenntnis, Interaktion und Kommunikation nicht möglich ist, nicht jedoch, welche Form Wirklichkeit wird."

146 Ich werde im zweiten Teil meines Texts ausführlich auf solche Erklärungsansätze eingehen.

147 Ich vermute, dass sich aus diesem Umstand die hohe strategische und prognostische Wirksamkeit systemtheoretisch konzipierter Interventionspraktiken und die 'Orientierungssicherheit' systemtheoretisch denkender Berater, Therapeutinnen etc. erklären lässt. Dies umso mehr, als solche externe Interventoren ja gerade dann zu Hilfe gerufen werden, wenn der intentionale Zugriff auf psychische oder soziale Prozesse nicht mehr (ausreichend) erfolgreich ist, also ein hohes Maß an abgekoppelten Automatisierungen o.ä. in Rechnung zu stellen ist.

148 Die auf historisch wesentlich ältere Denkmodelle der Antike zurückgreifen kann, in denen viele der wesentlichen Grundbestimmungen bereits vorliegen. (vgl. etwa Fischer 1989, Tenorth 1988/39ff)

149 Die phänomenale Verwandtschaft zwischen Mensch und Maschine lässt sich so in beiden Richtungen unterstellen: "Angenommen, es solle die Funktion einer Pumpe oder eines Dreschflegels oder des Wassers in einer Wassermühle beschrieben werden, gleichgültig ob es Funktionen sind, die einen Menschen ersetzen oder die ein Mensch nicht ausführen kann. Unter manuellen Arbeitern ließen sich die Funktionen solcher Dinge gar nicht anders verständlich machen als in Worten, die den Apparat, das Ding, die Kraft etc. behandelten, als ob sie menschliche Aktoren wären." (Sohn-Rethel 1970/ 150)

150 In den Anfängen des Nachdenkens über Erziehung war eine Unterscheidung wie jene im späteren Diskurs getroffene von Pädagogik als reflexiv-praktischer Kunstlehre des Erziehens

und Erziehungswissenschaft als systematischer theoretischer Erforschung ihrer Grundlagen noch ohne Bedeutung. Desgleichen die mögliche weitere Differenzierung letzterer in pädagogische Handlungstheorie als wissenschaftlicher Bearbeitung des Erziehungshandelns und Erziehungsphilosophie als deren erkenntnistheoretischer und kategorialer Grundlegung.

151 Die 'technokratische' Seite des pädagogischen Denkens belegen überzeugend Peter Gstettner (1981) und Erik Adam (1988), differenzieren die Pädagogik m.E. jedoch zu wenig gegenüber anderen auf die 'Eroberung' der Subjekte ausgerichteten Humanwissenschaften, etwa die Anthropologie oder die Entwicklungspsychologie (vgl. bes. Gstettner 1981/14).

152 Zur Rekonstruktion des Subjektverständnisses bei Rousseau vgl. auch Braun/Wetzel 1992

153 Sie errinnert etwa an die Begründung der 'subjekttheoretischen' Annäherung Holzkamps an eine kategoriale Fundierung des Themas 'Lernen', "welcher der bisher ausgeklammerte Standpunkt des Lernsubjekts als Standpunkt der wissenschaftlichen Analyse zugrundeliegt." (1993/14, Hvh. entf.)

154 Bezüge zur Auffassung von Joas wären hier ertragreich zu verfolgen.

155 Ich werde in Kapitel 2.1.d kritisch auf einige Annahmen von Krüger/Lersch bezugnehmen.

156 Diese Nähe kommt natürlich auch dadurch zum Ausdruck, dass es augenfällige Überschneidungen gibt. Als ein Beispiel unter vielen möglichen sei hier etwa die phänomenologische Rekonstruktion des Lernprozesses durch Friedrich Copei (1950, etwa 60ff) angeführt, die sich passagenweise wie eine Illustration der Holzkampschen Kategorialbestimmungen liest.

157 In einer gegenüber der Habermasschen Version (s. 1.1.b.III) geringfügig abgewandelten Form.

158 Oelkers belegt hier durch handlungstheoretische Argumente eine für den informierten Pädagogen vielleicht 'alte' Einsicht, deren Bedeutung jedoch etwa für die Proponenten der jüngsten technokratischen Wende der Bildungspolitik mit ihren marktfetischistischen Unternehmens-, Kundschafts- und Produktmetaphern nicht mehr entzifferbar sein dürfte. (vgl. dazu etwa Hackl, 1998)

159 Vereinseitigten Abhängigkeiten der unterschiedlichen Praxen voneinander (etwa der Ethik von der Ökonomie) schreibt Benner schädliche Auswirkungen für die Entwicklung der menschlichen Gesamtpraxis zu. Er argumentiert damit ähnlich wie Habermas, der Ungleichgewichte in der Koordination der unterschiedlichen Rationalitätsdimensionen für gesellschaftliche Fehlentwicklungen verantwortlich macht. Habermas begnügt sich jedoch in Anschluss an Weber mit den drei m.E. stringenter argumentierbaren 'Polen' der teleologischen, normativen und expressiven Rationalität (etwa 1981a/320ff).

160 Zur kritisch-psychologischen Kritik an der Bildsamkeitskategorie vgl. auch Zimmer 1989

161 Benner zitiert und interpretiert hier eine Passage aus der bekannten Studie 'Dummheit ist lernbar' von Jürg Jegge (1976).

162 Von Grenzfällen wie etwa der völligen Ausschließung von jedem Enkulturationsprozess ('Wolfskinder') oder extremen Formen der Traumatisierung oder geistigen Behinderung einmal abgesehen.

163 Es hieße natürlich, in den komplementären Fehler zu verfallen, wollte man von vornherein in Abrede stellen, dass die von Benner m.E. ohne ausreichende Datengrundlage in die Situation hineininterpretierte blinde systemische Verselbständigung von Heinis Denken v.v. völlig auszuschließen ist. Mit großer Wahrscheinlichkeit lassen sich an empirischen Situationen der hier in Rede stehenden Art sowohl reflexive als auch technische 'Ursachen' identifizieren.

164 Vgl. dazu auch die weiter oben referierten Relativierungen Oelkers' in Bezug auf die 'Mächtigkeit' des erzieherischen Handelns.

165 Vgl. dazu paradigmatisch das Ontogenese-Konzept Klaus Holzkamps (1983/417ff) und seine Konkretisierung in Hinblick auf Lernprozesse (1993/182ff)

166 In diesem Sinne könnte man natürlich spitzfindig darauf bestehen, dass wir an allen Dimensionen und Aspekten unseres Lebensvollzuges nur 'mitwirken'. Hier wie dort bringt die Formulierung 'Mitwirkung' m.E. jedoch nicht ausreichend zum Ausdruck, dass der Beitrag des Erziehenden (resp. unserer Mit-Menschen) zwar unabdingbar, aber von völlig anderer Art ist,

als jener des Zu-Erziehenden (resp. jener, den wir als Unser-Leben-Lebende realisieren): Ersterer stellt lediglich äußere Bedingungen bereit, die in zweiterem in aktiver, den Entwicklungsprozess erst hervorbringender Weise angeeignet, zurückgewiesen oder nicht wahrgenommen werden.

167 In denen die jeweilige 'Subjektivität' der Heranwachsenden die Bedingungen ihrer Entfaltung jeweils noch nicht so weit reflexiv erreicht, dass sie von diesen subjektiv antizipiert und als Unterstützungsleistung eingefordert oder selbst hergstellt werden können. Vgl. dazu etwa auch das genannte Ontogenese-Konzept Holzkamps, in dem auch Entwicklungsphasen benannt sind, in denen aktive 'Vorleistungen' der Erwachsenen ein unbedingtes Entwicklungserfordernis darstellen. (1983/428ff)

168 Ich habe in 1991 versucht, einen solchen Zugang am Beispiel des Schulunterrichts zu skizzieren und komme später (2. Resümee) ausführlicher darauf zurück.

169 Zur Vermeidung des Missverständnisses, es handle sich hier um eine 'antipädagogische' Kritik an der Position Benners möchte ich hervorheben, dass die hier angeführten Unterstützungsleistungen als Voraussetzungen umfassender Bildungsprozesse selbstverständlich unverzichtbar sind und dass die Angebote an 'kritischen' und 'positiven' Argumenten ('Problematisierungen' und 'Wissen') selbstverständlich nicht beliebig und normativ unverbindlich sein können, sondern im Sinne der in Kap. 1 skizzierten Argumentationstheorie als Geltungsansprüche auftreten. Als solche bedürfen sie aber eben der intersubjektiven Anerkennung, also der subjektiven Einsicht und Zustimmung des Anspruchsadressaten und bilden daher zunächst nicht mehr als spezifische 'objektive' oder 'potentielle Entwicklungswidersprüche', die erst durch das Lernsubjekt aktiv aufgegriffen ('subjektiviert') werden müssen, um als 'zwangloser Zwang des besseren Arguments' (i.S. Habermas') wirksam werden zu können. Eine Aufforderung zur kritischen Prüfung und allfälligen Zustimmung in Argumentationsprozessen ist daher nicht zu verwechseln mit der von Benner postulierten 'Aufforderung zur Selbsttätigkeit', da das eingeforderte Prüfen von Geltungsansprüchen beim Heranwachsenden eben genau diese Selbsttätigkeit bereits voraussetzt.

170 Holzkamps 'Kategorialanalyse des Psychischen' stellt einerseits wichtige Ausgangsbestimmungen zur Rekonstruktion des 'Pädagogischen' bereit, lässt dieses aber notwendig unterbestimmt. Speziell auf 'Erziehung' bezogene, aber wesentlich weniger breit angelegte Versuche finden sich etwa bei Rang/Rang 1981 und Nemitz 1981.

171 Und von Holzkamps angewandt worden: Ausdrücklich und systematisch (aber weniger breit die Eigenheiten des 'historischen Herangehens' argumentierend und daher hier nicht zitiert) bezieht er sich auf das Verhältnis von 'begriffsgeschichtlicher' und 'gegenstandsgeschichtlicher' Argumentation etwa in 1983/36ff

172 Der Fehler, der Antipädagogen unterschiedlicher Herkunft immer wieder unterlaufen ist, besteht darin, übersehen zu haben, dass das 'Gießen' eines kleinen Menschen natürlich mehr umfasst, als die Bereitstellung von materiellen und ideellen Subsistenzgrundlagen, nicht aber in ihrer Kritik an dirigistischen Interventionskonzepten.

173 Oelkers problematisiert hier im Grunde genau jene rhetorische Gleichstellung der 'Autopoiesis' psychischer und sozialer Systeme, die ich in dieser Arbeit an mehreren Stellen unter dem Stichwort 'Autonomiegefälle' kritisere.

174 Vgl. dazu die Hinweise zum Verhältnis von 'formaler' und 'materialer' Bildung etwa bei Blankertz (1969/36ff), Benner (1987/123ff) und Klafki (1991d/144)

175 Gerade diese Differenzen eröffnen dem Verstehen ja ein weiteres Betätigungsfeld, etwa, wenn der 'Textsinn' dem von seinem Autor 'gemeinten Sinn' gegenübergestellt wird. Vgl. etwa Bollnow 1949a, ferner Eco 1992/35ff)

176 Man kann gegen diese Position auch davon ausgehen, dass kommunikationsgeleitete Interaktions- und/oder Kooperationsprozesse ohne 'gegenständliche' Produkte gleichursprünglich an der Konstitution solcher Sinnbildung beteiligt waren (wozu etwa Habermas eher zu tendieren scheint). Für die hier in Rede stehende Problematik ergibt sich daraus jedoch keine prinzipiell andere Schlussfolgerung.

177 Vgl. dazu das Ontogenese-Konzept Holzkamps, i.b. die Kategorie der 'Zweck-Mittel-Umkehrung', in deren Rahmen die Rekonstruktion, solcher 'vergegenständlichter' Intentionalität entlang der je eigenen Bedürftigkeit zur zentralen Schiene der biografischen Aneignung von Sinnverstehensfähigkeiten wird. (Holzkamp 1983/441ff)

178 So können etwa 'sinnlose Silben' im Kontext eines psychologischen Versuchs als absichtlich präsentierte 'sinnlose Silben' in ihrer erkennbar nicht-logischen Struktur als etwas durchaus 'Sinnvolles' verstanden werden: Es 'macht Sinn', dass sie keinen erkennbaren Sinn aufweisen. Insofern ist ihre (un-) logische Struktur in Hinblick auf die zugrundeliegende Intention sinnvoll.

179 Also etwa: Man soll sich so verhalten, dass damit niemandes legitime Interessen systematisch verletzt werden, man soll sich so verhalten, dass man Kommunikationspartner nicht über seine Absichten täuscht.

180 Indirekt weist Habermas selbst auf die 'Bedürfnisse/Zwecke' als 'hintergründige' Bezugspunkte des Verstehens hin, wenn er die Koordination des Handelns als Bezugspunkt der rationalen Verständigung bezeichnet: "Der Interpret kann sich also den semantischen Gehalt einer Äußerung nicht unabhängig von Handlungskontexten klarmachen, in denen die Beteiligten auf die fragliche Äußerung mit Ja oder Nein oder mit Enthaltungen reagieren. Un diese Ja/Nein-Stellungnahmen wiederum versteht er nicht, wenn er sich nicht die impliziten Gründe vor Augen führen kann, die die Beteiligten zu ihren Stellungsnahmen bewegen." (1981a/169, Hvh. von mir)

181 'Einfühlen als Einsfühlen' im Sinne von Terhart (1987/260) Vgl. auch die ebendort ff. dargestellte Idiosynkrasie zwischen solidarischem Einfühlen und zielbezogener Wirkungsorientierung, die nach dem von mir präferierten Verständnis von Verstehen unnotwendig wird. 'Einsfühlen' galt allerdings auch schon den hermeneutischen Klassikern nicht als Voraussetzung des Verstehens (vgl. nur etwa Bollnow 1949b).

182 Die 'eigenständige' Position des Verstehenden kommt etwa auch darin zum Ausdruck, dass es auf der Grundlage eines solchen Nochvollzuges möglich ist zu sagen: 'Ich verstehe das anders als du' oder: 'Ich verstehe darunter etwas anders als du'.

183 Ein Effekt, den Brecht im Rahmen seiner Konzeption des 'epischen Theaters' durch das Mittel der 'Verfremdung' zu erzeugen versuchte: "Einen Vorgang oder einen Charakter verfremden heißt zunächst einfach, dem Vorgang oder dem Charakter das selbstverständliche, Bekannte, Einleuchtende zu nehmen und über ihn Staunen und Neugierde zu erzeugen." (1972/639)

184 Prange entwirft hier ein in der operativen Grundstruktur sehr ähnliches Konzept von Beobachtung, Deutung und Verallgemeinerung empirischer Handlungsereignisse, wie es von Holzkamp methodologisch als subjektwissenschaftlich-aktualempirische Forschung (1983/510ff) ausgearbeitet wurde und etwa auch dem methodischen Konzept der Handlungsforschung zugrundeliegt (vgl. Hackl 1994c/57ff).

185 Vgl. dazu wieder Holzkamp a.a.O.

186 Vgl. dazu wieder Holzkamp a.a.O.

187 Vgl. dazu auch meine Zusammenfassung der logischen Weltbezüge des Handelnden, wie sie von Habermas rekonstruiert wurden, Kap. 1.1.b.II

188 So urteilen sie etwa über die Forschungsergebnisse der neueren Organisationssoziologie, sie entstammten einer systemtheoretischen Tradition, weswegen die "Integration dieser neueren Erkenntnisse in den handlungstheoretischen Rahmen des Weberschen Ansatzes" nur gelingen könne, "wenn sie aus ihrem strukturfuktionalistischen Kontext herausgelöst und im Hinblick auf die Konsquenzen für das subjektive Handeln und der dazu erforderlichen Strukturveränderungen der Organisation uminterpretiert und auf diese Weise für das handlungstheoretische Argumentationskonzept fruchtbar gemacht werden können." (1993/48, Hvh. von mir) Ob oder inwieweit damit Elemente einer Strategie der Rekombination von Handlungs- und Systemperspektive im von mir angezielten Sinne angedeutet sein sollen, kann ich nicht beurteilen.

189 Oder unter analoge Machterhaltungsprozesse in einer administrativen Organsiation.

190 Man muss diese Möglichkeit nicht unbedingt mit utopischen Assoziationen belegen. Demokratisch verfasste politische Vereine, Bürgerinitiativen oder österreichische Universitäten nach dem Universitäts-Organisationsgesetz 1975 haben immer wieder relevante Elemente einer solchen 'kommunikativ-demokratischen Organisation' verwirklicht.

191 Was, wie hier anzumerken ist, natürlich noch in keiner Weise eine 'kommunikativ-demokratische' Organisationsstruktur herbeiführt: Viele der rezenten 'Dezentralisierungs'-Manöver erweisen sich ja bei näherem Hinsehen als Versuche, die 'Beteiligung' der Arbeitenden auf die aktive Optimierung operativer Prozesse zu beschränken, also quasi auf eine Art 'Selbstorganisation ohne jede Mitbestimmung'. (Pädagogisch gewendet etwa: 'Schulautonomie' ohne Demokratisierung und 'Schlüsselqualifikationen' statt Allgemeinbildung. Vgl. dazu etwa Ribolits 1991 und 1995, Hackl 1995 und 1998) Wollte man diese Tendenz in meine Grafik eintragen, müsste man genau genommen eine dritte Dimension (etwa rechtwinkelig zur Bildfläche) mit der Perspektive 'Beteiligung der Betroffenen an fremdbestimmter Selbstorganisation eröffnen, denn die Achse in Richtung auf Sinn-Integrität-Normreflexion ist dafür nicht zuständig. Allerdings bildet eine entwickelte Selbstorganisation (auch ohne jede zunächst vorgesehene Selbst- oder Mitbestimmung) eine erste Grundlage für die Ausbildung der notwendigen Kompetenzbasis zur Verwirklichung von Selbstbestimmung. Insofern halte ich meine 'zweidimensionale' Skizze im vorliegenden Argumentationszusammenhang für ausreichend differenziert. Ich komme am Beispiel des Projektunterrichts ausführlich darauf zurück.

192 Vgl. dazu etwa auch Habermas (1981b/540ff): Der Widerspruch nimmt seinen Ausgang von der Inkompatibilität lebensweltlich-kommunikativ begründeter Haltungen der Klientel und systemischer (hier etwa: juristischer) Verfahrenslogiken, wie sie durch politische und administrative Prozesse vorgegeben werden.

193 Dies ließe sich in meinem Würfelschema im unteren Segment, betrachtet von links, lokalisieren. (vgl. 1. Resümee)

194 Dies entspräche in meiner Würfelschema dem unteren Segment, betrachtet von rechts. (vgl. ebd.)

195 Vgl. dazu auch ausführlicher: Hackl 1994b/126ff

196 Vgl. etwa die übersichtliche Darstellung verschiedener Ansätze bei Petri 1991/11ff, anhand derer diese Tendenz deutlich ablesbar ist.

197 Knoll spitzt (1993/345) diese Feststellung noch zu, wenn er auf einen Übersetzungsmangel der deutschen Textausgabe hinweist. Seiner Argumentation zufolge hätte die Wendung 'hearty purposeful act' nicht mit 'herzhaftes planvolles', sondern 'herzhaftes absichtsvolles Tun' übersetzt werden müssen. Dadurch wäre die motivationstheoretische Absicht Kilpatricks noch deutlicher hervorgetreten.

198 Diese Auffassung impliziert u.a., dass die nachfolgend herausgearbeiteten Voraussetzungen des individuellen Lernens als notwendige Momente jedes denkbaren gesellschaftlichen Lebenszusammenhangs nicht erst aus Anlass 'hergestellt' werden müssen. Das Leben der Menschen ist - ganz im Sinne des Bennerschen Diktums von der Pädagogik als 'koexistenzialem' Element der gesellschaftlichen Gesamtpraxis (vgl. etwa 1987/34) - 'immer schon' (auch) auf intersubjektive Entwicklungsunterstützung angelegt bzw. ohne sie gar nicht denkbar.

199 Der Begriff 'handlungsorientierter Unterricht' wird in jüngeren didaktischen Konzepten häufig verwendet. (vgl. etwa Gudjons 1986, Meyer 1987/214ff) Die meisten dieser Konzepte stehen der hier dargestellten Auffassung nahe und kommen zu verwandten praktischen Schlussfolgerungen. Allerdings weisen sie häufig eine gewisse Tendenz zur utilitaristischen oder aktionistischen Verkürzung des ihnen zugrundeliegenden Handlungsbegriffs auf, die ich hier strikt vermeiden möchte. Eine umfassende systematische Entfaltung des Unterrichts-Begriffs auf der Basis der hier zugrundegelegten handlungstheoretischen Annahmen muss einer anderen Ausarbeitung vorbehalten bleiben. Vgl. dazu einige Vorüberlegungen in: Hackl 1991/11ff

200 Genau genommen entsteht damit natürlich wieder ein (defensiver) Handlungszusammenhang, der die Lernenden auf dem Weg über subjektiv entwickelte Handlungsgründe veranlasst, bestimmte Lernschritte zu realisieren. Allerdings wird das Lernen dabei auf einen Handlungsbezug ausgerichtet, der dem Inhalt des Lernens äußerlich und daher nur sehr eingeschränkt förderlich ist (dazu ausführlicher: Hackl 1992). Zur logischen Unmöglichkeit auf didaktisch 'handlungsorientierte' Weise 'Anpassung' zu realisieren vgl. auch Hackl 1994b/134f.

201 Den instrumentalisierenden Einsatz von Zweckrationalität werde ich im anschließenden Kap. 2.2.a näher untersuchen.

202 In diesem Sinne etwa verstehen Ebert/Rückriem (1980), die Bildung als "Einheit von Emanzipation als Selbstbestimmung des wesentlich gesellschaftlichen Individuums und Qualifikation als historisch-konkrete Form ihres Arbeitsvermögens". Gerhard Zimmer hat (1987) ein solches Verständnis von Qualifikation umfassender ausgearbeitet.

203 Anders dagegen etwa Ballauf (1984/340ff), der Bildungsvorgänge als objektive 'paideutische' Funktionen der Schule beschreibt und ihrem Spannungverhältnis zu anderen Funktionen nachgeht.

204 Natürlich enthält auch selbständiges 'theoretisches' Lernen (also etwa das selbstorganisierte Studium von Büchern und Zeitschriften, das Recherchieren, Bearbeiten und Auswerten von Informationen, die Entwicklung von Analysen, Konzepten und Strategien o.ä.) relevante Momente des hier charakterisierten 'praktischen' Handelns. Aus diesem Grund erscheint es mir sinnvoll, die Projektmethode auch auf solche Formen des Lernens auszudehnen. Dies wird jedoch nicht generell so gesehen. So nimmt Otto etwa die 'Fallstudie' aus dem Projektbegriff aus (vgl. 1977/168ff).

205 Dieser Umstand wird traditionellerweise als Nichtablösbarkeit 'formaler' von 'materialen' Bildungsinhalten reflektiert (vgl. etwa Blankertz 1969/36ff) und deren Verhältnis als 'kategoriales' bestimmt (vgl. etwa Klafki 1991d/144).

206 Vgl. dazu Hackl 1994b, wo solche Folgen empirisch dokumentiert sind.

207 Dieses bildet selbstverständlich keine (gar 'bessere') Alternative zu selbstbestimmtem analysierendem Lernen, sondern ergänzt dieses vielmehr zu einer umfassend emanzipierten Lernpraxis.

208 Zur ideengeschichtlichen Verbindungslinie zwischen Rousseau und dem "weise(n) Locke" (Rousseau 1762/112) vgl. etwa Röhrs (1956/161ff), bzw. zur Aufklärungspädagogik generell Blankertz (1982/75ff)

209 Dies natürlich nur in dem Ausmaß, in welchem sie den Erziehungsadressaten zu Bewusstsein kommen. Ich habe auf diese Voraussetzung bereits in anderem Zusammenhang in 2.d.III ('Unterdrückung vs. Sachzwang') hingewiesen. Es ist jedoch davon auszugehen, dass sich im Kontext einer alltäglichen pädagogischen 'Interaktionskultur' eine systematisch wiederkehrende instrumentalisierende Begegnungsweise - etwa in Form der bereits diskutierten 'pädagogisierenden' Interventionsstrategie - auf Dauer keinesfalls verbergen lässt.

210 Und überdies auch in der Handlungsperspektive theoretisch rekonstruierbar. Siehe etwa Geulen 1989

211 Klaus Mollenhauer hat eindringlich auf die behindernden Wirkungen erzieherischen Handelns hingewiesen und als Abhilfe Selbstreflexivität empfohlen. (1983/10)

212 Oder auch ein 'Vortragender', auf dessen operative Außenlenkung wir uns - wie in 2.1.d.IV diskutiert - in Verfolgung eigener Intentionen einlassen.

213 Sosehr die normative Haltung des Lernenden in jedem Falle anzuerkennen ist, also etwa auch, wenn er die angebotene Unterstützung zurückweist, sosehr können dessen ungeachtet andere (etwa propositionale) Geltungsansprüche 'in der Sache' auf Seiten des Erziehers aufrecht bleiben. Eine argumentative Position anzuerkennen bedeutet ja weder, ihr zuzustimmen, noch darauf zu verzichten, die Triftigkeit einer je eigenen abweichenden Position immer wieder in geeigneter Weise vorzubringen.

214 Die hier in Abschnitt I diskutierten Problemstellungen wären in meinem Würfelschema (s. 1. Resümee) als Verhältnis zwischen dem oberen und dem unteren Segment zu lokalisieren.

Demgegenüber wird der folgende Abschnitt II das Verhältnis der 'linken' und der 'rechten Sichtweise' beleuchten.

215 Tatsächlich lässt sich eine 'funktionale' Erziehung immer nur ansatzweise realisieren, denn selbstverständlich lassen sich Bedingungen nicht zur Gänze 'technisch' als 'objektive Anschlusszwänge' gestalten. Handlungsentscheidungen Heranwachsender sind immer auch von reflexiven Verarbeitungsprozessen abhängig und daher kann die 'Bedingungshaftigkeit der Bedingungen' immer auch kritisch transzendiert werden.

216 Zu welchen Konstruktionsproblemen dieser Widerspruch zwischen kommunikativer und strategischer Haltung führen kann, lässt sich exemplarisch verfolgen an Bollnows Versuch, dem 'freundlichen' ein 'feindliches' Verstehen gegenüberzustellen. (vgl. 1949)

217 Eine solche Bedeutungsverkehrung wird möglich, wenn man den Begriff 'Funktion' so definiert: "Die Funktion des Systems Erziehung liegt darin, alle Rahmenbedingungen dafür zu schaffen, dass die bio-psycho-soziale Entwicklung in einen Zustand mündet, den der einzelne Mensch subjektiv als erfüllend, ja vielleicht gar als beglückend empfindet." (Büeler 1995/231 zit. bei Scheinpflug 1998/200) Es wäre zwar schön, wenn diese Aussage - empirisch - zuträfe, als Begriffsbestimmung genommen liegt ihr aber doch wohl eher eine Verwechslung von faktisch beobachtbarer 'Funktion' und intentional bestimmter 'Aufgabe' zugrunde.

218 Parsons untersucht hier die sozialisatorischen Leistungen des schulischen Klassenzimmers als Beitrag zur Formierung des gesellschaftlichen Subjekts, v.a. die Ausbildung universalistischer Leistungsprinzipien und die Vorbereitung auf die später einzunehmende 'Rolle' in der Gesellschaft.

219 Möchte man etwa instrumentell-technokratische Erziehungsstrategien (z.B. bildungstheoretisch) kritisieren, so kann man zunächst versuchen, den 'objektiven Gesetzmäßigkeiten' auf die Spur zu kommen, um sie als zu problematisierendes Phänomen präziser zu identifizieren. Daran anschließend wird man jedoch gegenüber den Auswirkungen der sozialisierenden Gegebenheiten wieder eine verstehende Haltung einnehmen müssen. Beispielhaft dafür etwa kritische Diskussion um den 'heimlichen Lehrplan' der Schule (vgl. etwa Zinnecker 1975).

220 Aufschlussreich (nicht für die ideengeschichtliche Verortung Franks, aber für die historischen 'Ursprünge' der neuen Technologie), dass sich Frank hier explizit auf Schriften von Hermann Schmidt, einem Pionier der deutschsprachigen Regelungstechnik, aus 1941 bezieht, der die von der deutschen Kriegsindustrie entwickelten kybernetischen Verfahren zur Kontrolle über Waffen- und Waffentransportsysteme bereits als Vorboten einer neuen Produktionsweise interpretiert. (vgl. Haug u.a. 1975/163f)

221 Im Sinner meines Würfelschemas aus dem ersten Resümee wäre Kybernetik demnach kein Ansatz mit umfassend-paradigmatischem Anspruch (gesamte rechte Würfelseite), sondern lediglich eine 'objektive' Einzeltheorie zum Bereich der operativen Dimension des Handelns (unteres Würfelsegment, betrachtet von rechts) bzw. seiner Fortsetzung in technischen Maschinen.

222 Bildungsalgorithmus, Möglichkeiten des Lehrenden, verstanden als "Beschaffenheit der im 'schwarzen Kasten' steckenden Informationsquelle des Lehrsystems", Psychostruktur des Lernsystems, Soziostruktur des Lernsystems, als "Einflüsse der (natürlichen und insbesondere soziokulturellen) Umwelt (vgl. ebd./33)

223 Ähnlich, wenngleich nicht direkt auf pädagogische Fragestellungen bezogen, argumentiert Frank an anderer Stelle (1964b/209ff): Zunächst bietet er eine Übersicht über 'informationspsychologische' Erkenntnisse, die i.w. als Bausteine einer funktionalen Rekonstruktion von Informationsübertragungsprozessen anzusehen sind. Daran anschließend versucht er zu interpretieren, warum Versuchspersonen bestimmte Buchstabenhäufigkeiten ihrer Muttersprache als mehr oder weniger auffällig empfinden (ebd./212f). Da hier jedoch nicht begriffliche Ordnungen kurzschlüssig in technologische Gesetzesaussagen gedreht werden, enthält seine Abhandlung eine durchaus logisch akzeptable empirische Hypothesenbildung über mögliche 'inhaltlich-bedeutungsbezogene' Auswirkungen bestimmter 'technisch-funktionaler' Gegebenheiten. (Ob sie im 'informationspsychologischen' Sinne haltbar und ergiebig ist, vermag ich nicht zu

beurteilen.) Dabei wird nämlich der Konnex zwischen funktionalen und normativen Gegebenheiten nicht kategorial unterstellt, sondern als empirisch zu klärende Frage behandelt.

224 Aus 'redundanztheoretischer' Sicht gebe es insgesamt drei Arten von Lernen: das Sich-Anpassen an Wahrscheinlichkeiten (auch informationelle Approximation bzw. Akkomodation genannt), das Aufnehmen und Speichern von Informationen und das Bilden von Superzeichen (vgl. zusammenfassend 1965/126ff)

225 Wenn v. Cube in diesem Zusammenhang von 'subjektiven' Informationen spricht, so bezeichnet er damit nicht jenen subjektiven Sinn der Informationen, wie er in der Subjektperspektive zu entschlüsseln wäre, sondern lediglich: die von einem Adressaten bereits aufgenommene Information.

226 V. Cube orientiert sich dabei u.a. an der Auffassung des ihm offensichtlich nahestehenden 'realistischen' Pädagogen Heinrich Roth (1958). Indessen erinnert die phänomenologische Darstellung in ihrer Differenziertheit durchaus an klassische Modelle der 'Konkurrenz', etwa an Copeis (von v. Cube nicht beanspruchter) Stufenfolge des Bildungsprozesses (vgl. Copei 1950/61ff)

227 Diese Bezeichnung bezieht sich auf ein Veranschaulichungsbeispiel von Helmar Frank (vgl. 1964a/10f). Demnach gebe der Kapitän das Ziel an, der Lotse wandle diese Vorgaben unter Berücksichtigung der Bedingungen in ein Programm um, der Steuermann transformiere dessen Vorgaben in konkrete Steuerungsvorgänge und die Ruderer veränderten die empirischen Bedingungen. Der Regelkreis schließe sich nun, indem der Lotse (griechisch: χυβερνητηζ) diese Veränderungen registriere und sein Programm adaptiere. (vgl. Blankertz 1969/54)

228 Solche Einsichten sind prinzipiell auch funktionalistisch denkenden Menschen nicht verschlossen. So bietet Selvini-Palazzoli in ihrem letzten in deutscher Sprache erschienenen Buch eine durchaus selbstkritische Beurteilung ihrer eigenen früheren strikt 'funktionalen' Konzeption: "Dass alle Versuche, die Humanwissenschaften mit naturwissenschaftlichen Modellen zu kolonialisieren, letztlich zum Scheitern verurteilt sind, wird mittlerweile nicht mehr bestritten. Auch jene biologisch-organismischen Analogien, die ich in der Vergangenheit so anziehend fand, haben uns auf Abwege und in Sackgassen geführt. Sowenig ein Mensch mit einer Zelle verglichen werden kann, sowenig gleicht eine Familie einem Organismus. Charakteristisch für die selbstreflexiven, bewusst und strategisch handelnden Systeme, mit denen sich die Humanwissenschaften befassen ... ist ihre Komplexität, die allen Versuchen einer Reduktion auf physikalische oder biologische Modelle widersteht." (1988/9f)

229 Vgl. nur etwa Hentig 1973, Benner 1979a+b, Fauser/Schweitzer 1982, Schäfer 1983, Oelkers/Tenorth 1987, sowie diverse Beiträge in Luhmann/Schorr 1982, 1986, 1990, 1992, 1996

230 In diesem Fahrwasser liegt es dann natürlich nahe, in didaktischer Wendung zu postulieren, es ginge nicht mehr um Gewissheit, Angemessenheit von Deutungsmustern oder Wissen, "sondern lediglich darum, Lernprozesse bzw. 'Suchbewegungen' ... durch Distanz und Differenzerfahrungen zu initiieren und zu fördern". (Arnold/Siebert 1995/147, Hvh. von mir) Von hier ist es dann nicht mehr weit bis zur Aussage, die "Gestalt des Unterrichts" sei "weder planbar, noch kann sie durch Außensteuerung stabilisiert werden". (Lumpe 1995/142) Wenn man seine Tätigkeit als Lehrer ausschließlich systemtheoretisch reflektiert, kann man offenbar viel Arbeitsaufwand und Verantwortung einsparen.

231 Oder, wie Klaus Prange etwas lapidarer formuliert: Systeme bezögen sich so auf Systeme, "dass sie berücksichtigen, wie diese sich auf sich beziehen." (1986/250f)

232 Zur Veranschaulichung ein Beispiel: Wenn ich auf der Speisenkarte das Schnitzel suche, so etabliere ich - dies die operative Ebene meiner Suchhandlung - nach systemtheoretischer Auffassung ein 'Wahrnehmungssystem' mit dem Code Schnitzel/nicht Schnitzel. Wenn ich dann mit meinem Blick die Karte 'abfahre', so wird er an der entsprechenden Stelle 'hängenbleiben'. Die anderen Speisenbezeichnungen bilden während der Suche das 'Rauschen' von 'Umweltereignissen', die - weil im Code nicht vorgesehen - vom System nicht in seinem Sinne 'verarbeitet' werden können. Ich nehme daher nichts wahr, was sich außerhalb der von mir

selbst gewählten Codierung befindet, insbesondere die Codierung selbst. Aber selbstverständlich kann ich - etwa, wenn ich darauf angesprochen werde - den Code sofort ändern und auf das Kotlett oder ebenso auf die von mir ursprünglich vorgenommene Codierung aufmerksam werden und dann etwa meinen augenblicklichen Appetit auf Fleischspeisen mit ernährungsphysiologischen Argumenten relativieren.

233 Naheliegend, dass Luhmann das Wirken der Eltern, denen "an der Zukunft der Kinder gelegen sein muss", kaum noch als Erziehung ansehen kann. Sie erfolge in der Familie "eher sporadisch, eher okkasionell, eher aus Anlass erkennbarer Fehlleistung". (1996a/25)

234 Sinngemäß, da er den Terminus 'systemisch' nicht verwendet.

235 Vgl. dazu etwa auch die phänomenologische Untersuchung von Thiemann 1985

236 Gelegentliche unentschlossene Hinweise der Art, dass diese Konstruktionen nicht als "beliebige, reine Konstruktionen" (63) zu verstehen seien, habe ich nicht überlesen. Ich erlaube mir jedoch, sie zu vernachlässigen, da sie für die Gesamtargumentation der Abhandlung folgenlos bleiben.

237 Ich habe in 2.1.b.I+II zu zeigen versucht, daß sich eine solche Begründung aus handlungstheoretischer Sicht ohne die hier aufzuweisenden argumentationslogischen Schwächen entwickeln läßt.

238 Erste pädagogische Stellungnahmen sind ihrerseits häufig in enger Tuchfühlung mit systemischer Therapie und Beratung entstanden. Vgl. nur etwa die Beiträge in Voß 1997

239 Auf die strukturellen Parallelen zwischen bestimmten Verfahren der Organisationsentwicklung und pädagogischen Vorgängen ist in jüngster Zeit mehrfach hingewiesen worden. Vgl. dazu etwa Karl-Oswald Bauer 1998/43ff

240 Entstanden im und um das Centro per lo Studio della Famiglia in Mailand. Zur Standortbestimmung vgl. auch Selvini 1985a, insb. ebd./106

241 Entstanden in der und um die Österreichische Gesellschaft für Gruppendynamik und Organisationsberatung

242 Welcher in einigen Stellungnahmen auch intern beklagt wird. Vgl. nur etwa Titscher 1997/52f. Mängel dieser Art stehen in auffallendem Kontrast zu den elaborierten praktischen Fähigkeiten der meisten der mir persönlich bekannt gewordenen 'systemischen' Berater, Supervisorinnen etc., die mir definitiven Respekt abnötigen. Ich werte dies als einen triftigen Hinweis (unter anderen) auf das Vorliegen theoretischer Selbstmissverständnisse, von deren Aufklärung eine insgesamt angemessenere Orientierung (wohl auch des praktischen Handelns selbst) zu erwarten wäre.

243 Viele der angeführten Texte sind unter diesem Gesichtspunkt zweifellos äußerst informativ für Pädagoginnen. Besonders zur Reflexion und Lösung von Problemen des Interagierens mit Gruppen finden sich hier viele wertvolle Hinweise.

244 Bisweilen auch um ein Potpourri aus angelesenen Bestandteilen der europäischen Geistesgeschichte, in dem einige Aussagen von Weizsäcker, Heisenberg und Lorenz mit solchen von Freud, Jung und Pestalozzi sowie mit ausgewählten religiösen Glaubensinhalten zu einem 'Paradigmensprung' verschmolzen werden, der radikalkonstruktivistische Floskeln mit der Auffassung zu verbinden weiß, die Wirklichkeit fände ihr Abbild im Gehirn und dieses sei ein Hologramm seines Umfelds etc. etc. Vgl. nur etwa Lutz 1990

245 Ich will an dieser Stelle einräumen, dass es in sozialen Feldern (bzw. allgemeiner: unter gesellschaftlichen Lebensbedingungen), in deren Rahmen prinzipielle und fundamentale Interessenswidersprüche strukturell verankert sind, tatsächlich schwierig ist, beraterische Interventionsstrategien auf eine systematische Aufklärung dieser Widersprüche zu orientieren. Denn selbstverständlich müsste dann jede Beratung in die Infragestellung jener basalen Strukturkonsense münden, die quasi als 'Vertragsbasis' des Beratungsverhältnisses fungieren. Insofern verstehe ich gut, dass die Beratungsbranche, die ja bisher primär im privatwirtschaftlichen Sektor reüssiert hat, um ihrer professionellen Aktionsfähigkeit willen das Selbstverständnis einer anpassungsfähigen Laissez-faire-Technologie kultiviert. Gleichwohl wird dadurch der Vorwurf

nicht obsolet, sie betreibe damit nicht Aufklärung und Humanisierung der Welt, sondern im besten Falle aleatorischen Problemtransport.

246 Ich werde diese Überlegung weiter unten noch unter dem Aspekt der Lokalisierung und Eingrenzung des hier in Rede stehenden Zusammenhangs diskutieren ('basale Zirkularität' in 2.3.b.II und 'einzubeziehende Ebenen' in 2.3.b.III).

247 Als abschreckendes Beispiel für eine solche statische Sichtweise (die sowohl aus system- wie handlungstheoretischer Sicht als personalisierende Verkürzung zurückzuweisen ist) im Kontext von Beratung vgl. Hofmann 1991a

248 Dieses Wort ist hier missverständlich verwendet. Sinngemäß gemeint ist eigentlich: 'seine kommunikative Funktion'.

249 König/Volmer stellen gegenüber: das 'Eigenschaftsmodell' (im Focus: die einzelne Persönlichkeit als Konstellation stabiler Eigenschaften), das 'Maschinenmodell' (im Focus: die einzelne Persönlichkeit als Resultante äußerer Einflüsse) und das 'Systemmodell', dessen Grundthese darin bestehe, "dass sich komplexe Probleme (sei es im technischen Bereich, in der Natur oder in Organisationen) nicht lösen lassen, wenn man die Aufmerksamkeit lediglich auf ein Element (z.B. auf eine bestimmte Person) richtet, sondern, dass man das gesamte [hier gemeint: soziale, B.H.] System zu berücksichtigen hat." (1993/18)

250 Simon bezieht sich sich in diesem Zusammenhang u.a. auf die Denkfigur Maturanas, derzufolge Verhalten als 'Beschreibung' der Systemumwelt anzusehen sei. Dabei überträgt er diese Aussage, die allenfalls den technischen Vorgang in metaphorischer Weise in ein interessantes Licht rücken kann, kurzschlüssig auf den Bedeutungsinhalt, den dieser transportiert: "Es gibt keinen Unterschied zwischen dem Verhalten und der Erkenntnis. Lebewesen, welche dasselbe Verhalten zeigen, liefern dieselbe Beschreibung ihrer Lebenswelt. ... Sieht man, dass ein Mensch in ein Stück Papaya beißt, so erscheint es durchaus angemessen zu sagen, dass er dadurch die Papaya als essbar beschreibt ... " (1990/56f, Hvh. v. mir) Diese Behauptung ist natürlich völlig unsinnig, denn wenn ein Mensch etwas als irgendwie beschreibt, so tut er dies zunächst einmal in diskursiven sprachlichen Äußerungen. Nur im Grenzfall des Fehlens einer gemeinsamen sprachlichen Verständigungsbasis wird er vielleicht zum (höchst mehrdeutigen) Mittel einer 'pantomimischen' Aussage greifen. Und selbst dann wäre der Akt des 'Beschreibens', da ihm unhintergehbar reflexive Prozesse zugrunde liegen, ein völlig anderer als jener, den etwa ein Schwein durch eine vergleichbare operative Sequenz (in die Papaya beißen) vollziehen kann.

251 Zitat nicht verifizierbar, da Werkangabe fehlt

252 Mit der Übernahme dieser Formulierung will ich selbstverständlich keineswegs andeuten, dass ein solcher 'Film' sich nicht seinerseits in rekonstruierbarer Weise 'sinnvoll' auf die Welt bezieht, wie sie seinem 'Regisseur' erfahrbar ist.

253 In dieser Argumentation wird der explizite Versuch sichtbar, auch gegenüber dem eigenen Handeln einen Standpunkt dritter Person einzunehmen. Die Mailänder Schule grenzt ihr Verständnis daher auch ausdrücklich ab von 'subjektiven' Modellen, etwa jenen in der Rogerianischen Tradition, "nach dem der Psychologe ausschließlich und ganz aufrichtig 'er selbst' sein, ein hohes Maß an Empathie für 'die anderen' ... aufbringen und ihnen vertrauensvoll, positiv und vorbehaltlos begegnen soll." (Anolli 1981/224)

254 Dagegen aus systemtheoretischer Sicht kritisch zur Handlungsforschung: Wimmer 1991/79ff (dort: Aktionsforschung), v.a. mit dem Argument, diese sei zwar prinzipiell mit der (von Wimmer vertetenen) Beratungs-Idee verknüpfbar, das Konzept jedoch zu sehr vom Gedanken einer 'pädagogischen' Einflussnahme auf das Feld geleitet und damit zusammenhängend in kontraproduktiver Weise auf 'verändernde' Wirkungen orientiert. Demgegenüber hat allerdings Klaus Mollenhauer bereits 1965 erläutert, dass und warum eine 'normativ abstinente' Haltung gegenüber den Klienten von Beratung aus dezitiert pädagogischer Sicht dringend geboten ist. Es handelt sich also auch hierbei keineswegs um eine authentisch 'systemtheoretisch' begründete Einsicht. Betrachtet man ferner das Diagnosekonzept Simons, das er unter dem Arbeitstitel 'dichte Beschreibung' (etwa 1993/251ff) entwickelt, werden die methodischen Über-

einstimmungen zwischen traditioneller Handlungsforschung und systemischer 'Empirie' offensichtlich: Als einziger Unterschied verbleibt die eingenommene Betrachtungsperspektive (Teilnehmer vs. Beobachter), die in einer elaborierten Version von Handlungsforschung m.E. allerdings ohnehin im hier dargestellten Sinne zu kombinieren wäre.

255 Der Ausdruck 'Regeln' kann wieder zum Ausgangspunkt für Missverständnisse werden. Er darf hier nicht als 'rational begründete Normen', sondern nur als 'wirkende Gesetzmäßigkeiten' verstanden werden.

256 Darin durchaus ihrem Vordenker Luhmann folgend. (Vgl. nur etwa ebendieser: 1992/122ff, 1996b/285ff) Paradigmatisch für seine Argumentationsweise auch der einschlägige Aufsatz 'Organisation' (1988b): Hier 'agieren' die Organisationen, indem sie "die Entscheidungen, aus denen sie bestehen, selbst anfertigen" (166), "rekursive(n) Entscheidungszusammenhänge einrichten und ihre Autopoiesis darauf gründen" (171), entscheiden, "wer nach welchen Gesichtspunkten rekrutiert bzw. entlassen werden kann" (ebd.), "Entscheidungsprogramme aufstellen, mit deren Hilfe sie die Richtigkeit von Entscheidungen beurteilen" (176, Hvh. entfernt) etc. Im Resultat kann er dann von der "Vergeblichkeit ... systemexterner Erwartungen und Appelle" sprechen, "die keinen Zugang zum internen Netzwerk der Entscheidungsprodukte finden". (168) An dieser Stelle ist es vielleicht sinnvoll, eine mögliche Quelle von Missverständnissen zu benennen: Luhmanns Formulierungen mögen jenem Teil des Publikums unmittelbar plausibel erscheinen, der sich unter 'Organisationen' spontan die Menschen vorstellt, die in jenen agieren. Damit wäre Luhmann aber vollständig missverstanden, da einer seiner zentralen Ausgangsabstraktionen zufolge soziale Systeme gerade nicht aus Menschen (genauer: aus psychischen Systemen) bestehen, sondern beide füreinander jeweils bloße 'Umwelt' bilden. Wenn also Menschen in Organisationen etwas entscheiden, so darf das nicht ineins gesetzt werden damit, dass die Organisation etwas entscheidet.

257 In mein Schema aus dem ersten Resümee eingetragen: zwischen den Bereichen, die durch das obere und untere Würfelsegment bezeichnet sein sollen.

258 Ich unterstelle hier, dass die zitierte Behauptung nicht in dem banalen Sinne zu verstehen ist, dass eine Intervention von außen nur nach einem internen Algorithmus aufgenommen werden kann und dass dieser durch die Intervention nicht ignoriert oder willkürlich verändert werden kann, denn das würde auch schon für technische Systeme gelten: Ein Computer pflegt etwa nicht auf gutes Zureden sondern nur auf Dateneingabe, also systemspezifisch, zu reagieren.

259 Siehe Holzkamps Argumentation in Kap. 1.1.a.I zum Umschlag des Evolutionsprinzips mit dem Erreichen des humanen Entwicklungsniveaus.

260 Vgl. dazu Holzkamps Argumentation zur Herausbildung der operativen Ebene des Handelns aus dem tierischen Beobachten/Probieren (1983/269ff)

261 Wenn Luhmann (1990d/238f) ausführt, funktionierende Unternehmensberatung würde voraussetzen, dass die Klienten die der Beratung zugrundeliegende Theorie mit-verstehen, da diese eine Grundlage der von den Klienten selbst zu vollziehenden Anwendungsbeiträge bildet, so meint er dies wahrscheinlich nicht im Sinne meiner Auffassung vom 'Ko-Inventor', der gemeinsam mit den Beratern Strategien zur Beeinflussung 'minder autonomer' Systembildungen entwirft. Dessenungeachtet betrachte ich das von ihm benannte Phänomen aber als Hinweis auf die Triftigkeit meines Vorschlags. Eine solche Sichtweise würde sich auch mit der Auffassung Willkes vereinbaren lassen, derzufolge eine Kommunikation dann als 'zielgerichtet' anzusehen ist, wenn ihre "Wirkung beim Kommunikationspartner in das Kalkül der Kommunikation einbezogen ist", während ihr 'strategisches' Pendant darauf orientiert ist, das Entschlüsseln der Wirkungsabsicht zu verhindern. (zit. bei Titscher 1991/312f) 'Zielgerichtet' würde hier den Status eines 'Ko-Inventors', 'strategisch' jenen eines bloßen 'Interventionsobjekts' implizieren.

262 Ich werde dies gleich anschließend am Beispiel der Mailänder Schule zeigen.

263 Vgl. dazu meine handlungstheoretische Erörterung der Begriffe 'Institution' und 'Organisation' in 2.1.d.1. Ganz im Gegensatz zu der dort entwickelten Sichtweise interpretieren 'systemische' Berater eine Organisation manchmal auch nicht als zweckbezogene Einrichtung. In einer

systematischen Gegenüberstellung unterschiedlicher Beratungsansätze schreiben etwa Exner/Königswieser/Titscher allen 'nicht-systemischen' Auffassungen den Satz zu: "Organisation ist zweckgerichtetes Instrument" (1990/231), während sie den eigenen - systemischen - Ansatz mit der Aussage charakterisieren: "Soziale Systeme gestalten sich autopoietisch." (ebd.) Ein weiteres illustratives Beispiel der Kontamination von Subjekt- und Systemdiskurs.

264 De facto gehen die meisten der in der Literatur beschriebenen interventionsrelevanten Methodenkonzepte direkt auf Vorlagen der 'Mailänder Schule' zurück. Vgl. nur etwa die Zusammenstellungen bei Mingers 1996 für den Bereich 'Beratung' und Simon 1993 für den Bereich Therapie, als 'Original' etwa die übersichtliche Darstellung der Entwicklungsarbeit bei Selvini 1985

265 Titscher unterscheidet abweichend davon (und ohne explizite Bezugnahme auf die Mailänder Schule) drei 'Eingriffsebenen' der systemischen Intervention: Interaktionen, Attributionen und Regeln (1991/316ff)

266 "D.h. wir erziehen nicht, wir interpretieren nicht, wir erklären nicht, sondern wir stimulieren nur". (Selvini-Palazzoli in einem Interview, zit. bei Selvini 1985d/157)

267 Diese Methode wurde später abgewandelt und ergänzt durch das Konzept des 'Verantwortunggebens' (vgl. Selvini 1985c/139ff)

268 Eine 'systemische' Vorgangsweise, deren schlichtere Varianten schon lange vor ihrer systemtheoretischen Interpretation praktiziert (zB: militärischer Drill) und theoretisch propagiert (zB: Locke, s.o.) wurde.

269 Vgl. dazu etwa die seinerzeit bahnbrechenden Studien von Whorf (1956), die aber natürlich auch von handlungstheoretischer Seite intensiv rezipiert wurden.

270 Als voluminöseres Beispiel dafür etwa die Fallstudie einer Familie eines anorektischen Mädchens, in deren Rahmen ausführlich und einfühlsam den subjektiven Betroffenheiten eines Familienclans über mehrere Generationen hinweg nachgegangen wird. (Selvini-Palazzoli 1975/86ff) Die Textstelle erinnert in ihrem Argumantationsansatz durchaus wieder an die - explizit aus subjektiver Sicht vorgenommenen - Interpretationen Ute Osterkamps.

271 Wenn man davon absieht, dass es im Sinne meiner Argumentation 'Beschreibung' statt (kausaler) 'Erklärung' heißen müsste.

272 Analog Hirsch: "Bei der systemischen Intervention geht es nicht um das Behandeln intrapsychischer Probleme von Personen und deren Vergangenheit ... , sondern um Relationen hier und jetzt ..." (1990/91)

273 Manche Anwendungsbeispiele lesen sich, als wären sie geradezu zur Demonstration handlungstheoretischer Prinzipien (etwa: Perspektivenwechsel in der Kommunikation zwecks 'Verstehen' der 'Gegenposition') ausgewählt worden. Vgl. nur etwa Weiss 1990/292f

274 Selvini-Palazzoli hat diese Ausrichtung in einem Interview in der Weise zugespitzt, dass "die Einsicht" nichts nütze, sondern nur dazu diene, "die Widerstände zu vergrößern." (Selvini 1985d/157)

275 Titscher weist darauf hin, die paradoxe Intervention schon von Adler und Frankl praktiziert wurde (vgl. Titscher 1991/337), zwei Therapeuten, die man zweifelsohne nicht unbedingt als Exponenten der 'systemischen Therapie' (im Sinne der populären corporate identity eines Branchensegments) ansehen kann. Dass Titscher darob aber zu dem resignierenden Schluss kommt, dass überhaupt nur das zirkuläre Fragen als "originär systemische Interventionsform" (ebd. 335) anzusehen sei, hat wohl auch damit zu tun, dass er mangels ausreichender theoretischer Klärung nicht unterscheidet zwischen der systemischen Wirkungsweise (die bereits Adler und Frankl erkannt haben) und den reflexiven Implikationen einer Methode. Denn letztere sprengen zwar eine dogmatisch systemtheoretische Fundierung des Interventionshandelns, stehen ersterer jedoch mitnichten im Wege.

276 In einem Buch, das, wie ich hervorheben möchte, zweifellos zu den anspruchsvollsten und fundiertesten Beiträgen zur Formulierung des 'systemischen' Konzepts zu zählen ist.

277 Vgl. dazu die Betrachtungen zur Spiel-Metapher bei Habermas 1975/301ff

278 Auf der Linie dieser willkürlich und unangemessen vollzogenen Unterscheidung von 'Innen-' und 'Außenperspektive' liegen dann mannigfache argumentative Verzerrungen. So etwa ihre Lokalisierung entlang der physischen Körpergrenze: Ein Patient "schaut teilweise aus einer Innenperspektive, seine Wahrnehmung erstreckt sich nicht nur auf den außerhalb der Haut liegenden Bereich." (Simon 1993/179) Ein Knochenbruch wird so plötzlich zu einem der Innensicht zugänglichen Problem. (ebd./180f) Vgl. dagegen mein Beispiel aus 1.II, demzufolge ich solche körperlichen Phänomene notwendig von einem 'Außenstandpunkt' aus betrachten muss. Oder: "Wer von außen schaut, ist dabei sicherlich am besten in der Lage, die Ziele und Interessen aller Beteiligten zu verstehen und die Regeln der Interaktion zu erklären." (1993/188, Hvh. von mir) Auch die in systemtheoretischen Abhandlungen beliebten anthropomorphisierenden Metaphern zur Charakterisierung technischer und biologischer Prozesse treffen so auf weniger Widerstand, etwa dergestalt, dass die evolutionäre Ausbildung biologischer Gesetzmäßigkeiten als "so etwas wie das Erlernen von Spielen" (1993/110 unter Berufung auf Bateson) reformuliert wird.

279 Oelkers hat in diesem Zusammenhang zwischen theoretischen und praktischen "Diskursen" unterschieden (etwa 1984/31ff). Hilfreich erscheint mir dazu v.a. die Systematisierung bei Holzkamp (1983/23ff).

280 Beispielhaft führt dies etwa Titscher (1997/121f, 127ff) vor.

281 Die Übersicht Willkes präsentiert die Punkte in einer anderen Reihung und enthält insbesondere keine Trennung in funktionale und phänomenale Eigenschaften.

282 In diesem Zusammenhang ist allerdings in Rechnung zu stellen, dass soziale Systeme einer 'losen Koppelung' unterliegen und Anschlusszwänge daher nicht im selben Ausmaß rigid wirken, wie dies etwa bei technischen Systemen zu veranschlagen ist.

283 Simon stellt (1990/193) diese Frage in den Vordergrund der Diagnose und akzentuiert sie in einer das Prinzip einer systemischen Intervention präzise auf den Punkt bringenden Weise: "Wie schaffen es die Beteiligten (ich/wir), das Problem herzustellen und aufrechtzuerhalten? Wenn diese Frage beantwortet ist, so braucht man häufig nicht einmal mehr nach einer konstruktiven Alternative ... zu suchen; es reicht vollkommen, dieses Muster zu stören. In der Praxis kann dies dann so aussehen, dass eine bestimmte Verhaltensweise, die Teil einer sich selbst erhaltenden Rückkoppelungsschleife ist, unterlassen oder verhindert wird."

284 Ähnliche Diagnose-Kataloge etwa bei Jarmai/Königswieser 1990/18ff, Simon 1993/261ff, Schiepek 1986/156, Titscher 1997/119ff.

285 Umgekehrt werden von nicht dogmatisch systemtheoretisch argumentierenden Autoren (auch) 'qualitativ-inhaltliche' interventionsvorbereitende Diagnoseschritte empfohlen. So etwa von Titscher (1997/138ff): Berater müssten abschätzen, wie weit sie ihren Klienten - unter dem leitenden Ziel, deren lernende Veränderung zu unterstützen - Belastungen auferlegen oder Entlastungen gewähren könne. Ersteres bilde zwar eine Voraussetzung für Lernen, könne aber auch zu Zusammenbrüchen führen, zweiteres entschärfe zwar mögliche Lernanlässe, könne aber u.U. auch übergroße Risiken verringern. Welche Dimensionierung hier konkret angebracht erscheint, kann offensichtlich kaum anders denn von einem 'verstehenden' Standpunkt aus erhoben und eingeschätzt werden. Darauf weist bereits die Wortwahl 'Be-/Entlastung' hin, die eindeutig auf subjektive Betroffenheit abhebt.

286 Was ihn allerdings nicht daran hindert, sich immer wieder auf die Mailänder Schule zu berufen.

287 Für Beratungsprozesse wurde diese Einsicht zum Ausgangspunkt genommen, der traditionellen 'Expertenberatung' den Ansatz der 'Prozessberatung' gegenüberzustellen. (Vgl. etwa Fatzer 1992)

288 Theoretisch präzise müsste man hier natürlich formulieren: jene Prozesse, die den Bestand dieser sozialen Einheiten erhalten.

289 Denn selbstverständlich ist hier nicht das individuelle Reflektieren auf der Ebene seiner individuellen Subsysteme gemeint, etwa jenes der Schüler oder der Lehrerin. Natürlich kann auch in einem lockeren Unterrichtsgespräch der Unterricht behandelt werden. Damit reflektiert

zwar - gemäß systemtheoretischer Lesart - das soziale System 'Unterricht' via 'Kommunikationen' sich selbst, in Ermangelung spezieller Instanzen des Lernens (also der Speicherung und Verwaltung von Erfahrung) bleibt die Aussicht auf Folgen gering. Vgl. dazu mein Beispiel von weiter oben, in dem ich die Logik der Aktivitäten einer Abteilung für Marktforschung in einem Wirtschaftsunternehmen erläutert habe.

290 Dennoch lassen sie sich in Sonderfällen auch getrennt erhalten, etwa wenn im Zuge des Erlernens der Projektmethode die 'übergeordnete' Reflexion noch teilweise von der Lehrerin verwaltet wird.

291 Wieder nicht gemeint ist Veränderung der Subsysteme als solchen: Die Schüler werden geübter im Lernen, Üben und Vortäuschen von Kenntnissen, die Lehrerin verändert ihre Sprechtechnik.

292 Auch in diesem Zusammenhang führt die Mailänder Forschungsgruppe wieder einen offensichtlich unkontrollierten Perspektivenschwenk vor. Die 'technische Problemstellenanalyse' des Kommunikationsprozesses ist kein Selbstzweck, sondern dient der erweiterten Möglichkeit kommunikativen Verstehens. So wird etwa ausgeführt: "Wenn wir in unsere Beobachtung [in einer zuvor dargestellten Fallstudie, B.H.] aber auch den Vizepräsidenten hineinnehmen, das heißt, wenn wir den Wert der Territorialität von N=2 auf N=3 erhöhen, dann können wir sehen, dass das kommunikative Verhalten des Präsidenten gegenüber dem Chemiker sehr viel weniger irrational aussieht und eine ganz andere Bedeutung annimmt." (Ricci 1981/276, Hvh. von mir)

293 Wie erkennbar, sind in meine kurze Charakterisierung der 'Ebenen' bereits eine Reihe von Eigenheiten eingegangen, wie sie nur der subjektiven Erfahrung als bedeutsam zugänglich sind.

294 Auf enge Verwandtschaft weist u.a. schon das praktisch identische (operative) Repertoire an Interventionsmöglichkeiten hin. Titscher (1997/148f) ordnet etwa nach 'Strukturierungsstärke': Anwesend / nicht anwesend sein - nicht reagieren - Fragen stellen - Situationen versinnbildlichen - interpretieren - Antworten geben - informieren - Anweisungen geben.

295 Die unter gesellschaftlichen Lebensumständen (als Aspekt deren 'vorsorgender' Sicherstellung individueller Daseinsbedingungen) immer mindestens in Ansätzen vorliegen.

296 Damit ist auch angedeutet: Ein gesicherter Entfaltungsraum (s.o.) ist nicht zu verwechseln mit einem problemlosen (ein 'entspanntes' Feld gleichsam kein 'abgespanntes'), sondern soll erlauben, die verfügbaren Kräfte auf die Bearbeitung bestimmter Probleme zu bündeln. (vgl. dazu analog für Beratungsprozesse: Titscher 1997/138ff)

297 Die Aneignung der Fähigkeit einer solchen 'Selbstunterstützung' muss sich natürlich auf solche Aspekte und Dimensionen beschränken, die nicht von vornherein Funktionen des gesamtgesellschaftlichen Verwaltens und Organisierens gesellschaftlicher Erfahrung sind. Niemand kann sein Lernen dadurch unterstützen, dass er sich die benötigten Informationsnetze selbst einrichtet, Bücher und Zeitschriften selbst herausgibt und Museen und Bibliotheken selbst erbaut. Die individuellen Lern- und Entwicklungsaktivitäten bilden nur die peripheren Elemente der gesamtgesellschaftlichen Wissensentwicklung, ohne welche sie ihre Funktion nicht erfüllen könnten. Ein Umstand, den ich weiter oben und im Sinne von Benner als lernbezogene Implikationen der gesellschaftlichen Lebensumwelt des Menschen bezeichnet habe.

Literaturverzeichnis

Anmerkung: Zitierweise und nachstehende Literaturangaben folgen einem unüblichen Prinzip, dem ich jedoch eingedenk seiner Transparenz und Lesefreundlichkeit gegenüber anderen den Vorzug gebe: Im Text werden Fremdäußerungen unter Angabe des Autors und des Erscheinungsjahres der *Erstveröffentlichung* zitiert, letzteres, um unmittelbar aufzuweisen, zu welchem Zeitpunkt die Äußerung in den wissenschaftlichen Diskurs Eingang gefunden hat. Damit bezieht sich die dort ebenfalls angegebene Seitenzahl *nicht* auf die (beim Zitat angegebene) *erste*, sondern auf die *zitierte* (ggf. spätere) Ausgabe des Texts. Da dieser Umstand erst relevant wird, sobald die zitierte Textstelle über das nachstehende Literaturverzeichnis aufgesucht werden soll, gibt dieses dann unter 'Zit. Nach:' Auskunft über das Erscheinungsjahr jener (ggf. von der Erstausgabe abweichenden) Ausgabe, aus der das Zitat entnommen wurde und auf die sich die Seitenangabe (beim Zitat in der Klammer) bezieht. Die Hochzahl nach der Jahreszahl bezeichnet (ggf.) die Auflage der zitierten (deutschsprachigen) Ausgabe. (Keine Hochzahl bei der zweiten Jahresangabe bedeutet: erste Auflage oder aus der zitierten Ausgabe nicht rekonstruierbare Anzahl von Vorauflagen.)

Adam, Erik, **1988**: Das Subjekt in der Didaktik, Ein Beitrag zur kritischen Reflexion von Paradigmen der Thematisierung von Unterricht. Weinheim

Adorno, Theodor W., **1962**: Zur Logik der Sozialwissenschaften. In: Kölner Zeitschrift für Soziologie und Sozialpsychologie, Nr. 14

Altrichter, Herbert, **1990**: Ist das noch Wissenschaft? München

Altrichter, Herbert / **Posch**, Peter **1992**: Bildung in Österreich, Analysen und Entwicklungsperspektiven. Innsbruck

Anolli, Luigi, **1981**: Der Psychologe muss auch die eigene Person in Betracht ziehen. In: Selvini-Palazzoli, M., u.a., 1981: Sul fronte dell'organizzazione. Zit. nach: 1993^{5}, Hinter den Kulissen der Organisation. Stuttgart

Arnold, Rolf / **Siebert**, Horst, **1995**: Konstruktivistische Erwachsenenbildung, Von der Deutung zur Konstruktion von Wirklichkeit. Hohengehren

Auernheimer, Georg, **1979**: Zur Bedeutung der Perspektive für einen demokratischen Bildungsbegriff. In: Demokratische Erziehung, Nr. 2

Auernheimer, Georg, **1980**: Die Vergesellschaftung der Erziehung. In: Braun, K.-H., 1980 (Hg.)

Balgo, Rolf / **Voß**, Reinhard, **1997**: Wenn das Lernen der Kinder zum Problem gemacht wird, Einladung zu einem systemisch-konstruktivistischen Sichtwechsel. In: Voß, R., 1997 (Hg.)

Ballauf, Theodor, **1982**: Funktionen der Schule, Historisch-systematische Analysen zur Scolarisation. Zit. nach: 1984^{2}. Köln, Wien

Baller, Ralph, **1988**: Problematische Implikationen der Begründungslogik von Galperins Theorie der etappenweisen Bildung geistiger Operationen. In: Forum Kritische Psychologie, Nr. 22. Berlin, Hamburg

Bateson, Gregory / **Jackson**, Don D. / **Haley** Jay / **Weakland**, John H., **1956**: Toward a theory of schizophrenia. Zit. nach: Vorstudien zu einer Theorie der Schizophrenie. In: ders., 1972

Bateson, Gregory, **1967**: Cybernetic explanation. Zit. nach: Kybernetische Erklärung. In: ders., 1972

Bateson, Gregory, **1968**: Conscious purpose versus nature. Zit. nach: Bewusste Zwecksetzung versus Natur. In: ders., 1972

Bateson, Gregory, **1971a**: The cybernetics of 'self': A theory of alcoholism. Zit. nach: Die Kybernetik des 'Selbst': Eine Theorie des Alkoholismus. In: ders., 1972

Bateson, Gregory, **1971b**: Style, grace and information in primitive art. Zit. nach: Stil, Grazie und Information in der primitiven Kunst. In: ders., 1972

Bateson, Gregory, **1971c**: The logical categories of learning and communication, and the acquisition of world views. Zit. nach: Die logischen Kategorien von Lernen und Kommunikation. In: ders., 1972

Bateson, Gregory, **1972**: Steps to an Ecology of Mind, Collected Essays in Anthropology, Psychiatry, Evolution and Epistemology. Zit. nach: 1994[5]. Ökologie des Geistes, Anthropologische, psychologische, biologische und epistemologische Perspektiven. Frankfurt/Main

Bateson, Gregory, **1979**: Mind and Nature. A Necessary Unity. Zit. nach: 1995[4]: Geist und Natur, Eine notwendige Einheit. Frankfurt/Main

Bauer, Karl-Oswald, **1998**: Organisationsentwicklung als pädagogischer Prozess. In: Erziehungswissenschaft, Nr. 17

Beck, Johannes, **1974**: Lernen in der Klassenschule. Reinbek

Beck, Ulrich, **1986**: Risikogesellschaft. Auf dem Weg in eine andere Moderne. Frankfurt/Main

Benner, Dietrich, **1979a**: Lässt sich das Technologieproblem durch eine Technologiersatztechnologie lösen? In: ZfPäd Nr. 25

Benner, Dietrich, **1979b**: Ist etwas, wenn man es durch sich selbst ersetzt, nicht mehr dasselbe? In: ZfPäd Nr. 25

Benner, Dietrich, **1987**: Allgemeine Pädagogik, Eine systematisch-problemgeschichtliche Einführung in die Grundstruktur pädagogischen Denkens und Handelns. Zit. nach: 1996[3]. Weinheim, München

Bense, Max, **1969**: Einführung in die informationstheoretische Ästhetik. Grundlegung und Anwendung in der Texttheorie. Reinbek

Bernfeld, Siegfried, **1925**: Sisyphos oder die Grenzen der Erziehung. Zit. nach: 1981. Frankfurt/Main

Blankertz, Herwig, **1969**: Theorien und Modelle der Didaktik. Zit. nach: 1974. München

Blankertz, Herwig, **1982**: Die Geschichte der Pädagogik, Von der Aufklärung bis zur Gegenwart. Wetzlar

Boettcher, Wolfgang, **Bremerich-Vos**, Albert, **1987** (Hg.): 'Kollegiale Beratung' in Schule, Schulaufsicht und Referendarausbildung. Frankfurt/Main

Bollnow, Otto Friedrich, **1949a**: Was heißt, einen Schriftsteller besser verstehen als er sich selber verstanden hat? In: ders., Das Verstehen, Drei Aufsätze zur Theorie der Geisteswissenschaften. Mainz

Bollnow, Otto Friedrich, **1949b**: Über das kritische Verstehen. In: ders., Das Verstehen, Drei Aufsätze zur Theorie der Geisteswissenschaften. Mainz

Bossing, Nelson L., **1942**: Die Projektmethode. Zit. nach: Kaiser, A. / Kaiser, F.-J., 1977 (Hg.)

Braun, Karl-Heinz, **1982**: Genese der Subjektivität. Köln

Braun, Karl-Heinz, **1980** (Hg.): Materialistische Pädagogik, Beiträge zu ihren Grundlagen und Gegenstandsbereichen. Köln

Braun, Karl-Heinz, **1992**: Diskursethik und Subjektwissenschaft, Vorschläge zur subjekttheoretischen Erweiterung der diskursethischen Konzeption von Jürgen Habermas. In: Forum Kritische Psychologie, Nr. 29

Braun, Karl-Heinz / **Holzkamp**, Klaus, **1985** (Hg.): Subjektivität als Problem psychologischer Methodik. Frankfurt, New York

Braun, Karl-Heinz / **Wetzel**, Konstanze, **1992**: Ethik als implizite Subjektwissenschaft und die Widersprüchlichkeit pädagogischen Handelns: Platon und Rousseau. In: dies., 1992 (Hg.)

Braun, Karl-Heinz / **Wetzel**, Konstanze, **1992** (Hg.): Lernwidersprüche und pädagogisches Handeln. Marburg

Brecht, Bertolt, **1972**: Das Bertolt-Brecht-Buch. Frankfurt/Main

Brumlik, Micha, **1983**: Symbolischer Interaktionismus. In: Lenzen, D. / Mollenhauer, K. (Hg.)

Brumlik, Micha / **Holtappels**, Heinz G., **1987**: Mead und die Handlungsperspektive schulischer Akteure - interaktionistische Beiträge zur Schultheorie. In: Tillmann, K.-J. (Hg.)

Bruner, Jerome S., **1974**: Entwurf einer Unterrichtstheorie. Berlin, Düsseldorf

Büeler, Xaver, **1994**: System Erziehung, Ein bio-psycho-soziales Modell. Bern, Stuttgart, Wien
Capra, Fritjof, **1990**: Systemisches Denken - das neue Paradigma. In: Königswieser, R. / Lutz, C., 1990 (Hg.)
Capra, Fritjof / **Exner**, Alexander / **Königswieser**, Roswita, **1990**: Veränderung im Management - Management der Veränderung. In: Königswieser, R. / Lutz, C., 1990 (Hg.)
Comenius, Johann A., **1657**: Große Didaktik. Zit. nach 1993[8]. Stuttgart
Comenius, Johann A., **1680**: Mathetica. Zit. nach: Golz, Reinhard / Korthaase, Werner / Schäfer, Erich, 1996: Comenius und unsere Zeit. Baltmannsweiler
Copei, Friedrich, **1930**: Der fruchtbare Moment im Bildungsprozess. Zit. nach: 1950. Heidelberg
Couffignal, Louis, **o.J.**: Le Notions de Base. Zit. nach: o.J. (1962) Kybernetische Grundbegriffe. Baden-Baden
Cube, Felix v., **1965**: Kybernetische Grundlagen des Lernens und Lehrens. Stuttgart
Dewey, John / **Kilpatrick** William H., **1935**: Der Projekt-Plan, Grundlegung und Praxis. Weimar
Di Blasio, Paola, **1981**: Die verleugnete Koalition: Ihre Aufdeckung und Auflösung. In: Selvini-Palazzoli, M., u.a., 1981: Sul fronte dell'organizzazione. Zit. nach: 1993[5], Hinter den Kulissen der Organisation. Stuttgart
Diederich, Jürgen, **1982**: Bemessene Zeit als Bedingung pädagogischen Handelns. In: Luhmann, N. / Schorr, K.E. (Hg.), 1982: Zwischen Technologie und Selbstreferenz, Fragen an die Pädagogik. Frankfurt/Main
Dietrich, Theo, **1977**: Projektunterricht und Gesamtunterricht - Versuch einer Abgrenzung. In: Kaiser, A. / Kaiser, F.-J. (Hg.) 1977: Projektstudium und Projektarbeit in der Schule. Bad Heilbrunn
Dilthey, Wilhelm, **1910**: Der Aubau der geschichtlichen Welt in den Geisteswissenschaften. Zit. nach: 1981. Frankfurt/Main
Dreeben, Robert, **1968**: On What is Learned in School. Zit. nach: 1980, Was wir in der Schule lernen. Frankfurt/Main
Dulisch, Frank, **1986**: Lernen als Form menschlichen Handelns, Eine handlungstheoretisch orientierte Analyse von Lernprozessen unter besonderer Berücksichtigung des Selbststeuerungsaspekts. Bergisch Gladbach
Dziewas, Ralf, **1992**: Der Mensch - ein Konglomerat autopoietischer Systeme? In: Krawietz, W. / Welker, M. (Hg.), 1992: Kritik der Theorie sozialer Systeme, Auseinandersetzungen mit Luhmanns Hauptwerk. Frankfurt
Ebert, Joachim / **Rückriem**, Georg M., **1980**: Zur Grundlegung eines wissenschaftlichen Bildungsbegriffs. In: Braun, K.-H., 1980 (Hg.)
Eco, Umberto, **1992**: Die Grenzen der Interpretation. München, Wien
Elfgen, Ralph, **1991**: Systemische und kognitionstheoretische Perspektiven der Unternehmensberatung. In: Hofmann, M., 1991
Elias, Norbert, **1939**: Über den Prozess der Zivilisation. Soziogenetische und psychogenetische Untersuchungen, Band 1. Zit. nach: 1978[6] Frankfurt/Main
Exner, Alexander / **Königswieser**, Roswita / **Titscher**, Stefan, **1990**: Unternehmensberatung - systemisch. In: Königswieser, R. / Lutz, C., 1990 (Hg.)
Fatzer, Gerhard, **1992**: Prozessberatung als Organisationsberatungsansatz der neunziegr Jahre. In: Wimmer, R., 1992 (Hg.)
Fend, Helmut, **1980a**: Theorie der Schule. München, Wien, Baltimore
Fend, Helmut, **1980b**: Einleitung. In: Dreeben, R., 1968
Fingerle, Karlheinz, **1973**: Funktionen und Probleme der Schule. Didaktische und systemtheoretische Beiträge zu einer Theorie der Schule. München
Fischer, Wolfgang, **1963** (Hg.): Einführung in die pädagogische Fragestellung. Freiburg/Br.
Fischer, Wolfgang, **1978**: Schule als parapädagogische Organisation. Kastellaun

Fischer, Wolfgang, **1989**: Über die Anfänge des pädagogischen Denkens. In: Fischer, W. / Löwisch, D.-J.: Pädagogisches Denken von den Anfängen bis zur Gegenwart. Darmstadt

Foerster, Heinz von, **1972**: Perception of the Future and the Future of Perception. Zit. nach: Zukunft der Wahrnehmung: Wahrnehmung der Zukunft. In: ders., 1985, Sicht und Einsicht, Versuche zu einer operativen Erkenntnistheorie. Braunschweig, Wiesbaden

Foerster, Heinz von, **1993**: Lethologie, Eine Theorie des Erlernens und Erwissens angesichts von Unwißbarem, Unbestimmbarem und Unentscheidbarem. In: Voß, R., 1997 (Hg.)

Foucault, Michel, **1975**: Surveiller et punir. La naissance de la prison. Zit. nach: 1994, Überwachen und Strafen, Die Geburt des Gefängnisses. Frankfurt/Main

Frank, Helmar, **1962**: Kybernetische Grundlagen der Pädagogik, Band I + II. Baden-Baden

Frank, Helmar, **1964a**: Was ist Kybernetik? In: ders. (Hg.), 1964

Frank, Helmar, **1964b**: Informationspsychologie. In: ders. (Hg.), 1964

Frank, Helmar, **1964c**: Lehrmaschinen - ein zukunftsreicher Aufgabenkreis der kybernetischen Technik. In: ders. (Hg.), 1964

Frank, Helmar (Hg.), **1964**: Kybernetik, Brücke zwischen den Wissenschaften. Frankfurt/Main

Frank, Helmar / **Hollenbach**, Gerhard, **1973**: Begriffswörterbuch der kybernetischen Pädagogik. Hannover, Paderborn

Frank, Helmar / **Meder**, Brigitte, **1971**: Einführung in die kybernetische Pädagogik. München

Freud, Sigmund, **1915**: Das Unbewusste. Zit. nach: ders., 1982, Studienausgabe Bd. III (Psychologie des Unbewussten). Frankfurt/Main

Frey, Karl, **1982**: Die Projektmethode. Weinheim, Basel

Fürnkranz, Wolfgang, **1994**: Autopoiesis - der deus ex machina der Systemtheorie. In: Hörmann, G., 1994 (Hg.): Im System gefangen, Zur Kritik systemischer Konzepte in den Sozialwissenschaften. Münster

Fürstenau, Peter, **1992**: Warum braucht der Organisationsberater eine mit der systemischen kompatible ichpsychologisch-psychoanalytische Orientierung? In: Wimmer, R. (Hg.) 1992

Furth, Hans G., **1976** (Hg.): Intelligenz und Erkennen. Frankfurt/Main

Galperin, Pjotr J., **1959**: Die Entwicklung der Untersuchungen über die Bildung geistiger Operationen. Zit. nach: Hiebsch, H. (Hg.) 1969: Ergebnisse der sowjetischen Psychologie. Stuttgart

Gamm, Hans-J, **1964**: Führung und Verführung, Pädagogik des Nationalsozialismus. Zit. nach 1990[3]. München

Gamm, Hans-J., **1972**: Das Elend der spätbürgerlichen Pädagogik. München

Gamm, Hans-J., **1979**: Allgemeine Pädagogik. Reinbek

Gamm, Hans-J., **1988**: Pädagogische Ethik. Weinheim

Gause, Ute / **Schmidt**, Heinz, **1992**: Das Erziehungssystem als soziales System. Codierung und Programmierung - Binnendifferenzierung und Integration. In: Krawietz, W. / Welker, M. (Hg.), 1992: Kritik der Theorie sozialer Systeme, Auseinandersetzungen mit Luhmanns Hauptwerk. Frankfurt

Gekeler, Gert / **Wetzel**, Konstanze, **1990** (Hg.): Subjektivität und Politik. Marburg

Geulen, Dieter, **1989**: Das vergesellschaftete Subjekt, Zur Grundlegung der Sozialisationstheorie. Frankfurt/Main

Giddens, Anthony, **1976**: New Rules of Sociological Method. Zit. nach: 1984, Interpretative Soziologie. Frankfurt/Main

Giddens, Anthony, **1984**: The Constitution of Society, Outline of the Theory of Structuration. Zit. nach: 1995[2], Die Konstitution der Gesellschaft, Grundzüge einer Theorie der Strukturierung. Frankfurt/Main

Golz, Reinhard / **Korthaase**, Werner / **Schäfer**, Erich, 1996: Comenius und unsere Zeit. Baltmannsweiler

Graumann, Carl F., **1979**: Verhalten und Handeln - Probleme einer Unterscheidung. In: Schluchter, W. (Hg.) 1980: Verhalten, Handeln und System, Talcott Parsons' Beitrag zur Entwicklung der Sozialwissenschaften. Frankfurt/Main

Graumann, Carl F., **1985**: Phänomenologische Analytik und experimentelle Methodik in der Psychologie - das Problem der Vermittlung. In: Braun, K.-H. / Holzkamp, K., 1985 (Hg.)

Groskurth, Peter / **Volpert**, Walter, **1975**: Lohnarb, Mingersalisation: Emanzipation zur Anpassung. Frankfurt/Main

Gstettner, Peter, **1981**: Die Eroberung des Kindes durch die Wissenschaft, Aus der Geschichte der Disziplinierung. Reinbek

Gudjohns, Herbert, **1986a**: Handlungsorientiert Lehren und Lernen. Bad Heilbrunn

Gudjohns, Herbert, **1986b**: Was ist Projektunterricht? In: Bastian, J. / Gudjohns, H. (Hg.): Das Projektbuch. Hamburg

Habermas, Jürgen, **1970**: Zur Logik der Sozialwissenschaften. Zit. nach: 1973³ Frankfurt/Main

Habermas, Jürgen, **1973**: Wahrheitstheorien. In: ders., 1984: Vorstudien und Ergänzungen zur Theorie des kommunikativen Handelns. Zit. nach: 1989³. Frankfurt/Main

Habermas, Jürgen, **1975**: Handlungen, Operationen, körperliche Bewegungen. In: ders., 1984: Vorstudien und Ergänzungen zur Theorie des kommunikativen Handelns. Zit. nach: 1989³. Frankfurt/Main

Habermas, Jürgen, **1979**: Handlung und System - Bemerkungen zu Parsons' Medientheorie. In: Schluchter, W. (Hg.) 1980: Verhalten, Handeln und System, Talcott Parsons' Beitrag zur Entwicklung der Sozialwissenschaften. Frankfurt/Main

Habermas, Jürgen, **1981a**: Theorie des kommunikativen Handelns, Band I. Zit. nach: 1988. Frankfurt/Main

Habermas, Jürgen, **1981b**: Theorie des kommunikativen Handelns, Band II. Zit. nach: 1988. Frankfurt/Main

Habermas, Jürgen, **1983a**: Rekonstruktive vs. verstehende Sozialwissenschaften. In: ders. 1988³: Moralbewusstsein und kommunikatives Handeln. Frankfurt/Main

Habermas, Jürgen, **1983b**: Moralbewusstsein und kommunikatives Handeln. In: ders. 1988³: Moralbewusstsein und kommunikatives Handeln. Frankfurt/Main

Habermas, Jürgen, **1983c**: Diskursethik - Notizen zu einem Begründungsprogramm. In: ders. 1988³: Moralbewusstsein und kommunikatives Handeln. Frankfurt/Main

Habermas, Jürgen, **1984**: Vorstudien und Ergänzungen zur Theorie des kommunikativen Handelns. Zit. nach: 1989³. Frankfurt/Main

Habermas, Jürgen, **1985a**: Der normative Gehalt der Moderne. Zit. nach: ders., 1988, Der philosophische Diskurs der Moderne. Frankfurt/Main

Habermas, Jürgen, **1985b**: Exkurs zu Luhmanns systemtheoretischer Aneignung der subjektphilosophischen Erbmasse. Zit. nach: ders., 1988, Der philosophische Diskurs der Moderne. Frankfurt/Main

Habermas, Jürgen, **1985c**: Exkurs zum Veralten des Produktionsparadigmas. Zit. nach: ders., 1988, Der philosophische Diskurs der Moderne. Frankfurt/Main

Habermas, Jürgen, **1988**: Die Einheit der Vernunft in der Vielfalt ihrer Stimmen. In: ders.: Nachmetaphysisches Denken. Frankfurt/Main

Habermas, Jürgen, **1991**: Erläuterungen zur Diskursethik. In: ders.: Erläuterungen zur Diskursethik. Frankfurt/Main

Habermas, Jürgen, **1992**: Faktizität und Geltung, Beiträge zur Diskurstheorie des Rechts und des demokratischen Rechtsstaats. Frankfurt/Main

Habermas, Jürgen, **Luhmann,** Niklas, **1971**: Theorie der Gesellschaft oder Sozialtechnologie? Frankfurt/Main

Hacker, Winfried, **1986**: Arbeitspsychologie, Psychische Regulation von Arbeitstätigkeiten. Berlin/Ost

Hackl, Bernd, **1990**: Die Arbeitsschule, Geschichte und Aktualität eines Reformmodells. Wien

Hackl, Bernd, **1991**: Belehren - Befragen - Benoten? Über notwendige Dimensionen und Voraussetzungen von Unterricht. In: Schulheft 61/91. Wien.
Hackl, Bernd, **1992**: Wissen - Bildung - Widerstand? Warum der Schulunterricht an seinen emanzipatorischen Ansprüchen scheitert. In: Forum Kritische Psychologie, Nr. 30. Berlin, Hamburg
Hackl, Bernd, **1994a**: Schulische Organisationsberatung als Nährboden für pädagogische Innovationen? In: Erziehung und Unterricht, Nr. 8/94
Hackl, Bernd, **1994b**: Projektunterricht in der Praxis, Utopien, Frustrationen, Lösungswege. Innsbruck
Hackl, Bernd, **1994c**: Forschung für die pädagogische Praxis. Innsbruck
Hackl, Bernd, **1995**: Wo soll das alles enden? Perspektiven der schulischen Dezentralisierung. In: Osinger, D. (Red.): Pädagogische Autonomie - Ein Lesebuch. Wien
Hackl, Bernd, **1998**: Schulautonomie in Österreich. In: Die Deutsche Schule, Nr. 1/98
Häfele, Walter, **1990**: Systemische Organisationsentwicklung. Zit. nach dies., 1993². Frankfurt/Main
Haug, Frigga u.a., **1975**: Automation in der BRD. Zit. nach dies., 1979³. Berlin
Haug, Frigga u.a., **1978**: Entwicklung der Arbeitstätigkeiten und die Methode ihrer Erfassung. Berlin
Haug, Frigga u.a., **1980ff** (1980, 1981a, 1981b, 1983): Automationsarbeit: Empirische Untersuchungen, Teile 1-4, Argument-Sonderbände Nr. 43, 55, 67, 79
Haug, Frigga, **1981**: Erfahrungen in die Krise führen - oder: Wozu brauchen die Lernenden die Lehrer. In: Das Argument, Sonderband 58. Berlin
Haug, Wolfgang F., **1985**: Die Frage nach der Konstitution des Subjekts. In: Braun, K.-H. / Holzkamp, K., 1985 (Hg.)
Heckle, Gerold / **Olechowski**, Richard / **Schön**, Horst / **Stanzel**, Andreas, **1995** (Hg.): Erziehung in der Schule - Was ist möglich? Wien
Heimann, Paul, **1962**: Didaktik als Theorie und Lehre. In: Die Deutsche Schule, Nr. 9
Heimann, Paul / **Otto**, Gunter / **Schulz**, Wolfgang, **1965**: Unterricht, Analyse und Planung. Hannover
Heitger, Marian, **1983**: Beiträge zu einer Pädagogik des Dialogs. Wien
Hentig, Hartmut von, **1973**: 'Komplexitätsreduktion' durch Systeme oder 'Vereinfachung' durch Diskurs? In: Maciejewski, F. 1973 (Hg.), Theorie der Gesellschaft oder Sozialtechnologie, Band I, Frankfurt/Main
Hentig, Hartmut von, **1985**: Wie frei sind freie Schulen? Gutachten für ein Verwaltungsgericht. Stuttgart
Herrmann, Ulrich (Hg.), **1985**: 'Die Formung des Volksgenossen', Der 'Erziehungsstaat' des Dritten Reiches. Weinheim/Basel
Heydorn, Heinz J., **1970**: Über den Widerspruch von Bildung und Herrschaft. Frankfurt
Heydorn, Heinz J., **1972**: Zu einer Neufassung des Bildungsbegriffs. Zit. nach: ders., 1980: Ungleichheit für alle, Zur Neufassung des Bildungsbegriffs, Bildungstheoretische Schriften Bd. 3. Frankfurt
Heydorn, Heinz J., **1973**: Zum Widerspruch im Bildungsprozess. In: Das Argument Nr. 80, Sonderband 'Schule und Erziehung', Berlin
Hirsch, Siegi, **1990**: Fragen an den Meister (Interview). In: Königswieser, R. / Lutz, C., 1990
Hoffmann, Dietrich, **1991** (Hg.): Bilanz der Paradigmendiskussion in der Erziehungswissenschaft. Weinheim
Hofmann, Michael, **1991** (Hg.): Theorie und Praxis der Unternehmensberatung, Bestandsaufnahme und Entwicklungsperspektiven. Heidelberg
Hofmann, Michael, **1991a**: Tiefenpsychologische Aspekte der Berater/Klienten-Beziehung. In: ders., 1991 (Hg.)
Holzer, Horst, **1982**: Soziologie in der BRD, Theorienchaos und Ideologieproduktion. Berlin

Holzkamp, Klaus, **1973**: Sinnliche Erkenntnis, Historischer Ursprung und gesellschaftliche Funktion der Wahrnehmung. Frankfurt/Main

Holzkamp, Klaus, **1978**: Kunst und Arbeit - ein Essay zur 'therapeutischen' Funktion künstlerischer Gestaltung. In: ders.: Gesellschaftlichkeit des Individuums. Köln

Holzkamp, Klaus, **1983**: Grundlegung der Psychologie. Zit. nach: 1985, Studienausgabe. Frankfurt/Main

Holzkamp, Klaus, **1984**: Kritische Psychologie und phänomenologische Psychologie, Der Weg der Kritischen Psychologie zur Subjektwissenschaft. In: Forum Kritische Psychologie Nr. 14. Berlin

Holzkamp, Klaus, **1987**: Lernen und Lernwiderstand, Skizzen zu einer subjektwissenschaftlichen Lerntheorie. In: Forum Kritische Psychologie Nr. 27. Berlin, Hamburg

Holzkamp, Klaus, **1991a**: Lehren als Lernbehinderung? In: Forum Kritische Psychologie Nr. 27. Berlin, Hamburg

Holzkamp, Klaus, **1991b**: Was heißt 'Psychologie vom Subjektstandpunkt'? Überlegungen zu subjektwissenschaftlicher Theorienbildung. In: Forum Kritische Psychologie Nr. 28. Berlin, Hamburg

Holzkamp, Klaus, **1992**: Die Fiktion administrativer Planbarkeit schulischer Lernprozesse. In: Braun, K.-H. / Wetzel, Konstanze: Lernwidersprüche und pädagogisches Handeln. Marburg

Holzkamp, Klaus, **1993**: Lernen, Subjektwissenschaftliche Grundlegung. Frankfurt/Main

Holzkamp-Osterkamp, Ute, **1975**: Grundlagen der psychologischen Motivationsforschung, Band I. Zit. nach: 1981. Frankfurt/Main

Holzkamp-Osterkamp, Ute, **1976**: Grundlagen der psychologischen Motivationsforschung, Band II. Zit. nach: 1982³. Frankfurt/Main

Holzkamp-Osterkamp, Ute, **1990**: Intersubjektivität und Perteinahme: Probleme subjektwissenschaftlicher Forschung. In: Gekeler, G. / Wetzel, K., 1990 (Hg.)

Holzkamp-Osterkamp, Ute, **1992a**: Objektive und subjektive Behinderungen einer antirassistischen Pädagogik. In: Braun, K.-H. / Wetzel, K., 1992 (Hg.)

Holzkamp-Osterkamp, Ute, **1992b**: Theoretische Zugänge und Abwehrformen psychologischer Analyse des Phänomens Rassismus/Fremdenfeindlichkeit. In: Schulheft Nr. 67. Wien

Hörmann, Georg, **1994**: Postsystemische Konsequenzen sozialwissenschaftlichen 'Fortschritts': Vom Behaviorismus über die kognitive Wende zum radikalen Konstruktivismus. In: ders., 1994 (Hg.)

Hörmann, Georg, **1994** (Hg.): Im System gefangen, Zur Kritik systemischer Konzepte in den Sozialwissenschaften. Münster

Huschke-Rhein, Rolf, **1997**: Lernen, Leben, Überleben, Die Schule als 'Lernsystem' und das 'Lernen fürs Leben' aus der Perspektive systemisch-konstruktivistischer Lernkonzepte. In: Voß, R., 1997 (Hg.)

Inhelder, Bärbel, **1976**: Einige Aspekte von Piagets genetischer Theorie des Erkenners. In: Furth, H. G., 1976 (Hg.)

Jantzen, Wolfgang, **1986**: Abbild und Tätigkeit, Studien zur Entwicklung des Psychischen. Solms-Oberbiel

Jarmai, Heinz / **Königswieser**, Roswitha, **1990**: Problemdiagnose. In: Königswieser, R. / Lutz, C., 1990

Jegge, Jürg, **1976**: Dummheit ist lernbar. München

Joas, Hans, **1989**: Praktische Intersubjektivität, Die Entwicklung des Werkes von George Herbert Mead. Frankfurt/Main

Joas, Hans, **1995**: Eine soziologische Transformation der Praxisphilosophie - Giddens' Theorie der Strukturierung (Einführung). In: Giddens, 1995

Joas, Hans, **1996**: Die Kreativität des Handelns. Frankfurt/Main

Kant, Immanuel, **1784**: Beantwortung der Frage: Was ist Aufklärung?. Zit. nach: 1995, Werke in sechs Bänden, Band 6. Köln

Kaiser, Annemarie / **Kaiser**, Franz-Josef, **1977** (Hg.): Projektstudium und Projektarbeit in der Schule. Bad Heilbrunn

Kilpatrick, William H., **1935**: Die Projekt-Methode, Die Anwendung des zweckvollen Handelns im pädagogischen Prozess. In: Dewey, J. / Kilpatrick W. H., 1935: Der Projekt-Plan, Grundlegung und Praxis. Weimar

Klafki, Wolfgang, **1959**: Das pädagogische Problem des Elementaren und die Theorie der kategorialen Bildung. Weinheim

Klafki, Wolfgang, **1973**: Handlungsforschung im Schulfeld. In: Zeitschrift für Pädagogik, Nr. 4

Klafki, Wolfgang, **1974**: Handlungsforschung. In: Wulf, C. (Hg.): Wörterbuch der Erziehung. München

Klafki, Wolfgang, **1982**: Schulnahe Curriculumentwicklung und Handlungsforschung, Forschungsbericht des Marburger Grundschulprojekts. Weinheim, Basel

Klafki, Wolfgang, **1985**: Neue Studien zur Bildungstheorie und Didaktik. Zit. nach: 1991. Weinheim, Basel

Klafki, Wolfgang, **1991**: Neue Studien zur Bildungstheorie und Didaktik. Erweiterte Auflage. Weinheim, Basel

Klafki, Wolfgang, **1991a**: Die Bedeutung der klassischen Bildungstheorien für ein zeitgemäßes Konzept allgemeiner Bildung. In: ders.: 1991

Klafki, Wolfgang, **1991b**: Konturen eines neuen Allgemeinbildungskonzepts. In: ders.: 1991

Klafki, Wolfgang, **1991c**: Thesen zur 'Wissenschaftsorientierung' des Unterrichts. In: ders.: 1991

Klafki, Wolfgang, **1991d**: Exemplarisches Lehren und Lernen. In: ders.: 1991

Klemm, Klaus / **Rolff**, Hans-Günther / **Tillmann**, Klaus-Jürgen, **1985**: Bildung für das Jahr 2000, Bilanz der Reform, Zukunft der Schule

Knoll, Michael, **1993**: Die Projektmethode - ihre Entstehung und Rezeption, Zum 75. Jahrestag des Aufsatzes von William H. Kilpatrick. In: Pädagogik und Schulalltag, Nr. 4

König, Eckard / **Volmer**, Gerda, **1993**: Systemische Organisationsberatung, Grundlagen und Methoden. Zit. nach: 1984[2]. Weinheim

König, Ernst, **1973**: Wirkung didaktischer Ansätze. In: König, E. / Riedel, H., 1973 (Hg.)

König, Ernst / **Riedel**, Harald, **1973**: Systemtheorie und Didaktik. In: König, E. / Riedel, H., 1973 (Hg.)

König, Ernst / **Riedel**, Harald, **1973** (Hg.): Systemtheoretische Didaktik. Weinheim, Basel

Königswieser, Roswita, **1990**: Widerstände gegen systemische Unternehmensführung. In: Königswieser, R. / Lutz, C., 1990 (Hg.)

Königswieser, Roswita / **Lutz**, Christian, **1990** (Hg.): Das systemisch-evolutionäre Management. Wien

Königswieser, Roswita / **Exner**, Alexander, **1998**: Systemische Intervention, Architekturen und ungsmanager. Stuttgart

Königswieser, Roswita / **Exner**, Alexander / **Pelikan**, Jürgen **1998**: Systemische Intervention in der Beratung. In: Königswieser, R. / Exner, A., 1998

Kratochwil, Leopold, **1993**: Erziehen und Unterrichten auf handlungstheoretischer Grundlage. Donauwörth

Krawietz, Werner / **Welker**, Michael, **1992** (Hg.): Kritik der Theorie sozialer Systeme, Auseinandersetzungen mit Luhmanns Hauptwerk. Frankfurt

Krüger, Heinz-Herrmann / **Lersch**, Rainer, **1993**: Lernen und Erfahrung, Perspektiven einer Theorie schulischen Handelns. Opladen

Krüger, Heinz-Herrmann, **1997**: Einführung in Theorien und Methoden der Erziehungswissenschaft. Opladen

Konrad, Helmut (Hg.), **1981**: Pädagogik und Wissenschaft, Kippenheim/Lahr

Koyré, Alexandre, **1943**: Galileo and Plato. Zit. nach: Galilei und Platon. In: ders., 1988, Die Anfänge der neuzeitlichen Wissenschaft. Berlin

Küpper, Willi / **Ortmann**, Günther, **1988** (Hg.): Mikropolitik, Rationalität, Macht und Spiele in Organisationen. Zit. nach: 1992². Opladen

Lassahn, Rudolf, **1981**: Gegenstand und Methode. In: Konrad, H. (Hg.), 1981

Lave, Jean, **1988**: Cognition in Practice. Mind, mathematics and culture in everyday life. Cambridge

Lenzen, Dieter / **Mollenhauer**, Klaus, **1983** (Hg.): Theorien und Grundbegriffe der Erziehungswissenschaft, Bd. 1 der Enzyklopädie Erziehungswissenschaft. Stuttgart

Lenzen, Dieter, **1996**: Zwischen Stabilisierung und Differenzierung: Paradoxien im Erziehungssystem. In: Luhmann, N. / Schorr K. E., 1996 (Hg.)

Leontjew, Alexej N., **1977**: Dejatelnost, soznanie, licnost. Zit. nach: 1987³, Tätigkeit, Bewusstsein, Persönlichkeit. Berlin (Ost)

Leontjew, Alexej N., **1973**: Probleme der Entwicklung des Psychischen. Frankfurt/Main

Lingelbach, Karl C., **1985**: Ernst Krieck - Von der 'reinen' zur 'völkisch-realistischen Erziehungswissenschaft'. In: Herrmann, U.

Locke, John, **1714**: Directions concerning Education. Zit. nach: 1980, Gedanken über Erziehung. Stuttgart

Ludewig, Kurt, **1992**: Systemische Therapie, Grundlagen klinischer Theorie und Praxis. Zit. nach: 1995³. Stuttgart

Luhmann, Niklas, **1973**: Zweckbegriff und Systemrationalität. Zit. nach: 1991. Frankfurt/Main

Luhmann, Niklas, **1975**: Soziologische Aufklärung 2, Aufsätze zur Theorie der Gesellschaft. Opladen

Luhmann, Niklas, **1979**: Temporalstrukturen des Handlungssystems. In: Schluchter, W. (Hg.) 1980: Verhalten, Handeln und System, Talcott Parsons' Beitrag zur Entwicklung der Sozialwissenschaften. Frankfurt/Main

Luhmann, Niklas, **1982**: Liebe als Passion, Zur Codierung von Intimität. Zit. nach: 1992. Frankfurt/Main

Luhmann, Niklas, **1984**: Soziale Systeme, Grundriss einer allgemeinen Theorie. Zit. nach: 1991. Frankfurt/Main

Luhmann, Niklas, **1986a**: Codierung und Programmierung, Bildung und Selektion im Erziehungssystem. In: Tenorth, H.-E., 1986 (Hg.): Allgemeine Bildung, Analysen zu ihrer Wirklichkeit, Versuche über ihre Zukunft. Weinheim, München

Luhmann, Niklas, **1986b**: Systeme verstehen Systeme. In: Luhmann, N. / Schorr, K. E., 1986 (Hg.)

Luhmann, Niklas, **1987a**: Autopoiesis als soziologischer Begriff. In: Haferkamp, H. / Schmid, M. (Hg.): Sinn, Kommunikation und soziale Differenzierung, Beiträge zu Luhmanns Theorie sozialer Systeme. Frankfurt/Main

Luhmann, Niklas, **1987b**: Strukturelle Defizite, Bemerkungen zur systemtheoretischen Analyse des Erziehungswesens. In: Oelkers, J. / Tenorth, H.-E., 1987 (Hg.)

Luhmann, Niklas, **1988a**: Die Wirtschaft der Gesellschaft. Frankfurt/Main

Luhmann, Niklas, **1988b**: Organisation. In: Küpper, W. / Ortmann, G. 1988 (Hg.)

Luhmann, Niklas, **1990a**: Anfang und Ende: Probleme einer Unterscheidung. In: Luhmann, N. / Schorr, K. E., 1990 (Hg.)

Luhmann, Niklas, **1990b**: Die Homogenisierung des Anfangs: Zur Ausdifferenzierung der Schulerziehung. In: Luhmann, N. / Schorr, K. E., 1990 (Hg.)

Luhmann, Niklas, **1990c**: Fragen an Niklas Luhmann (Interview). In: Königswieser, R. / Lutz, C., 1990 (Hg.)

Luhmann, Niklas, **1990d**: Kommunikationssperren in der Unternehmensberatung. In: Königswieser, R. / Lutz, C., 1990 (Hg.)

Luhmann, Niklas, **1991a**: Das Kind als Medium der Erziehung. In: ZfPäd 37

Luhmann, Niklas, **1991b**: Vorlesung zur Einführung in die Systemtheorie (Tonbandaufnahme 'Autobahnuniversität'). Heidelberg

Luhmann, Niklas, **1992**: System und Absicht der Erziehung. In: Luhmann, N. / Schorr K. E. 1992 (Hg.)

Luhmann, Niklas, **1996a**: Das Erziehungssystem und die Systeme seiner Umwelt. In: Luhmann, N. / Schorr K. E., 1996 (Hg.)

Luhmann, Niklas, **1996b**: Takt und Zensur im Erziehungssystem. In: Luhmann, N. / Schorr K. E., 1996 (Hg.)

Luhmann, Niklas / **Schorr**, Karl Eberhard, **1979** (Hg.): Reflexionsprobleme im Erziehungssystem. Zit. nach: 1988. Frankfurt/Main

Luhmann, Niklas / **Schorr**, Karl Eberhard, **1982a**: Das Technologiedefizit der Erziehung und die Pädagogik. In: dies., 1982 (Hg.)

Luhmann, Niklas / **Schorr**, Karl Eberhard, **1982b**: Personale Identität und Möglichkeiten der Erziehung. In: dies., 1982 (Hg.)

Luhmann, Niklas / **Schorr**, Karl Eberhard, **1982** (Hg.): Zwischen Technologie und Selbstreferenz, Fragen an die Pädagogik. Frankfurt/Main

Luhmann, Niklas / **Schorr**, Karl Eberhard, **1986** (Hg.): Zwischen Intransparenz und Verstehen, Fragen an die Pädagogik. Frankfurt/Main

Luhmann, Niklas / **Schorr**, Karl Eberhard, **1990** (Hg.): Zwischen Anfang und Ende, Fragen an die Pädagogik. Frankfurt/Main

Luhmann, Niklas / **Schorr**, Karl Eberhard, **1992** (Hg.): Zwischen Absicht und Person, Fragen an die Pädagogik. Frankfurt/Main

Luhmann, Niklas / **Schorr**, Karl Eberhard, **1996** (Hg.): Zwischen System und Umwelt. Frankfurt/Main

Lukacs, Georg, **1971**: Gesamtausgabe, Band 4. Neuwied, Berlin

Lumpe, Alfred, **1995**: Pädagogik als Wahrnehmung von Wirklichkeit, Lernorganisation als Entwicklung der Selbstorganisation. Frankfurt/Main, Bern, New York, Paris

Lutz, Christian, **1990**: Grundzüge des systemisch-evolutionären Weltbildes. In: Königswieser, R. / Lutz, C., 1990 (Hg.)

Mandel, Ernest, **1972**: Der Spätkapitalismus. Frankfurt/Main

Marx, Karl, **1859**: Zur Kritik der Politischen Ökonomie, Vorwort. Zit. nach 1975: Marx, K. / Engels, F., Ausgewählte Werke. Moskau

Marx, Karl, **1867**: Das Kapital, Band 1. Zit. nach 1975: Marx, K. / Engels, F., Werke, Band 23. Berlin

Marx, Karl, **1888**: Thesen über Feuerbach. Zit. nach 1975: Marx, K. / Engels, F., Ausgewählte Werke. Moskau

Maturana, Humberto R., **1978**: Cognition. Zit. nach ders., 1987: Kognition. In: Schmidt, S. J. (Hg.), 1987

Merlau-Ponty, Maurice, **1966**: Phänomenologie der Wahrnehmung. Berlin

Messmann, Alfred / **Rückriem**, Georg, **1978**: Zum Verständnis der menschlichen Natur in der Auffassung des Psychischen bei A. N. Leontjew. In: Rückriem, G. / Tomberg, F. / Volpert, W. (Hg.) 1978: Historischer Materialismus und menschliche Natur. Köln

Meyer, Hilbert, **1987**: Unterrichtsmethoden, Band I. Frankfurt/Main

Miller, Georg A. / **Galanter**, Eugene / **Pribram**, Karl A., **1960**: Plans and the Structure of Behaviour. Zit. nach: 1991², Strategien des Handelns, Pläne und Strukturen des Verhaltens. Stuttgart

Miller, Max, **1986**: Kollektive Lernprozesse. Frankfurt/Main

Miller, R. B., **1971**: Development of a taxonomy of human performance. Technical report 11. American Institute of Research. Washington

Mingers, Susanne, **1996**: Systemische Organisationsberatung: eine Konfrontation von Theorie und Praxis. Frankfurt/Main

Mittelstraß, Jürgen, **1979** (Hg.): Methodenprobleme der Wissenschaften vom gesellschaftlichen Handeln. Frankfurt/Main

Mollenhauer, Klaus, **1965**: Das pädagogische Phänomen 'Beratung'. In: Mollenhauer, K. / Müller, C.W.: 'Führung' und 'Beratung' in pädagogischer Sicht. Heidelberg
Mollenhauer, Klaus, **1972**: Theorien zum Erziehungsprozess. Zit. nach: 1982. München
Mollenhauer, Klaus, **1983**: Vergessene Zusammenhänge, Über Kultur und Erziehung. München
Mollenhauer, Klaus, **1986**: Umwege, Über Bildung, Kunst und Interaktion. Weinheim, München
Mühlfeld, Claus, **1994**: Der Mensch als ärgerliche Tatsache, Der erkenntnistheoretische Stellenwert des Individuums in der selbstreferentiellen Systemtheorie. In: Hörmann, G. (Hg.), 1994: Im System gefangen, Zur Kritik systemischer Konzepte in den Sozialwissenschaften. Münster
Nemitz, Rolf, **1981**: Bildung statt Ideologie? - Antwort auf A. und B. Rang. In: Das Argument Sonderband 58, Berlin
Nüse, Ralf, **1994**: Strukturdeterminiertheit als Basis für Intersubjektivität? Zu einigen wahrnehmungstheoretischen Implikationen eines radikal-konstruktivistischen Modells. In: Hörmann, G., 1994 (Hg.)
Oelkers, Jürgen, **1982**: Intention und Wirkung: Vorüberlegungen zu einer Theorie pädagogischen Handelns. In: Luhmann, N. / Schorr, K.-E., 1982 (Hg.)
Oelkers, Jürgen, **1984**: Theorie *und* Praxis? Eine Analyse grundlegender Modellvorstellungen pädagogischer Wirksamkeit. In: Neue Sammlung, Nr. 24
Oelkers, Jürgen, **1986**: Verstehen als Bildungsziel. In: Luhmann, N. / Schorr, K.-E., 1986 (Hg.)
Oelkers, Jürgen / **Tenorth**, Heinz-Elmar, **1987**: Pädagogik, Erziehungswissenschaft und Systemtheorie: Eine nützliche Provokation. In: Oelkers, J. / Tenorth, H.-E., 1987 (Hg.)
Oelkers, Jürgen / **Tenorth**, Heinz-Elmar, **1987** (Hg.): Pädagogik, Erziehungswissenschaft und Systemtheorie. Weinheim, Basel
Oevermann, Ulrich / **Allert**, Tilmann / **Konau**, Elisabeth / **Krambeck**, Jürgen, **1979**: Die Methodologie einer 'objektiven Hermeneutik' und ihre allgemeine forschungslogische Bedeutung in den Sozialwissenschaften. In: Soeffner, H.-G. (Hg.)
Osterkamp, Ute: siehe unter Holzkamp-Osterkamp, Ute
Otto, Gunter, **1977**: Das Projekt - Merkmale und Realisationsschwierigkeioten einer Lehr-Lern-Form. In: Kaiser, A. / Kaiser, F.-J. (Hg.) 1977
Parmentier, Michael, **1998**: Entdeckt, was ihr wollt, Zum Tode von Klaus Mollenhauer. In: Erziehungswissenschaft, Nr. 17
Parsons, Talcott, **1939***: Actor, Situation and Normative Pattern, An Essay in the Theory of Social Action. Zit. nach: 1994, Aktor, Situation und normative Muster. Ein Essay zur Theorie sozialen Handelns. Frankfurt/Main [* Der Text wurde in diesem Jahr fertiggestellt aber erst aus dem Nachlaß veröffentlicht.]
Parsons, Talcott, **1968**: Die Schulklasse als soziales System. In: ders., Sozialstruktur und Persönlichkeit. Frankfurt/Main
Pestalozzi, Johann Heinrich, **1801**: Wie Gertrud ihre Kinder lehrt. Zit. nach: 1974[3]. Bad Heilbrunn/Obb.
Pestalozzi, Johann Heinrich, **1802**: Denkschrift an die Pariser Freunde über Wesen und Zweck der Methode. Zit. nach: ders., Texte für die Gegenwart, Bd. 1, 1976, Zug
Petri, Gottfried, **1991**: Idee, Realität und Entwicklungsmöglichkeiten des Projektlernens. Graz
Petzelt, Alfred, **1963**: Das Fürwahrhalten lässt sich nicht mitteilen. In: Fischer, W. (Hg.) 1963
Pierce, Charles S., **1983**: Phänomen und Logik der Zeichen. (Original: Syllabus of Certain Topics of Logic. 1983 teilw. unveröff.). Zit. nach: 1993[2]. Frankfurt/Main
Popper, Karl R., **1959**: The Logic of Scientific Discovery. Zit. nach: 1971, Logik der Forschung. Tübingen
Prange, Klaus, **1986**: Selbstreferenz in pädagogischen Situationen. In: Luhmann, N. / Schorr, K. E., 1986 (Hg.)

Prange, Klaus, **1985**: Erziehung zur Anthroposophie, Darstellung und Kritik der Waldorfpädagogik. Bad Heilbrunn/Obb.
Prange, Klaus, **1992**: Intention als Argument. In: Luhmann, N. / Schorr, K. E., 1992 (Hg.)
Pütt, Heinz, **1982**: Projektunterricht und Vorhabengestaltung. Essen
Rang, Adalbert / **Rang**, Brita, **1981**: Schule und Ideologie. In: Das Argument Sonderband 58, Berlin
Ratke, Wolfgang, **1612**: Memorial, welches zu Frankfurt auf dem Wahltag Ao. 1612 den 7. Mai dem deutschen Reich übergeben. Zit. nach: Günther, K.-H. u.a., 1980 (Hg.), Quellen zur Geschichte der Erziehung. Berlin
Reich, Kersten, **1997**: Systemisch-konstruktivistische Didaktik, Eine allgemeine Zielbestimmung. In: Voß, R., 1997 (Hg)
Rexilius, Günter, **1994**: Biologische Erkenntnistheorie und neue Weltordnung. In: Hörmann, G., 1994: Im System gefangen, Zur Kritik systemischer Konzepte in den Sozialwissenschaften. Münster
Ribolits, Erich, **1991**: Bildung als Ware? Über die zunehmende Marktfähigkeit der Bildung und die 'Schulautonomie'. In: Schulheft, Nr. 64
Ribolits, Erich, **1995**: Schlüsselqualifikationen statt Bildung. Ein spätkapitalistisches Krisenkonzept ohne Zukunft. In: Heckle, G. / Olechowski, R. / Schön, H. / Stanzel, A., 1995 (Hg.)
Ricci, Carlo, **1981**: Jenseits der Dyade, Die multidimensionale Natur der Kommunikation. In: Selvini-Palazzoli, M. u.a., 1981: Sul fronte dell'organizzazione. Zit. nach: 1993[5], Hinter den Kulissen der Organisation. Stuttgart
Riedel, Harald, **1973**: Von der Lernsituation zum Planungssystem. In: König, E. / Riedel, H., 1973 (Hg.)
Roth, Heinrich, **1958**: Pädagogische Psychologie des Lehrens und Lernens. Hannover
Rousseau, Jean-Jaques, **1762**: Emile ou de l'éducation. Zit. nach: 1975[3], Emil oder Über die Erziehung. Paderborn
Röhrs, Hermann, **1956**: Jean Jaques Rousseau, Vision und Wirklichkeit. Zit. nach: 1993[3]. Köln
Rubinstein, S. L., **1958**: Grundlagen der Allgemeinen Psychologie. Berlin
Ruhloff, Jörg, **1996**: Pädagogik und anderes. Transzendentalkritische Bemerkungen zu Niklas Luhmann, 'Das Erziehungssystem und die Systeme seine(orr K. E., 1996 (Hg.)
Rückriem, Georg / **Tomberg**, Friedrich / **Volpert**, Walter **1978** (Hg.): Historischer Materialismus und menschliche Natur. Köln
Scala, Klaus, **1997a**: Brillen für den Supervisionsprozess. In: Scala, K. / Grossmann, R., 1997 (Hg.)
Scala, Klaus, **1997b**: Interventionsinstrumente der Supervision in Organisationen. In: Scala, K. / Grossmann, R., 1997 (Hg.)
Scala, Klaus / Grossmann, Ralph, **1997** (Hg.): Supervision in Organisationen. Weinheim, München
Schaller, Klaus, **1987**: Pädagogik der Kommunikation. St. Augustin
Schäfer, Alfred, **1983**: Systemtheorie und Pädagogik. Königstein
Schäfer, Alfred, **1991**: Kritische Pädagogik - Vom paradigmatischen Scheitern eines Paradigmas. In: Hoffmann, D., 1991 (Hg.)
Schäfer, Alfred, **1996**: Zur relativen Autonomie des pädagogischen Wirklichkeitszugangs. In: Luhmann, N. / Schorr K. E., 1996 (Hg.)
Schäfer, Karl-Hermann, **1981**: Aspekte einer kommunikativen Theorie der Schule. In: Twellmann, W. (Hg.): Handbuch Schule und Unterricht, Bd.1. Düsseldorf
Scheunpflug, Annette, **1998**: Evolutionäre Didaktik, Unterricht aus system- und evolutionstheoretischer Perspektive. Unveröffentlichte Habilitationsschrift
Schiepek, Günter, **1986**: Systemische Diagnostik in der Klinischen Psychologie. Weinheim, München
Schirlbauer, Alfred, **1992**: Junge Bitternis, Eine Kritik der Didaktik. Wien

Schirlbauer, Alfred, **1996**: Im Schatten des pädagogischen Eros. Wien
Schluchter, Wolfgang (Hg.), **1980**: Verhalten, Handeln und System, Talcott Parsons' Beitrag zur Entwicklung der Sozialwissenschaften. Frankfurt/Main
Schmalt, Heinz-Dieter, **1982**: Über das Handeln in Unterrichtssituationen. In: Luhmann, N. / Schorr, K.-E., 1982 (Hg.)
Schmidt, Siegfried J. (Hg.), **1987**: Der Diskurs des Radikalen Konstruktivismus. Frankfurt/Main
Schober, Herbert, **1991**: Irritation und Bestätigung - Die Provokation der systemischen Beratung oder: Wer macht eigentlich die Veränderung? In: Hofmann, M., 1991
Schorr, Karl Eberhard, **1986**: Das Verstehensdefizit der Erziehung und die Pädagogik. In: Luhmann, N. / Schorr, K. E., 1986 (Hg.)
Schorr, Karl Eberhard, **1990**: Erziehung als Periode: Über die Organisation von Anfang und Ende. In: Luhmann, N. / Schorr, K. E., 1990 (Hg.)
Schulze, Theodor, **1980**: Schule im Widerspruch - Erfahrungen, Theorien, Perspektiven. München
Schwemmer, Oswald, **1979**: Verstehen als Methode, Vorüberlegungen zu einer THeorie der Handlungsdeutung. In: Mittelstraß, J., 1979 (Hg.)
Seidel, Rainer, **1994**: Maschinenperspektive und Subjektstandpunkt. In: Forum Kritische Psychologie Nr. 34. Berlin, Hamburg
Selvini, Matteo, **1985** (Hg.): Cronaca di una ricerca. Zit. nach: 1992, Mara Selvinis Revolutionen, Die Entstehung des Mailänder Modells. Heidelberg
Selvini, Matteo, **1985a**: Die Wahl des systemischen Modells nach Bateson und die ersten interventionistischen Therapien. In: ders., 1985 (Hg.)
Selvini, Matteo, **1985b**: Der identifizierte Patient ist kein Heiliger. In: ders., 1985 (Hg.)
Selvini, Matteo, **1985c**: Die positive Konnotation und das Problem der Schuld. In: ders., 1985 (Hg.)
Selvini, Matteo, **1985d**: Vom verbalen zum analogen Interventionismus. In: ders., 1985 (Hg.)
Selvini-Palazzoli, Mara, **1985a**: Aus dem Referat des Löwener Kongresses: Der Fall Lisa. In: Selvini, M. 1985 (Hg.)
Selvini-Palazzoli, Mara, **1985b**: Von der Familientherapie zur Individualtherapie. In: Selvini, M. 1985 (Hg.)
Selvini-Palazzoli, Mara / **Boscolo**, Luigi / **Cecchin**, Gianfranco / **Prata**, Giuliana, **1975**: Paradosso e Controparadosso. Zit. nach: 1993[8], Paradoxon und Gegenparadoxon, Ein neues Therapiemodell für die Familie mit schizophrener Störung. Stuttgart
Selvini-Palazzoli, Mara, **u.a.**, **1976**: Il mago smagato. Zit. nach: 1991, Der entzauberte Magier, Zur paradoxen Situation des Schulpsychologen. Stuttgart
Selvini-Palazzoli, Mara / **Anolli**, L. / **Di Blasio**, P. / **Giossi**, L. / **Pisano**, I. / **Ricci**, C. / **Sacchi**, M. / **Ugazio**, V., **1981**: Sul fronte dell'organizzazione. Zit. nach: 1993[5], Hinter den Kulissen der Organisation. Stuttgart
Selvini-Palazzoli, Mara / **Boscolo**, Luigi / **Cecchin**, Gianfranco / **Prata**, Giuliana, **1985a**: Die Behandlung der Kinder durch die Kurztherapie ihrer Eltern. In: Selvini, M. 1985 (Hg.)
Selvini-Palazzoli, Mara / **Boscolo**, Luigi / **Cecchin**, Gianfranco / **Prata**, Giuliana, **1985b**: Gerade und ungerade Tage. In: Selvini, M. 1985 (Hg.)
Selvini-Palazzoli, Mara / **Boscolo**, Luigi / **Cecchin**, Gianfranco / **Prata**, Giuliana, **1985c**: Hypothetisieren - Zirkularität - Neutralität, Drei Richtlinien für den Leiter der Sitzung. In: Selvini, M. 1985 (Hg.)
Selvini-Palazzoli, Mara / **Cirillo**, Stefano / **Selvini**, Matteo / **Sorrentino**, Anna Maria, **1988**: I giochi psicotici nella famiglia. Zit. nach: 1996[2], Die psychotischen Spiele in der Familie. Stuttgart
Simon, Fritz B., **1990a**: Meine Psychose, mein Fahrrad und ich, Zur Selbstorganisation der Verrücktheit. Zit. nach: 1995[5]. Heidelberg

Simon, Fritz B., **1990b**: 'Harte' und 'weiche' Wirklichkeiten. In: Königswieser, R. / Lutz, C., 1990 (Hg.)

Simon, Fritz B., **1992**: Unterschiede, die Unterschiede machen, Klinische Epistemologie: Grundlage einer systemischen Psychiatrie und Psychosomatik. Frankfurt/Main

Simon, Fritz B. / **Conecta**-Autorengruppe, **1992**: Radikale Marktwirtschaft, Verhalten als Ware oder Wer handelt, der handelt. Heidelberg

Sigrist, Christian, **1994**: Das gesellschaftliche Milieu der Luhmannschen Theorie, Paradigmenwechsel in der soziologischen Systemtheorie. In: Hörmann, G., 1994: Im System gefangen, Zur Kritik systemischer Konzepte in den Sozialwissenschaften. Münster

Soeffner, Hans-Georg, **1979** (Hg.): Interpretative Verfahren in den Sozial- und Textwissenschaften. Stuttgart

Sohn-Rethel, Alfred, **1970**: Geistige und körperliche Arbeit. Zit nach: 1973². Frankfurt/Main

Spencer-Brown, George, **1969**: Laws of Form. New York

Spranger, Eduard, **1962**: Das Gesetz der ungewollten Nebenwirkungen in der Erziehung. Heidelberg

Stratenwerth, Wolfgang, **1983/84**: Umdrucke zur Vorlesung: Allgemeine Didaktik für berufliche Bildungsgänge. Handlungstheoretische Grundlagen des Lehrens und Lernens. Universität Köln.

Tenorth, Heinz-Elmar, **1986** (Hg.): Allgemeine Bildung, Analysen zu ihrer Wirklichkeit, Versuche über ihre Zukunft. Weinheim, München

Tenorth, Heinz-Elmar, **1988**: Geschichte der Erziehung, Einführung in die Grundzüge ihrer neuzeitlichen Entwicklung. Weinheim, München

Terhart, Ewald, **1987**: Verstehen in erzieherischen Prozessen, Pädagogische Traditionen und systemtheoretische Rekonstruktionen. In: In: Oelkers, J. / Tenorth, H.-E., 1987 (Hg.)

Thiemann, Friedrich, **1985** (Hg.): Schulszenen. Vom Herrschen und vom Leiden. Frankfurt/Main

Tillmann, Klaus-Jürgen, **1987** (Hg.): Schultheorien. Hamburg

Titscher, Stefan, **1991**: Intervention, Zu Theorie und Techniken der Einmischung. In: Hofmann, M., 1991

Titscher, Stefan, **1997**: Professionelle Beratung. Wien

Ugazio, Valeria, **1981**: Der Psychologe und das Problem der hierarchischen Ebenen. In: Selvini-Palazzoli, M. u.a., 1981: Sul fronte dell'organizzazione. Zit. nach: 1993⁵, Hinter den Kulissen der Organisation. Stuttgart

Uhle, Reinhard, **1982**: Unterricht als komplementäre Interaktion selbstreferentieller Subjekte, Überlegungen zu einem handlungstheoretischen Pädagogikverständnis. In: Luhmann, N. / Schorr, K.-E. (Hg.), 1982

Uhle, Reinhard, **1986**: Verstehen in pädagogischer Hinsicht. In: Luhmann, N. / Schorr, K.-E. (Hg.), 1986

Varela, Francisco J., **1981**: Autonomy and Autopoiesis. Zit. nach: ders., 1987: Autonomie und Autopoiese. In: Schmidt, S. J. (Hg.), 1987

Volpert, Walter, **1975**: Die Lohnarbeitswissenschaft und die Psychologie der Arbeitstätigkeit. In: Groskurth, P. / Volpert, W., 1975: Lohnarbeitspsychologie, Berufliche Sozialisation: Emanzipation zur Anpassung. Frankfurt/Main

Voß, Reinhard, **1997a**: In hoffnungsloser Lage bleibt ... die Hoffnung - eine Einleitung. In: ders., 1997 (Hg.)

Voß, Reinhard, **1997** (Hg.): Die Schule neu erfinden, Systemisch-konstruktivistische Annäherungen an Schule und Pädagogik. Neuwied, Kriftel, Berlin

Watzlawick, Paul / **Beavin**, Janet H. / **Jackson**, Don D., **1967**: Pragmatics of Human Communication, A Study of Interactional Patterns, Pathologies and Paradoxes. Zit. nach: dies., 1990⁸, Menschliche Kommunikation, Formen, Störungen, Paradoxien. Bern

Watzlawick, Paul, **1977**: Die Möglichkeit des Andersseins. Zit. nach: 1991⁴. Bern

Weber, Max, **1964**: Wirtschaft und Gesellschaft, Grundriß der verstehenden Soziologie. Zit. nach: 1976[5], Tübingen

Weiss, Thomas, **1990**: Einzelberatung in der Personalentwicklung. In: Königswieser, R. / Lutz, C., 1990 (Hg.)

Weniger, Erich, **1960**: Didaktik als Bildungslehre. Weinheim

Wellmer, Albrecht, **1969**: Kritische Gesellschaftstheorie und Positivismus. Frankfurt

Whorf, Benjamin L., **1956**: Language, Thought and Reality (posthum hg. von John B. Carrol). Zit. nach: ders., 1963, Sprache, Denken, Wirklichkeit. Reinbek

Willke, Helmut, **1992**: Beobachtung, Beratung und Steuerung von Organisationen in systemtheoretischer Sicht. In: Wimmer, R. (Hg.) 1992: Organisationsberatung, Neue Wege und Konzepte. Wiesbaden

Willke, Helmut, **1993**: Systemtheorie. Stuttgart, Jena

Willke, Helmut, **1994**: Systemtheorie II: Interventionstheorie. Stuttgart, Jena

Willke, Helmut, **1995**: Systemtheorie III: Steuerungstheorie. Stuttgart, Jena

Wimmer, Rudolf, **1991**: Organisationsberatung - Eine Wachstumsbranche ohne professionelles Selbstverständnis, Überlegungen zur Weiterführung des OE-Ansatzes in Richtung systemischer Organisationsberatung. In: Hofmann, M., 1991

Wimmer, Rudolf, **1992** (Hg.): Organisationsberatung, Neue Wege und Konzepte. Wiesbaden

Wimmer, Rudolf, **Oswald**, Margit, **1987**: Organisationsberatung im Schulversuch, Möglichkeiten und Grenzen systemischer Beratung in der Institution Schule. In: Boettcher, W., Bremerich-Vos, A , 1987

Winch, Peter, **1958**: The Idea of a Social Science. Zit. nach: 1974, Die Idee der Sozialwissenschaft und ihr Verhältnis zur Philosophie. Frankfurt/Main

Winkel, Rainer, **1997**: Theorie und Praxis der Schule. Baltmannsweiler

Wolf, Christa, **1983**: Kassandra, Erzählung. Zit. nach: 1986[3]. Darmstadt, Neuwied

Zdarzil, Herbert, **1981a**: Ideologie und Pädagogik. In: Konrad, H. (Hg.), 1981: Pädagogik und Wissenschaft. Kippenheim/Lahr

Zdarzil, Herbert, **1981b**: Pädagogische Anthropologie. Graz, Wien, Köln

Zimmer, Gerhard, **1987**: Selbstorganisation des Lernens, Kritik der modernen Arbeitserziehung. Frankfurt/Main, Bern, New York, Paris

Zimmer, Gerhard, **1989**: Die Widersprüche im Lernen entwickeln, Thesen für einen subjektwissenschaftlichen Paradigmenwechsel im pädagogischen Handeln. In: Forum Kritische Psychologie 23. Hamburg, Berlin

Zinnecker, Jürgen, **1975**: Der heimliche Lehrplan, Untersuchungen zum Schulunterricht. Weinheim, Basel